माखनलाल चतुर्वेदी रचनावली

वाणी प्रकाशन

10

माखनलाल चतुर्वेदी रचनावली

सम्पादक :

श्रीकान्त जोशी

परामर्श :

स० ही० वात्स्यायन 'अज्ञेय'
धर्मवीर भारती
शिवमंगल सिंह सुमन
जगदीश गुप्त

वाणी प्रकाशन
4695, 21-ए, दरियागंज, नयी दिल्ली 110 002
फ़ोन : +91 11 23273167 फ़ैक्स : +91 11 23275710
शाखाएँ
अशोक राजपथ, पटना 800 004, बिहार
कॉफ़ी हाउस कैम्पस, महात्मा गांधी मार्ग, इलाहाबाद 211 001, उत्तर प्रदेश
महात्मा गांधी अन्तरराष्ट्रीय हिन्दी विश्वविद्यालय, वर्धा 442 001, महाराष्ट्र
सुल्तानिया रोड, मोतिया पार्क, भोपाल 462 001, मध्य प्रदेश
www.vaniprakashan.com
marketing@vaniprakashan.in
sales@vaniprakashan.in

MAKHANLAL CHATURVEDI RACHANAWALI-10
Edited by Shrikant Joshi

ISBN : 978-93-5000-849-2
Rachanawali

प्रथम संस्करण 1995
द्वितीय संस्करण 2003
आवृत्ति 2011

मूल्य : सम्पूर्ण सेट (दस खण्डों में) : ₹ 9000

सिटी प्रेस, दिल्ली-110 095 में मुद्रित

वाणी प्रकाशन का लोगो मक़बूल फ़िदा हुसेन की कूची से

प्राक्कथन

'कर्मवीर' के अग्रलेखों, संपादक द्वारा अलग से लिखे गए लेखों और सम्पादकीय टिप्पणियों का दूसरा भाग आपके हाथ में है। जबलपुर से बन्द होने के बाद 'कर्मवीर' 4 अप्रैल, 1925 को दुबारा निकला पर इस बार जबलपुर से न निकलकर खण्डवा से प्रकाशित हुआ। इस बीच माखनलाल जी ने स्व० श्री गणेशशंकर जी विद्यार्थी के जेल चले जाने की वजह से, उनकी अनुपस्थिति में 'प्रताप' का सम्पादन किया और नागपुर के विख्यात झण्डा सत्याग्रह में संचालकों के रूप में भाग लिया। 18 अगस्त, 1923 को जिस जुलूस ने इस सत्याग्रह में अपनी महान् विजय हासिल की थी उसके अगुआ पं० माखनलाल चतुर्वेदी ही चुने गये थे। संकल्प और सफलता के प्रतीक चतुर्वेदीजी ने अत्यन्त उत्साह से (रामनवमी से) 'कर्मवीर' का प्रकाशन प्रारम्भ किया। अपनी इस दूसरी यात्रा के प्रथम सम्पादकीय में उन्होंने ये ऐतिहासिक महत्त्व की पंक्तियाँ लिखीं। "राजनीति में हमारा विश्वास है कि देश के अभ्युत्थान और संगठन के लिए हमें स्वयं अपनी ही संस्थाएँ निर्माण करनी पड़ेंगी। इस दिशा में हम किसी दल विशेष के समर्थक नहीं किन्तु एक कभी न झुकने वाली राष्ट्रीयता के समर्थक होंगे, फिर वह चाहे दायें दीख पड़े या बायें उसके दर्शन हों। क्या हम भूल जायँ कि हमने अपने ही आदमियों को कोसा और जिन चालों को करने का हम औरों पर दोष लगाते रहे उन्हीं चालों से हमने अपने साथियों को कोसा, पवित्रता और असहयोग का नाम लेकर हराया, हमने चाहा, कि लोग हमारी ही तरह पीवें, हमारी ही तरह सोवें, बैठें-उठें और चलें-फिरें। ईश्वर की दया से हमारे हाथ में सत्ता न थी, कभी सत्ता होती तो कदाचित् पवित्रता के अवतार हम, अपने राजनैतिक विरोधियों के साथ वही व्यवहार करते, जिस व्यवहार के लिए हम विदेशी शासन की निन्दा करते हैं।" आज (6-4-83) से लगभग 58 वर्ष पूर्व लिखी गयी ये पंक्तियाँ क्या किसी ऐसे व्यक्ति की नहीं प्रतीत होतीं जिसकी मानव और परिस्थिति के मनोविज्ञान में गहरी पैठ हो और जो भविष्य को, उसके वर्तमान बनने से काफी पहले पहचान लेता हो।

माखनलालजी आजीवन कांग्रेसी रहे, आस्तिक रहे और प्रगतिशील मूल्यों के जन्मदाता रहे। जो बातें आज परस्पर विपरीत दिखाई देती हैं, उनकी आन्तरिक संगति की उन्हें परख थी। वे स्वाधीनता, समानता और भ्रातृत्व के समवेत

अवतरण का युद्ध लड़ रहे थे। उनकी राजनीति वैयक्तिक सत्ता, निजी उत्कर्ष की कभी नहीं रही, यही वजह है कि उनकी निर्भीकता और 'सच' को समझने, पाने और संप्रेषित करने का उनका सामर्थ्य आजीवन अक्षुण्ण रहा। 'कर्मवीर' इसी निर्भीकता, इसी सामर्थ्य की अभिव्यक्ति था। इसीलिए वह जन-जीवन का लाड़ला था, केवल दल विशेष के लोग ही उसे नहीं पढ़ते थे। वह जितनी तीक्ष्णता से ब्रिटिश शासन के पायों पर आक्रमण करता था उतनी ही तीक्ष्णता से उन लोगों को चुनौती देता था, जो देशद्रोह और उत्कोच और शोषण का घृणित खेल खेलते थे। माखनलालजी के भीतर एक जाग्रत 'मनुष्य' था, शुद्ध मनुष्य, वह हिन्दू, मुसलमान, सिक्ख, ईसाई (या जो भी हो) सबके पास अपने मनुष्य को लेकर जाते थे और उनके 'मनुष्य' से पहचान बना लेते थे। अपनी कभी खत्म न होने वाली आत्मीयता की वजह से उन्हें इसमें कोई परेशानी नहीं होती थी, वे सबका विश्वास जीत लेते थे, 'कर्मवीर' के 'ईद का समय' (13-6-25), 'सिक्खों की विजय' (18-7-25) जैसे अग्रलेखों को पढ़कर देखें। 'कर्मवीर' अपने समय का विश्वास-सेतु था।

व्यक्ति की भीतरी बुनावट को परख लेने में उनकी अंतर्दृष्टि धोखा नहीं खाती थी। पं० मोतीलाल नेहरू और सरदार विट्ठलभाई पटेल का यह स्वभाव-चित्र दिलचस्प है—

पं० मोतीलालजी का प्रभाव रहा है, उन्होंने सरकार का विरोध करते समय सरकारी पताकाओं को कई बार उलझा दिया है किन्तु लड़ने के समय एक लड़ाकू की हैसियत से नहीं, एक राजनैतिक सरदार की हैसियत से नाम पाया। वे कूट-नीति का जवाब कूटनीति से देने में और गांभीर्य को कायम रखकर बोलने में सफल रहे हैं।

रहे विट्ठलभाई। देश जानता है कि खुला और बिना झुका विरोध उनका बाना रहा। वे जब लड़ने खड़े होते तब विरोधी को सँभलने का बिल्कुल अवसर न देते। उन्हें अपनी बात कहने में न राजनीतिकता का आडम्बर अटका पाता, न दल का दबाव उन्हें झुका पाता। वे अपनी बात कहने में ऐसे स्थान पर खड़े होते जहाँ बलवाई और वैध लड़ाक के बीच की अन्तिम सीमा होती···

[कर्मवीर, 29-8-25]

किसानों और श्रमिकों के प्रश्नों और उनकी समस्याओं पर भी 'कर्मवीर' में जितनी सूक्ष्मता से विचार किया गया है उतनी सूक्ष्मता से उस युग की पत्रकारिता में कम ही मिलेगा। दर्जनों लेख हैं इन विषयों पर।

अपनी उदात्त मानवीयता के कारण उन्होंने एक ऐसे राष्ट्रीय चिन्तन को जन्म

दिया है, जिसे अन्तर्राष्ट्रीय राष्ट्रीयता कहा जा सकता है। इस विचार-भूमि का गहन विश्लेषण अपेक्षित है, यह उनके साहित्य की भी अत्यन्त उल्लेखनीय विशेषता है और प्रासंगिक भी।

माखनलालजी की सम्पादन-दृष्टि स्पष्ट थी। एक भेंट में उन्होंने बताया था कि उनकी दृष्टि से गंभीरता से विचारणीय बातें ये हैं—

(1) 'कर्मवीर' संपादन और 'कर्मवीर' परिवार की कठिनाइयों का उल्लेख न करना।
(2) कभी धन के लिए अपील न निकालना।
(3) ग्राहक सख्या बढ़ाने के लिए 'कर्मवीर' के कालमों में न लिखना।
(4) क्रान्तिवादी पार्टी के खिलाफ गांधीजी के (भी) वक्तव्य छापने से इन्कार करना।
(5) सनसनीखेज खबरें कभी न छापना।
(7) विज्ञापन जुटाने के लिए किसी आदमी की नियुक्ति न करना।

आप देखिये जिसे लोग व्यवसाय मानते हैं, उसी पत्रकार-कला में इतने ऊँचे आदर्श को रखना कितना कठिन कार्य है?"

[यात्रा-पुरुष, पृष्ठ 85]

अखिल भारतीय पत्रकार परिषद् के सभापति पद से भाषण देते हुए पं० माखन-लाल चतुर्वेदी ने ये भविष्य बन जाने वाली पंक्तियाँ भी कही थीं।

[भरतपुर, 17 अक्टूबर, 1939]

आज के दैनिक, साप्ताहिक, मासिक आदि पत्रों का संचालन, कला भले बन गया हो किन्तु वह अभी तक व्यवसाय नहीं बन पाया है। व्यवसाय का लाभ उठाना और लखपति हो जाना इस कला के भाग में नहीं है। जिस दिन यह कला अथवा यह व्यवसाय पूरा खर्च जाकर चार-पाँच फीसदी सालाना का भी निश्चित लाभ देने की योग्यता प्रगट करने लगेगा, उस दिन देश के धनिक इस व्यवसाय में अपना लाखों रुपया लगा देंगे और उनकी धन की और कीर्ति की, दोनों प्रकार की दूकानदारियाँ उनके अपने मुनीमों के बल पर मजे में चलने लगेंगी। किन्तु संकट, जुर्माने, नजरबन्दी, तलाशी और कारागार के बल पर चलायी जाने वाली वह कला आज तो धर्म ही कही जा सकती है। अभी धर्म की सीमा को वह लाँघ नहीं पायी···

[चिन्तक की लाचारी, पृष्ठ 122]

माखनलालजी कभी-कभी किसी विशेष कारणवश अग्रलेखों के नीचे नाम भी दे देते थे। जहाँ ऐसा किया गया है वहाँ नाम रहने दिया है।

अनुक्रमणिका

अग्रलेख : टिप्पणी

अग्रलेख : टिप्पणी–2

मैंने तो जर्नलिज्म में साहित्य को स्थान दिया है। बुद्धि के ऐरावत पर म्युनिसिपल कूड़ा ढोने का जो अभ्यास किया जा रहा है अथवा ऐसे प्रयोग से जो सफलता प्राप्त की जा रही है उसे मैं पत्रकारिता नहीं मानता। निन्दा और स्तुति के ग्राहकों को छोड़कर केवल गुणग्राहकों का समूह रह जाता है जिन पर पत्र चलाना पड़ता है। इतना धीरज और पाबन्दी स्वीकार करनी पड़ती है—तब भी केवल साप्ताहिक पत्र पर जीवन-यापन का उदाहरण केवल 'कर्मवीर' है··· मैंने उसके द्वारा सरकार की कठोर से कठोर आलोचना की है। जब राजाओं और प्रजाओं की लड़ाई रियासतों में चलती थी तब प्रजा का सहायक था; पर ब्रिटिश सरकार और राजाओं की लड़ाई में राजाओं का सहायक रहा हूँ। सबसे बड़ी बात तो यह रही है कि 'कर्मवीर' के संचालन के लिए मैंने खण्डवा जैसे छोटे से स्थान को चुना जो प्रान्त के कोने में है।

यद्यपि अब युग बदल गया है पर मुफ्त में पढ़ने की पद्धति हिन्दी से अधिक किसी भाषा में नहीं।···रोटी, कपड़े, शराब और शौक की चीजों का मूल्य तो वह देता है पर ज्ञान और ज्ञान-प्रसाधन का मूल्य चुकाने को तैयार नहीं। हिन्दी का सबसे बड़ा शत्रु यही है। उदाहरण के लिए मराठी के पत्र लखपतियों के हाथों में नहीं गये; तमिल, तेलगु और कन्नड़ के पत्र नहीं गए परन्तु हिन्दी के दैनिक गए। और यह सब इसलिए किया गया कि जब हिन्दी के पत्र ब्रिटिश साम्राज्य का मुकाबला कर रहे थे तब मित्र याने पाठक आगे नहीं आये। आज भी यदि कुछ पत्र जीवित हैं तो मनस्वियों की दृढ़ता से। दु:ख है कि सारे क्रान्तिवाद, प्रगतिवाद और न जाने किन-किन वादों के रहते हुए हमने अपनी इस महान कला को प्राय: पूंजीपतियों के चरणों में अर्पित कर दिया।

—माखनलाल चतुर्वेदी

'कर्मवीर' का जन्म[1]

'कर्मवीर' का जन्म हो रहा है। ऐसे समय कुछ कहने की प्रथा है, किन्तु मैं तो फिर भी यही कहूँगा कि कहकर दिखाने के लिए पास कुछ भी नहीं है। इसके सिवाय यदि गत 16 वर्षों के नम्र प्रयत्न अभी तक कुछ नहीं कर सके, तो आज की दो-चार पंक्तियाँ क्या कह देंगी। हाँ, क्षेत्र की कठिनाइयों और बेसमझियों को हटाने और स्पष्ट करने के लिए जो कुछ कहना आवश्यक है, वह यह—

दोष हों या गुण, हमें यह बात स्पष्ट कहनी चाहिए कि राष्ट्र की सेवा के सन्मुख किसी दल विशेष का कोई पक्ष हमारे पास न होते हुए भी, हमारे सामने असहयोग जीवन का एक हिस्सा, जरूरत की आवश्यक पूर्ति और राष्ट्रीयता का एक अग्रगामी स्वरूप है। शासन प्रणाली के पापों और अत्याचारों से झगड़कर किसी भी अन्य देश के हमें पराधीन बनाये रखने वाले मीठे और कड़वे, सादे और तीक्ष्ण सब प्रकार के सम्बन्धों को तोड़ना, अपनी तथा अपने देश की उस कमजोरी का अन्त करना जो राष्ट्र को हानि पहुँचाकर व्यक्ति को महत्त्व देती है, और जो हमारे आडम्बर, अभिमान, आकर्षण और अज्ञान को उभाड़कर, हमें देश की महान् शक्तियों का संयुक्तकारी और निर्माणकर्ता बनाने के बजाय, देश के टुकड़े-टुकड़े करने वाला साबित करती है, और अपने देश की स्वाधीनता और अपने हृदय के विकास की सबलता को हर स्थान पर आगे बढ़ाना और उस स्वाधीनता को किसी भी कीमत पर भगवान का स्मरण रखते हुए बेचने को तैयार न होना, यही हमारा उद्देश्य है।

---

1. 17 जनवरी, 1920 को प्रान्त को आवश्यकता और आकांक्षा के अनुसार 'कर्मवीर' का प्रारंभ, सर्वप्रथम, जबलपुर से हुआ था। पं० विष्णुदत्त शुक्ल एवं पं० माधवराव सप्रे जैसी उस युग की महान् विभूतियाँ उसकी संप्रेरक थीं। 1921 में पं० माखनलाल चतुर्वेदी की राजद्रोह के अपराध में गिरफ्तारी और बाद में जेल जाने पर उसकी अर्थ-व्यवस्था डगमगा गई। कुछ दूसरे प्रश्न भी उठे और 'कर्मवीर' बन्द हो गया।

   4 अप्रैल, 1925 से रामनवमी के शुभ दिन 'कर्मवीर' दुबारा प्रकाशित हुआ। इस बार यह खण्डवा से निकला। अब यह पं० माखनलाल चतुर्वेदी का निजी प्रकाशन था। 11 जुलाई, 1959 को उनके संपादन में 'कर्मवीर' का अन्तिम अंक प्रकाशित हुआ था। बाद में यह उस समय तक पं० ब्रजभूषण जी चतुर्वेदी के संपादन में निकलता रहा किंतु नये युग की व्यावसायिक प्रतिद्वन्द्विता में वह ठहर न सका। —(संपादक)

कविवर रवीन्द्र ने कहा, वंशी केवल बजाने की चीज है; उसमें स्वर है दिशाओं में उन्माद भर देने वाला, उसका उपयोग केवल बजाने ही में करो। हम यह मानते हैं; यदि काबू चले तो यही, केवल यही करना भी चाहते हैं। इससे भिन्न करना हमें भी जीवन का श्राप हो रहा है। किन्तु जब रण-घोषणा हो उठेगी तब भगवान का संकेत आपके हृदय में स्फुरण पैदा करने लगेगा, जब आपकी पुकार हो उठेगी तब आप क्या करेंगे ? प्यारी वंशी फेंकी नहीं जाती। हम सन्ध्या को लौटकर उसे बजाते हैं और सबेरे जब संग्राम में जाते हैं तब, सब सैनिकों को एकत्र करने के लिए उसी छः छेद वाली बाँस की वंशी से नगारे पर चोट लगाते हैं। यह अपराध इस गरीब देश के निवासियों को करना पड़ रहा है। और न जाने कब तक करना पड़े। आप देश में स्थायी स्वाधीनता दीजिये और फिर देखिये कि वंशी किस तरह चैन से बजाने ही के काम आ रही है।

राजनीति में, हमारा विश्वास है, कि देश के अभ्युत्थान और संगठन के लिए हमें स्वयं अपनी ही संस्थाएँ निर्माण करनी पड़ेंगी। इस दिशा में हम किसी दल विशेष के समर्थक नहीं, किन्तु एक कभी न झुकने वाली राष्ट्रीयता के समर्थक होंगे; फिर वह चाहे दायें दीख पड़े या बायें, उसके दर्शन हों। क्या हम भूल जायँ कि हमने अपने ही आदमियों को कोसा और जिन चालों को करने का हम औरों पर दोष लगाते रहे, उन्हीं चालों से हमने अपने साथियों को, पवित्रता और असहयोग का नाम लेकर हराया, हमने चाहा कि लोग हमारी ही तरह पानी पीवें, हमारी ही तरह सोवें, बैठें, उठें और चलें-फिरें। ईश्वर की दया से हमारे हाथ में सत्ता न थी, कभी सत्ता होती तो कदाचित, पवित्रता के अवतार हम, अपने राजनैतिक विरोधियों के साथ वही व्यवहार करते, जिस व्यवहार के लिए कि हम विदेशी शासन की निन्दा करते हैं।

लोग असहयोग की रुकावट पर प्रसन्न हैं। वे अपने स्वार्थ के लिए पूंजी बढ़ाते और शासनकर्ताओं की चरण-वन्दना करते हुए कहते हैं, अब तो असह-योग नष्ट हो गया है। मानो अब राष्ट्र के प्रति विश्वासघात करने का लायसेन्स मिल गया है। हम उनसे कह देना चाहते हैं कि हम और हमारा देश जिस दिशा में भी जा रहे हों, हम राष्ट्र की आजादी को प्राप्त करने की दिशा में हैं। हमें आज रुकना पड़ा है क्योंकि हममें से कुछ, राष्ट्र के लिए अधिक लाभ का सौदा सोचकर राष्ट्रीय सभा को छोड़कर एक तरफ चले गये हैं। संभव है, वे असहयोग के पथ में भूले हों, यह भी संभव है वे आजादी के रास्ते मे भटकते हों किन्तु यह बात हृदयहीन प्रचारकता है कि हमारे साथियों का ईमान, उनका निश्चय, देश की आजादी के लिए उनके हृदय में रहने वाला भाव बदल गया। ऐसा कहना एक गाली है, जो चाहे देश के मनचलों के द्वारा दी जाय या विदेशी शत्रुओं के द्वारा, राष्ट्र कभी बर्दाश्त नहीं करेगा। हम असहयोग का अन्त, आजादी के प्रथम होना

सम्भव नहीं समझते। हमारी नम्र धारणा है कि आजादी के प्रथम, विदेशी राष्ट्रों के प्रति हमारे हृदय व जबान और क्रिया में, मनसा-वाचा-कर्मणा में, असहयोग का अन्त हो जाना, हमारे इतिहास का, हमारी महत्वाकांक्षा का और हमारे सुनहले भविष्य का, जो अगणित कष्टों की माँग करता हुआ हमारी ड्योढ़ी पर है, अन्त हो जाना है। असहयोगियों अथवा राष्ट्रीयतावादियों का कोई दल, ऐसा नहीं कर सकता। असहयोग का मरण असम्भव है। वह विष्णु की तरह अवतार धारण करेगा, सेनानियों की तरह पैंतरे बदलेगा और तपस्वियों की तरह बार-बार अपने पथ के कष्टों को निर्माण कर आत्म-परीक्षण करेगा। वह प्रेम की तरह चिरंजीव, तेज की तरह चमकता हुआ और ईमान की तरह उज्ज्वल है।

वह जमाना नेत्रों के सन्मुख है, जब 'कर्मवीर' पत्र का जन्म जबलपुर से हुआ था। मध्यप्रदेश की स्फूर्ति पं० विष्णुदत्त जी शुक्ल के नेतृत्व में प्रदेश अभूतपूर्व गति से आगे बढ़ रहा था और उनके साथ थे प्रान्त के उस समय के उदीयमान कर्मण्य श्रीमान सेठ जमनालाल जी, वयोवृद्ध दीवान बहादुर वल्लभदासजी, श्रीयुत ब्यौहारजी तथा स्व० गोविन्दलालजी पुरोहित आदि सज्जन। इन पंक्तियों के लेखक ने खंडवा और पूज्य पं० माधवराव जी सप्रे ने रायपुर, इसी राष्ट्रीय कार्य की सेवा के लिए, प्रान्त को जगाने और उसमें अत्याचारों से लड़ने की भावना पैदा करने के लिए छोड़ा था। आज मैं नम्रता से उन सज्जनों को धन्यवाद देता हूँ जिनके संसर्ग और प्रयत्न से प्रान्त ने जाग्रति के वे सुनहले दिन देखे।

पूज्य पं० माधवलालजी सप्रे और श्रीयुत गणेशशंकरजी विद्यार्थी मेरा मौन से बैठना अपराध समझते थे। श्रीमान् दीवान बहादुर वल्लभदासजी तथा पं० काशीप्रसादजी पाण्डे के सौजन्य का मुझे स्मरण है, वे चाहते थे कि मैं जबलपुर के 'कर्मवीर' पत्र और प्रेस की जिम्मेवारी को पुन: अपने सिर पर ले लूँ। किन्तु मैंने अपनी कठिनाइयों को देखते हुए जबलपुर के प्रेस और पत्र से भिन्न, खंडवा में ही पत्र और प्रेस कायम करना उचित समझा और उन्होंने प्रदेश की जाग्रति के इस नये उद्योग में मेरे कठिन पद को सरल बनाने में (मुझे) उत्साहित किया। पहले मेरा विचार था कि पत्र का नाम 'कर्मयोगी' रहे किन्तु जबलपुर के 'कर्मवीर' के बन्द हो जाने के पश्चात् मैंने और पंडित माधवरावजी सप्रे ने यहीं उचित समझा कि प्रान्त के पत्र का वह नाम और श्री स्वर्गीय शुक्लजी की स्मृति ही कायम रखी जाय और किसी नये नाम की सृष्टि न करके पत्र का नाम 'कर्मवीर' ही रहे।

जबलपुर का 'कर्मवीर' बाधाओं से खाली और सुविधाओं से पूर्ण था। खंडवा का 'कर्मवीर' इससे ठीक उलटी अवस्था का पथिक है। जिन मित्रों की भुजाओं, और थैलियों को इस 'कर्मवीर' के जन्म का श्रेय प्राप्त है हम उन्हें हृदय से धन्यवाद देते हैं।

हम इसी समय, हमसे जाने और बेजाने होने वाले अपराधों के लिए, अपने मित्रों से क्षमा माँगते हैं और उन्हें विश्वास दिलाते हैं कि उन पर होने वाले प्रहारों का पहला वार सहने के लिए, 'कर्मवीर' की शक्तियाँ सदैव प्रस्तुत रह सकें ऐसा उद्योग करने का हमारा विचार है। 'कर्मवीर' के जबलपुर के प्रयत्न की सफलता पूज्य सप्रेजी का आशीर्वाद तथा मेरे अनन्य हृदय ठाकुर लक्ष्मणसिंह और पंडित सिद्धनाथ लोंढ़े की सदैव तत्पर सेवाएँ रहीं। सिद्धनाथ जी को तो आज भी सेवा का भार सौंप दिया गया है।

प्रान्त के तरुणों से, जिनमें अपने स्वप्नों को सच कर दिखाने का, अपने जमाने को आन्दोलन के बल पर अनुकूल कर लेने का और निष्पाप हृदय होकर देश और प्रदेश की सेवा करने का बल है हम क्या कहें ! चाहे लेखक हों या कवि, संवाददाता हों या वक्ता, राष्ट्रीय कार्यकर्ता हों या सामाजिक अथवा साहित्य सेवक, 'कर्मवीर' उनकी अपनी चीज है। राष्ट्र और प्रदेशों के निर्माण करने तथा दोषों के संहार के लिए उनके उड़ते हुए मस्तिष्कों, स्फुरण करती हुई भुजाओं और दलों की दलदल से ऊँचे रहने वाले पवित्र हृदयों की ओर हम आशा-भरी दृष्टि से देख रहे हैं। वे आवें और युग-परिवर्तन के अपने कार्यों से, एक उभड़े हुए उतावले की दृष्टि से नहीं, शान्त कर्मण्य की तरह, 'कर्मवीर' का हाथ बटावें। हम गरीबी का गर्व करते हुए निश्चिन्त हैं, क्योंकि हम सोचते हैं कि कुचलने वाली भुजा के हमारे पास पहुँचने के बहुत पहले, सरस्वती की आराधना के इस गरीब झोंपड़े पर डाका पड़ने ने कहीं प्रथम लक्ष्मी के मन्दिर के उपासक तरुण और वृद्ध अपनी सहायता से 'कर्मवीर' के क्षेत्र को हरा-भरा बनाये रहेंगे। आइये, गरीब और अमीर, किसान और मजदूर, उच्च और नीच, तथा जित् और पराजित भेदों को ठुकराइये। प्रदेश में राष्ट्रीय ज्वाला जगाइये। और देश तथा संसार के सामने अपनी शक्तियों को ऐसी प्रमाणित कीजिये, जिसका आने वाली सन्तानें, स्वतन्त्र भारत के रूप में गर्व करें।

प्रभु करें, सेवा के इस पथ में; मुझे अपने दोषों का पता रहे; और आडम्बर, अभिमान और आकर्षण मुझे पथ से न भटका पावें।

[4 अप्रैल, 1925]

धूमकेतु का पुनरोदय

मूर्ति-पूजक अपने ही हाथों मूर्ति का निर्माण करता है, और फिर उसी मूर्ति को प्रत्यक्ष मानकर उसकी आराधना करने लगता है। भारत सरकार का भी यही हाल है, वह अपने दमन से, अपने विवेक और बल को काबू में न रख सकने

वाले युवकों को षड्यन्त्रकारी बन जाने देती है, और फिर उन्हीं से डरने लगती है। मूर्ति-पूजकों और सरकार में एक विरोध भी है। वे अपनी प्रतिमा के प्रति श्रद्धा प्रगट करते हैं और उसको जरा भी टूटने नहीं देते, उस पर आक्रमण नहीं होने देते। सरकार अपने दमन के स्वाभाविक परिणामों—अराजकों—को अपना शत्रु मानती है और उनको सर्वदा कुचल डालना अपना कर्त्तव्य समझती है। उन लोगों को, जिनका वृत असन्तोष पर और निश्चय क्रोध पर अवलम्बित है, मीठा हाथ, सौम्य उपदेश और भाईचारा दिखाने के बदले उन्हें कुचला जाता है। तमोगुण की रगड़ खाकर तमोगुण भी सतोगुण बन सकता है? एक ओर की दण्डाज्ञा और फाँसी, कानून और व्यवस्था के नाम पर होती है, दूसरी ओर का शत्रुओं से बदला भँजाने और देश को क्रूरताओं से मुक्त करने के लिए? देश के शासन की जिम्मेवारी और इतिहास का बोध अपनी पीठ पर रखनेवाला हाकिम सतोगुण और रहम को अपने से कोसों दूर रखता है, तब उमड़े हुए तरुण से कौन उम्मीद करे कि उसकी जबान, कलम, और सबसे जियादह, उसकी भुजा उसके काबू में रहे!

केवल वही इस बात की उम्मीद कर सकता है जो स्वयं अत्याचारी न हो। जिसका शासन प्रेम का, अपनेपन का शासन हो। सरकार जब हार गई और खुदीराम, कन्हाईलाल, मदनलाल आदि को शूली पर लटका चुकी तब भी युवकों की कार्यधारा, ठीक रास्ते पर न आई। तब बनारस हिन्दू विश्वविद्यालय के शिलारोपण के समय गांधी ने अराजकों को पुकारा। उसकी धीमी आवाज में से बहुतों को गोले-गोलियाँ बरसते हुए दिखाई दिये, बैठे हुए कई महाराजा व्याख्यान मंच पर से उठकर चल दिए, बहुतों ने कहा, "हाय!" गांधी तो स्पष्ट अराजकता का उपदेश कर रहा है और भारत के प्रति अनहित कर रहा है।" किन्तु 'अराजकता' के उस उपदेशक ने कहा क्या था? उसके कथन का सारांश शायद यह था—तुम्हारी शक्ति की और मातृभूमि के प्रति तुम्हारी लगन की मैं प्रशंसा करता हूँ किन्तु उस शक्ति का तुम जिस दिशा में उपयोग कर रहे हो उसकी मैं निन्दा करता हूँ। उसका तो मुझे दुःख है। मैं कहता हूँ, गलत रास्ते में मत जाओ और शान्त रास्ते से मातृभूमि की अधिकाधिक सेवा करो, और इसी 'अराजक' ने जब असहयोग आन्दोलन के जमाने में हथियार फेंकने को कहा, तब बंगाल के सब तरुण अहिंसात्मकता के सिपाही हो गये। जो बात तमोगुण की सेना के नग्न नृत्य से नहीं हुई, उसे सतोगुण की एक सूरत ने सच साबित कर दिया। उसे चाहे 'अराजक' कहिये!

दमन के बढ़ते ही फिर सतोगुणी वृत्ति का पतन हुआ। गोपीनाथ शाहा की सूरत सामने आई। फाँसी दी गई और उसके बाद और भी गिरफ्तारियाँ हुईं। देशबन्धु ने गोपीनाथ की देश-भक्ति को सराहा। गांधी ने कहा, "ना, यह समय

नहीं। हत्या की निन्दा ही होनी चाहिए।" अहमदाबाद की आल इण्डिया कांग्रेस कमेटी के निर्णय पर गांधी डेढ़ दमड़ी का संत, लँगोटी, वाला ज्ञानहीन महात्मा आदि कहा गया। जोर का बल दिया जा रहा था कि गांधी हमारे देश की वीरता को नष्ट कर रहा है, वह हमारी फौजी भावना को गिरा रहा है। किन्तु समय ने पलटा खाया और देशबन्धु के मुख से आज हम सुन रहे हैं कि देश को अशान्ति के पथ से कभी आजादी नहीं मिल सकती। उन्होंने कड़े से कड़े शब्दों में हिंसा की निन्दा की है। वे प्रत्यक्ष हत्या करने वाले गोपीनाथ के प्रस्ताव के समय कुछ और थे, और आज कुछ और हैं, उस रोज केतु का उदय सरकार पर था, आजकल षड्यन्त्रकारियों पर। उस समय शान्ति का जमा हुआ जलवायु उलट-पुलट कर दिया गया, आज उस जलवायु की बार-बार शपथ खाई जा रही है।

किन्तु ज्यों-ज्यों शान्ति की चर्चा की जा रही है, इस कृत्रिम चर्चा से लोगों का जी ऊबता है। इसीलिए नहीं कि लोग शान्ति नहीं चाहते, किन्तु इसलिए कि आज हमारे देवदूत के मुख से नरमों से भी अधिक नम्र शब्दों में शान्ति की आराधना का गान हो रहा है। कल क्या हो सो हरि जाने।

इस विषय पर हमें स्वामी सत्यदेव की बातें अधिक समर्थक मालूम होती हैं। उन्होंने क्रान्तिकारक मित्रों को जो जवाब दिये वे अधिक पटने वाले थे। उन्होंने कहा—"यह कल्पना ही गलत है कि देश पर मुट्ठी भर अंग्रेज शासन करते हैं। एक संगठित देश-भक्त कौम, देश पर शासन करती है। राजा या मन्त्री की मृत्यु के पश्चात् भी कभी वहाँ गड़बड़ नहीं होती।" उन्होंने यह भी कहा—"जब तक देश का दो-तिहाई भाग तुम्हारे साथ नहीं तब तक तुम्हें इस तरह लड़ने का अधिकार नहीं। उन्होंने एक बात यह भी कही, कि ये, लोगों के प्राण ले लेने और चढ़ाई करने के खेल, 17वीं सदी में कोई परिणाम पैदा कर सकते थे, आज इन खेलों का कोई मूल्य नहीं।

किन्तु जैसा कि अमृतबाजार पत्रिका ने कहा है, दासबाबू की ये समस्त बातें, जिसमें कि फरीदपुर राजनैतिक परिषद का भाषण भी है, समुद्र पार के प्रभुओं और लार्ड बर्कनहेड महोदय के लिए है। फरीदपुर के भाषण के तीन हिस्से हैं। पहिले में स्वराज्य को सेल्फ गवर्नमेण्ट और स्वतंत्रता (इंडिपेंडेंस) से ऊंची वस्तु साबित करने की चेष्टा की गई है। किन्तु स्वराज का कोई स्वरूप नहीं बताया गया। दूसरे भाग में प्रकारान्तर से वे ही बातें कहीं गई हैं जो हम डेढ़ सप्ताह प्रथम, भारत के हितचिन्तक, और निर्वासित अंग्रेज सम्पादक श्रीयुत हार्निमन के पत्र में पढ़ चुके थे और तीसरी बात जो हम सुनते हैं वह है बार-बार दुहराई हुई षड्यन्त्रकारियों की निन्दा, जो लार्ड बर्कनहेड के द्वार पर बार-बार खाई जाने वाली शपथ सी मालूम होती है और इस चर्चा के साथ धीरे-धीरे देश में बढ़ने

वाले दमन की एक लम्बी फेहरिस्त है जिसे न तो हम नेतृत्व का लक्षण, न स्वराज की स्कीम, न भारतीयों की योग्यता की दलील कह सकते हैं। वह तो इतिहास का एक संकलन मात्र है।

दास बाबू ने अपने भाषण में स्वराज की करते हुए कहा कि, "सरकार एक तो अपनी मनमानी चलाने के कानूनी अधिकार को छोड़ दे और सभी राजनैतिक कैदियों के लिए मुआफी की घोषणा कर दे। दूसरे, ब्रिटिश साम्राज्य के अन्तर्गत हमारे स्वराज्य के अधिकार को पूर्णतया स्वीकृत कर ले, और पूर्ण स्वराज के होने तक, स्वराज की काफी बुनियाद डाले। यह बुनियाद न केवल सरकार और भारतीय जनता के बीच ही तय होगी, वरन देश की भिन्न-भिन्न जातियों अर्थात यूरुपियनों और एंग्लों-इंडियनों के बीच में भी तय होगी।" देशबन्धु के इस भाषण की, एंग्लोइण्डियन अखबारों ने प्रशंसा की है। और वह इसलिए कि देशबन्धु पूर्ण स्वराज की सरकार से केवल घोषणा कराना चाहते हैं। 'क्रान्तिबल' कहता है कि सन् 1857 की महारानी की घोषणा से लगाकर आज तक ब्रिटिश राज-नीतिज्ञों ने क्या कम घोषणाएँ की हैं? घोषणाओं से तो सरकारी मुहाफिजखाना भरा हुआ है। इच्छा होते ही, एक और लीजिए!

देशबन्धु अपनी माँग में नरमों से भी नीचे गिर गये हैं। वे स्वराज आज नहीं चाहते, केवल स्वराज की घोषणा चाहते हैं और यदि उन्हें विश्वास हो जाय कि आत्म-प्राप्ति, आत्म-उन्नति और आत्म-पूर्ति के लिए (वर्तमान सुधार) कानून ?, लोगों को वास्तविक अधिकार दिये हैं तो वे सरकार के साथ निःसंकोच सह-योग करेंगे। किन्तु नरमों के कनवेंशन ने, श्रीमती बेसेंट के जिस 'कामन वेल्थ ऑफ इण्डिया' बिल (स्वराज योजना) को, पार्लियामेण्ट में पेश करने के लिए स्वीकृत किया है उसमें आज ही कितने अधिक की माँग की गई है।

देशबन्धु की यदि कोई विशेष शर्त है तो वह है सब राजनैतिक कैदियों को छोड़ देने की। किन्तु यदि सरकार सब राजनैतिक कैदियों को छोड़ दे, तो वे देशभक्त आकर यह पूछेंगे कि बताइये सरकार के साथ सहयोग करके आपने क्या कमाया है? तब देशबन्धु कौन्सिल चेम्बर से शायद वर्तमान शासन विधान की ओर उँगली उठा देंगे।

फरीदपुर के प्रस्तावों को देखने से ज्ञात होता है कि वे भी, देशबन्धु के भाषण की सीमा नहीं लाँघने पाये। शायद लाँघ जाते किन्तु सुनते हैं, विषय निर्वाचिनी में देशबन्धु स्तीफा देने पर तैयार हो गये। अतः लोगों ने झगड़े को दूर तक न जाने देने की बुद्धिमानी दिखाई।

देश का सौभाग्य है कि हममें स्वराजवादिता और कट्टरता साम्प्रदायिकता के प्रति शिथिलता की बढ़ती जा रही है और लोग राष्ट्रवादी भारतीय के नाते आगे बढ़ रहे हैं। साम्प्रदायिकता के परिणामस्वरूप असहयोग के युग में हमने

महन्तों और तपस्वियों की सृष्टि देखी और आज स्वराजवादिता के रूप में हम देशबन्धु को श्रीमान शास्त्री, सप्रू और श्रीयुत चिन्तामणि के भी पीछे खड़े देख रहे हैं। इस बात को न तो स्वराजवादी और न असहयोगी तरुण ही गवारा करेंगे। साथ ही देश के तरुण यह अनुभव करेंगे कि लुक-छुपकर की जाने वाली मारकाट स्वाधीनता का दिव्य पथ नहीं है। तब हमें यह आशा करनी चाहिये कि राष्ट्र के उपासकों की ऐसी मूर्तियाँ मस्तक ऊँचा करेंगी जिन्हें देश में स्वतन्त्रता की और उससे कम किसी चीज की हरगिज जरूरत न होगी। इस पथ में, आजादी से मस्तक उठानेवाले का, निरुपद्रवी होने पर भी सर कुचल दिया जायगा, हम यह जानते हैं। किन्तु न डिगने वाले निश्चय, और ईश्वर के सिवा किसी को न झुकने वाले सिर को उठाकर जब हम मिटने के लिए चल पड़ेंगे, तभी हमें आजादी का दर्शन होगा।

[9 मई, 1925]

हिन्दुस्तान की साम्पत्तिक लूट

अंग्रेजी शासन का भण्डाफोड़

श्रीमती एग्नेस स्मेडली नाम की एक यूरोपीय महिला ने मई मास के 'माडर्न रिव्यू' में 'संसार की राजनीति में हिन्दुस्तान का स्थान' शीर्षक एक लेख लिखा है। लेख के आरम्भ में रशिया के पीटर दी ग्रेट के मृत्युपत्र का एक अंश उद्धृत किया गया है जिसमें कहा गया है कि "इस बात को कभी मत भूलो कि हिन्दुस्तान का व्यापार समस्त संसार का व्यापार है और जो देश इस व्यापार को पूरी तरह से अपने हाथ में रखे रहेगा वही सारे यूरोप का प्रमुख राष्ट्र बनेगा।"

पीटर दी ग्रेट ने जिस नीति पर जोर दिया है, वही नीति यूरोप के देशों को हिन्दुस्तान पर अधिकार जमाने की ओर प्रवृत्त करती रही है। डच, पोर्चुगीज और फ्रेंच लोगों को हटाकर इंग्लैण्ड ने अपना व्यवसाय हिन्दुस्तान पर जमाया है। नेपोलियन के साथ युद्ध से लेकर महायुद्ध के पश्चात् राष्ट्रसंघ के संगठन और अंग्रेजों-जर्मनों की सन्धि तक, सभी अवसरों पर इंग्लैण्ड का पर-राष्ट्रीय विभाग हिन्दुस्तान की ताक लगाये हुए काम करता रहा है। जिसे ब्रिटिश साम्राज्य कहा जाता है, वास्तव में वह यूरोपीय साम्राज्य नहीं है, वरन् एशियाई साम्राज्य का आधार-स्तम्भ है।

इंग्लैण्ड और हिन्दुस्थान के इतिहास में दो विचित्र बातें दिखाई देती हैं—औद्योगिक क्रान्ति के आरम्भ के समय इंग्लैण्ड निर्धन देश था, परन्तु आज वह सर्वश्रेष्ठ धनी और बलवान देश बन गया है। उसके मुकाबले में हिन्दुस्तान की

ालत क्या है ? वह आरम्भ में अमीर था परन्तु आज गरीब है। हिन्दुस्तान को छल-बल से अपने अधीन करने के पश्चात् इंग्लैण्ड ने 3 बातों की ओर विशेष रूप से ध्यान दिया :—

(1) हिन्दुस्तान के आसपास के देश. जैसे ब्रह्मदेश, मलाया, स्याम, मैसोपोटेमिया और अरब आदि पर चढ़ाई की।

(2) इंग्लैण्ड से हिन्दुस्तान आने के जल-मार्ग पर जो ढो मार्के के स्थान पड़ते हैं उन सब पर अधिकार जमाया।

(3) हिन्दुस्तान तक आने वाले खुश्कों के रास्तें पर पड़नेवाले देशों को या तो जीता या अपने अधीन किया।

वर्षों से इंग्लैण्ड हिन्दुस्तान के बंधन को दृढ़तर करता आ रहा है। उसकी इच्छा है कि इस सोने की चिड़िया को हाथ से न जाने दे। इतना ही नहीं, वरन हिन्दुस्तान के जन और धन के बल पर इंग्लैण्ड एशिया की स्वतंत्र शक्तियों से, जापान आदि से, लोहा लेना चाहता है और अपना प्रभुत्व समस्त एशिया पर जमाना चाहता है। यूरुप अथवा एशिया के भिन्न-भिन्न राष्ट्रों से इंग्लैण्ड ने जो अन्तर्राष्ट्रीय सन्धियाँ की हैं वे भी इसी एक उद्देश्य को सम्मुख रखकर की गयी हैं—हिन्दुस्तान हाथ से न निकलने पावे। हिन्दुस्तान से इंग्लैण्ड के 4-5 करोड़ लोग पलते हैं, हिन्दुस्तान के बल पर इंग्लैण्ड का अधिकार संसार-भर पर जमा है। ऐसे चिन्तामणि को क्या इंग्लैण्ड सहज ही में छोड़ देगा ?

हिन्दुस्तान से इंग्लैण्ड को होने वाले लाभों के विषय में मिस एग्नेस स्मेडले लिखती है—"जब कभी अंग्रेजों से पूछा जाता है कि आप लोग हिन्दुस्तान को अपने अधीन क्यों बनाये रखना चाहते हैं तब वे प्रायः कहते हैं कि यह गोरे लोगों का बोझ है। कभी वे ऐसा ही जवाब देते हैं जैसा कि ईजिप्ट के गवर्नर, एलडन गोर्स्ट ने सन् 1910 में दिया था। उन्होंने कहा था कि 'संसार में इंग्लैण्ड के अधीनस्थ देशों के साथ जैसा व्यवहार किया जाता है, उससे भिन्न व्यवहार ईजिप्ट के साथ नहीं किया जाता है अर्थात् उन देशों की प्रजा की भलाई का खयाल सबसे पहले किया जाता है।' इंग्लैण्ड, साम्राज्य का भारी बोझ उठाने के अपने अधिकार के लिए लड़ाइयाँ लड़ता है। और हिन्दुस्तान उसका आधार-स्तम्भ है। एक के बाद दूसरे राष्ट्र को इंग्लैण्ड अपने अधीन करता है और 'गोरे आदमी पर लदा हुआ बोझ' उठाने के अपने विशेषाधिकार के लिए एक के बाद दूसरी लड़ाई लड़ता है। परन्तु यदि साधारण रीति से ही असली कारणों की जाँच की जाय तो इंग्लैण्ड के कार्य का अर्थ ही कुछ और निकलता है।"

इंग्लैण्ड को हिन्दुस्तान से होनेवाले लाभों के तीन भाग किये जा सकते हैं :

(1) व्यावसायिक,

(2) राजनीतिक और फौजी,

(3) नैतिक, बौद्धिक और सामाजिक।

हिन्दुस्तान में खदानों, वनस्पतियों और पौधों के रूप में असीम कच्चा माल भरा पड़ा है। संसार में हिन्दुस्तान के सिवा अन्य किसी देश में सन पैदा नहीं होता।

अंग्रेजी साम्राज्य में जितना गेहूँ पैदा होता है उसका आधा भाग हिन्दुस्तान में होता है। साम्राज्य की 58 फीसदी चाय, 73 फीसदी काफी, और लगभग सभी कपास हिन्दुस्तान में पैदा होता है। संसार में सबसे अधिक चावल पैदा करने वालों देशों में हिन्दुस्तान भी है और वह विदेशों में अधिक से अधिक माल भेजता है। भूमिगर्भ की सम्पत्ति और कोयला भी हिन्दुस्तान में बहुत है। यदि हिन्दुस्तान की लूट न की जाय तो वह अपने लिए इतना माल पैदा करता है कि यहाँ के लोगों को आवश्यकता से कई गुना अधिक अन्न मिलने लगे और अकाल का नाम भी न रहे जिसके कारण प्रतिवर्ष लाखों गतप्राण होते हैं। परन्तु अंग्रेजी उद्योग धन्धों को जिन्दा रखने के लिए इंग्लैण्ड के लिए आवश्यक है कि हिन्दुस्तान के कच्चे माल पर अपना नियंत्रण चलाये और साथ-साथ शासन-सत्ता भी अपने हाथ में रखे जिससे हिन्दुस्तान का बाजार अकेले उसी के हाथ में रहे और वह पक्का माल बना सके।

हिन्दुस्तान का जितना व्यापार विदेशों के साथ होता है उसमें 64 फीसदी व्यापार इंग्लैण्ड के साथ होता है। यह अंग खुले व्यापार का है। इसके अलावा अंग्रेजी पूंजी के ब्याज और मुनाफे से इतनी रकम इंग्लैण्ड को और प्राप्त होती है जिसके बल पर इंग्लैण्ड के हजारों कुटुम्बों का भरण-पोषण चलता है। सन् 1913 में अंग्रेजों की जो पूँजी हिन्दुस्तान में लगी हुई थी वह 3,50,000 करोड़ पौण्ड अर्थात् 1,75,00,000 करोड़ रुपये थी। हिन्दुस्तान में किये जाने वाले प्रत्येक व्यवसाय के लिए लन्दन में पूँजी खड़ी की जाती है। रेलों की आवश्यकता की सभी चीजें अंग्रेजी कारखाने वालों से खरीदी जाती हैं। अंग्रेजी माल प्रायः अधिक महँगा और जर्मनी तथा अन्य देशों की वस्तुओं की अपेक्षा हल्की किस्म का आता है, पर फिर भी वहीं से खरीदा जाता है।

हिन्दुस्तान के नोटों का सुवर्णनिधि, सारा का सारा, बैंक आफ इंग्लैण्ड में रखा जाता है। इंग्लैण्ड में सोने का पाउण्ड चलता है और हिन्दुस्तान में चाँदी का सिक्का चलता है। हिन्दुस्तान सराफी बाजार इंग्लैण्ड के हाथ में है, इसलिए चाँदी के रुपयों की सोने के साथ कीमत ठहराने में इंग्लैण्ड बहुत बड़ा मुनाफा हिन्दुस्तान से कमाता है।

उद्योग-धन्धों और व्यापार-वाणिज्य से कमाये जानेवाले मुनाफे की इन बातों में सिविल या फौजी नौकरों की तनख्वाह में खर्च होने वाली हिन्दुस्तानी भूमिकर की आमदनी शामिल नहीं है। इन नौकरों की वजह से हिन्दुस्तान की

सम्पत्ति इंग्लैण्ड की ओर अत्यधिक परिमाण में खिंचती जाती है। हिन्दुस्तान के शासन के लिए इंग्लैण्ड ने एक सिविल सर्विस स्थापित की है। इसकी बड़ी-बड़ी नौकरियाँ बड़ी-बड़ी तनख्वाहों पर अंग्रेजों को दी जाती है। कुछ दिन की नौकरी के बाद प्रत्येक अंग्रेज विलायत लौट जाता है और उसे आजीवन पेन्शन मिलती है। हिन्दुस्तान से खींची जाने वाली सम्पत्ति का यह एक मार्ग है और यह वर्ष में 2 करोड़ पौण्ड या 30 करोड़ रुपये तक पहुँचता है! सर जान कैम्पबेल ने अंदाज लगाया है कि इतनी ही रकम अन्य अंग्रेज लोग अपने घर प्रतिवर्ष हिन्दुस्तान से भेजते हैं! इस तरह से यह रकम प्रतिवर्ष 60 करोड़ रुपयों के लगभग होती है! प्रतिवर्ष इतना कर भी हिन्दुस्तान इंग्लैण्ड को देता है! इसका कोई बदला हिन्दुस्तान को नहीं मिलता जिसके परिणामस्वरूप हिन्दुस्तान दिन-ब-दिन गरीब होता जाता है। यूरोप में इस अंक का जितना महत्त्व है उससे अधिक हिन्दुस्तान में है क्योंकि हिन्दुस्तान में प्रति आदमी पीछे आमदनी की औसत 4 पौण्ड आती है। जिन लोगों की रहन-सहन इतनी गरीबी की हो उनके लिए 4 करोड़ पौण्ड प्रतिवर्ष बरबाद कर देना कितना कठिन होगा! पिछले 60 वर्षों से यह धनप्रवाह-पद्धति विद्यमान है। इसके पहले ईस्ट इंडिया कम्पनी भी हिन्दुस्तान को खूब लूट चुकी है। इससे हिन्दुस्तानियों की लगातार बढ़ने वाली गरीबी और इंग्लैण्ड की अत्यधिक धन-सम्पन्नता का पता लगता है। यदि यह रकम इंग्लैण्ड में बाँट दी जाय तो प्रति अंग्रेज को 1 पौण्ड मिले। पैरिस के सोर-बोन विश्वविद्यालय के प्रोफेसर ए० डेमनजन ने 'अमरीका और संसार विजय की होड़' शीर्षक पुस्तक में जो कुछ लिखा है उससे स्पष्ट मालूम हो जाता है कि आर्थिक शक्ति की दृष्टि से हिन्दुस्तान का इंग्लैण्ड के लिए कितना मूल्य है। उक्त प्रोफेसर कहते हैं—"साम्पत्तिक लूट के लिए हिन्दुस्तान एक नमूनेदार उपनिवेश है। यह अत्यधिक सम्पत्ति वाला और घनी बस्ती से बसा हुआ है। अपने मालिकों के लिए वह धन और रक्षा दोनों है। हिन्दुस्तान के मार्फत ही ब्रिटिश साम्राज्य को अपनी श्रीवृद्धि का विश्वास है। पूर्वीय देशों से होने वाले ब्रिटिश व्यवसाय के लिए हिन्दुस्तान एक विश्राम-स्थल है। जलमार्ग की सहायता के लिए जहाजों को हिन्दुस्तान में स्थान मिलता है। फौज के लिए हिन्दुस्तान लाखों उच्चवीरता वाले सिपाही देता है। हिन्दुस्तानियों की फौजें चीन और दक्षिण अफ्रीका में इंग्लैण्ड की लड़ाइयाँ लड़ती हैं। महायुद्ध के समय हिन्दुस्तान ने 10 लाख से भी अधिक आदमी इंग्लैण्ड को दिए जिनमें एक लाख आदमी मारे गये! ग्रेट ब्रिटेन के लिए हिन्दुस्तान एक बड़ा भारी बाजार है। हिन्दुस्तान में आने वाले माल में दो-तिहाई माल इंग्लैण्ड से आता है। साम्राज्य में 51 फीसदी गेहूँ, 57 फीसदी चाय, 73 फीसदी कॉफी, और सारा कपास हिन्दुस्तान पैदा करता है। हिन्दुस्तानी खानों, कारखानों, खेतियों, रेलवे, आबपाशी के कामों में बहुत बड़ी पूंजी अंग्रेजों की लगी

है। 3500 लाख पौण्ड पर हिन्दुस्तान ब्याज देता है। ब्रिटिश नौकरों की एक बड़ी संख्या को हिन्दुस्तान नौकरी के रूप से उद्योग देता है जिनकी तनख्वाहें और बचतें प्रतिवर्ष ग्रेट ब्रिटेन में जाती रहती हैं। हिन्दुस्तान के सरकारी कर्ज का ब्याज ब्रिटिशों के खजाने में जाता है। पुराने अफसरों की पेन्शनें और शासन का खर्च इंग्लैण्ड जाता है। 300 लाख पौण्ड से भी अधिक रकम प्रतिवर्ष, ब्याज, मुनाफा, और नौकरों की तनख्वाह के रूप में हिन्दुस्तान से इंग्लैण्ड जाती है। इसके अलावा, न मालूम कितना धन इंग्लैण्ड के व्यापारी और इंग्लैण्ड के जहाज वाले हिन्दुस्तान से इंग्लैण्ड लाते हैं। एक्सप्लायटेशन—सम्पत्ति की लूट—शब्द इंग्लैण्ड के लिए पूरी तरह लागू होता है।"

इंग्लैण्ड का फौजी फायदा

कहा जा चुका है कि इंग्लैण्ड हिन्दुस्तान में अंग्रेजी और हिन्दुस्तानी फौज रखता है। सन् 1923-24 की आमदनी के अन्दाज में—जो लगभग 1330 लाख पौण्ड है,—लगभग 420 लाख पौण्ड फौजी खर्च के लिए हैं। इसी वर्ष में जापान की फौज और नौ-सेना के लिए जितना खर्च कूता गया गया है उससे भी यह खर्च अधिक है। इन अंकों के रहते हुए भी दुनिया के लोग समझते हैं कि इंग्लैण्ड फौजी देश नहीं है, उसकी तैयार फौज बहुत कम है और फौजी नौकरी उसके यहाँ अनिवार्य नहीं है! ब्रिटिश फौजी नीति का केन्द्र हिन्दुस्तान है। इस बात पर कोई विचार नहीं करता। हिन्दुस्तान की फौज लड़ाई की बुनियाद पर ही रखी गयी है। लार्ड कर्जन ने कहा था कि हिन्दुस्तान लड़ाई के लिए सदा तैयार है और एक मिनट के अन्दर ही एशिया या अफ्रीका के किसी स्थान पर हिन्दुस्तानी सेनास्त्र फेंका जा सकता है। पिछले महायुद्ध में जर्मनी को मालूम हो गया कि एशिया और अफ्रीका में नहीं वरन् यूरोप के स्वाधीन राष्ट्रों के विरुद्ध भी यह हिन्दुस्तानी क्रीतसेना फेंकी जाने के लिए तैयार रहती है।

हिन्दुस्तान की सेना में जो ब्रिटिश सिपाही नौकरी करते हैं उनका समय मुकर्रर है और वह बहुत थोड़ा है। कच्चे रँगरूट हिन्दुस्तान भेजे जाते हैं। सिपहगीरी में कौशल प्राप्त करके वे इंग्लैण्ड लौटते हैं और वहाँ की रिजर्व सेना में रहते हैं। इसका परिणाम यह हुआ है कि थोड़े ही वर्षों में लाखों अंग्रेज फौजी नौकरी के लिए योग्य हो गये। इन लोगों को हिन्दुस्तान में लाने और वापिस इंग्लैण्ड ले जाने का खर्च भी हिन्दुस्तान के खजाने से लिया जाता है।

इंग्लैण्ड का नैतिक लाभ

इस बात का अन्दाज लगाना कठिन नहीं है कि हिन्दुस्तान की इस लूट का परिणाम हिन्दुस्तान पर क्या होता होगा। पुश्त दर पुश्त हिन्दुस्तानी सिर्फ

गुलामी और असहनीय गरीबी सहन करता है जिसके परिणामस्वरूप हिन्दुस्तानी आयु-मर्यादा की औसत 23.5 वर्ष पर आ गयी है। जबकि यूरोप में वह 45 वर्ष है! इसके विपरीति इंग्लैण्ड की प्रजा, 18वीं सदी से आज तक, पुश्त-दर-पुश्त हिन्दुस्तान से सम्पत्ति पाती रही है! यह सम्पत्ति इंग्लैण्ड के अधिक वृद्धि करने वाले समाज में फैल रही है। जिसके कारण इंग्लैण्ड का बौद्धिक और आर्थिक जीवन काफी ऊँचा हो गया है। इंग्लैण्ड का नागरिक जीवन साम्राज्य की इस लूट पर ही बना है। विकास और उच्च शिक्षा के लिए जिस अवसर की आवश्यकता होती है वह इंग्लैण्ड की मध्यम और उच्च श्रेणियों के लोगों को मिलता है। इंग्लैण्ड के कवि हिन्दुस्तान की भूमि पर गिरे हुए हिन्दुस्तान के शरीर पर खड़े रहकर स्वतंत्रता और स्वाधीनता के गीत गाते हैं! इंग्लैण्ड के राजनीतिज्ञ साम्राज्य की प्रशंसा के पुल बाँधते हैं, जैसे लड़नेवाली लाश की तारीफ कीड़े करते हों। इंग्लैण्ड के नाटककार इतने ऊँचे ग्रन्थ लिखते हैं कि सारा संसार उनकी इज्जत करता है। मजदूर अंग्रेज भी इस बात को अच्छी तरह जानता है कि हिन्दुस्तान को साम्राज्य का आधार-स्तम्भ बनाये रखना आवश्यक है। रैमसे मैकडोनल्ड के मन्त्रिकाल में यह बात स्पष्ट हो गयी थी—जबकि हिन्दुस्तान के कुछ विशेष दमनकारी कानून बनाये गये थे। यही बात एक प्रमुख अंग्रेज कम्युनिस्ट (समाज-सत्तावादी) के मुख से प्रकट हुई थी। उसने एक हिन्दुस्तानी से कहा था—"हम अंग्रेज कम्युनिस्ट लोग हिन्दुस्तानी मजदूरों को मध्यम श्रेणी के नहीं बनावेंगे।" इससे स्पष्ट है कि अंग्रेज कम्युनिस्ट भी 'गोरे आदमी का बोझ' उठाने की उम्मीद रखता है। स्वतंत्र मजदूर दल के राजनैतिक विचार अग्रगामी समझे जाते हैं। पर, इस दल के विचार भी ऐसे ही हैं। एक जर्मन संगठनकर्त्ता को—मि० ए० फेनर ब्राकवे ने लिखा था कि "मैं नहीं समझता कि मजदूर सरकार हिन्दुस्तान और आयरलैण्ड को साम्राज्य से बाहर जाने देगी। मैं सोचता हूँ कि स्वतन्त्र मजदूर दल सरकार इन्हें जाने देगी यदि ये चाहें। मेरे विचार से अभी ऐसे कोई चिह्न नहीं दिखाई दिये हैं जिससे कहा जा सके कि आयरलैण्ड और हिन्दुस्तान, इंग्लैण्ड से बिलकुल स्वतन्त्र हो जाना चाहते हैं।

महाराष्ट्र प्रांतीय परिषद्

देश के लोग जागे और धीरे-धीरे काम में लगने लगे। फरीदपुर की कानफरेन्स के पश्चात् इस सप्ताह में, सतारा महाराष्ट्र प्रान्तीय राजनैतिक कान्फरेन्स की बैठक हो गयी। हम बड़ी श्रद्धा और आशा के साथ, इन परिषदों की ओर

देख रहे हैं, इसलिए कि वे राष्ट्र को नया जीवन देने में सफल हों। किन्तु दुःख है, हमारे देशवासी इस बात में सफल नहीं हो रहे हैं। सतारा कान्फरेन्स के स्वागत समिति के अध्यक्ष ने अपने भाषण में यह बात कही थी कि "सतारा देश में मेल स्थापित करने में अग्रगामी रहा है और उन्होंने यह आशा प्रगट की थी कि सतारा की वर्तमान परिषद् भी इस कार्य में सफल होगी। महाराष्ट्र प्रान्त के कुछ सज्जन, सतारा परिषद् में शामिल नहीं हुए। हम सोचते थे कि उन्होंने गलती की, और अपनी असहिष्णुता प्रगट की किन्तु सतारा परिषद् के परिणाम ने हमें भिन्न बात सोचने के लिए विवश किया। यदि हम सभापति के भाषण और परिषद् के प्रस्तावों को एक में मिला दें और जानना चाहें कि परिषद् क्या कहती है तो हमें उसका यह सार दीख पड़ता है—"महात्मा गांधी कांग्रेस से बाहर हो जायँ, कांग्रेस अपना एक राजनैतिक कार्यक्रम बनावे, सूत का मताधिकार उठाकर फेंक दिया जाय, स्वराज दल का कार्यक्रम कांग्रेस स्वीकृत कर ले, विधायक कार्यक्रम निरा अराजनैतिक है और श्रीमती बीसेंट के कामनेवल्थ ऑफ इण्डिया बिल का समर्थन किया जाता है।" परिषद् के समस्त कार्यक्रम में कहीं भी, देश को नया जीवन देने वाली, हृदयों को मिलाने वाली बात नहीं कही गयी।

महात्मा गांधी दो वर्ष तक जेल में थे और आज भी उन्होंने अपने-आपको दास बाबू और स्वराज दल के हाथों में सौंप दिया है। स्वराज दल की वृद्धि और निर्णय और कार्य में, आज कोई भी बाधा नहीं, तिस पर भी गांधीजी से कहा जाता है कि वे कांग्रेस से हट जायँ। देशबन्धु दास ने फरीदपुर में कहा था कि महात्मा गांधी की सहायता और नेतृत्व के बिना हम स्वराज नहीं पा सकते। मि० रामराव कह रहे हैं कि गांधी दया कर कांग्रेस से बाहर हो जायँ। दूसरी बात कांग्रेस के मताधिकार की है। यद्यपि हम इस बात के समर्थक हैं कि यदि देश सूत-मताधिकार के खिलाफ हो तो इस बात के लादने की जबर्दस्ती न की जानी चाहिए। किन्तु जिन स्वराज-दल के मित्रों ने समझौते की तरह इस शर्त को माना था उनकी ओर से तो इस बात का उठाया जाना बिलकुल नहीं शोभता। वे तो देश के मेल को तथा आपस के समझौते की यही कीमत चुका सकते थे कि अपनी ओर से सूत के मताधिकार में बाधा न पड़ने दें। ऐसा होने पर, वे कानपुर कांग्रेस में यह साबित कर सकते थे कि जिस बात को वे स्वीकृत करते हैं उसे वे अक्षरशः पालन करते हैं, और उस बात को टूटने नही देते। तीसरी बात स्वराज दल के कार्यक्रम को कांग्रेस द्वारा स्वीकृत कर लेने की कही गयी है। हम तो इस बात में कोई हानि नहीं समझते। जब हम देश के लिए उपयोगी कोई भी प्रस्ताव मानने के लिए प्रस्तुत हैं, तब स्वराज दल के कार्यक्रम से क्यूँकर कोई मत-विरोध किया जा सकता है। पहली बात यह है कि स्वराज दल

के कार्यक्रम के खिलाफ कांग्रेस के गैर स्वराजी सदस्य कौन-सा उद्योग कर रहे हैं? आज स्वराज दल के कार्यक्रम ही देश का कार्यक्रम हो रहा है। इसके सिवा स्वराज दल का कार्यक्रम है या वस्तु? वह है, कौंसिलों में रोड़े अटकाने की पद्धति, सरकार की प्रत्येक माँग के खिलाफ मत देने की परम्परा और सरकारी पदों के ग्रहण करने से इन्कारी। परन्तु यह परम्परा तो, जितने हिस्से में भी यह देश में सफल हो सकी, बदलने के लक्षण प्रकट हो रहे हैं। श्रीयुत देशमुख बरार से महाराष्ट्र में गये हैं, वे उस सफलता के, जो स्वराज दल ने मध्यप्रदेश में प्राप्त की है, निस्सन्देह हिस्सेदार हैं किन्तु उन्हें ज्ञात है कि बरार और हिन्दी मध्यप्रदेश के मित्र सरकार की मिनिस्टरी ग्रहण करने के लिए प्रस्तुत हैं और यदि अवसर आया तो वे कदाचित सतारा कानफरेन्स के प्रस्तावों की स्याही सूखने के पहले ही, मध्यप्रदेश की सरकार के मंत्रित्व के पद पर सुशोभित होंगे। हम यह जानते हैं कि हिन्दी मध्यप्रदेश के स्वराजवादी मित्रों में ऐसे कर्मण्य हैं, जो स्वराज दल का अपने पद से पदच्युत होना क्षण-भर भी बर्दाश्त नहीं करेंगे। हमें श्रीयुत सालपेकर, बाबू गोविन्ददास, पण्डित बेनीमाधव, पण्डित चन्द्रगोपाल मिश्र, सिंघई गोकुलचन्द आदि मित्रों और उनके कर्मण्य स्वभाव का पता है। पर, फिर भी स्वराज-दल के इस कार्य पर नुकताचीनी करने के बजाय हम पूछना चाहते हैं कि मिनिस्टरी स्वीकृत करने, और कौंसिलों के प्रस्तावों के समर्थन के पश्चात् स्वराज-दल का कौन-सा कार्यक्रम रह जायगा जिसे कांग्रेस स्वीकृत कर ले? विधायक कार्यक्रम की अराजनैतिकता की चर्चा करते हुए भी कान्फरेन्स ने कोई कार्यक्रम कांग्रेस को नहीं सुझाया, जो कान्फरेन्स के शब्दों में देश की उदासीनता को दूर करे। इसके सिवा एक बात जो कान्फरेन्स ने नयी की है, वह यह कि जिस स्वराज योजना को श्रीमती डा० बीसेण्ट ने बनाया, नरम दल के सेनानी डा० तेजबहादुर सप्रू ने जिसमें संशोधन किया और युक्त प्रदेश की लिबरल लीग ने जिसे स्वीकृत किया उस कामनवेल्थ ऑफ इण्डिया बिल का सतारा कान्फरेन्स ने एकदम समर्थन कर दिया। यदि नरमदल की माँग से अधिक हमारे मित्रों के पास कुछ नहीं है तो देश के लोग पूछ सकते हैं कि फिर नरमदल को नीचा दिखाने का इतना कोलाहल इतने वर्षों से क्यों किया जा रहा है? साथ ही यदि कामनवेल्थ ऑफ इण्डिया बिल की माँग, या साम्राज्य के नाम पर की जाने वाली क्रूरता और लूट के पश्चात् भी साम्राज्यान्तर्गत स्वराज की निश्चित घोषणा को हमारे देशभक्त अपना पथ समझते हैं तो इस मार्ग की प्राप्ति के लिए न तो 40 हजार आदमी जेलों में भेजने की जरूरत थी और न स्वतंत्रता का नाम ले-लेकर देश के लोगों में कोलाहल मचाने की। यह जानते हुए कि ईजिप्ट की सफलता, भुस के लड्डू साबित हो रही है और यह देखते हुए भी कि साम्राज्य के उपनिवेश तक प्रिन्स का बायकाट कर रहे और साम्राज्य से अलग होने के उपाय सोच रहे हैं, हमें नहीं

मालूम कि सतारा कान्फरेन्स ने बिना मस्तिष्क और पिछली परम्परा से संलग्न बल का उपयोग किये एक ही श्वास में कैसे श्रीमती बेसेंट के बिल पर स्वीकृति की मुहर लगा दी—परिषद् ने तो उस बिल को कांग्रेस या आल इण्डिया कांग्रेस कमीटी के सम्मुख तक रखने की बात नहीं कही। हमारा तो यह विश्वास नहीं कि यदि सूत का मताधिकार न होता तो देश में आज खूब जागृति होती और इसके हटाते ही, देश में जोर से कार्य प्रारम्भ हो जायेगा। गत वर्ष तो सूत का मताधिकार नहीं था, किन्तु हमारे मित्र जानते हैं कि कौंसिलों में पहुँचने के पश्चात् वे कितना कांग्रेस कार्य कर सके हैं। हमें अफसोस है कि श्रीयुत देशमुख ने यह कहीं भी नहीं कहा कि गत वर्षों में स्वराज दल से भी कहीं भूल हुई है या नहीं।

ऐसे समय, यद्यपि हम यह चाहते हैं कि परिषद् में शामिल न होने का प्रदर्शन न किया जाता और चुपचाप बैठकर सतारा कान्फरेन्स के कार्य को सफल होने दिया जाता, हम उन मित्रों के प्रयत्न की प्रशंसा करते हैं जिन्होंने गैरहाजिर रहकर, अपने विरोध और विवाद के द्वारा परिषद् और स्वराज-परिषद् और स्वराज-दल के कार्यक्रम में कड़वापन उपस्थित नहीं होने दिया। हम न तो असहयोगी तप करने वालों का न स्वराजवादी वैध उद्योगियों का सम्प्रदाय बनना देश के लिए लाभदायक समझते हैं। हमारा मत है कि देश में जीवन लाने के लिए दलभक्त नहीं, देश भक्त होकर ऊँचे उठना चाहिए। श्रीयुत देशमुख की स्पष्टता की हम प्रशंसा करते हैं किन्तु हमारा मत है कि उनसे अधिक गम्भीर और प्रौढ़ विद्वान सतारा कान्फरेन्स का सभापति होना चाहिए था। हमारा यह भी विश्वास है कि महाराष्ट्र के वे तरुण जो देश की पूर्ण स्वाधीनता के लिए लोकमान्य को लड़ते और सावरकर जैसी आत्माओं को जेल में सड़ते देख चुके हैं, कभी भी सतारा परिषद् को मस्तक नहीं झुका सकते। वे, और सारा देश उस दिन इज्जत के साथ मस्तक उठावेंगे जिस दिन दलबन्दी का कीर्तिगान छोड़कर, हम अपनी-अपनी गलतियों को देखते और मानते हुए, केवल कौंसिलों में वोट देने ही के लिए नहीं, देश में प्रत्यक्ष आंदोलन और कार्य करने के लिए, देश के किसी निर्भीक राष्ट्र मंच से जनता को पुकारेंगे।

[16 मई, 1925]

मध्यप्रान्त का राजनैतिक जीवन

श्रीमती डा० बीसेण्ट ने सतारा की प्रान्तीय परिषद् में अपने 'कामनवेल्थ ऑफ इण्डिया' बिल पर भाषण करते हुए हिन्दुस्थानियों को लक्ष्य करके कहा था—"मैं कभी-कभी सोचने लगती हूँ कि आप लोगों को स्वाधीनता की सच्ची

लगन ही नहीं है और न आप उसके लिए लड़ने की सच्ची इच्छा ही रखते हैं। राजनीति को खिलवाड़ मत बनाओ। यह दिखाऊपन छोड़ दो और बलवान तथा स्थायी आन्दोलन की भावना धारण करो। यदि आप लोग अपने आन्दोलन से बतलायेंगे कि आपके दिल में सच्ची लगन है तो अंग्रेज आपसे मिलने के लिए अपना हाथ आगे बढ़ायेंगे। अंग्रेज लोग बेवकूफ नहीं हैं, न वे अदूरदर्शी ही हैं।"

डा० बीसेण्ट की वृद्धावस्था और आन्दोलन की उमंग इस देश में विख्यात है। यद्यपि श्रीमती जी को समय-समय पर राजनैतिक आन्दोलन के झटके आते रहते हैं और वे अपनी जाति के गुणों की प्रशंसा करते कभी नहीं अघातीं, तथापि उनके भाषण से उद्धृत वाक्यों में हमारे देश की स्वाभाविक प्रवृत्ति का चित्र खींचा गया है, इस बात को कोई भी देशवासी अस्वीकार नहीं कर सकता। हम लोग उत्तेजना के आवेश में बड़े से बड़ा काम करने के लिए तैयार हो जाते हैं, परन्तु लड़ाई को लगातार, एकसा दम से, चलाते रहने में प्रायः पिछड़ जाते हैं। हो सकता है, जाति की दृष्टि से यह ऐब केवल हम में ही न हो, परन्तु देश की वर्तमान अवस्था में, जब हम अपने-आप की समालोचना करने बैठते हैं तब वृद्धा डा० बीसेण्ट महोदया की उक्ति की तरह हमें भी सन्देह हो जाता है।

राजनीति का आन्दोलन समुद्र का तूफान या ज्वार-भांटा नहीं है। पूर्णिमा और अमावस्या के चढ़ाव या उतार से ही इस महासागर की समाप्ति नहीं होती। जिस स्वायत्त शासन के उद्देश्य को सम्मुख रखकर हमने अपनी यात्रा शुरू की है, जब तक हम अपने उस निश्चित स्थान तक नहीं पहुँच जाते तब तक हमको अविश्रान्त परिश्रम के साथ अपना पैर आगे बढ़ाते ही रहना चाहिए। सार्वजनिक सर्वसम्मत उद्देश्य और उसकी प्राप्ति के सर्वसम्मत मार्गों के न होने से इस समय हमारे देश में पन्थों की पीड़ा बढ़ रही है। अपने पक्ष को प्रबल बतलाने के लिए, अपने मार्गों को तर्कशुद्ध प्रमाणित करने के लिए हमारे देश के बुद्धिमानों के दिमाग और जबानें इस समय काम कर रही हैं। कहीं किसी ने अंग्रेजों की दोस्ती की बात निकाली कि पन्थ-प्रपंच के रचयिता अपनी दलीलों के दल-बल सहित उसे बुरा या भला कहने के लिए तत्काल आगे आते हैं। वहीं किसी ने खद्दर-प्रचार पर जोर दिया कि सूत को स्वर्ग की सीढ़ी बनाने के प्रयत्न का मखौल उड़ाया जाता है। कहीं किसी ने हिन्दू संगठन की चर्चा छेड़ी कि कुछ लोगों को इस्लाम के डूबने का सन्देह होने लगता है। कहीं किसी ने 'तंजीम' पर जोर दिया कि हिन्दू धर्म के आधार-स्तम्भों का आकाश टूटता नजर आता है। कहीं किसी ने अछूतोद्धार पर जोर दिया कि हिन्दू धर्म के प्रकाण्ड पंडितों को धरती नीचे धँसती नजर आती है। ये सब एक-दूसरे को खण्डन-मण्डन करते नजर आते हैं—परन्तु इन सबका परिणाम होता है शून्य। ये सब झगड़े देश और जाति हित के नाम पर किये जाते हैं, इनसे 'जीवन' पैदा होने की आशा की जाती है, परन्तु इनका परिणाम

होना है शिथिलता और अधिक शिथिलता।

कांग्रेस के प्रवाह के टुकड़े-टुकड़े करने के बाद भी यदि बुद्धिमान लोग देश के सामने प्रतिदिन करने योग्य कोई कार्यक्रम रखते तो देश उसे मान लेता। परन्तु नयी रचना तो कुछ न हुई, वरन् पुरानी कांग्रेस का बल नष्ट हो गया। कई दिखाऊ देशभक्तों की हालत तो यहाँ तक बढ़ गयी है कि खादी को धारण करना तो अलग ही रहा वे स्वदेशी वस्त्र को भी धारण नहीं करते। उनके और अन्य कई बुद्धिमान विवादकों के मन से देश की राजनीति केवल मौखिक बड़बड़ की ही चीज रह गयी है, कुछ करने-धरने की नहीं।

यह अवस्था हमारे समूचे देश की ही रही है। फिर भी तर-तम भाव से मालूम होगा कि हमारा मध्यप्रान्त इस विषय में और भी अधिक गिरी हुई हालत में है। बंगाल-महाराष्ट्र में कुछ न कुछ राजनीति आज भी मौजूद है। पंजाब-युक्त-प्रान्त में और नहीं तो, हिन्दू संगठन एवं मुस्लिम तंजीम का भला-बुरा जीवन मौजूद है। हमारे प्रान्त में वह शिथिलता दिखाई देती है कि केवल राजनीति ही नहीं वरन् किसी भी सार्वजनिक कार्य की ओर लोग ध्यान नहीं देते। हिन्दी साहित्य सम्मेलन जैसी साहित्यिक संस्था भी पिछले दो-तीन वर्षों में अपना वार्षिक अधिवेशन नहीं कर सकी है। सन् 1923 में बेतूल में टूटी-फूटी प्रान्तीय परिषद् की गयी थी। उसके पश्चात प्रान्तीय परिषद् की मृत्यु-सी हुई दिखाई देती है। जिस दल विशेष ने बेतूल में दाँव-पेच खेलकर अपने मनमाने प्रस्ताव 'पास' करवाये थे, वह उस समय से दिन-प्रतिदिन गिरता गया। किराये की सेना की सहायता से कभी लड़ाई नहीं लड़ी गयी है। राजनीति और साहित्य की हमारे प्रान्त में यह दशा हो रही है। अन्य संगठनों का भी यहाँ जोर नहीं है। हिन्दू महासभा से मासिक वेतन पाने वाले ऐसे प्रचारकों को हम जानते हैं जो अपने 'हेड आफिसों' को अपने कार्य की 'डायरी' भेज देते हैं। परन्तु प्रान्त में 'जीवन' पैदा करने के लिए कुछ नहीं करते। स्वराज्य दल का सूर्य भी अस्ताचलारोही दिखाई देता है। और तो और, हमारे हिन्दी मध्यप्रान्त में लिबरल फेडरेशन भी नहीं है कि जिसकी नरम राजनीति का ही जीवन हमारे प्रान्त की नसों में स्फुरित होता।

रायपुर की जिला परिषद् पर लिखते समय हमने आशा प्रदर्शित की थी कि अन्य जिलों में भी राजनैतिक जागृति होगी और हमारा प्रान्तीय जीवन फिर से स्फुरित हो उठेगा। हमें समाचार मिले हैं कि कुछ जिलों में इस दिशा में प्रयत्न हो रहा है। हमारे प्रान्त के कार्यकर्ताओं को चाहिए कि वे अधिक संख्या में कांग्रेस के सदस्य बनें। हमें मालूम है कि कई लोगों को सूत का चन्दा बोझ स्वरूप मालूम होता है, परन्तु हम खयाल करते हैं कि वे कांग्रेस को भार स्वरूप नहीं समझते हैं। कांग्रेस इस या उस दल की नहीं है। वह भारतीय मात्र की संस्था है। उसमें जीवन प्रवाहित कर उसके द्वारा ही हम अपने उद्देश्य की पूर्ति कर सकते हैं। ऐसी

अवस्था में हम चाहते हैं कि हमारे प्रान्त के कर्मण्य युवक कांग्रेस का बल बढ़ाकर प्रान्तीय परिषद् का आयोजन करें और प्रान्त के सार्वजनिक जीवन को बलवान बनावें।

[23 मई, 1925]

ईद का समय

ईद नजदीक आ रही है, इस समय देश के वे मुसलमान सज्जन जो इसलाम को एक ऊँचा धर्म साबित करना चाहते हैं, जिनकी सच्ची इच्छा उस दिन एक धार्मिक की तरह, भोले बालक के समान अपने ईश्वर पर विश्वास रखकर, भक्ति से अपने हृदय को भरना ही है उनकी ओर से हम भगवान से प्रार्थी हैं कि समस्त मुस्लिमान समाज, अपने गम्भीर हृदयों का अनुकरण करे और मुसलमान समाज के इतिहास ही में नहीं, भारतीय राष्ट्रीयता और मनुष्यता के इतिहास में भी, ईद का अवसर प्रेम, सहिष्णुता और राष्ट्रीयता की दृष्टि से याद रखने की चीज हो।

एक ही सप्ताह बीच में है। बंगाल और पंजाब में हिन्दू-मुसलमानों के सम्बन्ध दिन व दिन बिगड़ रहे हैं। बंगाल पंजाब में मुसलमानों की संख्या अन्य प्रान्तों की अपेक्षा अधिक है। बंगाल के मुसलमानों में राष्ट्रीयता अधिक है, पंजाब के मुसलमानों में वह बात नहीं। सीमा प्रान्त के जंगली मुसलमानों की सोहबत से उनके विचार उदार न हो सके। नेताओं में भी इस समय उदार विचार रखनेवालों की संख्या कम दिखाई देती है। बंगाल के फजलुलहक जैसे मुसलमान ने भी गत सप्ताह एक स्थान पर भाषण करते हुए कहा कि "मुसलमानों को सबसे पहिले अपने समाज का ख्याल करना चाहिए और पश्चात् भारतीय स्वराज का।" मौलाना मुहम्मद अली भी पिछले दिनों यही बातें कह चुके हैं। अल्पसंख्यक होने से मुसलमानों की नजर अपने स्वार्थों की ओर जाना स्वाभाविक है—परन्तु मौलाना फजलुलहक और मुहम्मद अली जैसे मुसलमान नेताओं के मुख से इस तरह की अनर्गल बातों का निकलना निस्संदेह हिन्दू-मुसलमान वैमनस्य को घटाने वाला नहीं। हिन्दुस्तान के मुसलमान या हिन्दू, संसार की स्वतंत्र जातियों के मुकाबले में अपनी कोई हस्ती नहीं रखते। अमरीका और जर्मनी, जापान और इंग्लैण्ड अफ्रीका और आस्ट्रिया जहाँ कहीं वे जाते हैं, एक गुलाम जाति की तरह देखे और बरते जाते हैं। स्वयं मुसलमान भाइयों को इस बात का पूरा अनुभव आ चुका है कि अफगानिस्तान में हिजरत करने पर उनकी कैसी दुर्दशा हुई थी। टर्की के विजयी सैनिक नेता गाजी मुस्तफा कमाल पाशा ने अपनी

'मजलिस' के सदस्यों को गत इदुल फित्र के अवसर पर कहा था—"हम लोग धर्म के ऊपर राष्ट्रीयता को रखते हैं।" खलीफा के अधिकारियों की इतिश्री करते समय उन्होंने जो धैर्य दिखलाया था, उसी का प्रताप है कि आज टर्की की सत्ता जम गयी है, वह वीरवर कमाल पाशा की बदौलत स्वाधीन राष्ट्र बन गया है। भारत के मुसलमानों ने उस समय की खिलाफत की रक्षा के लिए चिल्लाहट मचाई थी परन्तु टर्की वीर का टका-सा जवाब पाकर उन्हें चुप रह जाना पड़ा था।

यह गलत है कि भारतीय राष्ट्र में टर्की या ईरान या अफगानिस्तान से उद्धारकर्ता का आगमन होगा। यह भ्रम साधारण मुसलमान जन समाज में मौजूद है और खेद की बात तो यह है कि इस भ्रम की विफलता का पूरा-पूरा विश्वास होते हुए भी कुछ समझदार मुसलमान भाई इस भ्रम को मिटाने के बजाय, इन भावों को, उत्तेजित होने देते हैं। उत्तेजना का ही परिणाम है कि इस समय उत्तर हिन्दुस्तान में वैमनस्य की अग्नि ठण्डी होने के बजाय प्रज्वलित होती दिखाई देती है।

कट्टरता के समर्थक मित्रों को धीरे-धीरे इस बात का अनुभव हो जायगा कि धर्म के एक या दो अक्षरों की आज्ञा का बवंडर खड़ा करके जिस झगड़े की बुनियाद रखी जाती है उसका प्रतिफल उन्हें भोगना पड़ेगा। तर्क और समझदारी को तिलांजलि देकर केवल लिखी हुई लकीरों के फकीर होने वाले हिन्दुओं ने अपने समाज में ही विरोध की आग पैदा कर दी है। मुसलमान भाइयों की कट्टरता भी एक न एक दिन उनके बीच में यह आग अवश्य पैदा करेगी। संकीर्णता और कट्टरता का दूसरा परिणाम हो ही नहीं सकता। शीया और सुन्नी, हनीफी और एहमदिया, सूफी और अन्य कई छोटी-बड़ी जमातें मुसलमान भाइयों में मौजूद हैं। यदि समाज के नेता आज भी राष्ट्रीयता की ओर, राष्ट्र धर्म की ओर अपने धर्म बंधुओं का ध्यान आकर्षित नहीं करेंगे, यदि जातिगत वैमनस्य की आग को समाज की जहालत से लाचार होकर क्यों न हो, वे सदा ही फूँकते रहेंगे तो निश्चय ही एक दिन ऐसा आवेगा जिस दिन मौलवी और मुल्लाओं की वही गति हो जायगी जो आज पुराने लकीर के फकीर पंडितों की हो रही है।

जब भारतीय राजनैतिक नेता कोई वैध राजनीतिक कार्य करते हैं तब अंग्रेजी अधिकारी उनको मूर्ख, राजनीति में निरे बच्चे और अधिकार पाने के सर्वथा अयोग्य बताते हैं। वे उनके राजनैतिक ज्ञान की जरा भी दाद नहीं देते। किन्तु जब कुछ उत्तेजित तरुण कहीं पिस्तौल चला बैठता है या कहीं कोई सख्त चिट्ठी-पत्री मिल जाती है, तब इस देश की सरकार के कुछ अधिकारी उमड़े हुए तरुणों की बातों को, एक संगठित, सोच-समझकर किया हुआ और प्रभावशील गदर साबित करने लगते हैं। उस समय बिना रंग के श्वेत अखबार पुकार मचाते हैं कि यदि ये प्रयत्न सफल हो जाते तो अंग्रेजी राज्य उलट जाता। उस

समय यह प्रश्न सहज ही हो सकता है कि जब वर्षों राजनीति का अध्ययन और कार्य करने वाले नम्र नेताओं के कार्यक्रम और कार्य, मूर्खता है तब गदर का तथा संगठित राजनीति का अभ्यास न रखने वाले तरुणों के उभड़े हुए प्रयत्न कैसे 'गदर की पूरी तैयारी' हो जाते हैं! किन्तु छोटी स्थिति को भयंकर साबित करने की स्वार्थपूर्ण वृत्ति ही, यह कृत्रिम परम्परा बनाने के लिए उत्तरदायी है। देश के सज्जन मुसलमानों में कट्टरता का अनुभव करते हैं और उनके जोश में किये गये पागलपन को हम लोग, मुसलमानों के संगठित विरोध का नाम देते हैं। किन्तु यदि हम ध्यान से देखें और परिस्थितियों को आँखों से ओझल न होने दें, तो हमें पता चले कि जिन बातों को हम मुसलमान मित्रों का संगठन कहकर उससे भय खाते और कोलाहल मचाते हैं वह मुसलमानों का बल नहीं, निर्बलता है। उससे भयभीत होकर सेतु बाँधने दौड़ने के बजाय, उस समाज की कमजोरी का अनुभव करके, उस पर हमें रहम आना चाहिए और दोनों समाजों की कुश्तियों का प्रयत्न होने के बजाय, दोषों के दूर करने का सच्चा प्रयत्न करना चाहिए।

उदाहरण लीजिये। सब धर्मों से अधिक इसलाम धर्म मे शराब का निषेध है। किन्तु मुसलमान समाज में ऐसे सज्जनों का टोटा नहीं जो कुरान शरीफ को ताक पर रखकर शराब पीते हैं और मुसलमान समाज के पास ऐसा कोई सफल सामाजिक बन्धन नहीं जो शराब के रूप में कुरान के खिलाफ गदर करने वाले को उचित सामाजिक दण्ड दे सके! व्यभिचार के खिलाफ संसार के सारे धर्म पुकार-पुकार कर कह रहे हैं किन्तु अन्य समाजों की तरह मुसलमान समाज में भी व्यभिचार कितने जोर पर है यह कौन नहीं जानता।

गरज यह है कि कमजोरी में मुसलमान समाज हिन्दू समाज से कम नहीं है, अतः उनके संगठन का कोलाहल न मचाकर हमें यह मानना चाहिए कि हिन्दुओं की तरह बल्कि उससे भी अधिक मुसलमान समाज असंगठित है। गुण्डापन बुरा है। उसका कोई समर्थन नहीं कर सकता किन्तु इस बुराई को हिन्दू और मुसलमान शब्द के विशेषण नहीं लगाने चाहिए। यह बुराई जिस समाज में भी रहेगी, उसे राष्ट्रीयता से दूर और पतन के पथ में पहुँचायेगी। अतः हमें इस बुराई को दूर करने का प्रयत्न करना चाहिए, न कि एक बुराई को देखकर दूसरी बुराई के निर्माण करने का।

हमें उन प्रयत्नों का पता है जो कोहाट में हो रहे हैं। किन्तु जिस तरह हमारा हृदय हिन्दू समाज की संकीर्णता और धर्मान्धता पर उमड़ता है उसी तरह हम मुसलमान समाज की संकीर्णता से भी दुखी हैं। किन्तु हमें स्मरण रखना चाहिए कि हिन्दू समाज की तरह मुसलमान समाज को सहिष्णु होने के लिए अभी समय चाहिए। हम हिन्दू और मुसलमान दोनों ही समाजों से एक ही सिद्धान्त पर अपील कर सकते हैं, वह है एक राष्ट्रीयता का। हमें इस बात का पूर्ण विश्वास

है कि संकीर्ण प्रचारों की उम्र बहुत छोटी है, राष्ट्रीयता की लहर के इस महान् युग में यदि स्वयं गांधी जैसी विभूतियाँ चाहें भी तो संकीर्ण साम्प्रदायिकता पनप नहीं सकती और स्वयं मौलाना मुहम्मद अली और बड़े से बड़े मुसलमान नेता भी यत्न करें तो राष्ट्रीयता पर साम्प्रदायिकता की विजय नहीं हो सकती। इस मुर्दे के नाम पर गाजे-बाजे चाहे जितने किये जायँ, किन्तु इसमें अब प्राण-प्रतिष्ठा नहीं हो सकती। राष्ट्रीयता इस युग का सन्देश है। यूरुप और सारे संसार के बाद एशिया में राष्ट्रीयता की यह लहर छोटे से जापान के हाथों जारशाही रूस को पछाड़ चुकी, और ब्रिटिश राज्य के द्वारा जबरदस्ती अफीम के जहर से बेहोश किये जाने पर भी युग की कृपा से मस्तक उठाकर प्रजासत्ता का सुनहला मुकुट चीन को पहिना चुकी है। इधर अफगानिस्तान सम्हल रहा है, ईजिप्ट आजादी के लिए अपने प्राण बाजी पर चढ़ा चुका है और टर्की ने खलीफा के चरणों में देश के भाग्य को न सौंपकर खिलाफत की राजनैतिक गद्दी को उखाड़ फेंका है और मुस्तफा कमाल ने टर्की के बचे हुए हिस्से को देशवासियों का मनोरक्त चढ़ाकर आजाद राष्ट्रों के बीच इज्जत के साथ खड़ा किया है। ऐसे समय भारत न बहकाया, न दबाया, न डाँवाडोल किया जा सकता है और न भारत भर के पण्डित और मौलवी मिलकर भी सन्निपात से व्यथित धर्मान्धता का झण्डा फहराता हुआ रख सकते हैं। जो घड़ियों के बीच में खड़े होकर वर्षों को देखने की दूर दृष्टि रखते हैं। वे हिन्दू और मुसलमान राष्ट्रीयता की इस लहर का स्वागत कर रहे हैं और शीघ्र ही देश भी इस लहर का पथिक बनेगा। ऐसे समय, हिन्दू सभ्यता, हिन्दू धर्म और हिन्दू शास्त्रों की शीतल छाया में अपने भगवान को निकट अनुभव करते हुए भी, संसार के एक बड़े धर्म की यादगार स्वरूप ईद के दिन हम अपने मुसलमान भाइयों के सुख में हिस्सा बटाँते हैं और चाहते हैं कि ईद का यह दिन हजारों कठिनाइयों के होते हुए भी राष्ट्रीयता और भारतीय स्वतन्त्रता के पथ में उन्हें आगे बढ़ाने में सफल साबित हो और उनके हाथों में गुलामी और धर्मान्धता दोनों को मटियामेट करने में, मुस्तफा कमाल की तरह बल दीख पड़े।

[13 जून, 1925]

हिन्दुस्थान के अयोग्य ब्रिटिश शासक

बंगाली स्वराजिस्टों की अड़ंगा-नीति से तंग आकर बंगाल सरकार ने इसी सप्ताह हस्तान्तरित विभागों के शासनाधिकार अपने हाथ में ले लिए। असल में अधिकार दिये ही क्या थे जो वापिस ले लिए जाते, तथापि इस लेने-देने को सामने

देखकर देश के कुछ भोले लोग निराशा-सी प्रगट करते हैं और कहते हैं, बुरा हुआ।

बंगाल सरकार अब क्या करेगी ? जिस तरह शासन सुधार के पहले वह सभी विभागों के अधिकारों का अपने नौकरों द्वारा संचालन करती थी, वैसा ही शासन वह अब भी करेगी। गोरे पत्रों ने इस पर कहा है कि मन्त्रियों के यों हट जाने से शासन कार्य में कोई बाधा उपस्थित नहीं होगी। बात ठीक है। 'टाइम्स आफ इंडिया' ने कहा है कि "मन्त्रियों के न रहने पर भी बंगाल शासन की कोई खराबी न हुई।"

शासन की खराबी और क्या होगी ? क्या आज तक का ब्रिटिश शासन केवल 'धन की लूट' के ही सिद्धान्त पर नहीं चल रहा है ? और क्या यह शासन व्यवसाय नहीं रहा है ? ब्रिटिश जाति यहाँ शासन किसलिए करती है ? वे गोरे लोग जो कहते हैं कि "हमने तुम्हें छल-कपट से, या जैसे कहो, जीता है और हम तुम पर राज करेंगे" किसी कदर सच्चे हैं। परन्तु इनकी इस सच्चाई के साथ ब्रिटिश राजनीतिज्ञ कभी सहमत नहीं होता। लड़ने और काटनेवाला सिपाही इशारे के बल पर आगे या पीछे पैर बढ़ाता है, उस बेचारे को यह मालूम भी नहीं होता कि उसे क्यों लड़ाई लड़ना पड़ रही है, क्यों आशाएँ दिलाकर विश्वासघात करना पड़ रहा है। वह चलता है दूसरों के इशारे पर। ये इशारा देनेवाले लोग वे राजनीतिज्ञ हैं जो दूर की सोचते हैं और सभ्यता की उन्नति के लिए ही अपने जीवन की सार्थकता समझते हैं।

इंग्लैण्ड के चतुरों ने कभी मुँहफट होकर नहीं कहा है कि "हमने तुम्हें 'येन केन प्रकारेण' जीता है अतएव हम तुम पर राज करेंगे।" यदि वे ऐसा कहें तो हिन्दुस्थानियों के श्रद्धालु मस्तिष्क पर वह घोर प्रतिक्रिया हो जिससे बलवान से बलवान शासन की नींव भी खुद जाय। यह प्रतिक्रिया इंग्लैण्ड के राजनीतिज्ञों की दृष्टि से कभी भी वांछनीय नहीं हो सकती और इसीलिए वे दिन में, रात में, जागृति में, स्वप्न में, यही कहते रहते हैं कि "हम हिन्दुस्थान की भलाई के लिए ही हिन्दुस्थान में राज करते हैं।"

जिन स्वाधीन जातियों में इंग्लैण्ड को अपनी सभ्यता, अपने सुधार, अपनी श्रेष्ठता का चिराग जलाना पड़ता है, उनसे—विशेषकर अमरीका से—इंग्लैण्ड यही कहता रहता है कि "यदि हम हिन्दुस्थान को छोड़ दें तो वहाँ खून की नदियाँ बहने लगें।" हम तो अखिल मानव जाति के सुधार के लिए ही हिन्दुस्थान में अपना शासन जमाये हुए हैं।

मानव जाति के हित साधन के उच्च ध्येय की पूर्ति के लिए इंग्लैण्ड हिन्दुस्थान में राज्य करता है। वह हिन्दुस्थान के स्कूली बालकों से लेकर बूढ़े तोतों तक को यही पाठ सिखाता है कि "हम हिन्दुस्थान के हित के लिए ही तुम पर शासन

करते हैं।" यह तोता-रटन्त गोरों तक ही नहीं रहती, इस देश के लोग भी बार-बार 'राम-राम' कहने से 'वाल्मीक' बनने लग जाते हैं और अपनी स्वाधीनता की चिनगारी को बुझाकर; गुलामी की ऐशभरी मस्ती में चूर होकर कहने लगते है, "अंग्रेज हमारी भलाई के लिए ही तो यहाँ राज करते हैं।"

तो क्या भारतीय शासन से विदेशी लोगों का शासन अच्छा हो सकता है? क्या उच्चतम सभ्यता की पैतृक सम्पत्ति रखने वाले लोग अपना शासन स्वयं अच्छी तरह नहीं चला सकते? कभी किसी ने कहा है कि अमेरिका अपना शासन आप नहीं चला सकता? किसी ने यह कहने का साहस किया है कि फ्रांस, रशिया, जापान या चीन अपना शासन आप नहीं कर सकते? कभी इंग्लैण्ड को किसी ने अपना शासन आप करने के लिए नालायक बतलाया है? क्यों नहीं बतलाया है? इंग्लैण्ड में खून नही होते? व्यभिचार नहीं होता? फाँसी नहीं लगती? चोरी नहीं होती? डाके नहीं पड़ते? आग नहीं लगती? क्या नहीं होता? पर क्या किसी ने कहा है कि इंग्लैण्ड अपना शासन करने के लिए अयोग्य है?

और हिन्दुस्थान के स्वयं-शासन की अयोग्यता की दुंदुभी कौन बजाता है? हिन्दुस्थान के पड़ोसियों ने, परशिया और अफगानिस्तान ने, चीन और जापान ने, हिन्दुस्थान को कभी अयोग्य नहीं बताया। पड़ोसी को पड़ोसी की बुराइयों का अधिक पता रहता है पर भारत के पड़ोसियों को हिन्दुस्थान की योग्यता पर किंचित् भी संदेह नहीं है। डा० सैण्डरलैण्ड नाम के एक अमेरिकन लेखक 'हिन्दुस्थान पर शासन कौन करे' शीर्षक अपने एक लेख में कहते हैं—"यह इल्जाम हिन्दुस्थान पर वह देश लगाता है जो इस विषय पर मत देने के लिए बिलकुल ही अयोग्य है क्योंकि उसका हित हिन्दुस्थान से लगा हुआ है। यह वह देश है जिसने लगभग दो शताब्दियों के पहले, अपने किसी अधिकार के बल पर नहीं वरन अपने स्वार्थ साधन के लिए हिन्दुस्थान पर अधिकार जमाया है और तब से अब तक हिन्दुस्थान को अपनी अधीनता में बनाये हुए है। इसी हिन्दुस्थान के बल पर इंग्लैण्ड ने समस्त संसार में अपना राजनैतिक बल बढ़ा दिया और आज भी बढ़ा रहा है। इसी के बल पर वह अपनी प्रतिष्ठा, अपना व्यावसायिक और उद्योग धन्धों से होने वाला लाभ बढ़ा रहा है। इसी के बल पर वह अपने आदमियों को बड़ी-बड़ी तनख्वाहों की जगहें, मोटी-मोटी पेंशनें देता है और दुनिया से कहता है कि हिन्दुस्थान स्वराज्य के लिए अयोग्य है। इसी एक बहाने पर ही तो इंग्लैण्ड संसार के सभ्य समाज के सम्मुख अपना मुख बतला सकता है?"

हिन्दुस्थानी लोग 'नाबालिग' नहीं कहे जा सकते। संसार की सर्वश्रेष्ठ सभ्यता में उनका विकास हुआ है। हिन्दुस्थानी लोग मूर्ख भी नहीं हैं। आज तक संसार में जिन 6 श्रेष्ठ पुरुषों के होने का हिसाब मि० एच० जी० वेल्स

नाम के अंग्रेज लेखक ने लगाया है उनमें से दो—गौतम बुद्ध और सम्राट अशोक हिन्दुस्थान में ही हुए हैं। हिन्दुस्थान के लोग पागल भी नहीं हैं। पागलों के देश में बुद्ध और अशोक, रवींद्र और गांधी पैदा नहीं होते। हिन्दुस्थानी लोग पापी प्रवृत्ति के भी नहीं हैं। हिन्दुस्थान के अपराधियों की हिन्दुस्थान की लोक-संस्था के साथ तुलना की जाय तो मालूम होगा कि ब्रिटेन और यूरोप के अन्य देशों और यूनाइटेड स्टेट्स आफ अमेरिका से भी हिन्दुस्थान में गुनाहों की संख्या कम है।

साधारणतया कोई व्यक्ति स्वयं शासन के लिए इन्हीं चार कारणों से अयोग्य बनाया जाता है। यही कसौटी राष्ट्रों के लिए भी लागू होती है। फिर क्या अंग्रेज लोग इसलिए हिन्दुस्थान को अपनी अधीनता में रखना चाहते हैं कि उसके कारण समस्त संसार की जातियों पर संकट के आने की संभावना है? समस्त संसार में सबसे अधिक जनसंख्या चीन की है। उसके पश्चात् जनसंख्या में भारत का स्थान है। 32 करोड़ आदमी, लाखों मील भूमि और अगणित धनराशि के होते हुए भी संसार के इतिहास में हिन्दुस्थानियों ने कभी किसी देश को अपना गुलाम नहीं बनाया। स्वाधीन भारत अपनी स्वाधीनता के साथ अन्य जातियों और देशों की स्वाधीनता की रक्षा का उपासक रहा। परन्तु इंग्लैण्ड को इस बात की आशंका नहीं है। हिन्दुस्थान को स्वयं शासित होने देने में इंग्लैण्ड के स्वार्थ में बाधा पहुँचती है। इसीलिए वह कहता है कि "हमारे बिना भारत का सुशासन नहीं चल सकता।"

और इस शासन यंत्र को चलाता कौन है? अधिकतर अयोग्य से अयोग्य ब्रिटिश लोग। जिन मध्यम श्रेणी के लोगों के लड़कों को इंग्लैण्ड में ही भविष्य के सुखमय जीवन की आशा नहीं रहती वे अपने 'जीवन' के लिए हिन्दुस्थान में आते हैं। उन्हें हिन्दुस्थान में 24 साल तक नौकरी करनी पड़ती है, जिसमें 4 साल की छुट्टी मिलती है और इसके बाद आराम के साथ रहने के लिए बड़ी-सी पेन्शन। और इनकी योग्यता क्या होती है? इन्हें हिन्दुस्थान की भाषा का बिलकुल कम ज्ञान होता है। "हम टुम गधा" और "साहब गधा तथा मेम गधा" जैसी भाषा के विनोद हिन्दुस्थान में विख्यात हैं। स्वयं अंग्रेज इस बात को मानते हैं। 'स्टडीज आफ इण्डियन लाइफ एण्ड सेंटीमेण्ट' नाम की पुस्तक में बंगाल के पुराने गवर्नर सरबामा फाइड फुलर ने कहा है—"अपनी जिम्मेदारियों को निभाने की बहुत ही कम तैयारी करके तरुण ब्रिटिश अफसर हिन्दुस्थान को जाते हैं। उन्हें न तो कानून का ज्ञान होता है न हिन्दुस्थान के इतिहास का। अर्थशास्त्र और किसी एक देश-भाषा का किंचित-सा ज्ञान वे प्राप्त कर लेते हैं। पुलिस के अफ़सर बनने वाले जवानों को किसी तरह की शिक्षा नहीं मिलती यद्यपि उन्हें हिन्दुस्थानी विचार और जीवन की जानकारी होना आवश्यक है। हिंदुंस्थान में वे देशी भाषा का बिलकुल ज्ञान प्राप्त न करके ही जाते हैं। यही हाल जंगलात, दवा-

खाने, इंजीनियरिंग और शिक्षा विभाग के अफसरों का है। यह कहने की आवश्यकता नहीं कि देश की बुद्धिमत्ता का यह अपमान है।"

इंग्लैण्ड से आने वाले नौकरों की योग्यता का यह सर्टीफिकेट है। इस योग्यता के अधिकारी जिस शासन को चलाते हैं, उसकी बागडोर इंग्लैण्ड की पार्लियामेंट के हाथों में रहती है पार्लियामेंट के 650 सदस्य हैं परन्तु इनमें से एक बटे दस भी हिन्दुस्थान के शासन की ओर दृष्टिपात नहीं करते। इंग्लैण्ड के भूतपूर्व प्रधान मंत्री तथा मजदूर दल के नेता मि० रैंमसे मैकडोनल्ड ने अपनी पुस्तक 'दी गवर्नमेंट आफ इण्डिया' में लिखा है—"इस बात को स्वीकार करना पड़ेगा कि पार्लियामेंट हिन्दुस्थान की न्यायपूर्ण और जागृत रक्षक नहीं रही है। पार्लियामेंट में हिन्दुस्थान की बातों पर वादविवाद नहीं होता। हिन्दुस्थान के वार्षिक बजट की चर्चा के समय पार्लियामेंट की कुर्सियाँ खाली रहती हैं। पार्लियामेंट के बहुत ही थोड़े आदमियों को हिन्दुस्थान का कुछ ज्ञान है।" इसी तरह पार्लियामेंट के एक सदस्य मि० आलफ्रेड किननीअर ने कहा है—"मुझे हिन्दुस्थानी बजट की 30 बहसों का स्मरण है। इनमें से एक बहस के समय भी 50 आदमी अर्थात 11वाँ हिस्सा, मौजूद नहीं थे।" कभी-कभी तो हिन्दुस्थान की चर्चा के समय 8-10 आदमी ही रह जाते हैं। हिन्दुस्थान से 6 हजार मील की दूरी पर रहने वाली यह पार्लियामेंट इस तरह 32 करोड़ लोगों के भाग्य का फैसला करती है।

विदेशी शासकों की राजनीति और कूटनीति का यह किस्सा भारत के लोगों को मालूम है, परन्तु जिस तरह सदा बदबू की खराबी नहीं मालूम होती, उसी तरह गुलामी के घेरे से बाहर न झाँकने वालों को ब्रिटिश सत्ता के कुटिल प्रहारों का ज्ञान नहीं होता। उनकी संवेदना-शक्ति पथरा जाती है और वे बुराई को बुराई कहने की शक्ति भी खो बैठते हैं।

[20 जून, 1925]

सिक्खों की विजय

सन् 1918 के अप्रैल महीने की बात है। जिस गली से मिस शेरउड नामक विलायती रमणी गुजरी थी, उस रास्ते के भारतवासियों को, अमृतसर की अंग्रेजी हुकूमत का उस समय का संचालक, पेट के बल रेंगने के लिए विवश करता था। वह सोचता था कि इस गली में मिस शेरउड का अपमान हुआ था। पंजाब में किये हुए सरकारी ऊधम को, जैसा कि पण्डित मोतीलालजी नेहरू ने कहा है, हम भूल नहीं सकते। पंजाब वीर है, वह बहादुर है। और सब लोग सोचते थे कि पंजाब की बहादुरी अपने किये हुए अपमान को हर्गिज न भूलेगी। किन्तु समय की गति

बदली और पंजाब के हिन्दू और मुसलमान भूल गये कि उन्हें पेट के बल रेंगाया गया था, उन्हें नंगा करके कोड़े लगाये गये थे, देवियों को नंगा किया गया और उन्हें गधी तथा सूरी कहा गया था, कालेज के विद्यार्थियों को, केवल रौब जमाने के लिए मीलों, ग्रीष्म ऋतु की कड़ी दोपहरी में दौड़ाया गया था, और उनके हाथ जोड़ने और शिकायत करने को 'गदर' का नाम देकर बदनाम किया गया था। वे भूल गये यह सब कुछ, और आज दीख पड़ता है कि पंजाब में हिन्दू-मुसलमान महीनों से एक दूसरे के प्राणों के गाहक बन रहे हैं।

किन्तु पंजाब में एक वीर कौम भी थी। गत महायुद्ध की विजय में उसका हिस्सा था। उस जाति के 16 वर्ष से लगाकर 40 वर्ष तक के आदमियों को लड़ाई के मैदान में भेजकर, उस जाति के तरुणों से पंजाब खाली किया जा चुका था। जब उस जाति के वीर लौटे, तब रौलट एक्ट के रूप में, उन्होंने अपने लिए अपनी प्यारी शासन प्रणाली की ओर से दिया हुआ उपहार हाजिर पाया, और उसके इन्कार करने पर पाया जलियाँवाला बाग और पंजाब की वह दुर्दशा!! लोग आपस के मतभेदों में उलझे किन्तु सिक्ख अपने संगठन में जुटे। उनके संगठन को देखकर सरकार घबड़ाई, उसे भारत में सिक्ख-राज का स्वप्न आने लगा और सिक्खों की कमर तोड़ने के लिए ललचनेवाली टोली ने, सिक्खों की धर्म की आकांक्षा, अरमान और इज्जत को बचाने में साथ देने वाले नाभा के महाराज को, जो तीस लाख जनता और 739 वर्गमील जमीन का स्वामी था, गद्दी से उतारकर, देहरादून का नजरबंद नगण्य बना दिया। यह घटना एक तरफ जहाँ सिक्खों को कुचलने की चुनौती थी, तहाँ दूसरी तरफ सिक्खों की शक्ति को स्वीकृति भी थी, जिसमें ताकत ही न होगी, उससे कौन उलझेगा?

सिक्ख निराश नहीं हुए। वे भाई फेरू और गुरु का बाग के युद्ध का श्रीगणेश कर, महन्तों से मिलनेवाली फौलादी ताकत का मुकाबला अपने खोंचे जाने वाले केशों, पड़ने वाली लाठियों, उखाड़ी जाने वाली डाढ़ियों, और बूटों की उन ठोकरों के सहने से करते थे, जो ताकत उन्हें ताड़ित, अपमानित और बेदम करने के लिए काफी से अधिक थी। जाति का कमजोर हिस्सा थी, उस समय सबल होकर, सिक्खों के इस धर्मयुद्ध और सत्याग्रह में अपना हिस्सा अदा कर रहा था और पंजाब धारासभा के सिक्ख उपसभापति सरदार महताब सिंह से लगाकर, साधारण सिक्ख मजदूर तक, सब एक ही झण्डे के नीचे आ चुके थे। सिक्खों से कहा जाता था कि वे धर्म में राजनीति को न मिलावें। किन्तु इसका श्रीगणेश तो पंजाब की शासन प्रणाली ने किया था। जनरल डायर को दूध का धोया साबित करने के लिए, जलियाँवाला बाग की हत्या कर चुकने के बाद सिक्खों के अमृतसर के स्वर्ण मन्दिर के पुजारी के द्वारा पुजवाया गया, और उस समय उस जनरल को यह कहकर नहीं रोका गया कि "अरे, सिक्खों के स्वर्ण मन्दिर के पुजारी से इज्जत

का कर वसूल कर अपने कृत्यों को मत धो, धर्म में राजनीति को मत मिला।" किन्तु जब सिक्खों ने गुरुद्वारों के नाम पर आन्दोलन किया, जब उन्होंने तख्त की सेवा के लिए लकड़ी लाना और जैती के अखण्ड पाठ के लिए बलि होना शुरू किया तब 'धर्म में राजनीति मिल गई!' सर मालकम हेले, गुरुद्वारा बिल पर बोलते हुए कहते हैं, "घटनाओं की उस पुरानी राम कहानी को दुहराना व्यर्थ है!" ठीक है, आप उस समय पंजाब में न थे और दूसरे शासक का उन्मत्त हृदय कष्ट-भोगी के पवित्र अन्तःकरण के भावों का अनुभव नहीं कर सकता। परन्तु क्या सिक्ख उसे भूल जायँ? न सिक्ख कौम, न भारतवर्ष उस कहानी को भूल सकता है। वह 'कहानी' अतीत को दुहराने वाला रण-संगीत, वर्तमान को जिलाने वाली अमर जीत, और नव्य भारत का भव्य इतिहास है। भूली जा सकती है मस्ती, भूला जा सकता है बड़प्पन, भूला जा सकता है विजय का नशा, पर कुर्बानियाँ नहीं भूली जा सकतीं, और न वह देवता भूला जा सकता है जिसके सन्मुख अपने अधिकार की यह कीमत चुकानी पड़ी।

पण्डित जवाहरलाल नेहरू और आचार्य गिडवानी, राष्ट्रीय सभा के प्रतिनिधि के नाते, नाभा जेल के मेहमान हुए थे। सारा देश जिस दिन गृह-कलह में लगा था, सिक्ख चुपचाप अपना संग्राम चला रहे थे। नाभा की रणचण्डी ने सत्याग्रही सिक्ख धार्मिकों का गोलियों से ही स्वागत नहीं किया, 8000 सिक्खों को नारकीय जेल में ठूँस दिया। और जब नाभा जेल के अत्याचारों का चित्र जनता में खींचा गया, तब उस चित्र को जप्त कर लिया गया। इस बिना हथियारों के धर्मयुद्ध का मजाक उड़ाने और गृह-कलह की आग सुलगाकर तमाशा देखनेवाले नेताओं का टोटा न था, किन्तु घर की कलह और बाहर के आक्रमण के बीचों-बीच हथियारों से मँझे हुए भुजदण्ड रखते हुए भी, शान्त रहने का व्रत लेकर अकाली वीर धीरे-धीरे बढ़ते गये। अपनी मूर्ख आलोचना और जी चुराने तथा कलह मचाने की आदत से हमने मुलशी के सत्याग्रह और सत्याग्रही प्रयत्नशीलों के हाथों पराजय और यंत्रणा सौंपी और देश के टुकड़े करने की भावना को पुण्य समझकर, नागपुर के झण्डा सत्याग्रह को पराजय कहकर, अकाण्ड ताण्डव मचाया और खिलखिलाये। किन्तु सिक्खों ने अमरीका और आस्ट्रेलिया तक के जत्थों को नाभा के कारागार की सत्यता सिद्ध की कि सच्ची बलिया सिंहासनों को हिला और मुकुटों को झुका सकती है।

सिक्खों की कुर्बानी को, पुरानी लम्बी कहानी को भूल जाने की बात कहते समय सर मालकम हेली को क्या पता कि उस कुर्बानी का अन्दाजा क्या है? इस संग्राम में गिरफ्तार होनेवाले सिक्खों की तादाद 33500 के लगभग थी, 400 सिक्ख प्राण त्याग देने के लिए लाचार हुए थे, गोलियों और मारों में घायल होने वाले सिक्खों की तादाद 2000 थीं। सिक्खों से 1500000 रुपया जुर्माने में लिया

गया था और फौजी पेंशन पाने वाले और उनके सम्बन्धियों की, हजारों की बुढ़ापे की पेन्शनें, जप्त करके उन्हें पेट पर पट्टी बाँधकर, भूखे रहने की जिन्दगी उपहार में दी गई थी। यह अकाली सिक्खों की विजय की कीमत है! क्या सर मालकम चाहते हैं कि इसी को वे भूल जायँ! सर मालकम तो नकली ब्लेक होल और कानपुर का मेमोरियल वेल और मेसकर घाट नहीं भूल सकते किन्तु वे भारत-वासियों से चाहते हैं कि सब कुछ भूल जाय। बड़े भोले हैं वे।

अस्तु, अन्त में इतनी कुर्बानियों के पश्चात् सिक्खों की विजय का दिन ऊगा। पंजाब धारासभा में गुरुद्वारा बिल पेश भी हुआ और पास भी। सिक्खों ने न अधिक अधिकारों के लिए जिद की न कोई रुकावट पैदा की। किन्तु सर माल-कम ने, जन्म-कुल की पुश्तैनी कंजूसी का अनुकरण कर, इस बिल के अपर्याप्त भोजन में अनुदारता की रेत मिला दी। खिक्खों ने कहा था कि समस्त कैदियों को छोड़े बिना, प्रबन्धक कमीटी को वैध संस्था करार दिये बिना, और जैतो में अखण्ड पाठ की आज्ञा दिये बिना सारा बिल बेकार है। किन्तु तलवार की शेखी वाले अनुदार सेनापति की सेना के रंगरूट नौकरशाह सर हेली तराजू हाथ में लेकर कहते हैं: हिंसक सिक्ख न छोड़े जायेंगे और जैतो के अखण्ड पाठ के लिए जाने की भी कुछ शर्तें होंगी। इस सरकार की कंजूसी, उस बचे-खुचे यश को भी हाथ से खो रही है, जो झुकने वाले को ईमानदारी से झुकने में मिला करता है। हम सर मालकम के प्रति कृतज्ञता प्रकट करना चाहते हैं किन्तु शर्तों के काँटे मार्ग में बिछाकर वे कृतज्ञता को अपने पास तक नहीं पहुँचने देना चाहते! संसार का इतिहास चुपचाप कह रहा है कि चीन की तैयारी एशिया में उथल-पुथल पैदा करने की है, उस समय ब्रिटेन को सिक्ख जाति के मस्तकों की फिर जरूरत होगी। इसीलिए उस गभीर भविष्यकाल के लिए, यह गुरुद्वारा बिल सम-झौता भी है और आमन्त्रण भी।

जो हो, इस समय हम सिक्ख नेताओं से निवेदन करते हैं कि वे विजय पाकर घमण्डी न हों, नम्र हों। और जिन उदासी और महन्तों को, इस बिल से, अपने अधिकारों के जाने की चिन्ता हो रही है, उन्हें वे विजय की मस्ती से ठुकरावें नहीं, विजय की नम्रता से उनकी बात मानें। वे विजयहुए हैं। सारा राष्ट्र आज उनके धीमे 'किन्तु निश्चित और सच्चे बलिदान' से सबक सीखकर, उठ सकता है। अकाली लोग राष्ट्रीय तेज और राष्ट्रीय कर्त्तव्य को न भूलें और महन्तों और उदासियों को धैर्य का बचन देकर, गद्दी से उतारे हुए नाभा-नरेश के राज्य में जैतो के अखण्ड पाठ को जावें, और धार्मिक स्वाधीनता माँगने के लिए कदम आगे बढ़ावें—पर सँभल-सँभलकर। विजय के लिए लड़ना कमजोरों में तप महात्मा की सृष्टि बलवानों का भी पतन करता है। भगवान करें, सिक्ख इस

पतन से सावधान रहें और सँभल-सँभलकर कदम आगे बढ़ावें।

[18 जुलाई, 1925]

लेजिस्लेटिव असेम्बली में वाइसराय

बर्कन हेड की बकवास के पश्चात भी कुछ लोग लार्ड रीडिंग के मुख से स्वराज्य दान का संकल्प सुनने की आशा रखते थे। वे लोग 20 अगस्त की प्रतीक्षा कर रहे थे। यह 20 अगस्त एक बार हिन्दुस्थानी आशावादियों को, आशावादियों के नहीं, वरन घर बैठे स्वराज्य प्राप्त करने की लालसा रखनेवाली भलमनसाहत सीधापन एण्ड कम्पनी को प्रलोभन दे चुकी थी। आठ साल पहले सन् 1917 में तत्कालीन सेक्रेटरी आफ स्टेट मि० मांटेगु ने 20 अगस्त के दिन पार्लियामेंट में भारत को स्वयं शासनाधिकार के देने की ब्रिटिश राष्ट्र की नीति की घोषणा की थी। लार्ड रीडिंग साहब के विलायत प्रत्यागमन के बाद, असेम्बली के कार्यक्रम के आरम्भ के लिए नियत की हुई इस सन् 1925 की 20 अगस्त को भी भोले और सीधे लोग वर्षाकालीन मेघ समझ रहे थे। परन्तु इस मेघाडम्बर की निस्सारता और जीवन-शून्यता गत 20 अगस्त के दिन प्रगट हो गयी।

बड़ी शान के साथ, 20 अगस्त को लार्ड रीडिंग साहब, मय काउंटेस आफ रीडिंग साहबा के, लाल रंग की चमकती हुई बग्घी में अपने शरीर-रक्षकों के साथ शिमले के असेम्बली भवन में पधारे। भारत के पुराने, अपने राजाओं की चमक-दमक का पूरा अनुकरण प्रायः ऐसे अवसरों पर किया जाता है। इसके दो परिणाम होते हैं—एक तो हिन्दुस्थानियों के चित्त पर गौरांग प्रभुओं के इकबाल और शान-शौकत की छाप जमती है और दूसरे स्वाभिमानी हिन्दुस्थानियों को अपनी दुर्बलता, असहायावस्था और पराधीनता की याद दिलाने वाली गत कालीन स्मृति की मर्मभेदक शूली की धार तेज होती है। खैर।

वाइसराय साहब ऊपर कहे हुए दिन कौंसिल चेंबर में प्रविष्ट हुए। उनके लिए यह कोई नयी बात नहीं थी। परन्तु आशा-संचारित उन्मीलित नेत्रों के हिन्दुस्थानियों के लिए वह दिन नया-सा दिखाई देता था। इन लोगों को शिमला शैल की उस ऊँचाई पर, स्वराज्य-दान नहीं तो कम-से-कम प्रान्तीय स्वायत्तता की घोषणा, वाइसराय के श्रीमुख से सुनने की अभिलाषा थी। इसीलिए कहते हैं, उक्त चेम्बर, दर्शकों तथा स्टेट कौंसिल एवं लेजिस्लेटिव असेम्बली के सदस्यों से खचाखच भरा हुआ था। दर्शकों की गैलरी में रंग-बिरंगे पोशाकों से सुशोभित विलायती रमणियाँ भी बैठी हुई थीं। वाइसराय साहब आये और चेम्बर के उच्च स्थान पर अपने सिंहासन पर जा बिराजे। उनके सामने स्टेट कौंसिल एवं

लेजिस्लेटिव असेम्बली के प्रेसीडेण्ट बैठे। वाइसराय के तैनाती अफसर उनके बायें-दायें खड़े रहे। सदस्यों में खद्दर वस्त्र-भूषित स्वराजियों के अलावा यूरोपीयन पोशाक की नकल से ही अपनी वेश-भूषा की सर्वश्रेष्ठता को प्रगट करने के लिए कई लोग असल विदेशी वस्त्र परिधान कर आये थे। मानो किसी वस्त्र-स्पर्धा के लिए आये हों।

वाइसराय साहब ने अपने सिंहासन पर बैठकर लगभग 60 मिनट तक अपना छपा हुआ भाषण पढ़ा। शिष्टाचार के अनुसार अपने भाषण के आरम्भ में लार्ड रीडिंग साहब ने मि० मांटेगु, लार्ड कर्जन, मि० दास, सर सुरेन्द्र और महाराजा साहब ग्वालियर और कुछ असेम्बली सदस्यों की मृत्यु पर शोक प्रगट किया। इन लोगों के पश्चात् आपने ब्रिटिश भारत के मृत सेनापति लार्ड रालिनसन की मृत्यु पर जरा लम्बे सुर में दुःख प्रगट किया। नये सेनापति फीलडमार्शल सर बर्डवुड की आपने तारीफ की। फिर, लेजिस्लेटिव असेम्बली के गत 5 वर्षों के सरकार द्वारा मनोनीत सभापति सर फ्रेडरिक वाइट की पाँच वर्षों के कार्य की तारीफ की और नये चुने जाने वाले लोकपक्ष के सभापति से कहा कि वे इस कौंसिल के प्रथम सभापति द्वारा निश्चित की गयी परम्परा पर ही चलें।

आगे चलकर आपने दक्षिण अफ्रीका के भारतवासियों का उल्लेख किया और कहा कि "इस समय इस विषय में कुछ कहना ठीक न होगा। मेरा शासन वहाँ की अवस्था को बारीकी से देख रहा है और अफ्रीकन सरकार के साथ अभी खतोकिताबत जारी है।"

भारतीय उद्योग-धन्धे में इस समय आयी हुई मन्दी के विषय में आपने कहा है कि "यहाँ की मंदी समस्त संसार में आयी हुई मंदी की लहर-सी मालूम होती है। हिन्दुस्थान के कपास के वस्त्र-व्यवसाय में जो मन्दी आयी हुई है उसके सम्बन्ध में उपाय-योजना करने के लिए मैंने अहमदाबाद और बम्बई के मिल वालों के पंचों की मुलाकात स्वीकार की है, अतएव इस विषय में अभी ही अधिक कुछ कहना नहीं चाहता।"

खेती के विषय में आपने कहा—"धन्धों को सहायता देते हुए भी मेरा शासन इस बात का निश्चय कर चुका है कि हिन्दुस्थान को, सबसे बड़े धन्धे अर्थात खेती के काम की ओर उदासीनता न रहे। सुधार-योजना के अनुसार भारत सरकार खेती की उन्नति के लिए जिम्मेदारी नहीं है, पर वह अब उसकी उन्नति करने में प्रयत्नशील होगी। इसी धन्धे से सम्बन्ध रखने वाले पशु-रक्षा की ओर भी ध्यान दिया जायगा। एक अखिल भारतीय खेती संघ की स्थापना की योजना हमारे विचाराधीन है। इस योजना के अमल में आने से भिन्न-भिन्न प्रान्तों के कृषि विभागों के कार्य एक ढंग से चलेंगे, नये आविष्कारों की उन्नति होगी, कृषि-शिक्षा, सहयोग समितियों की उन्नति होगी और समस्त देश में कृषि प्रचार में

सहायता मिलेगी।

सिविल जस्टिस कमेटी और साम्पत्तिक अवस्था की जाँच करने वाली कमेटी के कार्यों का उल्लेख करके वाइसराय महोदय ने भारतीय मुद्रा और विनिमय की जाँच करने के लिए एक रायल कमीशन की नियुक्ति की घोषणा की। इस कमेटी के सभापति कमाण्डर हिल्टन यंग और हिन्दुस्थानी सदस्यों में प्रोफेसर कोयाजी, सर मानेकजी दादाभाई, सर राजेन्द्रनाथ मुकरजी और सर पुरुषोत्तमदास ठाकुरदास रहेंगे। यह कमीशन आगामी अक्टूबर से कार्यारम्भ करेगी।

भारतीयों को सैनिक शिक्षा एवं अधिकार-पद देने की जाँच करने के लिए स्थापित की गयी 'सैंडहर्स्ट कमेटी' के विषय में वाइसराय ने कहा कि यह कमेटी केवल इस बात की ही जाँच नहीं करेगी कि भारतीयों को हिज मेजिस्टी के 'कमीशण्ड रेंक' के पद का कार्य योग्यता के साथ निभाने की तालीम किस तरह उच्च श्रेणी के भारतीय नवयुवक फौजी जीवन की ओर आकृष्ट किये जायँ। मुझे दी जाय! परन्तु वह इस बात को भी सोचेगी कि किस तरह खुशी है कि इस जाँच के कार्य में हमें स्वराज्य दल के एक नेता की भी सहायता प्राप्त होगी। इस पर मैं अपना संतोष प्रगट करता हूँ।

पब्लिक सरविसेस कमीशन की स्थापना और सिक्खों के गुरुद्वारा प्रबन्ध सम्बन्धी झगड़े के मिटने पर संतोष प्रगट करने एवं पंजाब सरकार की तारीफ करने के पश्चात् वाइसराय साहब ने अपने इंग्लैण्ड गमन की बात कही और लार्ड बर्कनहेड के भाषण का संदेश बतलाते हुए इस बात पर खेद प्रगट किया कि हिन्दुस्थान के कुछ लोगों ने उसे इस तरह नहीं समझा। आपने शासकों और शासितों के परस्पर कटु व्यवहार और संदेह को छोड़ने की बात कही और शासन-सुधार के विषय की जाँच करने के लिए नियत की गयी मुडीमैन कमेटी की रिपोर्ट के विषय में कहा कि अभी वह समय नहीं आया है कि एक रायल कमीशन द्वारा सुधारों की वृद्धि की जाँच की जाय। आपने सभी दलों से कहा कि मौजूदा शासन-यंत्र को सब मिलकर काम में लावें। आपने यह भी कहा कि "द्वैध शासन का उपयोग ही पूरी तरह नहीं किया गया, इसलिए यह कहना कठिन है कि वह असफल या सफल हुआ। हिन्दुस्थान और ब्रिटिश पार्लियामेंट दोनों के लिए यह एक नया प्रश्न है।" अन्त में फिर सहयोग की प्रार्थना कर, वाइसराय ने अपनी लम्बी वक्तृता समाप्त की।

इस वक्तृता पर सिवाय एंग्लो-इण्डियनों के और किसी को संतोष नहीं हुआ। पं० मोतीलाल नेहरू ने इस भाषण को 'हिज मास्टर्स वाइस'—फोनोग्राफ की चूड़ी, अपने मालिक की नकल कहा है। लार्ड बर्कन हेड की बातों में और रीडिंग साहब की बातों में कहीं फर्क नहीं है।

ता० 22 को प्रजा-दल के सभापति के चुनाव के पहले जब सर फ्रेडरिक

वाइट के सभापतित्व में असेम्बली का काम शुरू हुआ तब पहले प० मोतीलाल नेहरू ने देशबन्धु दास और सर सुरेन्द्रनाथ की मृत्यु पर दुःख प्रगट करने वाला भाषण दिया और असेम्बली से प्रार्थना की कि वह उक्त देश भक्तों के कुटुम्बियों के पास समवेदना सन्देश भेजे। सर शिवस्वामी ऐयर, सर अलेक्जेंडर मुडीमैन, मि० जिन्ना, सर डार्सी लिंडसे, तथा सर फ्रेडरिक ह्वाइट आदि भिन्न-भिन्न दलों के लोगों ने उक्त देशभक्तों के गुणों का वर्णन किया और सर फ्रेडरिक वाइट ने देशबन्धु और सर सुरेन्द्रनाथ के कुटुम्बियों के पास समवेदना-सन्देश भेजने की सूचना हर्ष के साथ स्वीकृत की।

नये सभापति

इसके पश्चात् कौंसिल के नये सभापति का चुनाव हुआ। श्री विट्ठलभाई पटेल और मि० रंगाचारियर उम्मीदवार थे। यह पहला ही अवसर था जबकि देश की ऊँची कानूनी सभा का सभापति लोक नेताओं में से चुना जाने वाला था। स्वभावत: कौंसिल सदस्यों में कुछ सनसनी-सी थी। आखिर जब मत-पत्रिकाएँ गिनी गयीं तब सर फ्रेडरिक ह्वाइट—पुराने सभापति—ने प्रगट किया कि श्री पटेल को 58 तथा श्री रंगाचारी को 56 वोट मिले हैं, अर्थात् वोट की अधिकता से **श्री पटेल सभापति** चुने गये। इस चुनाव पर स्वराजियों ने हर्षध्वनि की और सभी दलों ने श्री पटेल को बधाइयाँ दीं। वाइसराय महोदय ने भी इस चुनाव को स्वीकृत कर लिया।

जब पुराने सरकारी सभापति सर अलफ्रेड अपना विदेशी चोगा पटेल साहब को पहनाने लगे तब उन्होंने उसे पहनने से इनकार कर दिया और **खद्दर का चोगा** बनवाने की बात कही। पटेल साहब को कौंसिल में खद्दर की याद करते देख देशप्रेमियों को संतोष अवश्य होगा। परन्तु इस बात पर कुछ लोगों को खेद भी होगा कि पटेल साहब को अब सरकारी खानों और निमंत्रणों में जाना पड़ेगा और वाइसराय से समय-समय पर भेंट करनी पड़ेगी। असहयोग का बाना तो अब पटेल साहब रख ही नहीं सकेंगे। उन्होंने स्वयं ही प्रगट किया है कि आवश्यकतानुसार मैं वाइसराय से मिला करूँगा और निष्पक्ष रीति से कौंसिल-कार्य को चलाऊँगा।

[29 अगस्त, 1925]

पहला चुना हुआ अध्यक्ष

लोगों का ध्यान बड़ी धारा सभा की बैठक की ओर था। दो कारणों से, एक तो लार्ड रीडिंग विलायत से जो गर्भ धारण करके लाये थे, उसके परिणाम में

लोग स्वराज की घोषणा नहीं तो कम-से-कम कुछ अधिकारों के टुकड़े मिलने का 'आश्वासन' सुनने को उत्सुक थे, और सुधार कानून के द्वारा बनी हुई नई धारा सभा का—लेजिस्लेटिव असेम्बली का—आज तक सरकार द्वारा नियुक्त सभापति था, और इस वर्ष असेम्बली के सदस्यों द्वारा नियुक्त सभापति चुनने की बारी थी, अतः कुछ लोग देखना चाहते थे कि सभापति सरकारी दल की जीत के बल पर होता है, या प्रजा के दल की जीत के बल पर। पाठक जानते हैं कि लार्ड रीडिंग की गर्भ धारणा तो व्यर्थ गयी। 'आश्वासन' का बच्चा पैदा नहीं हुआ। किन्तु हाँ, सर व्हाइट की जगह पर, असेम्बली का जो सभापति चुना गया उसमें, देश की जनता के नाम पर कौंसिल में गये हुए स्वराज-दल की जीत हुई। बम्बई प्रदेश के महान आन्दोलनवादी, गुजरात के दृढ़ स्वराजवादी नेता, और देश के, अपनी दृढ़ता, शान और धमक के बल पर, श्रद्धा और सम्मान प्राप्त वयोवृद्ध श्रीयुत विट्ठलभाई जवेरभाई पटेल भारत के वैद्य आन्दोलन के इतिहास में सबसे पहली बार, बड़ी धारा सभा के सभापति चुने गये। 'जनता का सभापति' चुनने का श्रीगणेश, मध्यप्रदेश ने प्रान्तीय कौंसिल में श्रीयुत ताम्बे को चुनकर किया था, और मिनिस्टरी तथासभापतित्व दोनों बातों में सरकार को हराकर स्वराज्य-दल की शान की छेद पड़ी हुई और डगमगाती नौका को सँभाला था, किन्तु जो काम मध्यप्रदेश कर सका, वही काम देशबन्धु के स्वर्गवास के पश्चात् बंगाल न कर सका। वहाँ सरकार के मत-प्राप्त स्वतन्त्र उम्मीदवार, कुमार शिवशेखरेश्वर राय की जीत हुई। और महात्मा गांधी के जोरदार प्रभाव के वहाँ विराजमान होते हुए भी, स्वराज दल के उम्मीदवार डा० सुहरावर्दी पछाड़ खा गये। इस पछाड़ का असर कम न था, लोग इन घटनाओं से, इस दल के जीवन और मरण का अन्दाजा लगा रहे थे और जबकि सारे देश में कहीं कोई काम नहीं हो रहा, तब इसी को देश का काम और देश की शान समझने के मिथ्या-पथ्य पर जी रहे थे। ऐसे समय असेम्बली का सभापतित्व लोगों की नजर में महत्व की वस्तु थी और ब्रिटिश छत्रछाया में पनपनेवाली राष्ट्रीयता—जिसे श्रीमान् विट्ठलभाई के शब्दों में अग्रगामी राष्ट्रीयता कहना चाहिए—की दृष्टि से देश की एक भारी विजय सन्तोष के लिए जगह है कि इस 'महान' प्रयत्न में प्रजा पक्ष की विजय हुई और भारतीय वैद्य इतिहास में पहली बार, कौंसिल के अन्दर रहने वाले, प्रजा के अग्रगामी राजनैतिक दल का एक तेजस्वी नेता सभापति चुना गया। इस चुनाई को लार्ड रीडिंग ने स्वीकृत किया, असेम्बली के पुराने सभापति सर व्हाइट ने, नये सभापति को बधाइयाँ दीं और इसे सुधार कानून की विजय कहा और भारत सरकार के होम मेम्बर सर मुडीमैन ने भी विट्ठलभाई को बधाइयाँ दीं।

चाहे सफल हों या असफल, किन्तु जो लोग दलबन्दी से ऊँचा उठकर देखने

का यत्न करते वे हैं, जो लोग बन्धनों से मुक्त अग्रगामी राष्ट्रीयता की वन्दना करते हैं वे, और जो लोग देश तेज का किसी भी कीमत पर सौदा करना पसन्द नहीं करते थे, इस चुनाई की छाती पर, प्रजा पक्ष के लिए पतन का एक करारा सन्देश भी अनुभव करते हैं। उनका स्पष्ट मत है कि कौन्सिल की सीमा में खड़े होकर और कौन्सिल का सरकारी पद ग्रहण करने के पश्चात् उस स्थान से प्रति भी राष्ट्रीयता (एडवांस्ड नेशनलिज्म) का अभिमान करना, बिचारी 'राष्ट्रीयता' के साथ मजाक करना है। उस राष्ट्रीयता के साथ जिसके अव्यभिचारिणी रहने पर देश के उठते हुए हृदय और फड़कती हुई भुजाएँ देश की स्वाधीनता के प्राप्त होने की उम्मीद करते हैं, जिसके साध्वी रहने ही पर, तिलक का मण्डाले वास, गांधी की तपस्या, अरविन्द का अज्ञातवास, और खुदीराम और कन्हाईलाल से लगाकर साधारण कष्ट-भोगी तक के त्याग का कुछ मूल्य हो सकता है, और जिसके उन्मुक्त रहने ही पर 'स्वराज' शब्द का कोई अर्थ हो सकता है। किन्तु यदि हम इस दृष्टिकोण को सर्वथा बदल दें और केवल स्वराज दल के कार्य को ही केन्द्र मानकर चर्चा करें तब भी हमें आनन्द का कारण नहीं दीख पड़ता। लार्ड बर्कन हेड की धमकी, मुडीमैन कमीटी के बहुमत के अनुसार देश के धन की लूट और अल्पमत के ठुकराने का जवाब असेंबली के सभापतित्व की स्वीकृति हर्गिज न था। लोकमान्य तिलक जिन दिनों होमरूल आन्दोलन को विलायत में गुँजाना चाहते थे उन दिनों श्रीयुत विट्ठलभाई को उन्होंने चुना था। यह विट्ठलभाई ही का काम था कि वाइसराय के बम्बई जाने पर बम्बई कारपोरेशन के लार्ड मेयर की हैसियत से भारत के गवर्नर-जनरल लार्ड रीडिंग से मिलने से इसलिए इन्कार कर दें चूँकि देश की आवाज के सन्मुख न झुकनेवाली सरकार का वह अधिकारी है। और आज वही विट्ठलभाई कहते हैं कि "यदि जरूरत हुई तो मैं दिन में सौ बार गवर्नर-जनरल से मिलूंगा!" क्या हम इसे देश की विजय कहें, और कहें अग्रगामी राष्ट्रीयता? अग्रगामी राष्ट्रीयता तो स्वप्न है। हमारी नम्र धारणा तो यह है कि पिछले दो वर्षों के बराबर भी बेचारे राष्ट्रीय दल के दर्शन असेंबली में अब हमें न होंगे। क्यों?—

इस समय असेंबली की हालत विचित्र है। मि० जिन्नाह और उनकी स्वतन्त्र पार्टी के पहले लीजिए। पहले वर्ष मि० जिन्नाह ने स्वराज दल का साथ दिया था, और मुडीमैन कमीटी की रिपोर्ट पर अल्पमत लिखकर अपनी निर्भीकता प्रकट की थी किन्तु इस वर्ष उन्होंने बजट के समय स्वराज दल का साथ नहीं दिया, और अब सभापति की चुनाई में उन्होंने और उनके साथियों ने, सरकार का साथ दिया! ऐसी स्थिति में मि० जिन्नाह न तो स्वराज दल का साथ दे सकेंगे, न प्रान्तीय स्वराज के उस सिद्धान्त का ही समर्थन कर सकेंगे, जिसे उन्होंने मुडीमैन

कमीटी के अल्पमत की हैसियत से स्वयं लिखा था। इधर स्वतन्त्र दल के स्वय भी टुकड़े हो गये, जहाँ मि० जिन्नाह ने सभापति की चुनाई में सरकार का साथ दिया तहाँ, मालवीयजी और उनके अनुयायियों ने मि० पटेल का। तब यह टूटा हुआ स्वतन्त्र दल तो असेंबली में सर्वथा तेजहीन और स्वराज दल के लिए निरुपयोगी रहेगा। इधर स्वयं स्वराज दल को देखिए। तीन आदमी स्वराज दल की असेंबली में ऐसे थे जिनकी आवाज देश में जाकर टकराती थी और सरकारी सिंहासन को कँपा देती थी वे हैं पण्डित मोतीलाल, श्री विट्ठलभाई और मद्रास सरकार के भूतपूर्व एडवोकेट, आजकल के स्वराज दल के सेक्रेटरी, श्रीयुत श्रीनिवास आयंगार। इनमें आयंगार महाशय का खुद का बल कभी असेम्बली में देखा नहीं गया, वे करारे लड़ाक नहीं हैं, केवल वे अपने नेता के मजबूत समर्थक और विचारों के मैदान में चुटीले उत्तरदाता रहे हैं। पण्डित मोतीलाल जी का प्रभाव रहा है, उन्होंने सरकार का विरोध करते समय सरकारी पताकाओं को कई बार उलझा दिया है। किन्तु लड़ने के समय उन्होंने एक लड़ाऊ की हैसियत से नहीं, एक राजनीतिज्ञ सरदार की हैसियत से नाम पाया है। वे कूटनीति का जवाब कूटनीति से देने में और गाम्भीर्य को कायम रखकर बोलने में सफल रहे हैं। रहे विट्ठलभाई ! देश जानता है कि, खुला और बिना झुका विरोध उनका बाना रहा। वे जब लड़ने खड़े होते, तब विरोधी को सँभलने का बिलकुल अवसर न देते। उन्हें अपनी बात कहने में न राजनीतिकता का आडम्बर अटका पाता, न दल का दबाव उन्हें झुका पाता। वे अपनी बात कहने में ऐसे स्थान पर खड़े होते जहाँ बलवाई और वैध लड़ाक की बीच की अन्तिम सीमा होती। यदि असेम्बली में कोई प्रजा-तेज था तो वे थे विट्ठलभाई। उनका तीर सदा फुर्ती से निकलता और विरोधी का हृदय चीरकर रख देता। स्वराज दल ने और असेम्बली ने, अपना वही कीमती लड़ाक 4 हजार रुपये मासिक पर सरकार के सुपुर्द कर दिया ! ऐसे समय पण्डित मोतीलालजी, अथवा किसी प्रजा पक्ष के आदमी की बधाई और विजय की शेखी की अपेक्षा, लार्ड रीडिंग की स्वीकृति, सर ह्वाइट का सन्तोष और सर मुडीमैन की बधाइयाँ ही अधिक सार्थक और विजयिनी दीख पड़ती हैं, क्योंकि अब उन्हें विट्ठलभाई के करारे विरोध का सामना करने की चिन्ता न होगी, चाहे मुँह से अग्रगामी राष्ट्रीयता का नाम भले ही लिया जाय किन्तु यह सच है कि अब विट्ठलभाई को वीरवाणी—और वाणी के कौशल ही के लिए असेम्बली में जगह है ! इसके सिवा, पण्डित मोतीलाल जी सैनिक कमीटी तथा अन्य कमीटियों में होंगे, विट्ठलभाई सभापति होंगे, तब यह सच है कि अब स्वराज, करबन्दी, और राष्ट्रीयता की चर्चा ये बातें असेम्बली में विजय पाने के लिए नहीं, पराजित होने के लिए हैं। क्योंकि स्कीन कमीटी की सभासदी पर आज लार्ड रीडिंग पण्डितजी की पीठ ठोंक रहे और सर ह्वाइट

मुडीमेन पटेल साहब के सभापतित्व पर बधाइयाँ दे रहे हैं। यदि इतने पर भी कोई कसर बाकी रही, तो वह लाट साहब की 'दिन में सौ बार' की भेटों और मन्त्रिमण्डल के भोजों से पूरी की जायेगी, ऐसा हमें भय है। स्वराज दल के शेष सदस्य मोतीलालजी की त्यौरी पर उठने और शब्दों से प्रेरणा पाकर बोलनेवाले हैं। वे प्रस्तावों और संशोधनों की भाषा सुधारेंगे और स्वराज तथा राष्ट्रीय तेज से रहित देश का जितना भला हो सकेगा, करेंगे! और यदि कुछ सदस्यों को बुलास आयी हो, तो अब आज्ञाकारी छोकड़ों के ऊधम के लिए, असेम्बली के आँगन में सरकार की ओर से काफी 'वैध' जगह छोड़ी जा सकेगी। यही भाव हमारे पास हैं, जिन्हें लेकर हम, भारत के राजनैतिक इतिहास में, असेम्बली के पहिले राष्ट्रीयतावादी सभापति की चुनाई पर, अपना तेजहीन समाधान व्यक्त करते हैं। हम तो देश के चरणों में निवेदन करना चाहते हैं कि पटेल हो या मोतीलालजी, या महात्मा गांधी हों, इनकी जबान में ताकत, भुजाओं में बल, और हृदय में उमंगें देने का काम उनका है, जो असेम्बली से बाहर हैं और जिन्हें आजादी की कीमत पर सदैव अपने कष्टों से देश में उथल-पुथल कर पतन के वायुमण्डल को परिवर्तित करना और अपने ध्येय पर देश को विवश करना आता है। हम देश की लगातार गिरती जानेवाली अवस्था को न अग्रगामी राष्ट्रीयता कह सकते हैं न पटेल-सा तेज हथियार की राष्ट्रीयता कह सकते हैं, न पटेल-सा तेज हथियार सरकारी बन्दूक में बन्द होने पर, खुशी मना सकते हैं।

[29 अगस्त, 1925]

गरीब अन्नदाता

आसाम के भूतपूर्व चीफ कमिश्नर सर चार्ल्स इलियट ने एक बार कहा था कि "भारत के किसानों की आधी आबादी तो साल में 6 महीने यह नहीं जानती कि उन्होंने किसी दिन भर पेट भोजन किया था।" और भारत के नरम नेता और प्रजा तथा सरकार दोनों के बीच आदर पाये हुए स्वर्गीय गोपालकृष्ण गोखले ने एक बार कहा था कि "7,00,00,000 (सात करोड़) किसान तो यह नहीं जानते कि वर्ष भर उन्हें कभी भर पेट भोजन मिला था।" यदि इस बात को पुरानी मानें तो, मध्यप्रदेश के अभिमान की वस्तु तथा लखनऊ विश्वविद्यालय के अर्थशास्त्री प्रोफेसर दयाशंकरजी दूबे का हिसाब सुनिये। वे कहते हैं—"कठिन कारावास की सजा पाने वाले दुराचारी कैदियों को जितना भोजन मिलता है उसका तीन चौथाई भोजन भी हमारे देश के 16,00,00,000 युवाओं को प्रतिवर्ष नहीं मिलता।" किसान स्वयं भी अनुभव करता है कि वह गरीब होता जा रहा

है। वह पहिले से अधिक कर्जदार है, उसके बैल पहिले से अधिक 'मरी हत्या' हो रहे हैं और वे कम हो गये हैं, उसकी जमीन भी कम हो गई है। किन्तु यदि उससे कारण पूछिये ? आप जानते हैं वह क्या उत्तर देता है ? वह कहता है "घोर कलयुग आ गया बाबूजी। पहिले ऐसी फसल होती थी कि घर भरा रहता था। अजी, पानी अच्छा बरसता था। अनाज खूब आता था। अब तो वैसी फसल ही नहीं आती। हमारी तकदीर फूट गयी।" हम अपने किसान भाई से कहना चाहते हैं कि बाबा, तेरी तकदीर के फोड़ने वाले का तुझे पता नहीं है। और न तुझे इस बात का पता है कि सारा कलयुग हिन्दुस्थान पर और वह भी तेरी खेती पर ही कैसे टूट पड़ा। और मजे की बात तो यह है कि तू उन दिनों सुखी था जब तेरे 12 मन गल्ले का दाम 12 रुपये था। आज जब 12 मन गल्ले का दाम 60-70 रुपया हो गया है तब तू गरीब हो गया है! किन्तु यदि तू अपने आस-पास नजर दौड़ावे, और अपने हित-अनहित की बातों को जाने-समझे, तो तुझे पता लग जाय कि तेरे घर में कलयुग किस रास्ते होकर आ रहा है और तेरी तकदीर को फोड़ने वाला हथौड़ा किस भाग्यवान के हाथ में है ? किसान भाई ! तुम्हें मालूम होना चाहिए कि डेढ़ सौ बरस पहिले तुम्हारे देश में वर्षों में कहीं एकाध बार भूले-भटके अकाल आता था और आज तुम्हारे देश में हर साल कहीं न कहीं अकाल बना रहता है। कलयुग और तकदीर को दोष न देकर, आओ इसका कारण जानने की कोशिश करें।

इस देश में पहिले किसानी करने वाले लोग निरे किसान नहीं थे। जिस तरह आजकल तुम वर्षा न होने पर, बोनी हो जाने पर, कटनी के पश्चात् या अधिक बरसात होने पर चुपचाप हाथ पर हाथ धरे बैठे रहते हो, यह हालत डेढ़ सौ वर्ष पहले तुम्हारी न थी। न किसानी पर जीने वालों ही की तादाद इतनी थी। न तुम्हारी ही हालत ऐसी थी कि तुम केवल गेहूँ, चावल या कपास अधिक पैदा करो। फिर, गये साल की बचत जेवर, अनाज और सामान के रूप में इतनी पड़ी रहती थी कि अगर तुम्हारे खेत में उपज न हो और इन्द्र तुम्हारे साथ युद्ध कर बैठे; तो तुम अपनी बचत रूपी गोबरधन के सहारे अपनी रक्षा कर सकते थे। किन्तु जिन विद्वानों ने बचत का हिसाब लगाया है वे कहते हैं कि हिन्दुस्थान के हर आदमी पीछे जमा रकम का हिसाब आजकल 14 रुपया पड़ता है, और इंग्लैण्ड की जमा रकम का हर आदमी पीछे क्या हिसाब पड़ता है, आप जानते हैं ? वहाँ हर आदमी के पास की जमा रकम रुपयों में 4500 के लगभग है। और अमरीका की तो बात ही न पूछो। हिन्दोस्तान के पश्चात् भारी खेती वाला देश अमरीका है। और वहाँ के हर पाँच आदमी पीछे आजकल एक मोटरकार है। और तुम्हारे देश में हर तीन आदमी पीछे एक अन्न-अन्न पुकारता और भूखों मरता है। तुम्हारी भूख अमरीका की मोटरों को भी मात करती है। तो भी

अमरीका के पश्चात अनाज उपजाने का ऊँचा नम्बर तुम्हारा ही है। विलायत के लोग किसान नहीं, वहाँ तो सौ आदमी पीछे 8 ही किसान हैं। पर तुम्हारे देश में—देश में क्यों प्रदेश में भी—हर सौ आदमी पीछे साढ़े चौहत्तर फीसदी किसान हैं। तिस पर तुम्हारे देश में अकाल पड़ना शुरू हुआ और इंग्लैंड में अकाल पड़ना बन्द हुआ। और आज तुम्हारे देश में हर साल कहीं न कहीं अकाल है, और उनके देशवासी अकाल का नाम ही भूल गये! आसमान के बादलों, जमीन के ढेलों और किस्मत के खेलों को मत कोसो। जरा सोचो। पहले तुम्हारे गाँव और नजदीक के शहर का लुहार किसानी करता था परन्तु वही लोहा गलाता था, और लोहे सम्बन्धी कीलें बिरंजी से लगाकर सब जरूरतें पूरी करता था। नाई की कैंची, छुरा और नख-कटनी, बढ़ई का गुनियाँ, रन्दा, आरी और बसूला, जुलाहे की गछली और राँछ, चमार की राँपी, मीडन और बकिया, सब तुम्हारे गाँव का लुहार बनाता था। उसकी स्त्री धौंकनी धौंकती और उसके छोटे बच्चे तक छोटे-मोटे काम करते। उसका एक भाई घन लगाता, एक भट्ठे पर बैठता, एक पानी चढ़ाकर चमक देता, एक बाजार में चीज बेचने जाता। तब अधिक लुहारों की जरूरत होती। वे एक तो अपनी कमाई से पेट भर खाते थे, दूसरे किसान बनकर किसानों की आमदनी में हिस्सा नहीं बँटाते थे। अब तो नाई, बढई और चमार, जुलाहा सबका सामान विलायत से आने लगा तब तुम्हारे गाँव के लुहार क्या करते? वे थोड़े दिन भूखों मरे, तुम्हें कोसते रहे। फिर लाचार होकर, अपने भट्ठे, धौंकनी, हथौड़े और अपनी कारीगरी के हाथ और उसकी अकल को नमस्कार करके, हल पकड़कर किसान बन गये। और बर्मिंघम और ब्रिस्टल के लोहे के औजार खरीद कर, तुमने समझा कि तुम सुधर गये।

अब जरा और जाँच करो। तुम्हारे घर में चरखा चलता था कोई भी घर उससे खाली न था। केवल बुनाई के दामों पर तुम कपड़ा पाते थे। और हर गाँव के 50-60 जुलाहों के परिवार केवल बुनाई का काम करते थे। उनकी बुनाई की खूबी यह थी कि वे जो मलमल बनाते, उसको हरी दूब पर बिछा देने पर यह मालूम न होता कि कोई कपड़ा बिछा है। हिन्दुस्तानी जुलाहों की बनायी हुई मलमल, काटन और रेशमी चीजों के लिए, लन्दन और पेरिस की बीवियाँ तड़पतीं किन्तु भारत के बाहर जाने वाले कपड़े पर जोर का टैक्स लगा, और मैनचेस्टर तथा लंकाशायर का विलायती कपड़ा हिन्दुस्तान के बाजारों में आने लगा। तुम खरीदने दौड़े। परन्तु तुम्हें पता न रहा कि तुम जिस कपड़े को खरीदने जा रहे हो, उसने तुम्हारी माता, बहिन, और पत्नी को साल के अधिक समय के लिए बेकार बना दिया। वह अब लाचार होकर घर बैठी रहेगी और केवल खेती ही की कमाई में से पेट भरेगी। और इसी खेती की कमाई में से केवल बुनाई के दामों पर नहीं, मनमाने दामों पर तुम्हें कपड़ा खरीदकर लाना पड़ेगा। चरखे टूट गये,

गाँव के सौ जुलाहे और उनके बाल-बच्चे लाचार होकर, किसान तथा किसानी पर जीवन बितानेवाले मजदूर बनकर तुम्हें गरीब बनानेवाले हो गये। जो विधवाएँ चरखे को कमाई देने में पति के समान सहारा देनेवाला समझती थीं उनमें से कुछ वर्ष भर बेकार रहने और मजदूर होकर किसानी में हिस्सा बँटाने, लगी और तुम्हारे रंग-बिरंगे कपड़ों के शौक के कारण कुछ बहिनें और बेटियाँ वेश्या बनकर तुम्हें आशीर्वाद देती हुई, अपना और तुम्हारा दोनों का मुँह काला कर गयीं। इसी तरह तुम्हारे रंग-साज, बढ़ई, तथा छोटी-छोटी कला कौशल की चीजें बनानेवालों की हालत हो गयी जब तुम विलायती चीजें खरीदकर ला रहे थे तब तुम्हें पता न था कि तुम अपने लिए मौत खरीदकर ला रहे हो। किसानी पर जीनेवालों की तादाद बढ़ा रहे हो और अपने भाग्य को फोड़ने का सामान इकट्ठा कर रहे हो और कलयुग के लिए दरवाजा खोल रहे हो। जब सबके बधने-बोरिये खेती ही पर हो गये, तब बताओ तुम्हारे पास बचत कहाँ से हो? और इतने बेकारों का पालन बिना कलाओं से धन उपजाये, अकेली खेती कैसे कर सके? इसके पश्चात् तुम्हारा उपजाया हुआ अनाज देश से बाहर भेज दिया जाता है, तुम एक सेर रुई का दाम एक रुपया लेकर जो रुई विदेश को भेजते हो; वहाँ उस रुई के कम से कम दो धोती जोड़े बनते हैं, जिन्हें तुम दस रुपये में खरीदते हो। इसका मतलब यह हुआ कि तुमने अपनी एक रुपये की रुई दस रुपयों में खरीदी। जानते हो, यह नौ रुपये कहाँ चला गया। यह विलायती कपड़े के जुलाहों की मजदूरी और विलायती व्यापारी के मस्त मुनाफे में चला गया। जो अपने एक रुपये को चार महीने पश्चात् दस रुपये में खरीदे, भला वह किसान भूखों क्यों न मरे, उसकी खेती उसकी मूर्खताओं के बदले, अपनी ताकत से बाहर अनाज उपजा कर कैसे देवे? क्या बस इतना ही कारण किसान की गरीबी का है? नहीं और भी उनके कारण हैं, जिनकी चर्चा केवल आज ही नहीं की जा सकती। पर क्यों जी! किसान खुद अपने भले-बुरे को क्यों नहीं समझता? इसलिए कि वह अज्ञान है, पढ़ा-लिखा नहीं है?—उसे यह पता नहीं कि उसकी कमाई का आधा हिस्सा सरकारी खजाने में चला जाता है, उसकी जमीन ने जीवन में खाद का नाम नहीं जाना, उसका साहूकार उसे चूस रहा है, उससे अपनी उपज पर बार-बार टैक्स लिया जाता है, उसकी चीजों पर रेल का महसूल उसे हानि पहुँचाने वाले ढंग से लगा हुआ है। उसे ऐसे समय लगान देना और साहूकार को पटाना पड़ता है और ऐसे समय अनाज बेचना पड़ता है, जब कि बाजार भाव सस्ता हो। महँगे बाजार भाव के दिनों तक वह ठहर नहीं सकता। उसकी खेती की सिंचाई, पशुओं की चराई आदि का इन्तजाम नहीं। इधर उसे, गरीब और नगण्य समझकर उसके राजनैतिक अधिकारों को भी लोग हड़प लेते हैं और वह यह नहीं समझता कि उसके नाश का कारण क्या है। जान ब्राइट नाम

का अंग्रेज विद्वान कहता है—"यदि किसी देश के पास ऐसी जमीन हो जो खूब अनाज पैदा करती हो, और सब तरह की चीजें उपजाती हो, और तिस पर भी वहाँ के निवासियों की हालत भयंकर गरीब और कष्टमय हो तो समझना चाहिए कि उस देश की शासन प्रणाली की जड़ में कोई भारी खराबी है।" परन्तु क्या उस खराबी को जानकर किसान अपने दुःखों के खिलाफ मस्तक उठावे ? कैसे उठावे ? पर क्यों नहीं उठावे ? अजी वह अज्ञान है। वह अपने भले-बुरे और अपनी मौत को नहीं जानता। उसकी अज्ञानता का कारण क्या है ?—इस विषय की चर्चा फिर करेंगे और यह भी देखेंगे, कि हमारे देश का गरीब अन्नदाता किस तरह अपने दिन सुधार सकता, अपने अधिकारों की रक्षा कर सकता, और शस्य श्यामला भूमि पर पौधों के समान हरियाला, फूलों के समान खिला हुआ, और फल से लदे हुए वृक्ष की तरह धनवान और संसार को शरण देने वाला होकर वन्दनीय हो सकता है।

[12 सितम्बर, 1925]

खतरे को आमन्त्रित कीजिए

जिस दिन से कौन्सिल की चुनाई हुई, स्वराज दल के लोगों ने लौटकर, जनता की सुध न ली। वे अपने सारे वचन, जो वे अपने मतदाताओं को दे आये थे, भूल गये और भूल गये यह कि यदि वे जिस तरह असहयोगी के नाते, बार-बार देश-वासियों के चरणों में, सेवा करने के लिए, उपस्थित होने को विवश हुए थे, उसी तरह यदि वे कौन्सिलों ही में केवल 'इन्कार' कर देने के लिए साल में तीन बार जाते रहे, और यदि उन्होंने जनता की सेवा में उपस्थित होना भुला दिया, तो देश में एक भयंकर शिथिलता आवेगी। असहयोगियों का छोटा प्रयत्न भी, उस समय, स्वराज दल के कार्यकर्ताओं के प्रभाव और प्रयत्न में रुकावट समझा जाता था और एक तरफ तो स्वराज दल के लोग कांग्रेस के विधायक कार्यक्रम से देश की श्रद्धा उखाड़कर फेंक देना चाहते थे और दूसरी तरफ बार-बार जनता के सन्मुख खुद जाकर, नियमित सेवा भी कहीं कर रहे थे। उन असहयोगियों ने, जिन्होंने घर की फूट से तीसरी ताकत का बल बढ़ते देखा, अपना झण्डा झुका दिया, उन्होंने अपने पूर्ण विश्वास के प्रयत्नों को भी स्वराज दल की सफलता के पथ में रोक दिया। आपस के संघर्षण से होनेवाली शिथिलता को, सरकार ने हमारी हार समझा, और देश की एकता के लिए असहयोगियों की पराजय समझकर विजय का हर्ष मनाया। महात्मा गांधी को एक श्वास से 'अजातशत्रु' कहा गया तो दूसरी श्वास से उन्हें मक्कार, धोखेबाज, सरकार से मिला हुआ, चालबाज

कहा गया। हमारे कान इस बात के लिए अपराधी हैं कि उन तक यह खबर पहुँची कि कलकत्ता के महात्माजी के प्रयत्नों को भी हमारे एक देशभक्त ने, स्वराज दल को नाश करने का प्रयत्न समझा और समझाया, कि जिसे सुनकर पण्डित मोतीलाल नेहरू तक व्याकुल हो उठे। इधर असहयोगियों में भी, ऐसी कुछ प्रदर्शनी में रखने योग्य बहुमूल्य वस्तुएँ थीं, जो समझती थीं कि स्वराज-दल, देश के गुण्डे और नरम नेता देश के उतने हानि पहुँचाने वाले न थे जितने स्वराजवादी। अतः तमोगुण से तमोगुण की वृद्धि होती गयी। किन्तु, स्वराज के मसौदे पर, मसौदे पर पण्डित मोतीलालजी की लड़ाई ने देश को जीवन देने का काम किया है और अब स्वराजवादी और स्वतन्त्र दल के लोग, पण्डित मोतीलालजी और श्रीयुत जिन्ना की अध्यक्षता में सोच रहे हैं कि यदि सरकार, असेम्बली को स्वराज सम्बन्धी प्रस्ताव पर कायल नहीं करती तो असेम्बली के प्रजा प्रतिनिधियों को असेम्बली से इस्तीफा देकर बाहर हो जाना चाहिए। ज्यों-ज्यों ये खबरें देश में बढ़ रही हैं, त्यों-त्यों देशवासियों के हृदयों में ये विचार पैदा हो रहे हैं कि, स्वराज के प्रस्ताव को असेम्बली में रखते समय पण्डित मोतीलाल जी द्वारा कही गयी सत्याग्रह करने की बात, केवल झाँसा नहीं है। उस वृद्ध की वह गर्जना, केवल सरकार को दी जानेवाली झूठी धमकी नहीं है, वह एक ईमानदार चेतावनी है, और उस चेतावनी के साथ करोड़ों गरीब भारतीय हृदय गुँथे हुए हैं। देश के हृदय टूटे हुए दीखते हैं, उस समय तक, जब तक हम कोई दृढ़ता नहीं दिखाते, किन्तु जिस दिन हम प्रस्तावों और संशोधनों, नुकताचीनियों, और आलोचनाओं, अविश्वासों और बहानों के दलदल से ऊँचे उठकर, खतरे को आमन्त्रित कर बैठेंगे उस दिन, गरीब देशवासियों के हृदय में स्थित स्वराज्य के भगवान के चरणों से प्रवाहित भक्ति की भागीरथी, देश के नेताओं के मस्तक पर, आशीर्वाद बनकर उठेगी। वे सिर जो आज स्वराजवादी और असहयोगियों के प्रति अविश्वास की बातें सोचने के काम आ रहे हैं देश की माँग पर चढ़ने का काम आने लगेंगे। इसके सिवा, इससे स्वराज दल का अस्तित्व सफल हो जाएगा, तथा सन्निकट दीखनेवाली, कानपुर की कांग्रेस के लिए अवसर होगा कि वह भी मरे हुए ढंग से प्रस्ताव पास कर खतम हो जाने के बजाय 'संयुक्त भारत' को आशा, बलिदान, और कार्य का सन्देश दे। हमारा निवेदन है, देश के उन गरीबों के नाम पर जो विजय में भुलाए जाते रहे और संकट में बलि किए जाते रहे हैं, ठहरी हुई मातृभूमि को, स्वाधीनता की ओर खींचने के लिए, लेजिस्लेटिव असेम्बली को मिलकर ठुकराइये, और भावी विजय की भूमिका की तरह खतरे को आमन्त्रित कीजिए।

[19 सितम्बर, 1925]

किसानों का सवाल

किसानों का सवाल देश की एक विकट समस्या है। देश में सैकड़े पीछे 71 किसान रहते हैं और 29 दूसरे धन्धे के लोग। मध्यप्रदेश में तो यह संख्या और भी बढ़ी हुई है। यहाँ सौ आदमी पीछे साढ़े चौहत्तर किसान हैं, और साढ़े पच्चीस दूसरे धन्धे के लोग। यानी भारतवर्ष में आज हर चार आदमी पीछे तीन किसान हैं। आमदनी की दृष्टि से देखिये तब भी आपको बड़ी सुहावनी दशा दीख पड़ेगी। भारत के किसान इतना जूट पैदा करते हैं जो संसार-भर को पूरता है। कपास के पैदा करने में भारत का नम्बर संसार-भर में दूसरा है। तिली, अलसी, मूँगफली आदि तिलहन भी भारत इतना उत्पन्न करता है कि वह अपनी माँग पूरी करके संसार के बाजारों को पाट देता है। और टैक्स देने में? वहाँ भी भारत का किसान कमी नहीं करता। यदि देश में 100 रुपये टैक्स वसूल किया जाता है तो उसका 90 रुपये किसानों से वसूल होता है। किंतु इसके पश्चात भी भारत के किसान की हालत क्या है? भारत का भाग्य विधाता, भारत में महान् धन उपजाने वाला, भारत में सबसे बड़ी तादाद रखने वाला किसान दुर्दशा से पीड़ित, अकाल का मारा हुआ, कर्ज से दबा हुआ है। इन साढ़े चौहत्तर फीसदी किसानों की यह हालत है कि इनमें से 50 को दोनों जून पेट भर अनाज नसीब नहीं होता आप राज्य सभा (स्टेट कौंसिल) पर दृष्टि डालें, बड़ी धारा सभा (लेजिस्लेटिव असेंबली) को देखें, इतना ही क्यों, आप प्रान्तीय कौंसिलों पर दृष्टि दौड़ावें, आपको वहाँ भी किसान के दर्शन न होंगे। "किसान नाम धारी कुछ धनिक भेड़िये वहाँ जरूर भीड़ मचाये हुए हैं, किंतु वे किसानी और किसान शब्द से उतने ही अपरिचित हैं जितना कामी तप से, अत्याचारी इन्साफ से, और भारत के किसान सुख और अधिकार से परिचित हैं। इतना ही नहीं, जब डिस्ट्रिक्ट बोर्ड जैसी स्थानीय संस्था का सवाल आता है तब भी किसान को उन संस्थाओं से प्लेग के रोगी की तरह दूर रक्खा जाता है। किसान के शरीर पर चिन्धियाँ लटकती हैं, अथवा वह अधनंगा रहकर ही अपने दिनों को गुजारता है। व्यापारी और शहर के सफेद-पोश लोगों के यहाँ नित्य ही त्यौहार है; किन्तु किसान के घर में त्यौहारों पर भी मीठा खाना नसीब नहीं हो पाता। न्यायालय में रिश्वत देने के लिए, पुलिस चौकी पर हथकड़ियों में बन्द, अफसरों के सन्मुख बेगार देने और जूतियाँ खाने के लिए और अगर फसल में कुछ पैदा हो गया तो साहूकार के द्वारा लूटे जाने के लिए आप सदैव किसान नामक प्राणी को हाजिर पाइयेगा। किसानों की यह हालत क्यों है? इसलिए कि किसान अज्ञान है। इसलिए कि वह शक्तिहीन है, इसलिए कि उसे पता नहीं कि संसार में जन्म लेकर आने के बाद उसका काम संकट उठाना और कुत्ते-बिल्लियों की तरह जीवन

बिताना और अनाज पैदा करके संसार के राक्षसों का पोषण करना ही नहीं है। उसे नहीं मालूम कि धनिक तब तक जिन्दा हैं, राज्य तब तक कायम है, ये सारी कौंसिलें तब तक हैं, जब तक वह अनाज उपजाता है और मालगुजारी देता है। जिस दिन वह इन्कार कर दे उस दिन समस्त संसार में महाप्रलय मच जायगा। उसे नहीं मालूम कि संसार का ज्ञान, संसार के अधिकार और संसार की ताकत उससे किसने छीनकर रखी है और क्यों छीनकर रखी है। वह नहीं जानता कि जिस दिन वह अज्ञान इन्कार कर उठेगा उस दिन ज्ञान के ठेकेदार स्कूल फिसल पड़ेंगे, कालेज नष्ट हो जावेंगे और विश्वविद्यालय धूल में मिल जायेंगे। उसे नहीं मालूम कि जिस दिन उसका खून चूसने के लिए न होगा, उस दिन देश में यह उजाला, यह चहल-पहल, यह कोलाहल न होगा। फौज और पुलिस, वजीर और वाइसराय, सब कुछ किसान की गाढ़ी कमाई के खेल हैं। बात इतनी ही है कि किसान इस बात को जानता नहीं। यदि वह इन बातों को जान ले, यदि उसको इस बात का पता रहे कि हर सौ आदमी पीछे, पचहत्तर उसके साथी, उसके भाईबन्द हैं; यदि वह जाने कि सारी सम्पत्ति, देश के सारे अधिकार, और देश के समस्त सुखों का हकदार वह है और यदि उसे अपने पतन के कारणों का पता हो, और उसे अपने ऊँचे उठने के उपायों का ज्ञान हो जाय तो निस्संदेह किसान कर्म-पथ में लग सकता है। किन्तु आज तक उसे अँधेरे में रखा गया है। पाठक, यदि आप किसान नहीं हैं तो ये पंक्तियाँ आपके पास केवल इसलिए पहुँचाई जा रही हैं कि एक तो किसानों की कष्ट-कथा और ऊँचे उठने के वर्णन में जो कमी हो उसे पूरा करने की आप सूचना करें, और दूसरे आप, यदि हो सके, तो किसानों के कानों तक इन पंक्तियों को पहुँचा दें। और यदि आप किसान हैं तो इन पंक्तियों को ध्यान से पढ़ें-सुनें और अपनी अवस्था पर विचार करें।

हमारी यह इच्छा नहीं, कि किसानों के बड़प्पन के झूठे गीत गाकर, उनका मन प्रसन्न करें या उन्हें तिनके के समान कमजोर समझकर, यह महान् तत्व भूल जायँ कि हजारों तिनकों के मेल से एक ऐसा रस्सा तैयार हो सकता है, जो एक मदान्ध और बलवान हाथी को बाँध सके।

[25 सितंबर, 1925]

मिलों की हड़ताल

बम्बई की मिलों में लगभग 2 लाख आदमी काम करते हैं। गत सप्ताह से धीरे-धीरे कई मिलों में ताले लग रहे हैं और मिल के मजदूर अपने तथा अपने बाल-बच्चों के पेट की ज्वाला बुझाने के लिए बम्बई छोड़कर बाहर जा रहे हैं।

व्यावसायिक क्षेत्रों में मजदूर की कमी कितनी कष्टदायी होती है इस बात को यहाँ बतलाने की आवश्यकता नहीं। बम्बई से धीरे-धीरे अपने घर जाने वाले 2 लाख मजदूर जिस समय एकत्र किए गए होंगे उस समय व्यवसाय व्यवस्थापकों को कितनी कठिनाई पड़ी होगी, इसका हाल उन्हीं से पूछना चाहिए। आवश्यकता और पूर्ति का सिद्धांत इस विषय में लागू नहीं हो सकता। हिन्दुस्थान का मजदूर प्रायः उस श्रेणी के लोगों से आता है जो अपने घर से 100-200 मील तो क्या वरन 10-20 मील की दूरी पर भी जाना नहीं चाहते ओर अपनी संकुचित परि-स्थिति और घिरे हुए घर में कृषि या गोपालन से रूखी-सूखी रोटी कमाना पसंद करते हैं। बड़ी मिन्नत व खुशामद के बाद प्रलोभनों और रुपयों की बखेर के बाद मिल के एजेंट उन्हें फुसलाने तथा शहरों में ले जाने में सफल होते हैं। वहाँ भी कई दिनों के अनुभव के बाद वे उपयोगी कारीगर एवं परिश्रमी मजदूर बनते हैं। इतनी मेहनत व धन खर्च करने के बाद मिल के मजदूर तैयार होते हैं। उनका किसी वजह से नाराज हो जाना एवं अपने घर चले जाना व्यवसाय की दृष्टि से बहुत हानिकारक है।

इस होने वाली हानि की कल्पना होते हुए भी बम्बई के मिल वाले इस आपत्ति को टाल न सके। हमारे देश में वस्त्र व्यवसाय ही सर्वप्रथम व्यवसाय है। इसको बनारा व बढ़ाना देश के हित के लिए आवश्यक है। परन्तु दुर्भाग्य से यह व्यवसाय जिन लोगों के हाथ में जा पड़ा है उनमें से कई लोगों को राष्ट्रीय हानि लाभ का बिलकुल ज्ञान नहीं है। बम्बई के मिल वालों को पाँच साल पहिले काफी मुनाफा मिल चुका है परन्तु उस ऐश्वर्य और समृद्धि के समय उन्होंने आपत्तिकाल के लिए काफी धन संचय नहीं किया। स्वदेशी बहिष्कार की लहर बीस साल पहिले जब इस देश मे आयी थी तब भी वस्त्र व्यवसायियों एवं मिल मालिकों ने देश का साथ नहीं दिया। अभी 4-5 साल पहिले खद्दर आन्दोलन के समय भी देश के वस्त्र व्यवसायियों ने देश का साथ नहीं दिया और नकली खद्दर बना एवं बेचकर काफी धन कमाया। महायुद्ध के समय उन्होंने लगभग दूना मुनाफा खाया, आखिर इस संपत्ति से क्या ये लोग अपने व्यवसाय की रक्षा एवं आकस्मिक आपत्ति का सामना करने की योजना नहीं कर सकते थे।

पिछले दो सप्ताह हम कर्मवीर में बतला चुके हैं कि भारत सरकार ने अपनी एकतरफ नीति के कारण किस तरह वस्त्र व्यवसाय की ओर उदासीनता प्रगट की है और किस तरह हड़ताल की आपत्ति की गति बढ़ाई। भारत सरकार की अन्याय-पूर्ण एक्साइज नीति की निन्दा कर चुकने के पश्चात हमें अपना घर भी देखने की आवश्यकता है और इसी दृष्टि से हम देश के मिल व्यवसायियों से पूछते हैं कि आपने कभी देश का साथ दिया है? आपने गरीब मजदूरों की हालत सुधारने, अपने बड़े-बड़े अधिकारियों के खर्च कम करने तथा इस या उस रास्ते मैनेजिंग एजेंट्स

अथवा मैनेजिंग डाइरेक्टर के घर में चालाकी से पहुँचने वाले पाप धन को रोकने का प्रयत्न किया है ।

प्राय: इस देश की मिलें लिमिटेड कम्पनियों के अधीन हैं । उनके मैनेजिंग एजेंट्स प्राय: धनिकों की वे ही दुकानें हैं जो मिल के अधिकतर शेअर्स खरीदती हैं या यों कहिए कि अपनी घरू मिल के लिए शेअर होल्डर की रकमों की बलि चढ़ाती हैं । हमें एक ऐसी मिल का हाल मालूम हुआ है जिसके मैनेजिंग डाइरेक्टर साहब बम्बई के बाजार से अपने एक गुमाशते के मार्फत फर्जी नाम से चीजें खरीदते थे और वे ही चीजें बम्बई भाव से कुछ अधिक भाव में मिल को बेच देते थे और प्रति मास सैकड़ों रुपयों का मुनाफा कमा खाते थे । यही क्या कुछ लोग तो इस हद्द तक पहुँच जाते हैं कि मिल की मशीनरी फर्जी नाम से खरीद लेते हैं और महँगे भाव में कम्पनी के सिर मढ़ देते हैं । मिल के लिए कपास खरीदने में शेअरों की खरीदी-बिक्री में कपड़े के बेचने में इसी तरह अन्य छोटे-बड़े कामों में मिल के व्यवस्थापक लोग कमाई करते सुने गए हैं । और यद्यपि अभी तक खुली अदालत में किसी ने यह बात प्रमाणित नहीं किया है तथापि यह बात सत्य है वे लोग ऐसी कमाई करते हैं । उनकी यह कमाई पाप की कमाई है । और शेअर-होल्डरों के प्रति अन्याय है, मिल के व्यवसाय में हिन्दुस्थान में हानि होने की संभावना बहुत कम है परन्तु जहाँ यहाँ की सरकार इस धंधे को पनपने नहीं देती वहाँ इस धंधे में पड़े हुए लोग भी अपने स्वार्थ के सामने देश हित का जरा भी खयाल नहीं करते । देश हित ही नहीं, इन लोभियों को अपने ही स्वार्थ का खयाल नहीं है । जब कभी वर्तमान समय जैसी अवस्था उत्पन्न हो जाती है तब उन्हें अपनी मिलें बन्द करनी पड़ती हैं और हानि उठानी पड़ती है । यदि वे अपने घर में सिर्फ इतना ही धन जाने दें जितना लेने का उन्हें अधिकार है तो मिलों की अवस्था बिगड़ने का कारण ही उपस्थित नहीं हो सकता । इस देश में मजदूरों को मुनाफे में से बँटवारा देने की प्रथा अभी प्रचलित नहीं हुई है, किन्तु आज या कल इस प्रथा का जन्म होगा । उस समय के लिए इस देश के वस्त्र व्यवसायियों को अपने आपको तैयार रखना चाहिए । यथार्थ में मिल मालिक का तो केवल रुपया खेल-कूद करता है । जिनकी रोज की भूख, गिरी हुई देह और नैतिक पतन के बल पर ये मिलें चलती हैं, वे हैं मजदूर, वे ही व्यवसायियों के अन्नदाता हैं, अन्य देशों में वे और उनके प्रतिनिधि सरकारें सँभाल रहे और राज्यशकट का संचालन कर रहे हैं और इस देश में वे भूखों मरने के लिए लाख के ऊपर की तादाद में लाचार हो रहे हैं, सरकार दोषी है किन्तु इस दिशा में धनिक व्यवसायी भी दोषमुक्त नहीं हैं, अब मुकुटों और सिंहासनों के बल पर इतिहास के बनने का युग गया, इन डेढ़ लाख के लगभग मजदूरों का भूखों मरकर दिन काटना आज का इतिहास है और इस परिस्थिति के पैदा करने वालों को इसकी कीमत चुकाना

पड़ेगी, हम व्यवसायियों से कहना चाहते हैं कि जब तुम्हारी पीठ पर सरकार नहीं है तब किसके बूते तुम मजदूरों के आन्दोलन की ज्वाला को आमन्त्रित कर रहे हो ? हम तुम्हारे लिए चिन्ता नहीं जब कि तुम अपने स्वार्थ का दण्ड पाते हो। हमें देश के व्यवसाय की चिन्ता है कि जिस चिन्ता से तुम्हारा स्वाभाविक स्वार्थ साधन हो जाता है। बम्बई के मिल वालों के प्रतिनिधि मि० वाडिया मैंचेस्टर के व्यापारियों की सहायता से भारत सरकार पर जोर देना चाहते थे, परन्तु उन्हें कोरा जवाब मिल गया है, उनसे कह दिया गया है कि अगर आप एक्साइज ड्यूटी उठाना चाहते हैं। तो हम भी विलायती कपड़े पर भारत में लगाया अतिरिक्त कर उठाना चाहते हैं, आप हमारी इस विषय में सहायता करें तो हम आपकी सहायता करने को प्रस्तुत हैं, इसका यह नतीजा निकलने को ही था। मिल वालों को हम पहिले कह चुके हैं कि उनके उद्धार का कार्य उनके ही देशवासी। उनके ही भाई कर सकते हैं। उन्हें राष्ट्र की लड़ाई में शामिल होना चाहिए और विदेशी वस्त्र के बहिष्कार का प्रस्ताव आगामी कांग्रेस में पास कराना चाहिए और साथ ही उन्हें देशवासियों को यह विश्वास भी दिलाना चाहिए कि देशी कपड़े की माँग के बढ़ने पर मिल वाले अपना लोभ संवरण करेंगे। यही एक उपाय है जिसके बल पर मिल वाले स्वयं जिन्दा रह सकते हैं और इस देश के एक महान व्यवसाय की वृद्धि हो सकती है।

'प्रणवीर' का फैसला

पाठकों को स्मरण होगा कि हर्दा के तहसीलदार श्री जगपतिराव नायडू की रिश्वतखोरी के सम्बन्ध में एक प्रेरित पत्र प्रकाशित करने के कारण उक्त तहसीलदार ने नागपुर से प्रकाशित होने वाले, किन्तु अब स्थगित अर्द्ध-साप्ताहिक 'प्रणवीर' पर भैंसदेही के सब डिविजनल मैजिस्ट्रेट को अदालत में मानहानि का मामला चला रखा था। गत 22 सितम्बर को शाम के समय इस मामले का फैसला हो गया और सब-डिविजनल मैजिस्ट्रेट ने उक्त पत्र के मालिक सेठ सती-दास, सम्पादक श्री रामगोपाल विद्यालंकार एवं मुद्रक तथा प्रकाशक श्री हीरालाल चाण्डक को दोषमुक्त कर दिया। हमें हमारे इन मित्रों की रिहाई पर सन्तोष है। फैसले की कापी अभी तक हमारे पास नहीं पहुँची है। अपील का समय बीत चुकने के पश्चात् हम सब-डिविजनल मैजिस्ट्रेट के फैसले की बातें प्रगट करना उचित समझते हैं।

'प्रणवीर' इस प्रान्त का एक बढ़िया अर्द्ध-साप्ताहिक पत्र रहा है, परन्तु मालूम होता है, मुकदमे की झंझटों के कारण उसके मालिक सेठ सतीदासजी ने उसका

प्रकाशन बंद कर दिया था। साहित्य और राजनीति दोनों दृष्टियों से 'प्रणवीर' इस प्रांत के लिए आवश्यक है और हम चाहते हैं कि इसके मालिक इस पत्र का प्रकाशन फिर से शुरू करें। श्री जगपतिराव नायडू के मामले को सफलता के साथ चलाने में जिस उत्साह से काम लिया गया है, हमें आशा है कि वही उत्साह 'प्रणवीर' के पुनः प्रकाशन में भी प्रगट किया जायगा और हमें अपने सहयोगी का स्वागत करने का शीघ्र ही अवसर दिया जायगा।

सेठ सतीदास पिछले वर्षों में बहुत बड़ा घाटा उठाकर 'प्रणवीर' को चलाते रहे हैं। 'प्रणवीर' के लिए उन्होंने आत्मीयों की भर्त्सना सुनी, कष्ट सहे एवं अपनी संपत्ति की दुर्दशा की।

हम समझते हैं कि इस प्रांत के हिन्दी पाठकों का कर्त्तव्य है कि वे इस त्याग की कद्र करें। 'प्रणवीर' के पुराने पाठक प्रयत्न करें तो थोड़े ही दिनों में 'प्रणवीर' की ग्राहक संख्या द्विगुणित हो सकती है। 'महाराष्ट्र' पर चलाये गये मानहानि के दावे का फैसला सुनने के पश्चात् 'प्रणवीर' के विषय में लोगों की वृत्ति सशंक हो गयी थी। हम इस मुक्ति के लिए श्री सतीदास एवं श्री रामगोपाल विद्यालंकार को बधाई देते हैं।

सम्पादकीय टिप्पणियाँ

(1) मुस्तफा कमाल पाशा की बातों से, चाहे कट्टरता के उपासक भले ही चिढ़ें किन्तु यह सच है कि ऐसे स्वाधीन और अग्रगामी विचार रखते हुए भी तरुण तुर्कों ने उन्हें अपना नेता बनाया, जिसने स्वतंत्र तुर्क राष्ट्र को जन्म दिया। हम तो यह भी कहेंगे कि अपने निर्भीक और अग्रगामी विचारों ही के कारण तुर्कों ने उन्हें राष्ट्र संचालन करने दिया। मौलाना मुहम्मद अली ने कहा कि बाजों के लिए झगड़ना मुसलमानों को नहीं शोभता, यह जिद अच्छी नहीं। मुस्तफा कमाल तो इससे भी आगे बढ़कर ऐसी बातें कहते हैं जो संकीर्णतावादियों के—फिर चाहे वे कोई भी हों—यदि राष्ट्र को जिन्दा रखना चाहते हों, तो ध्यान देने की चीज है। वे अपने एक भाषण में तुर्क राष्ट्र से कहते हैं, "मैं आप लोगों से कुछ सवाल पूछना चाहता हूँ। क्या हमें उन सुल्तानों को टर्की में, एक दिन के लिए भी रहने देना चाहिए, जिन्होंने तुर्क देश और टर्की राष्ट्र को पतन के गड़हों में डालकर रक्खा ?" क्या टर्की के लोगों ने कहा कि "हम मजहबी दीवानेपन के सामने देश-वेश को कुछ नहीं समझते !" नहीं। तुर्कों ने जवाब दिया, "नहीं, ऐसा सुल्तान टर्की में हर्गिज नहीं रह सकता।"

(2) उक्त भाषा में मुस्तफा कमाल ने यह भी कहा—"हम राष्ट्र के लिए

कुछ कड़े उपाय काम में लाये और वे जरूरी थे। हमारे राष्ट्र को, सभ्यता के उच्च पथ पर चढ़ना ही चाहिए। हम जरूर आगे बढ़ेंगे। धर्मान्धता नहीं; हमारा मार्गदर्शक बुद्धिवाद और तर्क होना चाहिए। हमें यह सिद्ध करना ही चाहिए कि हम एक उच्च राष्ट्र की सम्मान्य सन्तान हैं।" क्या हम बाजों और जुलूसों पर मचलते हुए दोस्तों से पूछें कि उन्हें देश के लिए क्या करना चाहिए ? और क्या वे यह उत्तर देंगे—"देश भाड़ में जाय, हमें अपनी मेम्बरी अपने स्वार्थ और अपने पागलपन के लिए लोगों के सिर फुड़वाने चाहिए।"

(3) तुर्की टोपी और लम्बे पहराव के खिलाफ मुस्तफा कमाल कहते हैं, "हम जो टोपी लगाते हैं, वह हमने ग्रीकों की नकल की थी। हम दुनिया भर की नकल करते फिरेंगे, मगर दुनिया की लड़ाकू और इज्जतदार जातियों की तरह, और राष्ट्र भर एक-सा रखने वाली ड्रेस न पहिनेंगे। क्यों ? अब यह असम्भव कि हम तूरानी कपड़ों को टर्की पर लादते रहें। केवल एक ही मार्ग हमारे लिए है— दुनिया की धीर कौमों की तरह कपड़े पहिनें। पुराने ढंग के कपड़े, राज्य के मजहबी जिम्मेदार अफसरों की ड्रेस रहेगी, किन्तु लोग उसकी नकल करके, धोखा न दें।"

(4) मुस्तफा कमाल ने चौथी बात स्त्रियों के लिए कही है। स्वाधीनता की उपासक जातियाँ ही उन बातों की कद्र कर सकती हैं। गुलाम क्यों मानने लगे ? वे कहते हैं—"समाज परिवारों पर अवलम्बित है और परिवार स्त्री और पुरुषों पर। यदि हमारे समाज का आधा हिस्सा—स्त्री जाति—बिना विद्या का और पुराने रस्मो-रवाज में दबा हुआ रहे तो हम कैसे आगे बढ़ सकते हैं ? उनके चेहरे वीरों की तरह खुले रहने दो; ताकि वे विद्या और सभ्यता का प्रकाश पाकर जी सकें। हमें उन सब कठिनाइयों और भयंकरताओं का सामना करना चाहिए, जो हमें इन सुधारों के करने और राष्ट्र को ऊँचा उठाने के मार्ग में आवें। यदि हमें इसके लिए कुछ त्याग और कष्ट सहन करना पड़े तो भी हर्षपूर्वक, उन्हें आमन्त्रित करना चाहिए।" हम मुस्तफा कमाल के इन विचारों को, निहायत अदब के साथ, अपने मुसलमान भाइयों के सन्मुख रखते हैं।

(5) देश की वर्तमान अवस्था में तरह-तरह के परिवर्तन हो रहे हैं। लोग सोच रहे हैं कि अमुक हमारा शत्रु है। यह तो साधारण समझ है कि हमारी शत्रु अंग्रेज जाति है। लाला लाजपतराय जी कहते हैं—"मुझे एक बार फिर कहने दीजिये कि हमारे दुश्मन अंग्रेज पार्लियामेण्ट में नहीं रहते, वे यहीं हमारे घर में, भारत ही में रहते हैं। हमारे बुरे से बुरे दुश्मन हैं हम खुद। कौंसिल और स्थानीय संस्थाओं (म्युनिसिपल, डि० कौ० आदि) से लगाकर, मिल के मजदूरों तक जातियों के चंग बाँध कर लड़ने की हमें बीमारी हो गई है। हम यह लड़ाई करते हैं देश को सर्वथा पतित करते हुए, अपने व्यक्तिगत लाभ और महत्वाकांक्षाओं के

लिए लोगों को लड़वाते हुए, दल और फिर उनसे भी छोटे जातियों के दल बना कर राष्ट्र के साथ विश्वासघात करते हुए, और इसलिए करते हैं जिससे राष्ट्र के खिलाफ ही क्यों न हो, लोग हमारे काबू में रहें, और कार्य की प्रत्येक बाजू में हमारा प्रभाव रहे।" कौन कह सकता है कि हमारे यहाँ ऐसे महापुरुष अपने स्वार्थ साधन में सफल नहीं हो रहे ?

(6) लाला जी इस गन्दगी से ऊँचे उठने का उपाय बताते हैं, जड़ से जातिगत स्वार्थ साधकों के प्रयत्नों को असफल कर देना और, असहयोग की आलोचना करते हुए कहते हैं कि "असहयोग के युग का प्रगट लक्षण था उज्ज्वल सादगी, जाज्वल्य निःस्वार्थता, महान त्याग-वृत्ति, गजब की राष्ट्रीय शान, उद्देश्यों की उच्चता, आपस का अनोखा भाईचारा, आन्दोलन के प्रधान कार्यकर्ताओं में एक दूसरे की बातें सहने और प्रेम से बरतने की भावना; ये बातें ऐसी थीं जिन्होंने देश के सार्वजनिक जीवन को साधारण दशा से खूब ऊँचा उठा दिया था। हमारे उस आन्दोलन ने हमारे देश के शत्रुओं को केवल हराया ही नहीं, उन्हें लज्जित खूब किया। हमने अपने उस जमाने की भूलों को सम्भवतः सुधारने की कोशिश की; किन्तु आखिर हमने देश को क्या बना डाला। हम सार्वजनिक जीवन की उच्चता से उतर कर पतन में डूब गए। अब हमारा जीवन खर्चीला, छैल और आराम पसन्द होता जाता है। अब हम सहज में, बिना तकलीफ उठाए, होने वाले कामों को करते हैं, मौज और आराम को प्यार करने लगे हैं। साधारण आदमियों की क्या दशा है, जब असहयोग के फिसलने वालों के नेता तक पतित हो रहे हैं। हमें दल और स्वराज का नाम लेते समय शर्म आनी चाहिए और स्वराज की सस्ती आशाएँ उस समय तक न बाँधनी चाहिए जब तक हम वैसे ही ऊँचे न उठें। मैकडानल्डों और बेजवुडों की दोस्ती और विरोध, तथा उनके दोस्तों की मीठी बातों से कुछ न होगा; यों ही लम्बे-लम्बे नाम लेकर पुकार न मचायें तो अच्छा। हमारे देश को तो हम उसी समय बचा सकते हैं जब हम अपने देश और उद्देश्य के प्रति ईमानदार हों, इसके बिना हरगिज नहीं।" लालाजी के ये विचार, समस्त देश की हार्दिक इच्छा के द्योतक हैं।

[26 सितम्बर, 1625]

यूरुप का नवीन रण-क्षेत्र : एशिया

भारतवर्ष एशिया महाद्वीप में है, अतः एशिया में जो महान हलचलें हो रही हैं उनके बुरे और भले परिणामों को भोगने वाले हम भी हैं और होंगे, अतः हमें देखना चाहिए कि एशिया में क्या हो रहा है। और युरुपियन राजनीति साँप की

गति से, इस समय क्या-क्या खेल कर रही है। यह सच है कि एशिया के निवासी अब शान्ति से न रह सकेंगे। चिनगारियाँ दीख रही हैं, और लपटें किस समय किस देश से उठ पड़ें इसका भरोसा नहीं। इस समय सबसे अधिक दृष्टि खींचने के लिए पहिला कारण है—**मोसल का सवाल**। एशिया कोचक, इराक यानी मेसोपोटामिया और सीरिया। इन तीनों प्रदेशों से मिला हुआ तुर्क राष्ट्र था। अब महायुद्ध के पश्चात् इराक और सीरिया इन दोनों प्रदेशों का ब्रिटिश सरकार ने अपने पिट्ठू अमीर फैजल और मुहम्मदअली को, राजा बना दिया है और वह राज्य अपने अधिकार में ले लिया है। केवल एशिया कोचक तुर्कों के पास रह गयी है जिसे कमाल पाशा ने जीतकर, वहाँ प्रजा सत्ता कायम की है, जो तुर्क राष्ट्र के नाम से आजकल जाहिर की जाती है, और जिसके साथ मोसल के सवाल पर, अंग्रेजी सरकार आजकल झगड़ रही है। ग्रीस और टर्की की लड़ाई के समय भी मोसल ही सन्धि के आड़े आ रहा था; और अन्त में मोसल देकर तुर्कों से सन्धि हुई थी। तुर्कों की जिद है कि मोसल उनके हाथ में रहे, अंग्रेज कहते हैं कि वह इराक में शामिल रहेगा यानी वह उनके अधिकार में रहेगा। मोसल क्या चीज है? मोसल एक जिला है, जो तुर्कों के कुर्द लोगों की बस्ती है। वह इराक का उत्तरी हिस्सा भी कहा जा सकता है, वह ऐसी जगह है, जहाँ इराक और टर्की दोनों मिलते हैं। संसार जानता है कि महायुद्ध के समय यूरुप में शिकस्त खाना अंग्रेजी सरकार ने —प्रारम्भ में—मंजूर किया था, किन्तु इन तुर्की हिस्सों पर से अपनी फौज नहीं हटने दी थी। क्योंकि उन्हें मालूम था, कि तुर्की में अंग्रेजी राज्य, उनके भारतीय साम्राज्य, एशियाई महत्त्वाकांक्षा और जीवन-मरण का सवाल है। इधर उसी भाग के मोसल के हिस्से पर तुर्क इसलिए लड़ रहे हैं कि मोसल का जिला चले जाने के पश्चात् तुर्की आजादी केवल कागजी किला रह जाती है। मोसल भारी राजनीतिक महत्व का स्थान है। यद्यपि मोसल का जिला जंगली और गरीब है। ऐसे जिले पर न अंग्रेजों की जिद होनी चाहिए, न तुर्कों की लड़-झगड़। किन्तु मोसल के जंगली हिस्से का फौज की दृष्टि से भारी महत्त्व है। यदि यह जिला बसरा और बगदाद को अपने हिस्से में रखने वाले इराक प्रान्त में रहे तो, उस जंगल में ऐसी फौज रह सकती है, जिससे न इराक पर कभी टर्की चढ़ाई कर सकता, न उत्तर से रूस ही की चढ़ाई की अंग्रेज सरकार को अत्यधिक चिन्ता रह जाती है। इधर, मोसल के जिले की यह दीवार ही टर्की की प्राण-रक्षा है। यदि उसके पास यह जंगली इलाका न रहे तो वह अंगोरा की राजधानी और कुस्तुन्तुनियाँ के महत्त्व के बन्दर के रहते हुए भी, न जाने किस दिन अंग्रेजी राज्य में शामिल हो जायेगा। मोसल टर्की या इंग्लैण्ड (यानी इराक) किसी के भी पास रहे, एक जबरदस्त किले के समान है। इधर टर्की पूर्ण आजाद नहीं, उसके पास सिर्फ एशिया कोचक ही तो है। उसे आज या कल यूरुपियन राष्ट्रों का दरवाजा अपनी

आजादी की वापसी के लिए खटखटाना पड़ेगा। किन्तु यदि मोसल लेकर उसकी पीठ तोड़ दी गयी तो, टर्की केवल औरों के इशारे पर जीनेवाला एक राज्य रह जायेगा। वह ब्रिटिश कैदखाने का बन्दी होगा। यह बन्दीगृह न भोगना पड़े, और समय पाकर इराक लाँघते हुए, ईरान की खाड़ी उसकी समुद्री सेना का स्वप्न सच कर सके, इसलिए अपने जीने-मरने के सवाल को टर्की हाथ से नहीं जाने देना चाहता। यद्यपि टर्की गत वर्ष गृह-कलह से तंग था, किन्तु वह इस प्रश्न को ढीला न छोड़ सका और लासेन से, अंग्रेज राजदूत सर परसी काक्स को मुँह की खाकर राष्ट्र-संघ की बैठक से वापस लौट आना पड़ा। इधर, केवल ईरान की खाड़ी को बचाये रखना अंग्रेजी राज्य की जिन्दगी को बचाना है। ईरान की खाड़ी तुर्कों और उनके दोस्त रूसियों के हाथ में जाने के बाद, इंग्लैण्ड और हिन्दुस्थान के बीच विदेशी जहाजी अड्डा हो जाने पर, टर्की को हराने और इराक तथा सीरिया को अपने कब्जे में लेने के लिए खर्च किया हुआ सारा धन और सारे हिन्दू-मुसलमान सिपाहियों का सर्वनाश, बेकार ही जाता है; और तुर्की रूस और उन देशों को जिन्हें जलसेना की सुविधा प्राप्त नहीं, जलसेना का अड्डा कायम करके, इंग्लैण्ड की महान् जल-सत्ता के मार्ग में काँटे बोना सम्भव हो जाता है।

ईरान की खाड़ी और भारत का इतना निकट सम्बन्ध है कि वह प्रायः सारी विदेशी ताकतों के लिए तथा भारत पर से अंग्रेजी सत्ता को उखाड़ने का दिव्य द्वार ही है; यही कारण है कि बसरा, बगदाद और कुतअल अमेरा में, आज भी भारतीय सेना, छोटे रूप में, अपना अड्डा लगाए हुए है। मोसल का दूसरा महत्त्व है, उसकी तेल की खदानें जो कि आज के किसी भी आजाद राष्ट्र का प्राण हैं। अंग्रेज सरकार कहती है कि मोसल के निवासी अंग्रेजों का वहाँ रहना पसन्द करते हैं किन्तु संसार जानता है कि अंग्रेजी सहायता से टर्की के खिलाफ लड़नेवालों को, मोसल-निवासियों ने दाद नहीं दी थी। गरज यह कि तेल की खदान वाला तथा जंगलों से गठा हुआ वह हिस्सा तुर्क लिये बिना मानते नहीं हैं, और ब्रिटिश सरकार अपना कब्जा रखने पर आमादा है।

प्रयत्न

युद्ध के पहिले ही रूस और अंग्रेजों के बीच टर्की का बँटवारा हुआ था उस समय भी अंग्रेज सरकार ने, ईरान की खाड़ी और उसके आस-पास का हिस्सा अपने काबू में रक्खा था। लार्ड कर्जन युद्ध के पहिले ही, इस स्थान के महत्त्व पर जोर देते थे और युद्ध के बाद जब वे इंग्लैण्ड के पर-राष्ट्र सचिव हुए तब उन्होंने उस स्थान को छोड़ना न चाहा। इंग्लैण्ड का यह आचरण सन्धि की शर्त के प्रतिकूल था, परन्तु स्वार्थ के समय शर्त की पर्वाह बलवान नहीं किया करते। यों तो

मोसल जिला ही क्यों, समस्त इराक प्रदेश अंग्रेजी राज्य को अपने यहाँ नहीं चाहता। इस बात की जाँच के लिए राष्ट्र संघ से एक कमीशन बैठा, जिसने अंग्रेजों की माँग के पक्ष में अपना मत दिया। क्योंकि अंग्रेजी सत्ता के वहाँ होते हुए, उसके खिलाफ मत वहाँ से मिलते? सिवा इसके, कमीशन के गवाहों की चुनाई तो सर्वथा कमिश्नरों ही पर अवलम्बित थी; उन्होंने अपने स्वार्थ के लिए उचित गवाहों को चुन लिया। किन्तु इसके पश्चात् भी, कुछ लोगों ने गवाही देते समय कहा कि "हम गवाही देने से अपनी नापसन्दगी जाहिर करते हैं", कुछ ने कहा—"हम समझते ही नहीं कि कमीशन के सवाल क्या हैं?" हाँ, अंग्रेजों के समर्थक भी कुछ लोग हैं किन्तु वे प्रजा-पक्ष के नहीं। वे ऐसे धनिक और सत्ताधारी लोग हैं जो सोचते हैं कि अंग्रेजी राज्य के चले जाने पर उनकी कोई पूछ न रह जायेगी। कमीशन ने राजनैतिक दृष्टि से तो अपना मत नहीं दिया; किन्तु यह अवश्य कह दिया कि आर्थिक दृष्टि से मोसल का इराक के साथ रहना ही अभीष्ट है क्योंकि अंग्रेजी सहायता से इराक का व्यापार बढ़ गया है, और उसमें भाँति-भाँति की उन्नति हुई है। इधर इराक की राज-सभा ने भी एक प्रस्ताव किया है कि "हम पर अभी अंग्रेजों की कृपा कुछ वर्षों ऐसी रहनी ही चाहिए और हमारा देश उन्हीं के नायकत्व में रहना चाहिए" किन्तु इंग्लैण्ड के मजदूर दल के अखबारों से पता चला कि उक्त प्रस्ताव को पास करते समय, इराक की राज-सभा पर अंग्रेजी फौज का पहरा था, और गैरहाजिर सदस्यों को पुलिस ने जबरदस्ती सभा में हाजिर होने के लिए लाचार किया था। जब इस कमीशन की रिपोर्ट का राष्ट्र संघ के सामने जाने का समय आया, तब छोटे-मोटे सब ईसाई राष्ट्रों में कोलाहल मचाने तथा राष्ट्र संघ के राष्ट्रों को अपने अनुकूल होने की हवा पैदा करने के लिए **एक नयी चाल** चली। यह खबर उड़ाई गई कि टर्की ने मोसल के सूबे से 5 हजार ईसाइयों को बे घर-द्वार करके खदेड़ दिया है और उन पर तरह-तरह के अत्याचार हो रहे हैं। सच तो यह है कि महायुद्ध के समय जर्मनी और रूस दोनों ईसाई देश ही थे परन्तु अंग्रेजी दिमागों और गोलियों ने कभी ईसाई मत का पालन कर, उन पर रहम नहीं किया। ईसाई आयरलैण्ड को भी, गुलामी में सड़ाया गया और उसके निवासी शूली पर लटकाए गये। किन्तु इस बार ईसाइयों के प्रति अंग्रेजी सरकार की बेतरह मुहब्बत फूट निकली और सारे संसार में ईसाइयत की रक्षा का ढिंढोरा पीटा जा रहा है।

गृह-कलह की चाल उस समय चली जाती है, जब सब उपाय बेकार हो जाते हैं। राजनीति में भी जब लोग और उपायों से अपना स्वार्थ साधन होते नहीं देखते तब जातियों-जातियों के वैर-भाव उकसाकर अपना स्वार्थ-साधन किया करते हैं। संसार की सब जातियाँ, इस जातिगत वैमनस्य के कौवे को अपना कान ले जाने वाल समझकर उसके पीछे मूर्खतापूर्वक दौड़ती हैं। इस समय **टर्की, भारत**

और चीन को देखिए। इराक पार्लियामेंट का अंग्रेजों की सहायता का प्रस्ताव और ईसाइयों के संकट की अपील। भारत में आपस की फूट और हिन्दू-मुसलमान सरकारी अधिकारियों का धर्माभिमान के आडम्बर से, दोनों जातियों में फूट डालना और अब चीन से भी खबर आयी है कि वहाँ के राजनैतिक नेता भी आपस में लड़ाई पर तुल पड़े हैं। और इन तीनों स्थानों को कब्जे में रखने के लिए क्या किया जा रहा है, आप जानते हैं ? यह सोचकर कि राष्ट्र संघ और कोई यूरुपियन राष्ट्र बिचारे ईराक और मोसल में खदेड़े हुए ईसाइयों की सहायता नहीं कर रहे, अत: ब्रिटिश सरकार ने अपनी सेना इराक में भेज दी है। उधर चीन में दो-तीन करोड़ रुपये भेजकर उन लोगों की सहायता की जा रही है, जो अंग्रेजों का चीन में रहना आवश्यक समझते हैं। और भारत में तो साक्षात अंग्रेजी राज्य ही है। यानी टर्की में अंग्रेजी सेना लड़ेगी, चीन में अंग्रेजी रुपया लड़ेगा और भारत में बैठकर अंग्रेजी सरकार अपना साम्राज्य-रक्षण करेगी। जरा एशिया महाद्वीप के इस चित्र पर एक सावधान नजर डालिए। अब एक नजर फिर यूरुप पर डालिए। वहाँ अब्दुल करीम फ्रांस और स्पेन से लड़ रहा है, और अंग्रेजी सरकार तमाशा देख रही है। फ्रांस और इंग्लैण्ड दोनों शक्तियाँ इस समय राष्ट्र संघ में प्रभाव रक्खे हुए हैं। अपने साथियों को मिलाकर इन्हीं दोनों के 5-5, 7-7 वोट राष्ट्र संघ में हैं। गत वर्ष इंग्लैण्ड का पलड़ा भारी था, और फ्रांस खर्च से तंग था, इस वर्ष फ्रांस का पलड़ा फिर भारी है। यदि फ्रांस अब्दुल करीम को सर न कर पाया तो उस समय उसकी हालत खराब हो जायगी और उसे अंग्रेजों के मत का समर्थन करना पड़ेगा। जिसका मतलब होता है, टर्की और फ्रांस का विच्छेद। तब टर्की के बोलशेविकों के साथी बनने का डर है। इधर अफगानिस्तान चाहे अलग स्वतन्त्र राष्ट्र कहा जाता हो किन्तु उसकी राजधानी तक पक्की सड़क बन चुकी है, उसकी सीमा पर फौज है, और अब कलकत्ता से राजधानी उठकर देहली चली ही गयी है, जहाँ से रूसी पंजा भारत में घुस न पाय, और अफगान काबू से बाहर न हो पाय। इंग्लैण्ड के राजनैतिक कार्यक्रम में अफगानिस्तान अलग स्वतन्त्र राष्ट्र न होकर, विस्तृत भारत (फ्रण्टियर इण्डिया) का एक उत्तर पश्चिमीय प्रदेश है। टर्की यदि जीना चाहता है तो मोसल हाथ से न छोड़ेगा और उसके लिए लड़ेगा। यद्यपि उसने अभी ही सत्ता कायम की है, और गृह-कलह के कारण अभी वह अपनी भुजाएँ मजबूत नहीं कर पाया। फतीफये को राष्ट्र संघ के तुर्की प्रतिनिधित्व के लिए विदा करते समय, तुर्की कालेजों के विद्यार्थियों ने कहा था—

"मोसल देने वाली सन्धि की शर्त पर हरगिज सही मत करना। और टर्की को बेचकर मत लौटना। लड़ाई में हमारी परीक्षा ली जाने पर तुर्की बच्चे, चीनियों से भी अधिक करारे और यूरोपीयन राष्ट्रों को चौकाने वाले परिश्रमी साबित

होंगे।" तुर्की प्रतिनिधियों ने वही किया। यदि इन दो हफ्तों में, 15 अक्टूबर तक, फ्रान्स मोरक्को में जीत जाय, तो अंग्रेजों को फ्रांस से झुककर चलना पड़ेगा और वह तुर्की को अपना दोस्त बनाये रहेगा। यदि वह हार जाय तो फ्रांस को अंग्रेजों का साथ देना पड़ेगा।

हम क्या कर रहे हैं

अब इस समय यह सोचना चाहिए कि एशिया के इस महान् यश के समय, भारत के हिन्दू-मुसलमान क्या कर रहे हैं। जिन दिनों सारा यूरुप मुसलमान कौम को कुचलने पर तुला हुआ है, उसी समय भारतीय मुसलमान बाजा बजाने और गाय काटने की जिद कर आपस में जूती पैजार कर रहे हैं और विदेशी पंजे को मजबूत बनाने में सहायक हो रहे हैं। हमारे उन लड़ाकू भाइयों को बाजे की ओट से न एशिया दीखता है न हिन्दुस्तान, न इस्लाम ही दीखता है। उन्हें मौलाना हसन निजामी दीखते हैं। और अब उन्हें आपस की जूती पैजार भी भली दीखने लगी है। इधर हिन्दू और भारत के शेष अधिवासी भारतीय स्वराज की कल्पना किए हुए हैं किन्तु उनका सम्बन्ध न चीन या जापान से है जो भाईचारे से किसी पड़ोसी के साथ रहता है और न वे अफगानिस्तान, टर्की या ईजिप्ट के भाईचारे ही पर विश्वास करते हैं। शायद हम लोगों का यह विश्वास है कि हमारा स्वराज्य; चीन, जापान तथा टर्की, अफगानिस्तान की खाक पर्वा नहीं करता। शायद हम सोचते हैं कि चीन, जापान, रूस, टर्की, जर्मनी ये भले ही एक हो जायँ; और चाहे इंग्लैण्ड, फ्रांस, अमरीका और इटली एक होकर एशिया को निगल जायँ, पर हम किसी के दोस्त न होंगे, न हमारा ही कोई दोस्त होगा। हम अकेले ही स्वराज्य सम्पादन कर, सबको ठुकराकर चला ले जायँगे। ढकोसलेबाजी और अदूरदर्शिता आज हमारे आड़े न आवेगी। आज हमें आदिवासियों की तरह मिलकर रहना सीखना चाहिए और दुनिया की हजार कौमों की तरह अपने अस्तित्व को कायम रखना चाहिए। हम महान् एशिया एक खण्ड मात्र हैं और भौगोलिक दृष्टि से ही नहीं राष्ट्रीय दृष्टि से हमारा हमारे देश-वासियों, पड़ोसियों और हित-चिन्तकों से गहरा सम्बन्ध है, अत: हमें देश को दो टुकड़ों में रखने वाली ताकत के भुलावे में न भूलकर, संसार में हमारी हालत क्या होगी इस पर विचार करना चाहिए और अपने राष्ट्र का निर्माण कर, एशिया की आजादी के हिस्सेदार बनना चाहिए। सारे यूरुप और संसार के राष्ट्र एशिया के लिए लड़ेंगे और अपना जन और धन बरबाद करेंगे।

रियासती चैन गदर का आमन्त्रण है

पहले देश के राजा-महाराजागण विलायत-यात्रा केवल बादशाह के जबर्दस्त आमन्त्रण या अत्यन्त जरूरत के समय किया करते थे, और वे अपना राज्य छोड़ते समय, स्वदेश से छूटने के समय आँसू बहाया करते थे, किन्तु अब यूरुप हमारे देश के राजा-महाराजाओं का नाटक-घर बन रहा है। विदेशों में जाने पर, ब्रिटिश साम्राज्यवादी हमारे देशी नरेशों का कीर्तिगान करते हैं, क्योंकि वे जानते हैं कि संकट के समय हिन्दुस्थान को कुचलने के लिए यदि कोई ताकत काम आ सकती है तो वह देशी नरेशों की ही है। इधर देशी नरेश सोचते हैं कि हमारी डोरी अंग्रेजी राज्य के हाथ में है, यदि वह खुश है तो फिर हमें किसी की क्या परवा ? नतीजा यह होता है कि महाराजागण खूब साज-सामान के साथ, विलायतों में सैर-सपाटे लगाते हैं, और राज्य के अधिकारी मूक प्रजा से राज्य-कर वसूल किया करते हैं। इस अवस्था की आयर्लैण्ड से तुलना कर, अमरीका का 'करेन्ट ओपीनियन' नामक पत्र लिखता है— आयर्लैण्ड की सारी जमीन अपने कब्जे में लेकर उसके अंग्रेज जमींदार इंग्लैण्ड में रहते थे और उनके अधिकारी आयरिश किसानों से अपनी मालगुजारी वसूल किया करते थे। इस व्यवस्था के खिलाफ आयर्लैण्ड के किसानों ने गदर किया। इन सदा विलायत में रहने वाले और जायदाद से गैरहाजिर ब्रिटिश जमींदारों की तरह भारत के महाराजा भी विलायतों में घूमा करते हैं और उनके अधिकारी प्रजा से राज्य-कर चूसा करते हैं; और यह संग्रहीत धन महाराजाओं के चैन उड़ाने में खर्च होता है। यदि भारतीय किसान भी आयर्लैण्ड के मार्ग का अनुकरण करें तो कैसा हो ? दीखने में यह प्रश्न डर बना है, किन्तु वह महत्व का है। और यदि भारतीय नरेशों ने अपने व्यवहारों को न बदला तो स्वयं ब्रिटिश राज्यकर्ता गुण भी उनके सिंहासनों को हिलाने से बचाने में असमर्थ होंगे। कहाँ तो गांधी से सीखकर, अमल में लायी हुई देश के गरीबों की सादगी और उसके खिलाफ राजाओं के ये भोग-विलास। यह भयावह अन्तर क्रान्ति को सीधा आमन्त्रण है। समय पर ही सँभलना चाहिए।" लोग सुन रहे हैं कि पटियाला नरेश सौ मोटरों का जुलूस निकालते, चाँदी के महलों में रहते, और खरीदने में धन बरबाद करते हैं। क्या प्रजा की गाढ़ी कमाई का यही पुण्य उपयोग है।

केवल अमरीका जैसे आजाद देश के पत्रों ही का यह मत हो, सो बात नहीं। देशी नरेशों की इस बुरी दशा से, ब्रिटिश साम्राज्यवादी भी डरने लगे हैं। अभी 11 सितम्बर 1925 को, मध्यभारत के पोलिटिकल एजेण्ट मि० ग्लन्सी झाबुआ राज्य का दौरा करने गये थे। वहाँ अधिकारियों की एक सभा में मि० ग्लन्सी ने कहा—बदले हुए जमाने के अनुसार परिस्थितियाँ बदलेंगी ही। जिन परि-

स्थितियों में दिन बिताये, उनके छूटने से कष्ट भी होगा। नवीन युग आ पहुँचा है, और उसमें जो-जो परिवर्तन होंगे, उनमें कुछ से हमें हानियाँ होंगी और कुछ से लाभ भी होगा। सारी दुनिया एक खास दिशा में आगे बढ़ रही है, और हमें भी उसी दिशा में आगे बढ़ना चाहिए ! यह किये बिन, हमारी गुजर नहीं। घड़ी के काँटे को पीछे लौटाना, अपने काबू की बात नहीं है।" इस कथन में समय-सूचकता है, पर लाचारी भी कम नहीं है। इसमें छुपा हुआ है कि यदि वश चलता तो घड़ी का काँटा वापस चलने को विवश किया जाता, किन्तु किया क्या जाय, बात काबू से बाहर है। और यह सब बातें इसलिए सोची जा रही हैं, चूंकि रियासतों की प्रजा की वाचा अब फूटने लगी है। अब रतलाम की अन्धाधुन्धी, अलवर में जानवरों की तरह आदमियों का शिकार खेलना, और जोधपुर की मारवाड़ी हितकारिणी सभा का गला घोटकर, वहाँ के नम्र सार्वजनिक कार्यकर्ताओं को देश निकाला दे देना, सूरज की रोशनी से छुपाकर रखने की चीज नहीं रह गया। रियासतों की हालत को ऊँचा उठाने वाली 'पथिक' जैसी आत्माएँ जेल में बन्द रखी जायँगी, किन्तु इन कार्यों की ज्वाला से बचने का इलाज विलायत में नहीं है, वहाँ की यात्रा की प्रजा की नजर में समर्थनीय नहीं है। अब देशी राज्यों की प्रजा जागकर कह रही है—जैसा जोधपुर की एक सभा के वर्णन से स्पष्ट है कि "यह सभा सर सुखदेवप्रसाद की इस नीति की घोर निन्दा करती है कि उन्होंने सीधे-सादे मारवाड़ियों को दबा-धमकाकर पुलिस की सहायता से उनके हस्ताक्षर प्रजा के प्रतिकूल वक्तव्यों पर लिये। हम राज्य से प्रार्थना करते हैं कि वह हमारे देश-निकाले हुए नेताओं को सम्मानपूर्वक वापस आने दे।" महाराजा जोधपुर इस समय, विलायत में हैं, और प्रजा पुकार रही है। देशी राज्यों की प्रजा नहीं चाहती कि देशी राज्यों अधिकारी अपने हाथों में मनमाने अधिकार रखकर प्रजा का दमन करें, और प्रजा के धन पर महाराजागण विदेशों में सैर-सपाटे लगाया करें। हम जानते हैं कि ग्वालियर नरेश जैसी बीमारी की अवस्था में कभी-कभी विदेश यात्रा जरूरी हो जाती है, किन्तु उस समय का वर्णन आता है कि वह प्रजा का बड़ा 'सेवक' प्रजा से बिछुड़ते समय आँखों में आँसू भर लाता है और 'शीघ्र ही लौटने' की आशा दिलाता है। देशी नरेश इतिहास से सबक सीखें, और सिंहासन हिलने के प्रथम, अपनी प्रजा के हृदय से हृदय मिलाकर, विलास और पतन का द्वार बन्द करें तो सुनहला दिन दूर नहीं।

अभी उस दिन राष्ट्र संघ में सर सेसिल ने कहा था कि गुलामी ब्रिटिश साम्राज्य से उठ गयी। हम इस बात की चर्चा तो अप्रासंगिक समझकर यहाँ छोड़ ही देते हैं कि भारतीय कुली-प्रथा के द्वारा गये हुओं के लिए दक्षिण अफ्रीका में जो देश-निकाले की चर्चा हो रही है, ऐसा व्यवहार किसी आजाद कौम के साथ नहीं किया जा सकता, जबकि गोरों को हरे-भरे खेत और सब सुख-सुविधा

कर देने वाले वे ही भारतवासी हैं जिन्हें गुलामों से गया-बीता समझा जाता है। हाँ यह सच है कि यह व्यवहार गुलामी के नाम पर नहीं होता। किन्तु प्रत्यक्ष गुलामी के दर्शन, यदि सर सेसिल श्रम उठावें तो उन्हें, विजयी ब्रिटिश साम्राज्य में ही मिल जायेंगे। वे जरा जोधपुर रियासत के, कौंसिल की सम्मति दात्री समिति के ये ठहराव (मिनिट्स) पढ़ें जो ब्रिटिश तख्त के नम्र पहिये जोधपुर राज्य में रचे गये हैं—

"समिति की योजना है कि—

(1) यदि नौकर मालिक की सेवा मालिक की प्रतिष्ठा के अनुकूल न करे तो कानूनन मालिक को उससे (जबरदस्ती) सेवा लेने का हक है। (2) अगर अपने बड़प्पन और जरूरत के लिहाज से दरोगों की तादाद अधिक बढ़ जाय, तो मालिक उन्हें निकाल सकता है, किन्तु मालिक को यह अधिकार है कि वह घर में किसी शादी या जरूरत के समय, जब हुक्म दे तब, वे चाहे जिस काम में लगे हों, छोड़कर तुरन्त अपने मालिक की खिदमत में हाजिर हों। और जब तक मालिक चाहे तब तक वे उसकी सेवा में रहें। (3) राजपूत मालिकों के घरों में जिन दरोगा नौकरों की लड़कियाँ पैदा हुई हैं, उन लड़कियों को राजपूत मालिक अपनी लड़कियों के दहेज में दे सकता है। ऊँचे खानदान के राजपूत अपनी लड़कियों के दहेज में दरोगों के परिवारों के परिवार दे सकते हैं। (4) राजपूत मालिक उन दरोगाओं की लड़कियों को भी अपनी लड़कियों के दहेज में दे सकते हैं, जो उनकी नौकरी छोड़ चुके हैं और कहीं भी कोई भी काम करते हों, और चाहे अपने राजपूत मालिक से वे कितने ही धनी-मानी हो गये हों।"

देश के लोग जोधपुर दरबार की इस दशा पर उत्तेजित होंगे। उन्हें सोचना चाहिए कि गुलामों की दुनिया में सब कुछ सम्भव है। जब तक सत्ता का अंश धीरे-धीरे प्रजा के हाथों नहीं आता तब तक, इस अवस्था में परिवर्तन नहीं हो सकता। मैसूर राज्य की भारत के देशी राज्यों में बड़ी इज्जत है। वह है भी इस योग्य। किन्तु वहाँ के दीवान, सर अलवियन बनर्जी की बात सुनकर हमें अत्यन्त आश्चर्य हुआ। आप फरमाते हैं कि "ब्रिटिश भारत का आन्दोलन तो इसलिए है कि वहाँ के अधिकार-सूत्र अंगरेज लोगों के हाथ में हैं, किन्तु रियासतों में तो हम हिन्दुस्थानी अधिकारियों के हाथ में हैं, तब तुम क्यों चीखते हो और हमारी बातें क्यों नहीं चुपचाप मानते। आखिर तुम चाहते क्या हो?" हम सर बनर्जी को इतना भोला नहीं मानते कि वे यह नहीं समझते कि आखिर राज्य की प्रजा पशुओं की तरह हकाली जाना पसन्द नहीं करती। विष चाहे गोरे हाथ से दिया जाय, चाहे काले से, विष सर्वथा विष ही हैं। प्रजा चाहती है कि राज्य के शासन में महाराजाओं के उदार अधिकारों में, प्रजा का हो; वे अधिकारियों की जूतियाँ खाने, हुकुम बजाने, और पैसा वसूल करने की निर्जीव मशीनें नहीं हैं। वे

सजीव प्राणी हैं और उस रियासत के हकदार हैं। स्वर्गीय ग्वालियर नरेश अपने को प्रजा का सेवक कहा करते थे। उनका यह भाव सच्चा था। जब तक यह भाव रियासतों में प्रचार न पावे तब तक प्रजा का कुचलना बन्द न होगा, और जबतक प्रजा राज्य के कार्यों में हिस्सा न पावे, तब तक देशी राज्यों पर आने वाला संकट नहीं रुक सकता। उनकी चैन और विलायत यात्रा अधिकारियों की स्वेच्छा-चारिता की वृद्धि करती है और प्रजा को, अपनी उन्नति का पथ स्वयं सोचने के लिए विवश करती है। गरीबों के धन पर उड़ाई जाने वाली राजाओं की चैन, प्रजा के हृदय को एक सीधी ठोकर और क्रान्ति को उद्दण्ड आमन्त्रण है। अतः हम देशी नरेशों से, अपनी गति-विधि बदलने और विलायत-यात्रा का शौक कम करने का अत्यन्त नम्रतापूर्वक निवेदन करते हैं।

सम्पादकीय टिप्पणियाँ

(1) कानपुर के सज्जन कांग्रेस की सफलता के लिए दृढ़ता से लगे हुए हैं, वे अपने पथ की अड़चनों को तो ठुकरा ही रहे हैं, उस पथ में घास भी नहीं ऊगने दे रहे हैं, उनके मार्ग की पहिली बाधा थी आपस की फूट, स्वराज समिति की चुनाई के समय ही, देश-सेवा के नाम पर, विरोध बढ़ा और यह भी कहा गया कि कोई शरारत की जा रही है, जिसमें प्रान्त के नेता पंडित मोतीलालजी तक का हाथ है। किन्तु कानपुर के तरुण युवा और वृद्धों तथा देश की लगन के प्रयत्नशीलों के संगठित उद्योग, और सेवा की तैयारी ने, फूट की इस नींव पर मेल का राष्ट्रीय मंदिर निर्माण करना प्रारम्भ कर दिया, भिन्न-भिन्न कमीटियाँ बनीं और धनिक अपना धन, विद्वान अपनी विद्या, युवा अपनी सेवा और प्रबंधशील अपनी सामर्थ्य लेकर कांग्रेस की सफलता के लिए जुट पड़े। स्वागत समिति के सभापति डा० मुरारीलाल तथा प्रधान मंत्री गणेशशंकर विद्यार्थी दोनों ही पर आक्रमण हुए किन्तु यह किसे नहीं मालूम कि देश की सेवा पवित्र पुरस्कार है, देशवासियों द्वारा अपमान और विदेशियों द्वारा कुचला जाना। तो भी प्रयाग, आगरा, लखनऊ और युक्त प्रदेश के अन्य स्थानों के देशभक्त सज्जन प्रयत्न कर सफलता में जुट पड़े।

(2) कांग्रेस के महायज्ञ की दूसरी आवश्यकता थी धन, कांग्रेस के पब्लिसिटी अफसर श्रीयुत शिवनारायण मिश्र ने अपने प्रदेश के प्रति अपील प्रकाशित की और यह निवेदन किया कि यदि अपने उद्देश्य की पूर्ति के लिए काफी धन संग्रह न हो सका तो इस युंक्त प्रदेश की अन्य सहयोगी प्रदेशों के सम्मुख हँसी होगी, बम्बई प्रदेश की सामाजिक परिषद् में बोलते हुए, श्रीयुत चिन्तामणि महाशय ने गत तारीख 5 अगस्त को कहा था, "दलबन्दी के भेदभाव के कारण प्रत्येक हल-चल का विरोध करनेवाले लोग बहुत होते हैं,। इस देश में यह अनुभव नया नहीं है।" 20 सितम्बर की सम्पादकीय टिप्पणी में, श्रीयुत चिन्तामणि के पत्र

प्रयागी लीडर ने इस बात की सत्यता भी अपने आचरण से सिद्ध कर दी है, जब उसने कांग्रेस के पब्लिसिटी विभाग की धन की उक्त अपील पर शान से लिखा, "कांग्रेस एक दल की एक संस्था है और प्रदेश के प्रत्येक व्यक्ति के लिए यह जरूरी नहीं होना चाहिए कि कांग्रेस की सहायता के लिए धन दे, जब तक कि वह कांग्रेस दल और उनके राजनैतिक तरीकों के साथ सहानुभूति न रखता हो," गरज यह कि धन-संचय के पथों में रोढ़े अटकाने वाली आलोचना, कांग्रेस के प्रयत्न-शीलों के पथ में दूसरी बाधा आई।

(3) अब तीसरी बाधा भी इन बाधाओं के पीछे-पीछे आ पहुँची। क्या गृह-कलह और कांग्रेस विरोध के पक्षपाती मित्र उस बाधा को देखकर प्रसन्न हो सकेंगे। यह बाधा सरकारी है। हम सुन रहे हैं कि कानपुर इम्प्रूमेंट ने भी कांग्रेस को दी जाने वाली जगह में बाधा डाल दी है। युक्त प्रदेश की सरकार ने चुन-चुनकर, कांग्रेस के प्रधान कार्यकर्ताओं की सूबे भर में गिरफ्तारियाँ शुरू कर दी हैं। इस तरह कानपुर की कांग्रेस और उसके नम्र सेवक, कसौटी पर चढ़ाए जा रहे हैं। गिरफ्तारियों ने तो यह प्रश्न, समाचार-पत्रों और देश-भर के लिए गंभीर बना दिया है। हमने साथियों को अक्ल का उपदेश देने वाले सज्जनों की दूरदर्शी बातों को असामयिक समझा था। और हम डर रहे थे कि कहीं सरकार ऐसी चर्चा का गैर फायदा न उठाए। देशबन्धु दास के धमकी देने की देर थी कि बंगाल युवकों पर बज्रपात हो गया। इसके सिवाय जब देशबन्धु कर्म-पथ में थे, तब उन्हें चुनौती देकर उनके व्यक्ति छीन लिए गए थे। जब देश की आन्दोलन की बागडोर, परसों ही गांधीजी ने पंडित मोतीलालजी को सौंपी है, और आज ही दीख रहा है कि उनके दायें-बायें के कुछ दूर के लोग उठाए जाने लगे। यदि हमारी गिरफ्तारियों के प्रयत्न उज्ज्वल हैं, तो हम सरकार के इस आक्रमण को महासभा का स्वागत और कांग्रेस के प्रयत्नशीलों की सफलता ही समझते हैं, किन्तु गिरफ्तारियाँ तो हम सुन रहे हैं, रेल की डकैती के संबंध में हो रहीं हैं। फिर कांग्रेस भक्तों पर यह चढ़ाई क्यों ?

(4) आगामी नवम्बर मास में, स्टेट कौंसिल की चुनाइयाँ होने को हैं। उक्त कौंसिल के गत चुनाव द्वारा, सर एम० बी० दादाभाई मध्यप्रदेश की ओर से प्रतिनिधि चुने गए थ, किन्तु प्रजा पक्ष के इस प्रतिनिधि ने सरकार के सन्मुख मस्तक झुकाने और प्रजा की महात्वाकांक्षाओं के खिलाफ प्रयत्नों के करने में कभी आगा-पीछा नहीं सोचा। जिस समय दमन कानून के रद्द करने का सवाल स्टेट कौंसिल में पेश हुआ तब दादाभाई ने कहा, "मुझे तो यह कानूनों को रद्द करने का सिद्धान्त नहीं सुहाता। हिन्दुस्थानियों पर मजिस्ट्रेट लोगों की आज्ञा से पुलिस जो गोलियाँ झाड़ दिया करती है, उस पर कुछ बंधन लगाने का प्रस्ताव सरकार के कृपा-पात्र और श्रीयुत पटेल के खिलाफ सरकार की ओर के, असेम्बली

के सभापतित्व के उम्मीदवार दीवान बहादुर रंगाचार्य का था। किन्तु स्टेट कौन्सिल में रक्खे जाते ही दादाभाई ने उस नरम प्रस्ताव तक का भी विरोध किया, और अपने मतदाताओं के प्रति ईमानदारी का परिचय दिया। सहयोगी 'महाराष्ट्र' ने दादाभाई का जो वर्णन किया है वह मजे का है। सुनिए : "सरकार की तुनतुनी बजाकर दादाभाई ने बड़प्पन प्राप्त किया है। सरकार की कृपा से उनकी कोयले की खदानें मजे में चल रही हैं। उनकी कपड़े की माडल मिल चाहे शेयर-होल्डरों को कुछ न दे, किन्तु उन्हें किफायत देती हुई चल रही है। सरकार ने उन्हें इम्पीरियल बैंक का डायरेक्टर नियुक्त किया है। जिसके लिए उन्हें 10 हजार मासिक वेतन दिया जाता है। सरकार बड़े-बड़े कमीशनों पर उन्हें 'ज्ञाता' समझकर नियुक्त करती है।

(5) सचमुच इतनी कृपाओं से विभूषित सज्जन, प्रजा के पक्ष में बोलने का गुनाह क्यों कर करे। सर दादाभाई ने एक लंका और जीती है। जिसे सुनकर मध्यप्रदेश के लोग उनकी खूब कद्र करेंगे। पंडित मोतीलालजी के, प्रयत्नपूर्वक पास कराए हुए, असेम्बली के मुडीमैन कमीटी के अल्पमत के प्रस्ताव की यानी स्वराज की कम से कम माँग की, सर दादाभाई ने मूर्खता की माँग कहकर, देश की इस माँग के खिलाफ मत दिया, और मध्यप्रदेश को स्टेट कौन्सिल में 'देश के विरोधी' के रूप में नेक नाम बनाया। सुनते हैं सर दादाभाई ने पुनः स्टेट कौन्सिल के लिए खड़े हो रहे हैं। यह तो मध्यप्रदेश के स्टेट कौन्सिल के मतदाताओं पर अवलंबित है कि सर दादाभाई को इस बार सबक सिखावें। या मूर्ख बनकर, उन्हें फिर स्टेट कौन्सिल में चला जाने दें।

(6) कांग्रेस के सभापतित्व का निपटारा हो गया। इस वर्ष कानपुर कांग्रेस में सभापतित्व का आसन, भारतीय राष्ट्रीयता, एकता, सुरुचि और स्वाधीनता के लिए सर्वथा और सर्वदा प्रयत्नशीला श्रीमती सरोजिनी नायडू को दिया गया है। श्रीमती नायडू सन् 1923 में अफ्रीका की भारतीय कांग्रेस की सभापति हो कर गई थीं। देश के इस युग के राष्ट्रीय इतिहास में, यह पहिला ही अवसर है, जब एक भारतीय देवी, अपनी राजनैतिक योग्यता के कारण, राष्ट्रीय सभा की सभानेत्री चुनी गयी हैं। सन् 1922 में श्रीमती नायडू मध्यप्रान्तीय राजनैतिक परिषद की छिंदवाड़ा में सभापति थीं और आजकल आप बम्बई प्रान्तीय कांग्रेस कमीटी की प्रधान हैं।

(7) श्रीयुत सेठ जमनालाल बजाज ने अपने खद्दर प्रचार के कार्य में, मारवाड़ की देशी रियासतों में खूब सफलता प्राप्त की। जोधपुर के दीवान सर शुकदेव प्रसाद ने आपके संदेश को सुना, और सहानुभूति दिखाई, जाबरा के नब्बाब साहब ने खादी का और आपका सम्मान किया, उदयपुर नरेश, महाराज कुमार तथा उदयपुर के अंग्रेज पोलीटिकल एजेंट तीनों ही आपके कार्य का क्रियात्मक

समर्थन किया। उदयपुर में आप गवर्नमेंट हाउस में ही ठहराए गए थे। हम सेठ जमनालालजी की इस सफलता को, कीमत की चीज समझते हैं, और उक्त देशी रियासतों के दृष्टिकोण की प्रशंसा करते हैं। जिसमें कि जयपुर भी शामिल होना चाहिए। जयपुर की सबसे बड़ी विशेषता है वहाँ खद्दर भण्डार का खुलना। किन्तु प्रजा को कुचलने की क्रियाएँ यदि बन्द न हुईं तो खद्दर उनके गुनाहों की मुआफी का प्रजा की नजर में सर्टीफिकेट न बन सकेगी।

(8) 'श्रीकृष्ण संदेश' नामक साप्ताहिक पत्र कलकत्ता से प्रकाशित हो गया। पत्र राष्ट्रीय है। इसके संपादक हैं, दैनिक, 'भारत मित्र' के भूतपूर्व संपादक श्रीयुत लक्ष्मीनारायण गर्दे। अच्छा कागज, सुन्दर चित्र तथा बाबू राजेन्द्रप्रसाद जी और कष्ट-भोगी सावरकरजी आदि के लेखों ही के कारण, हम इस नवीन पत्र का स्वागत नहीं करते; हम स्वागत करते हैं उस लेखनी के कारण भी जो इसका संपादन करेगी, और जिसे हम ईमानदार परिश्रमी, तुली हुई और तेजपूर्ण लेखनी मानते हैं। भगवान नवजात 'श्रीकृष्ण संदेश' को सफलता दें।

(9) गत सप्ताह सागर, शहर के तालाब में शंकरराव नामक एक विद्यार्थी तैर रहा था। पास की मन्दिर की छत से एक दूसरा विद्यार्थी भी तालाब में कूदा और वह अकस्मात शंकरराव पर जा गिरा। शंकरराव तालाब में सर्वथा डूब गया और वह कूदने वाला विद्यार्थी, कानून के रक्षकों के भय से भाग खड़ा हुआ। गुलाम जाति के सैकड़ों मनुष्य नामधारा घाट पर थे, पर कोई उस बालक को तालाब में ढूँढ़ने के लिए नहीं कूदा। अंत में अब्राह्मण, और कदाचित अछूत भी कहा जानेवाला बाबूलाल नामक एक खगार विद्यार्थी तालाब में कूदा और अपने प्राणों का मोह छोड़कर शंकरराव की लाश निकालने में समर्थ हुआ। रामनाथ पुरोहित विद्यार्थी ने भी बाबूलाल की मदद की। हम इन दोनों विद्यार्थियों के साहस को सराहते हैं और उन लोगों पर लज्जित हैं, जो खड़े-खड़े तमाशा देखते रहे, और जिन्होंने विद्यार्थी शंकरराव को डूब जाने दिया।

[3 अक्टूबर, 1925]

दक्षिण अफ्रीका की समस्या

लार्ड हार्डिंग के समय इस देश की सरकार बराबर सहानुभूति के साथ, दक्षिण अफ्रीका प्रवासी भारतवासियों के प्रश्न पर देखती आ रही है। इस देश के नरम लोग, माननीय श्रीनिवास शास्त्री जैसे सरकार के समर्थक भी, इस बात से बहुत नाराज रहे हैं कि भारत सरकार अपनी सहानुभूति को क्रियात्मक क्यों नहीं कर दिखाती, क्यों नहीं वह साम्राज्य शासन के अधिकारियों से कहती कि

वे अपना प्रभाव और दबाव डालकर दक्षिण अफ्रीका में रहने वाले हिन्दुस्थानियों के प्रति केवल वर्णभेद के कारण अन्य योग्यता में समानता होते हुए भी केवल गोरे-काले के भेद के कारण किये जाने वाले अत्याचार को रोक दें। सर फजली हुसेन जैसे वाइसराय की एक्जीक्युटिव के सदस्य ने गत स्टेट कौन्सिल में दक्षिण अफ्रीका की सरकार के एशियाटिक बिल को 'बम की फेंक' बतलाया था, परन्तु सरकार के इन जिम्मेदार अधिकारी महाशय ने लोगों को तसल्ली देने के लायक कोई बात नहीं कही, प्रसिद्ध पृष्ठपोषक सर उमरहयात खान ने स्टेट कौन्सिल में कहा था कि भारत सरकार को दक्षिण अफ्रीका के मामले के साथ निपट लेने दिया जाय। जरूरत पड़ेगी तो हम तलवार के बल पर भी अफ्रीका के गोरों को समझा लेंगे। अभी गत जनवरी माह में भारतीयों के एक शिष्ट-मंडल ने वाइसराय लार्ड रीडिंग से इसी विषय में चर्चा की थी, तब वाइसराय महोदय ने इस प्रश्न की ओर अपनी पूरी सहानुभूति बतलाई। लेजिस्लेटिव असेम्बली की गत बैठक में प्रारंभिक भाषण करते समय भी वाइसराय महोदय ने इसी तरह की बातें की थीं, परन्तु इन सब बातों का कोई फल नहीं निकला।

यूनियन गवर्नमेंट दक्षिण अफ्रीका के गृह मंत्री रेवरैंड डा० मालन ने अपना एशियाटिक बिल यूनियन गर्वमेंट की असेम्बली में पेश कर ही दिया। पास हो जाने पर इस बिल का असर भी 1 अगस्त से शुरू समझा जायगा। इस बिल के कारण हिन्दुस्थानियों की कैसी दुर्दशा होगी, इसका संक्षिप्त हाल हमने अन्यत्र दिया है। इस एशिया विरोधी बिल के विरुद्ध हिन्दुस्थानी सरकार और हिन्दुस्थानी लोकमत ही नहीं है वरन विचारवान अंग्रेज भी इस घृणित रंग-भेदमूलक कानून का निषेध करते हैं, विख्यात पादरी सी० एफ० एंड्र्यूज ने 'इंडियन डेली मेल' पत्र में लिखा था, ''गोरा अफ्रीका-निवासी चाहता है कि हिन्दुस्थानी लोग अफ्रीका छोड़ दें और उसे अफ्रीका की सम्पत्ति का झगड़ा निपट लेने दें। अफ्रीका के आदिम निवासी भोले-भाले हबशियों को गुलामों की तरह अपने हलों में जोतकर, अपने कारखानों में निर्जीव यंत्रों की तरह उनसे परिश्रम करवाकर गोरा अफ्रीकन अपनी सम्पत्ति बढ़ाना चाहता है। परिश्रमशील हिन्दुस्थानी जो कम खर्ची में गोरों को मात देता है, स्वयं परिश्रम करता है, हबशियों से मेल-ज़ोल कायम कर लेता है, इसीलिए गोरों की आँखों में खटकता है। अफ्रीका के गोरे ही नहीं अर्धगोरे भी हबशी स्त्री और गोरे पुरुष से पैदा हुए मिश्र बीज भी यही चाहते हैं कि उनके व्यापार को हस्तगत करने वाले हिन्दुस्थानी, अफ्रीका की जमीन से अपने पुरुषार्थ के बल पर अधिक उपज करने वाले हिन्दुस्थानी, हबशियों, अफ्रीका के मूल निवासियों को कम मूल्य पर भोजन, कपड़ा, तथा अन्य जीवनोपयोगी सामग्री मुहैया करने वाले हिन्दुस्थानी अफ्रीका में न रहें।

ब्रिटिश कामनवेल्थ, ब्रिटिश राष्ट्र संघ की चर्चा करने वाले अंग्रेज की नजर क्या इस वर्ण-द्वेष की ओर नहीं जाती ? वे लोग जो ब्रिटिश साम्राज्य का होना मानते हैं, वे लोग जो ब्रिटिश राष्ट्र-संघ की सुखमय कल्पना देखते हैं, क्या इस बात से बेखबर हैं कि हिन्दुस्थानियों के साथ अफ्रीका में कैसा व्यवहार किया जा रहा है ? ब्रिटिश राष्ट्र-संघों में आस्ट्रेलिया, कैनडा, न्यूजीलैंड, दक्षिण अफ्रीका और हिन्दुस्थान का भी समावेश किया जाता है । दक्षिण अफ्रीका की यूनियन गवर्नमेन्ट और हिन्दुस्थान की भारत सरकार दोनों की हैसियत ब्रिटिश राष्ट्र संघ में, यदि वह संघ केवल कवि कल्पना नहीं है, एक-सी है । संघ का एक सदस्य दूसरे सदस्य के प्रति अन्याय करना चाहता है, और ब्रिटिश पार्लियामेंट, साम्राज्य सरकार कुछ भी नहीं कर रही है । यह शिथिलता किस बात को प्रगट करती है ? भारत का शासन इम्पीरियल साम्राज्य शासन के अधीन है, इसलिए वह बलवान होते हुए भी निर्बल है । दक्षिण अफ्रीका का शासन भी चाहे अपने ही लाभ के लिए क्यों न हो, साम्राज्य शासन के अन्तर्गत है, वह अपनी ही चलाना चाहता है । ब्रिटिश कामनवेल्थ का यह उज्ज्वल चित्र, साम्राज्य कल्पकों के लिए साम्राज्य नष्ट करने की प्रथम सीढ़ी के सिवाय और क्या है ?

अपनी जाति के कुछ अंग्रेज धनिकों की सोने की खानों के विषय में माँगी हुई रियायतों को स्वीकार न करने के कारण ही, बात का बतंगड़ बना कर ब्रिटिश जाति बोअरों से लड़ी थी । खानों के मालिकों के सलाह-मशविरे से डा० जेमीशन नामक अंग्रेज ने जोहान्सबर्ग पर सशस्त्र चढ़ाई कर दी थी । परन्तु तत्कालीन बोअर प्रेसीडेंट क्रूगर ने उनके इस दिनदहाड़े की डकैती के कारण कई धनिकों को फाँसी की सजा दी । परन्तु मिस्टर चेम्बरलेन की प्रार्थना पर उन अपराधियों को छोड़ दिया । आगे चल कर इन्हीं खान वालों की माँगों के लिए तीन-चार साल तक बोअर युद्ध हुआ । गोरे खानवालों की उस समय की माँगें न्यायानुकूल नहीं थीं, पर फिर भी ब्रिटिश शासक इसके लिए यूनियन सरकार को दबाने के लिए तैयार नहीं होते ।

पर हिन्दुस्थानियों के लिए अंग्रेज गवर्नमेन्ट क्यों लड़ेगी ? उनके अधिकारों की रक्षा के लिए वह लड़ाई का आयोजन क्यों करेगी ? बोअर युद्ध के समय अंग्रेजों की इजाजत का सवाल था, इस समय वह हिन्दुस्थानी का है । उस हिन्दुस्थानी का है जिसको अपने ही घर में अपना शासन चलाने का अधिकार नहीं है । क्या इसी में साम्राज्य की महत्ता है ? क्या इसी व्यवहार के बल पर हिन्दुस्थानियों को साम्राज्य के अन्तर्गत रहने के लिए कहा जाता है ? एशियाटिक बिल केवल हिन्दुस्थानियों को अफ्रीका के बाहर निकालने के लिए रचा गया है । परन्तु उसको नाम दिया गया है, एशियाटिक बिल । इसका भी परिणाम साम्राज्यवादियों ने सोचा है ? जातियों और रंगों की स्पर्धा के कारण चीन और जापान में, टर्की

और मोक्रको में गोरों के खिलाफ लोकमत तैयार हो रहा है। इन समस्त स्थानों में गोरों की कोशिशें हो रही हैं कि पूर्वी देशों के निवासियों की भूमि पर कब्जा किया जाय और उन्हें केवल भारवाहक मजदूर की हैसियत से ही परमात्मा की इस पवित्र भूमि पर जिन्दा रहने दिया जाय। यूरोपीयनों की यह निपट स्वार्थ-मदान्धता एक दिन इस संसार की अणु-अणु में विरोध की मूर्तियाँ निर्माण करेगी और उनकी सर्वभक्षक भावनाएँ उन्हीं के पास वापिस जायेंगी।

भारत सरकार दक्षिण अफ्रीका का फैसला नहीं कर सकती। साम्राज्य-सरकार भी केवल हिन्दुस्थानियों के लिए अफ्रीकन सरकार को नीचे नहीं झुकायेगी। इसकी कुंजी हिन्दुस्थानियों के हाथ में है। स्वाधीन हिन्दुस्थान के हिन्दुस्थानी, स्वराज्य भोगी भारतीय अपने सुदूर भाइयों की इज्जत की रक्षा कर सकते हैं।

सर वेलंटाइन शिरोल ने अपनी पुस्तक 'इंडिया ओल्ड एंड न्यू' में लिखा है "भविष्य पर काली घटाएँ छाई हुई हैं जो राष्ट्रों के पथ को दुर्गम बना रही हैं। परन्तु हिन्दुस्थान में पूर्व और पश्चिम का अद्वितीय संयोग हुआ है। यहाँ ब्रिटेन ने अपना मार्ग-दर्शक दीप जलाया है। यदि ब्रिटेन उस दीप को प्रज्वलित रखेगा तो वह दीप पूर्व और पश्चिम को, पश्चिम के खूनी महायुद्ध से भी अधिक भयंकर युद्ध से, उस युद्ध से जो कि राष्ट्रों में नहीं वरन जातियों में होने की संभावना है, बचने का रास्ता बतावेगा।" सर वेलंटाइन शिरोल को ब्रिटानिया को दूरदर्शिता पर विश्वास है क्योंकि वे उसी ब्रिटिश जाति के हैं। परन्तु भारतीयों को अन-ब्रिटिश कार्यों के सैकड़ों उदाहरण देखने के लिए मिले हैं। उन्हें ब्रिटिश जाति की दूरदर्शिता पर किंचित भी विश्वास नहीं रहा है। दक्षिण अफ्रीका का काला कानून यदि पास हो गया, यदि सम्राट की सरकार ने अपने अधिकारों का उपयोग करके उसे एक वर्ष के अन्दर अस्वीकृत न कर दिया तो समझना चाहिए कि नष्ट होने के दिन नजदीक आ रहे हैं।

[10 अक्टूबर, 1925]

सम्पादकीय टिप्पणियाँ

(1) श्री ताम्बे महोदय की नौकरी की स्वीकृति से गत सप्ताह प्रायः सभी प्रान्तों के राजनैतिक विचारकों में और विशेषत: स्वराज दल वालों में हलचल-सी मच गई। बम्बई प्रान्त के प्रमुख स्वराजी श्री जयकर तथा केलकर महाशयों ने मिस्टर ताम्बे के इस कार्य का तो निषेध किया कि उन्होंने स्वराज दल से इस्तीफा न देते हुए एक्जीक्युटिव कौन्सिलरशिप स्वीकार कर ली, परन्तु साथ यह भी कहा कि यह प्रवृत्ति उस रोग का चिह्न है जो स्वराज-दल के कार्य-क्रम में परिवर्तन चाहता है। इन दोनों सज्जनों ने श्री पटेल की असेम्बली

के अध्यक्ष पद की स्वीकृति और पंडित मोतीलाल जी की स्कीन कमेटी के सदस्य पद की स्वीकृति को श्री ताम्बे के होम मेम्बर होने की क्रिया की पहिली सीढ़ी बतलाई है। श्री पटेल स्वराज्य दल द्वारा चुने हुए, सरकारी तनखाह प्राप्त करने वाले, कौन्सिल अध्यक्ष हैं जो स्वराज्य दल के लिए अब कोई विशेष कार्य नहीं कर सकते। इसी तरह नेहरू सरकार द्वारा नामजद किये गये स्कीन कमेटी के सदस्य हैं, परन्तु वेतन भोगी नहीं हैं। 'केसरी' कहता है कि श्री ताम्बे के कार्य में इन दोनों महाशयों की बातें शामिल हैं। अर्थात श्री पटेल द्वारा पाया जाने वाला सरकारी वेतन और श्री नेहरू की पायी हुई सरकारी नामजदगी।

(2) श्री केलकर एवं जयकर विचारशील विद्वान हैं परन्तु हमें खेद है कि उन्होंने अपनी बुद्धि के सूक्ष्म कौशल को दिखाने के लिए एक ऐसा 'केस' हाथ में लिया है जो सर्वथा उनके खिलाफ फैसला होता है। यदि उक्त दोनों महाशय स्वराज दल के किसी कार्यक्रम में परिवर्तन कराना चाहते हैं तो उन्हें उक्त दल के नियमों के अनुशासन में रहकर वह परिवर्तन करना चाहिए। इधर तो 'अड़ंगा' नीति का डंका पीट कर जनता से 'वोट' प्राप्त करना और उधर अपने दल के अनुशासन के खिलाफ काम करने वाले सहयोग-प्रवर्तक व्यक्ति का समर्थन करना, सर्वथा अशिष्टतापूर्ण है। श्री केलकर और जयकर महाशयों ने श्री पटेल और नेहरू की पद-स्वीकृति की जो सूक्ष्म समानता श्री ताम्बे की पद स्वीकृति के साथ बताई है वह भी यथार्थ है। श्री पटेल का पद यद्यपि सरकार द्वारा स्वीकृत पाया हुआ है तथापि उसे लोक-पक्ष के चुनाव का बल है। कोई भी व्यक्ति जनता की इच्छा के विरुद्ध असेम्बली का सभापति नहीं हो सकता। इसके अलावा यदि पटेल आज अपने पद से त्यागपत्र दे दें तो कल वे फिर स्वराज्य दल के सदस्य की हैसियत से असेम्बली में काम कर सकते हैं परन्तु मिस्टर ताम्बे अगर सरकारी पद-त्याग करेंगे तो उन्हें कौन्सिल का सदस्य बने रहने का अधिकार न होगा। पंडित मोतीलाल जी की पद-स्वीकृति का तो श्री ताम्बे से मिलान ही नहीं हो सकता। उन्होंने केवल पद स्वीकार किया है, वे सरकारी तनख्वाह या सरकारी मतों से बँधे हुए नहीं हैं। वे स्कीन कमेटी में भी उतनी ही स्वाधीनता के साथ मत दे सकते हैं जितनी असेम्बली में या स्वराज्य दल की बैठकों में। पद स्वीकृति के कारण मि० पटेल को अपनी सम्मति देने का अधिकार नहीं रहा, पर वे सरकारी मत के मोहताज नहीं हैं। उनका पद एक न्यायाधिकारी का स्थान है, वह लोगों द्वारा चुना हुआ है, पर उसमें सरकारी वेतन की कारिख लगी हुई है। पं० मोतीलाल जी की पद-स्वीकृति स्वराज्य दल की नीति की दृष्टि से भली हो या बुरी परन्तु इस ताम्बे प्रकरण की बहस की दृष्टि से आक्षेप योग्य नहीं क्योंकि उसमें न तो सरकारी तनख्वाह है न सरकारी मत को प्रदर्शित करने का इकरार है, न स्वाधीन भावों को छिपाने की शर्त।

मिस्टर ताम्बे सरकार द्वारा नियुक्त किये गए, वेतन-भोगी, सरकारी मत देने वाले, सरकारी नौकर हैं। उनकी समता नेहरू और पटेल से करना वास्तव में सूक्ष्म बुद्धि की अजीब कसरत है। परन्तु इस कसरत का कारण जैसा कि 'केसरी' का कहना है स्वराज्य दल के कार्यक्रम में परिवर्तन करने वाले कुछ बरारी और महाराष्ट्री सदस्यों की इच्छा है। इस इच्छा और वृत्ति का सबूत बरारी स्वराज्य दल की गत 25 अक्टूबर की कार्यवाही से मिलता है। श्री ताम्बे के कार्य का निषेध करने के लिए यह सभा अमरावती में हुई थी। 'उदय' का कहना है कि इस सभा में (1) श्री ताम्बे को बधाई देने तथा (2) प्रान्त के गवर्नर की भी उनसे सहयोग संकेत के लिए बधाई देने के प्रस्ताव स्वराजियों द्वारा पेश किये गये थे परन्तु वे पास न हुए। इसी तरह ताम्बे की घोर निन्दा करने वाला प्रस्ताव भी पास नहीं हुआ। जो प्रस्ताव पास हुआ उसके दो भाग हैं। पहिले भाग में कहा गया है कि स्वराज्य दल के सदस्य रहते हुए और उक्त दल की सलाह न लेकर श्री ताम्बे ने होम मेम्बरी स्वीकार कर ली, उनका यह कार्य इस सभा को 'नापसन्द' है। दूसरे भाग में कहा गया है कि 'यह सभा पूर्ण विचार के पश्चात अपना विचार प्रकट करती है कि अखिल भारतीय स्वराज्य दल अपनी वर्तमान नीति के बदले और प्रतियोगी सहकारिता की नीति स्वीकार करे तथा मन्त्री पद स्वीकार करने या न करने के निर्णय का अधिकार प्रान्तीय स्वराज्य दल को देवे।'

(3) बरार के स्वराज्य दल का यह प्रस्ताव असहयोग और अड़ंगा नीति के बिलकुल विरुद्ध है। इस प्रस्ताव से नाराज होकर प्रसिद्ध बरारी स्वराज्य दल सदस्य वै० रामराव देशमुख महाशय के त्यागपत्र देने के समाचार सुने जाते हैं। दूसरी ओर मिस्टर ताम्बे के कार्य को नापसन्द करने के ही कारण दूसरे एक बरारी स्वराज्य सदस्य डाक्टर बाबा साहब परांजपे महोदय ने भी दल से इस्तीफा दे दिया है। इस तरह मिस्टर ताम्बे के अधिकार ग्रहण से स्वराज्य दल में फूट फैलती नजर आती है, मराठी मध्य प्रान्त के मुखियाओं ने इस कार्य की काफी निन्दा की हे और नागपुर के 'महाराष्ट्र' ने श्री ताम्बे के कार्य को 'फंदाफितुरी' अर्थात दगाबाजी कहा है। हिन्दी मध्यप्रान्त के स्वराजी सदस्य ठाकुर छेदीलाल और पंडित काशीप्रसाद पांडे की नाराजगी अखबारों में प्रकाशित हुई है। ठाकुर छेदीलाल ने कौन्सिल में यह प्रस्ताव पेश करने की सूचना दी है कि मध्यप्रान्त से बरार अलग कर दिया जाय और प्रान्त स्वतन्त्र बना दिया जाये। आपका दूसरा प्रस्ताव प्रान्तीय गवर्नर के इस कार्य पर नाराजगी प्रकट करने वाला है कि उन्होंने कौन्सिल प्रेसीडेण्ट को एक्जीक्युटिव कौन्सिल में स्थान न देकर एक बुरा उदाहरण निर्माण किया है जिससे प्रेसीडेण्ट के निष्पक्षपाती बने रहने में ठेस पहुँच सकती है। श्री काशीप्रसाद पांडे ने भी यही प्रस्ताव अपने नाम पर भेजा

है। श्री पांडेजी की विशेष नाराजगी इसलिए है कि उत्तरीय जिलों के किसी आदमी को यह पद नहीं दिया गया।

(4) 1 नवम्बर को नागपुर में अखिल भारतीय स्वराज्य दल की कार्य-कारी कमेटी की बैठक होने वाली है और उसी के साथ मध्यप्रान्त बरार के स्वराजियों की भी बैठक पंडित मोतीलाल जी नेहरू की अध्यक्षता में होने वाली है। कानपुर के एक भाषण में पण्डित मोतीलाल जी ने कहा था कि सहयोग के खतरनाक रास्ते से हम जितना चल चुके हैं, उतना ही काफी है। इधर बरार के कुछ स्वराजी सहयोग की हद्द के अन्दर कूद पड़ने के लिए उतावले हो रहे हैं। हिन्दी मध्यप्रान्त के स्वराजी, बरार के स्वराजियों के प्रति अपने स्पष्ट भाव दिखा ही चुके हैं। ऐसी अवस्था में यह कहना कठिन है कि स्वराज्य दल की अनुशासन युक्त एकता और अधिक दिनों तक ठहर सकेगी। श्री केलकर और पण्डित मोतीलाल जी के परस्पर कथन-उपकथनों से जो मत भिन्नता प्रकट होती है उससे साफ मालूम होता है कि अब या तो स्वराज्य दल को श्री सेन गुप्ता के कथनानुसार सभी पदों का त्याग करना पड़ेगा या जिस 'अड़ंगा नीति' के बल पर स्वराज्य दल जनता को रिझाता रहा है वह उसे पूर्णतया त्याग देनी पड़ेगी। असहयोग से अड़ंगा नीति और अड़ंगा नीति से अधिकार पद-प्राप्ति की अधोगामी उड़ान बुद्धिमानों को मुबारक! क्या महाराष्ट्र और बरार में लोकमान्य की कट्टर नीति का वंशधर कोई नहीं रह गया है? महात्मा गांधी रिफार्म स्कीम के लिए मरहूम मांटेगू महाशय की प्रशंसा करना चाहते थे परन्तु अमृतसर में उनका विरोध हुआ था और वह विरोध बहुत कुछ महाराष्ट्र ने किया था। महाराष्ट्र की वह राष्ट्रीयता श्री केलकर के कथन में नहीं दिखायी देती। स्वराज्य दल जो कुछ करे, परन्तु इतनी बात स्पष्ट है कि मध्य प्रान्त के गवर्नर साहब ने ताम्बे का गढ जीतकर फूट की जो आग स्वराज्य दल में लगा दी है वह इस समय तक तो सरकारी पक्ष को ही लाभ पहुँचाती दीखती है।

(5) गाडरवाड़ा जिला नरसिंहपुर के वकील और गाडरवाड़ा की म्युनिसिपैलिटी के सेक्रेटरी बा० शिव सत्यनारायण लाल पर ताजीरात हिन्द की दफा 409 के अनुसार मुकदमा चलया गया था। नरसिंहपुर और उसके मशहूर शासक की विशेष चिन्ताशीलता के कारण यह मामला जबलपुर के एडीशनल सेशन जज मि० क्लार्क आई० सी० एस० की अदालत में तब्दील किया गया था परन्तु वहाँ से श्री सत्यनारायण लाल को 5 वर्ष की कैद का अमानुषी दण्ड दिया गया। इसकी अपील नागपुर के एडीशनल जुडीशियल कमिश्नर श्री कोतवाल ने श्री शिव सत्यनारायण लाल जी को निर्दोष पाकर गत 20 अक्टूबर को रिहा कर दिया। हम श्री शिव सत्यनारायण लाल को बधाई देते हैं कि आखिर उनके साथ इन्साफ किया गया। इस प्रान्त के गवर्नर महोदय ने प्रान्तीय कौन्सिल में 3 अगस्त

के दिन कहा था कि नरसिंहपुर के डिप्टी कमिश्नर पर लगाये गये इल्जामों में गम्भीर स्वरूप का इल्जाम यह है कि डिप्टी कलक्टर ने अपने मजिस्ट्रेटी के अधिकारों का दुरुपयोग किया और अपने राजनैतिक विरोधी को एक फौजदारी मामले में फँसाया तथा बेइज्जती की। यह दोषारोपण बहुत गम्भीर है। इसलिए उसका अदालती फैसला हो जाने तक अन्य छोटे-छोटे आरोपों की जाँच को शीघ्र ही हाथ में लेंगे और गत 6 वर्षों से चिल्लाने वाले नरसिंहपुर के लोगों की शिकायतों का फैसला करेंगे।

(6) आखिर प्रीवी कौन्सिल में भी बावला हत्याकांड के अपराधियों की तकदीर ने जोर नहीं मारा। प्रीवी कौन्सिल ने अपील दाखिल नहीं की। इन अपराधियों को बचाने की जितनी कानूनी कोशिशें की गयीं, सब वृथा गयीं। हम पहिले भी एक बार लिख चुके हैं कि इस काण्ड के हत्यारों के साथ दया का व्यवहार होता तो अच्छा होता। हमने कहा था कि उन्होंने जो कार्य किया है वह अपने निजी लाभ के लिए नहीं वरन दूसरे किसी को प्रसन्न करने के लिए किया है। हम जानते हैं कि यह भेद अति सूक्ष्म है, परन्तु गुनहगारों की जवानी का ख्याल करके तथा उनके गुमराह न होने की स्वाभाविकता पर विचार करके कम से कम, प्राण-दण्ड की सजा आजन्म कैद में तब्दील हो जाती तो अच्छा होता। जो हो समाज व्यवस्था के लिए इस तरह के कठोर दण्ड आवश्यक होते हैं और उनके देने से अपराधियों को सुधारने की अपेक्षा अन्य लोगों को ऐसे अपराधों के भयंकर परिणाम का ज्ञान कराना ही उद्दिष्ट होता है। शफी अहमद, पोंडे और दीघे अब थोड़े ही दिनों के बाद फाँसी पर लटकाये जायेंगे और इस तरह इस सनसनी पैदा करने वाले मामले पर धीरे-धीरे विस्मरण का परदा पड़ेगा।

[31 अक्टूबर, 1925]

कानपुर की ओर

कानपुर में गंगा बहती है। थोड़े ही सप्ताहों बाद वहाँ राष्ट्रीय गंगा की ध्वनि-धारा का प्रादुर्भाव होगा। सरकार की कृपा से, कार्यकर्ता छिन गये हैं, तो भी राष्ट्रीय महासभा के समाराधक, भगीरथ-प्रयत्न कर रहे हैं। भारत की अंग्रेजी सरकार, देश के राष्ट्रीय कार्यकर्ता, देश की जनता और आगामी कौन्सिलों के उम्मीदवार,—सबकी इच्छाएँ चाहे एक दूसरे से मेल न खावें, पर सबकी दृष्टि एक ही दिशा में हैं, कानपुर की ओर। सरकार समझती है कि जो अश्व थोड़ा बहुत छड़कता था, कभी वह असहयोग करता था, कभी अड़ंगा लगाता था, कभी आग उगलता था, वह साईस इसाक की चाल के कोड़ों, मीठी

थपेड़ों और प्रेसिडेण्टी, एक्जीक्यूटिव्स काउन्सिलरी और सहूलियतों तथा रियायतों के दाने-घास से काफी ठंडा और वफादार बन गया है; अब दिसम्बर के बाद उस पर चढ़ाई की जा सकेगी और सन् 1926 में तो वह साम्राज्य रूपी सवार को अपनी पीठ पर, चाबुक लिए लदा पाकर गर्व से हिनहिनाने, और रिस्पान्सिव कोआपरेशन का नाम लेकर मनमाना फुदकने लगेगा।

राष्ट्रीय कार्यकर्ता अपनी शक्तियों अपने प्रयत्नों का विश्वास खोकर अकर्मण्यता में पुराने दिनों के पुनः पधारने का स्वप्न देख रहे हैं और जनता की उपेक्षा के हटने और उसमें पुनः प्राण आने के लिए, और अपनी बुद्धि और शरीर के पुनः पानीदार होने के लिए, गंगा के सरसैया घाट के पानी की बाट जोह रहे हैं। देश की जनता सोच रही है कि जब बृज पर बरसाने का संकट, आत्म-निर्भरता के ब्रज-बिहारी के रहते न टला, तो अब गोवर्द्धनधारी ब्रज से चले जाने के बाद, असहयोग के सर्वथा हट जाने के पश्चात बृज-मण्डल में अब काहे को, पूतना संहार, यमलार्जुन, बकासुर-वध और काली-मर्दन की अमर घटनाएँ घटेंगी, और क्यों गोपों और गायों का गोपाल 'अब आये', 'अब आये' कहकर मुक्ति के दिनों को, उद्धार के समय को, ब्रजवासियों की शक्ति की सीमा कर दिखाता रहेगा। कौन्सिल के मित्र सोच रहे हैं कि अब हृदय खोलने का समय आया। सन् 1923 की चुनाई में सरकारी पद, मिनिस्टरी और असहयोग का नाम लेना भी, तेजपूर्ण भारतीय जनता के सन्मुख गुनाह था किन्तु दो साल उसके अकर्मण्य रहने से अब वह काफी शान्तिपूर्ण, भाग्यवादिनी, और नम्र हो गई है। अब उसमें न भय खाने की जरूरत है, न सन् 1926 में मनोकामना सिद्ध होने के मार्ग में कोई खतरा है। साबरमती के तट का भिखारी पण्डित मोतीलाल जी को आत्म-समर्पण कर चुका है, और असहयोग का नाम तो अब कब्र पर पढ़ी जाने वाली प्रेमियों की गजलों के मूल्य का रह गया है। फकत एक बात की जरूरत है, कानपुर, अपने संचित प्रयत्नों की बलि से, उस पर मुहर भर लगा दे। ऐसे समय कुछ वे लोग भी हैं, जो शान्त दिनों में भी क्रांति को सम्भव मानकर, ठोकर खाकर भी एक अन्तिम निशाने में जीत की कल्पना करके बादवान के टूट जाने पर भी अपनी पतवार पर, भगवान से अधिक विश्वास कर, अपने को मरने नहीं देते। ऐसे लोग थोड़े होते हैं, बेपढ़े भारतवर्ष ही में नहीं, पढ़ी-लिखी दुनिया में भी। किन्तु ऐसे लोगों पर कविता लिखने का समय नहीं है। हाँ, कुछ ऐसे लोग भी हैं जिन्हें अपनी भुजाओं और अपने हृदय का भरोसा है। वे लड़ने के समय आपस में लड़ सकते और जरूरत पैदा होते ही आपस में मिल सकते हैं। वे अपनी प्रत्येक सनक को सिद्धान्त नहीं कहते और थोड़े से मतभेद पर बच्चों की तरह मचलकर, किश्ती को प्रवाह और लहरों के भरोसे छोड़कर, तमाशा देखते नहीं खड़े रहते। न वे यह ही सोचते हैं कि एक दिन अपने आप कानपुर में, तली में

के रत्न, व्याख्यानों की सतह पर आकर तैरने लगेंगे और हम कांग्रेस के प्रतिनिधि की हैसियत से जाकर उन्हें बटोर लावेंगे। वे डुबकी लगाने और प्राण गमाने की प्रारम्भिक क्रियाओं को सर्वथा आँखों से ओझल नहीं कर देते।

पाठक, हम नहीं जानते कि आप किन व्यक्तियों में से हैं। आप जिनमें भी हों, आप से एक निवेदन करना आवश्यक है। कानपुर की महासभा का अधिवेशन निकट है। जरा आप देखिये कि राष्ट्रीय सभा के लिए आपने कौन-सी तैयारी की है? तैयारी करने के कई मार्ग हैं। आप जो प्रयत्न करेंगे, उसी पर कानपुर की महासभा की सफलता अवलंबित है। जिन पर कानपुर के कांग्रेस की आर्थिक जिम्मेवारी है, वे थैलियों के मुँह खोलने को व्यावहारिक देश-भक्ति समझेंगे। जिन्हें अपनी सेवा की लगन है, वे भारतीय हिन्दुस्तानी सेवा दल के महामन्त्री डा० हार्डीकर की स्वयं सेना के फौजी दस्ते में निपुण होकर, श्रीयुत जोग की सेना के सिपाही होकर, कानपुर की महासभा को अपनी सेवाएँ समर्पित करेंगे। किन्तु सबसे बड़ी जिम्मेवारी तो उन लोगों पर है, जो इस सेना, और इस खजाने का उपयोग करेंगे। पाठक कहिये क्या इन सैनिकों और धनदाताओं से आप यह कहने जायेंगे कि "लार्ड रीडिंग या मि० उड जीते रहें, इस बार भीख का हमारा नम्बर है!" या इंग्लैण्ड के मजदूर प्रधान मंत्री के शब्दों ही में यह कहने जायेंगे कि "हजार मतभेदों के रहते भी भारत 'एक राष्ट्र' है, और उसका मस्तक किसी भी कीमत पर झुकने नहीं दिया जा सकता, नींद से जागकर, थकावट से उठकर, ठोकर से सँभलकर और टुकड़े-टुकड़े होने के बाद भी मिलकर, उसकी एक ही आवाज होगी—स्वराज्य।' यह घोषणा कहाँ करनी होगी?

सम्पादकीय टिप्पणियाँ

जबलपुर म्युनिसीपैलिटी

जबलपुर म्युनिसीपैलिटी के विषय में समाचार-पत्रों में बहुधा ऐसी आलोचनाएँ होती हैं, जिनसे म्युनिसीपैलिटी के कार्यक्रम में कुछ खराबी दिखायी देती है। और सचमुच, श्रीयुत गोलवलकर, बाबू कनछेदीलाल, श्रीयुत राधिकाप्रसाद आदि योग्य अनुभवी और देश-हित चिन्तक सज्जनों के होते हुए, क्योंकर म्युनिसीपल शासन में शान्ति और निर्दोषता नहीं आती? यह प्रश्न स्वभावत: आता है। किन्तु इस समय जबलपुर के मित्रों से भी हम दो बातें कहना चाहते हैं। हिन्दी भाषियों के उस प्रान्तीय बड़े नगर में हम लोग सदा आपसी कलह में निपुणता दिखाते हैं, यही कारण है कि कोई भी सत् प्रयत्न ठीक ढंग से पनपने नहीं पाता; उदाहरणार्थ म्युनिसीपल झगड़ों ही को लें तो जिन दिनों सरकारी अधिकारी या सरकार पक्षपाती म्युनिसीपल प्रेसिडेण्ट होता है, उन दिनों हम

लोग सब कड़ी आलोचनाएँ बन्द कर देते हैं और चुपचाप, शासन-सकट को शान्ति से घसीटने लगते हैं परन्तु ज्यों ही हममें का कोई व्यक्ति, प्रजा का कोई आदमी ऊँचा उठता है, हम हजार आँखों से उसके दोष देखते हैं, चैन नहीं लेते। हम श्री शिवप्रसाद और श्री कनछेदीलाल को कोस सकते, उनका अपमान कर सकते और उनके खिलाफ साजिश कर सकते हैं किन्तु यदि श्री पेजली या खानबहादुर जाकिरअली सभापति बन जाते हैं तो हम ऐसे चुपचाप चलने लगते हैं मानो हम गुलामों की तरह हाँके जाने ही के योग्य हैं। लोग कड़ी आलोचनाओं को अपना जन्मसिद्ध अधिकार समझते हैं। किन्तु जहाँ प्रेम, एकता और संयुक्त सार्वजनिक जीवन आपस की कलह में बचपन ही में मार डाला जाता हो, वहाँ हृदयहीन आलोचनाएँ कौन से सुफल फलायेंगी ? हमें चाहिए कि, प्रदेश-भर में, हृदय मिलाकर पहिले संयुक्त सार्वजनिक जीवन और प्रजा-बल को जन्म देकर जीवित बनाएँ और अपने आदमियों का अपमान करना भूलें। जब हमारे प्रदेश का सार्वजनिक जीवन, बंगाल, बम्बई या मद्रास की तरह पुष्ट हो जायेगा तब हमारे यहाँ गाली देने वाले भी पैदा हो लेंगे। दुःख तो यह है कि अपने पड़ोसी संयुक्त, सावधान और दक्ष महाराष्ट्र समाज से भी हमने अपने आदमियों को ऊँचा उठाना नहीं सीखा। क्या हम आशा करें कि श्रीयुत बोस, गोलवलकर, जमनादास, श्री कनछेदीलाल और उनके साथियों का कार्यकाल हम सफल साबित होने देंगे ?

वर्धा में अनिवार्य शिक्षा

हम वर्धा की म्युनिसिपैलिटी का अभिनन्दन करते हैं कि वह, अपनी सीमा में मुक्त और अनिवार्य प्राथमिक शिक्षा प्रारम्भ करने जा रही है। मध्यप्रदेश में यह काम साहस का है। एक तो सरकार की थैली पर प्रजा का काबू न होने से, अनिवार्य शिक्षा का अधिकार पाकर भी, हमारे प्रदेश के जिले उसे शुरू नहीं कर रहे हैं, दूसरे आजकल प्रान्तीय सरकार के पास मिनिस्टर भी नहीं हैं जो चाहे धन न दे सकें, किन्तु ऐसे प्रयत्नों में उलझन तो न पड़ने दें। तिस पर भी वर्धा म्युनिसिपैलिटी ने यह उद्योग किया। जबलपुर के एक मुहल्ले में भी ऐसा ही उद्योग जबलपुर म्युनिसीपैलिटी ने किया था किन्तु वह सफल नहीं हुआ। सब कठिनाइयों के सिवा जबलपुर की (और कुछ अन्य हिन्दी जिलों की भी) यह कठिनाई है कि वे अज्ञान, विद्या वृद्धि के भावों से पतित, ग्रह-कलह में निपुण और निरुद्योगी हैं। जबलपुर के निवासियों ने अनिवार्य शिक्षा-विरोध किया, जो जबलपुर हिन्दी प्रदेश का प्रधान स्थल है। वर्धा ने इस अनिवार्य तालीम का स्वागत किया। वहाँ 'पारसी, ईसाई और यूरुपियनों को छोड़कर म्युनिसिपल सीमा में रहने वाली शेष सब जातियों और समाजों पर' अनिवार्य तालीम के

कानून की पूर्ति तीन वर्षों में की जायगी। पहले वर्ष 8 से 9 वर्ष के, दूसरे वर्ष 6 से 10 वर्ष के और तीसरे वर्ष 6 से 11 वर्ष के, वर्धा की म्युनिसिपल हद्द के बालकों की सख्ती की तालीम दी जायगी। गरीब विद्यार्थियों की पुस्तकों आदि के लिए 500 रुपये वार्षिक खर्च किया जायगा। तालीम मराठी हिन्दी और उर्दू भाषा की होगी। इस क्रम में उक्त म्युनिसिपैलिटी का केवल 5000 रुपये सालाना वार्षिक खर्च तालीम में बढ़ेगा और 11000 रुपये की नई इमारतें बनवानी पड़ेंगी। सुनते हैं इमारतों के लिए सरकार 5000 रुपये देगी और तालीम खाते में दो हजार प्रतिवर्ष। हो-हो, वर्धा का यह क्रम प्रदेश म्युनिसिपैलिटियों और यदि शीघ्र सध सके तो जिला कौन्सिलों के अनुकरण की वस्तु है। हम चाहते हैं, वर्धा के मित्रों का वह उद्योग सफल हो।

स्वराज्य दल

आखिर स्वराज्य दल में फूट होते-होते बच गयी। मि० केलकर तथा बरार के प्रतिनिधियों के प्रयत्न के बाद भी स्वराज्य दल की कार्यकारी कमेटी ने वर्तमान नीति और कार्यक्रम में परिवर्तन करना उचित नहीं समझा और दल के नियमों का स्पष्टीकरण भी किया जिससे श्री पटेल तथा पं० मोतीलाल जी के पद-ग्रहण का समर्थन होता है। स्वराज्य दल की दृष्टि से यह बात उचित ही हुई है। परन्तु अब समय आ गया है कि स्वराज्य दल को अपना कार्यक्रम बदलना चाहिए। इस समय वर्तमान कार्यक्रम के विरुद्ध दो तरह के विचार प्रचलित हैं। बरार स्वराज्य दल द्वारा प्रकट होने वाला विचार स्वराज्य दल को सरकारी नौकरियों तक पहुँचाना चाहता है और श्री सेनगुप्ता द्वारा कुछ दिन पहले कहे गये विचारों का समर्थन करने वाला दल चाहता है कि कौन्सिलों में ही अपने प्रयत्नों की इतिश्री कर चुकने वाले विद्वान और साहसी भाई सरकार के घर में प्रवेश न करें और उनको अधिकार देने वाली जनता के अधिक नजदीक जावें। स्वराज्य दल इस समय जनता से बहुत दूर जा पड़ा है। इसीलिए उसकी बातें कौन्सिल में उतने आदर के साथ नहीं सुनी जातीं। यदि बंदूक की गोली के पीछे कार्यकारी गति देने वाली बारूद न हो तो उस गोली का मूल्य ठण्डे, मुर्दा, शीशे के टुकड़े से अधिक नहीं होता। यदि स्वराज्य दल को यह शीशे का टुकड़ा नहीं बनना है तो उसे जनता के पास पहुँचना चाहिए और सरकारी नौकरियों और अधिकारों के प्रलोभनों का मोह त्यागना चाहिए।

स्टेट कौन्सिल

बरार से तो किसी अन्य उम्मीदवार के न होने से श्री दादा साहब खापर्डे स्टेट कौन्सिल के लिए फिर चुने गए, परन्तु हमारे प्रान्त से स्टेट कौन्सिल की

उम्मीदवारी के लिए सर मानेकजी दादाभाई, डा० गौर, बाबू गोविन्ददास एम० एल० ए० और बिलासपुर के पुराने एम० एल० ए० श्री कुंजबिहारी लाल अग्निहोत्री खड़े हो रहे हैं। बा० गोविन्ददास को स्वराज्य दल ने खड़ा किया है और इसीलिए जबलपुर के अन्य दो उम्मीदवार श्री ब्योहार रघुवीर सिंह और बा० जमनादास वापिस हो गये हैं। सर मानेकजी दादाभाई अधिक सुधारों की आवश्यकता प्रतीत नहीं करते और डा० गौर एम० एल० ए० महाशय असेम्बली में जाते समय स्वराज्य दल के कहलाते थे और पश्चात् स्वतंत्र हो गये थे। स्वराजी उम्मेदवार बा० गोविन्ददास वर्तमान असेम्बली के मेम्बर हैं और उनका जो कुछ भी कार्य है जनता के सम्मुख है। बिलासपुर के पं० अग्निहोत्री वकील, मालूम होता है, स्वराजी क्षत्रपों को प्रसन्न न कर सके और इसीलिए शायद उन्हें स्वतन्त्र रूप से खड़ा रहना पड़ा है। अभी तक इन महाशयों ने अपने मतपत्र प्रकाशित नहीं किये हैं अतएव उनके विषय में कुछ लिखना असामयिक होगा। परन्तु चुनने वाले जिम्मेदार सज्जनों को अपनी कसौटी पर कसकर ही मत देने चाहिए। जो पुरुष निर्भीक हो, विद्वान हो, त्यागी हो, इस या उस हुजूर को प्रसन्न रखने की जिसे आवश्यकता न हो, जिसे कार्य के लिए पर्याप्त समय प्राप्त हो, जो अपने मतदाताओं की आज्ञा के अनुसार चलने के लिए राजी हो, भारतीय स्वाधीनता का जो अन्यतम उपासक हो, जिसको अपने जमीन-जायदाद के छिनने के कारण सरकार की लाल आँखों से भय न लगता हो, वही पुरुष वास्तविक रूप में कौन्सिल में बैठकर करोड़ों के भाग्य का फैसला कर सकता है। चुनने वालों को 5 साल के बाद मौका मिलता है। इसलिए इस अवसर का उन्हें बहुत ही सोच-विचार कर उपयोग करना चाहिए जिससे पीछे पछताने की आवश्यकता न पड़े।

शाबास वीर सेवको !

गत कार्तिक की पूर्णिमा के दिन जबलपुर में एक भयंकर दुर्घटना हो गई। ग्वारी घाट में नर्मदा नहाने के लिए हजारों श्रद्धालु हिन्दू गये थे। करीब साढ़े बारह बजे दिन के 13 आदमी एक डोंगे में बैठकर दूसरी पार जा रहे थे। डोंगे के हिलने के कारण कुछ लोग भयभीत हुए और नर्मदा में कूद पड़े। सम-तोल वजन न होने से डोंगा उलट पड़ा और शेष आदमी भी नदी में गिर पड़े। किनारे पर खड़े हुए हजारों भीरु दर्शक चिल्लाने और चीखने के सिवाय और कुछ कर न सके। नाव खेने वाले मल्लाह भी उक्त घटना से भाग निकले। परन्तु इस संकट-समय में सेवा समिति के दो वीर—ठा० केशरी सिंह और श्री सूरज प्रसाद कपड़े उतारे बगैर ही नदी में कूद पड़े और बेखौफ होकर पानी को चीरते हुए, मध्य धारा में जा पहुँचे और उन्होंने अपने परिश्रम और साहस से

5 आदमियों को मृत्यु के मुख से बचाया। यह साहस और वीरता आदर करने की चीज है। यदि हमारे प्रान्त में वीरता और साहस का आदर करने की बुद्धि नष्ट नहीं हो चुकी है तो हमारा खयाल है कि किसी सार्वजनिक प्रसंग पर इन वीर सेवकों को किसी न किसी रूप से सम्मानित करना चाहिए। शुभ सेवा का सम्मान दूसरे लोगों में भी सेवा का भाव उत्पन्न करता है। और इसीलिए सेवा का सम्मान प्रत्येक प्रसंग पर हमें अवश्य करना चाहिए। हम आशा करते हैं कि जबलपुर के नागरिक इस ओर काफी ध्यान देंगे।

हिन्दी साहित्य सम्मेलन

आज से वृन्दावन में हिन्दी साहित्य सम्मेलन का सोलहवाँ अधिवेशन पं० अमृतलालजी चक्रवर्ती की अध्यक्षता में शुरू हो जायगा। गत सोलह वर्षों में प्रचार और साहित्य की दृष्टि से हिन्दी भाषा ने इतनी अधिक उन्नति की है कि उसके राष्ट्रभाषा-पद को अब देश के सभी प्रान्त स्वीकार करने लगे हैं। नागरी लिपि और हिन्दी भाषा भारतीय राष्ट्र के एकीकरण में अत्यधिक लाभकारी हैं। इसीलिए हम चाहते हैं कि वृन्दावन सम्मेलन दक्षिण के प्रान्तों में हिन्दी प्रचार की योजना को अधिक विस्तृत रूप देवे। वास्तव में देखा जाय तो सम्मेलनों से साहित्य की प्रत्यक्ष वृद्धि नहीं होती वरन् उनके द्वारा साहित्यिकों में परस्पर विचार-विनिमय और परिचय होता है जिससे साहित्य में एक तरह की एकसूत्रता आती है और सत्साहित्य का प्रचार बढ़ता है। साहित्य पर अपनी-अपनी विशेष छाप जमाने का काम तो प्रतिभाशाली लेखकों और कवियों का जन्मजात अधिकार है और इस अधिकार को समस्त युगों में सम्मेलनों के बिना भी वे अप्रतिहत रूप से करते रहे हैं। हिन्दी साहित्य सम्मेलन को सरकार से सम्बन्ध रखने वाले—नोटों-सिक्कों पर हिन्दी अक्षर लिखवाने, अदालतों में हिन्दी प्रचार कराने—आदि के प्रस्ताव पास करते-करते इतना समय हो चुका है कि कुछ लोग अधीर होकर पूछ उठते हैं कि क्या प्रार्थना विनय, अनुभव के सिवाय हिन्दी साहित्य सम्मेलन के पास करने के लिए कुछ है ही नहीं? हमारे खयाल से राष्ट्रभाषा के सार्वजनिक प्रचार के पश्चात् इन स्थायी प्रस्तावों की आवश्यकता ही नहीं रह जायगी।

संसार के मुसलमान

इस समय घटनाओं का क्रम कुछ इस ढंग से दिखायी देता है कि संसार के समस्त स्थानों के मुसलमानों में किसी न किसी कारण से अशान्ति-सी फैल रही है। ईजिप्ट में राजनैतिक संस्थाओं की रजिस्ट्री का नया नियम बनाया गया है जिससे वहाँ के राष्ट्रीय नेता जगलूल पाशा और उनका दल नाराज हो गये हैं।

मोसल के प्रश्न को लेकर टर्की अपनी तैयारियाँ कर रहा है। इधर अफ्रीका में मोरक्को के प्रश्न पर फ्रेंचों और रीफीयन सरदार के बीच में युद्ध चल ही रहा है। पर्शिया के शाह को भी इसी सप्ताह वहाँ की मजलिस ने पदच्युत कर दिया है और प्रजातन्त्र स्थापित करने का प्रयत्न हो रहा है। इधर सीरिया (श्याम) में फ्रेंच सेना ने भयंकर अत्याचार कर डाला है। वहाँ के ड्रूज लोग नये फ्रेंच गवर्नर सरेल के शासन से नाराज थे और इसीलिए किसी झगड़े में उन्होंने दमिश्क के कुछ फ्रेंच सिपाहियों पर हमला कर दिया। कहते हैं इसी से उत्तेजित हो फ्रेंचों ने कई हजार मुसलमान जनता को गोली का निशाना बना डाला। दमिश्क एक पुराना सुन्दर नगर है। इतिहास में इस नगर ने कई बार उन्नति और अवनति के दृश्य देखे हैं। कहा जाता है कि फ्रेंच तोपखाने की मार से, इस सुन्दर नगर के कई स्थान नष्टभ्रष्ट हो चुके हैं। सारे मुसलमान संसार में इस खबर से सनसनी मच गयी है। ताजे समाचार ये हैं कि 28 अक्टूबर को दमिश्क के लोगों ने हर तरह की शर्तें स्वीकार करने की बात कही परन्तु फ्रेंच कमाण्डर ने कहा कि 3 बजे तक गोलाबारी बन्द नहीं हो सकती। खबर है कि जब से श्याम में अशान्ति हुई है तब से लगभग 6 हजार फ्रेंच सिपाही 'बागियों' द्वारा मार डाले गये हैं। कहा जाता है कि फ्रेंच अधिकारी दमिश्क के नागरिकों से एक ऐसा दस्तावेज जबर्दस्ती लिखवाने का प्रयत्न कर रहे हैं कि फ्रेंचों का गोलाबारी करना आवश्यक और उचित था। फ्रेंच लोगों ने स्वयं ही 1200 आदमियों के मरने का अन्दाज लगाया है परन्तु ऐसे कई आदमी हैं जो गोलाबारी के कारण गिरे हुए मकानों के नीचे दबकर मर गये हैं। कहते हैं दमिश्क के पास के 3 गाँवों ने सरकारी सत्ता के मानने से इन्कार कर दिया है। हिन्दुस्तानी मुसलमानों का ध्यान भी इस अत्याचार की ओर गया है। उसमें कुछ लोगों ने वाइसराय से प्रार्थना की है कि वे ब्रिटिश गवर्नमेंट से कहकर राष्ट्र-संघ की मार्फत इस पुरातन नगर का नष्टीकरण बन्द करवावें। यदि राष्ट्र-संघ इस बात को मान ले और बीच-बचाव करे तब तो ठीक है। अन्यथा मुसलमान और गोरे राष्ट्रों के बीच युद्धाग्नि प्रज्वलित होने की संभावना है।

[7 नवम्बर, 1925]

स्वराज्य दल की अवस्था

स्वराज्य दल की कार्यकारी कौन्सिल से मिस्टर जयकर और केलकर महाशयों ने इस्तीफा दे दिया। असहयोग के जनाजे में पहली कील ठोकने की क्रिया कर चुकने के बाद, महात्मा गांधी के नेतृत्व और प्रभाव को घटा चुकने के बाद पंडित

मोतीलाल नेहरू इधर सिविल डिसओबिडियन्स सविनय अवज्ञा की बातें कह रहे हैं और स्वराज्य दल की पुख्तगी का विश्वास दिला रहे हैं और उधर उसी दल के श्री केलकर एवं जयकर रिस्पानसिव कोआपरेशन (प्रतियोगी सहकारिता) के लिए, पंडित नेहरू की बातों का जवाब देने के लिए, स्वराज्य दल की कार्य-कारिणी से त्यागपत्र दे रहे हैं। कौंसिलों के नाम पर देश के नवचैतन्य की बलि चढ़ाकर स्वराज्य दल के नेताओं ने कौन्सिल की पहली सीढ़ी पर पैर रखा अब उसी दल का एक विशेष अंग जो प्रभावशाली है, एक पैर और आगे बढ़ाना चाहता है। असहयोग का नाम ही मिटा देना चाहता है।

असहयोग की भावना स्थायी भावना नहीं थी। जैसा कि पंडित मोतीलाल नेहरू के बंबई क्रानिकल के प्रतिनिधि से बंबई में कहा था सम्पूर्ण असहयोग असम्भव जानकर ही नागपुर कांग्रेस ने उसमें 'प्रोग्रेसिव' (उत्तरोत्तर वृद्धि करने वाले) शब्द जोड़कर उसका कार्यक्रम बनाया था। स्थायी न होने पर भी असहयोग की एक शर्त थी। उसके पूरे हुए बिना असहयोग की समाप्ति का विचार करना अपने आपको धोखा देना है। यह शर्त भारतीय स्वराज्य की थी, वह शर्त नौकरशाही के हृदय में परिवर्तन करने के सम्बन्ध में थी, परन्तु बुद्धिमानों की एक प्रबल जमात ने, वादविवाद को अपनी रुकी हुई आदत को अधिक रोकने की अपनी शक्ति खोकर यही निर्णय किया कि कौन्सिलों में प्रवेश किया जाय। उस निर्णय की आगे की सीढ़ी, प्रतियोगी सहकारिता है।

कौन्सिलों में प्रवेश हो चुकने के पश्चात् भारतीय राजनीति का सम्बन्ध सिर्फ उन्हीं इने-गिने लोगों से रह गया जो कानून की बहस से ही समूचे देश के लिए स्वराज्य प्राप्त करना असंभव जानकर भी अपनी शक्तियों को उसी एक स्थान पर केन्द्रित करते रहे। परिणाम यह हुआ कि पिछले वर्षों में साधारण जनता से वे इतने दूर चले गये कि उन्हें न तो उस जनता का ध्यान रहा, न जनता को ही उनके सत्कृत्यों का स्वाद मिला। चतुर ब्रिटिश जाति ने हमारे स्वराज्य दल की यह कमजोरी देख ली है। वह समझ चुकी है कि स्वराज्य दल धीरे-धीरे अपने स्थान से फिसलता-फिसलता सरकारी महलों की सीढ़ियों तक आ पहुँचा है। लार्ड बर्कनहेड और लार्ड रीडिंग महोदय ने पिछले जमाने में ऐसी भाषा का उपयोग किया है जिसका जादू आज के स्वराजी लोगों पर चल रहा है। स्वयं नेहरूजी ही ने बम्बई में कहा था कि अगर असेम्बली की आगामी बैठक के पहले अथवा बैठक के समय सरकार की ओर से कोई निश्चित बात सामने न आवे तो मालूम हो जावेगा कि सरकार आगे बढ़ना नहीं चाहती और फिर उस हालत में हम स्वराज्य दल के लोग जानते हैं कि क्या करना होगा ? अभी तक स्वराज्य दल के नेताओं को आशा है कि सरकार कुछ करने वाली है। स्व० देशबन्धु दास को भी मृत्यु के समय यह आशा थी कि शीघ्र ही 'कुछ किया जाने वाला है।'

महात्मा गांधी ने गत अक्टूबर मास में यू० पी० से बम्बई जाते समय धूलिया के श्री शंकरराव देव महाशय से ताम्बे प्रकरण में कहा था कि कलकत्ते में सरकार द्वारा अप्रत्यक्ष रूप से मुझे अपने जाल में फाँसने का भी प्रयत्न किया जा रहा था। इस फाँसने के प्रयत्न से सरकार आज भी शिथिल नहीं है। अभी 9 नवम्बर को लंदन के गिल्ड हाल में एक भोजन प्रसंग में भाषण करते हुए ब्रिटिश प्रधान-मंत्री मि० बाल्डविन ने लार्ड रीडिंग की चतुराई और धैर्य की प्रशंसा करते हुए यह भी कहा था कि पिछले 12 महीनों में भारत की स्थिति में वास्तविक उन्नत-कारी सुधार हुआ है। आपने असेम्बली के नये प्रेसीडेंट मि० पटेल के भाषण पर भी संतोष प्रगट किया और कहा कि 'अगर मेरे शब्द उन लोगों के हृदय पर असर करें जिन पर मैं प्रभाव डालना चाहता हूँ, तो उनसे अनुरोध करता हूँ कि वे स्वयं सद्भाव प्रगट करें और बदले में हमसे भी सद्भाव के व्यवहार की माँग करें। परन्तु प्रधानमंत्री महोदय कहते हैं कि पहले मौजूदा दिये हुए अधिकारों का उपयोग करके हमें संतुष्ट करो और हम भी अपनी जिम्मेदारी निबाहेंगे और मानेंगे कि हिन्दुस्थानी लोग अधिक व्यापक जिम्मेदारी के योग्य हैं। स्पष्ट शब्दों में प्रधानमंत्री महोदय का कहना है कि हम से बतौर इनाम के आप अधिकार पा सकते हैं। आप अपने अधिकार समझकर उन्हें नहीं पा सकते। इतनी स्पष्ट बातें हो चुकने पर तो स्वराजी नेताओं को किसी घोषणा के इन्तजार की जरूरत ही नहीं रहती।

मुख्य प्रधान, भारत मंत्री, वाइसराय महोदय और प्रान्तों के गवर्नर भी आजकल इसी तरह की भाषा का उपयोग कर रहे हैं और स्वराज्य दल उन भाषणों के सहारे यह आशा कर रहा है कि निकट भविष्य में कुछ होने वाला है। गत 3 नवम्बर को लखनऊ में भाषण करते हुए यू० पी० के गवर्नर महोदय ने कहा, "यह नीति तो अब सरकार ने स्वीकार ही कर ली है कि अन्त में जाकर सरकार के काम ब्रिटेन के लोगों की मर्जी अथवा शासक की राय के मुताबिक नहीं हुआ करेंगे बल्कि उन लोगों की राय के मुताबिक हुआ करेंगे जिनसे उनका संबंध है।

प्रजातन्त्र के इस सिद्धान्त की भाषा का उपयोग इस ढंग से किया जा रहा है कि लोगों को मालूम होवे कि 'कुछ हो रहा है।' इस 'कुछ' के पीछे स्वराज्य दल एक साल से पड़ा हुआ है। इसी कुछ की दलीलें और बहस हो रही हैं। और इन्हीं दलीलों से स्वराज्य के आने की प्रतीक्षा की जा रही है।

स्वराज्य दल में फूट पड़ चुकी है। कांग्रेस में फूट के बीज बोने वालों में फूट का पड़ जाना कोई बड़ी बात नहीं है। धीरे-धीरे कांग्रेस अमृतसर की ओर खींची जा रही है। परन्तु उन भारतीय राजनीतिज्ञों की इस चाल से देश का भला न होगा। इस तरह यदि वे फिर देश के वास्तविक अंग से दूर हो जायँगे

तो उनका बल नष्ट हो जायेगा। सरकार प्रयत्न कर रही है कि जिन लोगों के बल पर असहयोग आन्दोलन ने विराट रूप धारण किया था, उनको अपने कब्जे में किया जाय। कृषि-सुधार की नीति में यही बात प्रमुखता से दिखायी देती है। यदि देश के राजनीतिज्ञों ने कोई देशव्यापी कार्यक्रम न बनाया, तो सरकार निस्संदेह आगामी 2, 4 वर्षों में अपने आसन को स्थिर कर लेगी और फिर सहयोग के लिए सरकार द्वारा दिये जाने वाले मौखिक सन्देश भी सुनायी नहीं देंगे। तब तो सरकार की मर्जी के अनुसार देश को चलना पड़ेगा और इस आपत्ति का एकमात्र कारण स्वराजी नेताओं का अदूरदर्शिता ही रहेगी।

सम्पादकीय टिप्पणियाँ

मध्यप्रदेश के कुली

राष्ट्र संघ की गत बैठक में, ब्रिटिश प्रतिनिधि ने कहा था कि अब ब्रिटिश साम्राज्य में गुलामी कहीं नहीं रह गयी। हम पिछली गुलामी का उल्लेख कर चुके हैं। और दक्षिण अफ्रीका तथा उपनिवेशों में कष्ट पाने वाले भारतवासियों के जीवन को भी हमने गुलामी ही कहा था। हम हिसाब से आसाम के गोरे किसानों के चाय के बगीचे के भारतीय मजदूरों को भी गुलाम कहते हैं। वे भी बहकाकर आसाम भेजे जाते हैं, और उनकी जिन्दगी भी उपनिवेश के गुलामों ही की तरह सस्ती है। आसाम में कुली बनाकर भिजवाने में, मध्यप्रदेश का विशेष स्थान है और प्रधानत: छत्तीसगढ़ कमिश्नरी का। छत्तीसगढ़ की बस्तर रियासत ने तो अपने यहाँ के कुली जाना रोक दिया किन्तु शेष रायपुर जिले से 2169 छत्तीसगढ़ी इस वर्ष कुली बनाकर आसाम भेजे गये। बिलासपुर जिले से इस वर्ष 2131 गये और दुर्ग जिले से साढ़े पाँच सौ के लगभग। इस तरह समूचे मध्यप्रदेश से गये हुए 5100 कुलियों में चार हजार से ऊपर तो छत्तीसगढ़ ही ने भिजवा दिये। किन्तु शेष जिले भी अछूते नहीं, उनमें जबलपुर जिले ने 430, चाँदा ने 265 और मंडला 133 कुली गत वर्ष दिये। भण्डारा सिवनी और बालाघाट जिले से प्रतिवर्ष 100 से कम कुली आसाम जाते हैं। और होशंगाबाद, नरसिंहपुर, बैतूल, छिंदवाड़ा, निमाड़, सागर और दमोह से 25 से भी कम। 'महाराष्ट्र' का अभिमानपूर्वक यह कथन सत्य है कि भण्डारा के सिवा किसी भी मराठी जिले से कुली नहीं जाते। यह सच है कि यदि मराठी जिलों के कुली सस्ते पड़ते तो वे भी अवश्य भेजे जाते तो भी क्या हिन्दी जिले के निवासियों में इतना आत्म-सम्मान नहीं है कि वे अपने जिले में कुलियों का भेजा जाना रोक दें। कहा जाता है कि लोग अपनी खुशी से चाय की खेती में कुली बनकर जाते हैं किन्तु सरकारी रिपोर्ट कहती है कि अच्छी उपज होने के कारण

गत वर्ष पिछले वर्ष की अपेक्षा इस प्रदेश से एक हजार से अधिक कुली कम गये। किन्तु यह गरीबी क्या चीज है ? यह नौकरशाही शासन का लगातार बढ़ता चला आने वाला वरदान है। हमें झाड़ों पर बैठे हुए दो उल्लुओं की वह कहानी याद आती है, जिसमें लिखा है कि यदि महमूद गजनवी जिन्दा रहे तो 50 क्या 500 ऊजड़ गाँव लड़की के दहेज में दिये जा सकते हैं। जो हो, हमें अपने देश-भाइयों का कुली बनकर जाना रोकना चाहिए।

ईरान का नया शासन

गत सप्ताह हम समाचार प्रकाशित कर चुके हैं कि ईरान के राष्ट्रीय दल ने वहाँ के शाह अहमद मिर्जा को गद्दी से उतार दिया। पिछले कुछ वर्षों में बड़ी-बड़ी एकतन्त्री सल्तनतों के भाग्य का फैसला इसी ढंग से हुआ है। चीन और एशिया के उदाहरण अभी पुराने नहीं हुए हैं। इस्लाम धर्म का अभेद्य समझा जाने वाला गढ़—खिलाफत पर भी राष्ट्रीय तुर्की ने हाथ साफ़ किया और ईरान के शाह की बारी आयी। सन् 1794 से आज तक लगभग 125 वर्षों तक ईरान का तख्त काजर खानदान के मुसलमान शाहों के अधीन रहा। इस अवसर में इंग्लैंड और एशिया अपने-अपने पैर ईरान में जमाने की कोशिश करते रहे। एकतन्त्री शासन की खराबी से ईरान भी नहीं बचा। उसके शासकों में शिथिलता और प्रजा-हित-विरोध के भाव आ गये। स्वाभाविक क्रम से वहाँ भी राष्ट्रीय दल पैदा हुआ और उसने सन् 1906 में शाह मुजफ्फर उद्दीन को 'मजलिस' स्थापित करने के लिए मजबूर किया। सन् 1909 में नये शाह ने इस मजलिस को नाराज किया जिसकी वजह से उन्हें गद्दी छोड़नी पड़ी। इसके पश्चात् वर्तमान शाह गद्दी पर बैठे पर उनके कारण भी ईरान को हानि होते देख वहाँ की मजलिस ने उन्हें गद्दी से उतार दिया। इस समय शाह अहमद मिर्जा पेरिस में हैं और वहाँ से दुनिया के अखबारों में समाचार भिजवा रहे हैं कि मैंने अपनी गद्दी नहीं छोड़ी है। इधर दस वर्ष पूर्व के एक साधारण किन्तु देशभक्त सिपाही रिजाखां पहलवी की अधीनता में ईरान में नया शासन शुरू हो गया है और इंग्लैंड तथा अमरीका के वकीलों ने इस नयी गवर्नमेंट को स्वीकार भी कर लिया है। थोड़े ही दिनों में 'मजलिस' स्थायी शासन-तन्त्र निर्माण करेगी जो प्रजातन्त्र के सिद्धान्तानुसार रहेगा।

हिन्दुस्थानी सेवा-दल

हिन्दुस्थानी सेवा-दल उस अखिल भारतीय स्वयंसेवक-मंडल का नाम है जिसकी स्थापना कोकानाडा कांग्रेस के समय कांग्रेस की छत्रछाया में हुई। उसके उपयोगी प्रधानमंत्री डा० हार्डीकर देश के तरुणों के इस संगठन को सफल बनाने

का पूर्ण उद्योग कर रहे हैं। दल की पटना की बैठक ने यह तय किया है कि डा० हार्डीकर कानपुर के स्वयंसेवकों की सहायता करें और उन्हें आगामी राष्ट्रीय सभा के समय के लिए उपयुक्त सैनिक-तालीम दें। डा० हार्डीकर शीघ्र ही, कानपुर के लिए प्रस्थान करेंगे, और हमें आशा है कि कानपुर के उत्साही तरुण इस अवसर से खूब लाभ उठावेंगे।

उक्त दल की ओर से कानपुर कांग्रेस के लिए देश के कुछ स्वयंसेवकों को कर्नाटक की सोतीमनी नामक स्थान में, तालीम दी जा रही है। हमारे प्रदेश के उत्साही कार्यकर्ता रायपुर के श्रीयुत महन्त लक्ष्मीनारायण दास जी ने, अपनी राष्ट्रीय शाला के प्रधान अध्यापक श्रीयुत नंदकुमार दानी को, उक्त राष्ट्रीय स्वयं-सैनिक क्षेत्र में तालीम पाने के लिए भिजवाया है। डा० हार्डीकर ने हमारे प्रदेश के इस युवा की सेवाओं की अच्छे शब्दों में चर्चा की है, जिसका अभिमान अनुभव करते हुए हम डा० साहब के अपने सैनिकों के प्रति प्रेम भाव और कर्तव्य जागृति की प्रशंसा करते हैं। श्रीयुत दानी के लौटने पर, हम उम्मीद करते हैं कि उनकी सेवाएँ, इस प्रदेश के स्वयंसेवकों को तालीम देने के उपयोग में ली जायेंगी। हम यह भी चाहते हैं कि श्री दानी जैसा कि डा० हार्डीकर अपने पत्र में लिखते हैं, अवश्य कानपुर जावें और हमारी रायपुर की राष्ट्रीय संस्था उनके इतने दिनों की अनुपस्थिति स्वीकृत करे।

गवर्नर साहब को मानपत्र

आगामी 23 नवम्बर को मध्यप्रान्त के गवर्नर साहब खण्डवा पधारने वाले हैं। स्थानीय म्युनिसिपैलिटी ने उनको सम्मानपत्र देने का प्रस्ताव पास किया है और तदनुसार तैयारियाँ भी जारी कर दी गयी हैं। हमें पता चला है कि म्युनिसिपैलिटी के कुछ मेम्बर मानपत्र नहीं देना चाहते थे परन्तु बहुमत को अपने अनुकूल न देखकर ही उन्होंने विरोध नहीं उठाया। यदि यह बात ठीक है तो हमें खेद के साथ कहना पड़ता है कि उन्होंने अपना कर्त्तव्य नहीं किया। कुछ वर्ष पहले जब पुराने गवर्नर साहब खण्डवा पधारे थे उस समय खण्डवा के सर-कार भक्तों ने उन्हें मानपत्र दिया था परन्तु गवर्नर साहब को सूनी सड़कों, बन्द दूकानों और कई हजारों की विरोध-प्रस्तावक सभा का दृश्य देखना पड़ा था। सरकार की ओर से प्रजा के लिए कोई विशेष बात नहीं की गयी है, परन्तु हमें खेद है कि नयी म्युनिसिपैलिटी ने इस बात का विचार नहीं किया। गवर्नर साहब का व्यक्तिगत सम्मान—अगर उनमें मनुष्योचित आदरणीय गुण हैं तो—करने के हम विरुद्ध नहीं हैं परन्तु जब वे सरकार के प्रतिनिधि बनकर आते हैं तब उनका जो सम्मान किया जाता है वह वास्तव में सरकार का, उस प्रणाली का—जिसका खण्डवा के नागरिकों ने कुछ ही साल पहले घोरतम विरोध किया था—सम्मान

है। क्या आज खण्डवा के नागरिकों को गुलामी की शरम नहीं रह गयी है ? क्या स्वराज्य उन्हें मिल गया है ? क्या आज ब्रिटिश शासन ने उनके राष्ट्र की बातें मानकर सम्मानपूर्ण सुलह कर ली हैं ? अगर नहीं की हैं तो किस मुँह से आप सरकार की शासन प्रणाली का सम्मान कर रहे हैं ? हमारा खयाल है कि खण्डवा के स्वाभिमानी नागरिकों की सलाह से यह काम नहीं हुआ है। जिन लोगों को उन्होंने अपने प्रतिनिधि बनाकर म्युनिसिपैलिटी में भेजा है, उनमें से कुछ सरकार मतावलम्बी स्वार्थसाधन कुशल लोगों ने अपने मतदाताओं के विचारों की परवाह न करके मानपत्र देने का निश्चय कर डाला है, क्योंकि सिद्धान्त की अपेक्षा साहब की मुलाकात के सौभाग्य, और व्यक्तिगत उत्कर्ष से ही कुछ लोग अधिक प्रभावित हुए मालूम होते हैं। क्या खण्डवा के सार्वजनिक जीवन के मुख्याधार, म्युनिसिपल टैक्स पेयर और मतदाता, जो कि म्युनिसिपैलिटी के वास्तविक मालिक हैं, अपने इन मुख्तियारों के कार्य की सार्वजनिक रूप से निन्दा नहीं करेंगे ? खण्डवा से आगे गवर्नर साहब सागर, दमोह, जबलपुर और होशंगाबाद जायेंगे। यदि खण्डवा के लोगों ने अपने स्वाधीन भावों का परिचय नहीं दिया तो इस दौरे के कार्यक्रम में सबसे प्रथम बदनामी उन्हीं के नगर की होगी।

मि० एण्ड्रयूज और गुप्तचर

भारत सरकार तथा उसकी मातहत सरकार के अधीन गुप्तचरों की खासी जमात रहती है जो गुण्डों और बदमाशों, सामाजिक शान्ति नष्ट करने वालों और चोरों-डाकुओं का तो कुछ भी नहीं बिगाड़ सकती परन्तु अपनी कमीनी हरकतों से भले आदमियों को तंग जरूर कर सकती है। इस देश के जितने त्यागी देशभक्त हुए हैं और हैं उन सबकी अरदली में प्रायः यह जमात रहती आयी है। भारत हितैषी पादरी एण्ड्रयूज भी इनसे नहीं बचे। हाल ही में एण्ड्रयूज साहब ओड़िसा के दुर्भिक्ष पीड़ितों की दशा की जाँच करने बिहार प्रान्त में गये थे। वहाँ की सरकार को शायद भय हुआ कि अब शासन-यत्र की पोल खुल जायेगी। पुरी जिले में मि० एण्ड्रयूज के पीछे दो गुप्तचर लगा दिये गये। जमशेदपुर में एक पत्र प्रतिनिधि से मि० एण्ड्रयूज ने कहा कि बिहार सरकार ने अपने एक कम्युनिक में गैर सरकारी सहायता का स्वागत करने की बात कही है—क्या यह स्वागत सी० आई० डी० के आफिसरों के पहरे से हो होगा ? सरकार हिन्दुस्थानियो से ही नहीं वरन् हिन्दुस्थानियों की हित कामना करने वाले यूरोपियनों से भी, मालूम होता है, डाह करती है। तिस पर ब्रिटिश प्रधानमंत्री 'सन्देह का वायु-मण्डल मिटाने' की बात कहते हैं। कौन स्वाभिमानी पुरुष बिहार सरकार के इस ओछे व्यवहार से नाराज न होगा ?

नरसिंहपुर की जाँच

नरसिंहपुर के शासक मि० बोर्न के कारनामों की जाँच करने की जो प्रतिज्ञा (प्रान्त के) वर्तमान गवर्नर महोदय ने अपनी कौंसिल स्पीच में की थी, वह उन्होंने पूरी तो की पर उसमें भी खामियाँ रह गयीं। नर्मदा डिवीजन के कमिश्नर मि० विल्स के सिपुर्द जाँच की गई थी। आप चुपचाप नरसिंहपुर गये और सरकारी अधिकारियों के मार्फत कुछ लोगों को बुलवाकर आपने कुछ शहादत ली। उनकी इस कार्यवाही का सरकारी अर्थ चाहे जो हो, परन्तु नरसिंहपुर की जनता को इस आँखमिचौली के खेल से संतोष नहीं हो सकता। नरसिंहपुर के वकील श्री दौलतसिंह चौधरी एम० एल० सी० के कमिश्नर साहब का ध्यान इस ओर आकर्षित किया था और अपने 6 नवम्बर के पत्र में उनसे प्रार्थना की थी कि एक महीने की मुहलत से कोई तारीख निश्चित की जाय और उसका ऐलान किया जाय और तब जाँच की जाय ताकि वास्तविक बातें सम्मुख आवें। दूसरे ही दिन कमिश्नर साहब ने इस पत्र का जवाब दिया कि हम प्रान्तीय सरकार की हिदायतों के अनुसार जाँच खतम कर चुके हैं। क्या जाँच करके जो शुभ कार्य किया जा रहा है, उसको कहीं नौकरशाही की नजर न लग जाए, इसीलिए सरकार ने इस तरह की जाँच करवाई है ?

टर्की और स्त्रियों की स्वाधीनता

समस्त संसार में यदि पर्दे की प्रथा विशेष रूप से प्रचलित है तो वह मुसलमानी धर्म के अनुयायियों मे है। उदीयमान मुसलमानी स्वाधीन राष्ट्र टर्की ने अन्य सामाजिक बन्धनों की तरह इस बेड़ी को भी काटकर फेंक देने का विचार किया है। जिस खलीफ़ा के खिलाफ एक शब्द भी कहने की हिम्मत हिन्दुस्थानी मुसलमानों को नहीं होती थी, उसे राष्ट्र-हित-विघातक समझकर टर्की के विजयी सैनिक कमाल पाशा ने एक दिन में राज्य पद से उतार दिया फेज टोपी जो हिन्दुस्थान में तुर्की टोपी कहाती है और जो इस समय मुसलमानों में प्रायः काम में लाई जाती है, उसे भी कमाल पाशा ने एक दिन में उड़ा दिया। कट्टर मुसलमान उनके खिलाफ चिल्लाते ही रह गये। अब जो समाचार आये हैं उनसे प्रतीत होता है कि कमाल पाशा अब मुसलमानी धार्मिक कानूनों को बन्द करके नये कानून जारी करना चाहते हैं जिनमें एक से अधिक विवाहित स्त्रियों के रखने की मनाही की जायेगी और स्त्रियों को बराबरी के अधिकार दिये जायँगे। वर्तमान धार्मिक कानूनों को कमाल पाशा ने 'धूर्तता भरे कानून और सभ्य राष्ट्रों के लिए अयोग्य' बताया है। कुछ दिन पहले बंबई की कौंसिल में सिंध के हिन्दुओं के लिए एक-पत्नीत्व का कानून बनने वाला था। सिन्ध प्रान्त के कुछ मुसलमानों ने इसे 'इस्लामी धर्म' को हानि पहुँचाने वाला समझा था। इस्लाम के जिस प्रकाश-

स्थान से उन्हें मार्गदर्शन होता रहा है, वहीं अब इस तरह का कानून बनने जा रहा है, तब हिन्दुस्थान के कुछ कट्टरों को भी अफसोस हुए बिना न रहेगा।

सर सुरेन्द्र का दान

स्वर्गीय सर सुरेन्द्रनाथ बैनर्जी के मृत्यु-पत्र की बातें अभी प्रकाशित हुई हैं जिनसे मालूम होता है कि आपने अपनी लगभग 5000 रुपये मासिक की आमदनी में से सिर्फ 500 रुपये माहवार अपने परिवार के लिए और शेष 4500 रुपये मासिक बंगाल प्रान्त में सफाई-सुधार के लिए दान दिया है। यह रकम बंगाल के सार्वजनिक आरोग्य विभाग के अधीन रहेगी। सर सुरेन्द्रनाथ का यह दान प्रशंसनीय एवं अनुकरणीय है। जिस महापुरुष के सिंहनाद से भारतभूमि एक बार निनादित हुआ करती थी, उसकी उच्चता, उदारशयता तथा देशाभिमान के अनुरूप ही यह दान हुआ है।

[14 नवम्बर, 1925]

कार्यक्रम में परिवर्तन की आवश्यकता

इस समय स्वराज्य दल के भिन्न-भिन्न नेता इधर-उधर घूमकर अपने विचार प्रगट कर रहे हैं। अग्रगामी लोग कर-बन्दी की बात छेड़ते हैं तो दूसरे कुछ प्रतिसहयोग की आवाज उठाते हैं। श्री केलकर कहते हैं कि हमें कौंसिल से बाहर और भीतर दोनों दिशाओं में कार्य करना चाहिए। जो कुछ मिला है उसका पूर्ण उपयोग कौंसिल में करना चाहिए और अधिक अधिकारों की प्राप्ति के फलदायी प्रयत्न कांग्रेस में करना चाहिए। वे पूछते हैं कि कौन्सिलों में जाकर बजटों को मंजूर करना और मंजूरशुदा बजटों की तामील करने का अवसर सरकार को देना, कहाँ की बुद्धिमानी है?

आज इस विवाद के कारण देश में कुछ चहल-पहल नजर आती है। यदि अधिक नहीं तो कम से कम राजनीतिक शैथिल्य को मिटाने का श्रेय तो इस विवाद को अवश्य प्राप्त होगा। सूक्ष्म दृष्टि से देखा जाय तो यह विवाद नया नहीं दिखाई देता। पुरानी ही मनोरचना की यह नयी आवृत्ति है। यदि मानवी मन के त्याग और साहस की निश्चित नाप से विभाग किये जायँ तो प्रत्येक समाज में उस नाप पर कम—या अधिक प्रमाण में ठीक उतरने वाले लोग प्रायः पाये ही जाते हैं। लोकमान्य तिलक और स्वर्गीय गोखले महोदय के बीच का वास्तविक फरक यही था। लोकमान्य अपने उद्देश्यों और उनकी प्राप्ति के साधनों का पालन लड़ाके वीर की तरह कट्टरता से करते थे और उसके कारण आने

वाली आपत्तियों को सहने का साहस उन्हें प्राप्त था। स्वर्गीय गोखले महोदय के हृदय की देशभक्ति की चिनगारी उतनी ही प्रज्वलित थी परन्तु उनका मन नरम मार्गों का अनुयायी था। तत्कालीन नरम और गरमों का यही भेद था। वही भेद 3 साल पहले जब स्वराज्य का उदय हुआ, फिर देखा गया। महात्मा जी के कार्यक्रम में त्याग-त्याग और त्याग ही था। उसमें कष्ट की परम्परा थी, वह सभी लोगों से सधने जैसा नहीं था, इसलिए धीरे-धीरे स्वराज्य दल की सृष्टि हुई। पर स्वराज्य दल के भी आरंभ में उसी कट्टरता और कष्ट-सहिष्णुता की आवश्यकता थी। धीरे-धीरे उस कट्टरता की ओर भी भले लोगों ने ध्यान दिया और कौंसिल का कार्य कतई बंद कर देने के युक्तिवाद से आरंभ कर, स्वराज्य दल के लोग बजट मंजूर करने लगे, कमेटियो पर बैठने लगे, और सभापति होने लगे।

स्वराज्य दल ने किले के अन्दर घुसकर सरकार का कार्य बन्द करने की बात जब कही थी तब कई लोगों ने यह अनुमान किया कि इस क्रम से धीरे-धीरे भिन्नता और टुकड़े-टुकड़े होने का कार्य जोर पकड़ेगा। आज प्रत्यक्ष वही बात दिखाई दे रही है। मि० केलकर इस समय सरकारी मंत्रिपदों के स्वीकार किये जाने के पक्ष में नहीं हैं, परन्तु वे कहते हैं कि आगामी कौंसिल चुनाव के समय सरकारी पदों को स्वीकार करने की नीति स्वराज्य दल की नीति में समाविष्ट करनी चाहिए। फिर कांग्रेस के स्वराज्य दल और अन्य दलों में क्या फर्क रह जायगा? आज 'स्वतंत्र' दल के नाम से पहचाने जाने वाले दल के सदस्य और नरम दल के लोग इसमें कम कौनसी बात कहते हैं? वे गत दो वर्षों से यही कहते आ रहे हैं कि जितने अधिकार प्राप्त हुए हैं उनका पूरा उपयोग करो; और अधिक के लिए आंदोलन करो।

गत सप्ताह पंडित मोतीलाल जी नेहरू ने बरार के जिलों में यात्रा की और स्वराज्य दल के वर्तमान कार्यक्रम की ओर लोगों का विशेष प्रकार से ध्यान आकर्षित किया। आपके भाषणों को सुनने के लिए अच्छी संख्या में लोग आते थे, जिससे प्रगट होता है कि सर्वसाधारण जनता में यदि कौंसिल प्रवेशी स्वराज्य दल के प्रति सद्भाव हैं तो वे उसके विरोधक नीति-अड़ंगा नीति के कारण ही हैं।

स्व० देशबन्धु दास, पंडित मोतीलाल नेहरू तथा अन्य स्वराजी सदस्य 'कर बन्दी' के आन्दोलन की बात समय-समय पर करते रहे हैं। अमरावती के भाषण में पंडित जी ने कहा यदि सरकार भलमनसाहत बतलावे तो मैं स्वयं मंत्री बनने के लिए तैयार हूँ, परन्तु यदि सरकार दिसम्बर मास तक अपने अनुदार निश्चय से न टले, यदि वह अपनी गोलमाल भाषा को स्पष्ट न करे, तो क्या स्वराज्य-वादियों का यह कर्तव्य नहीं हो जाता कि वे आगामी कानपुर कांग्रेस में कौंसिल

बाद को गौण रूप देकर जनता के करने लायक सर्वसाधारण कार्यक्रम की ओर पैर बढ़ावें और कर बन्दी के निश्चय को सफल करने के मार्ग के पथिक बनें ?

झाँसी की रानी लक्ष्मीबाई का स्मारक

रविवार, पहली नवम्बर को झाँसी के सार्वजनिक पुस्तकालय में, झाँसी के कुछ नागरिक जमा हुए। उन्होंने एक कमेटी बनाई इस कमेटी का काम होगा झाँसी की प्रसिद्ध रानी लक्ष्मीबाई का स्मारक स्थापित करना। रानी लक्ष्मीबाई का यश केवल बुन्देलखण्ड ही में छाया हुआ नहीं है, देश-भर में उनकी वैसी ही ख्याति है। सभी समुदायों के लोग उनकी दृढ़ता और वीरता के कायल हैं। भारतवर्ष के गिरते हुए दिनों में, रानी लक्ष्मीबाई भारतीय स्त्रीत्व का अन्तिम अत्यन्त उज्ज्वल आभा के समान थी। इस देश ही में क्या, स्वाधीनता और साहस का जहाँ कहीं भी आदर हो, वहाँ झाँसी की रानी के गुण-गान के सामने गुणी और पारखी जनों के मस्तक आदर से झुक-झुक पड़ेंगे। झाँसी के लोगों ने आज इतने दिनों बाद इस वीर देवी के स्मारक की स्थापना के लिए जो पवित्र संकल्प किया, उसके लिए, वे देश के प्रत्येक उठते हुए हृदय की ओर से बधाई के पात्र हैं। झाँसी म्युनिसिपल बोर्ड के त्यागी चेयरमैन पं० आत्माराम खरे और राष्ट्रीय दल के अन्य मेम्बरों का उद्योग सराहनीय है। वे इस स्मारक को बना हुआ शीघ्र ही देखना चाहते हैं। उनके उद्योग से, झाँसी के म्युनिसिपल बोर्ड ने इस शुभ काम के लिए 5000 रुपये देने का निश्चय किया है। यह रकम बहुत छोटी है। काम कितना बड़ा होगा, इसका अभी तक ठीक-ठीक अन्दाजा नहीं किया गया है। अनुमान किया जाता है कि एक अच्छे बाग में, रानी की वीर वेश में घोड़े पर सवार एक अच्छी मूर्ति स्थापित होगी। बाग रमणीक हो। उसमें सार्वजनिक पुस्तकालय हो, बच्चों के खेलने-कूदने के लिए स्थान हो और नागरिकों के टहलने फिरने के लिए घास के लम्बे-चौड़े फर्श हों। हर साल वहाँ मेला लगे। देश के कोने-कोने से लोग इस पवित्र स्थान पर इकट्ठा हों। संक्षेप में, कुछ ऐसी चीज बने कि बुन्देलखण्ड वाले उससे नित्य लाभ उठावें, और देश-भर के लोग उसे राष्ट्रीय तीर्थ समझकर उससे जीवन और साहस का सन्देश प्राप्त करें। काम छोटा नहीं है। किन्तु, बहुत बड़ा भी नहीं है। यदि अकेले बुन्देलखण्ड-निवासी चाहें, तो उसे अच्छी तरह कर सकते हैं। झाँसी की रानी उनके हृदय की रानी है। बुन्देलखण्ड का बच्चा-बच्चा महारानी के यश के गीत मुग्ध होकर गाता है। इस-लिए बुन्देलखण्ड ही से सब कुछ हो जाना भी कठिन नहीं है। किन्तु, रानी का जो स्थान भारतीय इतिहास और हमारे राष्ट्रीय उत्थान के काम में है, उसे देखते

हुए, इस शुभ काम में, पूरे प्रान्त का नहीं, पूरे देश का, योग देना आवश्यक और देश के लिए अत्यन्त हितकर है। जो कमेटी बनी है, उसका काम अभी केवल इतना ही है कि वह स्मारक का रूप तय करे, और उसके लिए, झाँसी में कोई उपयुक्त स्थान ढूँढ़े। साथ ही वह अपने सदस्यों की संख्या भी बढ़ावे। प्रान्त के प्रत्येक प्रमुख कार्यकर्ता से प्रार्थना की जा रही है कि वह इस कमेटी में शामिल होकर इस पुण्य कार्य में योगदान दे। कानपुर कांग्रेस के अवसर पर, देश के बड़े-बड़े नेताओं से भी कमेटी में शामिल होने की प्रार्थना की जायगी। कमेटी को बड़ी और सार्वदेशिक बना लेने के पश्चात्, स्मारक, स्थान और खर्च की बातें तय की जायँगी। जो सज्जन इस शुभ कार्य में सहायता देना चाहें, वे स्मारक कमेटी के संयोजक—पण्डित रघुनाथ राव धुलेकर, वकील, झाँसी से पत्र व्यवहार करें। अभी तक इस कमेटी में, कानपुर के कुछ कार्यकर्ता ही हैं, किन्तु आशा है कि शीघ्र ही प्रान्त-भर के कार्यकर्ता इस कमेटी में शामिल हो जायँगे, और कांग्रेस के अधिवेशन के पश्चात्, कमेटी में देश-भर के खास-खास आदमियों के नाम दिखाई देंगे।

—गणेशशंकर विद्यार्थी[1]

सम्पादकीय टिप्पणियाँ

काकोरी-डकैती के इश्तहारी मुलजिम

काकोरी-डकैती के मामले में जो मुलजिम गायब बताये जाते हैं उनमें श्री शिवचरणलाल नाम के एक सज्जन भी हैं। आपने हाल ही में 'वर्तमान' में एक खुली चिट्ठी प्रकाशित कर कहा है कि यद्यपि मैं अपराधी नहीं हूँ तथापि मेरे साथ यू० पी० की पुलिस पिछले दिनों ऐसा व्यवहार करती रही है कि मुझे इन्साफ के मिलने की आशा नहीं। आपने उदाहरणस्वरूप दो-एक घटनाएँ बतलाई हैं। मैनपुरी षड्यन्त्र में आपकी गिरफ्तारी हुई थी। आपका एक पत्र बरेली कालेज के किसी छात्र के पास पाया गया था। जाँच कुनिन्दा जज के पूछने पर आपने बतलाया कि उक्त लड़के के साथ मेरे मामा की लड़की की शादी तय हुई थी, इसलिए मेरा उससे पत्र-व्यवहार था। जज साहब ने इस बात को झूठ बतलाया और कहा कि जब लड़की के माँ-बाप जिन्दा हैं तब तुम्हें शादी पक्की करने का क्या हक था?" परन्तु वास्तविक हाल यह था कि श्री शिवचरणलाल के मामा और मामी 1918 के इन्फ्लुएंजा में ही मर चुके थे जिन्हें जज साहब ने 1919 में जिन्दा बताया था। निश्चय ही जज साहब का ज्ञान पुलिस

---

1. यह महत्वपूर्ण टिप्पणी 'कर्मवीर' और विद्यार्थी जी के प्रगाढ़ सम्बन्धों को रेखांकित करती है।

के ज्ञान पर ही अवलम्बित होगा। पुलिस की सुर्खरूही का एक उदाहरण आपने एक और दिया—"जब मैं जेल में था तब सी० आई० डी० इन्सपेक्टर मेरे पास आये। उन्हें किसी ने खबर दी थी कि मेरे मुकदमे के किसी लापता अभियुक्त की मैंने या मेरी जानकारी में मेरे किसी मित्र ने इसलिए मार डाला था कि वे बुजदिल थे। मेरी गिरफ्तारी के डेढ़ साल बाद जेल में बरेली जिले के एक वालन्टियर से मेरी भेंट हुई। ये महाशय उक्त आदमी के सहपाठी रह चुके थे। इनसे मुझे मालूम हुआ कि जिस व्यक्ति को पुलिस मार डाला गया समझती है वह रीवा जिले में तार का काम कर रहे हैं। जब यह हाल सी० आई० डी० के इन्सपेक्टर से कहा गया तब वे खीसें काढ़कर चलते बने।" पुलिस की तत्परता के कारण ही श्री शिवचरणलाल को भय है कि उनके साथ इन्साफ नहीं किया जायेगा। यू० पी० की पुलिस का यह वर्णन ही स्वयं उसकी आलोचना है। प्रातिनिधिक सत्ता पर व्याख्यान देने वाले यू० पी० के गवर्नर साहब का ध्यान क्या इस ओर नहीं जावेगा? यू० पी० कौंसिल के सदस्यों को भी इस विषय में कौन्सिल में चर्चा कर सरकार के सुप्रबन्ध का भण्डाफोड़ करना चाहिए।

दमिश्क और ड्रयूज

महायुद्ध में जहाँ अन्य यूरोपीय राष्ट्रों ने 'मेंडेट'—शासनाधिकार के नाम पर अन्य छोटे-छोटे मुसलमानी राष्ट्रों पर कब्जा किया वहाँ फ्रान्स के पल्ले अन्य टुकड़ों के साथ सीरिया-श्याम भी आया। फ्रेंचों का वहाँ का अपमानजनक शासन स्वाधीन अरबियों से सहन न हुआ। उनके स्वाधीनता के प्रयत्न को बलवे का नाम देकर फ्रेंचों ने दमिश्क का कत्लेआम किया। परन्तु फिर भी श्यामी बगावत ठण्डी न पड़ी तब फ्रांस ने श्याम के गवर्नर का तबादला करके नया गवर्नर वहाँ भेज दिया। परन्तु फिर भी कोई नतीजा नहीं निकला। धीरे-धीरे ड्रयूज लोगों का बल बढ़ता गया और अब तो ऐसी परिस्थिति पैदा हो गयी है कि फ्रांस चाहता है कि किसी भी तरह यह झगड़ा शान्त कर दिया जाय। श्याम के 'बगावती' सरदारों में से एक इस समय जर्मनी में है। उन्होंने कहा कि यदि फ्रांस अपना शासनाधिकार छोड़ दे, सीरिया के दो विभाग बनाकर दोनों को राष्ट्रसंघ का सदस्य बना दे, अपनी फौज सीरिया में न रखे और सिर्फ लेबनान के समुद्र में अपना जहाजी बेड़ा रखना स्वीकार करे तो सुलह हो सकती है। इसके बदले में सीरिया अपने यहाँ के व्यापार व्यवसाय के साधन फ्रांस को देने के लिए राजी है। बहुत सम्भव है कि घरू आपत्तियों के कारण तंग आया हुआ फ्रांस ये शर्तें कम अधिक परिवर्तन के साथ स्वीकार कर ले और श्याम के इस झंझट से अपना पल्ला छुड़ावे। यूरोप और उसके पास के छोटे-छोटे राष्ट्रों में भी स्वाधीनता के भाव कितने ओत-प्रोत हैं और वहाँ के निवासी स्वाधीनता का मूल्य चुकाने के

लिए कितने तैयार हैं। क्या भारत को इससे कोई नसीहत नहीं लेनी चाहिए ?

हिन्दुस्थानियों की योग्यता

लेजिस्लेटिव असेम्बली के पुराने सरकार नियुक्त सभापति सर फ्रेडरिक ह्वाइट ने हाल ही में इंग्लैण्ड के किसी समाचारपत्र में भारतीय शासन-संगठन के विषय में अपने अनुभव प्रकट किये हैं। सर फ्रेडरिक ह्वाइट को असेम्बली के कार्य का 5 वर्ष का अनुभव है। इस अवसर में वे भारतीय बुद्धिमत्ता के प्रतिनिधियों के ससर्ग में अन्य अंग्रेजी अधिकारियों की अपेक्षा अधिक परिमाण में आते रहे हैं और इसी वजह से उन्हें हिन्दुस्थानियों की शासन-योग्यता के विषय में प्रत्यक्ष ज्ञान भी अधिक है। 'टाइम्स' में महात्माजी के आन्दोलन के विषय में आपका यह कथन उद्धृत किया है कि—"संसार में एक भी ऐसा देश नहीं है जहाँ के नमक हलाल लोगों ने विदेशियों के दबाव के खिलाफ आवाज न उठाई हो।" आपने यह भी कहा है, "भारतीय राजनीतिज्ञ ब्रिटिश शासन के प्रति अनुदार नहीं रहे हैं। और जिस सहयोग की माँग लार्ड बर्कनहेड करते हैं वह बहुत अंश तक हिन्दुस्थानियों द्वारा दिया गया है।" भारतीयों की शासन-योग्यता के विषय में आप कहते हैं—"पिछले 150 वर्षों तक बड़ी-बड़ी मुल्की और फौजी नौकरियाँ हम लोग अंग्रेजों को ही देते रहे। इससे ही प्रकट है कि राजनैतिक जिम्मेदारी का मतलब समझने की इच्छा करने वाले भारतीयों के मार्ग में हम लोग बाधक हुए।" आपने अन्त में अपनी राय दी है कि जिम्मेदार शासन का वर्तमान हिस्सा बिलकुल कम है, वह पूरी जाँच के लिए भी पर्याप्त नहीं है और इसलिए बहुत शीघ्र आगे पैर बढ़ाया जाना चाहिए।

सर फ्रेडरिक ह्वाइट की यह सम्मति भारतीय राजनीतिज्ञों के कथनों से मिलती-जुलती है। इससे स्पष्ट होता है कि विचारशील तथा पूर्ण अनुभव प्राप्त अंग्रेज भी मानते हैं कि भारतीय राजनीतिज्ञ काफी सहयोग कर चुके हैं, उनमें काफी योग्यता है और वर्तमान सुधार, उनकी शासन सम्बन्धी योग्यता की जाँच के लिए भी पर्याप्त नहीं है। परन्तु वर्तमान अनुदार ब्रिटिश शासन इस बात को नहीं मानता। ऐसी अवस्था में सहयोग-प्रति सहयोग और कौन्सिल विवाद से देश का क्या लाभ होगा ?

प्रातिनिधिक शासन

देशी रियासतों में इस समय प्रायः सभी दूर एकतन्त्री शासन हैं। इस शासन की बुराइयों की इतनी निन्दा हो चुकी है कि कोई भी विचारशील आदमी इस तरह के शासन की प्रशंसा नहीं कर सकता। मांटेगु-चेम्सफोर्ड स्कीम में देशी राजाओं से कहा गया है कि प्रजा-प्रतिनिधित्व की शीघ्र ही आने वाली बाढ़ के

सम्मुख उनके एकतन्त्री शासन की टूटी-फूटी कमजोर झोंपड़ी टिक नहीं सकेगी। विलायत के कई राजनीतिज्ञ ब्रिटिश भारत के शासन-सुधार के साथ देशी रियासतों का भी सदा उल्लेख करते रहते हैं। अभी लार्ड सिन्हा ने स्वराज्य दल की न्यूनतम माँग में यही दोष बतलाया था कि उसमें देशी रियासतों के प्रश्न पर बिल्कुल प्रकाश नहीं डाला गया है। मध्य भारत को ही यदि देखा जाये तो केवल ग्वालियर में ही इस मार्ग पर पहला कदम रखा गया है। दतिया और देवास में भी कुछ कार्य हुआ है परन्तु प्रजा की उदासीनता के कारण विशेष कार्य कुछ न हुआ। इन्दौर में प्रातिनिधिक शासन का अभी श्रीगणेश ही हुआ है। इन रियासतों के अलावा धार, रतलाम, जाबरा, बड़वानी, झाबुआ, भोपाल आदि कई छोटी-बड़ी रियासतें हैं जिनमें इस दिशा में बिल्कुल प्रयत्न नहीं हुआ है। 7 करोड़ आदमियों और 700 रियासतों का यह प्रश्न यदि शीघ्र न सुलझाया जायेगा तो ब्रिटिश भारत के मार्ग में बाधक हुए बिना न रहेगा।

श्री शंकरलाल वर्मा और इन्दौर पुलिस

गत मई सन् 1925 में 'प्रणवीर' के मैनेजिंग एडीटर श्री शंकरलालजी वर्मा अपनी पत्नी के इलाज के लिए इन्दौर से नजदीक पालिया स्टेशन पर ठहरे हुए थे। औषधियों के लिए उन्हें प्रायः इन्दौर आना पड़ता था। गत 2 मई को जब वे इन्दौर गये तब उन्हें खद्दर-वेशधारी देखकर पुलिस का एक गुप्तचर उनके पीछे पड़ गया और उनसे नाम पूछने लगा। जब उन्होंने बिना कारण ही नाम बतलाने से इन्कार किया तब घण्टे-डेढ़ घण्टे तक उन्हें इधर-उधर घुमाकर किशनपुरा की कोतवाली में बिठा दिया। वहाँ शंकरलालजी ने यह जानना चाहा कि "आप लोग किस कानून से मुझे नाम बतलाने के लिए मजबूर कर रहे हैं।" परन्तु वहाँ के साधारण बुद्धि वाले छोटे कर्मचारियों ने उन्हें इसका तो कोई उत्तर नहीं दिया वरन् तरह-तरह की अपमानजनक बातें उनसे करने लगे। तीन घण्टे की तकलीफ के बाद किशनपुरा थाने के जमादार ने सुपरिन्टेण्डेण्ट पुलिस के पास आपको भेजा और वहाँ अपनी पत्नी की औषधि के समय का ख्याल करके तथा सुपरिन्टेण्डेण्ट साहब के सभ्योचित व्यवहार के उत्तर में शंकरलालजी ने अपना नाम बता दिया।

फौजदारी कानून में पुलिस को यह अधिकार दिया गया है कि 'उचित सन्देह' पर और 'निश्चित घटना' के आधार पर ही पुलिस किसी व्यक्ति को हिरासत में रख सकती है या गिरफ्तार कर सकती है। ये बातें श्री शंकरलालजी पर बिल्कुल लागू हो ही नहीं सकती थीं। श्री शंकरलालजी ने इस विषय में पुलिस के उच्च कर्मचारियों से लिखा-पढ़ी की किन्तु उन्होंने कोई जवाब नहीं दिया। आखिर

उन्होंने 'तरुण राजस्थान' में प्रकाशित इस विषय के लेख, इन्दौर के मुख्यमन्त्री तथा श्रीमन्त होल्कर नरेश की सेवा में भेजे। जब ऊपरी अधिकारियों की फटकार पड़ी तब 5 महीने बाद इन्चार्ज पुलिस इन्सपेक्टर जनरल मि० आर० एच० जोशी ने, बजाय अपने मातहतों को उचित दण्ड देने के जवाब दिया कि मि० शकरलाल को पैलेस पुलिस आफिसर के शाही महल के करीब घूमते देखा और अपने मुलाजिम के साथ उनका चाल-चलन और दीगर हालात तस्दीक करने के लिए किशनपुरा कोतवाली भेजा। मि० जोशी ने यह भी कहा है कि मि० शंकरलाल को जो कुछ तकलीफ उठानी पड़ी वह उनकी ही सरकशी की बदौलत थी।

श्री शंकरलालजी ने इस घटना का वास्तविक स्वरूप 8 नवम्बर के 'तरुण-राजस्थान' में प्रकाशित करते हुए कहा है कि यह बात सरासर गलत और बनावटी है कि वे शाही महल के आसपास घूमते देखे गये थे। इसके अलावा पुलिस के अधिकारियों को 'मुश्तबा' अशखासान की हलचलों पर केवल निगरानी रखने की हिदायत थी, तीन घण्टे तक हिरासत में रखकर एक सभ्य पुरुष को तंग करने की नहीं। क्या 'रीजनेबल ससपीशन'—उचित सन्देह—और निश्चित घटना के आधार पर पुलिस ने उन्हें हिरासत में रखा था? पुलिस के पास ऐसी कोई घटना नहीं थी जिसके आधार पर वह 'उचित सन्देह' कर सके। हमारा खयाल तो यह है कि खादीधारी होने के कारण ही पापियों के किसी विशेष गिरोह को श्री शंकरलालजी जैसे सीधे-सादे पुरुष को तंग करने की सूझी होगी और उसने अपनी मनमानी कर ली। अब पुलिस के उच्च अधिकारी भी अपने मातहतों के बेजा बर्ताव का समर्थन करते हैं। क्या श्रीमन्त इन्दौर नरेश और मुख्यमन्त्री इस विषय में अपने मातहतों को उचित दण्ड देंगे? 'तरुण राजस्थान' की तरह हमारा भी ख्याल है कि यह किसी व्यक्ति के तंग किये जाने का प्रश्न नहीं है परन्तु व्यक्ति की स्वाधीनता के सिद्धान्त का प्रश्न है। छोटे-छोटे ओहदेदारों की गलतियों को छिपाने के कारण ही बड़े-बड़े शासन बदनाम हो जाते हैं। हमें आशा है कि कुछ दिनों से पुनः जाग्रत दिखाई देने वाला इन्दौर इस ओर से उदासीन न रहेगा।

[21 नवम्बर, 1925]

गरीबों की विजय

आखिर ब्रिटिश राज में एक बार फिर भी असम्भव बात सम्भव हो गयी। पाठकों को स्मरण होगा कि लेजिस्लेटिव असेम्बली की गत बैठक में यह प्रस्ताव पास हुआ था कि भारतवर्ष की मिलों में बनने वाले कपड़े की कीमत पर जो

कर लगाया जाता है, वह अन्यायपूर्ण है, उससे भारतीय वस्त्र-व्यवसाय में ठेस पहुँचती है, उसके अन्यायपूर्ण होने की बात को स्वयं सरकार भी कई बार स्वीकृत कर चुकी है अतएव वह बन्द कर दिया जाए। लार्ड रीडिंग की इन्साफ पसन्द सरकार ने बजट में कमी होने का बहाना बताकर इस कर को उठाने से इन्कार कर दिया। यह इन्कार एक तरह से देशी मिलों की बिगड़ी हुई हालत को सुधारने का इन्कार था, देशी वस्त्र-व्यवसायों के उद्धार का इन्कार था और उन गरीब मिल मजदूरों को रोटी देने से इन्कार था जिन्होंने मिल वालों द्वारा घटायी गयी मजदूरी के अन्याय के कारण हड़ताल कर दी थी और जो ब्रिटिश शासन के 'उदार' वायु-मण्डल करके जीवन-यापन करते थे। लार्ड रीडिंग और उनके अर्थ-सचिव इस कर को उठाना 'असम्भव' बतलाते थे। उनकी इस असभ्यता की बात के कारण मिल के मालिक भी मजदूरों को पूरा वेतन देना असम्भव बतलाते थे। वे मजदूरों से कहते थे—काम पर आ जाओ, जो मजदूरी हम दे रहे हैं उसे स्वीकार कर लो। परन्तु अनन्त कठिनाइयों के रहते हुए भी मजदूरों के संगठन ने मिल मालिकों की दाद नहीं दी। उनके सम-व्यवसायियों ने, यूरोप के मजदूर-मण्डलों ने, उन्हें आर्थिक सहायता पहुँचाई और वे लड़ाई का जमाना जानकर पेट-पानी की कष्टदायी यातनाएँ सहते रहे। आखिर असम्भव सम्भव हुआ। कपड़े के गिरते हुए व्यापार से एक पाई की भी आमदनी न होते देख, हड़ताल के मिटने एवं बम्बई की मिलों के चलने की कोई आशा न देख, आखिर भारत सरकार ने 1 दिसम्बर, 1925 को जाहिर किया कि "हम एक्साइज ड्यूटी मुल्तवी करते हैं।"

यह 'मुल्तवी' नहीं वरन सदा के लिए एक्साइज कर का उठाना ही है। भारत सरकार के अर्थ-सचिव ने ही यह बात कही थी कि एक बार इस कर को मुल्तवी करने पर फिर से जारी करना असम्भव है। इसीलिए अनुमान किया जाता है कि अब यह कर भारत की मिलों पर नहीं लगाया जायगा। भारत सरकार ने इस कर की बन्दी की घोषणा उस 1 दिसम्बर के दिन की है जिस दिन लन्दन में यूरोपीय राष्ट्रों के भिन्न-भिन्न प्रतिनिधियों ने 'लोकानो' के सुलह-नामे पर हस्ताक्षर किये। यह सुलहनामा जर्मनी और फ्रांस को, इटली और ग्रीस को, बेल्जियम और पोलैण्ड को एक दूसरे से लड़ने से मना करता है। अगर कोई एक राष्ट्र किसी दूसरे राष्ट्र से लड़ाई करेगा तो सुलहनामे पर हस्ताक्षर करने वाले शेष राष्ट्र इन दोनों झगड़ालुओं के कान खींचेंगे। यही इस 'पैक्ट'—इस गुटबन्दी का सारांश है। यह गुटबन्दी किस उद्देश्य से की गयी है? बड़ा ही पवित्र एवं धार्मिक उद्देश्य है। यूरोप में मारकाट न होने पावे। यूरोप में खून की नदियाँ न बहें। यूरोप को वह वैभव प्राप्त होवे जिसकी कल्पना महायुद्ध के पहले की जाती थी। सारांश में इस गुट का उद्देश्य यह है कि व्यापार-व्यवसाय के

उत्कर्ष से लोग अपने-आपको वैभवशाली बनावें, अपनी बनी हुई चीजों से बाहरी बाजारों को पाट दें। बाहर के लोगों के साथ भाईचारा पैदा करें।

इस लोकार्नो के सुलहनामे पर लन्दन में 1 दिसम्बर को हस्ताक्षर होते हैं और हमारे इन्साफ पसन्द वाइसराय महोदय को भी उसी एक दिसम्बर के दिन इन्साफ की स्फूर्ति होती है। घटनाओं के अन्तराल में प्रवेश न करने वाला आदमी भी देख सकता है कि सम्भवत: लार्ड रीडिंग की न्याय-स्फूर्ति स्वयं-स्फूर्ति नहीं है। वह पर-प्रेरित है। हिन्दुस्थानी शासन की बागडोर का पहला अड्डा इंग्लैण्ड में है। उसी के इशारे पर लार्ड रीडिंग साहब और उनकी भारत सरकार काम कर रही है। लोकार्नो के सुलहनामे के अन्दर जो भाव है—व्यवसाय-विस्तार की जो कल्पना उसमें निहित है-- वही भाव, वही कल्पना इस बात के लिए जिम्मेदार है कि भारत में भी शान्ति का वातावरण पैदा किया जाय। चाहे उस वायु-मण्डल के निर्माण के लिए काटन एक्साइज ड्यूटी उठानी पड़े, चाहे और कुछ करना पड़े। भारत सरकार ने काटन ड्यूटी ही एक ऐसी वस्तु देखी जिसके उठाने से सरकार का कुछ भी बिगड़ता नहीं है और धन-लोलुप पूंजीपति प्रसन्न होते हैं। इसीलिए सम्भव है उसने शान्ति के इस सम्मोहन अस्त्र का प्रयोग किया हो।

जो हो, इस कर के उठने का वास्तविक श्रेय उन गरीब मजदूरों को है जिनके पसीने के पानी से मिल की बड़ी-बड़ी इमारतें खड़ी हुई हैं। इस कर-बन्दी के लिए हमने सरकारी नीति की बड़ी टीका की थी। हम इसे अन्यायपूर्ण, असम्योचित समझते थे और इसीलिए हम इस कर को उठा देने के पक्ष में थे। परन्तु भारत के वस्त्र व्यवसाय की पहेली यहीं हल नहीं हो जाती। अब मिल के मालिकों की बारी है। वे जानते हैं कि मिलों के मैनेजर और एजेण्ट कैसी विचित्रताएँ निर्माण करते हैं। कई लोग यह बात जानते हैं कि मिलों में हानि पहुँचने की सम्भावना किस वजह से उपस्थित होती है। कई मिलों में शेयरों के रूप में प्रजा का धन लगा हुआ होता है। उस सार्वजनिक धन की भी इस बेदर्दी से बर्बादी की जाती है कि उस पर प्रत्येक सहृदय मनुष्य को क्रोध होगा। जब किफायत के अन्य कोई मार्ग नहीं दिखाई देते तब मिल वाले मजदूरों का गला पकड़ते हैं और उन बेचारों की बलि चढ़ाकर घटी को पूरा करते हैं। हम भारतीय वस्त्र-व्यवसाय को देश की अत्यावश्यक धरोहर समझते हैं। इसी वजह से पूंजीपति मिल मालिकों से हम कहना चाहते हैं कि आप विदेशी वस्त्रों के मुकाबिले में अपने वस्त्र-व्यवसाय की उन्नति कीजिये। स्वयं धन और यश कमाइए, परन्तु यह न भूल जाइए कि आपका धन मिलों के मजदूरों की वजह से पैदा होता है, आपका धन आपके वस्त्र को खरीदने वाले भारतीय खरीददारों से पैदा होता है। एक्साइज ड्यूटी के उठ जाने से आप विदेशी वस्त्र-व्यवसाय का मुकाबला

कर सकेंगे, परन्तु इस मुकाबले के समय महँगे वस्त्र अधिक मुनाफा और कम मजदूरी के पाप मार्ग की ओर हरगिज न जाइए। आज सरकार ने आपकी मदद की है, पर आपकी सच्ची सहायता उन लोगों से आती है जो आपके खरीददार हैं और जो मर-खपकर आपका कपड़ा बनाते हैं।

जहाँ के तहाँ, या आगे ?

कानपुर कांग्रेस निकट आ गयी। उस राष्ट्रीय तीर्थ पर आप जावेंगे तो अवश्य ? किस विचार को लेकर ? इसके प्रथम कि आप कानपुर की तैयारी करें, कुछ बातों पर ध्यान देना जरूरी है। इस समय प्रस्तावों के कागज तीन सज्जनों के हाथों में दीख पड़ते हैं। पहिले हैं मद्रास के मौलाना याकूब हसन। वे कहते हैं कि कांग्रेस एक प्रस्ताव के द्वारा असहयोग को सर्वथा और सदा के लिए रद्द करदे। दूसरी तैयारी 'केसरी' के विद्वान सम्पादक श्री नरसिंह चिन्तामणि केलकर की है। वे चाहते हैं कि कांग्रेस प्रतियोगी सहयोग की स्वीकृति दे दे। तीसरे, स्वराज दल के नेता त्यागमूर्ति पण्डित मोतीलालजी नेहरू हैं। आपका स्वराज दल के कार्यक्रम पर और उसकी आज तक की सफलताओं पर विश्वास है; और आप आगामी वर्ष के लिए कांग्रेस से कौन्सिल के लिए निर्णय चाहते हैं।

अब मान लीजिये कि मौलाना याकूब हसन का सवाल कांग्रेस के सम्मुख आया ?—तब यह सोचना गलत है कि देश के असहयोगी उस समय सर्वथा चुप बैठे रहेंगे। इसके साथ ही कांग्रेस में जाने वाले समय-साधक देशभक्त भी, असहयोग के रद्द न करने,—उसे कायम रखने,—का प्रस्ताव कांग्रेस में करेंगे; फिर चाहे वे कांग्रेस से लौटकर एक दिन भी असहयोग कार्यक्रम की किसी बात को पूरा न करें। देश के स्वराज दल का वह हिस्सा भी—जो कौन्सिल की रुकावट और 'कर-बन्दी' की चर्चा करता है, और हम उसका परिचय पण्डित मोतीलालजी के दल के नाम से दे सकते हैं—असहयोग के व्यावहारिक मृत्यु-पत्र पर सही करने के पश्चात भी असहयोग के कागजी मृत्यु-पत्र को स्वीकृत न करेगा। तब ? मौलाना याकूब हसन के प्रस्ताव पर मौलाना के कुछ साथियों तथा श्रीयुत केलकर महोदय के प्रतियोगी सहयोग के समर्थकों के हाथ ऊँचे उठेंगे और सच्चे असहयोगी, दिखाऊ असहयोगी और स्वराजवादी उक्त प्रस्ताव के खिलाफ मत देंगे और वह प्रस्ताव गिर जायेगा; यह परिणाम स्पष्ट दीख पड़ता है। अब दूसरा प्रस्ताव केलकर महोदय का होगा; वे चाहेंगे कि कांग्रेस प्रतियोगी सहयोग का समर्थन करे। और उनके साथी जयकर महाशय तो यह भी कहने लगे हैं कि "सचमुच, हममें और लिबरल सज्जनों में कोई मतभेद नहीं।" केलकर महोदय

पर सब टूट पड़े हैं। इससे यह स्पष्ट दीखता है कि देश पीछे खिंचकर सन् 1919 में नहीं जायगा; किन्तु मतभेद के पश्चात् केलकर महाशय का एक गुण सर्वथा याद रखने योग्य है। वे अपने इरादे को छुपा नहीं रहे। स्पष्ट कह रहे हैं। यदि पण्डित मोतीलालजी का बम्बई का समझौता असफल हुआ तो, मद्रास, युक्त प्रदेश, पंजाब और मध्यप्रदेश के स्वराजवादी, केलकर महाशय का विरोध करेंगे और असहयोगी तो उनके प्रस्ताव पर मत देवेंगे ही क्यों ? परिणाम यह होगा कि शायद श्रीयुत केलकर का प्रस्ताव कांग्रेस में गिर जायेगा। अब पण्डित मोतीलालजी की बात को लीजिए। केलकर महोदय पर यह दोष लगाया जाता है कि वे शब्दों को तोड़-मरोड़कर मनमाना अर्थ लगाते हैं, वे जीवन-भर के कष्ट-भोगी और सरकार के करारे विरोधी राष्ट्र-तेज लोकमान्य तिलक के एक बार अचानक मुँह से निकले हुए 'प्रतियोगी सहयोग' वाक्य को बार-बार निरर्थक दुहराते और अपनी कमजोर बात का केवल अपने ही बल पर समर्थन न कर, लोकमान्य का नाम ले-लेकर व्यर्थ शपथें खाते हैं और महाराष्ट्र की 'केसरी' और 'मराठा' सामयिक पत्रों की तेजस्वी संस्थाओं का,—लोकमान्य के निर्भीक, तेजपूर्ण और कष्ट तथा कठोरताओं को आमन्त्रित कर, देश की स्वाधीनता को सम्भव बनाने वाले पथ को छोड़कर,—अपने नरम और सुलभ रास्ते को मजबूत बनाने में उपयोग करते हैं। तो दूसरी ओर पण्डित मोतीलाल जी नेहरू के दल पर उनके विरोधी यह सन्देह प्रगट करते हैं कि ये लोग जावेंगे कौन्सिलों ही में, और देश की किसी जोखिम को चुनौती न देंगे, न कर-बन्दी का सत्याग्रह ही करेंगे; किन्तु कर-बन्दी के सत्याग्रह और सरकार के विरोध की धूम मचाकर, कौन्सिल में जाकर विरोध करने को कांग्रेस की स्वीकृति ले लेंगे, और इस तरह अपनी सन् 1926 की कौन्सिल-चुनाइयों की, अभी इतने दिनों पहले ही से बुनियाद डाल लेंगे। इन प्रस्तावों से देश में क्या कार्य होगा ? यह प्रश्न रह ही जाता है। क्योंकि यदि मौलाना याकूब हसन का प्रस्ताव अन्धकार में डाल देता है, यदि मि० केलकर का प्रस्ताव देश को श्रीमान शास्त्री, चिन्तामणि और श्री विपिनचन्द्र पाल की पल्टन बना देता है तो पण्डितजी की बातें भी तो कांग्रेस को 'जहाँ के वहीं' की दीक्षा देती हैं। तब क्या आप कानपुर कांग्रेस के द्वारा देश से यह कहने, या यह निर्णय सुनने के लिए, बिस्तर बाँध रहे हैं—"चुपचाप, जहाँ थे वहीं खड़े रहो।" यदि ऐसा नहीं है, तो बताइये, आप कानपुर कांग्रेस से कौन-सा निर्णय चाहते हैं ? यह सच है कि पीछे हटने से खड़े रहना, कम नुकसान की बात है; किन्तु कानपुर कांग्रेस से क्या हम खड़े रहने की दीक्षा लेने जावेंगे।

[5 दिसम्बर, 1925]

स्वागतम्

कुछ वर्षों से, देश के राजनैतिक भविष्य में, मध्यप्रदेश की गतिविधि का हाथ रहा है। पिछड़ा हुआ यह प्रदेश, जब उससे सेवा या बलि की माँग की जाती है, लगातार प्रस्तुत रहता है। सन् 1920 में इस प्रदेश में कांग्रेस हुई और नये युग के प्रारम्भ करने वाले महान् असहयोग आन्दोलन पर, तथा कांग्रेस के बदले हुए संगठन पर मुहर यहीं लगी। सन् 1921 में जब इस प्रदेश से कौन्सिलों के बायकाट का पालन करने की बात कही गयी तब मध्यप्रदेश ही की कौन्सिल थी, जिसमें फगुआ चमार ने प्रवेश किया था। और स्वर्गीय पण्डित विष्णुदत्त शुक्ल आदि से लेकर, इस प्रदेश के सब राजनैतिक उद्योगियों ने एक साथ कौंसिल में ठुकरा दिया था। उस दिन भी सरकारी सहयोग के लालच का भूत जीवित था, किन्तु उसका साहस न था कि वह मस्तक ऊँचा करे। सन् 1923 के युग में जब देश में गृह-कलह की आग सुलग रही थी, यह पिछड़ा हुआ प्रदेश, कांग्रेस की आज्ञा और सत्याग्रह के सिद्धान्त को सच करके दिखाने पर तुल पड़ा था। इसी प्रदेश के नम्र सेवकों ने झण्डा सत्याग्रह का प्रारम्भ किया था, यहीं की जेलों में पन्द्रह-सोलह सौ युवा राष्ट्रीय झण्डे की इज्जत बचाने के लिए, चक्कियाँ पीस रहे और कोल्हू चला रहे थे। और देहली-कोकोनाडा के समझौते के बाद, जिसे कि आज हम देश की शिथिलता और खराबी का उत्तरदायी समझते हैं—देश की आज्ञा होते ही, स्वराज दल का वह संगठन करके दिखाया कि सरकार को पछाड़ने में, इस प्रदेश का साथ देने के लिए देश-भर में केवल बंगाल ही ऊँचा मस्तक करके खड़ा रह सका। इस प्रदेश के राजनीति के नवसिखुए आपस में लड़ते-झगड़ते भी हैं, किन्तु देश की आशा की पूर्ति में, एक ईमानदार सिपाही की तरह लग भी जाते हैं।

ऐसे प्रदेश में हम पं० मोतीलाल जी नेहरू का नम्रतापूर्वक स्वागत करते हैं। केवल इसलिए नहीं कि आपने राज-भोगों को छोड़कर देश की सेवा का कठोर व्रत ग्रहण किया है, केवल इसलिए नहीं कि आप स्वराज दल के जन्मदाताओं में से एक और आज स्वराज दल के कर्णधार हैं—क्योंकि हमने स्वराज दल के जन्म पर खुशियाँ नहीं मनाईं; हमने चिन्ताएँ कीं और आज भी करते हैं,—किन्तु इसलिए और केवल इसलिए कि महासभा के सभापति महात्मा गांधी ने आपको 'आत्मसमर्पण' कर देश की बागडोर आपके हाथों सौंपी है, और देश ने अपनी शक्तियों और भावी गतिविधि के लिए आल इण्डिया कांग्रेस कमेटी के द्वारा आपको सूत्रधार नियुक्त किया है।

आपके त्याग, ज्ञान, समय की गति की परख और आदर्श की ईमानदारी पर श्रद्धा करते हुए और आपके व्यक्तित्व को देश के लिए मूल्यवान समझते हुए

हम आपका स्वागत करते हैं। इस प्रदेश के दो हिस्से आप देख चुके, बरार और नागपुर कमिश्नरी। अब आप प्रदेश के उस हिस्से में घूम रहे हैं, जहाँ के लोगों के मात्र अस्तित्व और बल के कारण मध्यप्रदेश में मन्त्रित्व कायम न हो सका, और सरकार से सहयोग होने का स्वप्न देखने वाली तस्वीरें, जिन लोगों के न झुकने के कारण लाचार रहीं। मान्यवर, हम नहीं जानते कि कानपुर के बाद देश का भविष्य क्या होगा, किन्तु हम यह आशा करते हैं कि आपके हाथों में सूत्र रहने पर, आप देश के टुकड़े-टुकड़े न होने देंगे और जरूरत होने पर, तथा स्वतन्त्रता के संग्राम को पुनः देशव्यापी होने के लिए, आप देश को सहयोग की नहीं, संग्राम की ओर आगे जाने देंगे और इतना आगे जाने देंगे कि आपकी निर्धारित सीमाओं को भी पीछे छोड़ जाय। यह आजादी आपसे देश उसी तरह माँगता है, जिस तरह कि आपके विचारों की सीमा लाँघने के आदी, युवाओं के नायक, पण्डित जवाहरलालजी नेहरू ने ले रखी है। हम आपका, इस प्रदेश में नम्रतापूर्वक स्वागत करते हैं, और इस प्रदेश के हिन्दी जिलों में कष्ट सहकर; कौन्सिलों में और कौन्सिलों से बाहर काम करने वाले, राष्ट्रीय कार्यकर्ताओं की सम्मानांजलि आपकी सेवा में समर्पित करते हैं। हमारा यही विश्वास नहीं है कि 8 दिसम्बर को बुरहानपुर और 9 दिसम्बर को खण्डवा ही में यहाँ के राष्ट्रीय कार्यकर्ता और सार्वजनिक संस्थाएँ आपका सम्मान करेंगी; किन्तु हम विश्वास करते हैं कि हिन्दी प्रदेश के मुख्य स्थान जबलपुर में भी प्रान्त के कार्यकर्ता और सार्वजनिक संस्थाएँ आपके प्रति अपना सम्मान समर्पित करेंगी।

[5 दिसम्बर, 1925]

सम्पादकीय टिप्पणियाँ

गोवध पर मि० लेफ्टविच

अखिल भारतीय गोरक्षण परिषद के मन्त्री श्री देसाई ने 'यंग इण्डिया' में, गोवध के सम्बन्ध में, व्यापारी कमीशन की रिपोर्ट के जो उत्तर भिजवाये हैं उनमें एक मध्यप्रदेश से भी सम्बन्ध रखता है। मध्यप्रदेश के कृषि-विभाग के डायरेक्टर मि० लेफ्टविच की उक्त कमीशन के सामने दी हुई यह गवाही उक्त कमीशन की रिपोर्ट के पृष्ठ 587-88 पर दी हुई है —

प्रश्न—मध्यप्रदेश में कसाईखाने विशेष हैं, क्या आप इस विषय में कुछ जानकारी देंगे ?

उत्तर—मैं नहीं जानता कि कसाईखानों का प्रारम्भ कैसे हुआ किन्तु मेरा यह कथन सच होना चाहिए कि इनका प्रारम्भ अकाल पड़ने से हुआ। अकालो

में किसान संकटग्रस्त हुए और बहुत से गाय-बैल उन्होंने बेच दिये। और कुछ चालाक मुसलमान व्यापारियों ने इस सन्धि से लाभ उठाकर, इसका धन्धा ही शुरू कर दिया है। यह धन्धा उस समय बढ़ा कि ये व्यापारी गाय-बैलों की अच्छी कीमत चुकाने लगे और फिर तो यह धन्धा स्थायी हो गया। किन्तु मुख्य व्यापार चमड़े का नहीं है, सुखाये हुए मांस का है। मांस (गो-मांस ?) के मोटे-मोटे टुकड़े कर, उन्हें सुखाकर, उनके गट्ठे बाँधे जाते हैं और रंगून तथा मलाया द्वीप-समुदाय को भिजवाने के लिए कलकत्ता भिजवा दिये जाते हैं। "कभी-कभी यह मांस चीन तक भेजा जाता है।" मि० लेफ्टविच के इस कथन पर हमारा निवेदन है, रानाडे, रमेशचन्द्र, दादाभाई आदि से लेकर शाह तक के भारतीय अर्थशास्त्रियों तथा यूरुपियन विद्वानों के प्रमाणों से यह 'अकाल' किसानों को दिया हुआ नौकरशाही शासन का वरदान है कि जिसके पुरजों की चालाकी के सामने मुसलमान व्यापारियों की चालाकी कोई चीज नहीं। देश के धन पर भारी तनख्वाह, फौजी खर्च और आमदनी से आधे टैक्स की साढ़े साती लगी है, अनाज विदेशों में जाने के लिए द्वार खुला है, और गाय-बैल के मांस का सौदा मलाया, रंगून और चीन में हो रहा है।

सरकार के पेट से

मध्यप्रदेश के लोग जानते हैं कि रतोना के कसाईखाने पर, उन्होंने घोर आन्दोलन कर, सरकार को अंशत: गोवध रोकने के लिए विवश किया था। जब मि० लेफ्टविच से कमीशन ने सवाल किया कि "क्या लोगों के मन कसाईखाने के कारण उत्तेजित हो गये हैं ?" उस समय मि० लेफ्टविच ने कहा—"हाँ, लोगों के मन उत्तेजित हुए हैं, किन्तु क्रोध से नहीं, केवल इस धन्धे के फायदे के लाभ से।" क्या हम यह मान लें कि मि० लेफ्टविच का यह कथन इसलिए है चूँकि डेव पोर्ट नामक अंग्रेजी कम्पनी प्रदेश के आन्दोलन के कारण यहाँ गोहत्या का रोजगार न कर सकी। किन्तु मि० लेफ्टविच के ये शब्द हमारे ध्यान देने योग्य हैं—

"म्युनिसिपैलिटी के बहुत से सदस्य इन कसाईखानों के शेयर होल्डर होते हैं। मैं सोचता हूँ कि हिन्दू और प्राय: ब्राह्मण भी कसाईखानों के शेयर-होल्डर होते पाये गये हैं।" किसानों ने भूखों मरकर अपने पशु बेचे, किन्तु इन शेयर-होल्डरों को कौन-सा कष्ट था ? अस्तु, आज भी किसी सज्जन को प्रयत्न कर सरकार के पेट से ये अंक निकालने चाहिए—प्रदेश में स्थान वार कसाईखानों की तादाद, पिछले बीस वर्षों के, प्रत्येक कतलखाने के, वार्षिक और जाति वार (गाय, बैल, बच्छे, बछिया आदि के) अंक, गत बीस वर्षों में वार्षिक बाहर गया हुआ मांस, इस वर्ष के मांस के व्यापारियों की नामावली, कसाईखानों के

हिन्दू और ब्राह्मण सहायकों की नामावली, इस प्रदेश के कुल गाय-बैलों की जिले के क्रम से बीस वर्ष पहले की, आज की या उन सबसे पिछली गिनती की संख्या जिसके बाद फिर गिनती नहीं हुई। आशा है, इन अंकों की प्राप्ति के पश्चात् किसानों के गोधन के सर्वनाश का अन्दाजा लग सकेगा और उपाय सोचा जा सकेगा। "मध्यप्रदेश में कसाईखाने विशेष हैं"—यह वाक्य हमारे लिए लांछन है।

खण्डवा में पं० मोतीलाल नेहरू[1]

9 दिसम्बर को सुबह के समय एक्सप्रेस से पं० मोतीलालजी नेहरू खण्डवा पधारेंगे। आपका स्वागत करने के लिए प्रमुख नागरिकों की एक कमेटी बनायी गयी है। उक्त कमेटी स्वागत का पूरा प्रबन्ध करेगी। म्युनिसिपैलिटी की ओर से पण्डित जी को सम्मान-पत्र दिया जायगा। शाम के समय पण्डित जी का गांधी चौक में सार्वजनिक व्याख्यान होगा। समयानुसार यहाँ की सार्वजनिक संस्थाओं में भी पण्डितजी पधारेंगे।

तारीख 2 दिसम्बर को म्युनिसीपैलिटी खण्डवा ने केवल एक मत के विरोध से पण्डित जी को मानपत्र देने का प्रस्ताव पास किया। कहा जाता है कि राव साहब गोखले की सम्मति इस प्रस्ताव के लिए नहीं थी।

डिस्ट्रिक्ट कौंसिल खण्डवा के एक सदस्य डिस्ट्रिक्ट कौंसिल की ओर से मानपत्र देने के पक्ष में थे परन्तु अन्य सरकार-सेवी महामान्य सदस्यों की सम्मति न मिलने के डर से, सुना है कि उन्होंने अपना प्रस्ताव अभी तक डिस्ट्रिक्ट कौंसिल के सम्मुख पेश नहीं किया है। यह याद रखने की बात है कि बरार और मराठी मध्यप्रान्त में तथा रायपुर एवं बिलासपुर आदि स्थानों में भी हर जगह पण्डितजी को डिस्ट्रिक्ट कौंसिलों और म्युनिसीपैलिटियों द्वारा सम्मान-पत्र दिये गये हैं। निमाड़ जिले की डिस्ट्रिक्ट कौंसिल यदि अवसर पर सार्वजनिक सम्मति के अनुसार न चली तो जनता को भी अपने कर्तव्यों का पूरा ध्यान रखना चाहिए।[1]

[5 दिसम्बर, 1925]

राजनैतिक कैदी सम्मेलन

कानपुर की कांग्रेस के समय राजनैतिक कैदियों की कानफरेन्स होगी। महात्मा गांधी, पण्डित नेहरू जी, श्रीमती बीसेण्ट, शंकराचार्य, मौलाना और

1. 'कर्मवीर' में समाचार, केवल समाचार नहीं होते थे, वे संपादकीय दृष्टि और संकेत भी व्यक्त करते थे। (संपादक)

मौलवी—इस कैदियों की पलटन में कौन नहीं है। यह कहना गलत नहीं है कि देश में आज राजनैतिक कैदियों का प्रभुत्व है, और राष्ट्रीय सभा राजनीति के गुनहगारों की एक सभा है। किन्तु अभी देश राजनैतिक कैदियों के प्रश्न को ठीक ढंग से नहीं सुलझा सका। राजनैतिक कैदियों पर जो संकट के बादल मँडराते हैं, उनकी ओर देश का ध्यान नहीं जाता। पंजाब की वीर कैदिनी श्रीमती पार्वती देवी ने एक बार महात्मा जी का ध्यान राजनैतिक कैदियों की ओर खींचा था। हमें आशा है यह परिषद् यशस्वी साबित होगी, और त्याग की भावना के बढ़ाने, कैदियों के परिवारों की सहायता का विचार करने, देश के शासन में कैदियों की असुविधाएँ हटाने, कैदियों के लिए स्थायी आन्दोलन करने आदि कार्यों की तरफ ध्यान देगी। हम इस प्रयत्न की सफलता चाहते हैं और स्वामी कुमारानन्द और उनके साथियों की सहायता करने के लिए, देश के पुराने कैदियों, कार्यकर्ताओं, तथा देशवासियों से निवेदन करते हैं।

काकोरी-डकैती

अन्यत्र प्रकाशित समाचारों से पाठकों को मालूम होगा कि काकोरी-डकैती के मामले में यू० पी० की पुलिस ने कांग्रेस के कई कार्यकर्ता पकड़े थे परन्तु उनमें से कइयों के खिलाफ कोई सबूत बरामद न होने से पुलिस ने उन्हें छोड़ दिया। पुलिस की इस कारगुजारी के सम्बन्ध में तरह-तरह के सन्देह पैदा होते हैं। यू० पी० के कुछ मित्रों का खयाल है कि कानपुर में होनेवाली कांग्रेस के मार्ग में हर तरह की अड़चनें डालने की गरज से ही पुलिस ने यह धाँधली मचायी थी। कुछ लोग कहते हैं कि यू० पी० में डिस्ट्रिक्ट बोर्डों और म्युनिसिपैलिटियों के चुनाव होने के कुछ ही समय पहले कांग्रेस कार्यकर्ताओं का गिरफ्तार किया जाना और बिना कारण ही एक मुद्दत तक जेल में अटकाये रखना सरकारी कार्यों पर सन्देह पैदा करता है। ब्रिटिश राजनीति में इस तरह की चालों को स्थान नहीं है—सो बात नहीं। अभी-अभी अमरीकन पत्रों में यह समाचार पढ़ा जा चुका है कि जर्मनी को बदनाम करने के लिए ब्रिटिश दूतों ने महायुद्ध के समय जर्मनी में मुर्दों से चरबी आदि निकालने का कारखाना होने की गप्प फैलायी थी और एतद्वारा जर्मनी के प्रति सुसभ्य संसार में तिरस्कार के भाव पैदा किये थे। प्रतिपक्षियों को गिराने की चेष्टा सरकार प्रायः करती ही है। क्या कांग्रेस दल का जोर यू० पी० में इतना अधिक था कि उसे इस तरह की चाल चलनी पड़ी? सरकार की नीयत चाहे जो हो पर संयोग ऐसा हुआ है कि जनता के पास इस सम्बन्ध में सरकारी नीयत पर अविश्वास करने के काफी कारण हैं।

इसी तरह का एक संयोग बंगाल का दक्षिणेश्वर बम केस भी है। पिछले समय जब इंग्लैण्ड की पार्लियामेण्ट की बैठक आरम्भ हुई थी तब स्व० देशबन्धु को

बदनाम करने के लिए राजनैतिक षड्यंत्र का भूत खड़ा किया गया था। अभी इसी मास में पार्लियामेंट की बैठक शुरू होने के कुछ ही दिन पहले बंगाल की नामवर पुलिस को दक्षिणेश्वर स्थान में बम का एक कारखाना मिला। उसने बड़ी वीरता, साहस और अन्य सब तरह के सद्‌गुणों के साथ बम बनानेवालों की गिरफ्तारी की। इसे बेचारी बंगाल पुलिस अथवा लिटन-राज क्या करे कि थोड़े ही दिनों बाद लन्दन के पार्लियामेंट की बैठक आरम्भ हुई ? उन्हें तो मुलजिमों को पकड़ना था, पार्लियामेंट के सदस्यों को भारतीय षड्यंत्र का भूत दिखाकर डराना थोड़े ही था ? इसे बंगाल पुलिस क्या करे कि पहले की तरह इस बार भी पार्लियामेंट के खुलने के पहले ही उसे बम के कारखाने का पता चला ? बंगाल पुलिस यह प्रयत्न थोड़े ही कर रही है कि बंगाली और हिन्दुस्थानी लोग बदनाम होवें और पार्लियामेंट के सदस्य हिन्दुस्थान के प्रति अधिक कठोरतर भाव धारण करे ?

गुप्तचरों का जाल

कुछ वर्ष पहले भारत भक्त पादरी एण्ड्रयूज ने कहा था कि जब वे आगरा कालिज में अध्यापक थे तब उनके कुछ विद्यार्थी ही गुप्तचर का काम करते थे और सरकारी पुलिस द्वारा उनको मासिक वेतन मिलता था। वे भारत-भक्त एण्ड्रयूज के कार्य पर निगाह रखते थे और समय-समय पर सरकार के पास उनकी चुगली करते थे। पादरी एण्ड्रयूज ब्रिटेन द्वीप के रहने वाले गोरे हैं, ब्रिटिश राज के वे भी उतने ही पृष्ठ पोषक हैं जितने लार्ड कर्जन या अन्य कोई उमराव और सरदार। परन्तु चूँकि वे हिन्दुस्थानियों से सहानुभूति रखते हैं, इसीलिए बलशाली अंग्रेज शासकों ने उनके पीछे चुगलखोरों को लगा रखना उचित समझा। मि० हार्निमेन और श्रीमती बेसेण्ट भी इन गुप्तचरों से नहीं छूट पायीं। कालेजों-स्कूलों के हिन्दुस्थानी अध्यापकों एवं शिक्षकों की चुगली करने वाले भी बहुत से वेतन-भोगी पुलिस-विद्यार्थी स्थान-स्थान पर देखे गये हैं। परन्तु सरकारी नौकरी के भय से अध्यापक लोग प्रायः अपने इन सच्छिष्यों की पोल खोलने अथवा उन्हें दण्ड देने में असमर्थ रहते हैं। ये गुप्तचर उन्हीं हिन्दू-मुसलमानों की सन्तान रहते हैं जो अपने गुरुओं और मौलवियों की इज्जत करने के लिए विख्यात हैं। सरकारी पुलिस का पैसा विद्यार्थी जीवन में इन्हें चुगली करने की आदत डालता है। उन्हें कमीन बनाता है और उन्हें शील-भ्रष्ट करके शिक्षा के असली लाभों से वंचित रखता है।

[12 दिसम्बर, 1925]

ईसाई और मुसलमान

यूरोप में ईसाई शक्तियों का जोर है। फ्रांस और इंग्लैंड, इटली और ग्रीस, जर्मनी और आस्ट्रिया आदि बलवान ईसाई देशों के समीप ही, पुरानी दुनिया के बिलकुल मध्य में मुसलमानी सत्ता ने अपने पैर जमाये हैं। अमरीका और आस्ट्रेलिया का नाम दुनिया को मालूम होने के पहले एशिया, यूरोप और अफ्रीका—इन्हीं तीन भूखण्डों को दुनिया समझा जाता था। भूमध्य सागर का नाम इन्हीं तीनों के बीच होने के कारण पड़ा है। मुसलमानी सत्ता का अरब में उदय हुआ और यह पश्चिम में ईसाई सत्ता से टकराकर स्थगित हुई और पूर्व में हिन्दू-बौद्ध सत्ता से टकराकर स्थगित हुई। समय के प्रभाव से पिछले 3-4 सौ वर्षों में ईसाई यूरोपियन सत्ता ने अपने धन, वैभव और सेना शक्ति के दबाव से समस्त भूमण्डल पर अपनी छाप जमा दी। जहाँ-जहाँ ईसाई गोरों को लड़ना-झगड़ना पड़ा, वहाँ-वहाँ वे झगड़े और अपना पैर जमाते गये। परन्तु इन ईसाइयों से मुसलमानी सत्ता का अन्त न हो सका। पुराने जमाने में इंग्लैंड तथा यूरुप के अन्य राष्ट्रों ने गुट बाँधकर कई बार यूरुप की मुसलमानी सत्ता पर, टर्की पर आक्रमण किया परन्तु वे मुसलमानी सत्ता को जगतीतल से मिटा देने में सफल न हुए।

[19 दिसम्बर, 1925]

बम्बई हिन्दू सभा

लाला लाजपतराय जी की अध्यक्षता में बम्बई में गत सप्ताह प्रान्तीय हिन्दू सभा का प्रथम अधिवेशन हो गया। लालाजी और जयकर जी के भाषणों की सारयुक्त बातें अन्यत्र प्रकाशित हैं। हिन्दू-समाज के अन्तर्गत इस समय जितनी बुराइयाँ उपस्थित हो चुकी हैं उनके सुधार का कोई भी समझदार आदमी, विरोध नहीं करेगा। लालाजी के कथनानुसार अन्य जातियों को चिढ़ाने अथवा आक्रमणकारी उद्देश्यों को लेकर हिन्दू सभा का जन्म नहीं हुआ है। हिन्दू सभा के प्रचारकों के हृदय में यह बात अंकित हो जाना आवश्यक है। इस समय हिन्दू सभा के नाम पर, हिन्दू हित के नाम पर व्यक्तिगत स्वार्थों की साधना का जो प्रयत्न किया जाता है उसी की वजह से हिन्दू सभा के कार्यों की ओर से कुछ लोग उदासीन हो जाते हैं। ऐसे ही व्यक्तियों के कारण अन्य धर्मावलम्बी लोग हिन्दू-महासभा को सन्देह-दृष्टि से देखते हैं। बम्बई प्रांतीय सभा में जो प्रस्ताव पास हुए हैं उनमें से कुछ आगे दिये गये हैं। इन प्रस्तावों से सभी विचारशील हिन्दू सहमत होंगे, इसमें सन्देह नहीं—

हिन्दू संगठन—अप्रैल, 1921 में कलकत्ते की हिन्दू महासभा ने हिन्दू-सगठन के विषय में जो प्रस्ताव स्वीकृत किया है, उसे यह सभा भी मानती है

और प्रस्ताव करती है कि महाराष्ट्र, गुजरात, कर्नाटक, कच्छ और सिंध में स्थान-स्थान पर हिन्दू सभाएँ स्थापित की जाएँ और हिन्दुओं की रक्षा एवं उन्नति के लिए हिन्दू जाति का संगठन किया जाय।

अस्पृश्यता-निषेध—यह सभा हिन्दू समाज से आग्रह करती है कि अछूत एवं दलित कहाने वाले हिन्दुओं के समस्त बन्धनों और अड़चनों को मिटाया जाय।

पर्दा निषेध—इस परिषद की धारणा है कि हिन्दू समाज के धार्मिक, नैतिक, सामाजिक एवं राजनैतिक हितों की रक्षा के लिए आवश्यक है कि स्त्रियों का पर्दा शीघ्रातिशीघ्र उठा दिया जाय और उन्हें हर तरह की शिक्षा दी जाय। सभा का यह भी मत है कि हिन्दू समाज में एक-पत्नीव्रत पर जोर दिया जाय और लड़कियों का विवाह 16वें वर्ष तथा युवाओं का 25वें वर्ष किया जाय।

वर्णाश्रम-धर्म—हिन्दू समाज में अधिक एकता उत्पन्न करने के लिए आवश्यक है कि हिन्दुओं के चारों वर्ण यह प्रयत्न करें कि प्रत्येक वर्ण की उप-जातियाँ टूटकर एक वर्ण में शामिल हो जायँ।

[22 दिसम्बर, 1925]

कुछ वीर गवाहियाँ

किन्तु कुछ ऐसी गवाहियाँ भी हुई जिन्होंने अंग्रेज आक्षेपकों के कथन पर उचित जवाब दिया। उनमें से एक हैं लेफ्टिनेण्ट रुद्र। जिन्होंने भारतीयों के 'फौजी' न होने का उत्तर यह दिया कि "एक बार भारत में फौजी तालीम की व्यवस्था कर दो, फिर तुम 40-50 वर्षों में देखोगे कि भारत में ब्रिटिश सेना की स्पर्धा करने वाली सेना, और फौजी हवा-पानी पैदा हो जायेगा।" एक भारतीय गवाह थे कर्नल अजब खाँ। उनकी वीर गवाही का निचोड़ यह है—"1. भारत के फौजी कालेज के उम्मीदवारों को चुनने का अधिकार कालेज के प्रोफेसरों को दे दिया जाय। 2. फौजी जाति और गैर-फौजी जाति कहकर किसी को बदनाम करने की जरूरत नहीं। आदत और लगातार अभ्यास से प्रत्येक कौम फौजी हो जाती है। 3. झगड़े और भेदभाव बाहर हैं, फौज में भरती होने के पश्चात् हिन्दू, सिक्ख, मुसलमान और जाट बन्धु भाव से रहते हैं।"

बैतूल में गोवध

यह बात अब प्राय: प्रगट है कि सी० पी० के कसाईखानों से बहुत-सा गाय-बैलों का गोश्त, दूसरे देशों में बिकने के लिए जाता है। सरकार उदासीन रह-कर, इस सारे व्यापार को चलने देती है, और हमारे यहाँ के लोगों का यह खयाल प्राय: रहता है कि यह गोहत्या मुसलमानों के कारण होती है। लोगों

का यह विचार होना नौकरशाही के कुछ कल-पुरजों को प्रायः अभीष्ट रहता है, किन्तु जब जनता की सार्वजनिक संस्थाएँ भी अपने कर्तव्य से च्युत होती हैं, वे अपने कर्तव्य की अवहेलना करती हैं, तब दुःख होता है, क्योंकि उनका ऐसा व्यवहार 'जवाब तलब' और चिन्ता करने योग्य होता है। रतोना के कसाईखाने के विरोध के युग में प्रदेश में गो रक्षा का काफी आन्दोलन हुआ था। उसी समय, जिलों के समान, बैतूल की म्युनिसिपैलिटी ने भी, अपनी तारीख 6-9-20 की बैठक में, जनता की तरफ से की गयी दरख्वास्त पर, उस दिन के कार्यक्रम के तीसरे नम्बर का यह प्रस्ताव पास किया था—

"निश्चित किया गया कि गाय-बछड़े और भैंसों का वध करना बैतूल म्युनिसिपैलिटी की सीमा में बन्द किया गया, और गोमांस की बिक्री और उक्त पशुओं के वध के लिए भविष्य में लाइसेन्स जारी न किया जाय। इस प्रस्ताव की एक प्रति, आवश्यक कृति और सूचना के लिए असिस्टेण्ट सर्जन के पास भिजवा दी जाय।" किन्तु हमें मालूम हुआ है, कि बैतूल में गोवध हो रहा है और वहाँ की म्युनिसिपैलिटी चुप है। हमने दुःख से यह भी सुना है कि जिस स्थान में गोवध हो रहा है, वह एक हिन्दू जमींदार महोदय की सीमा में है। हम अपनी शेष आलोचना करने के प्रथम चाहते हैं कि बैतूल की म्युनिसिपैलिटी और उक्त जमींदार महाशय अपने कर्तव्य का पालन करें।

पाद-पूजा

आखिर रायपुर की म्युनिसिपैलिटी ने खण्डवा ही की तरह भगवान माण्टेगु बटलर के अभिनन्दन का प्रस्ताव पास कर डाला। श्रीयुत रविशंकर शुक्ल के विरोध प्रस्ताव को, सरकारी मैजिक लालटेन, सभापति श्रीयुत बदरीप्रसाद पुजारी ने आउट आफ आर्डर घोषित कर दिया। खण्डवा आदि के साथ ही रायपुर के लोग सोच लें कि इस वर्ष की चुनाई में जी-हुजूरों को मत देकर उन्होंने अपना और देश का आत्म-सम्मान किस तरह नष्ट किया है। रायपुर की म्युनिसिपैलिटी ने असहयोग आन्दोलन के युग से लगाकर इस चुनाई के प्रथम तक देश-प्रसिद्ध गौरवपूर्ण स्थान प्राप्त किया था। उन दिनों उसके सभापति और सदस्य प्रजा-हित के कायल और प्रजा-सेवक थे, आज की अवस्था लज्जाजनक है। हमारी समझ में नहीं आता कि इस तरह के विरोध के पश्चात् गुलाम सदस्यों का यह अभिनन्दन सर माण्टेगु के स्वीकृत करने की चीज है। हम तो इस अभिनन्दन का मूल्य, छिंदवाड़ा की जिला-बोर्ड के अभिनन्दन प्रस्ताव से भी कम समझते हैं। वहाँ के विरोधी श्री बृजमोहनलाल केवल उसी संस्था के उपसभापति थे, यहाँ श्री शुक्लजी प्रान्तीय कौंसिल के भी सदस्य हैं। उनकी आवाज को जिले ही की नहीं, छत्तीसगढ़ की भी आवाज कहना चाहिए। हमें संतोष है

कि होशंगाबाद जिला बोर्ड और खण्डवा की म्युनिसिपल और जिला बोर्ड की तरह रायपुर की कमीटी में सर्वथा हतवीर्य और प्रभु के चरण-सेवक नहीं, वहाँ शुक्लजी जैसे निर्भीक व्यक्ति भी हैं। प्रजामत की शान तो तब थी जब वर्धा और होशंगाबाद की म्युनिसिपॅलिटी की तरह रायपुर म्यु० क० प्रजा मत की समर्थक तथा सरकारी अभिनन्दन से दूर खड़ी दीखती। भगवान की पाद-पूजा से स्वर्ग मिलता है या कोई और लोक।

'मि० बोर्न : दूध के धोये'

एक मित्र हमें अपने पत्र में लिखते हैं—"यदि मेरा इनफारमेंट (सूचना-दाता) गलत नहीं है तो आप और मध्यप्रदेश के निवासी यह सुनकर खुश होंगे कि, नर्मदा कमिश्नरी के कमिश्नर मि० विल्स ने नरसिंहपुर के (भूतपूर्व) डिस्ट्रिक्ट मजिस्ट्रेट मि० बोर्न के कार्यों की लीपा-पोती कर दी। उन्होंने अपनी जाँच में लिख दिया बताते हैं मि मि० बोर्न एक लायक अफसर हैं, असहयोग के जमाने में, और जिले के पढ़े-लिखे लोगों के कठोर विरोध में शासन-शकट को चला ले जाना मि० बोर्न जैसे कुशल व्यक्ति का ही काम था। मि० बोर्न पर जिला मजिस्ट्रेटी और सेटलमेण्ट अफसरी की डबल जिम्मेवारियाँ थीं और उन्होंने उसे दक्षतापूर्वक निबाहा। जो लोग उन्हें बदनाम करते हैं वे झूठे हैं।" आदि-आदि। हम अपने मित्र को काफी जिम्मेवार मानते हुए भी अभी मि० विल्स की रिपोर्ट प्राप्त होने की प्रतीक्षा करना चाहते हैं। हम जानते हैं कि गोरे आई० सी० एसों की पल्टन एक व्यावसायिक मंडली है, और एक रोजगारी अपने जैसे दूसरे रोजगारी को हरगिज बुरा नहीं कहेगा, तो भी सर माण्टेगु बटलर के साथ सहसा अन्याय, और उनके कौंसिल में दिये हुए वचन के साथ सहसा अविश्वास करने की हम जरूरत नहीं समझते। किन्तु यदि मि० विल्स ने ऐसा ही कुछ लिखा होगा और यदि प्रान्तीय सरकार पक्षपात की पातकिन साबित होगी तो कहना पड़ेगा कि नरसिंहपुर के कष्ट और अपमान-भोगियों के कठोर कष्ट भी पत्थर के नौकरशाही कलेजे पर पसीना न ला सके, और उस समय नरसिंहपुर को, यदि उसमें आत्मसम्मान शेष हो, अपनी बाजू देश, दुनिया और भगवान के सम्मुख रखने के लिए प्रस्तुत होना चाहिए।

[26 दिसम्बर, 1925]

सफल कानपुर और असफल देश

कानपुर में राष्ट्रीय सभा की 40वीं बैठक सफलतापूर्वक हो गई। जैसा कि स्वागत समिति के सभापति डॉ० मुरारीलाल ने अपने भाषण में दिखाया है, सबसे पहिले कानपुर के उद्योगियों के पथ में, राष्ट्रीय सभा को जमीन न मिलने देने का उद्योग हुआ और सरकारी ताकत यत्न करती रही कि जमीन मिलने के मार्ग में जितनी अड़चनें डाली जा सकें, डाली जावें; किन्तु अन्त में प्रयत्नशीलों की विजय हुई। उनके मार्ग में दूसरी अड़चन घर ही के उन छुपे हुए हाथों की खड़ी हुई, जो व्यक्तिगत महत्वाकांक्षा पर, समूची कांग्रेस को अस्तव्यस्त करने तक नहीं घबड़ाते थे। मौलाना हसरत ने इशारा किया था कि पं० मोतीलाल ने, अपनी पार्टी को विजय दिलाने के लिए, षड्यन्त्र रचकर स्वागत-समिति बनवाई है। देश के पुण्य प्रयत्नशीलों ने, कांग्रेस की सभापति महोदया के स्वागत का बहिष्कार करने, पण्डाल में आग लगाने और महात्मा गांधी को 'बेंत से मारने' तक की धमकियाँ दीं; किन्तु कानपुर के प्रयत्नशील, इस सम्मान्य काठ के दस्ते से भी कांग्रेस की रक्षा करने में सफल हुए। तीसरी कठिनाई सरकार ने पैदा की। उसने काकोरी-डकैती के रूप में कांग्रेस के अच्छे से कार्यकर्त्ताओं को गिरफ्तार कर लिया। जिनके विषय में स्वागत-सभापति ने लिखा है—"काकोरी के मशहूर मुकद्दमे में हमारे कई कार्यकर्त्ताओं की बेजा गिरिफ्तारियाँ हुईं" और, "काकोरी केस में पकड़े गये हमारे कई कार्यकर्त्ता रिहा हो गये हैं और वे हमारे बीच में हैं; किन्तु उनकी गिरफ्तारी से जो क्षति हुई वह किसी भी तरह पूर्ण न हो सकी।" किन्तु डॉ० मुरारीलाल का यह वाक्य बहुत तेजपूर्ण है; जब वे लिखते हैं कि "हर मुश्किल ने, जो सामने आई हमारे उत्साह को द्विगुणित कर दिया।" यथार्थ बात तो यह है कि यदि मार्ग में कठिनाइयों के आये बिना, कानपुर-निवासी रहन-सहन, प्रकाश, स्वयंसेवक, भोजन और तिलक नगर की ऐसी भारी व्यवस्था कर सकते तो भी उनकी सफलता पर, हिन्दी-भाषी प्रदेश ही नहीं; सारा देश प्रसन्नता प्रगट करता, किन्तु जब उतनी बाधाओं के बीच, और खास कर साम्यवादी कहलाने वाले विषम-बुद्धि और देशहितविघातक प्रयत्नों के मित्रों की हरकतों के कांग्रेस की अन्तिम बैठक तक कायम रहते हुए उन्होंने सफलता प्राप्त की, और सरकारी उँगलियों के ज्ञात और अज्ञात प्रयत्नों के द्वारा कानपुर, युक्त प्रदेश, और कांग्रेस के महान गौरव को अक्षुण्ण रखा, हम न केवल डॉ० मुरारीलाल और श्रीयुत गणेशशंकर विद्यार्थी, की, वरन उनके प्रयत्नशील साथी हिन्दोस्तानी सेवादल के मंत्री और स्वयंसेवकों के सेनापति डॉ० हार्डिकर तथा पं० पालीवाल, डॉ० जवाहिरलाल, लाला लल्लूमल, लाला शालिग्राम और लाला फूलचन्द, तथा श्रीयुत जोग, तथा समस्त-प्रयत्नशीलों की सच्चे हृदय से प्रशंसा करते हैं।

किन्तु कानपुर की सफलता के साथ ही हमारा ध्यान कांग्रेस की कार्यवाही की ओर जाता है। प्रस्तावों की प्रशंसा का पुल बाँधिये तो, राष्ट्र का समर्थन प्रगट करने के लिए, दक्षिण अफ्रीका की सहायता का, बंगाल के नजरबन्दों और कैदियों और सिक्ख कैदियों को छोड़ने के मि० सेन गुप्ता और लाला लाजपतराय के प्रस्ताव, कांग्रेस में हिन्दी भाषा में कार्यवाही किए जाने का प्रस्ताव राजनैतिक कैदियों की सहायता का प्रस्ताव और सब से लम्बा-चौड़ा पण्डित मोतीलालजी का देश के कार्यक्रम का प्रस्ताव; ये सब हैं 'अच्छे ही', किन्तु हमें नहीं दीखता कि इन प्रस्तावों के लिए, समूचे देश का इतना रुपया, कानपुर और युक्त प्रदेश की इतनी ताकत, और देश के लोगों का इतना समय और शक्ति बरबाद होनी चाहिए थी। सच बात तो यह है कि लोग कानपुर से कुछ भी लेकर नहीं लौटे। यदि किसी करने लायक कार्य की, पण्डित मोतीलाल जी के प्रधान प्रस्ताव के बल पर कल्पना करे तो केवल यही है कि बारह महीने तक न स्वराजवादियों के न सारे देश के करने के लिए कोई विधायक या विनाशक कार्य है, केवल इसके सिवा कि आगामी कौंसिलों की चुनाई में लोग स्वराजवादियों के लिए मत दे आवें, और कौंसिलों में जाने वाले तथा उनके साथी लोगों को आज ही से इस बात के लिए उकसाते रहें कि कांग्रेस के नाम पर, कौंसिलों के लिए खड़े होने वाले स्वराजवादियों को ही मत दें। पण्डित मोतीलालजी के प्रस्ताव में आने वाला 'सत्याग्रह' शब्द, जो प्रस्ताव के पास होने का कारण है, हमें भय है कि निरा धमकी ही है, ऐसी धमकी, जिसे रखकर राष्ट्रीय सभा के प्रतिनिधियों से लाभ उठा लिया गया, किन्तु जिसे देकर सरकार से कोई लाभ नहीं उठाया जा सकता। कांग्रेस की सभा-नेत्री से जब 'कर्मवीर' का सम्वाददाता[1] खण्डवा स्टेशन पर मिला था, तब उन्होंने ग्राम संगठन की स्कीम के कांग्रेस में अवश्य आने की बात कही थी, और इस बात के लिए उन्हें धन्यवाद है कि उन्होंने अपने सभापतित्व के प्रारम्भिक भाषण में भी यह कहा—

"मेरी समझ में यह बहुत आवश्यक और महत्त्वपूर्ण प्रतीत होता है कि देशबन्धुदास के सुस्वप्न के अनुकूल ग्राम-संगठन की करणीय योजना तैयार की जाय। इसके लिए हमको चाहिए कि हम मिशनरी देश-सेवकों का एक दल बनाने का प्रयत्न करें। वे ऐसे हों जिनके आग लगी हुई हो और जो गृहस्थों के पुनीत भिक्षा के आधार पर जीवन-निर्वाह करते हुए अपनी तमाम भौतिक आवश्यकताओं से छुटकारा पा जाएँ। वे देश के एक कोने से दूसरे कोने तक आत्मनिर्भरता और आत्मसम्मान के मूर्तिमान चिह्न को—उस अतीत काल के सन्देश चर्खे और हल को—अपने-प्रचार का केन्द्रबिन्दु बनाकर घूमें। इसी से हमारे दुखिया

1. स्वयं माखनलालजी।

किसान दलनकारी व्यथा और भूख, अज्ञान और व्याधि के त्रास से मुक्त होंगे। ग्राम संगठन के कार्य के साथ ही साथ शहर में रहने वाले श्रमजीवियों के संगठन का काम आबद्ध है। उनका जीवन ऐसा है कि वे ऐसी अवस्था में रहने को बाध्य किए जाते हैं जिससे वे पतित और पाशविक वृत्ति के बन जाते हैं। रोटी के टुकड़े की फिराक में अपने गाँव के घरों को छोड़कर और इस प्रकार ग्राम की सुपरिचित जीवन प्रणाली और सामाजिक व्यवहार के स्थिर प्रभाव से विरहित वे लोग (शहरों में) दुराचार और दुर्गणों के प्रलोभनों के शिकार हो जाते हैं। हमारा यह प्रयत्न होना चाहिए कि हम उन्हें अच्छे घर और उपयुक्त मजदूरी दिलवावें तथा शुद्धतर वातावरण में रक्खें। हमें यह भी प्रयत्न करना चाहिए कि हम मजदूर और पूंजीपतियों में समरूप और न्याय सहयोग का भाव स्थापित करें क्योंकि यह दोनों (सम्प्रदाय) राष्ट्रीय उन्नति की बहुमूल्य सम्पत्ति हैं।"

किन्तु न पण्डित मोतीलालजी के विजयी, न मालवीय जी, श्री केलकर और श्री जयकर के आशातीत पराजित प्रस्ताव ही में, गाँवों के लिए, गरीबों के लिए, और देश की जनता के लिए कोई सन्देश था। केवल पं० मोतीलालजी के प्रस्ताव को पहली कलम में जहाँ विधायक कार्यक्रम का नाम लेकर, खद्दर, चरखा, जातियों में मेल, अछूतता का हटाना, गिरी हुई जातियों का उठाना और नशाबन्दी आदि लिखा हुआ है, वहीं 'And shall organise the villages' और गाँवों का संगठन—ये शब्द भी लिखे हैं, और हमें भय है जिस प्रकार स्वराज दल के—आज की कांग्रेस के जिम्मेवार—सज्जन, सूत नहीं कातेंगे, खद्दर पहिनने के पक्के व्रती न रह पायेंगे, अछूत, नशाबन्दी तथा अन्य प्रश्नों को भूल जाएँगे उसी प्रकार उन्हें और उनके केनवासिंग एजेण्टों को, वोट माँगने जाने के सिवा अन्य समय, देश के ग्रामीणों से मिलने का अवसर नहीं मिलेगा; तब ग्राम संगठन क्योंकर होगा? तब हमारे विचार से 'वोट देने' के प्रस्ताव के लिए, इतनी तैयारी, इतना धन, इतनी शक्ति लगना हमारी समझ में नहीं आता। इस प्रस्ताव में सत्याग्रह और आत्मनिर्भरता का भी नाम लिया गया है। किन्तु हमें पूर्ण भय है कि कहीं ये दोनों मोहक शब्द भी, अपने पिछले इतिहास के तेज के बल पर; वोट-संग्रह का ही साधन न बनें। किन्तु इन सारी अवस्थाओं में भी हम सर्वथा निराशा का स्वप्न नहीं देखते। हम पण्डित मोतीलालजो और उनके साथियों को देश-घातक या बुरे उद्देश्य वाले नहीं समझते। हम यह मानते हैं कि ऐसी परिस्थितियाँ आ सकती हैं, जब नेहरू जी, और सब स्वराजवादी मित्र इस बात का अनुभव और उसके बाद निश्चय करें कि "दरबार की जाँच हो गई अब देश के चरणों की ओर चलो।" किन्तु "सत्याग्रह के लिए देश तैयार नहीं" यह बेसुरी तान छेड़कर, कांग्रेस के प्रस्ताव ने अपना सम्बन्ध उस निरुत्साहित परंपरा से जोड़ दिया है, जिसने देश की आत्मनिर्भरता छोड़कर

कौंसिलों की ओर जाने के लिए विवश किया और जिस वाक्य की ओट में सदा दिये हुए वीरतापूर्ण वचनों से दूर खड़े होने का अवसर कमजोरों को मिलता गया। हमारा तो यह विश्वास है कि यद्यपि सर्वथा जुड़े हुए हाथों वाला उत्तरदायी सहयोगी होने की मालवीयजी, श्री केलकर और श्री जयकर के प्रस्ताव वाली कसम देश ने नहीं खाई तो भी वह संसार के सन्मुख अपना बल, तेज और कार्य कायम रखने में इस वर्ष भी असफल रहा। हाँ, इन निराशाओं के बीच, आशा के बलवान बीज तिलक नगर के वायुमण्डल में थे, उनमें से एक का पता तो महात्मा गांधी के उस भाषण से चलता है, जो उन्होंने दक्षिण अफ्रीका के प्रस्ताव पर दिया था, जिसमें उन्होंने कहा था—"हमने खेड़ा जिले के बोरसन ताल्लुके में और राष्ट्रीय झण्डे के लिए नागपुर में, आज से प्रथम यशस्वी सत्याग्रह किये है और अब भी यदि भारत के हिन्दू और मुसलमानों ने अपनी विश्वासपात्रता साबित करके कह दिया कि हम सत्याग्रह के लिए तैयार हैं तो इस (दक्षिण अफ्रीका के—सं०) प्रश्न के लिए भारत में भी सत्याग्रह करने के लिए मेरी तैयारी है। इस प्रयत्न से, मेरे हृदय में नवजीवन उत्पन्न होगा।" इस उद्धरण के पिछले वाक्य से यह स्पष्ट साबित होता है कि यदि महात्मा गांधी आज स्वराज दल के किसी प्रस्ताव का समर्थन कर रहे हैं तो वह मरे मन से। उन्हें तो देश की आत्मनिर्भरता ही में नवजीवन प्राप्त होगा। बाबू श्यामसुन्दर चक्रवर्ती ने महात्मा गांधी की वर्तमान करुणापूर्ण मनोदशा का चित्र खींचते हुए कहा था, मैं तो महात्मा जी के उसी तेजपूर्ण स्वरूप को मस्तक झुकाने को तैयार हूँ। उन्होंने गोस्वामी तुलसीदास जी के वृन्दावन जाने की कथा को, गांधी जी पर घटाते हुए कहा—"तुलसी मस्तक तब नवै, धनुष बाण लो हाथ।" इस बात के सिवा, असफल देश के बीचोंबीच, हमें सफल तेजस्वी तन्तुओं के दर्शन हुए हैं, जिनकी चर्चा हम समयानुसार करेंगे। हाँ यह सच है कि कानपुर अपने कांग्रेस महायज्ञ के पूर्ण करने में वीरतापूर्वक सफल हुआ, और देश इस वर्ष भी असफल। हम कांग्रेस की सफलता के हामी हैं, हमारा उद्योग होगा कि देश का वर्तमान अधूरा और कमजोर निश्चय भी शत्रु से पराजित न हो, किन्तु हमें कम दुःख नहीं कि देश आत्मनिर्भरता का स्पष्ट और वीर निश्चय न कर सका।

[2 जनवरी, 1926]

राजनैतिक कैदी सम्मेलन

राजनैतिक कैदी सम्मेलन 28 दिसम्बर को कानपुर में हुआ। उपस्थिति अच्छी थी। देश के लिए जेल गये हुए बहुत से लोग आये थे। उपस्थित सज्जनों

का स्वागत करते हुए स्वामी कुमारानन्द ने कहा कि यदि महात्मा गांधी अहिंसा को पूर्ण रूप से स्थापित करने में सफल हो जाते तो कदाचित भारत को स्वराज्य की आवश्यकता ही न रह जाती। असहयोग आन्दोलन के असफल हो जाने का कारण यही था कि वह कार्यक्रम पीड़ित भारत के लिए नहीं था। असहयोग एक ऐसा धार्मिक आन्दोलन था जो राजनैतिक कार्यक्रम से छू तक न गया था। असहयोग आन्दोलन ने अपना ही प्राण लेने वालों (स्वराजियों) को जन्म दिया। कांग्रेस मरणोन्मुख है। 1921 में सरकार को जो चुनौती दी गयी थी उसका क्या हुआ? हमारा इतना कष्ट भोगना क्या व्यर्थ ही जायेगा? काकोरी रेल-डकैती के आधार पर युक्त प्रान्त की सरकार के काला कानून जारी करने की किंवदन्ती यदि सत्य हुई तो सारे राजनैतिक कैदियों का कर्त्तव्य होगा कि वे स्वतन्त्रता के सैनिकों के कष्टों में हाथ बँटाने के लिए एकता के सूत्र में बँध जायँ।

सभापति का भाषण

अनन्तर सम्मेलन के सभापति स्वामी गोविन्दानन्द ने आरम्भ ही में इस भ्रम को दूर करते हुए कि यह एक डाकुओं तथा राष्ट्र विप्लवकारियों का सम्मेलन है, कहा कि "यह सम्मेलन उन लोगों का है जो भारत को स्वतन्त्र करने के लिए अपना रक्त बहाने को भी तैयार हैं। हम लोग 1921 के कार्यक्रम के स्थगित होने को राष्ट्रीय अपमान समझते हैं और चाहते हैं कि उसका पुनः ग्रहण हो। 'पहले स्वतन्त्रता और पीछे एकता' यह हमारा सिद्धान्त है। सारी राजनैतिक भूलों तथा दुर्घटनाओं का कारण है हिन्दू मुसलिम एकता के पीछे व्यर्थ पड़े रहना। स्वराज्य का मार्ग जेल होकर गया है। राजनीति तथा राजनीतिज्ञों की हमें आवश्यकता नहीं है, हमें आवश्यकता है स्वदेशानुराग तथा स्वदेशानुरागियों की। स्वराज्य-प्राप्ति का एक मात्र साधन सत्याग्रह है। बम, चरखा या कौंसिल की वक्तृता स्वराज्य नहीं दिला सकती।

मुझे वह समय याद है जबकि हम लोग केवल सरकार द्वारा ही नहीं सताये जाते थे बल्कि राष्ट्र भी, जिसकी स्वाधीनता के लिए हम दिलोजान से लड़ रहे थे, अवज्ञापूर्वक हमारा दमन करता था और हमें राजनैतिक अछूत कहकर दूर-दुराता था। बिना हिचकिचाये हुए हम उस मंजिल को तय कर चुके। 1917 में कांग्रेस का ध्यान हम लोगों की ओर आकृष्ट हुआ और कांग्रेस ने एक निश्चय में नजरबन्दों को मुक्त करने की माँग पेश की। पर उस समय भी हम लोग राष्ट्र-निर्माता नहीं समझे जाते थे। यह सब कुछ होते भी हम लोग इस विश्वास से देश-सेवा करते रहे कि स्वराज्य के मार्ग में जलियाँवाला बाग की भीषणताओं का अवश्य ही सामना करना होगा। महात्मा जी ने इस ओर लोगों का ध्यान आकृष्ट कराया पर आपको भी पिछली कांग्रेस (बेलगाँव की कांग्रेस) में अपने

आन्दोलन को स्थगित करना पड़ा। राजनैतिक कैदियों तथा उनके परिवारों के सहायतार्थ पेश किया हुआ प्रस्ताव अस्वीकृत हो गया। यह अस्वीकृति बारडोली के प्रस्ताव से अधिक दुःखद तथा बंगाल के काले कानून से अधिक कठोर थी। सरकार ने बाध्य होकर जो कुछ दिया है वह हमारे बलिदान का ही फल है। कांग्रेस इस बात को स्वीकार करने में भी हिचकिचाती हैं। पूंजीपतियों के सदृश, जो मजूरों के अधिकारों की अवहेलना करके उनके परिश्रम से अपना पेट भरते हैं, कांग्रेस भी हमारे परिश्रम से प्राप्त फल को हड़पना चाहती है। यह कांग्रेस की स्वार्थपरता मात्र है। यदि अब भी कांग्रेस हमें स्वीकार न करे तो मैं यही सलाह दूंगा कि राजनैतिक कैदी स्वतः संगठन करे। आत्म-बलिदान के महत्व को पहले हम हृदयंगम कर लें और अन्त में विजय-फल का आस्वादन करें।

काकोरी रेल-डकैती के मामले का अथवा बंगाल के काले कानून का विरोध करना व्यर्थ है। सरकार ने तो कह ही दिया है कि "यदि तुम हमारा उच्छेद करने के लिए कटिबद्ध हो तो हम भी तुम्हारे नाश पर तुले हुए हैं।" इसलिए सम्मेलन का यह कर्तव्य है कि वह अपने देशप्रेमियों को अपमान तथा नाश से बचाने के लिए कुछ उपाय सोचे। काकोरी रेल-डकैती के सम्बन्ध में युक्त प्रान्त की सरकार को कुछ अभियुक्तों को छोड़ देना पड़ा है। मेरा विश्वास है कि युक्त प्रान्तीय सरकार शीघ्र ही काले कानून की माँग पैदा करेगी और प्रान्त के गाँव-गाँव तथा झोंपड़ी-झोंपड़ी में कृत्रिम डाकू, हत्यारे और अराजक समितियाँ निर्माण की जायेंगी और यह किसलिए?—"भारत के सत्यप्रिय पुत्रों तथा सेवकों को ब्रिटिश कारागृहों में जीवित समाधि देने के लिए।"

राजनैतिक स्वतन्त्रता कौंसिल या चरखे से नहीं मिल सकती। भारतीयों को स्वतन्त्रता का उचित मूल्य देना होगा। देश-सेवी अंग्रेजों ने लड़कर इस देश को लिया है और जब तक वे भारतीयों से उतना ही त्याग तथा बलिदान न करवा लेंगे वे कदापि न दबेंगे। यदि ब्रिटेन ब्रिटिश साम्राज्य के संकुचित भाव को छोड़ दे तो भारतीय इस साम्राज्य में रहने के लिए हर्ष से तैयार हो जायेंगे।

दूसरे देशों में पड़े हुए भारतीय राजनैतिक कैदियों में से कुछ को तो भारत लौटने के लिए पासपोर्ट नहीं दिया जाता और कुछ को दिया जाता है और कुछ कैदियों की जायदाद जब्त कर ली गयी है; जिससे उनके आश्रित भूखों मर रहे हैं। बिना स्वतन्त्रता प्राप्त किए उनको पुनः भारत में लाना तो असम्भव है पर उनसे सम्बन्ध जोड़ना सम्भव हो सकता है। विदेशों में भारतीय राजनैतिक आन्दोलन का दूत कार्य वे कर सकते हैं, इसलिए इस सम्मेलन का एक विदेशी दफ्तर भी स्थापित करना चाहिए जो विदेशों में पड़े हुए इन देशवासियों से लगाव रखे। विदेशस्थ पीड़ितों का यह भी कर्तव्य होगा कि वे हमें परिवर्तित परिस्थिति के अनुकूल कार्य करने की उचित सलाह वहाँ से बराबर देते रहें।

[9 जनवरी, 1926]

हिन्दोस्तानी सेवा-दल : राष्ट्रीय सेना

स्वयंसेवक या सिपाही

'सिपाही' कितना प्यारा शब्द है। वह देश धन्य है जिसके अपने सिपाही हों; जिसके अपने सिपाही न हों वह 'देश' ही नहीं कहा जा सकता। सिपाही का बाना त्याग, अनुशासन और सेवा का बाना है। देश की जरूरत के समय सिपाहियों की माँग की जाती है, और उस समय हजारों तरुण अपने काम छोड़-कर, मातृ-सेवा के लिए चल पड़ते हैं। आजाद देशों के सिपाही अधिकार सीमा को बढ़ाने, और अपने देश का गौरव बढ़ाने और उसकी रक्षा करने के काम आते हैं, पराधीन देशों के सिपाही अपनी आजादी प्राप्त करने और अपने देश के काम खुद करने के काम आते हैं। हमारे देश के लोगों से ब्रिटिश राज्य की छत्रछाया में हथियार छीन लिए गये। और उस हथियार-हीन अवस्था का यह फल हुआ कि हम हथियार और सिपाही का नाम सुनकर काँपने लगे। किन्तु हमारी सभा और जुलूसों में हमें अपने सिपाहियों की जरूरत होती थी वे **स्वयंसेवक** के रूप में, सभा का प्रबन्ध करते और सभा-संयोजकों की आज्ञा पालन करते नजर आते थे। किन्तु उन स्वयंसेवकों से सभा वालों की जरूरत के समय ही सम्बन्ध होता था, उसके बाद स्वयंसेवक भुला दिये जाते थे। इसके सिवा, स्वयंसेवकों को कोई तालीम नहीं दी जाती थी, वे एकदम काम पर जोत दिये जाते थे; और केवल सेवा और मातृभूमि के प्रेम की भावना से प्रेरित होकर वे काम करते थे। कांग्रेसों और कान्फरेन्सों में सैकड़ों युवा अपने विमल तारुण्य और उठते हुए बल को लेकर स्वयं सेवा करते थे। इसके पश्चात् **लड़ाई का युग** आया। देश में आन्दोलन ने जोर पकड़ा और बंगाल में स्वदेशी आन्दोलन सिर पर आया। तरुण उमड़े और मार्ग प्रदर्शन के अभाव में वे विद्रोह या जिस दिशा में भी जाने की मनोवृत्ति रखते थे, चल दिये। देश की सरकार ने उन्हें अंग्रेजी सिंहासन और मुकुट का दुश्मन समझकर कुचल डाला, और देश के नेताओं और देशवासियों ने 'विद्रोही' कहकर उन्हें भुला दिया। वे अपनी दुर्दशा स्वयं भोगने के लिए छोड़ दिये गये। क्यों ?—उन्हें देश-प्रेम पर उभाड़ा गया था, किन्तु उन्हें स्पष्ट रूप से संगठित नहीं किया गया था। किन्तु फाँसी, कालापानी और जेलखानों की तंग कोठरियों में सड़ने, मरने और परिवारों के समेत बरबाद होने के बाद भी, क्या देश के तरुणों ने सेवा का व्रत छोड़ा नहीं; जिस समय माँग हुई, भारतीय तरुण सामने आ गये। असहयोग आन्दोलन अनुशासन का आन्दोलन था। उसमें तरुणों की माँग की जाते ही, बम और पिस्तौल वाले भी अपने नाशक साधन फेंककर अहिंसा के व्रती बनकर सेवा में आ गये। उन्होंने हजारों की तादाद में अहिंसात्मक अहमदाबाद के प्रतिज्ञा-पत्र पर हस्ताक्षर किये और हँसते-हंसते जेल

चले गये। देशबन्धुदास ने कलकत्ते में माँग की और ब्रिटिश राज्य की उस जबर्दस्त महागनरी में महान् हड़ताल हो गई। यह देश के बिना तालीम पाये हुए तरुणों का उद्योग था।

झण्डा सत्याग्रह की घोषणा हुई और हजारों युवा, देश के कोने-कोने से मध्य प्रदेश की जेलों को भरने लगे। न उनके मुँह पर लाली थी, न हाथ में हथियार न किसी सरकारी आदमी को कुचलने की अभिलाषा। किन्तु यह सब कुछ बिना तैयारी के हुआ था। तरुणों को कोई तालीम नहीं दी गई थी। और उसका **बुरा परिणाम क्या था ?**

यह, कि बिना जरूरत रास्ते चलते कई लोग जेल में चले गये, जेल में जाकर बहुतों ने केवल चाय या तम्बाकू न मिलने या केवल रात को मच्छर काटने से माफी माँग ली, अपनी सेवा को देश पर अहसान समझने लगे। नागपुर के झण्डा सत्याग्रह में, जब अंक देखे गये तब मालूम हुआ कि कोई दो हजार स्वयंसेवकों में 500 के लगभग स्वयंसेवकों ने माफी माँगकर या मुचलका लिखकर अपने घर का रास्ता लिया था। क्यों ? इसलिए कि उनका शरीर, उनकी आराम की इच्छा, और उनकी सुख की कल्पना उनकी देश सेवा की भावना का साथ नहीं दे सकी। क्या वे तरुण बेईमान थे ? नहीं, उन्हें सब कुछ सहने की तालीम नहीं दी गई थी। इधर देश में जागृति होने, और स्वराज्य की कल्पना के घर-घर पहुँचने मे हमारी सभाएँ और कांग्रेस जनता की चीज हो गई थी किन्तु प्रबन्ध के अभाव में वे हुल्लड़ का स्वरूप धारण कर लेती थीं। इन्तजाम न होने और उभड़ उठने पर तो इंग्लैंड, अमरीका आदि खूब पढ़े-लिखे देशों की जनता भी हुल्लड़बाज और 'लाठी-कुरसी फेंक' हो जाती है, तब डेढ़ सौ वर्ष के ब्रिटिश शासन में 95 फीसदी मूर्ख रखी हुई हमारे देश की जनता का क्या कहना है। इधर हमारे स्वयं-सेवकों को पहरे पर खड़ा किया जाता, और 8 या 12 घण्टे की ड्यूटी दी जाती तो वे उसे लगातार निबाह न सकते। लोग,—और केवल विदेशी शासक ही नहीं, हमारे देश के हम से भिन्न विचार रखने और सरकारी दामन की छाया में जाने वाले लोग भी, हमें ताने करते थे—"सभा का इन्तजाम नहीं कर सकते, देश का इन्तजाम करेंगे।" "चाय तम्बाकू नहीं छोड़ते, ये देश पर प्राण छोड़ेंगे ?" "ये अपने देशवासियों का मन और शरीर अपने इन्तजाम में नहीं कर सकते, ये विदेशी सरकार का हृदय बदलेंगे ?" "अपने नेताओं का हुकुम नहीं मानते, स्वराज की सरकार का हुकुम मानेंगे ?—ये केवल ठोकरों और दमन ही से मानेंगे।" "भारतीय सभाएँ हुल्लड़शाही हैं, भारत के पढ़े-लिखों का उन पर कोई असर नहीं। वे इन्तजाम करना ही नहीं जानते।" "जो कांग्रेस के झण्डे के नीचे आ जाय वही उसका सिपाही।...उसे चन्दा उगाहने को मिलेगा, माल खाने को मिलेगा, नेता बनने को मिलेगा, फिर वह चाहे नीति-भ्रष्ट, दुराचारी और कुछ

काम न करने वाला ही क्यों न हो।"

ये और इसी तरह के कितने ही इलजाम थे, और असगठित होने से हमारे आंदोलन असफल हो रहे थे सो अलग।

नागपुर जेल के कमरों में कुछ नेताओं ने राष्ट्र के नवयुवकों की कमजोरी और राष्ट्र की महाहानि को देखा और राष्ट्रीय स्वयंसेवक संगठन की आवश्यकता अनुभव की। नागपुर का झण्डा सत्याग्रह खत्म होते ही, देहली कांग्रेस के मैदान के झाड़ों के नीचे बैठकर श्री नीलकंठरावजी देशमुख, डा० हार्डिकर, पण्डित जवाहरलाल, श्री मणिलाल देसाई, डा० चन्दूलाल, पं० माखनलाल चतुर्वेदी, श्रीयुत देव और कुछ लोगों ने मिलकर, कोकोनाडा कांग्रेस के समय, सन् 1923 के दिसम्बर में प्रथम अखिल भारतवर्षीय स्वयंसेवक परिषद् करनी निश्चय की। बस देश के सिपाहियों के संगठन, देश के स्वयंसेवकों के दिशा-दर्शन का यह छोटा-सा प्रारम्भ था। उस प्रथम कानफरेन्स के सभापति पण्डित जवाहरलाल जी नेहरू थे, जिन्होंने अपने भाषण में अनुशासन और तैयारी पर ही अधिक जोर दिया। उस समय तक कांग्रेस का प्रबंध यद्यपि स्वयंसेवक करते थे किन्तु हिन्दोस्तानी सेवा दल के हाथ में न था। कोकोनाडा की कांग्रेस ने, इस स्वयंसेवक-संगठन को अपनाया और कोकोनाडा कांग्रेस में यह प्रस्ताव पास किया—"इस कांग्रेस का मत है कि भारत के लोगों को अनुशासन की तालीम देने और कांग्रेस द्वारा निश्चित रास्तों के अनुसार राष्ट्रीय सेवा का कार्य चला ले जाने के लिए एक तालीम पाए हुए और अनुशासित दल की जरूरत है। इसलिए यह कांग्रेस अखिल भारतीय स्वयंसेवक मंडल की स्थापना का स्वागत करती है और (कांग्रेस की) वर्किंग कमेटी को आज्ञा देती है कि इन्तजाम के मामले में इस स्वयंसेवक मंडल को पूरी भीतरी आजादी देते हुए इस अखिल भारतीय स्वयंसेवक मंडल के सज्जनों के साथ सहयोग करते हुए, राष्ट्र के लोगों को व्यवस्था और अनुशासन की तालीम दे, और इस स्वयंसेवक संस्था को सहायता दे तथा उसका नियन्त्रण करे।" गरज यह कि कोकोनाडा कांग्रेस में, अहिंसावादिनी कांग्रेस ने, अपना सेवा विभाग, अखिल भारतीय स्वयंसेवक संघ के रूप में, खोलने की घोषणा की। उसी का नाम है—हिन्दोस्तानी सेवा दल। कांग्रेस के इस सेना विभाग ने गत तीन वर्षों में उन्नति करके गत वर्ष बेलगाँव की और इस छः वर्ष की कानपुर की कांग्रेस में अपनी सेवाएँ दिखा दीं। इसके सेनापति और अफसरों की सेवाओं के बल पर, भारतीय राष्ट्रीयता का महामेला तिलक नगर व्यवस्था में रह सका। इस दल की शाखाएँ प्रत्येक प्रान्त में और प्रत्येक शहर में खुलने को हैं। देश के तरुणों को चाहे वे गरीब हों या अमीर, शहरी हो या देहाती, पढ़े हों या बेपढ़े, सिपाही बनकर मातृभूमि की सेवा करने की लगन होना स्वाभाविक है। किन्तु 'सिपाही' की जिम्मेदारी और कठिनाई भी जाननी चाहिए।

कोकोनाडा कांग्रेस में, हिन्दुस्तानी सेवा का दल ने अपने नियमादि बनाये और अपनी स्वयं-सेवा के संगठन का प्रयत्न किया । और बेलगाँव कांग्रेस में स्वयं-सेवकों का पूरा इन्तजाम हिन्दुस्तानी सेवा दल के जनरल सेक्रेटरी और प्रधान अफसर तथा दल के तैयार और अनुशासित अफसरों को दिया गया। कानपुर कांग्रेस में भी, डा० हार्डिकर, तथा दल के अन्य ट्रेंड और डिसिप्लिण्ड—तैयार और अनुशासित अफसरों ने समूचे तिलक नगर की व्यवस्था अनोखे ढंग से की।

सम्पादकीय टिप्पणियाँ

अफगानिस्तान

पिछले दिनों अफगानिस्तान के सुधार की चर्चा प्रायः सीमान्त प्रदेश के अंग्रेजी अखबारों में प्रकाशित होती रही है। इस चर्चा का तार अभी टूटा नहीं है। जब से अफगानिस्तान ने अंग्रेजों के साथ बराबरी का सुलहनामा कर लिया है, तब से अफगानिस्तान का शासन, उसकी फौज, उसकी शिक्षा, उसकी कला, उसके उद्योग धन्धे आदि सभी बातें तरक्की करती हुई बतलाई जाती हैं। विगत सप्ताह सोवियट सरकार की मातहती में शासित प्रजातंत्र ने आक्सस नदी के किनारे की अफगान भूमि पर कब्जा कर लिया। नदी के प्रवाह के हट जाने से ही यह जमीन प्रजातंत्र के अधीन हुई थी; किन्तु अफगान सरकार उक्त जमीन को छोड़ने से इनकार करती रही। सोवियट सरकार ने अफगानी अफसरों को उस 13-14 मील के टुकड़े से हटाया और अपना अधिकार जमाया। इसी झगड़े को लेकर सोवियट और अफगानिस्तान में मनमुटाव होने की बात उत्तर प्रान्तीय अंग्रेजी पत्रों ने प्रकाशित की थी। पिछले सप्ताह अमीर अफगानिस्तान के कुछ भाषणों का सारांश भी प्रकाशित हुआ है। एक भाषण में अमीर साहब ने अपनी हिन्दू प्रजा के अधिकारों की रक्षा की बात कहते हुए कहा था कि रुपयों के लालच से कोई व्यक्ति अपना धर्म परिवर्तित न करे। कुछ समय पहले अहमदिया मुसलमानों के साथ अफगानिस्तान में जो क्रूर व्यवहार किया गया था, उसकी खबरें भी इन्हीं पत्रों ने प्रकाशित की थी; परन्तु गत वर्ष से इनका दृष्टिकोण बदला हुआ दिखाई दे रहा है। सोवियट रशिया से जितने झगड़े अफगानिस्तान करेगा उनके लिए सहानुभूति प्रगट करने का नीम-सरकारी मार्ग यही है कि 'पायोनियर' जैसे पत्र अफगानिस्तान के सुधार की चर्चा समय-समय पर अपने कालमों में करते रहे। हम मानते हैं कि स्वाधीन अफगानिस्तान तरक्की कर रहा है, परन्तु उसकी तरक्की की छनी हुई खबरें जो 'पायोनियर' या 'सिविल मिलिटरी गजट' जैसे नीम-सरकारी पत्रों में प्रकाशित होती हैं उनका उद्देश्य वह नहीं है जो प्रगट रूप से मालूम होता है।

राजनैतिक कैदी

जो राजनैतिक कैदी बिना किसी तरह की अदालती जाँच के बंगाल और पंजाब की जेलों में सड़ाये जा रहे हैं, उनकी मुक्ति तथा भारत सरकार की वक्र-दृष्टि के कारण जिन देशभक्तों को विदेशवास स्वीकार करना पड़ रहा है उनके प्रत्यागमन की अनुकूलता प्रदर्शित करने वाला प्रस्ताव लेजिस्लेटिव असेम्बली ने गत 26 जनवरी को पास किया। सहानुभूति-शून्य विदेशी सरकार की तरह भारत सरकार के गृह सचिव सर अलेक्जैण्डर मुडिमैन महाशय ने उक्त प्रस्ताव का विरोध किया किन्तु बहुमत के कारण वह असेम्बली में पास हो गया। प्रस्ताव का पास किया, जाना भारतीय नरम-गरम, सभी तरह के लोकमत का निदर्शक जरूर है, परन्तु ऐसे प्रस्तावों को सरकार द्वारा मनवा लेने की जो शक्ति आवश्यक है, उसके बिना असेम्बली का इस तरह का प्रयत्न 'अरण्यरोदन' हो जाता है।

संकट किसानों के सिर पर

भारत के बड़े लार्ड रीडिंग महोदय ने, गत 20 जनवरी को, भारतीय धारा सभा—लेजिस्लेटिव असेम्बली—की बैठक प्रारम्भ होने के समय जो भाषण दिया उसमें उन्होंने देश की कृषि की जाँच के लिए एक रायल कमीशन नियुक्त होने की घोषणा की। हमारी नम्र समझ से तो इस घोषणा का अर्थ, उस घोषणा से भिन्न नहीं है, जो ईस्ट इण्डिया कम्पनी ने, बंगाल के जुलाहों की रक्षा के लिए की थी। जिसमें यह कैद थी कि प्रत्येक जुलाहा ईस्ट इण्डिया कम्पनी के कारखानों में बुनने का काम करने के लिए विवश हो, और जिसका परिणाम यह हुआ था कि कम्पनी के नौकरों की क्रूरता से तंग आकर बंगाल के जुलाहों ने अपने अँगूठे काट डाले थे, और भारत का कपड़े का व्यापार देश से खत्म हो गया था। हम अपने सौभाग्य को सराहेंगे, यदि रायल कमीशन से ऐसा ही कोई संकट हमारे देश के किसानों के सिर पर न आय। हम यह नहीं कहते कि कपड़े की व्यापार की तरह यहाँ की किसानी छीनकर, सरकार विलायत ले जायेगी, और मेनचेस्टर के कारखानों से कपड़े की तरह गल्ला भी भारत में आने लगेगा। किन्तु हमें कई गम्भीर चिन्ताएँ हैं। सब से पहला सन्देह तो हमें, वाइ-सराय के भाषण के उस हिस्से से होता है, जिसमें यह कहा गया है कि "जमीन की मालिकी किसानों के जमीन का किराया देने की पद्धति, मालगुजारी और नहरों के पानी का लगान, और भारत सरकार तथा प्रांतीय सरकारों की आजकल की विभाग-रचना पर विचार करना, इस मुकर्रर होने वाले खेती के रायल कमीशन

की सीमा से बाहर है।" वाइसराय के भाषण का यह अंग, न केवल किसानों की और देश के उत्थान की समस्त आशाओं ही पर पानी फेर देता है, किन्तु वह सरकार की नीयत पर भी गहरे सन्देह पैदा करता है। यह प्रश्न किसानों के जीवन-मरण का सवाल है, और है देश-भर के जीवन-मरण का सवाल भी।

देहातों में रहने वाले किसानों का यह भोला खयाल है कि वे अपनी-अपनी जमीन के मालिक हैं। उन्होंने अपने प्रयत्नों से, और उनके बाप-दादाओं ने अपने उद्योग से जो जमीन कमाई थी, वह उनकी ही जमीन है। चूँकि राज्य की उस जमीन की रक्षा कानून के द्वारा सरकार करती है, इसलिए वह जमीन की रखवारी के रूप में लगान वसूल करती है। यही समझ, घर-घर में किसानों की हो रही है। किन्तु यह कल्पना उनकी गलत है। केवल बंगाल के उस हिस्से में जहाँ इस्तमरारी बन्दोबस्त है, जमीन के मालिक जमींदार हैं, किन्तु जहाँ अस्थायी बन्दोबस्त है, और वह हर 20वें या 30वें साल बदलता रहता है, वहाँ जमीन की मालिक सरकार है और किसान केवल उस जमीन का किरायेदार है। जब किसानों की भलाई के लिए खेती का रायल कमीशन मुकर्रर किया जाता है, तब यह उम्मीद होना स्वाभाविक है कि शायद यह कमीशन किसानों को जमीन के किरायेदार की अवस्था से उठाकर, सरकार को सूचित करे कि किसानों को जमीन का मालिक घोषित किया जाय। किन्तु यह खयाल गलत है। लाट साहब कहते हैं कि इस कमीशन का यह काम न होगा कि वह इस बात पर बहस करे कि जमीन का मालिक कौन है। इसका मतलब यह है कि जमीन की मालिक सरकार ही रहना चाहती है, वह किसान को जमीन का मालिक करार दिया जाय या नहीं, इस बात पर विचार भी नहीं करना चाहती। अतः जमीन के मालिक की हैसियत से नहीं, जमीन के किरायेदार की हैसियत से किसान से बातें करना चाहिए और किसानों को भी अपनी यह अवस्था खूब समझ रखना चाहिए।

तब दूसरा गंभीर सवाल यह उठता है कि सरकार देशभर से जो कर वसूल करती है उसमें 100 में 90 रुपया किसानों से वसूल किया जाता है। और किसानों की अवस्था लगातार बिगड़ती जाने पर भी देश-भर में तीसवें साल और मध्य प्रदेश में तो हर बीसवें साल लगान बढ़ा दिया जाता है। इसके सिवा अन्य प्रकार के लगान देने वालें को सुविधा है कि उनसे 1000 या 2000 हजार से ऊपर की आमदनियों पर लगान लिया जाता है किन्तु किसान ऐसा प्राणी है जिसके पास यदि एक एकड़ का पिछवाड़ा है, और यदि उसमें वह मकई बो देता है, तो 4 रुपये साल की पैदा होने वाली मकई पर भी उसे टैक्स देना पड़ेगा। गरज यह कि न्याय और दया का कोई हिस्सा, टैक्स वसूल करते समय किसान के हिस्से नहीं पड़ता। देश के अर्थशास्त्री पुकार कर रहे हैं कि देश में आधे किसान

आधे पेट रहकर दिन गुजारते हैं और उनकी आमदनी का आधा हिस्सा टैक्स में वसूल कर लिया जाता है। नतीजा यह होता है कि फी आदमी के पास खाने को 7.50 रुपये रोज भी बच नहीं पाता। एक तो देश के सारे रोजगार विदेशियों को देकर किसानी पर जीने वालों की तादाद देश में 74 फीसदी बढ़ा दी गई है, जो सन् 1890 में 59 फीसदी थी। सर जेम्स केअर्ड ने तो उसी समय कहा था कि सरकारी लगान बढ़ाने की पद्धति के कारण 12 करोड़ देहाती बेकारी की जिन्दगी बिता रहे हैं। आज जब किसानी पर जीवन बिताने वालों की तादाद 74 से ऊपर है, तब यह सहज ही जाना जा सकता है कि आज देश में बेकार जिन्दगी बिताने वालों की तादाद है। हिसाब से यह चलता है कि किसानी के धन्धे में जीवन बिताने वालों की तादाद, गत मर्दुमशुमारी के हिसाब से देश में 22,41,09,190 है जिसमें 9 करोड़ 50 लाख के लगभग आदमी खेती का काम करते हैं और 13 करोड़ के लगभग लोग, बेकारी से किसानी करने वाले गरीबों पर भारभूत हो रहे हैं। यह मुकर्रर होने वाला रायल कमीशन किसानों का लगान घटाने की या लगान बढ़ाने या आगे की सिफारिश कर सकता, या लगान बढ़ाने के वर्षों की तादाद से 100 या 60 कर सकता, तब भी किसान इस कमीशन की ओर आदर भरी दृष्टि से देखते, किन्तु वाइसराय साहब ने तो यह स्पष्ट कह दिया है किसी वर्तमान लगान लेने की सरकारी प्रथा पर विचार करना इस कमीशन के अधिकार में नहीं होगा। इसका सीधा अर्थ यह है कि देश के नौकरशाह न पिछले लगान को कम करने के लिए तैयार हैं और न आगे ही अपने किसानों के खून चूसने की इच्छा पर कोई अंकुश लगने देना चाहते हैं। तब हम नहीं जानते कि कमीशन के ये भुस के लड्डू किस कीमत की चीज हैं। यहाँ तक कि सरकार नहरों के नियमों पर भी कोई सलाह नहीं चाहती है कि उसे कमीशन के द्वारा कोई यह सुझावे कि प्रान्तीय धारा सभा और प्रान्तीय संस्थाओं को, किसानों के मामले में कुछ करने का अधिकार मिले। तब यह निर्णय देना बिलकुल स्पष्ट है कि न किसानों को जमीन का मालिक बनाने के लिए वह लाट साहब का कमीशन होगा, न लगान कम करने के लिए, न यह सलाह देने के लिए कि आगे लगान न बढ़ाया जाय। तब यह कमीशन है किसलिए ?

श्रीयुत बी० जी० हार्निमन

न केवल भारतवासी ही, किन्तु हिन्दुस्थान देश पर प्यार करने वाले यूरुपियन और अंग्रेज भी कष्ट भोगते हैं। और उनके प्रेम की उत्तम परीक्षा वह दण्ड है, जो इन गोरे और ईसाई सज्जनों को, इस देश की गोरी ईसाई सरकार देती है। बम्बई क्रानिकल के भूतपूर्व सम्पादक श्रीयुत बी० जी० हार्निमन, जनरल डायर की गोलियों की बौछारों पर कुछ आक्षेपजनक लेख लिखने के कारण निर्वा-

सित किये गये थे। कुछ दिन हुए, इंग्लैण्ड से पासपोर्ट लेकर वे पेरिस गये और वहाँ से ब्रिटिश नागरिक के नाते किसी प्रकार भारत आ गए। इस सात वर्ष के निर्वासित हितकारी का मद्रास और बम्बई में खूब स्वागत हुआ और देश के नेताओं ने मि० हार्निमन के आगमन पर अपना आनन्द और प्रेम व्यक्त किया। इस सप्ताह श्रीयुत हार्निमन महाशय ने 'बम्बई क्रानिकल' का सम्पादन भार पुनः ग्रहण कर लिया, और उक्त पत्र के डाइरेक्टरों ने कह दिया कि पत्र की नीति निश्चित करने में सम्पादक महाशय सर्वथा स्वतन्त्र हैं। निर्वासन उनका कुछ भी न बिगाड़ सका। सम्पादन भार ग्रहण करते समय के उनके शब्द ये हैं—

"मैं नहीं सोचता कि इस समय किसी वचन की जरूरत है। 'क्रानिकल' दिन ब दिन आजादी के लिए लड़ने वाले, भारत के राष्ट्रीय तेज की वैसी ही गम्भीर किन्तु बिना झुकी भाषा में प्रकट होने वाली, आवाज होगी, जैसी कि वह—मेरे रहते और न रहते था। वह मनुष्यों और प्राणियों पर होने वाले अत्याचारों का उद्घाटन और विरोध जारी रखेगा; वह अत्याचारी या अत्याचारों का साथी गोरा हो या रंगीन। वह सरकारी पापों का उद्घाटन और विरोध करेगा फिर चाहे वे कौंसिलों, कचहरियों और शासन विभागों में कहीं भी किये जाय; ऐसे समय वह व्यक्तियों की पर्वा न करेगा।···क्रानिकल उन लोगों के लिए खुला होगा—जैसा कि वह था—जो, अपने कष्ट जाहिर करना चाहते हैं फिर चाहे वे कितने ही गरीब, और दबे हुए हों।" क्रानिकल के इन दो सप्ताहों में, अपना उत्तम स्वरूप प्रगट करना प्रारम्भ कर दिया।

[30 जनवरी, 1926]

रियासतें और ब्रिटिश राज्य

नाभा नरेश की पदच्युति के थोड़े ही दिन पश्चात् इन्दौर-जाँच कमीशन की नियुक्ति से ब्रिटिश-भारत की जनता का ध्यान भी रियासतों और ब्रिटिशों के संबंध की ओर आकृष्ट हो रहा है। नाभा नरेश की पद-च्युति अथवा इन्दौर जाँच कमीशन, दोनों ही मामले ऊपरी दृष्टि से केवल इसी बात के निदर्शक है कि यदि राजे-महाराजे अपने अधिकार मद से उन्मत्त होकर कोई भयंकर अपराध कर डालें तो सार्वभौम ब्रिटिश सत्ता उनकी जाँच कर सकती है, उनके पापों के प्रमाणित होने पर उन्हें गद्दी से उतार सकती है। परन्तु अधिक गम्भीरता से विचार करने और इन्दौर नरेश तथा नाभा-नरेश के विचारों की उड़ती हुई खबरों को ध्यान में रखने पर सार्वभौम सत्ता के इस हस्तक्षेप का दूसरा ही पहलू नजर आता है। कहा जाता है कि नाभा नरेश ब्रिटिश सत्ता की दया के गुलाम

होकर नहीं रहते थे। लोकमान्य तिलक अथवा महामना गोखले जैसे ब्रिटिश विरोधी देशभक्तों का वे सम्मान किया करते थे, उन देश भक्तों के विषय में आदरपूर्ण विचार प्रकट किया करते थे। कई लोगों ने उनकी पद-च्युति के समय भी कहा था कि ब्रिटिशों की शनि-दृष्टि नाभा नरेश पर उनके अपनी प्रजा अथवा पटियाला राज के साथ किये गये बुरे या भले कार्यों की वजह से नहीं पड़ी वरन उन्हें अपने देशवासियों के साथ सहानुभूति रखने के पाप के कारण ब्रिटिश सत्ता का ग्रास होना पड़ा। महाराजा साहब इन्दौर के प्रकट अथवा अप्रकार कार्यों से आज तक भारतीय देशभक्तों के किसी कार्य का विरोध प्रगट न हुआ। लार्ड रीडिंग के शासन काल में असहयोग के बलवान प्रवाह के उमड़ पड़ने पर, कई 'देशी' राजाओं के सार्वभौम सत्ता को प्रसन्न करने के लिए अथवा शायद सार्वभौम सत्ता द्वारा दबाये जाने पर, ऐसी-ऐसी अनर्गल बातें कहीं जिनकी उपमा सूर्य पर धूल फेंकने से ही हो सकती है। उस समय कहा जाता है कि, महाराजा साहब होलकर तटस्थ रहे। यदि अपने बन्धनों के कारण वे देशव्यापी स्वाधीनता की लहर के साथ न चल सके तो उन्होंने खुशामदी 'श्रीमानों' की तरह खद्दर-विरोध अथवा ऐसे ही छोटे-छोटे ओछे काम भी नहीं किये। तब कुछ लोगों का यह सन्देह उत्पन्न होना स्वाभाविक ही है कि कहीं वर्तमान कुदृष्टि की जड़ दो-तीन वर्षों पूर्व के समय में तो नहीं जमी थी?

संधियाँ और राजे-महाराजे

मराठों की अन्तिम सन्धि सन् 1818 में हुई बताई जाती है हिन्दुस्थान के अन्य राजे-महाराजे इसके पहले ही अंग्रेजों की तरह सार्वभौम सत्ता स्वीकार कर चुके थे। इन संधियों में राजा-महाराजाओं को Allies अथवा Dependants कहा गया है। बड़े-बड़े राजे-महाराजे ब्रिटिशों के 'दोस्त' थे। महाराजा मल्हार-राव होलकर के शासन काल में उनके प्रतिनिधि श्रीमान् तात्या साहब जोग तथा ब्रिटिश शासन के प्रतिनिधि ब्रिगेडियर जनरल सर जान मालकम के बीच में जो सन्धि हुई थी, उसमें ऐसी कोई बात नहीं है जिसमें सार्वभौम ब्रिटिश सत्ता को महाराजा होलकर के भले-बुरे कृत्यों की जाँच करने का अवसर मिले। परन्तु फिर भी यह बात सत्य है कि यदि ब्रिटिश-शासक, राजा-महाराजाओं को बाहरी आक्रमणों से बचाते हैं, तब उन पर यह जिम्मेदारी भी आ पड़ती है कि राजाओं द्वारा किये जाने वाले कुकृत्यों से देशवासियों की रक्षा करे। हम राजा-महाराजाओं के साथ किसी भी तरह की रियायत किया जाना उचित नहीं समझते। जन्म के संयोग से किसी राजकुल में पैदा होने वाले व्यक्ति को पाप-

पुण्य का उतना ही प्रायश्चित करना चाहिए जितना गरीब से गरीब मनुष्य को। मनुष्यता राजों-महाराजों और शक्तिशाली शासकों से ऊपर है। यही मनुष्यता राजों-महाराजाओं के साथ भी किये जाने वाले अन्याय का विरोध करने के लिए प्रेरित करती है। हमारे कई बन्धुओं ने इसी दृष्टि से इन्दौर जाँच कमीशन का विरोध किया है। आज तक के अहदनामों के अनुसार ब्रिटिश शासक महाराजा साहब इन्दौर की जाँच नहीं कर सकते; यही उनका कहना है। हम अपनी नीति इन कालमों में स्पष्ट कर चुके हैं। राजाओं द्वारा किये जाने वाले स्वेच्छाचारों का घोरतम विरोध करते हुए भी किसी देशी राजा का इसलिए दबाया जाना, अनुचित ही नहीं किन्तु विरोध किये जाने योग्य भी है, कि यह राजा ब्रिटिश सत्ता के सम्मुख झुकता नहीं था।

मांटफर्ड रिपोर्ट की 305वीं धारा

बावला हत्याकांड की जाँच होकर उसके सम्बन्ध में अपराधियों को दण्ड दिया गया है। उक्त कांड में महाराजा होलकर का सम्मिलित रहने का कोई प्रमाण गवाहों की गवाही से विलायत के आखिरी फैसले तक नहीं मिला। ऐसी सूरत में पुनः कमीशन के जरिए जाँच होना संधि (अहदनामा) सनद तथा पुरानी प्रथाओं के द्वारा उनके प्राप्त अधिकार, मान-मर्यादा तथा अन्य स्वत्वों पर आघात होता है।

मांटफर्ड रिफार्म के 309 पैरेग्राफ के अनुसार कमीशन नियुक्त करने की इच्छा प्रगट की गई है; परन्तु बावला हत्याकांड में महाराजा होलकर आखिरी फैसले तक निर्दोष हैं तो उसी मांटफर्ड सुधार के पैरेग्राफ नं० 305 पर ध्यान दिया जाना चाहिए कि—

The Princess should be assured in the fullest and Freest manner that no constitutional changes which may take place will impair the rights dignities and privileges secured to them by treaties, sanads and engagements or by estabilished practice.

अर्थात् देशी नरेशों को इसका पूर्ण विश्वास रखना चाहिए कि किसी भी नियम द्वारा इस प्रकार का परिवर्तन नहीं किया जायगा जिससे संधि, सनद तथा पुरानी प्रथाओं के द्वारा उनके प्राप्त अधिकार, मान-मर्यादा तथा स्वत्वों पर किसी प्रकार का आघात हो। फिर इसके खिलाफ 309 पैरेग्राफ की तजवीज होना बेजा है।

कमीशन नियुक्ति की इच्छा प्रगट की गई है तो कमीशन में 5 सदस्य

महाराजा होलंकर से जियादा मान के या बराबरी के देशी नरेश होना चाहिए। नरेशों की मान-मर्यादाओं को नरेश ही जानते हैं, राज कर्मचारी नहीं समझ सकते। स्वर्गीय बड़ौदा महाराजा पर रेजीडेंट को जहर देने का अभियोग था, उसकी छान-बीन के लिए स्वर्गीय इन्दौर महाराज और स्वर्गीय सिंधिया महाराज आदि नरेश सदस्य नियुक्त किये गये थे। जज या राजनैतिक विभाग के उच्च अफसर नहीं थे। इसी तरह चीन के महाराज पर अभियोग लगने पर यूरोप के रूस, जापान, जर्मन, ब्रिटिश, आदि 7 बादशाहों ने चढ़ाई की। उसके बाद निर्णय के वास्ते रूस के बादशाह आदि बादशाही सदस्य मुकर्रर होकर फैसला किया गया। राजा-महाराजाओं के वास्ते संनातन से राजा-महाराजा ही सदस्य होकर न्याय करते हैं ऐसी हालत में जज और उच्च राजनैतिक कर्मचारियों के कमीशन में शामिल होने से महाराजा होलकर की मान-मर्यादा की उपेक्षा होती है, साथ ही ब्रिटिश सरकार की भी होती है। अंग्रेज सरकार के जज या राजनैतिक कर्मचारी देशी नरेशों के कर्मचारी की तुलना में हैं। दोस्त सरकार का जज दोस्त सरकार की जाँच नहीं कर सकता। दोस्त सरकार (सम्राट स्वयं) या अन्य देशी नरेश कर सकते हैं।

संधि सनद पुरानी प्रथाओं के द्वारा प्राप्त किये अधिकार, मान-मर्यादा तथा स्वत्वों पर हस्तक्षेप न हो, इसलिए ही मांटफर्ड रिफार्म पैरेग्राफ 305 कायम किया गया है, यह दृष्टि में रखने के योग्य है।

[20 फरवरी, 1926]

वसतागमन अथवा होलिकोत्सव

होली आ गई—होली मुबारक हो। वसंत के आगमन की याद दिलाने वाली होली आ गयी—सुस्वागतम्। जिस समय शीत की मुरझाई हुए लताएँ पल्लवित होती हों, जिस समय सूखे लूठों में भी नवजीवन संचारित होता हो, जिस समय स्वयं भारत-प्रकृति ही उमंग के जीवन में मज्जन करती हो, उस समय भारत की सन्तान को भी प्रसन्न होना चाहिए, हर्षपूरित होना चाहिए। समस्त चिंताओं को जला नवजीवन और नवआशाओं का स्वागत करना चाहिए।

होली में भारतवासी अपने बुरे-बुरे शब्दों को, अपनी मैली-कुचैली वस्तुओं को, अपने गन्दे कूड़े और करकट को बाहर फेंकते हैं। फेंककर ही नहीं मानते, उसे जलाकर भस्म कर देते हैं। भारत का यह राष्ट्रीय त्यौहार शुद्धि का त्यौहार है। यह मन की शुद्धि करता है, यह शरीर की शुद्धि करता है, यह नगर की शुद्धि करता है। यह इतना ही करके नहीं रह जाता, यह समाज की भी शुद्धि करता है। यह अछूतों-छूतों का भाव मिटाता है, यह गरीबों-अमीरों को नजदीक लाता है—

यह राष्ट्र-पुरुष की विराट देह को फिर से सुसंगठित करता है।

देश के समस्त भागों में होली मनाई जाती है। शैव और शाक्त वैष्णव और अवैष्णव सभी होली का त्यौहार मनाते हैं। सुदूर दक्षिण में यह उत्सव काम-दाहक योगेश्वर शिव के संयम के साहसी कार्य के स्मारक-स्वरूप मनाया जाता है। जिस समय भगवान शंकर तपस्यासन पर थे, उस समय उनको अपने सत्पथ से विचलित करने के लिए राजाधिराज सम्राट इन्द्र को विशेष चिन्ता हुई। अपने स्वार्थ-साधन के लिए उन्होंने शिवजी के तपोभंग का जाल रचा। कनक और कामिनी की विकार-संचारी मोहिनी का उपयोग किया गया। परन्तु अपने तृतीय नेत्र के प्रखर प्रकाश से—अपने नेत्रों की संयम शक्ति से तपस्वी शंकरजी ने देवताओं के राजा का दाँव विफल कर दिया। उन्होंने कामदेव को अपने तपाचरण से भस्मसात् कर दिया। यही होली का पर्व है।

उत्तर प्रदेश में पूतना राक्षसी के वध से होली का सम्बन्ध बतलाया जाता है। कौन नहीं जानता कि अद्भुत शक्तिशाली योगेश्वर कृष्ण को नष्ट करने के लिए तत्कालीन पशुबल-प्रेमी सम्राट कंस द्वारा क्या-क्या प्रयत्न नहीं किये गये थे? अन्य प्रयासों-प्रयत्नों के साथ, सत्य की लड़ाई के उस प्रवर्तक, योगेश्वर श्री कृष्णचन्द्र को, नष्ट करने के लिए विष-दुग्धा पूतना भेजी गयी थी। तत्कालीन राज-मद उन्मत्तों ने समझा था कि भोला बालक श्रीकृष्ण दूध के लालच से विष-पान करेगा और नष्ट हो जायगा। प्रलोभन का टुकड़ा राजा कंस ने सामने डाला। श्रीकृष्ण ने उसको स्वीकार तो किया किन्तु लालच के साथ नहीं। उन्होंने पूतना के स्तनों से दुग्ध-पान किया—इतनी कि सत्य को नष्ट करने के लिए भेजी गई पूतना स्वयं ही नष्ट हो गयी। उसी रात्रि को उसका अग्नि-संस्कार हुआ। ग्वालों ने अपने घरों का सारा कूड़ा-करकट चिता पर रख दिया और पूतना के साथ-साथ अपने गंदे, मैले, विषैले पदार्थों और भावों का भी होम कर दिया।

पुराणों में इसी तरह की होलिका-दहन की कथाएँ लिखी हैं। पुराने लोगों ने इस उत्सव को निस्सन्देह भारतीय पावित्र की रक्षा के लिए चलाया। उन्होंने संसार की रक्षा के लिए, विश्व-बंधुत्व के प्रचार के लिए, आर्यों की सभ्यता के विकास के लिए, होलिका-दहन का उत्सव प्रचलित किया। वह उत्सव सत्य पर अड़ने की शिक्षा देता था, वह उत्सव समानता के लिए मर-मिटने की शिक्षा देता था, वह उत्सव गंदगी को नष्ट करने की शिक्षा देता था, वह उत्सव वसंतागमन पर निराशा को नष्ट करने की सीख देता था, वह उत्सव कलाओं का उत्कर्ष करता था, वह उत्सव भारतीयों के घर-घर पर जाकर सन्देश देता था—जिन्दा रहो बुराई को नष्ट करके, जिन्दा रहो स्वाधीन बनकर, जिन्दा रहो दूसरों को जिन्दा रखकर।

और आज, आज की बात मत पूछिए। हमने अपने देश और सम्पत्ति को ही नष्ट नहीं किया हमने केवल यह लोक ही नहीं बिगाड़ा, हम केवल पृथ्वी के संकीर्ण रौरव के कीड़े ही नहीं बने, वरन हमने धर्म भी खो दिया—वह उज्ज्वल धर्म जो जिन्दा रहने की शिक्षा देता था। हमने परलोक बिगाड़ दिया—वह परलोक जिसकी प्राप्ति के लिए हमें इस लोक में पवित्राचरणी बने रहने की आवश्यकता थी। और इतना कर चुकने पर, भारत-धर्म की प्रचण्ड महिमा को नष्ट कर चुकने पर, हम कलंकी कुपुत्र आज भी होली मनाते हैं। छिलके को गूदा समझकर, आचरण को वस्तु समझकर, शरीर को आत्मा समझकर, पाप को परमेश्वर समझकर, पराधीनता को सुराज समझकर, आज भी हम होली मनाते हैं।

भारत के इस कोने से उस कोने तक, होली का त्यौहार मनाया जाता है। जहाँ संयमशीलता की वृद्धि करना था वहाँ असंयम का दौर-दौरा है। जहाँ गन्दगी को नष्ट करना था, वहाँ गन्दगी को स्वीकार किया जाता है। मुँह से अनर्गल प्रलापों की मोरी बह निकलती है और इस गटर को बहाने वाले भाई – अपनी बहनों, अपनी माताओं को भी गटर में नहलाये बिना नहीं छोड़ते। मातृ जाति की यह अवहेलना उसी की सन्तान करती है। भले-भले पढ़े-लिखे, शास्त्री-पुराजिवों से लेकर 'इंग्लैण्ड-रिटर्नड्' तक इस अनर्गल अनीति का समर्थन करते हैं। कहते हैं—प्रायः सभी देशों में जनसमूह के लिए एक ऐसा उत्सव प्रचलित है, जिसमें स्त्री-पुरुष अपने जन्मजात कुभावों को प्रगट करते हैं, बन्धन-रहित होकर शरीर की वृत्ति को उभड़ने देते हैं, यह स्वाभाविक उभाड़ है। इसका रोकना समाज में गन्दगी फैलायेगा। यह युक्ति पश्चिमी युक्ति है—उस पश्चिम की युक्ति है जो द्रव्य पदार्थों में ही संसार का सब कुछ देखती है। परन्तु भारतवर्ष संसार को दूसरा ही सन्देश देता है—वह कहता है, यदि मनुष्य के स्वाभाविक विकास को मानते हो, तो समाज की अवस्थाओं को बिगाड़ने वाली कुप्रवृत्तियों को रोकना होगा—फिर चाहे वे वृत्तियाँ देहधारी के लिए कितनी ही स्वाभाविक क्यों न हों। क्या धन-लिप्सा, सुख-लिप्सा स्वाभाविक प्रवृत्ति नहीं है। यदि इस कुप्रवृत्ति को बेलगाम कर दिया जाय तो क्या कोई सम्पत्ति कमा सकेगा। शहर बस सकेंगे, राज्य बन सकेंगे, समाज जिन्दा रह सकेगा? ये सब बातें होंगी संयम से। ये बातें होंगी सद्-प्रवृत्तियों के विकास से। ये बातें होंगी सुरुचिपूर्ण उत्सव-प्रियता से। यही सभ्यता का विकास है।

धर्म के ठेकेदारों ने बिना समझे-बूझे, अपनी मुहर गालियों और नशा-प्राशन पर लगा दी। हमारे देश के प्रत्येक स्थान पर होली पर शराब, गाँजा, भंग और अन्य मादक पदार्थों का सेवन किया जाता है। बाप बेटे को पिलाता है, भाई भाई को पिलाता है, काका भतीजे को पिलाता है। उस समय हमारे भाई संयम को भुला देते हैं। संगीत का विकास कीजिए, पर गाली-गलौज से नहीं। मन को मस्त

बना दीजिए, पर नशा-पान से नहीं। आनंद की अखण्ड प्रवाहिनी में निमज्जित होइए, पर अनर्गलता से नहीं।

युवको। तुम्हारा काम है इन कुरीतियों को नष्ट करने का। तुम्हारा काम है, अपनी मातृ-जाति की तौहीन का तीव्र विरोध करने का। तुम्हारा काम है उन्मत्तता को रोकने का। तुम्हारा काम है सुरुचिपूर्ण उत्सवों की रचना करने का। तुम्हारा काम है मर्दानी बाने के प्रचार का। होली मनाओ, खूब मनाओ, यह आनन्दोत्साह का पर्व है। इसे मनाना ही चाहिए। परन्तु तुम्हारा विपन्ना माता को भी याद रखो। तुम्हारे सिर पर भारतीय सभ्यता के विकास की जिम्मेदारी है—उसे निभाओ।

सम्पादकीय टिप्पणियाँ

एक और नमूना

किन्तु इस प्रदेश में, दुर्भाग्य से जो पल्टन पहुँची है, यह चोटी से लेकर एड़ी तक अपने पास अनोखे रत्नों का खजाना रखती है। मि० बोर्न और मिस्टर हेलीफाक्स ही की चर्चा से बात खतम नहीं होती। 'हितवाद' के किसी बैतूल के संवाददाता ने लिखा है कि जंगल विभाग के एक्स्ट्रा असिस्टेण्ट कन्सरवेटर मि० इंग्लिश नामक एक प्राणी बैतूल के एडीशनल डिस्ट्रिक्ट जज की अदालत में किसी मुकदमे में गवाह की हैसियत से बुलाये गये। उक्त अंग्रेज गवाह महोदय को, 700 रुपये मुकदमे में पधारने की फीस दी गयी थी। मि० इंग्लिश ने अपनी लेखी गवाही अदालत में पेश की। न्यायाधीश ने उनकी लिखी रिपोर्ट का बयान देने के लिए मि० इंग्लिश को बुलाया। वे आ गये किन्तु जब विरोधी के वकील ने मि० इंग्लिश से जिरह शुरू की तब उन्होंने वकील महाशय के प्रश्नों का यह कहकर उत्तर देने से इन्कार कर दिया कि जब तक हर सवाल के लिए उन्हें फीस न दी जायगी तब तक वे उत्तर न देंगे। गवाह महाशय की इस मनोदशा की खबर, जज महाशय ने, अपने प्रधान न्यायाधीश होशंगाबाद के डिस्ट्रिक्ट जज श्रीयुत कुंजबिहारीलालजी मिश्र को दी। उन्होंने अपनी मातहत अदालत को सूचित किया कि यदि गवाह उत्तर देने से इन्कार करे तो कानून को अमल में लाओ। अतः गवाह महाशय गत तारीख 9 फरवरी को फिर बैतूल की उक्त अदालत में बुलाये गये। संवाददाता ने लिखा है कि "मुकदमे की पुकार होने से पहिले ही वह (मि० इंग्लिश) अदालत में चला गया। जज के ऊँचे मंच पर चढ़ गया और तुरन्त सिगार पीने लगा। जज ने तुरन्त गवाह से, गवाहों के कटघरे में जाने के लिए और जब तक उसकी गवाही हो, धुआँ न छोड़ने के लिए कहा, किन्तु जज की आज्ञा के बाद भी गवाह धुआँ छोड़ता रहा। सम्वाददाता आगे

लिखते हैं कि "जज यह तमाशा देख रहे थे कि गवाह अपने सफेद चमड़े और ओहदे से लाभ उठा रहा है।" यदि हितवाद के संवाददाता की रिपोर्ट मि० इंग्लिश के नाटक का यथार्थ चित्र है, तो देखना चाहिए, मध्यप्रदेश की सरकार, मि० इंग्लिश को कौन-सी नसीहत देती है।

प्रान्तीय जेल की कीर्ति कथा

बैतूल की जेल में बंगाल आर्डिनेन्स के दो कैदी बन्द हैं यह खबर पाठकों तक पहुँच चुकी है। अब उनमें से एक श्रीयुत प्रतुलचन्द्र भट्टाचार्य के भाई श्रीयुत दिनेशचन्द्र भट्टाचार्य ने अखबारों में लिखा है कि श्रीयुत प्रतुलचन्द्र को बैतूल जेल में बहुत कष्ट हो रहे हैं। बैतूल पहाड़ी जगह है और जाड़े में जो कपड़े उन्हें दिये गये वे काफी न थे। वे बरहामपुर जेल से बैतूल जेल में लाये गये थे। वहाँ से यहाँ आते ही उन्हें हर तरह की असुविधाओं में डाल दिया गया। उन्हें जो भोजन दिया जाता है, वह खराब, कच्चा, और बंगाली स्वाद के लिए बिल्कुल अपरिचित-सा है। जब जनवरी में वे बैतूल आये थे तब उनका वजन 138 पौंड था, किन्तु बैतूल जेल ने महीने-डेढ़ महीने ही में उनका लगभग 12 पौंड वजन घटा दिया। बैतूल जेल में उनके शारीरिक व्यायाम का कोई जरिया नहीं, यहाँ तक कि जेल में घूमने को कोई स्थान तक नहीं, न पढ़ने की पुस्तकों की कोई लायब्रेरी ही है। वहाँ श्रीयुत भट्टाचार्य के साथी हैं, या तो एक और बंगाली आर्डिनेन्स कैदी या फिर जेल के अन्य चार डाकू आदि। गरज यह कि वे आर्डिनेन्स के रोके हुए तरुण होते हुए भी बैतूल जेल में काल कोठरी के से कैदी हो रहे हैं। मि० भट्टाचार्य के भाई का यह भय सच है कि यदि उनकी यही हालत रही तो उनके शरीर पर जेल में भयंकर परिणाम होने की सम्भावना है। इस सरकार से कहना चाहते हैं कि इस प्रान्त की जेल की यह कीर्ति-कथा, 'प्रशंसा' की बात नहीं है। क्या माननीय मित्र ताम्बे इस अवस्था में सुधार करेंगे।

इन्दौर जाँच कमीशन

इन्दौर जाँच कमीशन को गैर-कानूनी करार देने वाली चर्चाएँ समाचार-पत्रों में जारी हैं। बम्बई और नागपुर में कौंसिल सदस्यों की अध्यक्षता में या तो जाँच-कमीशन ही गैर-कानूनी बताया गया है या उसके प्रस्तावित सदस्यों से नाराजगी प्रगट की गयी है। विलायत के 'डेली हेरल्ड' पत्र में किसी संवाददाता ने इसी विषय की चर्चा करते हुए एक उदाहरण दिया है कि "गत वर्ष बम्बई हाईकोर्ट ने बनारस रियासत के एक नागरिक के मामले में फैसला दिया है कि उक्त नागरिक कानून की दृष्टि से 'विदेशी' था। इस रियासत को ब्रिटिश गवर्नमेंट ने जन्म दिया है। अगर इस नयी रियासत का रहने वाला विदेशी हो

सकता है तो इन्दौर जैसी पुरानी रियासत का रहने वाला तो निस्संदेह ही 'विदेशी' हो सकता है। फिर अगर इन्दौर के महाराजा साहब 'विदेशी' हैं तो वे ब्रिटिश कानून की हद में नहीं आ सकते।" इसी विषय की चर्चा करते हुए डॉ० बीसेण्ट के 'न्यू इण्डिया' ने लिखा है, "ब्रिटिश शासन तथा बादशाह के प्रतिनिधि वाइसराय के साथ इन्दौर रियासत का सम्बन्ध स्वाधीन मित्र के तौर पर है। फिर भी यह कमीशन गवर्नर-जनरल ने जारी किया है जिन्हें सन्धि-प्राप्त अधिकारों वाले नरेशों पर कोई अधिकार नहीं है। यह तो ऐसा ही हुआ, मानो कैंसर की जाँच के लिए अखबारी चिल्लाहट के कारण ब्रिटेन द्वारा कमीशन नियुक्त किया गया हो। इन्दौर नरेश किंग एम्परर के मित्र हैं, रियाया नहीं। सन्धियों को तोड़कर कमीशन का नियुक्त करना, देशी नरेशों के अधिकारों को, पशु बल से दबाना है।" इस तरह की चर्चा के साथ ही ये खबरें भी गत सप्ताह आयीं कि भारत सरकार ने कमीशन का कार्य स्थगित कर दिया। इन सब चर्चाओं में इन्दौर अथवा वहाँ के प्रमुख अधिकारी बिल्कुल चुप हैं। वे खबरों को चाहे झूठी हों चाहे सच्ची, फैलने देते हैं और सत्य घटना को प्रकाशित नहीं करते। 'टाइम्स आफ इण्डिया' के ताजे समाचार हैं कि महाराजा साहब होलकर न तो गद्दी ही छोड़ेंगे न जाँच कमीशन ही स्वीकार करेंगे। वे दो वर्ष के लिए विलायत प्रवासी होंगे, ब्रिटिश सरकार द्वारा पसन्द की गयी रेजीडेंसी कौंसिल पर शासन भार छोड़ेंगे, ब्रिटिश प्रजाजनों के नुकसान की पूर्ति करेंगे और रियासत के मिलिटरी तथा पुलिस विभागों को भारत सरकार के पसन्द किये यूरोपियन अधिकारियों के सिपुर्द करेंगे। 'टाइम्स' का कहना है कि इसी से मिलती जुलती शर्तें महाराजा साहब की ओर से वाइसराय के पास भेज दी गयी हैं।

हमारे प्रतिनिधि ने जो समाचार दिये हैं वे भी यही कहते हैं कि महाराजा साहब शासन-सूत्र छोड़कर विश्राम करने के लिए तैयार हैं। जो हो, यदि ये खबरें सच निकलीं तो इस दुर्घटना से जिस एक महत्त्वपूर्ण प्रश्न के हल होने की सम्भावना दीख रही थी, वह हल न हो सकेगी। देशी नरेशों की सन्धियाँ उन्हें सम्राट का मित्र बताती हैं, परन्तु सम्राट के प्रतिनिधि, देशी नरेशों से जो व्यवहार करते हैं उसमें अपनी प्रभुता एवं नरेशों की मातहती सदा बतलाया करते हैं। इस समय देश की जनता प्रायः होलकर नरेश के पक्ष में है, इसलिए यदि महाराजा साहब होलकर को यह सलाह दी जाती कि वे कमीशन की नियुक्ति के प्रश्न को पहले तय करें और पश्चात शासन कार्य छोड़ने न छोड़ने के सवाल पर विचार करें, तो देशी राज्यों की दृष्टि से बहुत लाभकारी होगा।

मि० बोर्न नरसिंहपुर से चले गये किन्तु उनके बाद भी बोर्नशाही का खून कुछ मित्रों में जोर मार रहा है, और सूचनाएँ कह रही हैं कि कुछ लोग यत्नशील हैं कि प्रजा के कुचलने का 'पवित्र अधिकार' वे अपने हाथों में लें। मि० बोर्न के साथ ही उनके किये हुए अन्याय नरसिंहपुर की जमीन से नहीं हटे। वे अनेक रूपों के साथ, किसानों के नए बन्दोबस्त में बढ़े हुए लगान के रूप में किसानों की बुरी दशा में भी कहीं-कहीं अढ़ाई गुने की मंजिल तक पहुँचे हैं। मि० बोर्न ही क्यों, हम जानते हैं कि भारत सरकार भी किसानों का पक्ष नहीं लेना चाहती, न उनकी पुकार सुनना चाहती है, किन्तु क्या अभागे किसान अपनी आवाज ऊँची करने, अपनी प्रार्थना सुनाने और मिलकर अपने पर किये गये अत्याचारों का विरोध करने के भी हकदार नहीं ? तरल पानी भी अधिक रोके जाने पर चट्टानें तोड़ डालता है, तब किसान तो आखिर मनुष्य है, पर उन्हें म्युनिसिपल सभापति का सहारा लेकर डंडे के बल कब तक रोककर रखियेगा ? कानून उन्हें नहीं उठने देता यह सच है, किन्तु क्या वह उनका आँसू बहाना भी असम्भव कर देना चाहता है। सर माण्टेगु के शासन की चादर पर, नरसिंहपुरी उद्दण्डों की ये काली बूँदें क्या सुहावनी दीख पड़ेंगी ?

[27 फरवरी, 1926]

आखिर झुके

हम बिहार के मित्रों और दरभंगा जिला बोर्ड को धन्यवाद देते हैं कि उन्होंने कविवर मैथिलीशरणजी गुप्त की प्रसिद्ध पुस्तक, 'भारत भारती' के एक अत्यन्त अल्प किन्तु परम सजीव और पवित्र अंश 'ईश विनय' नामक हिस्से की बिहार सरकार द्वारा की गई जप्ती को, राष्ट्र और साहित्य का अपमान समझा, और उस जिला बोर्ड का भी जिसने 'भारत भारती' की 'ईश विनय' को अपने यहाँ की पाठशाला में रक्खा, और उस 'भारत भारती' पर आक्रमण करने वाले मूर्ख निश्चय के खिलाफ, न्यायालय में लड़ना शुरू किया। किन्तु इस लड़ाई में, पटना हाईकोर्ट के फैसले के पहिले ही, बिहार सरकार ने अपनी मूर्खतापूर्ण आज्ञा वापस ले ली। मध्यप्रदेश और बरार जैसी बुद्धिमान सरकारों का भी, बिहार सरकार की देखादेखी 'कौआ कान ले गया' था। क्या हम आशा करें कि अपनी भूल स्वीकृत कर 'ईश विनय' की जप्ती हटाने में बिहार सरकार का अनुकरण करेंगी। हमारे कानूनी मित्रों की सलाह के अनुसार तो, बिहार सरकार के आज्ञा उठाते ही अन्य प्रान्तों की इस कविता की जप्ती की आज्ञाएँ अपने आप ही उठ

जानी चाहिए। बिहार सरकार ने, 'भारत भारती' को उज्ज्वल करार ही नहीं दिया, उसकी आज्ञा की वापिसी से यह बात भी सिद्ध हो गई कि जिन जप्त पुस्तकों के लिए न्यायालयों में धन-व्यय नहीं किया गया, उनमें से न जाने कितनी उपयोगी पुस्तकें, सनकी अफसरों की सनक के कारण जप्ती के साहित्य-हत्यालय में बन्द हैं।

दिशा-भूल या दिशा-दर्शन

पण्डित मोतीलालजी ने कानपुर के कांग्रेस प्रस्ताव के अनुसार, गत 8 मार्च को लेजिस्लेटिव असेंबली में, असेम्बली-भवन के खाली कर देने की घोषणा की, और वे समस्त स्वराजवादियों के साथ, 'भवन' से बाहर आ गये। असेम्बली के सभापति माननीय विट्ठलभाई पटेल ने इस समय, एक प्रभावशाली और सार्वजनिक मत के द्योतक दल के बाहर हो जाने पर, असेम्बली और सरकार की दयाजनक स्थिति का चित्र अपने साहसपूर्ण शब्दों में खींचा। पण्डित मोतीलाल जी की घोषणा का समर्थन, देश की प्रान्तीय कौंसिलों के कांग्रेसवादी सदस्य धीरे-धीरे कर रहे हैं। लार्ड रीडिंग विजय का सेहरा टाँगे जा रहे थे, किन्तु माननीय पटेल और पण्डित मोतीलालजी की घोषणाओं ने, तथा 'कौंसिली भारत' के इस रुख ने लाट साहब की विजय की धौरी चादर पर मजे के छींटे फेंक दिये। किन्तु यह भी सच है कि अभी परिस्थिति में इतना परिवर्तन नहीं हुआ, कि लाट साहब अपनी इसी ताजे धब्बों वाली चादर से मुँह पोंछने के लिए विवश हों। किन्तु हमें इस समय दो बातों पर प्रसन्नता है। एक कानपुर में किये गये प्रस्ताव के अनुसार ही नहीं, अपने पिछले कर्त्तव्यों के अनुसार जो परिस्थिति हमारे मित्र निर्माण कर चुके थे, उसमें वे इस 'चल देने' और उस 'तक लेने' के सिवा कुछ न कर सकते थे, और वह उन्होंने किया। दूसरे पण्डित मोतीलालजी की घोषणा होते ही पंजाब में श्रीयुत गोकलचंद नौरंग ने, बम्बई में श्रीयुत भोपटकर ने और मध्यप्रदेश में श्रीयुत राघवेन्द्रराव ने भी 'चल देने' की घोषणा करके देश और दल को सबल अनुशासित साबित किया।

मध्यप्रान्तीय कौंसिल देश के अभिमान की वस्तु रही है, और हिन्दी मध्य प्रदेश के उद्योगियों के सबल प्रयत्न इस बात के लिए गौरवान्वित रहे हैं कि गत तीन वर्षों में उन्होंने सरकार की मिनिस्टरी कायम करने की इच्छा को सफल न होने दिया। यों, हमें तो स्वराज दल का निर्माण ही देश के सिर का झुकना दीख रहा था, और अब 'प्रतियोगी सहयोग का कोलाहल' हाथ जोड़कर आत्मसमर्पण, दीखने लगा है, किन्तु इस समय देश और मध्यप्रदेश इस 'वाक आउट', इस

कौंसिल से बाहर होने की गति को किस दृष्टि से देखे। यद्यपि हम किसी भी क्षेत्र में मस्तक झुकता हुआ नहीं देखना चाहते और साहस के कार्य की कद्र और प्रशंसा करते हैं, तथापि वह सहसा सच्चा होना चाहिए, साहस के उस पौधे को त्याग की जमीन पर उगना चाहिए।

यदि इसका उपयोग केवल आगे की कौंसिल चुनाई हथियाने ही के लिए हुआ, यदि इस 'वाक आउट' के पश्चात त्याग और साहस का ताँता न बाँध दिया गया तो हमें कहना पड़ेगा कि 'वाक आउट' का यह प्रदर्शन सरकार की अपेक्षा प्रजा ही को अधिक धोखे और चकाचौंध में डाल सका, और देश तथा मतदाताओं को दिशा-दर्शन देने के बजाय उसने दिशा-भूल ही अधिक की। क्या हमारे मित्र नहीं मानेंगे कि जनता के पुर्ननिर्माण और अपनी प्रजा के पुनः मजबूत हुए बिना ये अत्यन्त कष्ट से किये हुए सारे प्रदर्शन चलती-फिरती तसवीरों के चित्रपट हो जाते हैं। हमारा निवेदन है कि बाहर निकलने के प्रदर्शन के पश्चात्, ईमानदारी से देश के पुर्ननिर्माण में लग जाइये, और कौंसिल के दाँव साधने को गौण बनाकर, यदि दाँव ही साधना है तो देश की स्वतन्त्रता के लिए कोई महान दाँव साधिये। क्या हमारे हृदयों पर साँप नहीं लोटता कि 'परेशान और हतबुद्ध' लार्ड रीडिंग आज विजय की शराब से आँखें लाल किये लौट रहे हैं।

[13 मार्च, 1926]

वाइसरायों का अस्तोदय

सिंहस्थ के मेले की तरह, हर पाँचवें वर्ष वाइसराय आते और जाते हैं। हम लोग जानेवाले वाइसराय के कार्यकाल का निरीक्षण करते हैं, उसके गुण-दोषों की चर्चा करते हैं। वाइसराय महाशय भी अपने पीछे मुड़कर देखते हैं और अपनी पाँच वर्ष के लम्बी सफर में, राजनैतिक मार्ग की भिन्न-भिन्न छावनियों और पड़ावों का विहंगावलोकन करते हुए समुद्र पार के अपने घर जाते हैं। समुद्र की उत्ताल तरंगों पर उछलते हुए जानेवाले जहाज के साथ वाइसरायों के मन में भी गतकाल का सुखद-स्मरण तथा आगामी गृहप्रवेश की कल्पनाएँ तरंगित होती रहती हैं। एक स्वाधीन देश का वाइसराय अपने देश की अत्यंत महत्त्वपूर्ण नौकरी कर चुकने पर अभिमान के साथ अपने 'होम' की ओर अग्रसर होता है। स्वाधीन इंग्लैंड के नौकरों को इस देश के अत्युच्च शासक-पद से घर जाते हुए एक अप्रितम आनन्द का स्फुरण होना स्वाभाविक है। यह मनुष्य का जन्मजात स्वभाव है। हिन्दुस्थान, इंग्लैंड की शासित, पालित, पिंजरबद्ध चिड़िया है। (अपने देशवासियों को सोने के अंडे पहुँचाने के लिए) पाँच

साल तक परिश्रम और चिंता के साथ पाली हुई उस अभागिनी सोने की चिड़िया को अन्तिम अभिवादन करते समय वाइसराय को गर्वयुक्त कोमल संस्मरणों का होना स्वाभाविक है। उनके मन में यह भाव उदित होना भी स्वाभाविक है कि अपना पूरा बल लगाकर अपने देश के लिए इस चिड़िया को और अधिक दिनों तक सुरक्षित रखने का प्रबंध कर मैं घर जा रहा हूँ। मेरे मालिक, मेरे देशवासी, मेरे इस कार्य से निस्संदेह संतुष्ट होंगे।

वाइसराय फौलादी ढाँचे में कसा हुआ एक अत्युच्च पुर्जा है, जो उतना ही बोल सकता है जितने के लिए उसे आज्ञा मिलती है; उतना ही हिल सकता है जितने के लिए उसे गुंजाइश दी जाती है। यदि व्यक्तिगत रूप से वाइसराय भला आदमी हो, मीठी बानी बोलने वाला हो, लच्छेदार बातों का रेशमी जाल बिछाने वाला हो तो वह शासित लोगों की भावनाओं को विशेष ठेस नहीं पहुँचाता। वह अपने मालिकों की मर्जी के खिलाफ कुछ कर नहीं सकता परंतु अपने स्वाभाविक मीठेपन से वह शासितों को भी नाराज नहीं करता। लार्ड रीडिंग में यह एक खूबी विशेष रूप से दिखाई दी। पाँच साल पहले जब वे इस देश में आये थे, उस समय राजनैतिक क्षेत्र में देश की जो अवस्था थी, वही आज भी है। उस समय जो कुछ भी अधिकार थे, वे ही आज उन्हें प्राप्त हैं, परंतु उस समय जो नाराजगी ब्रिटिश शासन के प्रति लोगों में उबल रही थी वह लार्ड रीडिंग के वाग्जाल के कारण इस समय कुछ ठंडी-सी पड़ी हुई है। यहूदी जाति के होने के कारण लार्ड रीडिंग का मुख्य धंधा सराफी-महाजनी का है। महाजनी धंधे के साथ आनेवाली नरमी लार्ड रीडिंग में मौजूद है। न्यायासन पर बहुत दिनों तक बैठ चुकने के कारण इनके शब्दों में नपा-तुलापन भी आ गया है। हिन्दुस्थान के अंग्रेजी रखवालों ने ५ करोड़ अंग्रेजी जनता के 670 पार्लियामेंटरी प्रतिनिधियों ने—चेम्सफर्डी फौजी गर्मी से उत्तेजित हुए हिन्दुस्थानियों को शांत करने के लिए लार्ड रीडिंग की योजना की थी। अवस्था और अनुभव के भार से लदे हुए लार्ड रीडिंग ने यह पद ग्रहण किया। 'इन्साफ' की दुहाई देते हुए वे आये और 'सहयोग' की माँग करते हुए वे जा रहे हैं।

शासक की दृष्टि से वाइसराय को ब्रिटिश हिन्दुस्थान और देशी रियासतों के सम्पर्क में आना पड़ता है। ब्रिटिश-हिन्दुस्थान के लिए पार्लियामेंट ने वाइसराय को आज्ञा दी थी कि वे नये शासन-सुधार के चक्र को चलावें, उसकी खामियों को निभावें। पाँच वर्ष के शासन काल को सरसरी दृष्टि से देखने से ही प्रगट होता है कि लार्ड रीडिंग अपने इस संकल्पित प्रयत्न में सफल नहीं हुए। कौंसिलों को भारतीय जनता ने नहीं अपनाया, कौंसिलों की खराबियों और खामियों की

पूरी पोल खोली गई और कौंसिल-खिलौने को नष्ट करने में भी भारतीय राष्ट्र आंशिक रूप से सफल हुआ। कौंसिल और वाइसराय में सदा असहयोग रहा। उन्हें अपने विशेषाधिकारों का उपयोग बार-बार करना पड़ा। नमक कर और राजाओं की रक्षा के कानून के लिए उन्हें उस जमाने में सर्टिफिकेट का उपयोग करना पड़ा। जब उनकी कौंसिलों में नरमी का बाजार लगा हुआ था। उन्होंने स्थल-सेना और जल-सेना में भारतीयों को ऊँचे ओहदे देने के प्रलोभन रचे, सिविल सर्विस वालों की तनख्वाहें उन्हीं के शासन-काल में बढ़ीं। बंगाल के काले कानून की रू से उन्हीं के शासनकाल में सैकड़ों नवयुवकों को बिना किसी अदालती जाँच के जेल जाना पड़ा, देश के लब्धप्रतिष्ठ नेताओं, साहसी युवकों और जगज्जननी की जाति की महिलाओं को भी—प्रतिष्ठित एवं शिष्ट सत्पुरुषों को—न्याय की डींग हाँकने वाले लार्ड रीडिंग साहब के जमाने में, पापियों को मिलने वाली जेल की हवा खानी पड़ी। जिस पुरुष को समस्त संसार आदर्श और आदर की दृष्टि से देखता है, उसे लार्ड रीडिंग के कार्यकाल में जेल नसीब हुई।

अगर अंग्रेज की दृष्टि से 'भारत के सबसे श्रेष्ठ' वाइसराय की यही परिभाषा हो तो लार्ड रीडिंग उस पद के लायक कमाई निस्संदेह कर चले हैं।

जिन लोगों ने अपने रिश्तेदारों को खोया है उनसे पूछिये कि लार्ड रीडिंग के शासन-काल में गरीबों की हत्याएँ कितनी हुईं? लार्ड रीडिंग की सरकार को अकर्मण्यता के कारण जिनका खून बहा, उनसे पूछिये कि हिन्दु-मुस्लिम झगड़े कितने हुए? वीर सिक्खों के बाल-बच्चों से पूछिये कि उन्हें धर्म के लिए, अखंड पाठ के लिए, कितने कष्ट उठाने पड़े? दक्षिण अफ्रीका प्रवासी भारतीयों से पूछिये कि लार्ड रीडिंग के शासनकाल में उनकी क्या हालत हुई? अमेरिका में हिन्दुस्थानियों को नागरिकता के अधिकार किस तरह खोने पड़े? क्या ये सब बातें 'बड़े वाइसराय' की कीर्ति को पुष्ट करने वाली हैं? देश के व्यवसाय की इस समय क्या हालत है? बम्बई के कपड़े के व्यवसायियों के दिवाले निकल चुके हैं। उन पर अवलम्बित रहने वाले मुफस्सिल के अन्य व्यवसायी भी संकट में पड़े हुए हैं। और यह सब हालत तब हो रही है जबकि लार्ड रीडिंग के सद्भाग्य से इन पाँच वर्षों में अवर्षण नहीं हुआ, अकाल नहीं पड़ा। क्या यही लार्ड रीडिंग के शासन-कार्य की चतुरता कहलायेगी?

लार्ड रीडिंग की सरकार ने हिन्दू-मुसलमानों के बढ़े हुए प्रेम में एक तरह से विघ्न डाला। यह विघ्न सरकार डालना ही चाहती थी। कारण स्पष्ट है। वह चाहती थी कि सन् 1922-23 के भारत के संघ-बल के अधिक नहीं तो कम से कम दो टुकड़े हो जाएँ। महात्मा गांधी जैसे सत्यप्रिय संन्यासी को धोका देकर लार्ड

रीडिंग ने अली भाइयों से अपने भाषण की उत्तेजक बातों के लिए अफसोस प्रगट करवाया। वहीं से राष्ट्रीय दल में सनसनी शुरू हुई। महात्माजी का बल घटाने का पूरा प्रयत्न हुआ और वह हुआ बहुत छिपी तौर पर। महात्माजी के पैदा किये प्रेम और अहिंसा के वायुमंडल को भयंकर बतलाकर झगड़े के बीज बोये गये। टर्की के साथ सेवरिस में की गई संधि को लार्ड रीडिंग की सरकार ने मुसलमानों के लिए अहितकर बतलाया और अपने आपको मुसलमानों का समर्थक घोषित किया।

अमेरिका में भारतीयों को नागरिकत्व के अधिकारों से वंचित करते समय सरकार चुप्पी साधे और मुसलमानों की सहायता के लिए सेवरिस की संधि की शर्तें बदलवाने के लिए जोर दे। निस्सन्देह इसमें सन्देह के लिए गुंजाइश है। यदि मुसलमानों को दोस्ती का भुलावा देने का यह प्रयत्न जान-बूझकर किया गया हो तो उस प्रयत्न से पैदा होने वाले आज के फलों की जिम्मेदारी लार्ड रीडिंग की ही नीति को है।

और रियासतों के लिए लार्ड रीडिंग ने क्या किया ? पहले तो राजरक्षा कानून को 'सर्टिफाई' करके आपने देशी राजाओं के समूह की सहानुभूति प्राप्त की और फिर उदयपुर जैसे राज्य में अपने मातहत पोलिटिकल अफसरों की कानाफूसी के कारण हस्तक्षेप किया। ब्रिटिश नीति 'नान-इण्टरफरंस' (हस्तक्षेप न करने) की रही है, परन्तु लार्ड रीडिंग ने अपने धीमे वाग्जाल में उस नीति का अर्थ खूब खींचा। उनके शासन काल में तीन राजाओं को अपनी गद्दी त्यागनी पड़ी। इन तीनों के विषय में—उदयपुर, नाभा और इन्दौर—कहा जाता है कि अन्य कारणों में इन नरेशों को नीचे खींच लाने का जो कारण हुआ है वह है इनका स्वाधीनता-प्रेम। लार्ड रीडिंग भारतीय स्वाधीननता के दुश्मन रहे हैं। उन्होंने ब्रिटिश शासनांतर्गत स्वाधीनता के पुजारियों को जेल में सड़ाया। और स्वाधीन भावों के देशी नरेशों को राज्यत्याग के लिए मजबूर किया। दोनों क्षेत्रों में पशु-बल की विजय हुई; परन्तु क्या लार्ड रीडिंग को शासन-चातुरी अथवा न्याय-प्रियता का इसमें लवलेश भी दिखाई देता है। इन तीनों नरेशों के विपरीत—काश्मीर तथा नाभा को लार्ड रीडिंग ने सहायता दी। इन दोनों नरेशों के विषय में तरह-तरह की बातें अखबार तक में आ चुकी हैं, परन्तु रीडिंग साहब को इन्साफ के ऊपर ब्रिटिश प्रतिष्ठा की तरजीह देनी थी।

पाँच साल के बाद लार्ड रीडिंग वापस घर चले। लोग उनकी नरमी के विषय में बातें जरूर करेंगे; परन्तु भारतीय राष्ट्र की दृष्टि से लार्ड रीडिंग ने कोई ऐसा काम नहीं किया जिसके लिए भारतीय हृदय में उन्हें कोई विशेष स्थान

प्राप्त हो।

लार्ड इरविन

रीडिंग साहब के अस्त के साथ इरविन साहब का उदय हुआ। तारीख 1 अप्रैल अंग्रेजी भारत का शासनिक नव वर्षारंभ समझा जाता है। इंग्लैंड में और अन्य यूरोपीय देशों में उक्त तिथि 'फूल्स डे' मूर्खा का दिन अथवा उपहास दिन, समझा जाता है। हमारे देश में वाइसरायों के आने-जाने का यही महापर्व नियत है। मानो भारत के साथ एक 'बड़ा मजाक' किया जाता हो। तप्त भारत को ठंडा करने के लिए इंग्लैंड की जनता ने लार्ड रीडिंग को भेजा था और इंग्लैंड की कष्ट-तप्त जनता को संतुष्ट करने के लिए लार्ड इरविन को भेजा है। कहा जाता है कि लार्ड इरविन बहुत धनी है उन्होंने फ्रांस के रण-मैदान में फौजी नौकरी की है। वे अधिक नहीं बोलते और न उन्हें वाग्जाल की कला ही याद है। परन्तु फिर भी इंग्लैंड इरविन साहब को भारत-शासन के लिए भेज रहा है। इंग्लैंड को इस समय वाग्जाल करने वाले रीडिंग साहब जैसे लोगों की जरूरत नहीं थी, उसे जरूरत थी इंग्लैंड की व्यवसाय-वृद्धि में सहायक होने वाले वाइसराय की। लार्ड इरविन उसी योग्यता के पुरुष हैं। आप अभी कृषि-विभाग के मंत्री थे। आपके इंग्लैंड की कृषि और कल-कारखानों की अवस्था का विशेष अध्ययन किया है। कृषि-पद्धति का विशेष अध्ययंन करने के लिए आप डेनमार्क भी हो आये हैं। आपके इसी ज्ञान के बल पर आप हिन्दुस्थान के प्रधान अधिकारी नियुक्त किए गए हैं।

हमारे देश के राजे-महाराजे अपना प्रधान मंत्री अथवा मुखतार उसी व्यक्ति को बनाते हैं जिस पर वे प्रसन्न हो जाते हैं। परन्तु प्रतिनिधि सत्तात्मक शासकों में व्यक्तियों का उतना महत्त्व नहीं होता जितना नीति का होता है। इंग्लैंड की वर्तमान नीति—रीकन्सट्रक्शन-पुनर्रचना की है। महायुद्ध के कष्टों और हानियों से घबड़ाये हुए सभी यूरोपीय देश व्यवसाय और वाणिज्य की उन्नति में लगे हुए हैं। स्वभावत: इंग्लैंड भी इस समय अपने देश के कल-कारखानों को उन्नत करना चाहता है। इसकी उन्नति के दो आधार-स्तम्भ हैं। एक तो इन कारखानों को सस्ती कीमत में कच्चा माल मिलता रहे और दूसरे, इनके पक्के माल को खरीददार मिलते रहें।

इंग्लैंड की बनियाई वृत्ति से यह बात छिपी नहीं है कि हिन्दुस्थान की कृषि में अभी बहुत कुछ तरक्की करने की गुंजाइश है। उसे यह भी मालूम है कि अमेरिका तथा अन्य देशों में भूमि से जितना धन पैदा किया जाता है उसका दसवाँ हिस्सा भी हिन्दुस्थान में पैदा नहीं होता। उसे यह भी मालूम है कि हिन्दुस्थान की 80 फीसदी जनता कृषि पर अवलम्बित रहती है। यदि भारत की

कृषि सुधारी जाय तो इंग्लैंड के दो लाभ हो सकते हैं। एक तो भारत में कच्चा माल इतना अधिक पैदा होने लगेगा कि इंग्लैंड सस्ते मूल्य पर उसे खरीद सकेगा। दूसरा लाभ यह होगा कि भारत के 80 फीसदी लोगों की आमदनी में वृद्धि के होने से उनकी खरीदने की शक्ति बढ़ेगी और उनके छलकने वाले रुपयों को सीधे इंग्लैंड में पहुँचाने में कोई अड़चन न होगी। इसके अलावा कृषि के लिए लगने वाले औजारों का अंग्रेजी बाजार भी तरक्की करेगा और भारतवर्ष में स्वराज्य स्थापित करने वाले राजनैतिक आंदोलनकर्त्ताओं के प्रयत्नों में उतना बल न रह जायगा। हम यह बात केवल कल्पना के आधार पर नहीं लिख रहे हैं। इंग्लैंड से प्रकाशित होने वाले 'नाइण्टीन्थ सेन्चुरी' नाम के मासिक पत्र के ताजे अंक में मि०पिल्चर नाम के एक लेखक ने लिखा है कि "अंग्रेजी माल की बिक्री हिन्दुस्थान में करने के दो ही मार्ग हैं। पहला यह है कि हिन्दुस्थान की कृषि की उन्नति के लिए आवश्यक होने वाले हल-बक्खर आदि सामान इंग्लैंड में पैदा किये जाएँ और हिन्दुस्थान के कृषकों में उसका प्रचार किया जाय।" दूसरा काम हिन्दुस्थान में रेलवे का फैलाव और अधिक किया जाय।" मि० पिल्चर ने अपने लेख में यह भी कहा है कि भारत सरकार का कृषि विभाग इसी कार्य को सफलता के साथ कर सकता है। इसीलिए 'कृषि-कमीशन' स्थापित हुआ दिखता है। यह बहुत संभव है कि कृषि की उन्नति की पूरी योजना लार्ड इरविन के शासन-काल में ही सफल न हो सकेगी, तथापि उनकी नियुक्ति में इंग्लैंड की नीति का रुख किस ओर है—यह बात हमारे देशवासियों को पूर्ण रीति से जान लेनी चाहिए। हमारे देश का हित कृषि और कारखाने दोनों की उन्नति में है। हमारे स्वार्थ के कारण हमारा बुद्धि-भेद होने की बहुत संभावना है, इसीलिए लार्ड इरविन के भारत आगमन के साथ-साथ हम लोगों को भी सचेत और सावधान हो जाना चाहिए।

[3 अप्रैल, 1926]

निजाम और बरार

सन् 1923 में निजाम ने वाइसराय को एक पत्र लिखा था जिसमें उन्होंने कहा था कि बरार उनको वापिस दे दिया जाय। सन् 1902 में वर्तमान निजाम के पिता ने ब्रिटिश गवर्नमेण्ट को बरार का स्थायी पट्टा दे दिया था, परन्तु वह लार्ड कर्जन की जबरदस्ती के फलस्वरूप था। स्टेट सेक्रेटरी और वाइसराय ने निजाम के दावे की फिक्र के साथ जाँच की और उसे नामंजूर कर दिया। गत सितम्बर में निजाम ने वाइसराय को लिखा था कि ब्रिटिश इण्डिया के सम्बन्ध

में वाइसराय की जो हैसियत है वही निजाम की अपने राज्य के विषय में है, इसलिए ब्रिटिश गवर्नमेण्ट इस विषय में कोई निर्णय नहीं दे सकती। इस विषय में वाइसराय लार्ड रीडिंग ने जो जवाब दिया था, उसका सार गतांक में हम प्रकाशित कर चुके हैं। इस अंक में अधिक विस्तार के साथ वाइसराय का कथन हम नीचे देते हैं—

आपके 20 सितम्बर 1925 के पत्र की प्राप्ति मैं इसके पूर्व ही स्वीकार कर चुका हूँ। इस पत्र में महत्त्वपूर्ण प्रश्न उठाये गये हैं और उनके विचार में समय लगने के कारण जवाब देर से दिया जा रहा है। इस मामले के ऐतिहासिक ब्योरे की चर्चा मैं नहीं करना चाहता, जैसा कि आपने किया है। मैं पिछले पत्र में आपको इत्तला दे चुका हूँ कि आपके कथन की जाँच फिक्र के साथ की गयी है और उसमें कोई बात ऐसी नहीं पायी गयी जिसका असर मेरे तथा मेरी गवर्नमेण्ट, एवं सेक्रेटरी आफ स्टेट के किये गये निर्णय पर होता हो। आपका जवाब वास्तविक अवस्था का सच्चा स्वरूप नहीं है, परन्तु मुझे यह देखकर खुशी है कि आपके ताजे पत्र में आप मेरे सम्माननीय पूर्व-पदाधिकारी, स्वर्गीय मार्क्विस आफ कर्जन पर, कोई दोष के छींटे डालने का इरादा नहीं रखते। आपके पत्र के दूसरे और तीसरे पैरेग्राफ में जो दावा आपने पेश किया है और कमीशन की स्थापना के लिए जो प्रार्थना आपने की है, उसी के जवाब में अब मैं इस पत्र का शेष भाग लगाऊँगा।

जिन पैरेग्राफ का मैं उल्लेख कर चुका हूँ, उनमें आप कहते हैं कि हैदराबाद के अन्दरूनी मामले में रियासत की वही हैसियत है जो ब्रिटिश गवर्नमेण्ट की हिन्दुस्तान के विषय में है। मुझे भय है कि कहीं आपके दावे का अतिरंजित वर्णन न हो जाय, इसीलिए मैं आपके शब्दों को उद्धृत करता हूँ— "विदेशी शक्तियों और नीतियों से सम्बन्ध रखने वाले मामलों को छोड़कर, हैदराबाद के निजाम अपनी रियासत के अन्दरूनी मामलों में उतने ही स्वाधीन रहे हैं जितने ब्रिटिश गवर्नमेण्ट इण्डिया में हैं। इन रक्षित विषयों को छोड़कर दोनों पक्ष सभी अवसरों पर सम्पूर्ण स्वाधीनता और अनवलम्बिता के साथ, सभी अन्तर-शासनीय मामलों में, जो कि समय-समय पर पड़ोसियों के दरमियान स्वभावतः उपस्थित होते हैं, व्यवहार करते रहे हैं। बरार का प्रश्न उन रक्षित विषयों के अन्दर नहीं आता और न आ सकता है। इसकी जाँच में कोई विदेशी सत्ता या विदेशी नीति नहीं आती और इसीलिए यह विषय उन दो गवर्नमेण्टों के बीच के झगड़े के स्वरूप का है जो एक ही हैसियत पर है और जिनमें किसी एक को दूसरे की मातहती में रहने की हदबन्दी नहीं है।" इन शब्दों से आपकी, सार्वभौम सत्ता के साथ के सम्बन्धों में गलतफहमी प्रगट होती है और इसीलिए सम्राट के प्रतिनिधि की हैसियत से मुझ पर लाजमी है कि यह गलतफहमी मिटा दूँ, क्योंकि इस विषय में मेरी

खामोशी का अर्थ, आगे के समय में, आपके प्रस्ताव की स्वीकृति के रूप में समझे जाने की संभावना है।

ब्रिटिश ताज की सार्वभौमिकता हिन्दुस्तान में सबसे ऊपर है और इसीलिए किसी रियासत का हिन्दुस्तानी राजा न्यायतः ब्रिटिश गवर्नमेंट के साथ बराबरी की हैसियत से बातचीत करने का दावा नहीं कर सकता। ब्रिटिश-ताज की सर्वश्रेष्ठ सत्ता केवल सुलहनामों और अन्य प्रतिज्ञाओं पर ही निर्भर नहीं है वरन उन विदेशी शक्तियों तथा विदेशी नीतियों के विषय की सार्वभौमिकता को छोड़कर अन्य स्वतन्त्र आधारों पर स्थित है। ब्रिटिश गवर्नमेण्ट का अधिकार एवं कर्त्तव्य है कि देशी रियासतों के सुलहनामों और अहदनामों की पूरी इज्जत करते हुए, सारे हिन्दुस्थान में शान्ति और सुव्यवस्था रखे। इसका जो परिणाम निकलता है वह इतना लोक-विश्रुत है और आपको तथा अन्य राजाओं के लिए भी इतना ही लागू है कि उसके बतलाने की कोई आवश्यकता प्रतीत नहीं होती। परन्तु अगर मिसालों की जरूरत ही हो तो मैं आपको याद दिलाना चाहता हूँ कि अन्य राजाओं के साथ-साथ हैदराबाद के शासक ने भी सन् 1862 में 'सनद' प्राप्त की थी जो इस बात को घोषित करने वाली थी कि ब्रिटिश गवर्नमेण्ट आपके खानदान और आपके शासन को स्थायी बनाना चाहती है, बशर्ते कि ब्रिटिश ताज के साथ सदा 'भक्ति' रखी जायगी। इसी तरह हैदराबाद की मसनद पर बैठने वाले नये निजाम का राज्यारोहण तब तक कानून से ठीक नहीं समझा जाता जब तक सम्राट उसे मंजूर नहीं कर देते और जब विरासत का झगड़ा पड़ता है तब ब्रिटिश गवर्नमेंट ही बीच-बचाव कर सकती है।

ब्रिटिश ताज के सार्वभौम होने के कारण जो परिणाम होते हैं उन्हीं में एक और उदाहरण है ब्रिटिश गवर्नमेण्ट का देशी रियासतों के अन्दरूनी मामलात में हस्तक्षेप करना। ब्रिटिश गवर्नमेण्ट कई बार बतला चुकी है कि जबतक कोई गंभीर कारण उपस्थित न हो तब तक अपने इस अधिकार का उपयोग करने की इच्छा उसे नहीं है। परन्तु बाहरी तथा भीतरी संरक्षकता, जो देशी राजाओं को प्राप्त है, वह ब्रिटिश गवर्नमेण्ट की रक्षक शक्ति के कारण ही प्राप्त है। जहाँ साम्राज्य के हितों का सम्बन्ध होता है या किसी रियासत की प्रजा के सर्वसाधारण हितों को किसी देशी राजा के कार्य के कारण भय होता है, वहाँ सार्वभौम सत्ता के साथ में ही आवश्यक उपाय करने का अन्तिम अधिकार रहता है। भिन्न-भिन्न श्रेणियों के राज्याधिकार जो इस समय राजाओं को प्राप्त हैं, वे सब इस शर्त के साथ हैं कि सार्वभौम सत्ता अपनी इस जिम्मेदारी का उचित उपयोग करेगी। इन उदाहरणों के अलावा और भी उदाहरण दिये जा सकते हैं जो आपके इस प्रस्ताव से विसंगत हैं कि विदेशी शक्तियों और नीतियों को छोड़कर आपका शासन ब्रिटिश शासन की हैसियत का है। परन्तु मैं नहीं समझता कि इस विषय को और आगे

बढ़ाने की जरूरत है। मैं सिर्फ इतना ही कहूँगा कि आपको 'विश्वासपात्र' होने का जो खिताब प्राप्त है वह इस बात का निदर्शक नहीं है कि ब्रिटिश ताज की सार्वभौमिकता के अधीन रहने वाले अन्य देशी राज्यों की अपेक्षा आपके राज्य की अवस्था कुछ भिन्न है।

हैदराबाद और सार्वभौम सत्ता के बीच के सम्बन्धों के विषय की आपकी वर्तमान धारणा के सम्बन्ध में आपने लिखा है कि हिज मैजेस्टी की गवर्नमेण्ट के निर्णय को मैंने गलत रीति से बयान किया है और 'रेस जुडीकेटा' का सिद्धांत हैदराबाद तथा भारत सरकार के झगड़े के सम्बन्ध में गलत रीति से लागू किया गया है। मुझे खेद है कि मैं आपकी राय स्वीकार नहीं कर सकता कि आपकी दरख्वास्त पर दिया गया सेक्रेटरी आफ स्टेट का हुक्म निर्णय की हैसियत नहीं रखता। सार्वभौम सत्ता का यह विशेषाधिकार है कि रियासतों-रियासतों अथवा रियासतों और ब्रिटिश सरकार के बीच पैदा होने वाले झगड़ों का फैसला करे। और अगर कुछ हालतों में पंचायती अदालत मुकर्रर भी की जा सकती है तो भी उसका काम अंतिम निर्णय का अधिकार रखने वाली गवर्नमेण्ट आफ इंडिया को स्वतंत्र सलाह देने का ही है। मैं आपको स्मरण दिलाना चाहता हूँ कि मांटेग्यू चेम्सफोर्ड रिपोर्ट की धारा 308 की बहस करते समय भारतीय राजाओं की सर्वसाधारण संस्था ने यह अवस्था स्वीकार कर ली है। 'रेस जुडीकेटा' शब्द के उपयोग के विषय में मैं इस बात को जानता हूँ कि दीवानी अदालत की तरह गवर्नमेण्ट आफ इण्डिया उस मामले की जाँच करने से नहीं रोकी जा सकती जो पहले किसी निर्णय का विषय हो चुका हो। परन्तु 'रेस जुडीकेटा' का कानूनी सिद्धान्त अमली विचारों पर अवस्थित है और यह बात स्पष्टता के साथ अनावश्यक है कि वह मामला, जिसका एक बार फैसला हो चुका है, उन्हीं दो पक्षों के बीच, बार-बार किसी झगड़े की बुनियाद बनाया जाय।

बरार के मामले की जाँच करने तथा रिपोर्ट करने के लिए जाँच कमीशन मुकर्रर करने की आपकी प्रार्थना पर अब मैं विचार करता हूँ। आपको मालूम है कि गवर्नमेण्ट आफ इण्डिया ने थोड़े ही दिन पहले पंचायती अदालत की स्थापना के विषय में निश्चित नियम बनाये हैं। ये अदालत उन मामलों में मुकर्रर की जाती है जिनमें कोई देशी राज्य गवर्नमेण्ट आफ इण्डिया के हुक्म से असन्तुष्ट हो। अगर आप इस नये प्रबन्ध वाले कागजात को देखेंगे तो आपको मालूम होगा कि हिज मैजेस्टी की सरकार द्वारा निर्णय किये गये मामलों में पंचायती अदालत स्थापना करने की कोई गुंजाइश नहीं है और मैं नहीं मान सकता कि वर्तमान मामले जैसा मामला—जिसमें बहुत दिनों के बाद का अन्त हो चुका है और जिसमें पूर्ण विचार के पश्चात् ऐसे शब्दों में इकरारनामा किया जा चुका है जिसमें गलतफहमी की गुंजाइश ही नहीं है,—पंचायत के सुपुर्द करने

योग्य है।

आपकी प्रार्थनानुसार आपका वर्तमान पत्र सेक्रेटरी आफ स्टेट के पास भेजा जा चुका है और मेरे इस जवाब में स्टेट सेक्रेटरी तथा भारत सरकार, दोनों का जवाब शामिल है

कलकत्ते का दंगा

हिन्दुस्थान का ब्रिटिश राज मशीनगनों, बन्दूकों, बमों और हवाई जहाजों का शक्तिशाली राज है, पर फिर भी हिन्दू-मुसलमानों के दंगाइयों को रोकने की शक्ति इसमें नहीं है। हिमालय से कन्याकुमारी तक और करांची से कलकत्ता तक सभी स्थानों के लोग बे-हथियार किये जा चुके हैं। उनकी लड़ने की प्रवृत्ति मिटाई जा चुकी है। ब्रिटिश राज के एक सौ वर्ष के प्रतिबन्धक एवं पौरुष विध्वंसक वायुमण्डल ने ब्रिटिश भारतीयों को प्रायः दब्बू बना दिया है। जिन लोगों के पूर्वजों ने लड़ाइयाँ लड़ी थीं, जिनके बाप-दादाओं ने राज्य स्थापित किये थे, जिनके आदरणीयों ने स्वधर्म एवं स्वराज्य की संस्थापना और रक्षा के लिए शोणित-तर्पण किया था, उन्हीं के रहन-सहन, बोलचाल, भाव-भाषा-भेष में इतना परिवर्तन हो गया है कि सौ साल पहले के बूढ़े को आज के अपने अनुवंशज को पहचानना कठिन हो गया है। सारांश, लड़ाई और मारकाट के भावों को ब्रिटिश राज ने एक तरह से मिटा दिया है। तिस पर भी हिन्दू-मुसलमान लड़ते हैं। पचासों आदमियोंको अपने कमल-तनु बालकों, गृहणियों, वृद्ध माता-पिताओं और अनेक बन्धु-बांधवों को छोड़कर स्वर्ग-धाम जाना पड़ता है। ब्रिटिशों ने जिन्हें निहत्थे बना दिया है, वे ही लोग आपस की मारकाट में हजारों को घायल कर देते हैं। आखिर इस मनोवृत्ति का कारण क्या है? ब्रिटिश जाति से अपने अधिकारों को छीनने के लिए जो लोग अपने रक्त की एक बूँद भी नहीं बहाते—क्योंकि उन्हें अपनी असहाय अवस्था का ज्ञान है, वे ही सैकड़ों की संख्या में मर-कट जाने के लिए क्यों तैयार हो जाते हैं? एक या दो राजनैतिक हत्याओं के कारण सैकड़ों आदमियों को स्वर्गधाम पहुँचाने वाली ब्रिटिश जाति, हिन्दू-मुसलमानों के दंगों को रोकने में क्यों समर्थ नहीं होती? उसके हथियारों, उसकी प्रचण्ड शक्तियों के रहते क्यों इतनी हत्याएँ हो जाती हैं?

कोहाट के मामले के बाद कलकत्ते का दंगा अपनी भयंकरता में पिछले दंगों से बढ़ा-चढ़ा है। कलकत्ते में हिन्दू-मुसलमान दोनों जातियाँ समान संख्या में हैं। कोहाट की तरह मुसलमानों की वहाँ प्रबलता नहीं है। तुल्यबल होने से लड़ाई-झगड़े के रोकने की सम्भावना अधिक रहती है, पर फिर भी क्यों कलकत्ते में

सैकड़ों आदमियों को कष्ट, लूटखसोट, आग, मृत्यु और अपमान का शिकार होना पड़ा।

देशी रियासतों में हिन्दू-मुसलमान रहते हैं। उनमें मतभेद भी पैदा होते हैं। उनमें झगड़े और फिसाद भी हो जाते हैं, परन्तु जितनी भयंकरता कलकत्ते के दंगे में दिखाई दी उतनी देशी राज्यों के दंगों में नहीं सुनाई दी। देशी राज्यों में राजा लोग या तो हिन्दू हैं या मुसलमान, परन्तु फिर भी वहाँ हिन्दू-मुसलमान के दंगों ने कभी इतना उग्र रूप नहीं धारण किया। ब्रिटिश राज की ताकत के मुकाबिले में देशी रियासतों की शक्ति अल्प है। ब्रिटिश राज के वेतन-भोगी नौकरों में से एक के लिए जितने हजार रुपयों का स्वाहाकार किया जाता है उतने में देशी रियासतों के दस अधिकारी पलते हैं। ब्रिटिश राज की इतनी बढ़ी-चढ़ी योग्यता होते हुए भी वहाँ दंगे होते हैं। हिन्दू-मुसलमान एक-दूसरे के गले पर छुरा चलाते हैं। पचासों आदमी व्यर्थ ही मर जाते हैं। सैकड़ों आदमी किसी विशेष लाभ के बिना ही जख्मी हो जाते हैं। और इतना सब होता है शासन-योग्यता की परमोच्च सीढ़ी पर चढ़े हुए ब्रिटिश राज में।

अदालतों में दो पक्ष लड़ते हैं। सच्चे के साथ-साथ झूठे को भी लड़ाई की इच्छा रहती है, इसलिए कि श्रेणिबद्ध अदालतों की किसी न किसी सीढ़ी पर वह सचाई को धोखा दे सकेगा। एक अदालत में हार जाने पर उसे दूसरी ऊँची अदालत से अपने लाभ की बात पाने की आशा रहती है। जब तक यह आशा रहती है तब तक लड़ने वालों को आपसी समझौते की इच्छा नहीं रहती। यह लड़ने का रोग उस तीसरी शक्ति के कारण प्रबल होता रहता है जो लड़ने वाले दो पक्षों के बीच में इन्साफ करने का दावा रखती है। देश के बुद्धिमानों का कहना है कि ब्रिटिश अदालतों की श्रेणिबद्ध रचना इन भावों को बढ़ाती है और आपसी समझौते के भावों को नष्ट करती है। हिन्दू-मुसलमानों के झगड़ों का एक कारण यही है। हम मानते हैं कि केवल यही एक कारण हिन्दू-मुसलमानों की लड़ाई का नहीं है, परन्तु अन्य कारणों से विशेष प्रबल होने से यही कारण हिन्दू-मुसलमानों के झगड़ों के लिए विशेष रूप से जिम्मेदार हैं, इस देश में ब्रिटिशों ने जब से पदार्पण किया है तब से वे हिन्दुओं या मुसलमानों का पक्ष लेते रहे हैं। राजनैतिक अधिकारों की बातों में तो हिन्दू-मुसलमानों के बीच उन्होंने एक विशेष खाई पैदा कर रखी है। इस जुदाई की खाई की निन्दा प्रतिनिधि सत्तावादी ब्रिटिश मुत्सद्दी, अवश्य करते रहे हैं, परन्तु जहाँ उन्होंने देश की संयुक्त शक्ति की माँगों को बिना किसी खौफ के ठुकरा दिया तहाँ मुसलमानों तथा अन्य तत्सम जातियों के विशेष राजनैतिक अधिकारों को, ऊपरी नाराजगी प्रगट करते हुए, स्वीकार कर लिया। क्या इन जातियों के विशेषाधिकारों की बात को शासन-सुधारों, एवं शासन-यंत्र में न डाला जाता तो हिन्दुस्थान के ब्रिटिश राज की हस्ती मिट

जाती ? जब दोनों जातियों के संयुक्त बल से वह हस्ती न मिटी तब क्या अकेले मुसलमानों अथवा अन्य तत्सम जाति के नाराज हो जाने से वह मिट सकती थी ? शस्त्रास्त्र-बल- संयुक्त ब्रिटिश राज जानता था कि हिन्दुस्थान की कोई भी जाति उसे उखाड़ नहीं सकती, फिर भी जातिगत प्रतिनिधित्व का विभेदक अड़ंगा खड़ा किया गया । क्या इसके कारण मुसलमानों में यह भाव पैदा नहीं हुआ कि उन्हें अपने हितों के लिए विशेष प्रयत्नशील होना चाहिए ? क्या इस जातिगत लाभ के लिए मुसलमानों ने अन्य जातियों पर अपना रौब गाँठना नहीं चाहा ? और क्या इस मुस्लिम कृति की प्रतिध्वनि हिन्दुओं के हृदय से नहीं निकली ? हिन्दू और मुसलमान दोनों देखते हैं कि एक के हमले से दूसरे की रक्षा करने वाली ब्रिटिश सत्ता इस देश में मौजूद है । दोनों का खयाल है कि मारकाट और दंगे के समय ब्रिटिश राज के वेतन-भोगी सैनिक उनकी रक्षा के लिए दौड़े आवेंगे । दोनों जानते हैं कि वे परावलम्बी हैं और जो पहले रक्षा की पुकार मचाकर दौड़ जावेगा वह सहायता पा जायगा । क्या इस प्रवृत्ति के कारण ब्रिटिश भारत में दंगे और फिसाद अधिक नहीं हो रहे हैं ?

हम जानते हैं कि पराई गुलामी में बसने वाले हिन्दू-मुसलमानों के आपसी वैमनस्य की मनोवृत्ति की जिम्मेदारी जहाँ विदेशी सत्ता की है वहाँ हमारी ये दोनों जातियाँ भी अपनी जिम्मेदारी से मुक्त नहीं हो सकतीं । बाजा और न-बाजा, बस यही एक चिनगारी आपसी वैमनस्य की बारूद को सुलगाने के लिए काफी होती है । पिछले 4-5 साल जितने झगड़े हुए है, बाजे के बदौलत हुए हैं । विकारवशता दोनों जातियों में मौजूद है । जब मुसलमान केवल विकारवशता के कारण जुलूस या बाजे का बजाना मस्जिदों के सामने रोकते हैं तब हिन्दू भी बाजे बजाने पर जोर देते हैं । ईश्वर-प्राप्ति के मार्ग का—धर्म का कितना बढ़िया स्वरूप है । इस बाजे और न-बाजे से कितने मुसलमान सीधे स्वर्ग को चले गये । कितने हिन्दू परमगति को प्राप्त हो गये । व्यक्तिगत रूप से कोई मुसलमान या हिन्दू बाजे को विशेष महत्त्व देते नहीं सुना गया, परन्तु सामूहिक रूप से मुसलमानों का धर्म बाजे की रोक है और हिन्दुओं का धर्म उस रोक का प्रतिकार । निस्सन्देह हमारी इस भावना से ब्रिटिश राज बलवान बनता है । उसे दोनों जातियों में इन्साफ करने का मौका मिलता है । वह हमें आपसी वैमनस्य को मिटाने का उपदेश दे सकता है । और अपने घर जाते-जाते लार्ड रीडिंग कह सकते हैं कि हिन्दुस्थान में प्रातिनिधिक सत्ता के भावों का विकास नहीं हुआ है ।

कलकत्ते के दंगे में मारकाट विशेषकर कलह-जीवी गुण्डों ने की । किस समाज में लड़ाकू गुण्डे नहीं होते ? किस समाज में तात्कालिक उत्तेजना के वशीभूत होकर कट-मरने वाले नहीं होते ? वादविवाद और बहस-मुबाहसा करने वाले मौलवी और पण्डितों को अगर इन गुण्डों की नाशक प्रवृत्ति के लिए जिम्मेदार समझा

जाय तो इनको पूरी तरह अपने नियन्त्रण में न रख सकने वाले अधिकारी भी क्या उस जिम्मेदारी से मुक्त हो सकते हैं ? जो हो, इस झगड़े ने ब्रिटिश राज के गीत गाने वालों को हिन्दुस्थानी स्वराज्य-स्थापना के खिलाफ हुल्लड़ मचाने का एक और अवसर दिया है। 'स्टेट्समैन' इन झगड़ों की रोक का उपाय दोनों जातियों के नेताओं के हाथ में बताता है । 'टाइम्स आफ इण्डिया' इन उपद्रवों को महात्मा गांधी तथा उनके अनुयायियों द्वारा प्रचारित किये गये कानून-भंग के उपदेशों के कारण हुआ बतलाता है। हिन्दुस्थानियों की स्वराज्य-आकांक्षा के जितने विरोधी इस देश में अथवा इंग्लैण्ड में मौजूद हैं, वे इस दुर्घटना को किसी न किसी रूप में हिन्दुस्थानियों को स्वराज्य के लिए नाकाबिल साबित करने वाली बतला रहे हैं। हिन्दुस्थानियों का आत्म-विश्वास नष्ट करने के उनके प्रयत्नों के लिए यह अवसर अच्छा है, इसमें सन्देह नहीं। परन्तु घटनाओं के क्रम की ओर दृष्टिनिक्षेप करने वाले लोग इस बात को समझ सकते हैं कि नये वाइसराय लार्ड इरविन के आते ही, तथा लार्ड रीडिंग द्वारा जातिगत वैमनस्य सम्बन्धी दिये गए उपदेश की ध्वनि के क्षीण होते ही, यह दंगा हो रहा है । जो लोग सरकार को दूध की धुली हुई नहीं समझते वे इस दंगे की जिम्मेदारी का उतना ही अंश सरकार के सर पर भी रखेंगे जितना वे दंगाइयों की वैमनस्य-प्रवृत्ति पर रखेंगे। इस विषय में चर्चा करते हुए 'मैंचेस्टर गार्जियन' ने लिखा है—

"कलकत्ता के दंगे से हिन्दुस्थान के भविष्य के विषय में चिन्ता उत्पन्न होती है। मुख्य प्रश्न यह है कि यदि ब्रिटिश शासन हटा दिया जाय तो क्या उक्त शासन के उत्तराधिकारी, इस तरह के स्थानीय बलवे की आग को बढ़ने से रोक सकते हैं ? ब्रिटिश शासन का उत्तराधिकारी, भारतीय शासन है जो मतदाताओं के प्रति जिम्मेदार रहेगा। जब तक ये मतदाता धार्मिक-तिरस्कार और भय की अधिकता को रोकना नहीं सीखते तब तक ब्रिटिश-शासन के उत्तराधिकारी के स्थायी होने का विश्वास नहीं हो सकता। कलकत्ते का यह बुरा दंगा, पंजाब की तरह ही, निस्सन्देह हिन्दुस्थान में स्वशासन शुरू करने के हमारे प्रयत्न का फल है। तथापि हमें सुधार की नीति की निंदा करनी चाहिए। स्वशासन के उज्ज्वल भविष्य के कारण ही धार्मिक वैमनस्य का फोड़ा पैदा नहीं हुआ है, उसने तो सिर्फ इस बुराई को प्रगट किया है। हमारा खयाल है कि इस फोड़े को नष्ट करने की यह आवश्यक आरंभिक क्रिया है। हम उन लोगों से सहमत नहीं हैं जो कहते हैं कि इस बीमार को, अपने पाँव पर खड़ा रहने के पहले और 50 साल तक शिक्षा देनी चाहिए। स्व-शासन का हुनर कड़वे अनुभव से ही प्राप्त होता है; परन्तु सीखने वाले के मन में सीखने की इच्छा होनी चाहिए और मिलने वाले पाठों से उसे अनुभव प्राप्त करना चाहिए। इसी के साथ अगर वह सीखने वाला अपने सलाहकार मित्रों का सन्देह न करे तो वह बहुत से अनावश्यक कष्टों से अपने आपको बचा सकता है।"

'मैंचेस्टर गार्जियन' की इस सलाह में नवीनता नहीं है, तथापि हिन्दू-मुसलमानों को अपने-अपने झगड़ों को सुलझाना सीखना चाहिए। हम ऊपर बतला चुके हैं कि ब्रिटिश-राज की भेदक नीति इस तरह के बलवों के लिए जिम्मेदार है—एक हद तक 'मैंचेस्टर गार्जियन' भी हमारी बात मान रहा है। निस्सन्देह हमारा भविष्य काल का शासन, भारतीय शासन होगा, हिन्दू या मुसलमान शासन नहीं। हिन्दू लोग अच्छी तरह जानते हैं कि वे मुसलमानों को जड़ से नष्ट नहीं कर सकते। इसी तरह मुसलमान भी इस बात से बेखबर नहीं रह सकते कि अफगानिस्तान और अन्य स्थानों की सहायता से भी वे हिन्दुओं को नष्ट नहीं कर सकते। इस प्रत्यक्ष सत्य को मद्दे नजर रखकर बाजे के इस छोटे से प्रश्न को निपटाना चाहिए। यह प्रश्न इस या उस धर्म की दृष्टि से नहीं निपटाना चाहिए। विस्तृत सार्वजनिक दृष्टि से ही इसे सुलझाना होगा। मुसलमानों का धर्म बाजे पर अवलंबित नहीं है, न हिन्दुओं का ही। सार्वजनिक मार्गों पर आने-जाने की स्वाधीनता दोनों जातियों को है, परन्तु रास्ते के आस-पास के लोगों को कष्ट पहुँचाने वाले किसी कार्य को करने का अधिकार किसी जाति को नहीं है।

इन दंगों में प्रायः यही देखा गया है कि बाजे की धार्मिक चिकित्सा करने वाले लोग तो एक तरफ रह जाते हैं और जन्म और धन्धे से ही लड़ाई जिनका प्रथम कर्त्तव्य है, ऐसे लोग जो समाज की निम्न श्रेणी पर रहते हैं, अवसर पा जाते हैं। इस अवसर की रोक अगर आज न होगी तो आगे फिर कभी सौ-दो सौ हिन्दू-मुसलमानों के सिर-फुटौअल के बाद होगी।

सम्पादकीय टिप्पणियाँ

गुरुकुल काँगड़ी और जमनालालजी

गत सप्ताह देश के राष्ट्रीय विश्वविद्यालय, गुरुकुल काँगड़ी का वार्षिकोत्सव हुआ। देश के सभी भागों से विद्वान स्त्री-पुरुष उक्त उत्सव के अवसर पर एकत्र हुए थे। गुरुकुल के स्नातकों की पदवियाँ देने का कार्य महाराष्ट्र के विख्यात विद्वान श्री चिन्तामणराव वैद्य एम० ए० एल-एल०बी० के हाथ से हुआ। गुरुकुल के प्रिन्सीपल श्री रामदेवजी, तथा स्वामी श्रद्धानन्दजी के भाषण हुए। गुरुकुल काँगड़ी देश की वह राष्ट्रीय संस्था है जिसने देश की शिक्षा-पद्धति में परिवर्तन कर देने का प्रयत्न कई दिनों से चला रखा है। यह संस्था पूर्णतया सार्वजनिक धन से चल रही है। हमें यह सुनकर अत्यन्त हर्ष हुआ कि श्री जमनालालजी बजाज महोदय ने उक्त विद्यालय के लिए 86 हजार रुपयों का दान देना स्वीकार किया। श्री जमनालालजी ने चार वर्षों के पश्चात् 30 हजार रुपये और भी

देने की घोषणा की है। इस सद्व्यय के लिए हम देशभक्त जमनालालजी एवं गुरुकुल संस्था, दोनों को बधाई देते हैं।

इण्डियन नेशनल पार्टी

आखिर पार्टी स्थापित हो ही गयी। अन्यत्र छपे हुए समाचारों से मालूम होगा कि यह पार्टी किन उद्देश्यों की पूर्ति के लिए स्थापित की गयी है। यह पार्टी जनता की पार्टी कहलाने का दावा नहीं कर सकती क्योंकि उसके पास कोई ऐसा कार्य-क्रम ही नहीं है जिसका असर सर्वसाधारण जनता पर पड़ सकता हो। पं० मालवीयजी इस पार्टी के जन्म-संस्कार के पश्चात् अहमदाबाद जाने वाले हैं और वहाँ महात्मा जी को मध्यस्थ बना पं० नेहरूजी को नेशनल पार्टी में सम्मिलित होने के लिए निमंत्रित करने वाले हैं। लाला लाजपतरायजी ने इस पार्टी को 'चुनाव की पार्टी' कहा है। इस पार्टी से कांग्रेस के कार्य में कहाँ तक सहायता पहुँचेगी, यह तो आगे चलकर मालूम होगा; परन्तु कांग्रेस द्वारा मंजूर किये स्वराज्य दल के मार्ग में अड़चन उपस्थित करने का कार्य तो यह पार्टी आज भी कर रही है।

प्लेडेल को सजा

सिमले के कुली की हत्या के लिए सेशन्स जज ने कैन्टीन बोर्ड के अधिकारी मि० मैन्सेल प्लेडेल को दो साल की कड़ी कैद और चार हजार रुपये जुर्माने की सजा दी थी। उक्त सजा के विरुद्ध लाहौर के हाईकोर्ट में अपील की गयी थी. परन्तु अपील में भी सेशन्स कोर्ट का फैसला बहाल रहा। अब मि० प्लेडेल को सजा के भुगतने के सिवाय अन्य कोई चारा नहीं है। यदि वे जुर्माना न देंगे तो उन्हें एक साल और कारावास सहना पड़ेगा। इस देश में आज तक गोरों की ठोकरों से कुलियों के मरने के जितने मुकद्दमे हुए हैं, उनमें मि० प्लेडेल जैसा हतभागी अभियुक्त शायद ही कोई अन्य गोरा रहा होगा। काले कुली के लिए बड़े गोरे साहब को सजा। एक अनहोनी बात हो गयी। हमारे खयाल से यदि यह घटना लेजिस्लेटिव असेम्बली और लार्ड रीडिंग की सरकार के तात्कालिक निवास-स्थान, शिमले में न घटी होती तो बेचारे कुली की काली आत्मा को ब्रिटिश शासन को धन्यवाद देते, चुपचाप स्वर्ग में बैठना पड़ा होता।

[10 अप्रैल, 1926]

सर्वनाश की स्पष्ट रेखा

जिस समय किसानी के रायल कमीशन की घोषणा हुई थी उस समय देश के कुछ जिम्मेवार लोगों ने कहा था कि इस कमीशन से होगा कुछ नहीं; हमारा

भाई धन्नू कुरमी या रामचन्द्र गूजर रायल कमीशन की सारी उछल-कूद के बाद उसी स्थान पर होंगे, जहाँ वे आज हैं। किन्तु नये किसान-वाइसराय के भारत पहुँचते न पहुँचते, सर्वनाश की स्पष्ट रेखा भारतीय आकाश पट पर दीखने लगी। इस अभागे कमीशन को कायम करते समय, भारत के शासन-गगन के अस्पताल पर से, लार्ड रीडिंग ने कहा था—

"The agriculture is the greatest Industry of India to which India must look for her regeneration and her prosperity."

"खेती भारत का भारी उद्योग है, और भारत को अपने उद्धार और बढ़ती के लिए उसी खेती पर नजर डालनी चाहिए।" शब्द तो इतने मधुर हैं कि इन्हें पढ़कर, किसानों के मनोदेवता फुदक उठें। और जिस देश में किसानों की तादाद फीसदी 4 भी, 150 वर्ष के अंग्रेजी राज्य में पढ़ी-लिखीं न बनाई गई हो, वहाँ ऐसे भोले भक्तों का टोटा नहीं, जो लाट साहब की इस वचनावली को सुनकर धन्य हो उठें। किन्तु भारत में दुर्भाग्य से कुछ ऐसे भी लोग हैं जो परिस्थिति को उलट-पुलटकर देख लेना जानते हैं। भारत के किसान भी, अधिक दिनों तक मूर्ख नहीं बनाये जा सकते। लार्ड रीडिंग के इन वाक्यों का स्पष्ट अर्थ यह है—भारतवासियों को अब खेती पर जीने के लिए तैयार हो जाना चाहिए। वह बड़ा भारी व्यवसाय है, उसमें उनका पेट भर सकता है। यदि पूछा जाय कि क्यों? तो इसका खास उत्तर यह है कि भारत के बाजारों में और अन्य भारतीय रोजगारों में अब केवल इंग्लैंड अपनी प्रभुता चाहता है। अंग्रेजों को बाजार चाहिए। भारत से सुन्दर बाजार कहाँ मिलेंगे। अतः भारत को यह घोषणा है कि वह "अपनी ताकत समेटकर खेती पर लगा ले।"

भारत केवल किसान देश नहीं रहा। आज से ठीक 109 वर्ष पहले प्रसिद्ध अंग्रेज डा० राबर्टसन ने लिखा था—"दुनिया का कोई हिस्सा ऐसा नहीं, जहाँ के देशवासी विदेशों के अवलम्ब से इतने मुक्त हों जितने ये भारतवासी। फिर चाहे वे चीजें रोजाना जरूरत की हों या ऐशो-आराम के जीवन की। अनुकूल ऋतुओं और उपजाऊ जमीन के ईश्वरीय आशीर्वाद के साथ भारतीयों को प्राप्त बुद्धिमत्ता और श्रम ने, उन्हें वरदान देकर रक्खा है कि वे जो चाहें, प्राप्त कर लें। इसके परिणामस्वरूप उनका व्यापार, सदा से, एक ही ढंग से चला आ रहा है और उनके हुनर और कुदरत की चीजों के बदले में उनके पास सोना आता रहा है।" किन्तु अब तो सोना इंग्लैण्ड को चाहिए, उसकी सोने की लंका के कई गढ़ बनना अभी बाकी है। इधर भारतवासी चिथड़े और टुकड़े के लिए मोहताज हो रहे हैं। पहिले किसानी का रोजगार करने वाले कम थे, अब इंग्लैण्ड की लूट के कारण उनकी तादाद, फीसदी 75 तक बढ़ गई है। किन्तु रायल कमीशन चाहता है कि भारतवासी और भी खेती ही पर जीने के लिए विवश

हों; यह भारत के भूखे पेटों, सूखी हड्डियों और गरीब किसानों को चुनौती है। क्या हम इस चुनौती को चुपचाप बर्दाश्त कर लेंगे। हमें एक स्वर से गर्जना करनी चाहिए—हमें खेती का ब्रह्म-ज्ञान मत सिखाओ, हमें व्यापार की कुंजी चाहिए; हम प्राण रहते, अपने बचे-खुचे कुछ बाजार तुम्हें हरगिज न हथियाने देंगे।"

हम चाहे कुछ कहें या कुछ भी न कहें, किन्तु हमारे नाश की तैयारियाँ होने लगीं। इंग्लैण्ड के सैकड़ों बेकारों को भारत के खेती के विभागों में खपाने की कोशिश की जाने का विचार हो रहा है; और इंग्लैण्ड के लुहार और रोजगारी हरियाले स्वप्न देख रहे हैं। देश के खून का खातमा हो चुकने के पश्चात्, अब किसानों के सूखे मांस पर कैसे सुख-स्वप्न देखे जा रहे हैं, जरा सुनिये। इंग्लैंड के विदेशों के व्यापार-विभाग के पार्लियामेंट सेक्रेटरी मि० सेम्युअल, न्यूकसल के व्यापारी मण्डल के सन्मुख दिये हुए अपने भाषण में कहते हैं—

"मैं अनेक वर्षों से इस बात का अध्ययन कर रहा हूँ कि भारत में अंग्रेजी व्यापार कैसे बढ़े।" उन्होंने भारत के किसानों में खेती के औजार बेचने की हिकमतों की ओर इशारा करते हुए कहा—"भारत में दो करोड़ देशी हल चल रहे हैं। वहाँ के किसानों के गले, अंग्रेज व्यापारी कम्पनियों के बनाये हुए 30 लाख हल दर साल बाँधे जा सकते हैं। खेतों में पानी देने के लिए, गन्ने से रस निकालने के लिए, आटा पीसने और धान से चावल निकालने के लिए भारत में पशुओं द्वारा काम लिया जाता है; हमें चाहिए, हम छोटे-छोटे यंत्र उनके यहाँ पहुँचा दें। हिन्दुस्थान में 5 लाख कुएँ हैं, अतः उतने ही पम्प और एंजिन तथा लाख-डेढ़ लाख दूसरी तरह के छोटे एंजिन भिजवाने का ब्रिटिश व्यापारी क्यों न यत्न करें?''

वे यहीं नहीं ठहरते, कहते हैं—"भारत के किसान मन का-सा माल पाने के लिए माँग की प्रतीक्षा कर रहे हैं।" क्या कहना है। भारत बेचारे को तो अब प्रतीक्षा करना भी याद नहीं रहा। अस्तु। मि० सेम्युअल के इन शब्दों से पहेली खूब सुलझती है—"हमें अभी से बाजारों में अपना माल लेकर सजग रहना चाहिए। गत वर्ष भारत से परदेशों को 6 करोड़ पौंड का सोना-चाँदी गया है, इससे प्रगट होता है कि यह ग्राहक कितना गाँठने योग्य है। जब हमारी मशीनें किसानों के पास जावेंगी, और वे कुछ उपजावेंगे तब वे सोना लेकर बाजारों में आवेंगे", जहाँ अंग्रेजी माल भरा पड़ा होगा, और अंग्रेजी कानून खड़ा होगा, अंग्रेजी माल की रक्षा करता हुआ तथा लाचार करता हुआ उसे खरीदने के लिए। और इस तरह सारा धन फिर बाहर आवेगा। रायल कमीशन के कार्य शुरू करते न करते मि० सेम्युअल जैसे जिम्मेदार अंग्रेज की ये बातें कानों पर पड़ रही हैं। इससे इसे किसानों के सर्वनाश की स्पष्ट रेखा कहना चाहिए। इस समय

किसानों की जरूरत केवल खेती सुधारना ही नहीं है, यह भी है कि वे छोटा-मोटा नया रोजगार अपने हाथ में रक्खें। अकेली खेती पर जीना दुर्लभ हो गया है। और एक बात कभी न भूलें। उनके काते हुए सूत और तैयार किये खद्दर से वे अपने सर्वनाश को बहुत दूर खड़ा रख सकते हैं। अभी तो सौ किसानों में, 59 किसानी का काम करते हैं और 41 केवल खेती पर जीते हैं, यदि अंग्रेजी यन्त्रों का हमला हुआ तो बहुत से खेती पर जीने वाले बेकार घूमने लगेंगे और दुर्बल देशी लूहारों की तो मानो मृत्यु ही हो जायेगी। ऐसे समय हमें चाहिए हम संकट का सामना बुद्धिमानी से करें। हम देशबन्धु का नाम लेकर ग्राम संगठन पुकारते ही रह गये, और सरकार तथा गोरे व्यापारियों ने हमारे गाँवों पर आक्रमण करने की घोषणा भी कर दी। क्या हम अब भी नहीं उठना चाहते?

संपादकीय टिप्पणियाँ

एक कदम आगे

किन्तु, धर्म के नाम पर, सड़कों के नागरिक अधिकार को हमारे देश में इतनी बुरी तरह रौंदा जाता है कि जिसकी हद नहीं। महारों (अछूतों) के गणपतियों के जुलूस हिन्दू मन्दिरों के सामने से रोकने की कोशिशें हुई, और सार्वजनिक सड़कों पर से बाजा बजाते जाने पर, जहाँ मस्जिदें मार्ग में पड़ीं, वहाँ सिर फूटे और खून-खराबियाँ हुईं। नागपुर का हिन्दू-मुसलिम समझौता करते हुए मौलाना अबुल कलाम आजाद ने स्पष्ट कहा—"मुसलमान अपनी मस्जिदों में आजाद हैं। सड़कों पर कब्जा नहीं हो सकता। सड़कें सबके आने-जाने के लिए हैं। उन पर बन्धन नहीं हो सकते। उन्होंने यह भी कहा कि मोटरों, गाड़ियों और ट्राम गाड़ियों की आवाजों से हम नहीं भड़कते, सिर्फ बाजों से नाराज होते हैं।" उस समय उन्होंने कहा या नहीं, फैसले में लिखा था कि "हिन्दू मस्जिदों के सामने बाजे बजा सकते हैं। मुसलमानों को इस पर एतराज नहीं करना चाहिए।" जिस दिन यह फैसला हुआ, नागपुर में दोनों जातियों की सिरफुटौबल का अन्त हो गया। नागपुर के मुसलमान मित्रों ने कहा—"पहिले हम समझते थे कि मस्जिदों की सड़कों पर बाजे बजाना इसलाम की आज्ञा के खिलाफ है, अब हम समझ गये कि वैसी कोई बात ही नहीं है।" किन्तु बरार, कलकत्ता और जहाँ-तहाँ सड़कों के इस स्वतंत्र नागरिक अधिकार का खयाल न रखकर दंगे और खून-खराबियाँ हुई हैं। देश की सरकारें दंगों को चुपचाप तमाशे की तरह देखती रहीं, और उन्हें प्रसन्न करने वालों ने, यह साबित करने के मौके खाली नहीं जाने दिये कि यह देखो—भारत में मेल नहीं है। किन्तु मध्यप्रदेश की सरकार ने एक कदम आगे बढ़कर सड़कों के स्वतन्त्र नागरिक अधिकार की घोषणा की है। बरार के

कमिश्नर को पत्र लिखते हुए मध्यप्रान्तीय सरकार के चीफ सेक्रेटरी ने लिखा है कि—"जहाँ धार्मिक माँगें, नागरिक अधिकारों के आड़े आती हों, वहाँ सरकार को व्यक्ति के सर्वसाधारण अधिकारों का समर्थन करना चाहिए।" और भी— "साधारणतया किसी व्यक्ति को यह अधिकार नहीं है कि वह उस दूसरे व्यक्ति के मार्ग में बाधा पहुँचावे जो सार्वजनिक मार्गों का न्यायपूर्ण उपयोग करता है।" कभी-कभी खास परिस्थिति उत्पन्न हो जाने पर, सर्वसाधारण अधिकार रोके जा सकते हैं, परन्तु इन खास अवसरों का अर्थ व्यक्ति के अधिकारों की स्थायी इनकारी नहीं।"

सड़कों के नागरिक अधिकार का प्रश्न सामने आने और उन्हें अधिकाधिक अमल में लाने पर, हम सोचते हैं सरकारी और धार्मिक किसी भी तरह का पागलपन, रुकावट न डाल सकेगा, और थोड़े दिनों में ये झगड़े भूतकाल की बात हो जायँगे। क्या मध्यप्रदेश की सरकार के निर्णय का अनुकरण अन्य प्रान्तीय सरकारें नहीं कर सकतीं ? क्या कलकत्ता के दंगे की जड़ में लार्ड रीडिंग के पहुँचने के समय सुधारों की चर्चा के बजाय, भारत के आपसी कलह की चर्चा को ब्रिटेन के दरवाजे पहुँचाना नहीं था ?

स्वनामधन्य ओडायर

पंजाब के पुराने नौकर सर माइकेल ओडायर भारत की पेंशन से अपने जीवन के शेष दिन इंग्लैण्ड में बिता रहे हैं। उनकी पाशवी वृत्ति के कारण हिन्दुस्थान का राज अंग्रेजों के हाथ से जाते-जाते बच गया। इंग्लैण्ड में ओडायर साहब की ओर विशेष ध्यान नहीं दिया जाता, तथापि हिन्दुस्थान में जब कभी कोई खून-खराबी हो जाती है तब-तब सर माइकेल अपनी रामकहानी भी अखबारों में जाहिर कर देते हैं। कलकत्ते के दंगे के विषय में सर माइकेल ने लिखा है— प्रतिस्पर्धी धर्म के अनुयायियों के कारण कलकत्ते में धर्मान्धों का जो दंगा हो गया है, वह पिछले छह वर्षों में हिन्दुस्थान में होने वाले धार्मिक झगड़ों की एक ओर आवृत्ति मात्र है। पिछले 60 वर्षों में जितनी खून-खराबी हिन्दुस्थान में नहीं हुई उतनी इन 6 वर्षों में हुई इसका कारण यह है कि मांटेग्यू चेम्सफोर्ड सुधारों ने सिविल सर्विस एवं पुलिस के ब्रिटिशों को कमजोर बना दिया। ये ही लोग परस्पर लड़ने वाले भिन्न-भिन्न धर्म के लोगों और जातियों को रोके हुए थे। सुधारों के कारण मि० गांधी और अली भाई ब्रिटिश विरोधी हिन्दू, मुसलमान और सिक्खों को एकता के सूत्र में बाँध सके, जिसका परिणाम हुआ सन् 1921 का मोपला-विद्रोह, जिसमें मोपला धर्मान्धों ने हिन्दुओं पर हमला किया, कइयों को कत्ल कर डाला और कई हजारों को जबरन धर्मभ्रष्ट कर डाला। मोपला विद्रोह ने हिन्दुओं की आँखें खोलीं। परिणामस्वरूप मि०

गांधी का प्रभाव घटा और ब्रिटिश विरोधी आन्दोलन का स्थान हिन्दू-मुस्लिम शत्रुता ने ग्रहण किया। इसके अलावा परम्परा से चली आई जातिगत शत्रुता इन प्रतिस्पर्धी धर्मों के राजनैतिक झगड़ों से दश गुणा बढ़ी, जिनमें से प्रत्येक ब्रिटिशों द्वारा खाली किये जाने वाले अधिकार-स्थानों को प्राप्त करने का प्रयत्न करता था। मि० माण्टेगु और लार्ड चेम्सफोर्ड ने यह कल्पना करने में बहुत शीघ्रता की कि प्रातिनिधिक शासन के देने से हिन्दुस्थान में प्रातिनिधिक सत्ता के भाव पैदा होंगे। परन्तु अब यह बात स्पष्ट हो चुकी है कि जैसे-जैसे राजनैतिक झगड़ा बढ़ता है वैसे-वैसे जातिगत लड़ाइयाँ भी अधिकाधिक भयंकर होती जाती हैं।" हिन्दू-मुसलमानों की लड़ाई की इस तरह मीमांसा करने के पश्चात् ओडायर साहब छुपे हुए शब्दों में ब्रिटिश जाति को सलाह देते हैं कि अगर ब्रिटिश जाति हिन्दुस्थानियों की भलाई की अपनी घोषित नीति पर अग्रसर होना चाहती है तो उसे अपने मन से राजनैतिक अधिकारों का भूत निकाल देना चाहिए और ऐसी नीति प्रचलित करनी चाहिए जिससे धार्मिक शत्रुता का इलाज हो सके। ओडायर और उनके जैसे एकसूत्री सत्ता के उपासकों का भी यह कथन सत्य है कि राजनैतिक अधिकारों के अल्प मूल्य वाले टुकड़े के कारण भारत में जातिगत झगड़ों की वृद्धि हुई। परन्तु शासन सुधार अथवा प्रातिनिधिक सत्ता का प्रचार इसका कारण नहीं है, इसका कारण है उक्त प्रातिनिधिक कहलाने वाली पद्धति में फूट के बीज बोने की सरकारी वृत्ति। अगर जातिगत मताधिकार प्रदान न किया जाता तो राजनीति में धार्मिक झगड़ों की बू न आती। यह बू किसने पैदा की? निस्सन्देह ब्रिटिश राज्य में सर माइकेल जैसे अदूरदृष्टि के जो लोग रहते हैं, उन्हीं के कारण जातिगत मताधिकार हिन्दुस्थान में प्रचलित हुआ।

[24 अप्रैल, 1926]

मजदूरों का गदर

इंग्लैण्ड में इस समय बिना हथियारों का संग्राम चल रहा है। एक तरफ इंग्लैण्ड के मजदूर प्रजा के रूप में हैं, और दूसरी तरफ वहाँ के शासनकर्त्ता, अमीरों के रूप में। एक तरफ परिश्रम है, दूसरी तरफ सोने की गिन्नियाँ। और परिश्रम गिन्नियों के सन्मुख झुकने को तैयार नहीं। खदान के मजदूरों ने कहा, "न हम सात घण्टा रोज से अधिक काम करेंगे, न कम मजदूरी लेंगे।" खदानें बन्द हो गईं, और वे बन्द हुईं मजदूर-परिवारों के पेट में पहुँचने वाली रोटियों की कीमत पर। धनिकों के अखबारों ने कहा—"तुम्हारी शरारत विद्रोह है।" मज-

दूरों ने कहा, "यह दोष वापस ले लो।" धन ने कहा, "नहीं। इंग्लैण्ड की महाशक्ति, लाखों की ग्राहक संख्या वाला 'डेली मेल' बन्द हो गया। और दूसरे दिन सब अखबारों को बन्द हो जाना पड़ा और लेखकों तथा सम्पादकों की सभा ने तय किया कि लेखक वर्ग, लिखने के सिवा, कोई काम न करे। रेल के मजदूरों ने कहा—

"हम अपने भाइयों का भूखों मरना नहीं देख सकते; सरकार झुके!" सरकारी इन्कार होते ही, दौड़ती हुई रेलगाड़ियाँ मिट्टी के ढेलों की तरह पड़ी रह गईं। गरीबों का यह गदर, इंग्लैण्ड की दिमागी दौड़ (अखबार), दुनिया की दौड़ (रेलगाड़ी) और शारीरिक दौड़ (अन्य सामग्री) को रोक चुका। शक्तिमान इंग्लैण्ड इस समय घर ही में, शत्रु के द्वारा सब तरफ से रोके गये शक्तिहीन की तरह हो रहा है। यह घटना, संसार के सन्मुख दो निर्णय रखती है;—शक्तिशाली सरकार भी व्यवस्था, अनुशासन और त्याग के बल पर बिना हथियारों के ठहर सकती है, और, गरीब अपना मस्तक इतना ऊँचा उठा सकते हैं कि धन हाथ जोड़कर कह दे, "मैं शरण हूँ।" इंग्लैण्ड के अनुदार दल को गर्व था कि उसका शासन सफल हुआ। भारत उसे नहीं छका सका। हमारी मरजी के बिना एक दिन नहीं रह सकते, एक कदम आगे नहीं बढ़ सकते।

मि० बाल्डविन की सरकार महीनों से इस संकट को टालना चाहती थी। अवस्था बुरी हो गई थी। जिन खदानों में से कोयला निकाला जाता है, वह इतना महँगा पड़ता है कि खदानों में मालिकों को टोटा होता है। एक जाँच-कमीशन ने यह निर्णय दिया है कि यदि पुरानी खदानों को छोड़कर कुछ उपयोगी खदानों के मालिक शामिल हो जाएँ और कुछ खदानों के समूह बनाकर, अपने मूलधन के बल पर काम चलावें, और अपनी मालिकी का भारी खर्च कम कर दें तो कोयले का व्यापार सँभल जाएगा। खदानों के मालिकों ने कहा, "हमें यह योजना मंजूर; परन्तु इस नये इन्तजाम की परीक्षा होने तक, मजदूर लोग या तो सात घंटे के बजाय आठ घंटे रोज काम करें, या फिर अपनी मजदूरी प्रति सप्ताह कुछ घट जाने दें।" मजदूरों ने जवाब दिया—"हमारे पेट और हमारी जिंदगी के मूल्य पर हम कोई जाँच करने को तैयार नहीं। यदि खदानों के मालिक हमारी मजदूरी न दे सकें तो, उस मजदूरी की घटी को सरकारी थैली से पूरा कर दिया जाय। आखिर वह धन हमारा ही तो है।" मि० बाल्डविन भी सोचते थे कि संकट से बचने का यही एक उपाय है। परन्तु उनके मंत्रिमण्डल ने खजाने से एक भी पाई मजदूरों को देना मंजूर नहीं किया। उन्होंने कहा, "गत वर्ष हम मजदूरों की रक्षा में 15 करोड़ दे चुके, अब हम कुछ न देंगे।" सो इंग्लैण्ड को शान्ति, व्यवस्था और खदानों का प्रयोग मजदूरों की भूख और ताकत के बल पर चाहिए था। इंग्लैण्ड के मजदूरों ने इन्कार कर दिया। बादशाह महोदय ने, इसे संकट की सूचना कही। अनुदार मंत्रिमंडल फूल उठा; मानो उसे मजदूरों पर मनमानी करने का लाइसेंस मिल गया। पर

यह लाइसेंस है, अपने ही गरीब भाइयों के कुचलने का। मि० बाल्डविन, लाखों की तादाद के अखबारों की कमी, टेलीफोन से सामान ले जाने वाली रेलों की कमी, हवाई जहाजों से, और काम करने वालों की कमी स्वयंसेवकों से पूरी करेंगे ! किन्तु एक सवाल है—क्या अंग्रेज सिपाही अंग्रेज मजदूरों पर गोली चलावेंगे ? हमें अंग्रेज सिपाहियों की देश-भक्ति पर, जरा भी संदेह नहीं होता। तब फिर क्या स्वयंसेवक, मजदूरों की खबर लेंगे ? एक प्रश्न और, यदि यही अवस्था भारत में कर दी जाती तो क्या लार्ड रीडिंग या सर माइकेल, मि० बाल्डविन की-सी शान्ति से काम लेते ? भारत के बंबई के कपड़े की मिलों के मजदूरों की सहायता के लिए, इंग्लैण्ड के मजदूरों ने धन भेजा था। आज अंग्रेज मजदूरों ने संग्राम छेड़ा है। इस संग्राम को देखकर सहसा मुँह से निकल पड़ता है,—धन्य हैं वे मजदूर जो जबरदस्त सरकार को, अपने पवित्र अधिकारों के लिए यों नम्रता से रोक सकते हैं, और धन्य हैं वह सरकार जो इन संकटों से शान्त रहकर निपटारा करती है। बंबई से भारतीय मजदूर मंडल ने प्रेम और सहायता का संदेश भेजा है। देश के अगणित कंठ कहेंगे—"अधिकारों के लिए मस्तक उठाने वाले गरीबों की जय हो।"

स्वयंसेवकों को अमेरिका का संदेश

संसार के युवक हिन्दुस्थान के युवकों की ओर दृष्टि लगाये हुए हैं। वे सोचते हैं कि गांधी की शिक्षा के अनुसार चलकर, मानव जगत के इतिहास में हिन्दुस्थान, एक नई बात कर दिखावेगा। ईसाई धर्म-संस्थापक ईसा मसीह ने व्यक्तिगत सम्बन्धों में प्रेम और दया के व्यवहार की शिक्षा दी। लगभग 2000 वर्षों तक ईसाई व्यक्ति, प्रेम के व्यवहार का प्रयत्न करते रहे हैं और ईसाई राष्ट्र अपनी न्याय अथवा अन्याय इच्छाओं की पूर्ति के लिए शक्ति के उपयोग द्वारा लड़ते रहे हैं। कभी-कभी कुछ लोगों ने इस प्रवृत्ति का विरोध भी किया, परन्तु उनकी आवाज को किसी ने सुना ही नहीं। यह काम गांधी के लिए ही रक्षित था कि अपने लाखों अनुयायियों के साथ राष्ट्रीय मामलों में भी प्रेम और सदिच्छा के उपयोग का प्रयोग कर दिखावे।

हमारे अमेरिका के नवयुवक प्रायः जल्दबाज होते हैं और मेरा अनुमान है कि हिन्दुस्थान के युवक भी इससे भिन्न प्रकृति के नहीं कहें। शायद कुछ लोग कहें कि "इधर हम प्रेमपूर्ण संतोष का व्यवहार करते हैं, उधर हमारे बंधु मरते हैं। पहले हम स्वाधीनता प्राप्त करके फिर हम संसार को बतलायेंगे कि अन्तर्राष्ट्रीय सदिच्छा क्या होती है।" परन्तु जिन युवकों ने गये उषःकाल के दर्शन किए हैं,

उन्हें पुराने समय की ओर मुड़कर, हिंसा की अँधियारी रात की ओर देखने की जरूरत नहीं। नये सत्य को काम में लाने का समय यही है, कल या परसों नहीं।

हिब्रू की बाइबल में नवयुवकों की दो कहानियाँ हैं। उनके साथ उन्हीं के बंधु-बांधवों ने अत्याचार किया था। ईजिप्ट में जोसेफ गुलाम की तरह बेचा गया था और वहीं वह समृद्ध हुआ। जब वह कीमती वस्त्रादि धारण किये हुए राजा की तरह रहता था, उसने अपने भाइयों को भूखों मरते देखा।

वे रोटी के लिए कातर हो रहे थे। उसने उन्हें माफ किया। इससे कम वह क्या करता? केवल पत्थर-हृदय दानव ही उन्हें भूखों मरने के लिए मजबूर कर सकता था। धूर्त जेकब ने चालाकी से अपने बड़े भाई इसौ का जन्माधिकार प्राप्त किया। वह देश से भाग निकला और बहुत वर्षों के बाद वापिस आया। वह अपने साथ जानवरों की सम्पत्ति, स्त्री, बाल-बच्चे और नौकरों को लाया। ईसौ ने उसके धन से इन्कार कर दिया, उससे वह दौड़कर मिला, गले लगाया और गले को चूमा। जब हमारा दुश्मन कमजोर और हारा हुआ हो और हम बलवान हों, तब क्षमा करना विशेष महत्त्व की बात नहीं। जब हम कमजोर हैं और हमारा दुश्मन बलवान और समृद्ध है, तब क्षमा करना श्रेष्ठ कार्य है।

केवल कठिन अभ्यास, अनुशासन और त्याग से ही, प्रेम के मार्ग पर किसी देश को के जाने योग्य नैतिक साहस और आध्यात्मिक बुद्धि प्राप्त होती है; जैसे कि गांधी ने प्राप्त की है। हिन्दुस्थान के युवकों को बुलाकर उनका संगठन कर, उनको शिक्षा देकर तैयार करने के काम में हुबली का 'वालिंटीयर' सत्य मार्ग का अनुसरण कर रहा है। इस शिक्षा में कौन से गुणों का विकास होना चाहिए? सबसे पहले नेतृत्व का विकास करना चाहिए। अनुयायियों की कमी नहीं है। मेरा खयाल है कि हमारी अमरीकन 'फेलोशिप आफ यूथ' की तरह आपकी संस्था और सामग्री की दृष्टि से छोटी है और शायद कुछ हजार युवकों से अधिक युवकों तक उसको संदेश भी न पहुँचता हो। इसलिए हमारा श्रेष्ठ अवसर यही है कि नेताओं की शिक्षा दें जो जनता में जावें और उत्साह तथा जाग्रति का संदेश पहुँचावें।

दूसरों के साथ सहकार करने तथा विनोदप्रियता के गुणों की आवश्यकता है जिससे किसी तरह की कटुता अथवा उपहास के बिना ही लोगों से हिला-मिला जा सकता है। सेवा की इच्छा होनी चाहिए, उत्कटता और आग होनी चाहिए। इनके बिना कुछ न होगा। तत्त्वज्ञानी जानते हैं कि जोर अथवा जबर्दस्ती से किसी वास्तविक लाभ के होने की आशा नहीं। स्वयंसेवकों का कोई मूल्य नहीं। जब तक वे सच्चे स्वयंसेवक स्वेच्छा से काम करने वाले न बनें। क्या कोई आदमी बलपूर्वक वालिंटियर बनाया जा सकता है? यह तो 'स्वयंसेवक' शब्द के ही विपरीत है। जबर्दस्ती बनाये हुए सेवक तो गरीब, अनिच्छापूर्वक काम करने वाले, दूसरों की इच्छा पर चलने वाले कठपुतले मात्र हैं।

हिन्दुस्थान के युवकों को किसी न किसी धन्धे या व्यवसाय में पारंगतता भी प्राप्त करनी चाहिए। किसी उपयोगी काम को अच्छी तरह करके जीवन-निर्वाह करने की योग्यता प्राप्त करना अत्यन्त आवश्यक है। फिर चाहे वह कपास का कातना, शिक्षा देना अथवा और कोई बात ही क्यों न हो। इससे आत्मावलंबन, शान्ति और स्वाधीनता प्राप्त होगी।

यहाँ अमेरिका में युवकों की भिन्न-भिन्न तरह की शिक्षा का अनुभव हम उठा चुके हैं। सबसे पहले जो बात ध्यान में आती है वह है—सैनिक शिक्षा। यहाँ के 83 कॉलेजों और विश्वविद्यालयों में तथा पब्लिक हाईस्कूलों में यह शिक्षा अनिवार्य है। मिलिटरी शिक्षा का यदि कोई थोड़ा-सा महत्त्व है तो वह शरीर के विकास के विषय में है। हारवर्ड युनिवर्सिटी के पुराने व्यायाम शिक्षक ने कहा था, "शारीरिक व्यायाम की दृष्टि से सैनिक कवायद का अत्यन्त सहानुभूति से विचार करने से भी हम इस निर्णय पर पहुँचे हैं कि उसकी रुकी हुई पोजिशन और स्थान के स्थान पर की जाने वाली हलचलें, शरीर के मांसपिंडों को बलवान बनाने योग्य व्यायाम नहीं देतीं, न शरीर के श्वासोच्छ्‌वास और रक्त-संचार को ही बढ़ाती हैं। इनसे शरीर के ढाँचे का सर्वसाधारण स्वास्थ्य और अवस्था नहीं सुधरती।" मैंने जिन-जिन व्यायाम शिक्षकों के विचार सुने हैं, उनका सारांश प्रायः यही है।

तब सैनिक शिक्षा क्या करती है? वह बिना विचार किये आज्ञा पालन सिखाती है और यह मन को किसी जीव को मार डालने के विचार का आदी बनाती है। यह बिना विचार आज्ञा-पालन सहकार करने की योग्यता से बिलकुल भिन्न है। इसका अर्थ है आज्ञाओं के सारासार का विचार न करते हुए उनका पालन करना।

इस अवस्था का आदमी आपकी आज्ञा का पालन करेगा या आपके दुश्मन की आज्ञा का पालन भी करेगा। जो कोई अधिक जोर से चिल्लायेगा अथवा अधिक वेतन देगा उसी की आज्ञा का वह पालन करेगा। निस्संदेह इस तरह की शिक्षा की हमें अपने युवकों के लिए आवश्यकता नहीं। सैनिक शिक्षा के एक कमीशन की रिपोर्ट में कहा गया है, "सैनिक कयायद लड़कों की दिलचस्पी और भावों को नष्ट करती है। वह थकावट पैदा करती है और सदा एक-सी होने के कारण उसमें कोई उत्साह नहीं रह जाता।" हम यह भी नहीं चाहते कि युवक इस विचार को बिना पूछताछ के ग्रहण कर लें कि जब कभी कोई उन्हें कहें तब वे वर्दी पहन लें और युद्ध में जाकर अन्य नवयुवकों को मार डालना आरम्भ कर दें। अमरीका में ऐसे सेना-प्रेमी हैं, जो यही बात चाहते हैं। उनके इस उद्देश्य को गिराने के लिए ही हम हमारे युवकों को सैनिक शिक्षा से बचाने का यत्न करना चाहते हैं। हिन्दुस्थान के लोगों ने अत्याचार से बढ़कर मार्ग को पा लिया है।

समझौता उठा फेंका

सन् 1921 में कौंसिलों पर से हमारा विश्वास डिगा और आज पूरे पाँच वर्ष के बाद तो अब उतना भी नहीं रह गया। यह बात देश की स्वतन्त्रता के दृष्टि-कोण को सामने रखकर, हम स्पष्टतः कहते रहे हैं। किन्तु यदि सारा देश कौंसिलों ही में केन्द्रित मान लिया जाए, और प्रत्येक कांग्रेसवादी, कांग्रेस की आज्ञा को सामने रखकर, अपनी इच्छा उसके चरणों में बलि कर दे, तो आजादी के सिवा, गैर-आजादी की बातों के लिए, और अपने नित्य के दुनियावी गोरख-धन्धों को कभी महत्वाकांक्षा, कभी स्वार्थ और कभी उपयोगितावाद की दृष्टि से देखें तो कौंसिलों में भी कुछ न कुछ उपयोगिता अनुभव करने वाले लोगों को मूर्ख कहने या उनकी उपेक्षा करने की प्रवृत्ति नहीं रह जाती। देश का दृष्टिकोण गिरता जा रहा है; इसी मनोवृत्ति ने हमें सादगी से विकास की ओर उद्योग से आडम्बर की ओर, निश्चय से बहस की ओर, स्पष्टता से चालों की ओर, और मुक्ति तथा असहयोग से, माया तथा सहयोग की ओर खींचा। कांग्रेस का निश्चय था, सिर झुक गये, उस संस्था का निश्चय था, जो देश की एकमात्र संस्था है, जिसके इतिहास में देश के लिए बल और बलि लिखा हुआ है। इस निश्चय के करने वाले स्वराजवादियों ने सोचा था—हम सरकार को झुका सकेंगे; कसकर झुका सकेंगे, असहयोगियों ने सोचा था—गृह-कलह, आपस का विद्रोह, रुक जाएगा। किन्तु देश के भाग्य ऐसे कहाँ ?

मेल के इस निश्चय की स्याही सूखते न सूखते, उत्तरदायी सहयोगी दल की सृष्टि हो गई। फिर गृह-कलह, फिर आपस में धूर्तता, फिर देश के साहस-तर्पण का दुर्दृश्य। कुछ मास के संग्राम के पश्चात इस दृश्य को हटाने के लिए, जैसे गांधी झुके थे वैसे ही बूढ़े मोतीलाल झुके। साबरमती का समझौता हुआ। किन्तु फिर विद्रोह की आग भड़की, और अब हम सुन रहे हैं कि साबरमती का सम-झौता उठाकर फेंक दिया गया।

समझौते की यह इन्कारी कितने ही प्रश्न हमारे सामने लाती है। देश का रुख देखते हुए, हमने देखा। गिने-चुने देशभक्तों ने असहयोग के खिलाफ गदर शुरू किया।

उसका निर्णय था, गांधी नहीं चाहिए। खैर, उसके पश्चात्, यह साबरमती का समझौता उठाकर फेंका जा रहा है, और जा रहा है यह 'कॉमन-वेल्थ आव इण्डिया बिल' भी जिसे पंडित मोतीलालजी ने, आल इण्डिया कांग्रेस कमेटी की, अहमदाबाद की इस ताजी बैठक में पेश किया। इसका स्पष्ट अर्थ है, पंडित मोतीलाल और श्रीयुत केलकर, दोनों का नेतृत्व मानने से इन्कारी। हम हाथ जोड़ने, सिर झुकाने, और जनता से बहुत दूर चली जाने वाली इस राज-

नीति से चाहे जितनी दूरी पर खड़े हों, परन्तु हम नम्रता से पूछते हैं, यदि आपको गांधी, मोतीलाल और जयकर तीनों नहीं चाहिए तो फिर चाहिए क्या? हमें तो भय होता है कि हम जनता से बहुत दूर चले गये हैं और एक दूसरे पर विश्वास करना सर्वथा छोड़ देना चाहते हैं। कहाँ यह स्वप्न देखा जा रहा था कि देश एक होकर नौकरशाही का विरोध करेगा, और कहाँ यह जूतम-पैजार! आखिर दोनों दलों में अन्तर कितना है? कौंसिलों में जाने के पश्चात् सर्वथा लगातार विरोध बल का सूचक है, किन्तु वह कितने प्रदेशों में कितने दिन चला। केलकर महोदय को तो लोकमान्य की गद्दी पर से उठकर सर मोरोपन्त जोशी और मि० कामथ जैसे कसे हुए माडरेटों से मसहलत करने में मिनटें भी नहीं लगीं? यह क्यों? क्या इस गति से किया हुआ, पं० मोतीलाल और उनके साथियों का पराभव, देश में लोकमान्यता का वातावरण पैदा करेगा। वह तेज-पूर्ण, वह जीवन-भर नौकरशाही से न झुकने वाला, वह अकेले महाराष्ट्र पर नहीं, समस्त देश पर गर्व करने वाला? और कांग्रेस और केलकर-जयकर के संग्राम से उत्तरदायी सहयोग पनपेगा? हम मानते हैं, कभी-कभी एक भाई अपने दुर्बल भाई को सशक्त बनाने के लिए, अपनी नसों का रक्त देकर, अपने भाई को सबल बनाता है। किन्तु क्या भारतीय राजनीति के मैदान का यह मेंढों का खेल, उस रक्तदान के महामान को पा सकेगा? "राजनीति में न झुकने वाले और स्वयं प्रशंसक के ही हाथों में दाँव रहता है।" मिकियावेली ने कहा—"बात हमने सुनी है। किन्तु क्या ये दुलत्तियाँ आपस ही में होनी चाहिए। यदि मिलने की इच्छा होती तो सारी स्वराजी राजनीति उत्तरदायी सहयोग में आ गई होती और उत्तरदायी सहयोग अपना अलग अखाड़ा खोलने और गृह-कलह की ज्वाला जगाने के बजाय, उसने स्वराज-दल के कार्यक्रम में अपने अस्तित्व की पूर्ण प्रतिमा का अनुभव किया होता।"

सच बात तो यह है कि मेल की भावनाओं को लेकर हम अहमदाबाद पहुँचे ही नहीं। श्रीयुत आयंगार, प्रकाशम और समस्त मद्रास कहता था, "हर्गिज नहीं, हम नहीं मिलेंगे।" स्वयं केलकर महाशय एक तो कर्नाटक में एक संवाददाता से बातें करते हुए, कांग्रेस की बजाय, अपना विश्वास कान्स्टीटुएन्सी-मतदाताओं पर ही अधिक रख रहे थे। और दूसरे, साबरमती की ऑल इण्डिया कांग्रेस कमेटी के एक दिन पहले बम्बई में, मेल के लिए अब एक इंच भी आगे न बढ़ने का अपनी पार्टी का प्रस्ताव अपनी जेब में रख लिया गया था। श्रीयुत भोपटकर ने अपनी पत्र-माला में यह साफ लिखा था—"मेल की इच्छा छोड़कर, समस्त महाराष्ट्र के उत्तरदायी सहयोगियों को, प्रतिस्पर्धी दल की स्थापना करके चुनाई के संग्राम की तैयारी अभी से करनी चाहिए। उन्हें अपनी उद्देश्य पत्रिका में स्पष्ट रूप से यह भी लिखना चाहिये कि आज की टेढ़ी-आड़ी परिस्थिति में

जितने मिल जायँ उतने, या समस्त मन्त्रित्व के पद अपने काबू में लेकर, लोक-हित करने का हमारा विचार है।" बात यहीं खतम नहीं होती, वे यह भी लिखते हैं—

"जब तक राष्ट्रीय सभा में कट्टरों (यह शब्द असहयोगियों का प्रदान किया गया है) की प्रबलता है, तब तक वहाँ के 'खादी के भूतों' को एक खादी के सिवाय कुछ नहीं दीख पड़ेगा। इसलिए, ऐसे खादी के भूतों को समझाने के बजाय, उनके द्वारा पछाड़ खाई हुई, कांग्रेस कमेटी की हवा के पास भी न खड़े रहना, सब तरह श्रेयस्कर है।" और भी. "महात्माजी का पीछा पकड़े हुए पंडित (मोतीलाल) जी प्रतियोगियों को कभी भी मन्त्रीत्व स्वीकृत करने की आज्ञा न देंगे।" ये उद्गार 3 मई को प्रकाशित हुए थे, जबकि 4 मई को अहमदाबाद में आल इण्डिया कांग्रेस कमेटी की बैठक थी। गरज यह कि मेल की भावना लेकर अहमदाबाद जाने वालों का टोटा था। तब मेल होने की कल्पना ही बेकार थी। अहमदाबाद में इकट्ठा होने का एक यह फल अवश्य हुआ कि जिन जेबों से राष्ट्रीय कार्यों के लिए धन खर्चने में उदासीनता हो आई है, उन्हीं जेबों से लगभग चालीस हजार रुपया रेल तथा अन्य खर्चों के लिए अलग कर दिया गया।

हमारे विचार से, कौंसिल का दृष्टिकोण रखकर, टूटने के बजाय जुड़ना, फूटने के बजाय मिलना अधिक अच्छा था।

इस विषय में हमें, दोनों दलों को मिलाने के लिए लिखे हुए, सुहृद्वर बाबू राजेन्द्र प्रसाद जी के विचार अधिक स्पष्ट और उपयोगी मालूम होते हैं, वे 'देश' में लिखते हैं—"मुझे स्वयं तो विश्वास नहीं है कि सरकार अथवा कानून हमें इतनी स्वतन्त्रता देगा कि हम अपनी नीति इन तीन (शिक्षा, आबकारी और उद्योग) विभागों में चला सकें, और मेरा विश्वास है कि थोड़े ही दिनों में मंत्री को अपना पद-त्याग करना पड़ेगा, और फिर पूर्ण रूप से बहिष्कार-कौंसिल पर आना पड़ेगा। इस नीति से, जो अभी कह रहे हैं कि सरकार ने हमें अधिकार दिये हैं, पर हम उन्हें उपयोग में नहीं लाते, उनका यह कहना बन्द हो जायगा। और जो अड़ंगा लगाने की शिकायत स्वराज-दल की की जाती है, वह सरकार पर लागू हो जायगी। वास्तविक स्वराज का काम अभी कौंसिलों के बाहर ही होता है, परन्तु जो लोग वहाँ जाकर कुछ सेवा करना चाहते हैं, उनकी पूरी मदद और सहायता कांग्रेस के सभी दलों को करनी चाहिए।" इसके बाद राजेन्द्र बाबू ने लिखा है—"कांग्रेस चाहे जो नीति निर्धारित करे, हम कांग्रेसी (लोगों) का यह कर्तव्य समझते हैं और उसे यथासाध्य पूर्ण करने का प्रबन्ध करेंगे। ऐसी अवस्था में मैं इस समझौते को पसन्द करता हूँ और आशा करता हूँ कि सभी दल वाले उसे स्वीकार करके कांग्रेस उम्मीदवार के चुनाव में सहायता देंगे। और

जो आपस के झगड़े और मतभेद आज देश को इस प्रकार आन्दोलित कर रहे हैं, अब खतम हो जायँगे।" किन्तु देश के लोगों को यह नुसखा पसन्द नहीं आया। अस्तु जो हुआ, हो गया। हम तो देश के युवकों, मजदूरों और किसानों में अधिकाधिक देश की सेवा अनुभव करते हुए, इन आपसी झगड़ों में अपनी शक्ति न लगाने के लिए देश के बल, धन और ईमान से प्रार्थना करते हैं और चाहते हैं कि कांग्रेस के रूप में स्वराज दल जिस संकट को भी आमन्त्रित कर चुका हो, हम उसका झंडा झुकने न दें।

[8 मई, 1926]

सावधान !

देश में एक बार, 1907 में सूरत की कांग्रेस में फूट हुई थी। और उस समय, देश के दोनों दलों को मिलाने का सबसे पहला उद्योग, सन् 1914 में स्वर्गीय पण्डित विष्णुदत्त शुक्ल के सभापतित्व में होनेवाली, मध्य प्रान्तीय राजनैतिक परिषद में हुआ था। वहीं उस जमाने के गरम नेता डा० मुंजे और अत्यन्त नरम देशभक्त गंगाधर राव चिटनवीस, दोनों उस परिषद के मन्त्रियों में से थे। तब से अब तक, मध्यप्रदेश की सेवाओं का हिसाब उज्ज्वल है। तेजोमय है, आकर्षक है। असहयोग का विजयी प्रस्ताव, देश-भर की पूर्ण सम्मति से नागपुर में पास हुआ। इसके पश्चात् झंडा सत्याग्रह का तेजपूर्ण आन्दोलन भी यहीं हुआ। और यहीं, मध्यप्रदेश ही में स्वराज दल का ऐसा संगठन हुआ, जिसके सन्मुख, सरकार को पद-पद पर रुकना पड़ा। इन समस्त कार्यों में, हमारे पिछड़े हुए सूबे के, राजनीति के नवशिक्षित निवासियों ने आत्मबल, अनुशासन और परिश्रम के उदाहरण दिखाये। कहना नहीं होगा कि कांग्रेस की सफलता, स्वराज दल का बल और झंडा-सत्याग्रह की सेना का भारी दल, मध्यप्रदेश के हिन्दी जिलों के महान उत्सर्ग का फल था। और हमें आशा करनी चाहिये कि प्रदेश की राजनीति को न झुकने वालों, तेजपूर्ण और प्रान्त को नष्ट न करने वाली बनाये रखने के लिए, हमारे मित्र काफी प्रयत्न करेंगे।

मध्यप्रदेश के हिन्दी जिलों में न तो कोई उदार दल का संगठन है, न उत्तरदायी दल का ही निर्माण हुआ। यही कारण है कि यहाँ की कौंसिल की चुनाई के समय वही आदमी चुने जाते हैं, जिन्हें राष्ट्रीयतावादी कांग्रेस-भक्त चाहें। फिर चाहे वह फगुआ चमार या श्री मगनलाल दर्जी हों, या चाहे पंडित रविशंकर शुक्ल, श्रीयुत सालपेकर या श्रीयुत घनश्यामसिंह गुप्त हों। प्रदेश के इसी निश्चय का फल है कि सर दादाभाई जैसे नरमाचार्य और सर हरीसिंह जैसे दिग्गज विद्वान

को हराकर आनरेबल बाबू गोविन्ददास, प्रदेश की ओर से पूर्ण विजय के साथ स्टेट कौंसिल में पहुँचते हैं।

असहयोगी और स्वराजवादी, दोनों दल यहाँ थे; किन्तु देहली और कोकोनाडा कांग्रेस की आज्ञाओं के कारण असहयोगियों ने स्वराजवादियों के पथ में कोई उलझन उपस्थित न की। कानपुर की कांग्रेस में तो असहयोगियों ने, पंडित मोतीलालजी नेहरू को सर्वथा कांग्रेस की जिम्मेदारी सौंप दी; और आज यदि नरमों, उत्तरदायी सहयोगियों और स्वतन्त्रों की नुकताचीनी और चढ़ाइयों के समय स्वराजवादियों की, देश में कोई भुजाएँ रक्षा कर रही हैं तो वे हैं—असहयोगियों की। बाबू राजेन्द्रप्रसाद, श्रीमती नायडू, श्रीयुत राजगोपालाचार्य और स्वयं महात्मा गांधी—सबका एक रुख है; स्वराजवादी और असहयोगी एक दूसरे का गला न नापें। हिन्दी मध्यप्रदेश की प्रान्तीय कांग्रेस कमेटी और स्वराज दल की एक संयुक्त बैठक अभी जबलपुर में हो गई। हर्ष की बात है कि उसमें आनरेबल बाबू गोविन्ददास, श्रीयुत दुर्गाशंकर मेहता, श्रीयुत रावसाहब, प० चन्द्रगोपाल मिश्र और सहृदय श्रीयुत केशवराय खाण्डेकर आदि मित्र यत्नशील थे कि इस प्रदेश का बल न टूटे, इसका तेज कायम रहे। हमारे मत का तो कोई मूल्य न होना चाहिये, जबकि हम कौंसिलों में से स्वराज के पैदा होने की उम्मीद नहीं करते; परन्तु हम यह अवश्य चाहते हैं कि हमारे राष्ट्रीय मित्र जहाँ खड़े हों, इस तरह खड़े हों कि एक तो आपस में उनके सिर न टकराकर, वे रक्षित रहें—शत्रु का सामना करने के लिए; दूसरे वे कोई ऐसा पथ न ग्रहण करें जिसमें उन्हें सफलता की पूर्ण आशा न हो। कांग्रेस कमेटी की जो रिपोर्ट हमारे पास आई है उसमें हमें यह दिख रहा है कि शायद प्रदेश के टुकड़े-टुकड़े रहने का युग अभी समाप्त नहीं हुआ है। सुनते हैं श्रीयुत राव के मुँह से कुछ ऐसे शब्द निकले हैं जिनसे कांग्रेस कमेटी की अवज्ञा होती है। साथ ही प्रान्तीय कांग्रेस कमेटी ऐसे पथ ग्रहण कर रही है, जिससे प्रान्त के मेल को शायद धक्का पहुँचे। हमारा तो निवेदन है कि जिस पर जितनी जिम्मेदारी है, वह उतना ही झुके और प्रदेश के टुकड़े न होने दे। यदि हमारे कुछ मित्र 'नेतृत्व' और 'हरा देने' की खयाली दुनिया से ऊँचे उठकर प्रदेश की राष्ट्रीय सेवा के शुद्ध भाव से प्रेरित हों, तो हम विश्वास करते हैं कि मध्यप्रदेश, आगामी कौंसिल में फिर सबल दीख पड़े; किन्तु यदि हमने गृह-कलह का उत्तराधिकारित्व न छोड़ा तो आगामी प्रान्तीय कौंसिल गंगा-जमुनी होगी, राष्ट्रीय दल सबल न रह जायगा, और सरकार जिस तरह हाँकेगी, उस तरह चलने के लिए हमारे मित्रों को विवश होना पड़ेगा। इसलिए समय रहते सावधान!

सम्पादकीय टिप्पणियाँ

माता की पूजा

हम अपने यहाँ यह कह लेते हैं कि "यन्त्र नार्यस्तु पूज्यन्ते रमन्ते तत्र देवताः" परन्तु आजकल हम स्त्री जाति की कितनी इज्जत करते हैं, यह हमारे आये दिनों के पापों से प्रगट होता रहता है। अधिक जानें दें, जब हम रेल के स्टेशन पर, ट्राम गाड़ियों द्वारा या भीड़ के स्थान में होते हैं, तब स्त्रियों की रक्षा व इज्जत का कुछ भी ख्याल नहीं रखते। इस विषय में फ्रान्स का उदाहरण अनुकरणीय है। वहाँ ट्रामगाड़ियों, लारियों और सवारियों में, जब तक वह स्त्री न बैठ जाय, जिसके साथ बच्चा है, तब तक कोई आदमी बैठने की जल्दी नहीं करता। इंग्लैंड या यूरोप के अन्य किसी भी देश में 'जननी' का आदर उतना नहीं जितना फ्रांस देश में है। किन्तु फ्रांसीसी राष्ट्र इतने ही से संतुष्ट नहीं। वहाँ की म्युनिसिपल कौंसिलें एक कानून बनाना चाहती हैं, जिसके द्वारा, ऐसी माताओं को एक कार्ड दिया जायगा, जिसके बल पर, भीड़ के मौकों पर, उनकी सहूलियत और इज्जत में जरा सी भी बाधा न पड़े और वे भीड़ से गुजर सकें और सवारियों में बैठ सकें। एक सम्वाददाता के यह कहने पर कि इस कानून से माताओं को 'सुविधा' हो गई, एक म्युनिसिपल कौंसिलर ने कहा, "यह कानून फ्रांस के मातृत्व की सुविधा मात्र के लिए नहीं, यह उसके गौरव के लिए है। अब असावधान मनुष्यों की दया नहीं, फ्रांस के मातृत्व की, देश का कानून रक्षा करेगा।" इस कानून में माता को अधिकार दिया गया है कि वह दूसरे दर्जे के किराये पर, पहिले दर्जे में सफर करे और हर जगह प्रवास में उसकी व्यवस्था कानून से रक्षित रहे। क्या हमारे देश में भी मातृ-पूजा के सुन्दर दिन कभी आवेंगे?

दीक्षित जी का स्वर्गवास

खंडवा नगर के प्रसिद्ध दीक्षित परिवार के भूषण-भूत, नागपुर के प्रसिद्ध बैरिस्टर मोरेश्वर राधाराम दीक्षित का गत 7 मई को बम्बई प्रदेश के लोनावला नामक ठंडी हवा के स्वास्थ्य-प्रद स्थान में देहावसान हो गया। मान्यवर मोरुभाई प्रसिद्ध विद्वान और यशस्वी बैरिस्टर थे। पिछले 15 वर्षों से वे मध्य-प्रदेश की राजनीति में दिलचस्पी लेते थे। नागपुर में उनका बँगला, प्रदेश के उन्नत राजनीतिज्ञों के ठहरने का विश्राम मन्दिर ही था। इस प्रदेश के प्रसिद्ध नेता, स्वर्गीय पंडित विष्णुदत्त शुक्ल का नागपुर कांग्रेस के समय, दीक्षित महोदय ही के यहाँ देहावसान हुआ था। वे बड़े निर्भीक बहस करने वाले और राजनीति के लड़ाक थे। सन् 1920 के सुधारों के प्रथम की प्रान्तीय कौंसिलों में चुने जाते रहे। और सन् 1920 की सुधरी हुई प्रान्तीय कौंसिल के वे डिपुटी प्रेसिडेण्ट (उप-सभापति) चुने गये। जिस समय 13 अप्रैल, 1923 के राष्ट्रीय सप्ताह

में झंडा जुलूस ले जाने वाले स्वयंसेवकों को नागपुर की पुलिस ने पीट-पाट कर बेहोश कर दिया, उस समय मोटर से जाते हुए श्रीयुत दीक्षित, बेहोश स्वयंसेवकों को अस्पताल ले गये और एक वक्तव्य प्रकाशित कर, मध्यप्रदेश की पुलिस के कार्य की निर्भीकतापूर्वक कड़ी आलोचना की। इतना ही नहीं, जब झंडा-सत्याग्रह के कैदियों को छोड़ने का सवाल अगस्त 1923 में; छिंदवाड़ा जिले के देशभक्त श्रीयुत सेठ शिवलालजी के द्वारा प्रान्तीय धारा सभा में पेश हुआ, तब श्रीयुत दीक्षित ने, सेठ जी के प्रस्ताव का समर्थन करते हुए कहा था, "अछूत जाति के जुलूस, इम्प्रेस मिल के मजदूरों के जुलूस और दिवाली के दिनों बैंकों के जुलूस निकाले जाते हैं, किन्तु इनमें से कोई जुलूस, सरकार को नहीं खटकता। किन्तु सिविल लाइन के दो सौ बिगड़े दिल गोरे मर्दों और औरतों को यह गवारा नहीं होता कि शान्ति से जाते हुए तीन तिरंगे झंडे उनकी नजरों के सामने से निकल जायँ।" स्वर्गीय दीक्षित महोदय चाहते थे कि इस प्रदेश में औद्योगिक उन्नति हो और लोग अपने राजनीतिक अधिकारों को जानें। किन्तु पारिवारिक संकट-परंपरा और अव्यवस्थित रहन-सहन ने उनके मन में विकृति पैदा कर दी और उसी अवस्था में लगभग 50 साल की उम्र ही में, प्रदेश का यह लगन रखने वाला देश-सेवक, स्वर्गवासी हो गया। भगवान की बलवान इच्छा। हम दुःखी परिवार के साथ समवेदना प्रकट करते हैं और भगवान से शान्ति की प्रार्थना करते हैं।

मैंने···सेवा की

जिस लारेंस की मूर्ति के लिए लाला दुलीचन्द जैसे नेता तथा अनेक पंजाबी तरुण जेल गये; जिस मूर्ति के हाथ की कलम निकाल कर फेंक दी गई और जिस मूर्ति के हटाने के लिए पंजाब के साथ देश ने भी आन्दोलन किया, लारेंस की वह मूर्ति लाहौर की ठंडी सड़क पर जहाँ की तहाँ स्थित है। उसके हाथ में पुनः कलम और तलवार देकर उसकी मरम्मत कर दी गई है। केवल एक परिवर्तन हुआ है। पहिले ब्रिटिश सत्ता के दर्पपूर्ण आडम्बर के रूप में उस मूर्ति के नीचे लिखा था—"तुम कलम से शासन चाहते हो या तलबार से?" इन अपमानजनक शब्दों को जनता के आन्दोलन के सन्मुख उठ जाना पड़ा है। और अब पंजाब की सरकार ने चुपचाप उस मूर्ति पर लिख दिया है—"मैंने कलम और तलवार से आपकी सेवा की है।" हम पंजाब को, उसके आन्दोलन की विजय पर बधाई देते हैं। किन्तु लारेन्स महोदय के पुतले के वहाँ रहने तक, उसे देश का अपमान ही समझते हैं। क्योंकि लारेन्स महाशय की न तो कलम ने, न तलवार ही ने, भारत या पंजाब के गौरव को बढ़ाया, न देश की बर्बादी को रोका।

सरकारी मुंह

गाँवों में और शहरों में, सरकारी अधिकारी अपने अन्नदाता के लिए मन-माने खेल खेला करता है। गत जून सन् 25 में, सिवनी जिले के एक बड़े अधिकारी महाराष्ट्र मित्र ने लिखा था—"आप सरकारी नीति की आलोचना करते हुए भी, व्यक्तियों पर आक्रमण ही करते, इसीलिये, स्पष्टतापूर्वक और पूर्ण विश्वास से मैं आपको····· लिख रहा हूँ।" आदि। किन्तु गत 14 नवम्बर को जब गवर्नर महाशय के स्वागत पर कर्मवीर में एक सरकारी प्रहसन निकला तब दो उच्च कहे जाने वाले खंडवा के सरकारी अधिकारियों ने कर्मवीर और उसके सम्पादक को, चरित्रहीन व्यक्तियों से भी गई बीती गालियों के साथ स्मरण किया था। ऐसे लोगों को सबक सिखाने का काम तो, देश की आत्माभिमानपूर्ण जनता का है; किन्तु हमें उसी बात का दुःख होता है कि हमारे भाइयों का मुख किराये का हो जाने के पश्चात् किस कीमत का हो जाता है।

चर्चा आज क्यों ?

आज उस बात की याद हो आने का कारण है, 18 वर्ष तक मद्रास सरकार को, उच्च अधिकारी की हैसियत से नौकरी करने वाले मि० रामनभट्ट का उदाहरण। वे सरकारी नौकरी की अवस्था का वर्णन करते हुए लिखते हैं—"आजकल ऐसे दिन हैं, जब गाड़ियाँ घोड़ों को खींचें, औरतें मर्दों को पुरुषत्व सिखावें, और पुलिस के ऊँगली दिखाये हुए रास्तों पर मजिस्ट्रेट चलें। मैं ऐसी उलट-पुलट अवस्था को मस्तक झुकाने को तैयार नहीं।" सरकारी पदों के पापों से तंग आये हुए श्रीयुत रामन यह भी लिखते हैं—"अपने भिन्न-भिन्न ओहदों पर मैंने अपने कितने ही देशभाइयों को जाने और बे-जाने अपमानित किया। ओह, मेरे देशभाई मुझे क्षमा करें, और उनके खिलाफ किए गए मेरे पापों को भूल जायँ; और अपनी शुभाशाओं के साथ मुझ पेट के पूजक को, सद्भावना के लिए आशीर्वाद दें!" हम चाहते हैं, जब सरकारी हिन्दुस्थानी अधिकारी अधिकारों के हरियालों में, हवा में तैरते हुए आसमान पर चढ़ने लगें, तब मद्रास प्रदेश के प्रभावशील मजिस्ट्रेट मि० रामन भट्टन के ये प्रायश्चित्त-भरे उद्‌गार पढ लिया करें।

विलायत की हड़ताल

लगभग एक सप्ताह में ही विलायत की हड़ताल समाप्त हो गई। मजदूर सभाओं ने गत 12 मई को घोषणा कर दी कि हड़ताल बंद कर दी जाय। मजदूर सभाओं के नेताओं ने ब्रिटिश मंत्री मि० बाल्डविन से भेंट की, उनकी भेंट के परिणामस्वरूप ही हड़ताल की बन्दी की गई है। बादशाह जार्ज और प्रधान-

मंत्री मि० बाल्डविन ने घाषणाएँ प्रकाशित करके लोगों से कहा कि पिछले दिनों की घटनाओं के लिए कोई किसी से बुरा-भला न कहे और सब मिलकर काम करें। मजदूरों की माँगों की चर्चा का दरवाजा खुला हुआ है। विचार किया जा रहा है कि कोयले के धन्धे को किसी निश्चित समय तक सरकारी सहायता दी जाय। इसका परिणाम यह होगा कि खदानों के मालिक मजदूरों की मजदूरी घटाने के सवाल को स्थगित कर देंगे। जिस हड़ताल से शासन-यंत्र के ऊपर जाने का भय हो रहा था, उसके इस शान्ति के साथ सुलझने से ब्रिटिश मंत्रिमंडल की व्यवहार-दक्षता प्रगट होती है। ब्रिटिश मंत्री मि० बाल्डविन ने इस हड़ताल के इतने शीघ्र मिट जाने के विषय में हाउस ऑफ कामन्स में कहा—"जो विजय इस समय प्राप्त हुई है, वह व्यवहार-दक्षता की विजय है। यह विजय देश के किसी एक भाग की विजय नहीं है, बल्कि समस्त युनाइटेड किंगडम—संयुक्त राज्य के श्रेष्ठ भागों की विजय है।" प्रतिस्पर्धी हड़ताली नेताओं के विषय में भी इस तरह की भावनाओं के रखने से ही भयंकर दिखाई देने वाली यह हड़ताल इतनी शीघ्रता से समाप्त हुई।

बाजीराव उत्सव

इन्दौर के कुछ उत्साही सज्जनों ने गत वर्ष से सूबेदार मल्हारराव होल्कर और प्रथम पेशवा बाजीराव की पुण्य तिथियाँ मनाने का उपक्रम किया है। गत वर्ष इन उत्सवों के खिलाफ एंग्लो-इण्डियन पत्रों ने काफी जहर उगला था और कई लोगों के कथनानुसार यही एक बात उक्त उत्सवों की उपयोगिता का प्रमाण मानी जानी चाहिए। इस वर्ष 23 मई को इंदौर में सूबेदार मल्हारराव साहब की पुण्यतिथि मनाई जावेगी और 25 मई को नर्मदा तट पर राबेराखेड़ी स्थान पर बाजीराव साहब पेशवा की पुण्यतिथि मनाई जावेगी। उक्त उत्सवों के प्रबंध के लिए एक कमेटी बनाई गई है जिसके द्वारा उत्सवों में सम्मिलित होने वाले सज्जनों की सभी तरह से सेवा होगी। राबेराखेड़ी निमाड़ जिले के अंतर्गत है, और सुना है कि निमाड़ डिस्ट्रिक्ट कौंसिल द्वारा सनावद से राबेराखेड़ी तक का मार्ग भी साफ कर दिया गया है। मध्यप्रान्तीय कौंसिल के चुने हुए सभापति आनरेबल मि० यादवराव काले, बाजीराव उत्सव के सभापति चुने गए हैं। आज से लगभग 200 वर्ष पूर्व, इन्दौर के मंडलोई घराने का निमंत्रण पाकर बाजीराव पेशवा 'हिन्दू पद पादशाही' की स्थापना में सहायता पहुँचाने के लिए मालवा में आये थे। मालवा का तत्कालीन मुसलमानी शासन मुगलों की गिरती दशा के कारण विस्खलित हो गया था और 'बेबादशाही' के कारण मालवा की प्रजा 'त्राहि-त्राहि' पुकार रही थी। ऐसे समय दक्खन के मराठों और मालवा के राजपूतों तथा अन्य भूपतियों ने मिलकर आत्मरक्षा के लिए 'हिन्दु पद पादशाही'

की स्थापना की। तत्कालीन विचारों एवं आदर्शों के अनुसार यह कार्य महत्त्व का कार्य समझा गया था। महत्त्व-कार्यों के प्रति अनुराग और भक्ति प्रगट करने के लिए उक्त कार्यों के करने वालों की स्मृति मनोभूमि पर सदा बनाये रखना आवश्यक है। इसी दृष्टि से हम बाजीराव उत्सव को देखते हैं। आशा है कि मालवा और निमाड़ की जनता बहुसंख्या में उक्त उत्सव के अवसर पर उपस्थित होगी।

मध्यप्रान्तीय कांग्रेस कमेटी

श्री डा० राघेन्द्रराव ने मध्यप्रान्तीय स्वराजिस्टों की मीटिंग इस बात के लिए निमंत्रित की थी कि कांग्रेस कमेटी के साथ मिलकर आगामी कौंसिल चुनाव के लिए, उम्मीदवारों का चुनाव किया जाय। गत 4 मई को उक्त दल की बैठक जबलपुर के श्री श्यामसुन्दर भार्गव के मकान पर हुई। आनरेबल सेठ गोविन्ददास सभापति थे। मि० राव ने कहा कि गत मार्च मास में कौंसिल के स्वराजी सदस्यों ने इस सभा के एकत्र किये जाने का प्रस्ताव किया था, तदनुसार ही यह सभा की जा रही है। इसके अलावा और कोई निश्चय सभा के लिए नहीं था। चुनाव के लिए एक विशेष कमेटी मुकर्रर करने की बात का विरोध किया गया। जब मि० राव और श्री श्यामसुन्दर भार्गव ने स्वराज दल की कार्यकारी कमेटी का जिक्र किया तो कुछ सदस्यों ने कहा कि "हमें तो मालूम ही नहीं कि ऐसी कोई कमेटी बनाई गई है।" स्वयं सभापति सेठ गोविंददास को भी उक्त कमेटी के होने का पता नहीं था। मि० राव के पास दल के कागजात भी नहीं थे और उन्होंने यह भी कहा कि सी० पी० स्वराज दल का मैं कोई पदाधिकारी नहीं हूँ। आखिर मि० भार्गव की सूचनानुसार एक्जीक्यूटिव कमेटी का होना स्वीकार कर लिया गया। और श्री दुर्गाशंकर मेहता की सूचनानुसार श्री सालपेकर, श्री शिवप्रसाद वर्मा और श्री मेहता उक्त कार्यकारी कमेटी के अतिरिक्त सदस्य स्वीकार कर लिए गये। इस कमेटी को चुनाव के लिए उम्मीदवारों को पसंद करने का काम सौंपकर सभा का काम समाप्त हुआ।

इसके पश्चात् स्वराज दल की कार्यकारी कमेटी की बैठक हुई। उम्मीदवारों की फेहरिस्त तैयार की गई। जब नाम चुनने का समय आया तब मि० राव उठ खड़े हुए। उन्होंने कहा कि, "मैं उम्मीदवारों को चुनने की जोखिम नहीं उठाना चाहता और न मैं कौंसिल में जाऊँगा ही।" इतने में श्री चन्द्रगोपाल मिश्र आ गये। अवस्था को जानकर उन्होंने मि० राव को समझाया। मालूम हुआ कि मि० राव का प्रान्तीय कांग्रेस कार्यकारी कमेटी पर विश्वास नहीं है, न उन्हें आल इंडिया कांग्रेस कमेटी पर ही विश्वास है। मि० राव इसी शर्त पर उम्मीदवारों

की फेहरिस्त बनाने के लिए राजी थे कि उनकी दी हुई फहरिस्त कांग्रेस कमेटी स्वीकार कर ले। आखिर मि० राव बैठक में शामिल हुए। श्री श्यामसुन्दर भार्गव की सहायता से फेहरिस्त बनाई गई। परन्तु उस फेहरिस्त में जो लोग प्रमुखत से दिखाई देते थे उनमें से किसी ने आल इण्डिया कांग्रेस कमेटी के प्रस्तावा नुसार दरखास्तें ही नहीं दी थीं।

उसी दिन रात के 11 बजे स्वराज दल और प्रान्तीय कांग्रेस कमेटी की संयुक्त बैठक हुई। आरम्भ में ही मि० राव ने कहा कि "मैं अपने मित्रों सहित प्रान्तीय कांग्रेस कमेटी के निर्णय का पालन करूँगा और उसके साथ पूरा सहयोग करूँगा।" थोड़े समय के पश्चात् उन्होंने कहा कि यह आश्वासन मैं अपने ही लिए दे रहा हूँ। इसके पश्चात् स्वराज दल के कौंसिल-सदस्यों से पूछा गया कि वे सरकार के हाथों में रहने वाले किसी पद को ग्रहण करेंगे अथवा नहीं ? इस विषय में कोई स्पष्ट बात नहीं कही गई और किसी निर्णय को किये बिना ही यह संयुक्त बैठक समाप्त हुई।

इसके पश्चात् प्रान्तीय कांग्रेस कमेटी की बैठक हुई। मि० राव और उनके मित्र सभा से चले गये। प्रान्तीय कांग्रेस कमेटी ने प्रस्ताव किया कि इस मास के अंत तक स्वराज दल अपने उम्मीदवारों के नामों की फेहरिस्त प्रान्तीय कांग्रेस कमेटी में पेश कर दे। एक दूसरे प्रस्ताव द्वारा प्रान्तीय कांग्रेस की कार्यकारी को अधिकार दिया गया कि वह 15 जून तक अन्तिम चुनाव करे। और आल इण्डिया कांग्रेस कमेटी के निर्णय के लिए उम्मीदवारों की फेहरिस्त भेज दे।

प्रान्तीय कांग्रेस कमेटी की कार्यकारी ने आनरेबल सेठ गोविंददास, अमृतमैन फैक्टरी (कोटा-बिलासपुर) के मालिक श्री कुन्दनलाल और छिंदवाड़े के श्री ब्रजमोहनलाल वर्मा को अपनी कमेटी में और सम्मिलित कर लिया है। एक चुनाव कमेटी भी कायम की गई है जो धन-संग्रह, प्रचार और दौरे का कार्य करेगी।

[15 मई, 1926]

आम सड़कों से जुलूस निकालने का सार्वजनिक अधिकार

बाजे के साथ सार्वजनिक मार्गों से जुलूस का निकालना इस समय हिन्दू-मुसलमानों के झगड़े की जड़ हो रहा है। एक जगह नहीं, देश के प्रायः सभी प्रान्तों में इन्हीं दो विषयों को लेकर खून-खराबी और मारकाट हो चुकी है। सार्वजनिक मार्गों पर जुलूस के साथ बाजे बजाते हुए निकलना मुसलमानों की दृष्टि से उनके अधिकारों पर आक्रमण करना है। परन्तु न्याय की दृष्टि से देखने वालों का कहना है कि सार्वजनिक मार्ग सभी जातियों और पंथों के लिए खुले हैं और उन पर से

बाजे के साथ जुलूस निकालने का अधिकार सभी लोगों को समान रूप से प्राप्त है। मस्जिदों के सामने बाजे न बजाने की हवा जब से इस देश में चल पड़ी है—या यों कहें कि अज्ञात हाथों द्वारा यह आग जब से भड़का दी गयी है—तब से इस प्रश्न की ओर, देश के विचारशील लोग जनता के सर्वसाधारण अधिकारों और सरकारी कानून के पहलू से देखने लगे हैं। मध्यप्रान्तीय सरकार ने अकोला के गणपति के जुलूस के सम्बन्ध में आज्ञा प्रचारित करते समय इस विषय में जो बातें कहीं हैं वे 'कर्मवीर' के पाठकों को मालूम हो चुकी हैं। इसी सम्बन्ध में एक फैसला मुसलमानों के दो फिर्कों के बीच, प्रीवी कौंसिल से हो चुका है। वह मस्जिदों पर से, अपनी धार्मिक विधि को पूरा करते हुए, जुलूस निकालने के सवाल को स्पष्ट रूप में हल करता है। हम 'कलकत्ता वीकली नोट्स' से उसे आगे देते हैं।

मुसलमानों के शीया और सुन्नी नाम के दो फिर्कों में सन् 1916 में झगड़ा हो गया। औरंगाबाद के शिया और सुन्नी फिर्कों के मुसलमान मुहर्रम के दिनों में भिन्न-भिन्न रूप से मातम मनाते थे। हसन और हुसैन के बलिदान को ये दोनों फिर्के मानते हैं। शीया लोग मातम मनाने के जुलूस में, स्थान-स्थान पर रुकते हैं और रोते हैं। औरंगाबाद में शीया लोगों का जुलूस कदीमी जमाने से सुन्नियों की मस्जिद के पीछे से निकलता रहा है। सन् 1916 में पहले पहल सुन्नियों ने इस जुलूस के साथ झगड़ा शुरू किया। उनका कहना था कि जुलूस की वजह से मस्जिद में नमाज पढ़ने वालों को बाधा पहुँचती है। स्थानीय मजिस्ट्रेट ने मौका सम्हालने और दंगा रोकने की गरज से आज्ञा निकाली कि उस साल मस्जिद के कुछ कदम इधर और कुछ कदम उधर मातम न मनाया जाय। सन् 1917 में भी इसी तरह का इन्तजाम किया गया। सन् 1918 में शीयों ने अलीगढ़ की अदालत से प्रार्थना की कि वह उनके (शीयों के) जुलूस निकालने और मातम मनाने के अधिकारों की घोषणा करे और सुन्नियों को हुक्म दे कि वे उनके जुलूस में बाधा न पहुँचावें। शीयों ने हर्जाने का दावा भी किया था। सुन्नियों ने इस दावे की मुखालफत की। अलीगढ़ के जिला मजिस्ट्रेट ने शीयों को अधिकार-पत्र दिया परन्तु उसमें यह शर्त रख दी कि वक्तन-फवक्तन मजिस्ट्रेट के हुक्मों को उन्हें मानना होगा। डिस्ट्रिक्ट जज ने हर्जाना दिलवाने से इन्कार कर दिया। सुन्नियों ने इस हुक्म की अपील की। शीयों ने भी अपील की कि डिस्ट्रिक्ट मजिस्ट्रेट के हुक्म की शर्त निकाल दी जावे। हाईकोर्ट ने नीचे की अदालत का फैसला बदल दिया। उक्त अदालत ने शीयों की दरखास्त का अर्थ निकाला कि वे सार्वजनिक मार्ग को रोक देने का अधिकार चाहते हैं।

हाईकोर्ट के फैसले की अपील प्रीवी कौन्सिल में हुई। प्रीवी कौंसिल के न्यायाधिकारियों ने इस महत्वपूर्ण विवाद का पहला प्रश्न यह उठाया कि क्या

सार्वजनिक मार्ग पर उचित विधि के साथ धार्मिक जुलूस निकालने का भी कोई अधिकार है? इस विषय में प्रीवी कौंसिल के जज लार्ड डनडिन, लार्ड कारसन और लार्ड डार्लिंग ने अपना मत दिया है कि इस प्रश्न का जवाब 'हाँ' है। फैसले में कहा गया है कि "पार्थसारथी अयंगर बनाम चिन्नाकृष्ण अयंगर' वाले मामले में जज टर्नर ने कानून को इस तरह बताया है—"प्रत्येक पंथ के लोगों को सार्वजनिक मार्गों से धार्मिक जुलूस निकालने का अधिकार है, बशर्ते कि वह जुलूस जनता के साधारण उपयोग में बाधा न पहुँचाता हो और वह मजिस्ट्रेट के उस कानूनी हुक्म के अनुसार निकाला जाय जो कि वह (मजिस्ट्रेट) सार्वजनिक रास्ते की रुकावट तथा सार्वजनिक शान्ति-भंग की रोक के लिये निकाले।

सुन्दरम् शेटी बनाम महारानी वाले मामले में फुल बेंच के सामने यही बात कायम रही। उक्त मामले में यह बात भी प्रस्थापित की गयी कि सार्वजनिक सड़क पर आने वाली किसी मस्जिद अथवा मन्दिर में पूजा-अर्चा करने वाले लोग जुलूस निकालने वालों को, मस्जिद अथवा मन्दिर पर से गुजरते वक्त, अपनी धार्मिक विधि थोड़ी देर के लिए बन्द करने के लिए मजबूर नहीं कर सकते, इस बुनियाद पर कि उनके मस्जिदों-मंदिरों में लगातार पूजा-अर्चा हो रही है। पृष्ठ 217 में टर्नर ने कहा है, "जुलूस अगर धार्मिक ढंग के हैं, और यदि धार्मिक भावों का विचार करना है, तो किसी धर्म के मानने वालों के लिए यह कम कठिनाई नहीं है कि वे एक स्थान विशेष पर, अपनी पूजा बन्द करने के लिए मजबूर किये जायँ। यह कठिनाई उतनी ही दूसरे धर्म के मानने वालों के लिए भी है कि वे ऐसे जुलूस को अपने पवित्र मन्दिरों के पास से गुजरने दें।"

सदागोपालाचारियर बनाम ए० रामाराव वाले दीवानी मामले में यही राय जाहिर हुई थी, परन्तु उसी खण्ड के एक फौजदारी मामले में (विजय राघवाचारी बनाम शाहनशाह) दो जजों ने निर्णय दिया है कि सार्वजनिक मार्ग को पूजा-अर्चा का स्थान समझना कानून से ठीक नहीं है। इसमें दो प्रश्न और पैदा हुए हैं। कई मामलों में किसी खास पंथ के लोगों ने सार्वजनिक मार्गों पर अपनी पूजा-अर्चा के लिए दावा किया। यह दावा बार-बार नामंजूर किया गया। इस मामले से गहरा सम्बन्ध रखने वाला दूसरा सवाल यह है कि क्या उन लोगों के खिलाफ दीवानी दावा लाया जा सकता है जो किसी जुलूस को अपनी धार्मिक विधि करने से मना करें? यहाँ बम्बई और मद्रास के फैसलों से भिन्नता है और कलकत्ते का फैसला मद्रास के फैसले का समर्थन करता है। बम्बई का प्रमुख प्रमाण सटकू वल्द कादिर बनाम अब्राहम आगा वल्द मिरजा आगा वाले मामले का फैसला है। यह दावा कुछ मुसलमानों ने दायर किया था जो सार्वजनिक रास्ते पर से ताजिये ले जाते थे। दूसरे मुसलमानी पंथ के लोगों ने उनको बाधा पहुँचाई। इस मामले की अपील में निर्णय हुआ कि 'इस रुकावट के लिए वादी तब तक दीवानी दावा नहीं

ला सकते जब तक वे यह साबित न करें कि उन्हें, जनता को होने वाला सर्व-साधारण असुविधा के सिवाय व्यक्तिगत रूप से भी कुछ नुकसान पहुँचा है। सार्वजनिक रास्ते से ताजिये ले जाने के केवल धार्मिक अथवा भावनात्मक सन्तोष का न होना कोई ऐसी हानि अथवा चोट नहीं है जो कि अंग्रेजी तथा हिन्दुस्थानी कानून के किसी पूर्व घटना के अनुसार, दीवानी दावे के लिए काफी समझी जाय।"

मद्रास तथा बम्बई के इसी तरह के मामलों की नजीरें देने के बाद उक्त जज महाशयों ने निर्णय दिया कि—"हमारे खयाल से मद्रास की अदालतों की राय ठीक है और बम्बई का फैसला गलत है। हमारी राय है कि अपीलाण्टों को उस घोषणा के पाने का अधिकार है जो उन्हें डिस्ट्रिक्ट जज ने दी है। परन्तु हम उक्त जज के फैसले के शब्द 'ट्रैफिक'—आने-जाने वाले लोग, गाडियाँ आदि के पश्चात् ये शब्द भी जोड़ना चाहते हैं—'मैजिस्ट्रेट की आज्ञा के अनुसार और जनता के अधि-कारों का ध्यान रखकर अगर हम अपील को खारिज कर दें तो उसके परिणाम का हिन्दुस्थान में विपरीत अर्थ निकाला जायगा। प्रत्येक पंथ अथवा धर्म के लोग—जिनके पूजा-स्थान उन रास्तों पर हैं जहाँ से उन लोगों के जुलूस जाते हैं जिनसे कि उनकी मुखालफत है,—वे इस फैसले को, इस बात को तय करने वाला बतलाएँगे कि जुलूसों को उस समय बन्द हो जाना चाहिए जब वे उनके पास से गुजरें। परन्तु अगर डिस्ट्रिक्ट जज द्वारा दी हुई घोषणा की तरह घोषणा दी जाय तो मजिस्ट्रेट अपनी इच्छानुसार इन्तजाम कर सकेंगे और अगर मस्जिद के पास कुछ फासले तक मातम के मनाने की रोक की आज्ञा देना चाहें तो वह आज्ञा खास अवसर की आज्ञा होगी, अधिकारों की सर्वसाधारण घोषणा की तरह नहीं।"

इसलिए जज महोदय बादशाह सलामत को सलाह देते हैं कि यह अपील मन्जूर की जाय और ऊपर कहे अनुसार अधिकारों का डिक्लेरेशन मन्जूर कर दिया जाय और बोर्ड के सामने अपील पेश करने में हुआ खर्च दिलाया जाय।

इस फैसले का हेडनोट इस प्रकार है—"स्थानीय अधिकारियों के आवागमन सम्बन्धी आज्ञाओं, मजिस्ट्रेट की हिदायतों और जनता के अधिकारों का ध्यान रखते हुए, हिन्दुस्थान के किसी भी जाति के लोगों को अधिकार है कि उचित विधि के साथ सार्वजनिक मार्गों पर से धार्मिक जुलूस निकालें।"

"भिन्न-भिन्न पंथों और धर्मों के लोग, अधिकार के रूप में इस बात का दावा नहीं कर सकते कि उनके पूजा-स्थानों पर से जाते समय जुलूसों के कार्यों की रोक की जाय, परन्तु मजिस्ट्रेट को अधिकार होगा कि किसी मामले की खास सूरत में वह आज्ञा दे कि किसी पूजा-स्थान के आस-पास जुलूस का कार्य बन्द रहे।'

रात्रि-क्लब और टर्कीश बाथ

विदेशी सभ्यता के साथ इस देश में जो नई-नई संस्थाएँ आई हैं, उनमें क्लबों का विशेष स्थान है। कुछ दिनों से इन 'क्लबों' ने नाइट-क्लब का रूप धारण कर लिया है। क्लबों से सामाजिक जीवन को जो हानि पहुँच रही है उससे सभी समझदार लोग भयाकुल हो गये हैं।

बम्बई में इन क्लबों की संख्या दिन ब दिन बढ़ रही है। एक अखबार ने इन क्लबों की व्याख्या इस तरह की थी—"नाइट-क्लब वे स्थान हैं जहाँ आप हलके से हलका काम कर सकते हैं और फिर भी भले मानुस बने रह सकते हैं।" 'डेली मेल' के विशेष प्रतिनिधि से एक एक्साइज अफसर ने कहा कि—"क्लबों को शराब बेचने का लाइसेन्स दिया जाता है, परन्तु शराबखानों के लाइसेन्स के लिए अधिक फीस ली जाती है और इनके लिए नाम मात्र ही। क्लब और शराबखानों में फर्क केवल इतना ही है कि क्लब वाले अपने सदस्यों को ही बेच सकते हैं और शराबखानों में सभी को बेची जाती है। ये क्लब रात-भर शराब बेचते रहते हैं।" इनमें से कुछ क्लबों की खास बात स्त्रियाँ हैं। यूरोप में इन क्लबों का आरंभ 1912-13 में हुआ और महायुद्ध के समय और पश्चात् इनकी वृद्धि खूब हुई। इन क्लबों में मध्यस्थ श्रेणी के धनी आदमी जाया करते हैं। इनमें शराब बिकती है और जुआ भी होता है। बम्बई के नाइट-क्लबों में भी ये काम होते हैं। इन क्लबों में जाने-आने वाले स्त्री-पुरुषों के व्यवहार अनीतिवर्धक होते हैं। नवयुवक और युवतियाँ परस्पर संघर्ष में आती हैं और प्रायः पतन की ओर प्रवृत्त होती हैं। इन क्लबों में आने वाली लड़कियाँ प्रायः बेरोजगार होती हैं। बम्बई के एक सामाजिक कार्यकर्त्ता ने ऐसी कुछ कैथोलिक और एंग्लो-इण्डियन लड़कियों को मिलों में नौकरी दिलवा दी थी परन्तु व्यापार की मंदी के कारण उनके लिए और कुछ भी न किया जा सका।

टर्कीश बाथ अथवा स्नानगृह क्लब से भी अधिक पतित है। इन स्नानगृहों में नौजवान लड़कियाँ नौकरी पर रखी जाती हैं और पुरुषों को नहलाने का काम उनको दिया जाता है। स्नानगृहों के मालिक पहले तो बुनने के काम के लिए लड़कियोंको नौकर रखते हैं और उन्हें, दुकान का काम समाप्त हो चुकने पर, 'बाथ' की नौकरी पर भेज देते हैं। यहाँ ये लड़कियाँ तरह-तरह के प्रलोभनों के वशीभूत होकर पतित हो जाती हैं। स्नानगृह के मालिक जान-बूझकर उन्हें कम तनख्वाह देते हैं। वे बेचारियाँ आमदनी के लिए पतन की ओर बढ़ती हैं। ये अपराध पुलिस तक नहीं पहुँच पाते, क्योंकि उनके पास कोई प्रमाण नहीं होता।

बम्बई को छोड़कर यदि अन्य बड़े शहरों की ओर दृष्टि डाली जाय तो इस

तरह के क्लबों की अनेक आवृत्तियाँ स्थान-स्थान पर दिखाई देती हैं। इनमें शराब का उपयोग होता है। पत्ते खेलने के बहाने जुआ भी चलता रहता है। संगीत और नृत्य के बहाने अनीति का भी खूब प्रचार होता रहता है। शहरों के प्रतिष्ठित समझे जाने वाले लिखे-पढ़े विद्वान इनका आश्रय लेते हैं।

इंग्लैण्ड में इन क्लबों को विख्यात पत्र-संपादक मि० स्टेड ने जोर की ठोकर मारी थी। समाज के इन सभ्य गुण्डों के अड्डों में आने-जाने वालों की उन्होंने एक फेहरिस्त तैयार की थी और उसे प्रकाशित कर दिया था। सारे समाज में इस फेहरिस्त ने सनसनी मचा दी थी। बड़े-बड़े घरों के प्रतिष्ठित स्त्री-पुरुष गुण्डों-बदमाशों की तरह अपनी पाशवी प्रवृत्तियों की तृप्ति किस प्रकार करते थे इस बात का रहस्योद्घाटन इस फेहरिस्त ने किया था।

हिन्दुस्थान में नीति और सदाचार का मूल्य बहुत है। यहाँ प्रत्येक व्यक्ति का प्रत्येक कार्य—फिर वह चाहे सार्वजनिक हो अथवा व्यक्तिगत—सदाचार की कसौटी पर कसा जाता है। इस देश में तो क्लबों के इस घातक प्लेग को शीघ्र ही दफनाया जा सकता है।

लिखित प्रमाण तो नहीं हैं

, देश के गोरे पत्र, इस देश की प्रजा सत्ता के भावों की दुश्मन शासन-प्रणाली के मुँह हैं। सरकार कोई भी कार्य करे,—वह कार्य चाहे कितना ही बुरा, देश के लिए कितना ही नाशक, और देशवासियों के लिए चाहे कितना ही अपमानजनक और कष्टदायक हो—गोरे पत्र एकदम सरकार का समर्थन करने दौड़ पड़ेंगे। वे इस समर्थन के समय, साहस को अधिक से अधिक भारतीयों को नीचा दिखाने के लिए विद्वत्ता को, भारतवासियों के खिलाफ दलीलें पेश करने के लिए और अपने नेत्रों को, केवल सरकार के चश्मे से जगत देखने के लिए प्रस्तुत रखते हैं। अर्ध-सरकारी बनने या सरकार की गोद में रहने का यह सौदा, उन्हें अधिक धन देने वाला, अधिक इज्जत दिलाने वाला और सदैव खतरे से बचाने वाला होता है। और मनुष्यता की साधारणतम श्रेणी में रहने वाले लोगों के लिए खाने-पीने और धनवान होने से बढ़कर प्यारा, कोई तत्व भी नहीं हो सकता।

सरकार भी अपने इन नान-आफिशियल शासकों के पेट-पानी का पूरा खयाल रखती है। विज्ञापनों, नोटिसों और सूचनाओं के, सरकार से कीमत लेकर, छापने का पहला अधिकार इनका है। बम्बई के बैक-बे के समुद्र तट को बढ़ाने की बद-नाम स्कीम का प्रचार करने के लिए, बम्बई सरकार के रुपयों की बड़ी 'थैली' 'टाइम्स आफ इण्डिया' को सौंपी जायगी। मध्य प्रदेश में सागर जिले के रतौना

गाँव में कसाईखाना खोलने के विज्ञापनों की धूम गोरे पत्रों में मचेगी। राष्ट्रीय झण्डा सत्याग्रह में, मध्य प्रदेश की सरकार ने, न केवल 'टाइम्स आफ इण्डिया' में अपने बाजू के लेख ही छपवाये, किन्तु सर फ्रेंक स्लाई की सरकार ने, अपने विज्ञापनादि छपवाकर टाइम्स आफ इण्डिया की पैसों से खासी मदद की। इस प्रदेश में भी सरकार की सेवा, झण्डा सत्याग्रह में, नागपुर का उस समय का अंग्रेजी साप्ताहिक हितवाद प्रकारान्तर से कर रहा था, किन्तु उसके पल्ले शायद ही कुछ पड़ा हो। गरज़ यह कि अंग्रेज सम्पादित पत्रों की सरकार खूब सहायता किया करती है।

यही क्यों, इन पत्रों को इस बात का पूर्ण विश्वास रहता है कि अंग्रेज सरकार के हाथ में रहने वाली ताजीरात हिन्द की समस्त धाराएँ सरकारी खजाने का रुपया, सरकार के शासनकर्ता, और शस्त्रसज्जित समस्त सरकारी सेना हमारी पीठ पर है। विदेशी शासनकर्ता भी, इन अखबारों को देश के कोने-कोने में पहुँचाने में कमी नहीं करते। वे जमींदारों और सेठ-साहूकारों के यहाँ जाकर पूछते हैं—"आपके यहाँ पायनियर नहीं आता? क्या आप स्टेट्समैन नहीं मँगाते?" अपने मँदारियों का यह रुख देखते ही हमारे यहाँ के पदवीधारी और बड़े लोग चाहे अंग्रेजी का एक अक्षर न जानते हों, अंग्रेजी दैनिक पायनियर मँगाने लगते हैं। इस खुल्लमखुल्ला सरकारी मदद, और शासन को 'चाचाजी की बखरी' समझने के कारण गोरे पत्रों का साहस इतना बढ़ जाता है कि वे भारतवासियों पर अपराध लगाते समय जरा भी आगे-पीछे नहीं सोचते। और सच बात तो यह है कि जब वे लोकमान्य तिलक के झगड़े में सर वेलण्टाइन शिरोल को, तथा सर शंकरन के झगड़े में हिंसक सर मालकम ओडायर को जीतते देखते हैं तब उनको अपनी साहस की रबर को मनमानी लम्बी तानने में जरा भी खतरा नहीं मालूम होता। क्योंकि सरकार भारतीयों के खिलाफ लड़ने वालों को सब प्रमाण चुपचाप पहुँचाया करती है।

कलकत्ता के 'इंग्लिशमैन' और 'स्टेट्समैन' अंग्रेज संपादित अंग्रेजी दैनिक हैं। दोनों पत्र योग्यता से सम्पादित होते हैं और भारत सरकार, तथा इंग्लैण्ड के स्वार्थ के लिए वे इतने प्रयत्नशील रहते हैं कि कुछ बाकी नहीं रख छोड़ते। जब लार्ड लिटन की सरकार ने बंगाल के सौ से ऊपर देशभक्तों को, बिना मुकदमा चलाये, जेल में बन्द किया, तब ये पुण्य-पत्र, लार्ड लिटन और उनकी सरकार की पीठ ठोंकने लगे। इनके कोलाहल का परिणाम, इंग्लैण्ड में यह भाव पैदा किया करता है कि देखो, भारत में तो विद्रोह है, अतः भारत-वासी बागियों को अधिक अधिकार कैसे दिये जा सकते हैं? अस्तु। बंगाल सरकार की पीठ ठोंकते हुए इंगलिशमैन, स्टेट्समैन और कैथोलिक हेरल्ड ने देश के तेजस्वी तरुण स्वर्गीय देशबन्धु के दाहिने हाथ, और कलकत्ता कार्पोरेशन के कीर्तिमान एक्जी-

क्यूटिव अफसर श्रीयुत सुभाषचन्द्र बोस के प्रति बागी आदि कुछ अपमानजनक शब्दों का प्रयोग कर डाला। सुभाष बाबू ने जेल में बैठे ही बैठे पहिले इंग्लिशमैन पत्र पर मान-हानि की नालिश की। कलकत्ता के प्रधान न्यायाधीश को इन्साफ की कुर्सी पर बैठने पर, इसके सिवा कोई चारा न था कि वह इंग्लिशमैन को अपराधी करार दें। इंग्लिशमैन सुभाष बाबू के बागी होने के कोई सबूत पेश न कर सका, और मान-हानि के रूप में 2000 रुपये सुभाष बाबू को देने के लिए विवश हुआ। अब वही नालिश सुभाष बाबू ने, स्टेट्समैन और कैथोलिक हेरल्ड पर भी कर रखी है।

किन्तु घटना के इस रुख पर, जोर देने के लिए हम ये पंक्तियाँ नहीं लिख रहे। हम तो इस बात पर जोर दे रहे हैं कि सम्पूर्ण सरकारी बल, पीठ पर लदा रहने पर भी, इंग्लिशमैन सुभाष बाबू से कैसे हार गया? बात यह है कि सुभाष बाबू नये बागी करार दिये गये हैं। सरकार के खुफिया विभाग के पास सुभाष बाबू की झूठी-सच्ची मनगढ़न्त फाइल तैयार न हो पाई थी; तब कैसे सरकार बता सकती कि अमुक अपराधों पर सुभाष बाबू (और उनके साथी) नजर बन्द किये गये हैं। इंग्लिशमैन की यह करुण कथा अब बाहर आ गई है और वह भारत सरकार तथा लार्ड लिटन की सरकार के इस अभिमान और डींग को झूठा साबित करती है, कि "सरकार के पास विश्वास योग्य प्रमाण हैं कि नजर बन्द किये हुए लोग षड्यन्त्रकारी हैं।" किस्सा सुनिये। जब इंग्लिशमैन पर सुभाष बाबू का मान-हानि का अभियोग चलाया गया तब स्टेट्समैन नामक अंग्रेजी पत्र के भारत में पड़े हुए कल-पुरजों ने इस बात की खबर, उस पत्र के मालिक मि० रेनाइट को इंग्लैण्ड में दी, और यह सूचित किया कि आप सरकार पर जोर डाल कर, एस० सी० बोस के खिलाफ प्रमाण प्राप्त कीजिये, क्योंकि इंग्लिशमैन वाली खबर स्टेट्समैन में भी निकल चुकी थी और यह संकट स्टेट्समैन पर भी आने ही वाला था।

स्टेट्समैन के मालिक ने सबसे पहले इंग्लैण्ड के कानूनी पण्डित से सलाह ली। उसने स्पष्ट कहा कि प्रमाण के बिना, सुभाष बाबू के खिलाफ लिखी गई बात अपराध है। फिर मि० रेनाइट और दूत मि० ए० जे० जोन्स ने लण्डन के इंडिया आफिस का पीछा किया,—उस आफिस का, जहाँ बैठकर, भारत के शासन की डोरी हिलाई जाती है। इनके कानूनी पंडित ने कह दिया था कि "बोस को कैद करने के, बंगाल सरकार के पास, लिखित प्रमाण अवश्य होंगे, अतः सरकार ही से प्रमाण माँगने चाहिये, सरकार को समझाना चाहिये कि हम (यानी गोरे अखबार) तुम्हारे ही लिए लड़ते हैं।" गोरे पत्रों के दूतों ने जाकर सरकारी अधिकारियों से यही कहा और प्रमाण पाने के लिए खूब जोर दिया। उन्होंने एक तो यह कहा कि पायनियर और लाजपतराय के झगड़े में सरकार ने पायनियर

की सहायता की थी, अतः हमें भी सहायता मिलनी चाहिये; अन्त में यह भी कह दिया कि यदि सहायता न मिलेगी तो, इंग्लिशमैन वाले मुआफी माँग लेंगे। पत्र-प्रतिनिधि ने यह भी कहा कि केवल सुने हुए आधारों पर तो सरकार किसी को कैद कर ही नहीं सकती। उसके पास लिखित प्रमाण अवश्य ही होंगे। जब मि० जोन्स ने इण्डिया आफिस के गुप्तपत्र विभाग के मि० होज से ये बातें कहीं तब पहिले तो मि० होज ने आनाकानी की, किन्तु पायनियर की सहायता का उल्लेख सुनकर वे सहायता करने को राजी हो गये।

किन्तु क्या उन्होंने कोई कागज दिये? क्या उनके पास कोई कागज थे? क्या उन्होंने यह कहा कि बंगाल के देशभक्त किसी लिखे हुए प्रमाण पर गिरफ्तार किये गये हैं?—नहीं, यह कुछ भी नहीं। मि० होज ने लार्ड लिटन और लार्ड रीडिंग की मूर्खता का भण्डाफोड़ कर दिया। उन्होंने यह बात साबित कर दी कि सुभाष बाबू बिना ही प्रमाणों के गिरफ्तार कर लिये गये हैं। मि० होज ने कहा—"हम कोई सहायता न दे सकेंगे। सुभाषचन्द्र बोस के निकट मित्रों के कहने पर ही, जो कि सुभाषचन्द्र के षड्यंत्रकारी कार्यों से परिचित थे, वे गिरफ्तार किये गये हैं। बंगाल सरकार भी इस मामले में अधिक सहायता न कर सकेगी, क्योंकि 'हमारे पास प्रमाण हैं',—यह कहने से अदालत तो मानेगी नहीं, और बंगाल सरकार के पास जहाँ तक मैं जानता हूँ, लेखी प्रमाण नहीं हैं।" यदि यह सब कुछ सच हो, तो आश्चर्य है। जब ब्रिटिश राज की आलोचना करते समय कोई मनचला यहाँ के निरंकुश शासकों की रूस के जार से तुलना कर देता है, तब वे आगबबूला हो उठते हैं। क्या इस निरंकुशता की कोई हद है कि लिखित प्रमाणों के न होते हुए, बिना अपराध सुभाष बाबू और उनके अन्य देशभक्त साथी जेलखानों में बंद हैं और बेशर्मी से कहा जा रहा है कि हमारे पास लिखित प्रमाण तो नहीं हैं!!

[22 मई, 1926]

अंजुमने मुहाफिज

1885 में कांग्रेस का जन्म हुआ। 1887 में ही कांग्रेस की उस समय की मद्रास की बैठक के सभापति श्री बदरुद्दीन तैयब जी ने कहा था—"कांग्रेस की तीन बैठकें हो गईं; किन्तु मुसलिम समाज की नींद नहीं टूटती; उसमें राष्ट्रीय चेतना उत्पन्न नहीं होती। यह बड़ा समाज, देश के कटे हुए अंग की तरह निरुपयोगी पड़ा हुआ है।" देश के हितैषियों को यह चिन्ता रही कि मुसलमान समाज जाग्रत हो। उसमें राष्ट्रीय भाव उत्पन्न हों। सन् 1989 में पण्डित मदनमोहन

मालवीय ने, लाहौर की कांग्रेस के सभापति की हैसियत से इसी चिन्ता से प्रेरित होकर कहा था—"लोग कहते हैं कि सरकारी नौकरियाँ देने में मुसलमानों के साथ, सरकार पक्षपात करती है। मत सोचो कि सरकार को मुसलमान भाइयों से बड़ी मुहब्बत है। सच बात यह है कि सरकार सोचती है कि हिन्दू आन्दोलक 'देश' 'देश' पुकारते हैं और मुसलमान कभी देश का नाम ही नहीं लेते। इसीलिये यह पक्षपात है। जिस दिन हिन्दू और मुसलमान दोनों अपनी मातृभूमि के लिए लड़ने लगेंगे उस दिन मुसलमान भाइयों पर से सरकारी वरदान का यह सारा सुख खींच लिया जायगा।" उसी समय मालवीय जी ने, राजनीति के भाव जाग्रत करने की, मुसलमान समाज से प्रार्थना की थी। मुसलमान समाज के पिछड़ेपन पर दुःख मनाते हुए, आनरेबल नवाब सैयद महमूद ने कहा था—"क्या वह दिन भी देखने को नसीब होगा, जब मुसलमान समाज एक राष्ट्रीय हिस्से की तरह देश में काम करता हुआ नजर आयगा।" देशबन्धु दास ने, एक पुस्तक की भूमिका में लिखा है कि सन् 1906 में, जब दादाभाई नौरोजी, कलकत्ता कांग्रेस के सभापति हुए थे, कलकत्ते में लखनऊ के एक हिन्दू-माडरेट राजनीतिज्ञ ने, मेरे महमान लोकमान्य तिलक से क्रोधित होकर कहा था—"तुमने गरम-नरम का झगड़ा खड़ा करके, कांग्रेस के टुकड़े कर रक्खे हैं। क्या तुम्हें मालूम है कि हमारे मुसलमान पड़ोसी क्या कर रहे हैं?" लोकमान्य ने शान्तगम्भीर भाव से कहा—"क्या?" लखनऊ के सज्जन बोले—"वे हिन्दुओं के खिलाफ जमात तैयार कर रहे हैं और एक कट्टर मुसलिम प्रचार कार्य शुरू कर रहे हैं।" लोकमान्य ने सहज-सरल मुद्रा से पूछा—"क्या आपको पूर्ण विश्वास है?" लखनऊ के सज्जन चिढ़कर बोले—"विश्वास! अजी मुझे उतना ही विश्वास है, जितना विश्वास यहाँ आपसे बातें करने पर; आप हिन्दुओं के टुकड़े कर रहे हैं और वे (मुसलमान) हमें मिटा डालने के लिए एक हो रहे हैं। मेरे पास इस बात के पक्के प्रमाण हैं।" लोकमान्य इस बात को सुनते ही प्रसन्न हो उठे और बोले—"तब तो हमारी आजादी का दिन दूर नहीं। क्या आप नहीं सोचते कि ज्यों ही टूटा हुआ मुसलिम समाज जुड़कर एक होगा, त्यों ही सरकार उसके टुकड़े करना चाहेगी, उस पर आक्रमण करेगी; और ज्यों ही मुसलमानों पर आक्रमण हुआ त्यों ही वे हमारे साथ होंगे, क्योंकि उनका और हमारा स्वाधीनता का ध्येय एक है।" और लोकमान्य की यह भावना व्यर्थ नहीं हुई। मुसलिम लीग की स्थापना हुई। प्रारम्भ में उसने राष्ट्रीयता के खिलाफ मुसलिम सम्प्रदाय को ही हिन्दू समाज के खिलाफ भड़काने की कोशिश की; जिससे दुःखित होकर, मालवीय जी ने लीग को फटकारा भी; परन्तु अन्त में सन् 1913 में मुसलिम लीग ने यह यह प्रस्ताव किया—"आल इण्डिया मुसलिम लीग का ध्येय स्वायत्त-शासन का पाना है।" लीग के इस प्रस्ताव से देश भर प्रसन्न हुआ था। सैयद वजीर हसन ने लीग के इस निर्णय पर कहा था—

"इस प्रस्ताव को अपने प्रोग्राम में रखकर लीग ने भारतीय महत्वाकांक्षा की नींव जमाने में एक आशाजनक कदम बढ़ाया है।" इन सब बातों से पाठक जानेंगे कि मुसलमान समाज पिछड़ा हुआ इसलिये माना जाता था, चूंकि वह साम्प्रदायिकता-पूर्ण था, राष्ट्रीय भावों वाला नहीं था। देश के हिन्दू-मुसलमान नेता यत्नशील थे कि मुसलमान समाज की यह मोह-निद्रा छूटे। सन् 1915 से 1922 तक हिन्दू और मुसलमान दोनों समाजों ने मिलकर, देश की राजनीति को खूब आगे बढ़ाया; किन्तु फिर हिन्दू और मुसलमान दोनों ही समाजों में साम्प्रदायिकता फूट निकली। सन् 1918 तक के जमाने में लीग के तीन सभापतियों ने लगातार मुसलमान समाज को राष्ट्रीयता का पाठ पढ़ाया था; उनमें दो बिहार के थे—एक वयोवृद्ध श्री मजहरुल हक और दूसरे श्री हसन इमाम साहब।

इस समय जब कि लगातार देश में साम्प्रदायिक कलह जारी है, और सरकार चुप्पी साधे है, मानो उसका इस देश में शासन ही न हो, तब अगणित समय तक, देश के लोगों की, आपस की सिर-फुड़ौवल किसे कष्ट नहीं पहुँचाती ? लोग कहते हैं कि सरकार 'फोड़ो और राज करो' की नीति के अनुसार हममें भेद डाल रही है, सरकारी पदवीधारी और अन्य स्वार्थियों का उपयोग कर, देश के आन्दोलन और राजनीति से ध्यान खींचने के लिए, सरकार ने यह सब कुछ किया है। सरकारी आदमी कह सकते हैं कि "नहीं, सरकार की यह इच्छा नहीं कि वह दोनों जातियों में भेद डाले।" किन्तु दोनों जातियों को लड़ाने वाली यदि कोई सरकार होती तो उसके अधिकारी भी इससे अधिक क्या करते कि दोनों जातियों को सिर फोड़ते छोड़कर, दार्जिलिंग की हवा खाने लगते। षड्यंत्रों को सूंघ-सूंघ कर ढूंढ़ लेने वाली और झूठी-सच्ची तोहमत लगाकर लोगों की राजनैतिक महत्वाकांक्षा, और तरुणों की तरुणाई के मस्त जोश को शूली, काला-पानी और जेलों में सड़ाने वाली सरकार को दोनों जातियों को लड़ाने वाले गुण्डों का पता नहीं।—कैसी सच्ची बात !

किन्तु ऐसे समय बिहार के हिन्दू और मुसलमान नेताओं ने बुद्धिमानी से काम लिया। 'अंजुमने मुहाफिजत' की स्थापना की गई और उसमें गैर-मुसलिमों को भी सम्मान्य सदस्य बनाया गया। 'अंजुमन' की स्थापना करते हुए, मुसलमानों के दुश्मन कहे जाने वाले पण्डित मदन मोहन मालवीय को, सर अली इमाम महोदय ने पटना बुलवाया और शुद्धि और संगठन की बातें सुनीं। मालवीयजी का परिचय देते हुए सर अली ने कहा—"मालवीयजी संगठन आन्दोलन के सूत्रचालक हैं। यह अच्छा अवसर है कि मुसलमान उनकी बातें सुनें, दोनों जातियों के आपस के झगड़े मेरे विचार से, केवल बेसमझी के कारण हैं।" मुसलिम बन्धुओं द्वारा आमन्त्रित होकर, मालवीय जी ने अपने भाषण में कहा—"उसी मातृभूमि के पुत्र होते हुए, यह सम्भव नहीं कि हम एक दूसरे को छोड़ सकें। आपस के मजहबी

झगड़े लांछन हैं। दोनों जातियाँ अपने पर बीतने वाली बातों को भूलें, एक दूसरे को सच्चाई से मुआफ कर दें और भगवान से प्रार्थना करें कि उनके हृदय ईमान-दार हों। हमारा काम है, हम आपस की बेसमझी को हटा दें। वही झगड़ों की जड़ है।" मालवीयजी ने अंजुमन की स्थापना करने वाले मुसलमान मित्रों के यह भी कहा—"यदि हिन्दू-मुसलमान की रक्षा के लिए, सम्मिलित हिन्दू-मुसलिम स्वयंसेवक तैयार किये जायँ तो मैं चाहता हूँ कि मैं संगठन को छोड़ दूं।"

(यहाँ से नीचे फटा हुआ है—सं०)

सम्पादकीय टिप्पणियाँ

ब्रिटिश झण्डा नहीं, हमारा झण्डा

एक तरफ भारत में इस बात के लिए सरतोड़ प्रयत्न किया जा रहा है कि 'हमें ब्रिटिश साम्राज्य के अन्तर्गत स्वराज' मिले। दूसरी ओर साम्राज्यान्तर्गत स्वराज पाये हुए ब्रिटिश उपनिवेश, साम्राज्य से रहा-सहा सम्बन्ध भी तोड़ फेंकना चाहते हैं। जिन दिनों भारत में राष्ट्रीय झण्डे का संग्राम चल रहा था, उन दिनों कुछ सरकारी और गैर-सरकारी मित्र झण्डे को 'केवल कपड़े का टुकड़ा' कहकर मजाक उड़ा रहे थे, किन्तु सन् 1909 की अफ्रीकन यूनियन गवर्नमेण्ट कायम करते समय, ब्रिटिश सरकार को 'अपने कपड़े के टुकड़े' की इतनी पर्वा थी कि देश के कानून में यह व्यवस्था की, कि सब उत्सव और अवसरों पर, ब्रिटिश साम्राज्य का झण्डा ही अफ्रीका में फहराया जाय। किन्तु अफ्रीका की स्वतन्त्रता-प्रिय उपनिवेश की सरकार, साम्राज्य के 'कपड़े के टुकड़े' का बोझ नहीं सह सकती। श्री हर्टजोग की सरकार चाहती है कि अफ्रीका में 'अफ्रीकन झण्डा' फहराया जाय। देश का बहुमत उनके पक्ष में है। कुछ जनरल स्मट्स जैसे साम्राज्य-भक्त कहते हैं—"गजब हो जायगा, ऐसा मत करो", किन्तु बोअर गवर्नमेण्ट अपने निश्चय पर तुली हुई है। अफ्रीका की आजादी की याद दिलाते हुए, वर्ण बाधा बिल पर लार्ड बर्कनहेड ने कहा था, "अब उस पर पुनर्विचार नहीं हो सकता।" हमें उम्मीद करनी चाहिए कि अफ्रीकन झण्डा फहराये जाने और यूनियन जैक के लपेट कर रखे जाने पर भी लार्ड बर्कनहेड और साम्राज्य की सरकार, अफ्रीका की आजादी की दाद देंगे।

झण्डा सत्याग्रह के कैदी का सामाजिक दर्जा

नागपुर के राष्ट्रीय झण्डा संग्राम को हुए तीन वर्ष हो गये हैं। उसमें भाग लेने वाले—उस झण्डे के लिए मध्यप्रदेश की जेल के कैदी होने वाले—मद्रास के बंगलौर जिले के एक युवक की शादी होने जा रही थी। कन्या के भाई ने आक्षेप

किया कि "चूंकि वह झण्डा-सत्याग्रह में छः मास सपरिश्रम कारावास भोग चुका है, अतः समाज में उसका दर्जा गिर गया है; ऐसे पतित व्यक्ति की मैं अपनी बहन के साथ शादी नहीं होने देना चाहता।" मामला अदालत तक पहुँचा। लोग उम्मीद कर रहे थे कि न्यायाधीश झण्डे के कैदी को पतित बता देगा। किन्तु न्यायाधीश ने, फैसले में लिखा—"झण्डा सत्याग्रह जैसे कार्यों के लिए जेल जाने से, वादी का सामाजिक दर्जा जरा भी कम नहीं हुआ।" हमें दुःख इसी बात का है कि देश के लिए कष्ट भोगने को दोष बताने वाला भारतवासी गैर-सरकारी है, और वह सत्याग्रह जैसी उच्च वस्तु को पतित कहकर अदालत तक बात जाने देता है। हम न्यायाधीश की प्रशंसा करते हैं। पर साथ ही यह कह देना चाहते हैं कि न्यायाधीश के विरुद्ध निर्णय देने पर भी इस समाज के कट्टरों से भय खाकर देश के तरुण देश के लिए सहे जाने वाले संकटों से मुँह नहीं मोड़ सकते।

[29 मई, 1926]

अंग्रेजी अमलदारी का प्रारंभिक चित्र

अंग्रेजों द्वारा लिखित भारत का इतिहास, भारतीय पाठशालाओं के बालकों को पढ़ाया जाता है। इन इतिहासों में प्रायः इस ढंग से बातें कही जाती हैं कि इस देश को अंग्रेजों ने अपने भुजबल से जीता। कभी-कभी बे-लगाम अंग्रेज अफसर और पुराने नौकरशाह भी यही बात कह देते हैं। इतिहास के इस रंगीन चश्मे से देखने वालों के लिए, अंग्रेज जाति बल की खानि, वीरता और जननी और निर्भयता की मूर्ति दिखाई देती है। इतिहास का विशेष अध्ययन न करने वाले, अन्य विषयों के विद्वानों के मन पर भी, बालकपन में पढ़े हुए, इन विचारों की छाप जम जाती है और वे गौरांग-प्रभुओं के कीर्ति-कथन में स्वयं ही सदा मग्न नहीं रहते, वरन अपने आसपास के वायमण्डल को भी असत्य की विषैली हवा से दूषित करते रहते हैं।

सर्वसाधारण अंग्रेजों द्वारा भारतवर्ष का, आज तक का लिखा हुआ इतिहास-नाटक का वह पात्र है जो अपने काले कलंकित मुख पर सफेदी पोतकर, प्रेक्षकों के सामने सौंदर्य का मूर्त स्वरूप बनकर रंगमंच पर आता है। बहुत कम लोग यह काम करते हैं और बहुत कम इस काम को करने की इच्छा रखते हैं; परन्तु यदि कोई विवेचक, प्रेक्षक, पर्दे में झाँके तो उसे क्या दिखाई देता है?—खरबूजे की शकल का, गहरी खाइयों, और ऊँची टेकड़ियों में छिपने वाली अँधियारी श्यामता-भरा नट का चेहरा। और सफाई के ब्रुश, और रंग।

इतिहास के पर्दे के अन्दर झाँक कर देखने की मनोवृत्ति, इन दिनों इस देश में वृद्धि के मार्ग पर है। बंगाल और महाराष्ट्र के विद्वान तत्कालीन कागजों के प्रमाण एकत्रित कर, इतिहास की कई गुत्थियाँ उलझा रहे हैं। भारतीयों की स्वाधीनता के पतन के कारण वे ढूँढ़ निकाल रहे हैं। आत्म-शुद्धि की इस खोज में जहाँ हमें अपने दोषों का पता चलता है तहाँ नौ सौ चूहे खाकर, ईमानदारी के हज को जाने वाली अंग्रेज जाति की नीतिमत्ता का भी पता लगता है।

पूना के विख्यात पण्डित, प्रोफेसर शिवराम महादेव परांजपे मराठा 'चित्रमय जगत' में मराठा इतिहास की एक घटना—अरुई की लड़ाई—का हाल लिख रहे हैं। उक्त पत्रिका के ताजे अंक में अपने कुछ प्रमाण इस बात के पेश किये हैं कि मराठा साम्राज्य को नष्ट करने के लिए अंग्रेजी कर्मचारी घूस देने का आश्रय किस तरह लिया करते थे। सर आर्थर वेलेस्ली ने मेजर शा को 24 अगस्त, 1803 को जो चिट्ठी लिखी थी, उसमें उन्होंने कहा था—You will have observed from my letters to Col. Close that I have urged him to pay the ministers in order to have accurate information of what passes."

(आपने मेरे कर्नल क्लोज को भेजे हुए पत्रों पत्रों से देखा कि मैंने उनसे अनुरोध किया है कि जो कुछ हो रहा है उसकी सच्ची खबर पाने के लिए वह मंत्रियों को रुपया देवें।) 28 सितम्बर, 1803 को अरुई छावनी से जनरल वेलेस्ली ने पूना के रेजिडेण्ट मि० क्लोज को लिखा था—"लार्ड वेलेस्ली ने पेशवा के मंत्रियों को खूब रुपया देने का प्रश्न अपने हाथ में ले लिया है। परन्तु पेशवा के कोई मन्त्री नहीं है, वे खुद ही सब कुज हैं और वह सब कुछ बिलकुल छोटी चीज है। इसलिए मेरी राय है कि हम उन लोगों को रुपया दें जो पेशवा के मन्त्री माने जाते हैं, और उनसे गुप्त मन्त्रणाओं का पता लगावें।"

तत्कालीन मराठा संघ के मुख्य विभाग पेशवा, होलकर, भोंसले, और सिंधिया थे। इन चार शक्तियों के संघ से ही उन दिनों अंग्रेजों को लड़ना था। इनमें फूट पैदा किये बिना लड़ाई कैसे होती? अंग्रेज शक्ति का इस समय बोल-बाला हो रहा है; परन्तु उस समय अंग्रेजों की हैसियत आजकल के रियासती शाहंशाहों की अपेक्षा अधिक नहीं थी। इसीलिए उन्हें फौजी मुकाबले के बजाय छल, कपट, घूस आदि मार्गों का अवलम्बन करना पड़ता था। होलकर को जनरल वेलेस्ली ने सन् 1803 के जुलाई मास में एक पत्र लिखा था, उसमें कहा था—"अब मैं आपके पास उस एहदनामे की नकल भेजता हूँ जो बसई में रवि पण्डित प्रधान और आनरेबल कम्पनी के बीच हुआ है। उसकी रक्षक नीति सम्बन्धी बातों से आपको मालूम होगा कि हिन्दुस्थानी शान्ति और अमन का इन्तजाम किया गया है।······इस अवस्था में, दूसरे लोग चाहे जो करें, पर

आपके विषय में मुझे विश्वास है कि आप वही व्यवहार करेंगे जो आपके हित का होगा और कम्पनी के साथ आप सुलह का व्यवहार रखेंगे। मैं यह पत्र कादर नवाजखाँ के हाथ भेजता हूँ। यह एक इज्जतदार अफसर और मेरा विश्वासपात्र है। वह मेरी इच्छा के विषय में सब बातें आपको समझायेंगे।"

होलकर को इस तरह 'अपने हित' का खयाल दिलवा कर होलकर के एक सरदार अमीरखाँ को वरगलाया कि वह अंग्रेजों के दोस्त, निजाम की नौकरी कर ले। इस तरह अगर होलकर 'अपने हितों' का खयाल न करे तो कम से कम उनकी ताकत घट जाय—यही सोचकर अमीर खान को प्रलोभनों द्वारा वश में किया गया था।

सिन्धिया अंग्रेजों के प्रलोभनों में आने वाले नहीं थे। इसलिए अंग्रेजों ने सिन्धिया के गोरे नौकरों को घूस देने का प्रबन्ध किया। तत्कालीन गवर्नर-जनरल मार्क्विस वेलेस्ली ने अपने भाई आर्थर वेलेस्ली को, 17 जून, 1803 को एक 'अत्यन्त गोपनीय' पत्र लिखा था। उसने कहा था—"In the event of hostilties you will take proper measures for withdrawing the European officer's from the service of the Scindhia Holkar and of every other chief opposed to you. You are at liberty to incur any expense requisite for this service and to employ such emissaries as may appear most serviceable."

—"लड़ाई छिड़ जाने पर आप इस बात का पूरा प्रबन्ध करेंगे कि सिंधिया होलकर और आपके विरोधी अन्य सरदारों की नौकरी से यूरोपीयन अफसरों को छुड़ा देंगे। इस काम के लिए आप चाहे जितना खर्च कर सकते हैं, आपकी इच्छानुकूल योग्य दूतों को नौकर रख सकते हैं।" इसी पत्र में 'योद्धा' जाति के उक्त गवर्नर-जनरल ने यह भी लिखा था कि "मैं गोहद के राणा और राजपूत राजाओं के पास दूत भेजूंगा। आप भी यह प्रश्न अवश्य कीजिए कि ये सरदार सिंधिया के खिलाफ हो जायँ। आप यह भी सोच रखें कि काशीराव होलकर को जसवन्तराय होलकर के खिलाफ किस तरह उभाड़ना चाहिए।"

30 जुलाई, 1803 को मार्क्विस वेलेस्ली ने जनरल लेक को एक गोपनीय पत्र लिखा था, उसमें कहा था—"I authorise your Excellency to give to all Tributaries or others renouncing their allegiance to Scindhia and acting sincerely in our favour, the most positive assurances of effectual protection in the name of the company."

—"मैं आपको अधिकार देता हूँ कि आप सब सरदारों और अन्य उन लोगों का, जो सिंधिया की मातहती छोड़ दें और ईमानदारी के साथ हमारे पक्ष में काम करें, इस बात का पक्का विश्वास दिला दें कि कम्पनी उनकी पूरी-पूरी रक्षा

करेगी।"

इसी समय सिंधिया के मातहत गोहद के राणा को भी हिकमत अमली से सिंधिया की वफादारी से हटाया गया। इधर दिल्ली के बादशाह शाहआलम, सिंधियाके अधीन थे। उन्हें वेलेस्ली ने सैयद हैदर रेजा नाम के आदमी द्वारा 'गुप्त संदेश' पहुँचाया कि अगर आप हमारे साथ हो जायेंगे तो हम आपकी खूब इज्जत करेंगे और धन की कमी नहीं पड़ने देंगे। आखिर शाहआलम ने सिंधिया को हटाने में अंग्रेजों की मदद की। शाहआलम के वंशजों को इस दगाबाजी का मजा चखना पड़ा। सन् 1848 में जब इन्होंने अपने पुराने दस्तावेजात के साथ राजा राममोहन राय को विलायत भेजा तब उन्हें जवाब दिया गया कि मार्क्विस वेलेस्ली ने 23 मई, 1805 के अपने खरीते में लिख दिया है—

"That no written agreement should be entered into with the king of Delhi.

— "दिल्ली के बादशाह के साथ कोई लेखी करार न किया जाय, अतएव आपके दस्तावेजात कम्पनी के कागजों से सच्चे प्रमाणित नहीं होते।"

दुआब में बेगम समरू की फौज थी। बेगम समरू सिंधिया के मातहत थी। बेगम समरू को सिंधिया के खिलाफ वरगलाया गया। धन और रक्षा का उसे प्रलोभन दिया गया और सिंधिया की दुआब की ताकत घटाई गयी।

बुन्देलखण्ड में हिम्मतबहादुर नाम का एक सिंधिया का सरदार था। गोहद के राणा को वरगलाने के बाद उसे वरगलाने का प्रयत्न किया गया। इण्डिया गवर्नमेंट के तत्कालीन सेक्रेटरी मि० एडमेस्टन ने 22 जुलाई, 1803 को मि० मर्सर को एक 'अत्यन्त गोपनीय' चिट्ठी में लिखा था—"बातचीत के अवसर में आपको ठीक ढंग से मालूम हो जायगा कि ब्रिटिश गवर्नमेंट को पूरी सहायता करने लायक कौन-कौन से जरिये हिम्मतबहादुर के पास हैं। आप गवर्नर-जनरल को यह भी लिखेंगे कि ब्रिटिश गवर्नमेंट के साथ सहयोग के बदले में हिम्मतबहादुर क्या चाहते हैं।"

हिम्मतबहादुर को 'सहयोग का मूल्य' मिला। वे सिंधिया के खिलाफ अंग्रेजों से जा मिले। इसी सरह बंबूखान नाम का एक फरेबी अंग्रेजों से जा मिला। उसने दौलतराव सिंधिया द्वारा गुलाम मुहम्मद नाम के उनके सरदार को लिखी हुई चिट्ठियों की नकलें मुरादाबाद के कलेक्टर के पास भेजीं। पंजाब में सिंधिया की सत्ता सिक्ख राज्य की सीमा तक जा भिड़ी थी। सिक्ख राजा के पास चिट्ठियाँ भेजी गयीं कि अगर सिंधिया के साथ न रहेंगे तो हम आपसे लिया जाने वाला रुपया छोड़ देंगे। इधर गुजरात में भड़ौंच के भीलों में भी बगावत शुरू की गयी। भोंसला के राज्य के सरदारों और जागीरदारों को भी अंग्रेजों ने धन का प्रलोभन दिया और अपना कार्य बनाया।

ऊपर दिये हुए प्रमाणों से जहाँ ये बात प्रमाणित होती है कि सीधे मुकाबले में खड़े रहकर अंग्रेजों ने मराठों को नहीं जीता, तहाँ एक दूसरी बात यह भी स्पष्टता के साथ दिखाई देती है कि इस देश में अपनों के विरुद्ध विदेशियों के साथ कीमत लेकर 'सहयोग' करने वाले स्वार्थरत पशुओं की भी कमी नहीं रही है। मराठों के जिस 'हिन्दू पद बादशाही' के स्वप्न को अंग्रेजों ने नष्ट किया उसका प्रथम कार्य इन कुल्हाड़ों के बेंटों ने किया। ये 'दस्ते' आज भी जहाँ-तहाँ दिखाई देते हैं। यूरोप में अंग्रेज जाति वीरता के लिए विख्यात नहीं है, विज्ञान में भी वह गिरी-पड़ी सी है, परन्तु छल, कपट और चालबाजी में वह सबसे बढ़ी हुई है। इसी स्वभाव ने उसे हिन्दुस्थान का शासक बनाया। इधर हिन्दुस्थानियों की स्वार्थान्ध बुद्धि ने अंग्रेजों के इस देश में पैर जमाये। अंग्रेजों को, पेशवा और सिंधिया के खिलाफ जिन्होंने मदद दी, वे निजाम शाहआलम, होलकर, हिम्मत-बहादुर, राणा गोहद, और अन्य लोगों की सन्तान आज कहाँ और किस अवस्था में हैं?

सम्पादकीय टिप्पणियाँ

सहयोगी की बिदाई

कलकत्ता में 'मतवाला' तथा अन्य हिन्दी पत्रों पर मुकद्दमे चल ही रहे हैं, अब तारीख 30 मई के 'श्रीकृष्ण सन्देश' से पता चला कि 'श्रीकृष्ण सन्देश' का यह अन्तिम अंक है। अंक अच्छे कागज पर छप रहा था, और श्रीयुत लक्ष्मण-नारायण गर्दे जैसे तुली हुई वृत्ति के साधु-चरित सम्पादक द्वारा सम्पादित हो रहा था। श्रीकृष्ण सन्देश के स्वत्वाधिकारी डा० एस० के० बर्मन फर्म के मालिक बाबू चुनीलाल बर्मन के सुपुत्र का सहसा देवलोक होने के कारण, बाबू साहब ने 'सन्देश' को बन्द कर दिया है। हमें इस उपयोगी पत्र के बन्द होने से दुःख है और हम सोचते हैं कि गर्देजी की कलम को हिन्दी जगत बैठने न देगा।

पंजाब की जेलों की जाँच

सरकार की नजर में अपराधी होते ही हर आदमी को चाहे वह निर्दोष ही क्यों न हो—जेल में रहना पड़ता है। किन्तु जेलों की हालत क्या है? इसे भुक्त-भोगी ही जानते हैं। लाला लाजपतराय जी के उर्दू दैनिक 'वन्दे मातरम्' को यह गौरव प्राप्त है कि आज पंजाब की जेलों में गुजरने वाली बातें न केवल जनता के सम्मुख आ रही है, किन्तु सरकार के ध्यान देने की चीज भी हो रही है। पंजाब

की जेलों की शिकायत पर जाँच के लिए मि० लेन्सडन के नायकत्व में जस्टिस जयलाल और अब्दुल कादिर की एक कमेटी बनाई गई। कमेटी ने 245 गवाहों के बयान लिये। लाला लाजपतराय और डाक्टर सत्यपाल भी गवाहों में थे। 190 गवाह तो ऐसे थे जिन्होंने जेल की मेहमानी का स्वयं सुख भोगा है। कमेटी को जो कुछ मालूम हुआ है उसमें ये बातें भी सुनी जाती हैं—(1) जेल मेन्युअल के खिलाफ नाजायज सजाएँ दी जाती हैं। वे जूतों से पीटे जाते हैं, एक कैदी पर कई कैदियों का हल्ला बोलवाकर उसे, लातों, घूंसों और जूतों से पीटा जाता है। कैदी को पैरों के नीचे हाथ डालकर कान पकड़कर मुर्ग बनाने की सजा अत्यत निर्दय सज़ा दी जाती है तिस पर भी लात और जूते अलग ही पड़ते रहते हैं। (2) ये सजाएँ जेलर या जमादार के नाराज हो जाने पर, कैदी से या उसके रिश्तेदारों द्वारा रुपया न मिलने पर दी जाती हैं। (3) जेलों में चुराकर चीजें कैदियों को पहुँचाई जाती हैं। जेलर या अन्य लोगों के नाम मनीआर्डर आते और जेलर आदि को मिल जाते हैं। पान, तम्बाकू, घी, मिठाई और शराब धनिक या सुविधा वाला कैदी सब पा सकता है। जो पैसा नहीं दे सकते, वे अक्सर पीटे जाते हैं। (4) जेल में जुआ खिलाया जाता है और जेल कर्मचारी कैदी की जीत में अपना हिस्सा रखते हैं। (5) जेल के कैदियों के पास सोने के सिक्के गिन्नियाँ हैं, और वे उनका जरूरत के अनुसार रिश्वत में उपयोग करते हैं।

किन्तु जिन्हें जेलों का अनुभव है, वे जानते हैं कि किसी भी सूबे की जेलें इन सद्‌गुणों (!) से मुक्त न होंगी। कई जेलों में पंजाब की जेलों की आपत्तियाँ सुनी गई हैं। हमें बताया गया था कि जेल से शतरंजियाँ और कम्बलें बनकर बाहर बाजारों में बिक जाती हैं। जिला जेलों में कैदियों को पशु से गये-बीते ढंग से पीटते हुए हमने स्वयं अपनी आँखों से देखा है। कैदियों को दिये जाने वाले चावल पूरे नहीं तोले गये और उस अनाज में से बचत कर नायब जेलर से सुपरिन्टेण्डेण्ट तक का हिस्सा रहता सुना गया है। गेहूँ या पीसने की चीजों को स्त्री कैदियों के पास पहुँचाने और हिसाब लेने के बहाने जमादार और नायब जेलर स्त्री-वार्डों में घण्टों रहते और उनकी चरित्रभ्रष्टता को कोई नहीं देखता। केवल तोलने में सकारण देर होने पर; कैदी नम्बरदार मारते-मारते बेहोश कर दिये गये सुने गये हैं। यह भी सुना गया है कि जब मार से कोई कैदी मर जाता है तब उसका अँगोछा फाड़कर उसके गले में बाँधकर उसे टाँग कर घण्टी दे दी जाती है और घोषित कर दिया जाता है कि वह आत्महत्या करके मर गया। जिन्हें सजा नहीं हो पाई ऐसे 'अण्डर-ट्रायल' कैदियों से सख्त काम लिया जाता है। कैदियों से जितना काम निश्चित है कर्मचारी झूठे बहाने बनाकर उससे अधिक काम लेते हैं, और यदि उससे अधिक काम करके न मिले तो दण्ड देते है। ऐसी भी खबरें हैं कि उस समय कुछ जेलों में कैदियों के मुँह में पेशाब कर दिया गया।

सम्भव है ये बातें कुछ बढ़ाकर जेलों में हमारे कान तक पहुँचाई गई हों, परन्तु यह हरगिज नहीं कहा जा सकता कि जेलें दूध की धुली हैं। तम्बाकू, शराब और मिठाई तो चाहे जिस प्रदेश की जेल में और चाहे जब देखने को मिलेगी। जेल कोई ऐसा विभाग नहीं है जिसमें मनुष्य छुपाकर रखा जाय। छुपाकर रखने से ही ये पशुतापूर्ण बातें होती रहती हैं। कैदियों को जब पीटा जाता है तब उनके पैरों के तलुओं पर डण्डे मारे जाते हैं जिससे वे सूज न जायँ। जेलों के चावल और गेहूँ बीने नहीं जाते और यदि उच्च अफसर जेलों की बचत के हिस्सेदार न हों, और अचानक जाकर देखें तो उन्हें अनाज, दाल, शाक और तेल के माप-तौल और हालत का पता लग जाये। जेल के अस्पतालों का दूध मजाक है। शाक में सब तरह के झाड़ों के पत्ते बिना साफ किये उबाल दिये जाते हैं। दातूनें केवल सोमवार की परेड में बाँटी जाती हैं; किन्तु दाँत साफ न रहने के नाम पर बुरी तरह पीटे जाते हैं। जेल के वार्डर जब नये-नये आते हैं सम्भवतः मनुष्यता लिये हुए आते हैं, किन्तु जेलर आदि उस समय तक प्रसन्न नहीं होते जब तक उनके डण्डे और उनकी गालियाँ गटर के पानी की तरह मुक्त रूप से कैदियों पर न पड़ने लगें।

हमने ये बातें संक्षेप में लिख दी हैं। इन बातों से हम केवल यही कहना चाहते हैं कि यदि प्रान्तीय सरकारें यथार्थ में जेल का सुधार चाहती हैं तो वे प्रत्येक प्रान्त में जेलों की कड़ी जाँच करें। या फिर पंजाब सरकार के बुद्धिमत्ता-पूर्ण निर्णय को मानकर भारत की समस्त जेलों का सुधार किया जाये। जेल से लौटने वाले राजनैतिक कैदियों ने जो अपनी कारागृह-कहानियाँ लिखी हैं वे पुकार-पुकार कर कह रही हैं कि 'जेल मेनुअल' केवल छपी रहने की चीज है। जेलों का शासन किसी भिन्न ही प्रकार से किया जाता है। यह सच है कि जेल में कुछ ऊँचा सामाजिक दर्जा रखने वाले लोगों को सुविधाएँ दी गईं; इस मनुष्यता की प्रशंसा की जा सकती है; किन्तु यह अकेला कार्य जेल की जिम्मेवारियों का ढक्कन नहीं हो सकता।

[5 जून, 1926]

खेती कमीशन और वाइसराय

भारत के वर्तमान वाइसराय लार्ड इरविन महोदय की नियुक्ति जिस समय हुई थी, लगभग उसी समय खेती के रायल कमीशन की भी घोषणा की गयी थी। इंग्लैण्ड के शासकों को, इंग्लैण्ड को ऊँचा माल देने लायक बाजार, हिन्दुस्थान के सिवाय और नहीं दिखाई दिया। इस बाजार को जितना अधिक उन्नत करें,

व्यवसाय-जीवी इंग्लैण्ड को उतना ही अधिक लाभ होने की सम्भावना है। हिन्दुस्थान की खेती का सुधार और अन्य देशों के पहले साम्राज्य के माल को तरजीह देने का सिद्धान्त, इन दोनों को मिलाने से प्रगट होता है कि किस तरह, हिन्दुस्थान की कृषि की उन्नति के नाम से नियुक्त किया गया रायल कमीशन, इंग्लैण्ड की व्यावसायिक उन्नति का साधक और पूरक होता है।

इन कालमों में हम यह बात बार-बार कहते रहे हैं कि केवल कृषि के उद्धार से ही इस देश का भला नहीं होगा। यह आवश्यक है कि कृषि का सुधार हो, कृषकों का रहन-सहन, कृषकों का ज्ञान, कृषि के साधन, कृषि की वैज्ञानिक नवीनताएँ बढ़ें, परन्तु इन सबका लाभ किसे मिले ? पहले देशवासियों को, पश्चात् बाहर वालों को। देशवासियों को कृषि-सुधार से लाभ तभी हो सकता है जब कृषि द्वारा पैदा हुए कच्चे पदार्थ इस देश के कल-क़ारखानों में ही पक्का रूप धारण करें। यह सत्य है कि हमारे देश के कारखानों की माँग की पूर्ति होने के पश्चात् भी हमारे पास कुछ कच्चा माल बच रहेगा और उस माल को संसार के अच्छे से अच्छे बाजार में बेचना ही देश हित की दृष्टि से उचित कहलायेगा। परन्तु क्या किसानों के हितों का ढोल पीटने वाली सरकार कृषि कमीशन की नियुक्ति से यह कार्य करने जा रही है ? इसका उत्तर हाल ही में नये वाइसराय लार्ड इरविन द्वारा दिये गये, गत 7 जून के एक भाषण से मिलता है। उक्त तारीख को शिमले में सभी प्रान्तों के मिनिस्टरों और कृषि विभाग के डाइरेक्टरों को निमंत्रित किया गया था। इस परिषद् से मतलब यह था कि रायल कमीशन के लिए प्रारंभिक तैयारियाँ की जावें। वाइसराय लार्ड इरविन स्वयं कृषक रह चुके हैं। कृषि विभाग का मन्त्रित्व भी इंग्लैण्ड की सरकार ने उन्हें दिया था, अतएव उन्हीं के द्वारा मन्त्रियों और डाइरेक्टरों की इस परिषद् का कार्यारम्भ कराया गया। लार्ड इरविन का यह भाषण सरकारी नीति से सम्बन्ध रखने वाला पहला ही भाषण है और इसलिए उक्त भाषण से नौकरशाही के उस इरादे का पता चलता है जिसके लिए रायल कृषि-कमीशन की नियुक्ति हुई है।

कृषि कमीशन की नियुक्ति की आवश्यकता क्यों है ? वाइसराय साहब फ़र्माते हैं कि गवर्नमेंट लगभग 25 वर्षों से कृषि का सुधार करती रही है। आबपाशी की सुविधाएँ भी बढ़ गयी हैं। जमीन और अवस्थाओं में ऐसा परिवर्तन हो गया है कि कृषि की नवीन योजनाएँ कार्य रूप में परिणत की जा सकती हैं। इसलिए पिछले कार्यों की जाँच करके यह देख लेना आवश्यक है कि मौजूदा तरीकों से ही ग्रामीण जनता की तरक्की हो सकती है या उन तरीकों में कुछ रद्दो-बदल करने की भी जरूरत है।

परन्तु क्या इसीलिए कृषि कमीशन अवतीर्ण होने वाला है ? वाइसराय साहब

फर्माते हैं कि संसार के बाजारों में हिन्दुस्थान का एक निश्चित स्थान है। रुई, सन, गेहूँ, तिलहन और अन्य कच्ची पैदावार संसार को वह देता है। उसकी यह अवस्था आगे और भी महत्व धारण करेगी। अतएव संसार को अन्न और वस्त्र देने वाली साम्पत्तिक योजना में हिन्दुस्थान की पैदावार की राशि और गुण का बढ़ाना अत्यन्त विचारणीय है। इसी मुख्य उद्देश्य को लेकर सम्भवतः रायल कमीशन की नियुक्ति की गई है। इस उद्देश्य को गौण बनाने के लिए हिन्दुस्थान के साम्पत्तिक लाभ का भव्य चित्र खींचा गया है। वाइसराय साहब ने कहा कि "हिन्दुस्थान के 71 फीसदी आदमी कृषि पर निर्भर हैं। हिन्दुस्थान का कृषक ही वह बुनियाद है जिस पर हिन्दुस्थान की समस्त सम्पन्नता की इमारत अवलम्बित है। नये शासन-यन्त्र में देश की नीति-निर्धारण करने का अधिकार लोगों को दिया गया है। अतएव इन 71 फीसदी कृषकों को अपने अधिकार का उपयोग करने योग्य बनाना आवश्यक है।" कृषि कमीशन की नियुक्ति के समय किसानों का जीवन अधिक सुखपूर्ण बनाने का सवाल, सम्भव है, राजनैतिक अवस्थाओं के कारण, सरकार के सम्मुख रहा हो परन्तु 'संसार के बाजार में हिन्दुस्थान के कच्चे माल की दुकान" भरी-पूरी रखने का मुख्य उद्देश्य ही वाइसराय के भाषण से अस्पष्ट रूप से प्रगट होता है। यह संसार का बाजार कौन-सा है? जिन लोगों को इम्पीरियल प्रिफरेंस की नीति मालूम है वे जानते हैं कि इस कच्चे माल का विशेष लाभ व्यवसाय-जीवी इंग्लैण्ड को ही होगा। साम्राज्य के अन्दर जाने-आने वाली कच्ची या पक्की वस्तुओं पर आयात-निर्यात कर कम लगाया जायगा और बाहरी देशों को जाने वाली वस्तुओं पर अधिक। इंग्लैण्ड को कच्चा माल सस्ता मिलेगा, अन्य देशों को महँगा, और इसी वजह से इंग्लैण्ड के कारखाने की चीजें जर्मनी अथवा अमरीकन या जापानी चीजों के मुकाबले में सस्ती बनेंगी। और इन चीजों को खरीदेगा कौन? हिन्दुस्थान। हिन्दुस्थान के सस्ते कच्चे माल से इंग्लैण्ड में पक्का माल बनेगा और वही हिन्दुस्थानी कृषकों को चौगुने और छः गुने मूल्य पर बेचा जायेगा। कृषि-सुधार के कारण 71 फीसदी हिन्दुस्थानियों की खरीदने की ताकत बढ़ेगी और वे अधिकाधिक अंग्रेज़ी माल खरीदेंगे। इंग्लैण्ड का जीवन ही व्यवसाय पर है। हिन्दुस्थान के इतिहास में उसके समस्त सुधार के प्रयत्न अपने व्यवसाय की तरक्की की ओर ही गये हैं। कौन कह सकता है कि रायल कृषि कमीशन का यह नया प्रयत्न भी पुराने प्रयत्न की ही सुधरी हुई, नई आवृत्ति नहीं है?

[21 जून, 1926]

श्रमोपासक रशिया और धनोपासक इंग्लैण्ड

रशिया और ब्रिटेन का सम्बन्ध पुराने जमाने से दुश्मनी या संदेह-युक्त मित्रता का चला आया है। जब से इंग्लैंड ने हिन्दुस्थान पर आधिपत्य जमाया है, तब से संदेह-युक्त मित्रता के स्थान में दुश्मनी का ही सम्बन्ध इन दो राष्ट्रों में रहा है। रशिया के साथ ब्रिटेन ने व्यापारी सन्धि कर ली है, उसकी सरकार को मान लिया है, परन्तु ब्रिटेन और एशिया के दिल की सफाई कभी नहीं हुई।

सम्राट जार के जमाने में रशिया की शासन-सत्ता अत्याचार की नींव पर अवस्थित थी। शस्त्रास्त्रों के बल पर महा बलशाली जार रशिया में रावणशाही कर रहा था। उस समय यद्यपि रशियन जार और रशियन प्रजा में वैमनस्य रहा करता था, तथापि ब्रिटेन को रशिया की रावणशाही सदा डराया करती थी। ब्रिटेन को भय लगा रहता था कि हिन्दुस्थान की उत्तरी सीमा के अफगानों और अन्य मुसलमानों को अपने अधीन बनाकर अगर **रशियन स्टीमरोलर** हिन्दुस्थानी सीमा पर आ जाय तो ब्रिटेन का साम्राज्य नष्ट हो जाय, ब्रिटेन की क्रीड़ा-भूमि उद्ध्वस्त हो जाय, संसार की एक बड़ी शक्ति कहलाने वाले ब्रिटिश टापू का अस्तित्व केवल अटलांटिक महासागर में ही रह जाय। रशिया के साथ शादी विवाह का नाता जोड़ा गया, रशिया के साथ व्यापार-वाणिज्य की नीति बरती गयी परन्तु ब्रिटिश राजनीति, साम्राज्य-रक्षा के हेतु रशियन रावण से सदा सचेत रही।

प्रजा-राज्य के सन्तोष-काल में भी ब्रिटेन ने रशिया का भय नहीं छोड़ा। जार का राज्य-काल ब्रिटेन के लिए सहनीय हो सकता था क्योंकि उस समय ब्रिटेन को मालूम था कि रावण जार की असन्तुष्ट और अत्याचार-पीड़ित प्रजा में असन्तोषाग्नि के लगा देने से ब्रिटेन का काम बन सकता है। परन्तु जब से **रशिया की सोवियट सरकार** के हाथ में रशिया के शासन की बागडोर आयी है, जब से एशियन श्रमजीवी प्रजा के हाथ में रशियन राज का कारोबार आया है, तब से ब्रिटेन का भय और अधिक बढ़ गया है। रशिया के आधारस्तम्भ-स्वरूप प्रजात्मक का क्रियात्मक बल सोवियट सरकार को प्राप्त है। सोवियट के प्रबन्ध से एशिया के मजदूर, रशिया के कारीगर, रशिया के व्यापारी, रशिया के किसान, एशिया के स्त्री-पुरुष, रशिया के बाल-बच्चे सभी सन्तुष्ट हैं। सभी, रशिया को अपना देश और अपने आप को रशिया की सन्तान मानने लगे हैं। अपने मन का स्वाभिमान उनमें उत्पन्न हो गया है। ऐसी अवस्था में **रावण राज्य में विभीषण** का पैदा करना, तत्कालीन ब्रिटिश नीति को जितना सरल मालूम होता था, उससे कई गुनी कठिनाई रशिया के 'स्वराज्य' में फूट के बीज बोने में ब्रिटेन को इस समय अनुभव होने लगी है।

साम्राज्यवादी ब्रिटेन का अस्तित्व उसके उपनिवेशों, दलित देशों और उनके साथ किये जाने वाले प्रचण्ड व्यापार पर अवलम्बित है। स्वभावतः ब्रिटिश जाति को धनिकों के शासन की आदत पड़ी हुई है। पूँजीपतियों की सत्ता का प्रभाव ब्रिटिश शासन पर विशेष रूप से दिखाई देता है। रशिया का राज गरीबों का और उस देश के बहुसंख्यक निवासियों का राज है, तो ब्रिटिश-राज समाज के अत्यल्प-संख्यक धनिकों का राज है। रशिया और ब्रिटेन की शासन प्रणाली स्वभावतः परस्पर विरोधी है। इसी वजह से **रशियन सोवियट की बदनामी** का अथक प्रयत्न ब्रिटिश सत्ता करती रही है। सोवियट सरकार की स्थापना के समय से ही ब्रिटिश राजनीति-विशारद रशिया की शासन संस्था के विषय में तरह-तरह की खबरें इस देश में फैलाते रहे हैं। रशिया देश हिन्दुस्थान से निकट है अतएव हिन्दुस्थान के लोगों में एशिया के नवीन कार्यों और समाजरहित साधक प्रयोगों के विषय में तिरस्कार-भाव पैदा करने वाली खबरें प्रायः फैलाई जाती हैं। परन्तु जैसे-जैसे महायुद्ध के कारण पैदा हुई अशान्ति कम होने लगी और अव्यवस्था मिटने लगी वैसे-वैसे अन्य साधनों द्वारा रशिया की सोवियट सरकार अखिल संसार के सुशासन सम्बन्धी एक बृहत् प्रयोग कर रही है। बहुत से अंग्रेज अमरीकन यात्री रशिया में जाकर उस प्रयोग की अच्छाइयों-बुराइयों का निरीक्षण करने लगे। महायुद्ध के बाद रशियन सोवियट के प्रति तिरस्कार पैदा करने वाली बातों का रूप समाज-हितवर्द्धक दिखाई देने लगा। जिन लोगों ने रशिया को पाप-पूरित व्यभिचार-गृह, धन-नाशक लूटघर, समाज-विघातक अराजक भूमि बतलाया था वे अब अपनी राय बदलने लगे हैं। मि० पाल ब्लैनशार्ड नाम के एक लेखक ने अमरीकन 'नेशन' पत्र में लिखा है—"यूरोप की समस्त राजधानियों से एशिया की राजधानी अधिक नीतिमान और पाप-हीन है।" इस **शुद्धि और पापहीनता** का परिणाम रशियन स्त्री-पुरुषों के बलवर्द्धन में हो रहा है। रशियन सरकार गरीबों की सहायक है। वह अपने ही नहीं अपने देश के बाहर के गरीबों, श्रमजीवियों, हलाल का खाने वालों की समर्थक है। रशिया को सन्तोष राज-स्थापन करना है। इसीलिए अपने उद्देश्यों की **चमकती मार्गदर्शिका** दीप्ति को वह संसार के सम्मुख रखता है। चीन में अमरीकन पूँजिपतियों का खासा अड्डा जमा हुआ है। अमरीका नया राष्ट्र है। मानव-समाज की बेहतरी के लिए, अनेक प्रयोग अमरीका ने किये हैं, परन्तु धन-सम्पन्नता की चरम सीमा तक पहुँच जाने के कारण अमरीका में भौतिकतावाद अत्यधिक प्रभावशाली हो गया है। अमरीकी नगर, व्यभिचार, अनाचार, खून और डकैतियों के अड्डे बनते जा रहे हैं। 'सण्डे क्रानिकल' नाम के अंग्रेजी अखबार ने अमरीका के शिकागो नगर का वर्णन करते हुए लिखा है—"खून, कत्ल, लूट, घूस और अत्याचार शिकागो का दैनिक जीवन हो गया है। संसार का सबसे पतित नगर शिकागो है।" समस्त अमरीका शिकागो

की तरह पूर्णतया पतित न होगा, न समस्त रशिया मास्को की तरह पवित्र होगा, पर शिकागो के नये प्रयोगों की तुलना रशियन राजधानी मास्को के साथ करने से महदांतर दिखाई देता है। शिकागो धनोन्माद का बाह्य दर्शन है, तो मास्को श्रमजीवी सन्तोष का आंतरिक प्रकट रूप है। एक में पतन की ओर अग्रसर होने वाली शारीरिक आवश्यकताओं का निवारण करने की धनोन्मादी लालसा है तो दूसरे में उनके सन्तुष्ट करने का संयमशील प्रयत्न है। एक में भौतिकता सर्वोपरि है, दूसरे में आत्मिकता संलग्न भौतिकता है।

अमरीका और रशिया का यह झण्डा केवल विकारों में ही नहीं रह गया है। चीन की पिछले दिनों की खबरों से दुनिया को मालूम हो गया है कि अमरीका का धनसत्तावाद और रशिया का जनसत्तावाद किसी न किसी दिन वहाँ खून की नदियाँ बहायेगा। रशिया के एक लेखक मोशिये लिआन ट्राटस्की ने 'यूरोप और अमरीका' नाम की अपनी 'ला ह्युमेनाइट' नामक फ्रेंच पत्र में क्रमशः प्रकाशित होने वाली पुस्तक में लिखा है—"वसेलिस की सन्धि के पश्चात् यूरुप के टुकड़े-टुकड़े हो गये हैं और हम यूरोपियन लोग सोचते हैं कि हम अमरीका के बिना रह नहीं सकते। परन्तु •कम्युनिस्ट दल कहता है कि यह बात गलत है। हम लोग अमरीका के बिना रह सकते हैं···अमरीका इस समय बलवान है। ग्रेट ब्रिटेन का जीवन अपने उपनिषदों पर ही अवलम्बित है, और इसीलिए ग्रेट ब्रिटेन के खिलाफ तो अमरीका की शक्ति बहुत बढ़ी-चढ़ी है परन्तु संयुक्त यूरुप के मुकाबिले में—समाजसत्ता प्रधान संयुक्त युरुप के खिलाफ अमरीका कोई चीज नहीं।···अमरीकन पूँजीपति समाजसत्तावाद के जबरदस्त दुश्मन हैं।" परन्तु पूँजिपतियों की सरकार केवल अमरीका में ही नहीं है। इंग्लैंड की सरकार भी अमरीका की पूँजीपतियों के ही हाथ में है। रशियन ट्राटस्की महाशय के **संयुक्त यूरुप** के स्वराज में इंग्लैंड की सत्ता ही अधिक बाधक होगी। अमरीका शक्तिशाली है और इसीलिए उपनिवेशों पर जीवित रहने वाले ग्रेट ब्रिटेन को अमरीका से मिले रहना आवश्यक है। रशियन समाजसत्तावाद से इंग्लैंड की दुश्मनी का उदाहरण हाल ही में संसार के सम्मुख आया है। गत मास की इंग्लैंड की हड़ताल में रशियन ट्रेड यूनियन संस्थाओं ने कई लाख पौण्ड की सहायता अंग्रेज हड़तालियों के बाल-बच्चों के लिए पहुँचाई थी। ब्रिटेन ने इसे अंग्रेज हड़तालियों को **भड़काने का प्रयत्न** कहा और रशियन सरकार को इसके लिए जिम्मेदार बताया। रशियन सोवियट ने जवाब दिया कि "सोवियट सरकार श्रमजीवियों और किसानों की प्रतिनिधि स्वरूपा है इसीलिए वह रशिया के 'ट्रेड यूनियनों' (मजदूर संघों) को बाहर के देशों में धन भेजने और बाहर के मजदूर संघों को सहायता देने से नहीं रोक सकती।" इस जवाब से इंग्लैंड के राजनीतिज्ञ अति क्रोधायमान हो गये।

रशियन सम्बन्ध-त्याग की चर्चा पार्लियामेण्ट में होने लगी। श्रमजीवी तथा

जनसत्तावादी रशियन सरकार को इस सहायता और जवाब का प्रतिवाद करते समय इंग्लैण्ड की पूंजीपति सत्ता ने गरीबों के राज का अपना प्रखर विरोध प्रगट कर दिया। जनता को अपनी ओर आकर्षित करने और रशिया के खिलाफ उभाड़ने की गरज से इंग्लैंड की वर्तमान सरकार के विदेश मन्त्री मि० चर्चिल ने 19 जून, 1926 को अलेक्जैण्ड्रा पैलेस में भाषण करते हुए कहा—"ये रशियन **बोल्शेवी बदमाश** अपने देश को नष्ट कर अब हमें नष्ट करने चले हैं। पर यहाँ उनकी दालन गलेगी। रशिया से संबंध-विच्छेद करने का यह उपयुक्त अवसर नहीं है, परन्तु हम परिस्थिति की ओर खूब ध्यान दे रहे हैं।" लार्ड बर्कनहेड ने 20 जून को लूटन स्थान में भाषण करते हुए कहा— 'हम अच्छी तरह जानते हैं कि ब्रिटिश खनिकों को भेजी गयी सहायता रशियन सरकार ने ही भेजी थी। हम यह भी जानते हैं कि किस मतलब से यह सहायता भेजी गयी थी। समस्त दुनिया से **ब्रिटेन की ऐतिहासिक महत्ता** मिटा देने की प्रतिज्ञा रशिया ने कर ली है। हम सोचेंगे कि ऐसे देश के साथ सम्बन्ध रखना कहाँ तक उचित होगा।" रशिया को इस तरह ब्रिटेन में बदनाम करने वालों को इंग्लैण्ड के पुराने मजदूर-मंत्री **मि० रैमसे मैकडोनल्ड** ने 20 जून के अपने लंदन के भाषण में जवाब दिया कि सरकार की नीति **नीचतापूर्ण तिरस्करणीय प्रतिरोध** की नीति है। रशिया के श्रमजीवी संघों ने इंग्लैण्ड की गरीब स्त्रियों और बच्चों की सहायता के लिए उदारता के साथ धन भेजा। परन्तु जिन लोगों के दिमाग पर सन्देह का भूत सवार है, वे कह रहे हैं कि ब्रिटिश गवर्नमेंट को नष्ट कर देने की अपनी प्रतिज्ञा निबाहने के लिए ही रशियन सरकार यह सहायता दे रही है।"

रशिया के श्रमजीवियों ने आपस में चंदा करके संसार के इतिहास में सर्वप्रथम इतनी बड़ी रकम अपने सम-व्यवसायियों की सहायता के लिए भेजी थी, परन्तु पूंजीपति ब्रिटेन ने उसे रशिया की बदनामी समझा। इंग्लैण्ड का यह धन-सत्तावादी स्वरूप इंग्लैण्ड के श्रमजीवियों को क्या असहनीय न होगा?

[26 जून, 1926]

नेपाल का हिन्दू राज और गुरखा जाति

इस मास में देहरादून में अखिल भारतीय या यों कहिये अखिल जगत गुरखा कानफरेन्स हो गई। भारत की लड़ने वाली कौमों में, प्रथम सिक्खों का संगठन हुआ, और अब गुरखों ने अपना मस्तक उठाया है। यह शुभ लक्षण है। गुरखा सिपाही करारे लड़ाकू हैं, गत महायुद्ध में, भारत की सब कौमों से अधिक, उनका कीर्तिमान हुआ है। एक तत्ववेत्ता ने कहा है कि "बल का शासन जब तक बुद्धि न

करे, तब तक वह पशुत्व ही है।"

गुरखा और सिक्ख दोनों ही लड़ाकू जातियाँ ब्रिटिश सरकार की राज-भक्त रही हैं, गुरखा जाति अपने देश के नरेश नेपालेश्वर की भी भक्त है। सिक्खों के हृदयपटल को विद्या और बुद्धि ने गुदगुदाया, वे उठे, उनका उठना, जलियाँवाला, जैतो, भाई फेरू और गुरु के बाग के रूप में उनसे उठने की कीमत चाहने लगा। मस्तक झुकाने और पेट बेचने की बहादुरी उन्हें बोझ दीखने लगी, उस दिन उनके उठने का साथ देने, नाभा के शासक महाराजा रिपुदमन सिंह आये। एक ही रक्त था, उत्तेजित क्यों न हो उठता? वह उठना ब्रिटिश साम्राज्य के अन्तर्गत था—वैध था, किन्तु देश के अज्ञान पर जीने वाले और बल को बुद्धि से, तथा बुद्धि को बल से दूर रखने वाले क्षेत्रों में तहलका मचा। महाराजा रिपुदमन सिंह नाभा की गद्दी से उतार दिये गये। उनका अपने को स्वाधीन खयाल करना गलती थी—उनका सिंहासन, देश के शासक की केवल उन पर मेहरबानी थी। अब वे देहरादून में सिक्खों के उठने की कीमत चुका रहे हैं। सिक्खों के उठने का बीज, कोमागातामारू के बाबा गुरुदत्त सिंह ने बोया था। बीज के उगने के पहले ही उसी देहरादून में, जहाँ आकर महाराजा चन्द्रशमशेर जंगबहादुर गुरखा कौम के उठने की नींव डाल रहे हैं, वे कुचल दिये गये। अस्तु। अब गुरखा जाति उठ रही है। इसके उठने में भी, एकमात्र गुरखा नरेश, नेपाल के महाराज का हाथ है। अवश्य ही वे गद्दी से न उतारे जा सकेंगे। गुरखा जाति यदि यथार्थ संगठित हो तो उसका भविष्य उज्ज्वल है। देहरादून की गुरखा महासभा के सभापति, नेपाल राज्य के प्रधानमंत्री महाराजा राणा श्री चन्द्रशमशेर जंगबहादुर ने भी ऐसी ही बातें कही थीं। वे गुरखा जाति को उठाना चाहते हैं। 50 लाख रुपया खर्च करके उन्होंने नेपाल के 50 हजार दासों को मुक्त किया है, अब वे गुरखा जाति को जगत की बौद्धिक और आर्थिक दासता से ऊँचा उठाने चले हैं। भगवान पशुपति, संसार के पशुतापूर्ण आक्रमणों से, गुरखा-संगठन के इस नन्हे प्रयत्न की रक्षा करें। नेपाल एकमात्र हिन्दू राज्य—स्वतन्त्र हिन्दू राज्य है। वहाँ विक्रम का सम्वत् है, पाली, संस्कृत और प्राकृत में रामायण, महाभारत, गीता, उपनिषद् और श्रीमद्भागवत की उपासना होती है, और परमेश पशुपति की समाराधना है। शंकर का निर्वाण-देश से टकराते हुए नगाधिराज हिमालय पर निवास है, और एक अंग्रेज के शब्दों में, "एक नेपाली गुरखा के मुँह पर, क्षणभर में जितनी मस्ती, जितना आनन्द, दीख पड़ता है उतना आनन्द और हर्ष भारत के रहने वालों में वर्ष भर में भी नहीं दीख पडता।" तब इतने आनन्द के होते हुए, उन्नति का यह उद्योग क्यों? यह है बल को बुद्धि प्रदान करने के लिए, और नेपाल उसकी गुरखा जाति को देश में नहीं, संसार-भर में अस्तित्वशील और ऊँचा साबित करने के लिए।

देहरादून की परिषद् के पूरे प्रस्तावों पर हम बहस नहीं करेंगे। परिषद के प्रस्तावों और भाषणों के दो रुख हैं—एक, गुरखाओं को संगठित करने और उन्हें संसार में विद्या-सम्पन्न खड़ा करने का, दूसरा उनकी सामाजिक कमजोरियों को हटाकर उन्हें 20वीं सदी का समाज बना देने का। उद्देश्य स्तुत्य हैं, परन्तु हमारी अल्प बुद्धि से परिषद अपनी दोनों प्रकार की गतिविधियों में चूक रही है। सामाजिक कठोरता से उठने वाली जाति विद्या और संगठन को प्यार की दृष्टि से नहीं देखेगी, उस समय जब सामाजिक सुधार कानून, द्वारा दण्ड देकर किया जायगा। अतः बालविवाह जैसी कुरीतियों पर जरा ठहरकर हमला किया जाय। टर्की में मुस्तफा कमाल चाहे फैज की टोपी लगाने और तुर्की पोशाक पहिनने पर दण्ड-विधान भले ही निश्चित करें, क्योंकि उसके पड़ोस में फारस, अरेबिया, ईजिप्ट और अफगानिस्तान हैं; वहाँ खलीफा के उठा फेंकने पर भी कमाल का शासन वृद्धि करता जा सकता है, और शक्तिशाली होकर मोसल के समझौते के लिए, शक्तिशाली ब्रिटिश राज्य को झुका सकता है, किन्तु नेपाल के पड़ोस में भारत है। उसके अधिकांश सिपाही अंग्रेजी तथा अन्य फौजों में भरती हो चुके हैं। उनमें विद्या-बुद्धि का अभाव है, और देश के दुर्भाग्य से भारतीय इतिहास इस बात को बार-बार दुहरा चुका है कि प्रताप के संकट में पड़ने पर मानसिंह मूँछें ऊँची करे; पेशवा की कठोर जरूरत में, विदेशी इशारे के बल पर होलकर चुप्पी साधकर बैठ जाय; और शिवाजी का विरोध जयसिंह करने पर उद्यत हो। हम मानते हैं कि सामाजिक सुधार जाति की महान जरूरत है, किन्तु जरा ठहरकर। पहले विद्या और संघ कायम हों, फिर जाति स्वयं सामाजिक पापों से ऊँचा उठने का यत्न करे।

कान्फरेन्स के द्वारा किये गये प्रस्तावों को जरा सावधानी से काम में लाया जायगा तो यह पौधा पनप जायगा। नेपाल पर्वत-शिखरों का देश है। वहाँ न तो बड़ी-बड़ी फैक्टरियाँ और कारखाने खुल सकते हैं, जो नेपाल के सामान से ससार को पाट दें, अतः ऊँची पद्धतियों की बौद्धिक और औद्योगिक तालीम देश में ज्ञान, मूलधन और बाजारों के अभाव में देश के तरुणों को भारत, चीन सियाम और अन्य देशों के सरकारी और गैर-सरकारी कारखानों और स्कूलों में गुलाम बनने के लिए बाध्य करेंगी, इसके सिवा यदि कुछ गिने-चुने लोगों की तालीम पर ध्यान दिया तो तालीमयाफ्ता नौकरी पेशा हो जायेंगे और समूची गुरखा जाति मूर्ख पड़ी रह जायगी। पहाड़ी और बहादुर गुरखा कौम को उठाने के लिए क्या करना होगा। तालीम गुरखा भाषा में दी जाय, जो एकदम जाति के हृदय के पास पहुँच सके। रोजगारों में पहाड़ी जातियाँ तीन कार्य कर सकती हैं—सिपहगिरी, गृह-कला, और शिल्पकारी तथा किसानी। विद्या के रूप में इन तीन बातों को नेपाल अपनी हद बना ले। किसानी सीखने के लिए भारत के कानपुर, नागपुर

और पूसा की तरह कृषि-शालाएँ खोली जाएँ, किन्तु वहाँ के पैदा हुए लोग घर में न बैठ रहें, वे देश भर में प्रचार कार्य करें। वे किसानों को नई हिकमतें बतावें। सरकार उन्हें कृषि की उन्नति के लिए धन दे, और धीरे-धीरे समूचा देश कृषि में कुशल हो जाय। सिपाही बनाने के लिए, काठमाण्डू में या आस-पास बढ़िया फौजी कालेज खोलकर देश के तरुणों को ताजी से ताजी फौजी तालीम दी जाय। वे दुनिया के संग्राम क्षेत्रों में जाकर, जमीन और आसमान के चतुर लड़ाके और निपुण सेनानी साबित हो सकें। इस काम में ऐसे विदेशियों की सहायता ली जाय जिनका नेपाल से सीधा संबंध न पड़ता हो, जिनकी जीभ में नेपाल के पर्वत-शिखरों, घाटियों और तराइयों के लिए पानी न आ रहा हो। कला तथा गृह-धन्धों की तालीम तो प्रारम्भिक शिक्षा ही के साथ देश के बच्चे और बच्चियों को दी जाय, और स्विट्जरलैण्ड की घड़ियों के समान उनकी ऊनी, सूती, रेशमी चीजें, लकड़ी, पत्थर हाथीदाँत का सामान, औषधि, द्रव्य, चाँदी-सोने के सामान आदि अपनी उत्तमता के लिए संसार के हृदयों को अपनी ओर ललचावें। हमें कान्फरेन्स के इस प्रस्ताव में, सारे गुरखा संगठन की मृत्यु दीख रही है कि गुरखा जाति का कालेज तो बने काठमाण्डू में और उसका सम्बन्ध किया जाय पटना यूनिवर्सिटी से। इस प्रयत्न में, नेपाल सबसे पहिले अपनी भाषा खोवेगा और फिर अपने तरुण भी। यदि काठमाण्डू को पाठ्यक्रम पटना भिजवावेगा, किसानी पूसा या कानपुर सिखावेगा और सिपहगिरी देहरादून, तो नेपाल भारत हो जायगा यूनिवर्सिटी की तालीम, रंगभेद और रुकावटों की फौजी शिक्षा तथा अव्यावहारिक कृषि शिक्षा ने भारत में न तालीमयापता बनाये, न सिपाही, न किसान, और रोजगार तो पनपने ही नहीं दिया गया। यदि नेपाल में पाठ्यक्रम पटना से आवे, सिपहगीरी देहरादून से, कपड़ा जापान और लंकाशायर से तथा जरूरत की चीजें जर्मनी तथा दुनिया के अन्य बाजारों से, तो देहरादून की यह सभा नेपाल के नाश की सूचक होगी। कनाडा को इंग्लैण्ड का हस्तक्षेप नहीं चाहिए, आस्ट्रेलिया को लन्दन की आज्ञा पर नहीं चलना, अमरीका को अपना झण्डा चाहिए, और सर्वथा अपनी पार्लियामेण्ट। ये ब्रिटिश राज के उपनिवेश हैं, किन्तु इन्हें सर्वथा स्वतन्त्रता चाहिए। क्या गुरखा संगठन के नाम पर स्वतंत्र नेपाल, पटना युनि-वर्सिटी, विदेशी फौजी शिक्षा और विलायती वस्त्रों और वस्तुओं का उम्मीदवार होगा ? सबसे पिछड़े हुए टर्की और भारत की सीमा के अफगानिस्तान ने भी अपने गले से बन्धन उतार फेंके, क्या उन बन्धनों की नेपाल को जरूरत होगी ? और, क्या तब फिर वह आजाद कहा जायगा ? तालीम में यदि नेपाली बच्चा नेपाली नदियों, पर्वत-शिखरों, गाँवों, कस्बों और रीति-रिवाजों को न सीखे और अपने देश के सामन्तों, राजाओं और वीर पुरुषों की चरित्र-मालाओं को अपनी भाषा में न सीखकर, नेलसन और क्रामवेल की कहानियाँ पढ़ने लगे, यदि अंग्रेजी

भाषा के बिना ज्ञान को मूर्खता में शामिल करने लगे, यदि कच्ची उम्र ही में पटना यूनिवर्सिटी की बताई हुई भूगोल और इतिहास की पुस्तकें पढ़ने लगे और उसे शारीरिक तथा कला की तालीम से रोक दिया जाय, तो नेपाल का भाग्य टेम्स नदी में नहीं तो कम से कम पटना की गंगा में डूबा समझो। जो मंजिल भारत तय कर चुका, उसके मधुर फल भी भोग रहा है, यूनिवर्सिटी तालीम की वही मंजिल नेपाल क्यों तय करे? क्या पटना, बनारस, लखनऊ, आगरा और देहली में यूनिवर्सिटियाँ खुल सकती हैं और काठमाण्डू में नहीं खुल सकतीं? क्या ब्रिटिश तथा अन्य यूनिवर्सिटियाँ आपके ग्रेजुएटों को न मानेंगी?— एक तो, नेपाल को पहिले घर ही में सुधार करना चाहिए, वह बाहर की साख पर अवलंबित ही क्यों हो? दूसरे, जापान की यूनिवर्सिटियों से निकले हुए स्नातकों ने क्या किया? अंगोरा और कुर्द की यूनिवर्सिटियों के ग्रेजुएट क्या करेंगे? अस्तु। इसके सिवा, नवीन सुधारों में किसानों के बैंक, नये से नये व्यापारिक तथा पुलिस और फौज के सरकारी विभाग, खोले जायँ। और अफगानिस्तान की तरह परावलंबन त्यागकर, तथा संसार के देशों से अपने सम्बन्ध कायम कर, एक स्वतन्त्र देश के नाते केवल अपनी भुजा, अपने खजाने, अपनी अँगुलियों तथा अपने दिमाग के बल पर आगे बढ़ा जाय। हम भगवान से प्रार्थी हैं कि नेपाल और गुरखा जाति आगे बढ़े और जलियाँवाला या जैतो के घरू संकटों के न रहने के कारण वह देश के बाहर के संकटों को आमन्त्रित कर तथा उनकी ठोकर लेकर महान एशियाई संगठन की जंजीर की एक मजबूत और चमकदार कड़ी हो सके।

[3 जुलाई, 1926]

सम्पादकीय टिप्पणियाँ

महू के गोरों को सजा

हम समाचार प्रकाशित कर चुके हैं कि महू के पास के मेलादी नाम के ग्राम की एक अबला पर गत 24 मई को महू के फौजी गोरों ने हमला किया था और उन पर बम्बई हाईकोर्ट में मामला चल रहा था। प्रायवेट कोलमन और सिग्नलर फोर्टी अपराधी पाये गये और उन्हें क्रमशः 4 वर्ष और 3 वर्ष के कारावास का दण्ड दिया गया। अपने फैसले में जस्टिस परसिवल ने इन्दौर के अधिकारियों की प्रशंसा की है कि उन्होंने इस मामले को ठीक ढंग से चलाया। निस्संशय यह सन्तोष की बात है। इन्दौर पुलिस के सब-इन्सपेक्टर खान मुहम्मद खाँ ने गोरे चमड़े से भय खाकर मामले को बिगड़ने नहीं दिया। हाईकोर्ट में जो शहादतें पेश हुईं, उनसे मालूम होता है कि रधिया नाम की एक स्त्री अपने 9 वर्ष के लड़के

जोधा के साथ महू छावनी से अपने घर लौट रही थी। इतने में इन अपराधी सोल्जरों में से एक ने उक्त स्त्री का हाथ पकड़ा और उस पर पाशवी अत्याचार करने पर प्रवृत्त हुआ। अबला ने बड़ी वीरता के साथ उक्त सोल्जर से अपने आपको छुड़ाया और सड़क पर से एक पत्थर लेकर जोर से उसे मारा। पत्थर की चोट गोरे के कपाल पर लगी और वह लहू-लुहान हो गया। इस पर उत्तेजित हो उन कायरों में से एक ने उक्त अबला पर लकड़ी का प्रहार किया जिससे वह नीचे गिर गयी। उसे गिरी हुई देखकर उसका लड़का जोधा, मेलादी ग्राम में भागा गया और गाँव वाले उक्त अबला की सहायता के लिए दौड़ आये। गोरे सोल्जर भागने लगे, परन्तु कोलमन गिर पड़ा। भागा हुआ एक गोरा अपने अन्य फौजी साथियों को बुला लाया और वे सब गाँव वालों से कोलमन को छुड़ाकर ले गये। इतने में इन्दौर पुलिस के सब-इन्सपेक्टर घटना-स्थल पर आ गये। इधर बेचारी रधिया बेहोश, नग्नावस्था में पड़ी हुई थी। वह इन्दौर के जनरल अस्पताल में पहुँचाई गयी। उसके सिर की हड्डी टूट गयी थी। डाक्टरों को उस पर बलात्कार किये जाने का भी सन्देह था। डाक्टर के खयाल में उसको लगी हुई चोटें ऐसी थीं, जिससे उसके बचने की कोई आशा न थी। आखिर कुछ दिनों बाद बेचारी रधिया अस्पताल में मर गयी। फौजियों द्वारा प्रायः इस तरह का पशु तुल्य व्यवहार होता है, परन्तु भय के कारण बहुत ही थोड़े मामले अदालत तक पहुँचते हैं। गोरों के भय से अधिकारी भी कभी-कभी अपने कर्त्तव्य से च्युत होते देखे गये हैं, परन्तु इस मामले में इन्दौर पुलिस ने जो साहस बतलाया, उसके लिए उसे बधाई मिलनी चाहिए। फौजी पशुओं से नागरिक जीवन की रक्षा करने के लिए, हमारे खयाल से अपराधियों को दी गयी सजा पर्याप्त नहीं है। कानून चांहे इस बात को न माने, पर सच्चाई तो यह है कि रधिया की मृत्यु का कारण सोल्जरों द्वारा किये गये प्रहार हैं। ऐसी अवस्था में अपराधियों को केवल 'जरर-शरीद' के लिए सजा का दिया जाना इन्साफ नहीं।

कोयले का सफेदी का दावा

भारत के वाइसराय लार्ड इरविन, भारत मन्त्री लार्ड बरकनहेड और भारत मन्त्री की 'नत्थी फाइल' लार्ड विंटरटन, सब एक स्वर से पुकार-पुकार कर कह रहे हैं : हरगिज नहीं, न तो सरकार जातिगत झगड़ों को उभाड़ती, न उन्हें उभड़ते देखकर खुश होती। किन्तु भारत की दुर्भाग्य वीणा पर, दैव द्वारा निर्भयता से कसे हुए इन तीनों तारों का स्वर मिलने के लिए, और मिलकर ध्वनित होने के लिए लाचार क्यों हुआ ? इसलिए कि ये 'लाट-त्रय' विरोध नहीं

कर रहे कि उन पर यह दोष गांधी या आजाद, मालवीय या मुहम्मद अली श्रद्धानन्द या किचलू ने लगाया है कि सरकार उत्तर देकर इन नेताओं के वजनदार शब्दों की कद्र कर रही है, यह बात भी नहीं कि हिन्दोस्थान की जनता के ये भाव हैं, और आदर्श शासक शासितों के भावों की कद्र कर, उन्हें विश्वास दिला रह हैं; तब यह स्वप्न देखना तो हमारी खबर से अधिक तनने वाली सज्जनता होगा, जब हम यह कहें कि भारत के भाग्य के इन भाग्यवान चरवाहों को, यह चिन्ता सता रही हो कि हाय अगणित भारतीयों के सिर फूट गये, कुरान और रामायण दोनों जातियों के रक्त से लाल हो रही है, वह रक्त अंग्रेजी राज्य की भारतीय सड़कों पर भी पुताई कर रहा है; मन्दिरों की मरम्मत गोमांस फेंक कर हो रही है, मस्जिदों में सूअर की हड्डियाँ पहुँच रही हैं। यदि यही दर्द होता तो आँसू लार्ड इरविन की आँख से न गिर कर लार्ड रीडिंग की आँख से गिरे होते। लार्ड लिटन दार्जिलिंग की पहाड़ी टेकड़ियों पर मौज मारने की जगह, कलकत्ते की अंग्रेजी राज्य की अनाथ गलियों में खड़े होते और अपनी अंग्रेजी राज्य की नीति के समर्थन में, जिन बातों की बुलास उन्हे इंग्लैंड में पहुँच कर छूटी, और वह बुलास कलकत्ते में उनके हरियाले कारबार में हिन्दू मुसलमानों के रक्त के लाल फूल फूलने के ठीक सवा सौ दिन के पश्चात् छूटी, वह बुलास उन्हें पहिले दिन, एक-दूसरे का गला नापते हुए, कलकत्ते के हिन्दू-मुसलमानों के बीच छूटी जाती।

किन्तु इस सरकारी मृदंग, मंजीरे और हारमोनियम का स्वर प्रजा-मत का भ. खाकर, सिर फूटने के कष्टों से द्रवित होकर और भारतीय नेताओं के मेल के प्रयत्नों को यशस्वी बनाने के लिए, मेल के विहाग की रागिनी नहीं छेड़ रहा। इस समस्त दौड़-धूप का कारण, इस सारी सफेदी का सबब है मजदूर दल की सरकार के भूतपूर्व भारत मंत्री, लार्ड आलीवर महाशय का कथन। वे ब्रिटिश सरकार के भारत मंत्री रहकर, पर्दे के अन्दर होने वाली नाटक की तैयारियाँ देख चुके हैं। उन्हें रिहर्सल रूम और रंग चढ़ाकर नट बनने के नौकरशाही दीवानखाने का पता है। वे कहते हैं : "जिसे भारतीय राजनीति की भीतरी बातों का पता है वह इतनी बातों से तो हरगिज इन्कार करने के लिए तैयार न होगा कि ब्रिटिश नौकरशाही मुसलमान समाज के साथ पक्षपात करती है। यह कुछ हद तक इसलिए कि मुसलमानों के साथ मुहब्बत रखी जाय और अधिक अंशों में इसलिए कि हिन्दू राष्ट्रीय अभिमान का पल्ला वजनदार न होने दिया जाय।" इसके पश्चात् पुलिस और उनकी अदालतों के विषय में लार्ड आलीवर कहते हैं "पुलिस और उनकी अदालतों का रुख एक बार एक पक्ष की ओर झुकता है तो दूसरी बार दूसरे पक्ष की ओर, और इस कारण प्रत्येक जाति को दंगा करने में उत्साह मिलता है।" सो एक तो सरकार के भूतपूर्व भारत मन्त्री ने ये इलजाम

ब्रिटिश नौकरशाही पर लगाये हैं इसलिए और दूसरे ये इलजाम इंग्लैण्ड जैसे आजाद देश में और लन्दन टाइम्स जैसे विश्व प्रसिद्ध समाचार पत्र में छपे हैं जिस से कि ये इलजाम सुधरे हुए जगत के प्रत्येक देश के द्वार-द्वार पर पहुँचकर 'नौकरशाही के फौलादी ढाँचों के सब तार एक साथ झनकार कर कह रहे हैं— हरगिज नहीं, ब्रिटिश सरकार न तो भारत में हिन्दू-मुसलमानों में जाति-द्वेष पैदा करती, न उनके पैदा होने पर खुश ही होती; परन्तु लाट मण्डली की सौगन्ध खाने की बात पर भारत के विश्वास करने-न् करने का कोई सवाल नहीं। यह जाति-द्वेष न करने की गगाजली, ये नौकरशाही सरदार भारतवासियों के लिए उठा ही नहीं रहे। वे अपनी सौगन्धों को केवल ससार के कानों तक पहुँचाना चाहते हैं। अन्धकार में जो भारत में चलता रहा है, चलता रहेगा। इस शपथ के बोझ से भारत का नौकरशाही ढाँचा टूटने न दिया जायगा। किन्तु क्या सचमुच जाति-द्वेष की जिम्मेवारी से नौकरशाही मुक्त है? यह तो कोयले के सफेद होने का दावा मात्र है। भारत का अप्रगट इतिहास तो लार्ड आलीवर को झूठा नहीं कहता।

इस दिशा में लार्ड आलीवर अकेले नहीं हैं। हम समस्त भारतवासी एक स्वर से इन लाट साहबों की एकाएक बात मान लें तो भी अपने 'हू शुड रूल इण्डिया' नामक लेख में प्रसिद्ध अमेरिकन गोरे लेखक डाक्टर जे० टी० सैंडरलैंड एम० ए० के इस कथन को कौन मिटा सकेगा? वे लिखते हैं, "मैं इस विषय में एक वजनदार बात की ओर ध्यान खींचता हूँ। हिन्दुस्थान में आम तौर पर यह खयाल है कि ब्रिटिश लोग हिन्दुस्थानियों के मेल से इसलिये इन्कार करते हैं कि वे हिन्दुस्थान में मेल देखना नहीं चाहते। उनकी इन्कारी उनकी इच्छा पर ही है। यह बात सत्य है कि हर जगह और खास तौर पर बुद्धिमान लोगों में यह भाव मौजूद है कि हिन्दुस्थानी मेल के लिए ब्रिटिश सरकार से दूसरा कोई दुश्मन नहीं। मेल की रुकावट का कार्य ब्रिटिश सरकार के सिवाय अन्य कोई वस्तु उतना अधिक नहीं कर रही। ब्रिटिशों ने भारत में आने के समय से ही भिन्न-भिन्न जातियों, भिन्न-भिन्न धर्मों विशेषकर हिन्दुओं और मुसलमानों में मनोमालिन्य बढ़ाया, मेल से पैदा होने वाली शक्ति से घबड़ाकर। और फूट से पैदा होने वाली कमजोरी को बढ़ाने के लिए ही यह काम वे करते रहे हैं। उनका यह कार्य 'फोड़ो और राज्य करो' के पुराने रोमन सिद्धान्तों पर अवलम्बित है। इस लगातार चली आने वाली नीति के बीसों उदाहरण दिये जा सकते हैं। पर फिर भी ब्रिटिश लोग ईमानदारी के साथ संसार में घोषणा करते हैं कि वे हिन्दुस्थान में खास कर इसलिए रहना अपना कर्त्तव्य समझते हैं कि हिन्दुस्थानियों में बहुत बड़ी फूट है। हिन्दुस्थानियों की फूट तकदीर और फूटी के कारण ही उन पर किसी विदेशी सत्ता का राज्य होना आवश्यक है। और जब विदेशी शासन होना आवश्यक है,

तब वह राज्य ब्रिटेन का ही होना चाहिए।" यदि ये लकीरें आज 'फारवर्ड' के सम्पादक ने लिख दी होतीं तो उसे न जाने किस घाट उतरना पड़ता किन्तु ये हैं एक अमेरिकन लेखक की बातें।

आइये, हम लार्ड इरविन और उनके साथियों की शपथ पर विश्वास करके, और उन्हें ब्रिटिश सरकार के सच्चे नौकर मानकर एक घटना पर विचार करें। वह घटना यों है ? बम्बई इलाके के सिन्धु प्रदेश के हिन्दुओं ने प्रान्तीय सरकार की सेवा में एक प्रार्थना-पत्र भेजा कि सिन्ध प्रदेश की सरकारी नौकरियों में हिन्दुओं को न लेकर सरकार मुसलमानों को अधिक क्यों लेती है ? कम से कम आबादी के जितने फीसदी हिन्दू रहते हैं उतने फीसदी अफसर तो न्यायतः हिन्दू होने चाहिए। हमें यह तो नहीं मालूम कि बम्बई की सरकार पर इन्साफ का बोझ डालने वाले ये हिन्दू बुजुर्ग कौन थे ? किन्तु बम्बई के गवर्नर साहेब के प्रायवेट सेक्रेटरी साहब ने जो उत्तर दिया वह एक ऐसी कुंजी का काम करता है जिससे नौकरशाही की नीति जिन सन्दूकों में बन्द है उन सबके ताले खुल जाते हैं। हिन्दू सज्जनों के पत्र के उत्तर में बम्बई के गवर्नर साहेब के प्रायवेट सेक्रेटरी ने इन हिन्दुओं को लिखा कि तुमने जिन लोगों को प्रान्तीय कौंसिलों में अपने प्रतिनिधि बनाकर भेजा है, वे अधिकतर सदैव सरकार का विरोध करते हैं। सेक्रेटरी महोदय ने अंकों की गिनती लगाकर लिखा था कि सिन्ध के हिन्दू प्रजा प्रतिनिधियों ने कितनी बार सरकार के पक्ष में और कितनी बार सरकार के खिलाफ मत दिया और उन मतों के खिलाफ का तादाद ही अधिक थी। सिन्ध के हिन्दू कौंसिल प्रतिनिधि श्रीयुत अडवानी के लिए लिखा गया है कि उन्होंने 70 बार सरकार के विपक्ष में मत दिया और केवल एक बार ही सरकार के हाथ उनका वोट लग सका। उस पत्र में यह स्पष्ट लिखा गया था—गवर्नर साहब के सामने इन अंकों के द्वारा यह बात रखी गई थी कि हिन्दू समाज बहुमत का रुख सरकार के साथ कैसा है ? सरकार ने यह भी शिकायत की के हिन्दुओं के सम्पादक और नेता सभी सरकार के खिलाफ हैं। गवर्नर के पत्र में अन्त में यह निर्णय दिया गया है—"इसीलिये सरकार को स्वभावतः यह सुझाया गया है कि सरकारी नौकरियों के लिए नियुक्त करते समय यही अच्छा होगा कि सरकार का समर्थन करने वाले लोगों में से ही सरकारी नौकर चुने जायँ। बजाय उस जाति के लोगों के जिनके प्रतिनिधि सरकार के कट्टर विरोधी रहे हैं।

क्या बम्बई के गवर्नर का यह तोहफा लार्ड आलीवर की बातों का समर्थन और लार्ड इरविन, बर्कनहेड, विन्टरटन, लिटन कम्पनी की सौगन्धों को झूठा साबित करने के लिए काफी नहीं है ? बम्बई के गवर्नर ने यह बताने की कृपा नहीं की कि सरकार तिजोरी में अधिक रुपया जिस जाति की जेब से आता है। यदि उस धन से इस नीति का पोषण होता है, तो फिर बम्बई के गवर्नर से

हैदराबाद के निजाम मुसलिम प्रचार में धन बरबाद करने के कारण क्यों अधिक दोषी हैं? सच बात तो यह है कि लाट साहबों और भारत के नौकरशाहों की हिन्दू-मुस्लिम झगड़ों की जिम्मेवारी से इन्कारी लार्ड इरविन के लम्बे धर्मोपदेश के बाद भी न नौकरशाही नीति की सचाई है न नये युग का प्रारम्भ, न यह जातियों में द्वेष घटाने का वचन है। यह गुलामों को बहलाने और दुनिया में पवित्र कहलाने की राजनीति है। और है कोयले की बार-बार घोषणाओं द्वारा काला न होने की कोशिश।

सम्पादकीय टिप्पणियाँ

करन्सी कमीशन

गत 5 अगस्त को करन्सी कमीशन की रिपोर्ट प्रकाशित हो गयी। इस देश के परावलम्बन का पूरा प्रमाण उक्त रिपोर्ट में मिलता है। यह बात सत्य है कि सभ्यता के विकास एवं आवागमन के साधनों की विपुलता के कारण कोई भी देश इस समय शेष संसार से अलग नहीं रह सकता। राजनीति और प्रशासनिक सुविधा के लिए देशों की हदबंदियाँ की जाती हैं और 'स्वदेशाभिमान' के नाम पर उन हदबंदियों के अन्दर आने-जाने वाले मनुष्यों पर पहरा रखा जाता है, परन्तु व्यापार के क्षेत्र में वह संकोच कम हो जाता है। देशाभिमान-प्रेरित प्रत्येक देश, व्यापार-व्यवसाय के लिए संसार के अन्य देशों के लिए सुविधाएँ रखता है, ये सुविधाएँ परोपकार के लिए नहीं रहतीं, वरन् अपना श्रेष्ठ स्वार्थ साधने के लिए ही देशों और राष्ट्रों के राजनैतिक शासक इन सुविधाओं को निर्माण करते हैं। परन्तु दूसरे देशों की सुविधा-असुविधा का विचार करते समय अपने देश की सुविधा का विशेष ध्यान रखा जाता है। हमारी सरकार द्वारा नियुक्त किया गया करन्सी कमीशन केवल हिन्दुस्थान में ही नहीं घूमा, वरन उसने इंग्लैण्ड, यूरोप और अमरीका की भी सैर की। इस प्रवास में कमिश्नरों ने प्रत्येक स्थान के सिक्के और अन्य तत्सम्बन्धी बातों का विचार किया। आखिर चार बातें कमीशन ने तय कीं और वे इस प्रकार हैं--(1) हिन्दुस्थान में सोने का सिक्का न चलाया जाय परन्तु सोने का स्टैण्डर्ड कायम किया जाय, अर्थात् रुपयों और नोटों को भुनाने वालों को निश्चित कीमत पर सोने की चीजें सरकार दिया करे। (2) बम्बई में एक सेंट्रल बैंक आफ इण्डिया कायम किया जाय। यहीं बैंक सोने के भाव का नियंत्रण करे और रुपयों और नोटों के मूल्य के साथ सोने के मूल्य की समता कायम रखे। (3) रुपये के विनिमय की दर सोने के लिहाज से 1 शि० 6 पें० के बराबर रखी जाए। (4) सेंट्रल बैंक के स्थापित होने तक सरकार के करन्सी अधिकारी सोने का बेचना-खरीदना जारी करें, ताकि रुपये का विनि-

मय 1 शि० 4 पें० पर स्थिर रहे। सर पुरुषोत्तमदास ने रिपोर्ट की इन सिफारिशों में दो का विरोध किया है—सेंट्रल बैंक की आवश्यकता नहीं और विनिमय की दर 1 शि० 4 पें० रहे। सरकार इस विरोध की पर्वाह न करते हुए कमिश्नरों की पिछली दो सिफारिशों को लेजिस्लेटिव असेम्बली द्वारा स्वीकृत कराने का प्रयत्न करने वाली है। पूरी योजना के बजाय आधी सिफारिशों को अस्तंगत होने वाली कौंसिल से स्वीकार करवा लेने में सरकार का क्या हेतु है ? क्या विदेशी विशेषत: इंग्लैण्ड के व्यवसायियों को विनिमय का लाभ पहुँचाने के लिए ही यह कार्य नहीं किया जा रहा है। फिर इस देश के सिक्के के विनिमय की कीमत सदा से इंग्लैण्ड के सिक्के के साथ की जाती रही है। मानो हमें इंग्लैण्ड के सिवा अन्य देशों से व्यवसाय ही न करना पड़ता हो। एक तरफ से हमारे देश को इंग्लैण्ड पर अवलम्बित बनाये रखने की पुरानी पद्धति इस रिपोर्ट के बाद भी ज्यों की त्यों जारी रहेगी। स्वाधीन हिन्दुस्थान को यूरोप अथवा इग्लैण्ड के व्यवसाय में हल-चल न होने देने की चिन्ता करने की क्या जरूरत थी, परन्तु रिपोर्ट लेखकों ने रुपये की दर 1 शि० 4 पें० न करने के पक्ष में जो दलीलें दी हैं, उनमें यह भी एक दलील है। तब क्या दूसरे देशों के हिताहित का खयाल करके ही हमारे देश की अर्थनीति काम करती है।

राष्ट्रीय मेल का दल

हिन्दू-मुसलिम दंगों से सारा देश ऊबा हुआ है, और इस विष को मिटाने और कम करने के लिए, उद्योग करने की आकांक्षा हर एक व्यक्ति प्रगट करता है। ऐसे ही समय, अनेकों दलों की दलदल के बीच एक नये दल की सृष्टि हुई है, उसका नाम है 'राष्ट्रीय मेल का दल'। उसका सिद्धान्त है (1) सब धर्मों के लिये लोगों को पूरी आजादी रहे, (2) दूसरों की धार्मिक कृतियों को सब लोग सहें, (3) कानून के आधार पर भिन्न-भिन्न जातियों और व्यक्तियों के आपसी सम्बन्धों की रक्षा की जाय। इस दल का पहला कार्य होगा—'आज जो झगड़े का स्वरूप है, उसे हटा दिया जाय, और भिन्न-भिन्न जातियों को पारस्परिक प्रेम-बन्धन में बांध दिया जाय।' अपनी इसी गतिविधि को सामने रखकर, यह दल के सब जाति के सज्जनों को सदस्य बनावेगा, और संकीर्ण साम्प्रदायिकता के खिलाफ प्रचार का कार्य करेगा। इन दिनों, जब गृह-कलह से सब ऊबे हुए हैं, और सरकारी अधिकारी भी, 'हज' को जाने की घोषणा कर रहे हैं, डा० किचलू की असहयोगी होने की और मालवीयजी की मेल करने की चर्चा सुनकर, तथा मौलवी मजहरुल हक तथा अन्य सज्जनों के मेल के प्रयत्नों को देखकर आशा होती है, कि शायद इस दल का प्रयत्न सफल हो। एवमस्तु।

[7 अगस्त, 1926]

झगड़े की जड़

किसे मालूम, हम स्वराज की उम्मीदों को लेकर कौंसिलों में जा रहे हैं, या उम्मीदों के स्वराज में विचरण करने के लिए। गृह-कलह मच रहा है, छः और हम में से वे, जिन्हें कल तक राजनैतिक रंगमंच नसीब न होता था, आज खुलकर खेल रहे हैं। देश में जातिगत कौंसिल-चुनाई की प्रथा है। यदि इस देश की सरकार मूर्खता न करे, यदि वह हम पर कहीं गोले-गोलियाँ न चला दे, यदि उसके आदमी हमें डाढ़ी-चोटी का भेद भूलकर खुले आम कुचलने न लगें, तो हम राजनीति को उतनी ही दूर छोड़ आते हैं, जितनी दूर हमने अपने मन से निश्चय को, जीवन से चरित्र को, भुजाओं से बल को छोड़ दिया है। हम एक होने की जरूरत उसी समय अनुभव करते हैं। जब हम शासनकर्ताओं द्वारा कुचले जाते हैं, किन्तु यदि बधिक का स्वर मीठा हो, हमें बेहोश करने के लिए उसके हाथ में क्लोरोफार्म हो, और वह हमारी हाँ में हाँ मिलाने का जरा-सा पाखण्ड कर सकता हो तो (?) तो हम, एक-दूसरे का सिर फोड़कर मर सकते हैं, सरकारी ओहदों पर अधिकाधिक टूट सकते हैं; अपना व्यक्तित्व, अपनी स्वतन्त्र संस्थाएँ, अपना ईमान, सब कुछ हम 'पयोमुखम्' के चरणों पर रख सकते हैं। रौलट बिल्स के जमाने में हम एक हुए थें, सुधार-कानून का स्वाद जब तक हमसे दूर रहा, हम एक रहे; किन्तु ज्यों ही सुधार-कानून हमारी आँख की किरकिरी हुआ, हम सब से आगे जाने का यत्न करने लगे। 'कांग्रेसबादी' बढ़ सकते थे, हम कांग्रेसवादी होकर बढ़े, स्वराजवादी होकर दुश्मन के दुर्ग में घुस सकते थे, स्वराजवादी हो गये। किन्तु इधर मुसलमानों का कान चुपचाप, शासन-विधान का कौआ उठा कर ले गया; सारे मुसलमान वोटर ही, किसी मुसलमान सज्जन को कौंसिलों और असेम्बली में भेज सकते थे। तब यह कैसे हो सकता है कि दंगाई को दबाने का साहस दिखाकर, घर की देहली पर रखा हुआ नेतृत्व खो दिया जाय। उधर, जब देखा कि कांग्रेस में भीड़ ज्यादा है, और अपने मन का सा दल भी नहीं बनेगा—हमने एक दरवाजा तोड़कर गदर की घोषणा कर दी। कुछ उस घोषणा में भी आने का साहस न कर सके, वे इनडिपेण्डेण्ट कांग्रेसवादी हो गये। कुछ के हाथ से यह मौका भी निकलता दीख पड़ा—उन्हें हिन्दू-सभा ने अपना प्रतिनिधि चुन दिया। शायद मुसलिम लीग के सदस्य नमाज पढ़ने का वक्त निश्चित करने के लिये यत्न करेंगे, और हिन्दू-सभा के मित्र संध्या के लिए, ठीक कौंसिल-हाल में लीप पोतकर जमीन साफ करायेंगे। किन्तु जब टुकड़े होना ही तय हुआ—टुकड़े होना ही जब हमारा 'युग-धर्म' हो गया हो, तब हम यहीं क्यों ठहरें? हम कह उठे—'देखो भाई, हम तो सिर्फ महाराष्ट्र ब्राह्मण ही को वोट देंगे।' दूसरे महाशय बोले—'भाई खयाल रखना, कोई महाराष्ट्री इन जगहों को न हथिया

ले।' मानो हमने रोटी-दाल की दुनिया या 'सत्तू राज्य' स्थापित करने की शपथ ले ली हो।

इधर कुछ सज्जनों को 'केवल सनातन धर्मी' सदस्य भिजवाने की बुद्धि भी भगवान ने दी है। यत्न होगा कि कौंसिल में पहुँचकर, निर्गुण ब्रह्म के उपासकों और पुराणों के खिलाफ रहने वालों के विरुद्ध इतने प्रस्ताव पास किये जायें कि लोग चौकड़ी भूल जायें। दाँव हमारा आज का मार्ग है, फूटना हमारी देशभक्ति है, और हमारा आदर्श उस हेतु का साधन है, जो न कलम के द्वारा अवतरित हो सकता है, न वाणी के द्वारा। वह केवल ब्रह्म की तरह सोचा जा सकता है, हमारी इस दशा को देखकर, न नेपाल के हिन्दू राज्य से बधाइयाँ आतीं, न टर्की या अफगानिस्तान से खिलअतें टूटतीं। यदि भूले-भटके, ईजिप्ट की कोई जकिया सुलेमान भारत में दीख पड़ती है तो वह हमारी इस मजहबपरस्ती को मूर्खता कहती है। यदि इस खबर को तुर्क देश के कुस्तुनतुनिया शहर का 'मिल्लियत' अखबार सुन पाता है तो वह कहता है—'दुनिया के लिए भारत की गुलामी एक अचम्भे की चीज है। किसकी समझ में आ सकता है कि चार करोड़ अंग्रेजों का देश अपने से दस गुने महादेश को गुलाम बनाये हुए है? इस उलझन को वे तार सुलझा रहे हैं, जो कलकत्ता से आ रहे हैं। उनमें लिखा है कि हिन्दू और मुसलमान दोनों एक-दूसरे का सिर फोड़ रहे हैं। गो एक खून के, एक कौम के, एक मुल्क के ये लोग हैं; मगर उनका मजहब पुलिस को पुकारता है, मिलिटरी को आमन्त्रित करता है। मजहबी सनक पर उन्होंने वतन को बरबाद कर रक्खा है। उनके जीवन का लक्षण और धर्म की परिभाषा, दोनों ही अधूरे हैं, वे मूर्खतापूर्ण भी हैं। उनकी मजहबी सनक ने यह बात उनके दिल से उतार दी है कि उनका कोई राष्ट्रीय अभिमान भी है, उनका अन्तःकरण उन पशुओं की तरह हो गया है, जो अपनी गुलामी को नहीं पहिचानते।'

लार्ड बरकनहेड साहब से देश के लोग परिचित हैं। जब वे भारत-मंत्री हुए, कहते रहे—'कांग्रेस और खिलाफत वालों की माँग कुछ थोड़े से आदमियों की माँग है। यह देश-भर की माँग नहीं है।' जब लेजिस्लेटिव असेम्बली में पं० मोतीलालजी नेहरू और श्री रंगाचार्य के प्रस्ताव पास हुए तब उनके श्रीमुख से निकला—'जरा राजनैतिक गर्मी छँटने दो, थोड़े झुको।' जब राजनैतिक मनसूबों को हमने अपनी आपस की सिर-फुटौवल से दफना दिया तब वही लार्ड बरकनहेड कह रहे हैं, भला यह भी कोई अधिकार देने का समय है, जबकि आप लोग आपस में सिर-फुटौवल कर रहे हैं। धार्मिक दीवानेपन के जमाने में, आप दिये हुए अधिकारों की कद्र ही न कर सकेंगे।' और यदि जादू की लकड़ी से कल फिर देश भर में असहयोग की ज्वाला जाग्रत हो जाय तो लाट साहब के श्रीमुख से निकलेगा—'यह लो, तुम सरकार के फिर खिलाफ हो गये। बागियों को उत्तर-

दायी स्वयं-शासन कैसे दिया जा सकता है !' यदि लार्ड बरकनहेड इस गद्दी से हट भी जायें तो जो महाशय इस महामंच पर विराजमान होंगे, उनकी वीणा-विनिंदित वाणी से यही ध्वनि निकलेगी। लार्ड कर्जन ने देहली दरबार के समय कहा था —'अंग्रेजी सिंहासन की अटल अवस्था का प्रधान कारण भारत का अंग्रेजों के अधिकार में रहना, और भारतवासियों का सेवा और भक्ति का रिश्ता है।' इसका सीधा-सादा अर्थ यह होता है—यदि ब्रिटिश सिंहासन को मजबूत रहने देना हो, तो भारत को इंग्लैण्ड का गुलाम रहना चाहिये, और भारतवासियों को इंग्लैण्ड का सेवक। यदि लार्ड कर्जन की इस बात को, सच माना जाय तो लार्ड बरकनहेड के बार-बार कारण ढूंढ़ने का रहस्य प्रगट हो जाता है और प्रगट हो जाता है, हमारी जगत्-सिद्ध अयोग्यता का कारण भी।

जिन दिनों इराक का प्रान्त तुर्किस्तान को मिलने वाला था, उन दिनों, राष्ट्र-संघ की बैठक होने और तुर्किस्तान के सन्धि-पत्र पर हस्ताक्षर होने के पहले, वहाँ के 5000 ईसाई पुकार मचाने लगे थे, कि हम मुसलमानों की सत्ता में नहीं रहना चाहते। इराक का प्रश्न चार वर्षों से उलझा हुआ था, किन्तु इतने दिनों उन्हें टर्की का भय न था, केवल संधि के समय ही टर्की का भयानक चित्र उनके सन्मुख आ गया। यहाँ भारत में भी, असहयोग के बाद जिन दिनों देशबन्धु ने कौंसिल में पहुँचने का कार्य पूरा किया और सरकार में राउण्ड टेबल कानफरेन्स की ओर खिंचने की प्रवृत्ति पैदा करनी चाही, त्यों ही बंगाल में षड्यंत्र उभड़ पड़े।

इधर षड्यंत्रों के कैदी छूट भी नहीं पाये थे कि हमारे आपस में सिर फोड़ने के कारणों को लेकर, लार्ड बरकनहेड तैयार हैं। किन्तु चाहे हम ब्रिटिश सिंहासन से कितना भी सच्चा रिश्ता रखने वाले रहें, क्या यह सम्भव है कि नौकरशाही कल-पुरजे हमें अधिकार मिलने दें ? इसका उत्तर, प्रसिद्ध अंग्रेज लेखक श्रीयुत स्टेनले रीज की बातों में मिलता है। वे लिखते हैं—'भारत को होमरूल देने का प्रश्न अकेले अंग्रेजों के सुलझाये नहीं सुलझेगा, इस प्रश्न से संसार-भर का सम्बन्ध है। भारत को होमरूल देना याने एशिया में रहने वाले यूरुप के सम्बन्धों को खतरे में डाल देना है।' फिर लार्ड कर्जन के कथन को दुहराते हुए यही लेखक लिखता है—'यदि भारत आजाद कर दिया जाय तो, दुनिया में और विशेषत: इंग्लैण्ड में आज जो इंग्लैण्ड की इज्जत है, उसमें गहरा परिवर्तन हो जायगा। हिन्दुस्थान के खाली कर देने से कुछ लाभ भी हैं, किन्तु भारत के छोड़ने से जो हानि होगी उसे क्या भारत छोड़ने का लाभ पूरा कर सकेगा ?—यह एक प्रश्न है, जिसका उत्तर नहीं।' इसके बाद श्रीयुत रीज इतिहास का पर्यालोचन करते हुए कहते हैं कि भारत को गुलाम रखने के लिये उन्हें क्या-क्या करना पड़ा। वे लिखते हैं—'स्वेज की नहर हमें अपना भारतीय दृष्टिकोण दृढ़

करने के लिये बनानी पड़ी। सन् 1870 में हमने जो तुर्किस्तान को सहायता (रिश्वत) दी, उसका कारण था, भारत की ओर बढ़ते हुए रूस के खिलाफ हमारा षड्यन्त्र। अफगानिस्तान के अमीर को, हमारी प्रति वर्ष दी जाने वाली लाखों की सहायता, अदन का अधिकार, ईजिप्ट को हाथ से न छूटने देना, ईरान की खाड़ी पर हमारा जहाजी पहरा, मैसोपोटामिया पर हमारी चढ़ाई, पेलिस्टाइन पर अधिकार जमाना—यह सब कुछ हमने, प्रत्यक्ष या अप्रत्यक्ष रूप से केवल अपने भारतीय साम्राज्य की रक्षा के ही लिए किया। यही कारण है कि इंग्लैण्ड के समस्त उपनिवेशों का रास्ता लाल सागर हमने अपने अधिकार से जरा भी विचलित न होने दिया।' मि० रीज के ये अवतरण कह रहे हैं कि चीन में होने वाली एशियाई संघ के उद्योगी जब भारत को यूरुपियनों का भारी अड्डा कह रहे हैं, तब उसका मतलब क्या है, और जब भारत में टर्की, अफगानिस्तान या ईजिप्ट के लिए आन्दोलन किया जाता है, तब उसका मतलब न तो मुसलमान-सत्ता की वृद्धि है, न भारत-निवासियों की मूर्खता। हमें देखना चाहिये, कि प्रदेश, देश और दुनिया के इस कठिन चित्र पर दृष्टि रखकर, भारतीय स्वराज के उद्योगी उत्तरदायी—सहयोगी सज्जन, सरकार के पद ग्रहण कर, और नित्य ही कांग्रेस के खिलाफ गदर करके, देश को किस तरह दृढ़ बनाते हैं और किस तरह भारत को आजाद करते हैं।

[14 अगस्त, 1926]

कांग्रेस चुनाव से दूर रहे

श्रीयुत गणेशशंकरजी विद्यार्थी कानपुर शहर से, आगामी युक्त प्रान्तीय कौंसिल के कांग्रेस की ओर से उम्मीदवार हैं। किन्तु उनका हृदय चुनाई में कितना है, वे चुनाई को किस दृष्टि से देखते हैं—यह इसी से प्रगट है कि उन्होंने गत 7 अगस्त को, प्रयाग में युक्त प्रान्तीय कांग्रेस कमीटी की बैठक में, आल इण्डिया कांग्रेस कमीटी की कार्यकारिणी को यह सलाह देने वाला प्रस्ताव रक्खा कि जातिगत मतभेदों को देखते हुए, कांग्रेस इस वर्ष कौंसिल की चुनाइयों में भाग वे न लें। लीडर की यह इच्छा है कि कानपुर की ओर से राय बहादुर आनंद-स्वरूप खड़े हों। वह गणेशजी का यह कह कर मजाक भी उड़ाता है कि गणेशजी "उन व्यक्तियों में से एक थे, जिन्होंने शैतान सरकार के द्वारा स्थापित इन अपवित्र वस्तुओं यानी कौंसिलों का बहिष्कार किया था। तो भी श्रीयुत गणेश-शंकरजी की चर्चा करते हुए उस पत्र ने लिखा है—'A man of undoubeted ability and patriotism.'—वह व्यक्ति जिस की योग्यता और स्वदेश-

भक्ति पर सन्देह नहीं किया जा सकता। ऐसे व्यक्ति का कौंसिल के कीचड़ में उलझना केवल उस सिपाही की तरह है, जो अपने नीचे देखने की कीमत पर भी अपने दल की रक्षा करता है। गणेशजी का यथार्थ स्वरूप है उनका वह प्रस्ताव जिसमें वह कांग्रेस को कौंसिल की चुनाइयों से दूर रखना चाहते हैं। यह मत गणेशजी का ही नहीं विदेशों से लौटे हुए, और भारत से बाहर रहकर भारत की दशा पर सोचने वाले, लाला लाजपतराय जी ने भी अपना ऐसा ही मत प्रगट किया है। लालाजी तो यह भी चाहते हैं कि देश को पथ बताने के लिए, आल इण्डिया कांग्रेस कमीटी की, और कांग्रेस की भी एक विशेष बैठक हो। उन्होंने इस आशय का एक प्रस्ताव भी, कांग्रेस की सभा-नेत्री श्रीमती नायडू के पास भिजवा दिया है। कौंसिलों और उनके उद्योगियों में देश निवास नहीं करता। वह देहातों में, झोंपड़ियों में निवास करता है; जहाँ तक न श्री गणेशजी का प्रस्ताव पहुँच पाता है, और न लाला लाजपतराय जी और उनके साथियों की यह पुकार। यदि यह पुकार ग्रामों तक पहुँचेगी, तो लोगों में सन्तोष होगा—यह सुन कर, कि कम से कम कुछ जीवित हृदय ऐसे हैं जो राष्ट्रीय महासभा को चुनाई की दलदल से बचाना चाहते हैं। वे कौंसिलों के लिए चालें चलने, धोखा देने, और अपने ही आदमियों को कोसने का झण्डा कांग्रेसमेनों के हाथ में नहीं देखना चाहते। कौंसिलों की ओर मुंह करने के पश्चात् हमारी स्वाधीन संस्थाओं का अन्त हो गया, हमारी परगना तहसील और जिला कांग्रेस कमीटियाँ तक टूट गईं, हम में हिन्दू-मुसलिम और न जाने कौन-कौन भेद पड़ गये। हम में से बहुतों ने सोचा—'अरे, हम कहाँ पथ भूल गये थे, देश की कल्पना पर गांधी के पीछे सर्वस्व ही खो बैठे थे; चलो, समय रहते सुबुद्धि आ गई।' बहुतों को जवाब की तेज धार पर—जिससे 'शैतानी सरकार' के अंग काटे जा रहे थे—जंग चढ़ गया; बहुतों ने सोचा—'एक वह भी लहर थी कि जो आई, चली गई।' निराशा के ऐसे युग में, देश के लोग स्वराज-दल के सरकारी किले में घुस कर विरोध करने के सेमल के फूलों पर अखबारी कालमों की बासी खबरें पढ़ कर कभी खुश हो लेते, कभी बंगाल कौंसिल में दिखाई जाने वाली वीरता में आशा को उलझाते, कभी असेम्बली में पास होने वाले पं० मोतीलालजी के प्रस्ताव की कीमत कूतते, और कभी मध्यप्रान्तीय कौंसिल की मिनिस्टरी ठुकरा देने की देश-भक्ति के वजन का अन्दाजा लगाते। किन्तु आशा बाँधने, कीमत कूतने और अन्दाजा लगाने के सिवा, स्वराज नाम का कोई भी प्राणी, किसी भी प्रयत्न के गर्भ से पैदा होता नहीं दीख पड़ा। सन् 1923 की, देश-भक्तिपूर्ण अन्तिम पुकार, वोटरों के सम्मुख थी—"वोट दो, देश-भक्तों को वोट दो।" तीन वर्ष बीतने के पश्चात् अब वही देश-भक्ति पुनः वोटरों पर आजमाई जाने के पहिले धार लगाने और पानी चढ़ाने के लिए कभी उत्सवों, कभी सभाओं और कभी हिन्दू-सभाओं और

तब—लोगों को सौंपी जाती है। कभी सरकारी आज्ञाओं को भंग करने का, यह जानते हुए प्रहसन किया जाता है कि "हमारा होना जाना तो कुछ हुई नहीं।" कभी सन्धि ढूँढ़ी जाती है, कि कोई झगड़ा हो, और हमें देशभक्त बनने का तैयार अवसर हाथ लगे। ऐसे समय यदि स्वार्थों को ठुकराने वाली, सरकारी पंजे को दूर करने वाली और पुनः एक बार अगणित देश-वासियों के आजाद स्वर में स्वर मिलाने वाली यह ध्वनि सुनाई पड़ती है कि कांग्रेस कौंसिल-चुनाई में भाग न ले, तो देश के गरीबों को हर्ष होना स्वाभाविक है।

सम्पादकीय टिप्पणियाँ

फिर चिन्ता क्यों है?

एक बात सच है, मरने का सबक सीखने के पश्चात् हम इतने तितर-बितर, इतने दलों में बँटे हुए हैं कि हमारा मूल्य, एक राष्ट्र की हैसियत से कुछ भी नहीं। साथ ही, बैर के जिन बीजों को हमने अपने नित्य के स्वभाव और व्यवहारों से बोया है, उनके उखड़ने का कोई जरिया हमें नहीं दीख पड़ता, ऐसे समय जब हम कौंसिल के लिए हिन्दुओं की साम्प्रदायिक संस्थाएँ निर्माण कर उम्मीदवार होते देखते हैं या मुसलमानों के पागलपन को न कुचल जब हम मुसलिम नेताओं को मुसलमानों में द्वेष की आग जलाकर उसमें अपनी खिचड़ी पकाते देखते हैं, तब हम में से कुछ यह कहकर चुनाई में भाग न लेने को कांग्रेस से कहते हैं जिससे वह हमारे जीवन पर अंकुश न रख सके। वह हमारे जीवन को सर्वथा खुला छोड़कर, साम्प्रदायिकता के मैदान में खुलकर खेलने दे, और कुछ इसलिये कि जिससे आपसी कलह मिटकर, देश में फिर मेल के दर्शन हों। किन्तु चाहे जिस कारण से ही क्यों न कहा जा रहा हो, हम तो यह स्पष्ट कहना चाहते हैं कि चुनाव में पड़कर कांग्रेस ने अपना अस्तित्व खो दिया है, और कुछ दिनों हमने और चुप्पी साधी, तो वे लोग जो कल कांग्रेस की पीठिका पर से देशभक्ति का तेजस्वी स्वर ऊँचा कर रहे थे, न केवल प्रस्तावों और संशोधनों में उलझे दीखेंगे, किन्तु वे देश की विदेशी सरकार के राज-शासन की फाइल के एक प्रजा की ओर से दिए गये सजीव नत्थशरण-पत्र होंगे।

उज्जैन की अदालत सब-जजी

उज्जैन की अदालत सब-जजी के हाकिम महाशय की कार्यवाहियों और उनसे प्रतिष्ठित नागरिकों को पहुँचने वाले कष्टों का वर्णन 'कर्मवीर' के किसी पिछले अंक में हो चुका है। यह भी संवाद प्रकाशित हो चुका है कि एक मुकदमे-

में न हाजिर हो सकने के कारण उक्त अदालत ने उज्जैन के प्रतिष्ठित नागरिक श्री उस्मानगनी हाजी तय्यब महाशय पर जुर्माना कर दिया था। जुर्माना करते समय, अदालत की कुर्सी पर कानूनी हिफाजत में बैठे हुए सब-जज महाशय ने इस आशय की कुछ बातें कही थीं कि "मैं जानता हूँ कि आप 'कर्मवीर' में लेख लिखा करते हैं और अधिकारियों पर हमले किया करते हैं।" उस समय अदालत की इन बातों की कड़ी समालोचना भी की जा चुकी थी। उक्त मामले की निगरानी हाईकोर्ट ग्वालियर में की गयी थी और सन्तोष की बात है कि चीफ जस्टिस श्री मोहनलालजी खोसला ने अदालत सब-जजी का किया हुआ जुर्माना मन्सूख कर दिना! विद्वान जज ने फैसले में लिखा है, "सब-जज साहब ने जुर्माना करने के जो वजूहात दिये हैं, वे अजीब नाकाफी और नामुनासिब है और उनको कानून और उन वजूहात की बुनियाद पर जुर्माना करने का इख्तियार न था।" तब क्या इन्साफ की कुर्सी पर बैठे हुए सब-जज महाशय ने 'कर्मवीर' में लेख लिखने के अपराध में श्री उस्मान गनी महाशय पर जुर्माना किया था? हम चाहते हैं कि ग्वालियर का जुडीशियल विभाग उक्त सब-जज महाशय विषय की शिकायतों की भी जाँच करावे और यह पता लगावे कि उनकी वजह से कितने ऐसे लोगों को वृथा कष्ट पहुँचा है जो गरीबी की वजह से अपील न कर सके। इन्साफ से ही किसी शासन की उत्तमता की जाँच हो सकती है इसलिए शासन की बागडोर हाथ में रखने वाले उच्च अधिकारियों को इस तरह के मामले की जाँच अवश्य करवाना चाहिए।

जागो भाई!

जगाने का यह स्वर उस समय निकला था, जब भगवान राम लंका में शत्रु के शरों से घायल और मूर्छित लक्ष्मण की एक-एक श्वास को गिन रहे थे। एक तरफ उन्हें अपने भाई के बल पर विश्वास था, जो जगाने की आवाज लगाने के लिए साहस देता था, दूसरी ओर सबल शत्रु के तीरों की भयंकरता का ज्ञान था—जिन तीरों में सर्वनाश खेल रहा था, यमराज निवास करता था, और उर्मिला का धन, सुमित्रा की आशा और राम की विजय सो रही थी। उसी समय राम के मुख से 'जागो भाई' निकला था। आज भी भारत का तेज, भारत का बल, भारत की जनता, भारत का बहुमत सो रहा है। भले ही उसकी आँखें खुली हों, उसके साथ काम करते दीखते हों, करवट बदली जा रही हो, किन्तु यह एक ऐसी मूर्च्छा है जो अपने अस्तित्व का ज्ञान, अपने संकट का खयाल नहीं होने देती। ऐसे समय, इस मूर्च्छित वसुन्धरा से, निद्रा से चिरनिद्रा की ओर जाते हुए भारती

तेज से 'जागो भाई!' कौन कहे ?

इस देश में अधिक तादाद किसानों और किसानी पर जीने तथा व्यापारियों के कारखानों को चलाने वाले मजदूरों की है, उन्हें पता ही नहीं कि देश में क्या हो रहा है। किसानों की दशा से भिन्न मालगुजारों की दशा नहीं। देश में धारा-सभाओं की चुनाइयाँ हो रही हैं। किसान के कन्धे पर हल है, सिर में जीवन की चिन्ता है, और शरीर पर फटे हुए कपड़े हैं। धारा-सभा केवल उसी के मत पर चल रही है। उसकी इनकारी धारा-सभा में सोता पाड़ सकती है। उसकी हुंकार धारा-सभा को दहला सकती है। कानून बनते हैं, उन्हें इस देश की विदेशी सरकार अपने स्वार्थ के लिए बनाती है; किसानों के नाम पर गये हुए प्रतिनिधि कभी उन कानूनों के बनते हुए 'हाँ' कह देते हैं, कभी 'ना' कह देते हैं; किन्तु बने हुए कानूनों का फल भोगने के लिए किसानों की वे झोंपड़ियाँ हैं, जहाँ बिजली का प्रकाश, मोटर गाड़ियाँ, कुरसी और टेबल तथा मीठे पकवान नहीं पहुँचते। भारतीय किसान को इन सुखों का सोचना भी गुनाह है; उस बेचारे के पास तो दोनों जून रोटियाँ नहीं पहुँचतीं। उसके कीचड़-मिट्टी से सने हुए शरीर को वर्षा का पानी धोता है, और उसके शरीर पर वस्त्रों की जगह उसका चमड़ा है, जो सर्दी, गर्मी और बरसात की मारों से काफी मोटा हो गया है। देश की सरकार उसकी मूर्खता का, उसकी नींद का फायदा विदेशी सत्ता के दृढ़ करने में उठाती है, और देश के पढ़े-लिखे कानून-पेशा और कृषि-ज्ञान, और कृषि-कर्महीन, उसकी मूर्खता पर तरस खाकर, उसके गुमाश्ता बनकर। यह सब इसलिए हो रहा है, क्योंकि वह जाग्रत नहीं है।

सब देशों की तरह इस देश में भी भिन्न-भिन्न जातियों के लोग रहते हैं। शहरों के नकली जीवन से दूर ग्रामों में, इस देश का निवास है। किन्तु कैसा लंकाकाण्ड है। हिन्दू से मुसलमान लड़ रहा है। ब्राह्मण से अब्राह्मण का झगड़ा है। छूत से अछूत का संग्राम है। सरकार यह जानती है कि वह बंगाल के सौ से ऊपर देशभक्तों को बिना अपराध कुचल दे, उसे यह मालूम है कि वह प्रजा-मत को ठुकराकर, गवर्नरों और वाइसराय की मंजूरी से कानून बना ले, वह एक अंग्रेज की जान जाने पर गोपीनाथ साहा को शूली पर टाँग सकती है और सारे भूमंडल में कोलाहल मचा सकती है; किन्तु यदि सैकड़ों भारतवासी मर जायें और घायल हो जायें तो उसे झगड़ों का रोकना नहीं आता। वह भारतवासियों की इस सिर-फुटौवल को 'राजनीति की सुधरी हुई दशा' कहती है। और हमारे देशभाई क्या करते हैं ? उनकी देशभक्ति यह है कि वे साम्प्रदायिक सभाएँ बनावें, जब कौंसिलों का समय नजदीक आवे तब मुस्लिम लीगों, खिलाफत परिषदों और हिन्दू सभाओं की सृष्टि करें, और उन लोगों के सस्ते सिरों को टूटने के लिए खुला छोड़ दें जो देहातों में मिलकर रहते हैं, मेलों-ठेलों में साथ रह सकते

हैं, और जिन्हें जिन्दगी-भर साथ रहना है। सरकार हमारे झगड़ने पर जीती है, हमारे हित-चिन्तक भाई भी हमें जाति-सेवा के नाम पर उभाड़कर, सरकार की इच्छा को पूरी करते हैं, और अपनी कौंसिलों और नेतागीरी तथा बेकारी का रास्ता साफ करते हैं। यह सब इसलिए हो रहा है कि वह देश, वह जनता, वे किसान जाग्रत नहीं हैं, जिनके हित की शपथ खा-खाकर, यह कलह-कोलाहल, यह अकांड-तांडव हो रहा है। चाहे जिस समय हिसाब लगाकर देखिए, आपको सत्याग्रह आन्दोलन की तरह, जनता और नेता जेलों की चहारदीवारियों में एक साथ नहीं दीख पड़ेंगे। साम्प्रदायिक लंकाकाण्ड में गरीबों के सस्ते मस्तक, राजनीतिहीनों के खैराती शरीर, फूटने-टूटने के लिए होंगे और नेताजी का नेकनाम दिमाग, उपदेशकजी का उच्चतम हृदय होगा व्याख्यान देने के लिए, और यह याद दिलाने के लिए कि उन्हें इस झगड़े के बिना "स्वराज्य क्या स्वर्ग-राज्य भी नहीं चाहिए।" क्योंकि स्वराज के अभाव में कष्ट भोगने के लिए लाखों मजदूर हैं और लाखों एकड़ जमीन के मालिक किसान। और यह कलह उस समय तक जारी है, जब तक ये जाग्रत नहीं हो जाते।

देश में बेकारों की तादाद बहुत है। यद्यपि देश के शहरों में सम्पूर्ण आबादी का केवल 2 फीसदी ही रहता है। और देश का 98 फीसदी हिस्सा देश के 6,95,665 गाँवों में रहता है, तो भी शहरों में पढ़े-लिखे तरुण जूतियाँ चटखाते और पेट की ज्वाला से व्याकुल नौकरियों की तलाश में मारे-मारे फिरते दीखते हैं। इधर ग्रामों की सारी बस्ती ही बेकार खाते में लिखी जाने योग्य है। गाँवों के मजदूरों को खेती बोने और लुनने[1] के सिवा काम नहीं मिलता। गाँव के किसान खेती से निबटने के पश्चात् अपने को बेकार पाते हैं, और खेती के दिनों में भी उनके जीवन की तीन-चौथाई उम्र बेकार बैठे गुजरती है। इस बेकारी का असर किसानों और मजदूरों की रोटियों और कपड़ों पर पड़ता है। यह बेकारी उन्हें भूखा और नंगा रखती है। लेजिस्लेटिव असेम्बली में, इस बेकारी का प्रश्न छिड़ते समय इस देश के उद्दण्ड अधिकारियों ने भी यह माना कि हाँ, देश में बेकारों की तादाद बहुत है; किन्तु जब उन बेकारों के लिए उपाय योजना का सवाल आया, तब भारत सरकार की ओर से प्रान्तीय सरकार की तरफ इशारा कर दिया गया। किन्तु जब हम सरकार की अपराध-स्वीकृति और इशारे पर ध्यान देते हैं, तब हमें अपने देश की निर्बल अवस्था, अधिकारियों की मक्कारी पर क्रोध आये बिना नहीं रहता। किन्तु यह क्रोध किसके बूते कार्य रूप में परिणत किया जाय? यह दयनीय दशा किसके बल पर परिवर्तित की जाय? क्योंकि यथार्थ देश, जिसे यह मार सहनी पड़ती है—सो रहा है। सर-

1. तैयार फसलों का काटना।

कार स्वीकार करती है कि इस बेकारी के कारण हैं—देश की शिक्षण-पद्धति का बुरा होना, देश में उद्योगों का न होना, देश की गरीबी के कारण बदलती हुई सामाजिक अवस्थाएँ और जन्म से ही भारतवासियों में जो काहिली की आदत जड़ जमाये हुए है। क्या हम अदब से पूछ सकते हैं कि इन चार कारणों में से कौन से कारण को प्रान्तीय सरकारें हटा सकती हैं ? देश का केवल नौकर निर्माण करने वाली (शिक्षा प्रणाली) तथा देश के करोड़ों किसानों और मजदूरों तक तालीम न पहुँचने का जिम्मेवार कौन ? क्या शिक्षा-विभाग सँभालने वाले प्रान्तीय सरकारों के मंत्री नहीं, उन अभागों के हाथ में शिक्षा-क्रम दिया गया है, उन्हें शिक्षकों को कुचलने और तालीम के विषयों में फेर-फार करने का अधिकार दिया गया है, किन्तु देश के किसानों और करदाताओं के लिए हुए रुपयों की कुंजी किसके हाथ है ? उद्योगों का नाश किसने किया ? और आज जो यह कमीशन कायम किया गया है – क्या इसका उद्देश्य भारत के उद्योगों को जिन्दा रहने देना है ? क्या देश-भर का ध्यान खेती की तरफ खींचने का उद्देश्य—(1) खेती पर जीने वालों की तादाद बढ़ाना, (2) उद्योगों की तरफ से लोगों की मनोवृत्ति फेरकर गोरे रोजगारियों की चीजें बिकने के लिए बाजार खाली करना, (3) भारत को कच्चे माल पर जीने वाला और कच्चे माल के खरीददार विदेशों और इंग्लैण्ड का सर्वथा गुलाम बनाना, (4) विलायती लोहे के कारखाने वालों तथा पूँजीपतियों के लिए मैदान साफ करना और (5) उद्योग और राज्य सदैव साथ रहते हैं, इस कल्पना के अनुसार भारत को सर्वथा उद्योगहीन अर्थात राजशक्ति-हीन बनाना नहीं है ? फिर इस उद्योग-हीनता का इलाज प्रान्तीय सरकारें कैसे कर सकती हैं ? भारतवासियों की सामाजिक अवस्था और उनकी काहिल आदतों पर भी सरकार ने छींटे फेंके हैं। किन्तु बढ़ई, लुहार, रंगसाज, लखेरे, कसेरे, तमेरे और सब प्रकार के रोजगारों से खाली देश निकम्मा और बेकार होकर, अनेकों वर्षों से बेकारी के नाम पर रो रहा है। देश बेकार रहने के लिए विवश किया गया है। और जब उसमें बेकार रहकर भूखों मरने की आदत, जबर्दस्ती ठूँसी जा चुकी है, तब उसकी सुस्ती पर तानाकशी की जाती है। किन्तु इन निर्दय तानों का जवाब धर्म पर पेट पालने वाले, कानूनी कलुषता पर जीने वाले, सरकारी नौकरी के मुहताज और दलाली से पूँजीपति बनने वाले दो फीसदी शहराती कैसे दे सकते हैं ? इसका जवाब देने का सामर्थ्य, इसका बदला लेने की देश की शक्ति, देश के भविष्य को सुनहला करने वाली बलवान ताकत तो सो रही है। हम देश के देहातों की, देश के अगणित ग्रामों की उसी भूखी, नंगी, फूटे सिर और टूटी आशाओं वाली किसानों की महान् शक्तिशाली जमाअत से व्याकुल होकर कहते हैं—'भाई जागो।'

सम्पादकीय टिप्पणियाँ

भयभीत ब्रिटिश राजनीतिज्ञ

भारत सरकार तथा भारतीय प्रजा को 'अफगानी संकट' का भय बतलाने का उद्योग इंग्लैण्ड के कुछ पत्रकार सदा करते रहते हैं। अभी एक अनुदार पत्र ने खबर फैलाई है कि रशिया ने बड़े-बड़े हवाई जहाज तैयार किये हैं। इनके कारण रशिया की हवाई शक्ति बहुत बढ़ गयी है। इस बढ़ी हुई शक्ति से रशिया अफगानिस्तान की सहायता करना चाहता है, इसलिए सावधान हो जाना चाहिए। यह चिल्लाहट उस खर्च को न्याय-संगत बतलाने की प्रारम्भिक अवस्था है जो शीघ्र ही भारतीय राजकोष से हवाई जहाजों के लिए किया जायगा। अफगानिस्तान के अमीर साहब ने अपने आपको 'बादशाह' घोषित किया है और उनकी यह घोषणा उनके दोस्त बादशाह जार्ज महोदय ने भी स्वीकार कर ली है।

भारत-सचिव के भाषण में तथा वाइसराय लार्ड इरविन के भाषणों में भी अफगानिस्तान की मित्रता के विश्वास की बातें कही गयी हैं।' परन्तु इन बातों के साथ ही ब्रिटिश गवर्नमेंट अफगानिस्तान का किसी दूसरी शक्ति से मिलना देखना नहीं चाहती। अभी ताजी खबर है कि अफगान बादशाह और रशियन सेवियर सरकार के बीच मित्रता की संधि हुई है, जिसमें कहा गया है कि किसी शक्ति से युद्ध छिड़ जाने पर इन दोनों शक्तियों में से कोई शक्ति दुश्मन का साथ न देगी, वे एक-दूसरे पर आक्रमण न करेंगी, दुश्मन के साथ कोई इकरारनामा न करेंगी और एक-दूसरे के घरू मामले में दस्तन्दाजी न करेंगी। इस सन्धि से ही ब्रिटिश-राज को भयाकुल होने की जरूरत नहीं है, परन्तु चीन और अन्य एशियायी राष्ट्रों के बढ़ते हुए बल से ब्रिटिश राजनीतिज्ञों को भय लगता है और इसीलिए वे हल्ला मचाते हैं।

देवियों के हिमायतियों से

मद्रास प्रदेश के कालीकट शहर में, स्त्रियों की एक सहकारी साख समिति की स्थापना की गई है। उसकी स्थापना की योजना करते समय जो स्थापना की गई थी, उसमें यह भी लिखा गया था—"यह सब पर प्रगट है कि देश की गरीबी के अनेक कारणों में एक जोरदार कारण यह भी है कि हमारी देश की आबादी का एक बहुत बड़ा भाग, रोजगार न होने और अब तो आदत पड़ जाने के कारण सुस्ती में बैठे-बैठे अपनी उम्र का एक बहुत बड़ा भाग गुजार देता है। यह सिद्धान्त उन देवियों पर भी लागू है, जिनके घर की रूढ़ियाँ, अन्धविश्वास और जरूरतें उन्हें घर से बाहर ईमानदार कमाई से पेट भरने नहीं जाने देतीं।

इस तरह, स्त्रियाँ, कट्टरता और गौरव की सबसे बड़ी और एकमात्र बलि हो रही हैं। यद्यपि अपनी आर्थिक बुरी अवस्था और गरीबी के कारण, वे पापमय कानाफूसी और चरित्रहीनता के आकर्षणों को चुपचाप ध्यान से सुनने लगती हैं।' स्त्रियों की बुरी अवस्था का यह चित्र खींचने के पश्चात् उपाय-योजना का वर्णन इस तरह किया गया है-—"स्त्रियाँ घर में बैठे-बैठे हर किस्म के परिश्रम का कार्य कर सकती हैं, किन्तु ऐसे किसी भी कार्य के प्रारम्भ करने के लिए जो छोटा-सा मूलधन, और अपनी चीजें बिकवाने के लिए जो खरीददार चाहिए, वह वे कहाँ से लावें ? ऐसी अवस्था में स्त्रियों की एक को-आपरेटिव सोसाइटी उपयोगी होगी। ऐसी सोसाइटी बेकार स्त्रियों को कोई छोटा गृहशिल्प चलाने के लिए थोड़ा-सा मूल धन देवेगी, उन्हें कच्चा माल पहुँचा देगी, उनकी तैयार वस्तुओं को बाजार में बेच देगी, और स्त्रियों के हाथों के कामों में नये-नये सुधार सुझाकर उन्हें निपुण कारीगर बना देगी।" एक बड़ी संख्या में एकत्र होकर, कालीकट की देवियों ने यह कार्य प्रारम्भ कर दिया। जिन्हें विधवाओं और ऐसी जाति पर सचमुच रहम आता हो उन स्त्री-पुरुषों के लिए, यह एक उपयोगी दिशा है।

[4 सितम्बर, 1926]

देश की दशा

न मालूम भारत के भाग्य में क्या लिखा है। कहते हैं—'प्रत्येक मनुष्य अपने भाग्य का विधाता है।' यदि ऐसा ही हो, तो भारत के नेताओं को ही इस भाग्य का विधाता कहना चाहिए। विधि घटना अतर्क्य और अचिन्त्य होती है। और इसीलिए कहना पड़ता है—'न मालूम भारत के भाग्य में क्या लिखा है ?'

भारतीय राजनीति का, भारत के राजकरण का गत पचास वर्षों का इतिहास बड़ा ही विविध और विचित्र है। इस काल में नेताओं ने अपनी-अपनी परिस्थिति और दृष्टि के अनुसार राजनीति के अनेकानेक प्रयोग किए, परन्तु अभी तक उनका दृश्यफल विशेष आशाजनक नहीं दीख पड़ता। कोई ऐसा न समझे कि हम निराशावादी हैं। यह भी नहीं कि हम किसी खास व्यक्ति को या नेता को दोष देना चाहते हैं। आशावादी हम जरूर हैं, आशावाद से उत्पन्न होने वाली शक्ति को भी हम मानते हैं परन्तु हम यह नहीं चाहते कि परिस्थिति की ओर दुर्लक्ष्य किया जाय या उसे विकृत रूप में चित्रित किया जाय। हमारा मत है कि परिस्थिति की ओर पीठ फेरना हानिकारक एवं उसका सामना करना उसकी यथार्थ चिकित्सा करना ही उपकारक है। आत्मवंचना से किसी दूसरे को नुकसान नहीं उठाना पड़ेगा, न परिस्थिति ही टलेगी। मुर्गा छिपाने से क्या

प्रभात नहीं होता ? इसी दृष्टि से हमने देश की परिस्थिति की समालोचना करने का आज विचार किया है।

जब से देश में यह विचार उद्भूत हुआ कि बिना स्वराज्य के भारत की उन्नति किसी भी क्षेत्र में नहीं हो सकती, तभी से विभिन्न विचारों के लोगों ने अपनी-अपनी दृष्टि के अनुसार कार्य करना आरम्भ कर दिया। उन्होंने अपनी-अपनी परिस्थितियों में जो कुछ किया, ठीक ही किया। कुछ समय तक तो यह विचार रहा कि निःशस्त्र, दलित और सर्वथा पराधीन प्रजा के लिए स्वराज्य पथ में आगे बढ़ने का, नेताओं की न्याय बुद्धि को आह्वान कर उनकी सदिच्छा पर विश्वास रखना ही एकमात्र उपाय है। इस उपाय को अमल में लाने पर भी जब कुछ लाभ नहीं दिखा तब यह सोचा गया कि बिना विरोध के सरकार कुछ न मानेगी। जनता के अधिकारों की रक्षा के लिए लोकमान्य तिलक ने सरकार से आमरण युद्ध किया। देश के लिए लोकमान्य ने जो आपत्तियाँ उठाईं, जो कष्ट सहे, जो अपूर्व स्वार्थ-त्याग किया, उसे भारत कभी नहीं भूल सकता। जनता के 'हृदय-सिंहासन पर उन्होंने सरकार का सामना करने में ही उनका सारा समय और सारी शक्ति नष्ट हो गई तो साथ-साथ उन्होंने जनता को जाग्रत करने का काम किया। लोकमान्य के जीवन में ऐसी सार्वजनिक घटना शायद ही हुई हो, जिसने जनता के उद्बोधन का कार्य नहीं किया। लोकमान्य के मार्ग में इतनी बाधाएँ न आतीं तो न मालूम, उन्होंने लोकमत को किस हद तक पहुँचा दिया होता। जीवन में यदि लोकमान्य श्रेष्ठ थे, तो मृत्यु ने उन्हें श्रेष्ठतर बना दिया।

चण्डकिरण लोकमान्य का अस्त और शीतांशु महात्मा का उदय एक ही समय हुआ। वह प्रसंग भारत के इतिहास में अभूतपूर्व था। मित्र के वियोग से दुःखित जनता का हृदय सागर इस चन्द्रमा के दर्शन से उछल उठा। महात्मा जी ने अपनी आवाज देश के कोने-कोने में पहुँचाई। और थोड़े ही समय में ऐसा तीव्र आन्दोलन किया, कि भूतो न भविष्यति। उस आन्दोलन ने जनता में जोश भर दिया, उनके हृदयों में स्वराज्य की ज्योति जलाई, फैशन को देश निकाला दे दिया, मानापमान की झूठी कल्पनाओं को विदा कर दिया, निर्भयता का सबक सिखाया, सादे आचार और ऊँचे विचारों को देश-भर में फैलाया, कांग्रेस के सामने विधायक कार्यक्रम रखा, खिलाफत के लिए आवाज उठाकर मुसलमान समाज में भी जाग्रति की। उस समय मालूम होता था कि अब देश के अच्छे दिन दिखेंगे। लेकिन हाय, यह सब स्वप्न-सा हो गया। धीरे-धीरे आन्दोलन शिथिल होने लगा। जोश का पारा नीचे उतर आया। राष्ट्रीयता के प्रभाव में फाटे फूट गए। नेताओं में दलबन्दियाँ बन गईं। धूर्तों को विष-बीज बोने का मौका मिल गया। भ्रातृ-भाव से परस्पर गले लगाने वाले एक-दूसरे के खून के प्यासे हो गए। अविश्वास का साम्राज्य फैल गया। कांग्रेस पक्ष, स्वराज्य पक्ष,

प्रति सहकार पक्ष, स्वतन्त्र पक्ष, ऐसे कई पक्षोपपक्ष हो गए—देश की राजनैतिक हित चिन्तना खटाई में पड़ गई, लोग उदासीन हो गये, देश की प्रगति बीस-पच्चीस वर्ष पीछे हट गई।

कितने ऊँचे चढ़ गए थे और कितने नीचे आ गए। इस अवनति के लिए कोई महात्माजी के कार्यक्रम को दोष देते हैं। कहते हैं लोगों पर ऐसा बोझ डाल दिया, जो उनसे उठ नहीं सकता था; कोई उन्हें दोष देते हैं, जिनका महात्मा जी से मतभेद था। कोई कांग्रेस की कार्यवाही को दोषी समझते हैं और कोई स्वराज्य पक्ष के पल्ले दोष मढ़ते हैं। इस प्रकार अपयश की हाँड़ी एक-दूसरे के छीके पर रखने की चेष्टा कर रहे हैं। आज हमारा विचार न तो किसी व्यक्ति को या पक्ष को दोष देने का है, न गड़े मुर्दे उखाड़ने का किन्तु इस परिस्थिति में से रास्ता ढूंढ़ने का है।

गये तीन वर्षों में क्या काम हुआ? कुछ भी नहीं। दो बार कौंसिलों की चुनाई हुई और चार बार कांग्रेस के अधिवेशन हुए। कौंसिलों में जाना हराम है या हलाल? अगर हलाल है तो वहाँ जाकर क्या किया जाय?—डंडा नीति-अवलम्बन या सरकार से प्रति सहयोग? इसी चर्चा में समय बीत गया। हर एक ने स्वपक्ष का मण्डन और परपक्ष का खण्डन करने में अपनी सारी शक्ति, सारी बुद्धि, सारा समय नष्ट कर दिया। जब देखो तब, जहाँ देखो तहाँ, कौंसिल के सिवाय और बात सुनाई नहीं देती थी। मानो केवल कौंसिल ही सारी राजनीति का आदि और अन्त हो। कौंसिल के खण्डन-मण्डन में जो गन्दगी फैली उसकी बदबू अभी तक मालूम पड़ती है। कौंसिल के मारे कांग्रेस की ओर किसी ने ध्यान नहीं दिया। जिस कांग्रेस की घोषणा सुनने के लिए सारी दुनिया के कान खड़े रहते थे, जिसके मन्तव्यों की ओर सारे संसार का ध्यान आकर्षित रहता था, उस कांग्रेस की दादा भाई मेहता, रानाडे, तिलक, गोखले, सुरेन्द्रनाथ, सुब्रह्मण्य जैसे भारत के सुपुत्रों द्वारा बड़े परिश्रम से बनाई और बढ़ाई हुई कांग्रेस की आज यह दशा है कि देश में ही उसे न तो कोई पूछता है, न उसकी कार्यवाही को मानता है। यदि कोई 1916 से 1921 तक की कांग्रेस का विचार करे तो वह मान लेगा कि हमारे उपरोक्त कथन में अतिशयोक्ति नहीं है। हम तो यहाँ तक कहते हैं कि इने-गिने लोग अभी उसे मानते हैं, इसीलिए वह प्राण धारण किए हुए है। किसी चीज को बनाना बहुत कठिन होता है, बिगाड़ना तो कुछ भी मुश्किल नहीं। अगर कांग्रेस की ओर जनता ऐसी ही उदासीन रही, तो आश्चर्य नहीं कि इस पुरातन और प्रतिष्ठित संस्था का नाम ही शेष रह जाय।

हरएक पक्ष अपनी जिद पर डटा हुआ था। न कोई किसी की सुनता था, न मानता था। देश-भर में धूम मची थी, कौंसिल के सिवा दूसरा शब्द नहीं सुनाई देता था। चुनाई के चक्र में हर एक मनुष्य, इच्छा से या अनिच्छा से घूम रहा

था। अब वह भीषण युद्ध समाप्त हो गया। चुनाई हो चुकी, भले-बुरे मेम्बर कौंसिल में पहुँच गये, हरएक पक्ष ने हार-जीत की आरती भी उतार ली, कौंसिल में शपथ विधि हो गई, कौंसिलर लोग अपनी-अपनी कुर्सी पर बैठ गये, मन्त्रीगण सिंहासन पर विराजमान हो गये, बजट की बैठक खत्म हो चुकी, चुनाई के युद्ध में लगी हुई जख्में काल के मरहम से भर गईं, मन का मैल कुछ दूर हो गया, उस समय प्रक्षुब्ध वायुमण्डल अब शान्त हो चला और लोगों के कान तक कुछ बात पहुँचने की आशा हो गई। ऐसी अनुकूल परिस्थिति में हम इस विषय पर कुछ कहना चाहते हैं।

कौंसिलों का नवीन चक्र शुरू हो गया। आगामी तीन वर्ष तक चुनाई का मौका नहीं है; इसलिए यादवी का आपसी युद्ध का एक बड़ा कारण दूर हो गया। परन्तु आगे क्या होगा? कौंसिल मेम्बरों के अतिरिक्त देश में और भी बहुत से कार्यकर्ता हैं। कौंसिलर भी कौंसिल की बैठकें छोड़कर बाकी समय खाली ही हैं। इसलिए हम पूछते हैं कि ये सब लोग अब क्या करेंगे?

राजनीति विषयक ज्ञान शहरों में कुछ है, परन्तु देहात में अभी वह अपरिचित ही है। करीब साठ लाख लोग कौंसिलों के वोटर हैं। उनमें से अधिकांश देहाती हैं। जिन महाशयों ने कौंसिल-चुनाई में काम किया होगा, उन्हें पता होगा कि देहातों में अभी कितना अज्ञान भरा हुआ है। जो वोट देते हैं, वे किसी न किसी के कहने से, मुरौवत से, दबाव से या कहने से ही देते हैं न कि उम्मीदवारों के गुणावगुणों का विचार करके। कई वोटर तो उम्मीदवारों के विषय में कुछ भी नहीं जानते। फिर उनके गुण-अवगुण पहचानने तो दर किनार। इस घोर अज्ञान का दोष हम उन्हें नहीं देते। डेढ़ सौ वर्ष के अंग्रेजी राज्य के पश्चात् जहाँ तक शहरों में भी लिखे-पढ़े लोगों की संख्या बहुत कम है, तहाँ बेचारे निरक्षर देहाती लोगों के विषय में क्या कहा जाय। यद्यपि प्रजा को सुशिक्षित करना राजा का कर्त्तव्य है तो भी जब शासक एवं शासितों के हित संबंध परस्पर विरोधी होते हैं, तब अपने को सुशिक्षित बना लेने की जिम्मेदारी प्रजा पर ही आ पड़ती है। देश की दशा का सर्वसाधारण जनता को यथार्थ ज्ञान करा देना, उन्हें राजनीति का पाठ पढ़ाना नेताओं का आदि कर्त्तव्य है। जब तक क्या कसबाती, क्या देहाती, सभी लोग स्त्री-पुरुष, युवा-वृद्ध देश की परिस्थिति से पूर्ण परिचित न होंगे, तब तक देश की राजनीति के सुधरने की सम्भावना नहीं है। यह कार्य सबसे अधिक महत्त्व का है। लोकमान्य आमरण उद्योग करते रहे जनता को निरी अज्ञान दशा में, जबकि अंग्रेजों के वैभव से उनकी आँखों के सामने चकाचौंध छा गई थी। लोकमान्य ने बहुत कुछ किया। उन्हें तो कड़े पत्थर फोड़कर नींव डालनी पड़ी। उनके बाद महात्मा जी ने इस उद्योग को आगे चलाया। नींव पर मन्दिर बनाने का उन्होंने प्रारम्भ किया और एक समय तो ऐसा मालूम होने लगा था कि देखते

ही देखते इस मन्दिर पर शिखर बन जायगा। लेकिन ऐसा नहीं हुआ। आज जिस स्थिति में देश है उससे कोई भी अपरिचित नहीं है। देश दुःखी है, दीन है, वह अपने सुपुत्रों की ओर आशा-भरी आँखों से ताक रहा है। उसकी आस पूरी करना हरएक का चाहे स्त्री हो या पुरुष पवित्र कर्त्तव्य है। देश अपने दुर्दैव की कहानी कह रहा है, उसकी इस पुकार को हम आगामी अंक में निवेदन करेंगे।

वीरवर खड्गबहादुरसिंह की रिहाई

गत तारीख 31 मार्च को, अपनी तरुणाई को सार्थक करने वाले, वीर हृदय खड्गबहादुरसिंह की जेल से रिहाई हो गई। पाठकों को स्मरण होगा कि कलकत्ता के हीरालाल अग्रवाल ने, नेपाल की राजकुमारी मैया नामक युवती को, उसकी आन्तरिक प्रेरणा के विरुद्ध, उसके स्त्रीत्व के पवित्र भाव को बड़ी बेरहमी और पाशविक वृत्ति के साथ भ्रष्ट किया था। वीर भाई खड्गबहादुर-सिंह को जब अपनी जाति बहन पर होने वाले घृणित अत्याचारों का पता लगा तब उसकी तरुणाई में प्रतिहिंसा का प्रबल उफान जोर मारने लगा। 1927 की 26 फरवरी को इस युवक ने नराधम हीरालाल की हत्या कर कुमारी मैया का उद्धार किया था। हत्या करने के पश्चात् खड्गबहादुर सिंह, जुर्म करने वाले खूनी डाकुओं के समान भाग नहीं गया; उसने अपने को उसी क्षण पुलिस को सौंप दिया, और अदालत में खुले शब्दों में अपना अपराध (यदि वह अपराधी हो तो) स्वीकार करते हुए कहा कि "हीरालाल, मेरे देश की तरुण बहनों की इज्जत नष्ट करने का व्यापार करता था। उसने बहन मैया के साथ जो व्यवहार किया, उसने मेरी नाड़ियों में प्रवाहित होने वाले रक्त को खौला दिया था। बहिन के उस अपमान को बरदाश्त करना मेरी सामर्थ्य के बाहर की बात थी। अतएव मैंने उस पापी हीरालाल की हत्या करना ही उचित समझा।" अदालत ने खड्ग-बहादुरसिंह को अपराधी ठहराकर 22 मार्च, 1927 को 8 साल की कड़ी कैद की सजा दी थी। अदालत के इस निर्णय पर सारे देश ने असन्तोष प्रकट किया था और बंगाल के गवर्नर से यह प्रार्थना की थी कि वे उसे अपने विशेषाधिकारों से मुक्त कर दें, क्योंकि खड्गबहादुरसिंह ने किसी किस्म का नैतिक पाप नहीं किया था; उसने तो समाज के एक सड़े अंग को नष्ट कर समाज का उपकार ही किया था। बंगाल-गवर्नर तक ही जनता के डेप्युटेशन नहीं पहुँचे थे, वे भारतवर्ष के सबसे ऊँचे कर्मचारी वाइसराय के निकट तक भी पहुँचे थे; परन्तु अभी तक इसका कुछ भी परिणाम नहीं हुआ था। अब दो वर्ष के बाद वाइसराय ने खड्गबहादुरसिंह की रिहाई की है। जनता की दो वर्ष की आवाज को अभी

तक अनसुनी करके, पता नहीं, सरकार ने अपनी कौनसी शान (प्रेस्टीज) की रक्षा की है ? हमारा तो ख्याल है कि यदि सरकार वीर तरुण खड्गबहादुरसिंह की रिहाई दो वर्ष पहले कर देती तो वह जनता की अधिक सहानुभूति-भाजन बन सकती थी।

[2 अप्रैल, 1927]

सिपहगीरी का धन्धा

ब्रिटिश राजनीति का खग्रास ग्रहण, भारतीय स्वराज्य को लगने के पूर्व मराठा समय में अथवा मुगल समय में इस देश के लोगों के मुल्कों और फौजी धन्धों में उतना फर्क नहीं था, जितना आज दिखाई देता है। राज्य, साम्राज्य अथवा सूबे का अधिकारी, उस समय, जहाँ मुल्की इन्तजाम में प्रवीण होता था, तहाँ तलवार चलाना और घोड़ों की सवारी आदि फौजी बातों में भी उसे प्रवीणता प्राप्त करनी पड़ती थी और आवश्यकतानुसार अपने राज्य अथवा सूबे की रक्षा करनी पड़ती थी। स्वभावत: उस समय कलम और करवाल साथ-साथ रहती थीं। तत्कालीन शासकों की जाति-पाँति का लिहाज किए बिना, इन दोनों शक्तियों की महाकाली और महासरस्वती की उपासना करनी पड़ती थी। परन्तु ब्रिटिश राज्य के पश्चात् जहाँ देश के अन्य कच्चे माल से पक्की वस्तु बनाकर ब्रिटिश वणिकों ने इस देश की महालक्ष्मी को समुद्र मध्यवासिनी बनाया, तहाँ जनशक्ति के कच्चे माल पर ब्रिटिश फौजी अफसरों का, ट्रेड मार्क लगाकर इस देश के राजों-महाराजों, नवाबों को इसी देश के लोगों द्वारा पराजित किया और ब्रिटिश राज्य की नींव जमाई। तब से हिन्दुस्थानियों के जीवन के प्रत्येक पहलू से यही बात दिखाई देती है। रुई हिन्दुस्थान की परन्तु कपड़ा विलायती; क्लर्क, पुलिसमैन, पोस्टमैन, ओवरसियर, मास्टर, तहसीलदार आदि हिन्दुस्थानी परन्तु डिप्टी कमिश्नर, कमिश्नर आदि सूत्रसंचालक विलायती। मुल्की इन्तजाम की इस विषम अवस्था के विरुद्ध, हिन्दुस्थानी राजनीतिज्ञ और उसकी कांग्रेस 40 वर्षों से लगातार चिल्लाती रही है, परन्तु यूरोपियन महायुद्ध के प्रज्वलित होमकुण्ड की आँच जब तक ब्रिटिश साम्राज्य को न लगी, तब तक उसके संचालकों ने 'इण्डियनाइजेशन', सरकारी नौकरियों का भारतीयकरण स्वीकार नहीं किया। महायुद्ध के पश्चात्, गवर्नर के पद तक हिन्दुस्थानियों को दिए गए। परन्तु थोड़े कुछ दिन पश्चात् ही गोरे सिविलयनों की घमण्ड-भरी धमकियों से डरकर, ब्रिटिश राजनीति ने डिप्टी कमिश्नरों, कमिश्नरों, एक्जिक्यूटिव कौंसिलरों तक ही 'भारतीयकरण' सीमित रखा। मुल्की इन्तजाम के साथ-साथ फौजों के अधिकार

पद भी भारतीयों को देने की आवश्यकता, महायुद्ध के पश्चात् ब्रिटिशों को मालूम होने लगी। महायुद्ध के समय अंग्रेजी सिपाहियों के साथ-साथ, हिन्दुस्थानियों ने भी जर्मनों पर हमला किया था और अपनी कुशलता एवं वीरता से बतला दिया था कि एशियाई फौजें यूरोपियन फौजों को शिकस्त दे सकती हैं। युद्ध के पश्चात् फौजों के भारतीयकरण की कप्तान, मेजर, कर्नल आदि फौजी पद भारतीयों को देने की योजना तैयार की गई और उस योजना के अनुसार कुछ साल पहले, आठ फौजी टुकड़ियों के अधिकार पद भारतीयों को तो दिए गए। परन्तु गोरों को कालों से श्रेष्ठ मानने वाली भारत सरकार ने गोरी फौजी टुकड़ियों में भारतीयों को अधिकारी बनाने के बजाय, काली टुकड़ियों पर उन्हें अधिकारी बनाया। इस पक्षपात से किसी को सन्तोष नहीं हो सकता था और खासकर मान-सम्मान के लिए प्राण-विसर्जन करने वाले सिपहगिरी के सरदारों को तो इसमें अपमान अनुभव होने लगा।

आखिर भारत सरकार ने, कानून सभाओं की माँगों तथा देश में बढ़ते हुए असन्तोष को देखकर एक जाँच कमेटी मुकर्रर की। इस कमेटी के सभापति फौज के एक प्रमुख अधिकारी सर एन्ड्रू स्कीन और सेक्रेटरी मेजर लम्बी थे। इस कमेटी में मिस्टर बर्दन को छोड़ सभी भारतीय सदस्य थे। स्कीन कमेटी ने देश-विदेश में दौरा किया। अंग्रेजी हिन्दुस्थानी सदस्यों ने मिलकर एक मत से अपनी रिपोर्ट लिखी। भारत सरकार और उसकी नियंत्रक ब्रिटिश सरकार ने इस रिपोर्ट को बहुत दिनों तक रोक रखा। गत मास के असेम्बली के अधिवेशन के समय यदि वह रिपोर्ट प्रकाशित हो जाती, तो सम्भवत: असेम्बली के सदस्य उसकी चर्चा करते और उक्त रिपोर्ट की सूचनाओं को मानने, न मानने के विषय में भारत तथा ब्रिटिश सरकार जो अनिश्चितता प्रकट कर रही है, उसके खिलाफ आवाज उठाते। परन्तु स्टेट सेक्रेटरी बर्कनहेड ने 'अशुभस्य कालहरण' की नीति के अनुसार उक्त रिपोर्ट को असेम्बली और कौंसिल आफ स्टेट की बैठकें समाप्त हो चुकने के बाद गत तारीख 31 मार्च को प्रकाशित किया।

इस कमेटी ने, जो मुख्य बातें भारत सरकार से कही हैं, वे इस प्रकार हैं—(1) इस समय इंग्लैंड के फौजी कालेज सैन्डहर्स्ट में प्रति वर्ष 10 हिन्दुस्थानी भरती किए जाते हैं। यह संख्या सन् 1928 में द्विगुणित कर दी जाय और जब तक हिन्दुस्थान में सैन्डहर्स्ट जैसा फौजी कालेज स्थापित न हो जाय तब तक यह संख्या क्रमश: बढ़ती रहे। (2) भारतीयों को भारतीय फौजों के सभी विभागों में—तोपखाना, इन्जीनियरिंग सिग्नल, टैंक, हवाई जहाज आदि में ऊँचे ओहदे दिये जायँ और इस काम में शिक्षित होने के लिए इंग्लैंड के वुलविच तथा क्रेनवेल के फौजी कालेजों में उन्हें भरती किया जाय। सन् 1928 में वुलविच कालेज में 8 और हवाई जहाजों के क्रेनवेल कालेज में 2 हिन्दुस्थानी भरती किये

जायँ। (3) सन् 1933 में सैन्डहर्स्ट जैसा फौजी कालेज हिन्दुस्थान में स्थापित किया जाय और उसमें कम से कम 100 उम्मीदवारों को शिक्षा की सुविधा रहे। (4) ब्रिटिश साम्राज्य की फर्जी कार्यवाहियों से परिचित रहने के लिए हिन्दुस्थानी फौजी कालेज के स्थापित होने पर भी प्रति वर्ष 20 हिन्दुस्थानी सैन्डहर्स्ट कालेज में भेजे जायँ। (5) सन् 1952 तक इस योजना के क्रमिक विकास के अनुसार हिन्दुस्थानी फौजों में आधे अफसर हिन्दुस्थानी और आधे अंग्रेज कर दिए जायँ। (6) फौजी अफसरों की भर्ती में जात-पाँत का ख्याल न रखा जाय, सभी जाति के हिन्दुस्थानी केवल योग्यता के बल पर फौजी कालेजों में भरती किए जायँ।

स्कीन कमेटी की सिफारिशों की मुख्य बातें ये ही हैं। अभी तक भारत सरकार ने जितनी जाँच कमेटियाँ मुकर्रर की थीं, उन सब से इस कमेटी का महत्त्व अधिक है। पिछली कई कमेटियों की रिपोर्ट में प्राय: बहुमत और अल्पमत की भिन्न-भिन्न सिफारिशें होती आई हैं, और उनमें भारतीयों तथा गैर-भारतीयों के भिन्न-भिन्न दल स्पष्ट दीखते रहे हैं। यह पहला ही अवसर है जब भारतीयों और गैर-भारतीयों ने मिलकर एक मत से सिफारिशें की हैं, और वे भी फौज जैसे महत्त्व के विभाग के लिए। फौज के अधिकारियों में मुल्की अधिकारियों की अपेक्षा अधिक सच्चाई रहती है, इस बात का, यह रिपोर्ट एक प्रमाण है। परन्तु रिपोर्ट को स्वीकार करने वाले अंग्रेजों, हिन्दुस्थानियों के एक मत ने, मुल्की अफसरों के चतुर मस्तिष्कों को चक्कर खिला दिया है। भारतीय दृष्टि में इन सिफारिशों से 'स्वराज्य' नहीं मिल रहा है। परन्तु गोरे अखबार भारत मन्त्री लार्ड बर्कनहेड और वाइसराय लार्ड इरविन की सरकार, इन एक मत से की गई सिफारिशों को मानने के लिए तैयार नहीं हैं। लार्ड बर्कनहेड ने इस रिपोर्ट का उल्लेख करते हुए हाउस आफ लार्ड्स में कहा है—"यद्यपि यह रिपोर्ट बहुत दिनों से तैयार हो चुकी है तथापि हमने अभी तक इस विषय में कोई निर्णय नहीं किया है। साम्राज्य रक्षा कमेटी की राय लेकर ही हम इस रिपोर्ट पर अपनी राय निश्चित करेंगे।" भारत सरकार ने इस रिपोर्ट को प्रकाशित करते हुए लार्ड बर्कनहेड की बातों को ही दुहराया है और कहा कि "यह रिपोर्ट साम्राज्य सरकार के साथ चर्चा करने के लिए प्रारम्भिक वक्तव्य की तरह काम में आएगी।" भारत मन्त्री एवं वाइसराय के वक्तव्यों से यह मान लेना असम्भव नहीं है कि अंग्रेजों, हिन्दुस्थानियों के एक मत से की गई इस रिपोर्ट की गति क्या होने वाली है। भारतीय फौजों में लगभग 7,000 अधिकारी हैं। इनमें से आधे अर्थात् 3,500 अधिकारी हिन्दुस्थानी कर दिए जाने की बात, लैफ्टिनेन्ट जनरल स्कीन तथा अन्य अंग्रेज मानते हैं। परन्तु भारत सरकार उसे नहीं मानती। जब रिपोर्ट में विभिन्न मत होता है, तब ब्रिटिश नौकरशाही गोरों का पक्ष लेकर

अपना निश्चय करती है, परन्तु जब गोरे-काले मिलकर एक मत से कोई बात कहते हैं, तब यह नौकरशाही 'साम्राज्य' का प्रश्न उठाकर रिपोर्टों को स्वीकार करने में आनाकानी करती है। लार्ड बर्कनहेड तथा अन्य गोरे अधिकारी समय-समय पर भारतीयों की स्वरक्षा करने का उपदेश देते रहते हैं परन्तु जब स्वरक्षा की योजना तैयार होती है तब वे बगलें झाँकने लगते हैं। भारतीय समुद्रों की रक्षा के लिए भारतीय नौसेना का कानून इंग्लैंड की पार्लियामेंट पास करती है और उसमें यदि पार्लियामेंट का कोई सदस्य कहता है कि भारतीय नौसेना भारतवर्ष के समुद्रों को छोड़कर साम्राज्य की लड़ाइयाँ लड़ने के काम में न लाई जाय, तब भारत के बहुत बड़े हितैषी, लार्ड बर्कनहेड के दाहिने हाथ अर्ल विन्टर्टन कहते हैं कि "नहीं, ऐसा करने से भारतीयों का अपमान होगा। गोरी नौकरशाही नीति की हद का अतिक्रमण कर, भारतीयों के जले पर नमक छिड़कने में किंचित संकोच नहीं करती। चीन की अशान्ति ने यदि और अधिक उग्र रूप धारण किया तो क्या अंग्रेज कूटनीति को झुकना नहीं पड़ेगा। और क्या इस तरह झुककर भारतीयों की माँगों को स्वीकार करने से ब्रिटिशों की इज्जत मिट्टी में नहीं मिलेगी? परन्तु ब्रिटिश राजनीति यदि दबने से ही फलदायी हो सकती है, तो समझौते के अनेकों प्रयत्नों का भी इस पर क्यों असर होगा।

[9 अप्रैल, 1927

देश का दृष्टिकोण

आगामी 5 अप्रैल को अखिल भारतीय राष्ट्र-समिति—आल इण्डिया कांग्रेस कमेटी—की बैठक होने को थी। अब वह 12 अप्रैल को होगी। आल इण्डिया कांग्रेस कमेटी के कार्यक्रम में, देश में तथा देश की धारा-सभाओं में, कांग्रेस का कार्यक्रम निश्चित करने के भी प्रस्ताव हैं। इस आशय के प्रस्ताव सुझाने वालों में हैं, मजदूर पार्लियामेण्टेरियल भाई सकलातवाला, श्रीयुत नीलकण्ठदास और बरार कांग्रेस कमेटी। कुछ वर्षों से, देश की जनता के खिलाफ, देश के आराम-पसन्द राजनीतिज्ञों का लगातार गदर होता आ रहा है। जनता में काम करने वाले नेता-गण सन् 1885 से 1920 तक की अपनी परम्परा के अनुसार राष्ट्रोद्धार का जोखिम से भरा हुआ रास्ता स्वीकार करने में आनाकानी कर रहे हैं। जोखिम, कष्ट सहन और त्याग को मूर्खता समझने वाले इन सज्जनों ने, राष्ट्रीयता के इस कड़वे स्वरूप से ऊब कर, देश में, अपनी प्रतिष्ठा, अपनी उच्चता, अपनी महत्त्वा-कांक्षा और अपने राजनैतिक दाँवों के खेल-कूद के कुछ रंगमंच बना रखे हैं।

और जब वे देखते हैं कि देश की अज्ञान किन्तु स्वाधीनता की उपासिका जनता, अपनी बेड़ियों के तुड़वाने का, उनसे तकाजा करती है, या अपना पथ स्वयं ढूंढ़ने के लिए उतावली होने लगती है, तब हमारे भाइयों में से कुछ साम्प्रदायिक रंग-मंचों पर चढ़कर 'हिन्दू-हिन्दू', 'इसलाम-इसलाम' की पुकार मचाने लगते हैं, और कुछ प्रस्तावों और संशोधनों के पुलन्दे लेकर धारा-सभाओं की ओर दौड़ लगाने लगते हैं। इस चहल-पहल और दौड़-धूप के दाँव-घातों में, देश की जनता आ जाती है, और स्वतन्त्रता के सस्ते सौदे पर उसे विश्वास होने लगता है। और जब हिन्दू सभा, मुसलिम लीग, और कौंसिलों के अधिवेशनों से, देश के 'वीर नेता' लौटते हैं तब ज़नता देखती है कि न तो, स्वामी रामदास के शब्दों में, समस्त शक्ति संगठित ही हुई, और न धारा-सभाओं के गर्भ ने, जनता के सुख के पुत्र का प्रसव प्रदान किया। ये दाँव-घात लगातार जारी हैं। हिन्दू और मुसलमानों के सिर फूटने के पश्चात् भी ये दाँव-घात जारी हैं, आर्डिनेन्स बंगाली तरुणों के बिना मुकदमा चलाये कष्ट भोगने पर भी ये दाँव-घात जारी हैं, धारा-सभाओं में नमक का कर बढ़ने, सुधार की माँग की उपेक्षा किये जाने, और असेम्बली की बिना आज्ञा चीन के मैदान में भारतवासी गुलामों के सस्ते सिर, चीनी स्वतन्त्रता को कुचलने का पाप करने के लिए भेजे जाने के पश्चात् भी ये दाँव-घात जारी हैं। बूढ़े से बूढ़े राष्ट्रीय मल्लाह, देश में, अपने आसनों को सँभाले रखने के लिए, अपना समस्त राष्ट्रीय भूतकाल भूल गये हैं, उन्हें अपने देश-निकाले और जेलों की याद नहीं आती, उन्हें भारतीय पराधीनता की याद नहीं आती, उन्हें भारतीय जनता के नंगे और भूखे जिन्दगी बिताने की याद नहीं आती—उनके सामने तो, उनके आये दिन बनाये हुए, नये-नये गंगा-जमना दल हैं, उनके उभाड़े और साम्प्रदायिकता के लिए उकसाये हुए अनुयायी हैं और उनके निकट भविष्य में, अपने राष्ट्रीय पद के न छिन जाने की एक रेखा है, जिसका सदा स्थिरता और सहूलियत की दिशा में रखने के लिए देश में आपसी कलह-कोलाहल है, सरकार के सामने झुकने की तैयारियाँ हैं, अपने ही देश-वासियों को कोसने का व्यापार है, और राष्ट्रीयता से भी पहिले दीन-धर्म की रक्षा करने का पाखण्ड है। इस कोलाहल से, देश संगठित न होगा, ग्रामीण नहीं जागेंगे, लोगों में राष्ट्रीय चेतना उत्पन्न नहीं होगी, आपसी कलह से लाभ उठाकर सरकार सबल रहेगी, किन्तु हमारे नेता ग्रामीणों को जगाने, उनके लिए मरने-खपने, उनको संयुक्त करने और उनकी दशा सुधारने के पथ में क्रान्ति को आमन्त्रित करने के लिए तैयार होंगे। उनको बूढ़ी बुद्धि, थके हुए शरीर, राष्ट्रीय चेतना को अव्यावहारिक मानने की परम्परा और अपने जन्म के जमाने से आज के भारत को, उन्नत समझने की उनकी शिथिल और पतित विचार-शैली, उन्हें ऐसा क्यों कर करने देगी।

यह समूह राष्ट्र का मस्तक कहलाता है, इस हिसाब से देश की जनता को राष्ट्र का धड़ कहना चाहिए। मस्तक धड़ का कोशिश करके अपनी बेड़ियों को खोलना भी चाहता है तब मस्तक कहता है—"सुनो, हम तुम्हें एक कहानी कहते हैं। कहानी में धड़ के अंग बहल जाते हैं, किन्तु थोड़ी देर बाद देखते हैं कि कहानी से बेड़ियाँ नहीं टूटीं। मस्तक कहता है—"देखो दाहिने हाथ ने बायें हाथ को नोच लिया। क्या बायाँ नामर्द है जो दाहिने को दण्ड न दे।" मस्तक की कृपा से, जो भुज-दण्ड शत्रु का मान-मर्दन करने के लिए थे, वे आपस ही में एक-दूसरे को तोड़ने-मरोड़ने लगते हैं। क्या इसकी वेदना का, राष्ट्र को अनुभव नहीं होता, क्योंकि मस्तिष्क इस बात को अनुभव नहीं होने देता। दीख रहा है कि सर और धड़ दोनों अलग-अलग पड़े हैं, और राहु और केतु बनकर देश के स्वातन्त्र्य-सूर्य और सौभाग्य सुधांशु को निगल-उगल रहे हैं।

देश के नेताओं के इन चलचित्रों के तमाशे जब खत्म हो चुकते हैं, और जब देश की जनता से पूछा जाता है कि कहो, तुम्हारा राष्ट्रीय उद्धार कैसे होगा। तब देश का, बरार को छोड़कर, कोई भी हिस्सा, न तो साम्प्रदायिकता को अपनी मुक्ति का साधन मानता है और न सरकारी सहयोग से देश की स्वाधीनता के जन्म लेने का स्वप्न देखता है। बरार ने तो, दुर्भाग्य से, असहयोग के युग में भी राष्ट्र के प्रतिकूल सोचा और प्रतिकूल किया, और उसकी यह स्वनाम-धन्य परम्परा अभी तक जारी है। किन्तु आल इण्डिया कांग्रेस कमेटी की 12 अप्रैल की बैठक के पहिले, पटना की बंगाल परिषद, केरल परिषद, आन्ध्र परिषद, युक्त प्रान्तीय परिषद, और अभी चौबेपुर में श्रीयुत गणेश शंकरजी के सभापतित्व में होने वाली बनारस जिला परिषद,—इन सभी परिषदों में, जब जनता से उनके उद्धार का उपाय पूछा गया, तब वहाँ एक ही-सी ध्वनियाँ उठीं,—पूर्ण स्वाधीनता असहयोग का पुनः प्रयोग, और सरकार से झगड़े की तीखी आवाज। पटना की परिषद हिन्दू-मुस्लिम कलह का, मुसलमानों द्वारा स्वीकृत यह समझौता लेकर आई —"सब धर्मों के जुलूस और मुर्दों के जुलूस मस्जिदों के सामने से चौबीसों घण्टे बिना रुकावट, बाजो के साथ निकल सकें। और अन्य संसारी कामों के लिए बजने वाले, केवल समाज के 5 समयों को छोड़ सदा बजाये जा सकें।" केरल की परिषद के सभापति श्रीयुत हार्निमन ने, अपने अन्तिम भाषण में कहा—"मेरे दोस्तो, जब तक तुम स्वाधीनता के संग्राम में विजयी नहीं होते, तुम्हें गुलाम ही रहना पड़ेगा। तब तक तुम्हारे धन, तुम्हारे सिपाहियों और तुम्हारे साधनों का उपयोग उन देशों को गुलाम बनाने के लिए किया ही जाता रहेगा, जो स्वयं अपनी आजादी के संग्राम में लगे हुए हैं। तुम मिसर जाओ, तुर्किस्तान जाओ, चीन जाओ, देखोगे कि भारतीय सिपाहियों का नाम वहाँ 'काले अक्षरों' में लिखा हुआ है। इसलिए कि देश के सिपाहियों ने, उन

देशों के स्वतन्त्रता के प्रयत्न में लगे हुए लोगों पर गोलियाँ दागीं और उनकी गुलामी की बेड़ियों को मजबूत कर दिया।" केरल परिषद ने, असहयोग की घोषणा पर जोर दिया। चौबेपुर की जिला परिषद में, श्रीयुत सम्पूर्णानन्द जी बी० एस० सी०, एम० एल० सी० के प्रस्ताव तथा युक्त प्रान्तीय कांग्रेस कमेटी के सभापति श्रीयुत बाबू शिवप्रसाद गुप्त के अनुमोदन करने पर यह प्रस्ताव स्वीकृत किया--

(अ) "यह सम्मेलन इस बात पर अपना दृढ़ विश्वास प्रकट करता है कि असहयोग ही स्वराज्य-प्राप्ति का साधन है। इसलिए यह सम्मेलन सबसे अनुरोध करता है कि स्वावलम्बन और स्वातन्त्र्य भाव को अपने में सदा जागरित रखें। और कार्यकर्त्ताओं, विशेषत: नवयुवकों के उत्साह और त्यागवृत्ति को बढ़ायें, कांग्रेस के सदस्य बनें, खद्दर का प्रयोग करें तथा कांग्रेस की सब आज्ञाओं का पालन करें।

(ब) यह सम्मेलन जिले के नवयुवकों से विशेष आग्रह करता है कि वे अपने को देश की निरन्तर सेवा के लिए तैयार कर और यथा शक्य कांग्रेस की आज्ञाओं तथा असहयोग-भाव का प्रचार करें।"

किन्तु सारे देश के असहयोग को पुकार लगाने पर भी, प्रश्न यह है कि आगामी 12 अप्रैल को अखिल भारतवर्षीय राष्ट्र-समिति की बम्बई की बैठक में हम क्या करेंगे। क्या हम जनता को आत्मावलम्ब का सन्देश देंगे। क्या हम इन छिन्न-भिन्न कांग्रेसों और सभाओं द्वारा स्पष्ट रूप से प्रगट होने वाले, जनता के मुक्ति-पथ की घोषणा करेंगे, या फिर देश में साम्प्रदायिकता और कलह के बीज बोवेंगे, और ग्रामों में किये जाने वाले विधायक कार्यों तथा राष्ट्रीय आन्दोलनों की अपेक्षा कर धारा सभाओं के नर्तन-वादन में राष्ट्र को उलझाकर उसका समय बर्बाद करेंगे। इस समय हमें, एक जमाने में कही हुई, स्वर्गीय सर सुरेन्द्रनाथ बनर्जी की उक्ति याद आती है। उन्होंने बंग-भंग के आन्दोलन के समय अपने एक भाषण में कहा था—"वे लोग जो स्वयं-शासन चाहते हैं, आन्दोलन कर रहे हैं, और जो गदर चाहते हैं वे इस आन्दोलन का विरोध कर रहे हैं।"

सच बात तो यह है कि हमारे देश के साम्प्रदायिक नेता यह नहीं देख रहे कि जिस समय वे हिन्दू-मुसलिम झगड़ों के चित्रों को रक्त से रंगीन करने और सरकारी सहयोग को और कदम बढ़ाने में लगे हुए हैं, उसी समय चीन में भारत के नाम पर सिपाही भेज कर काला पोता जा रहा है, देश में बंगाली तरुण और वीरवर सुभाष बोस कष्ट पा रहे हैं, और श्रीयुत रामप्रसाद और उसके साथी शूली के मेहमान बनाये जा रहे हैं, और देश के किसानों की गरीबी, मालगुजारी का बढ़ाना, शराब पिलाने का सरकारी रोजगार और देशवासियों के अपार कष्ट ज्यों के त्यों जारी हैं। अत: हमें आशा करनी चाहिए कि राष्ट्रीय समिति

की आगामी बैठक में, देश का अंग, देश की मित्र भिन्न-भिन्न राष्ट्रीय सभाओं में प्रगट होने वाली ध्वनि को स्पष्टतापूर्वक प्रगट करेगा। और देश-नेताओं को देश की जनता के लिए विधायक कार्यक्रम तथा राष्ट्रीय आन्दोलन के लिए लाचार करेगा।

सम्पादकीय टिप्पणियाँ

झण्डा सत्याग्रह : स्मृति दिवस

सन् 1923 से राष्ट्रीय सप्ताह में तेरहवीं अप्रैल को, मिस्टर अवारी के अधिनायकत्व में राष्ट्रीय झण्डे का एक जुलूस निकला था। सरकार ने उस जुलूस को रोका। मध्यप्रान्त ने झण्डे की रक्षा के लिए बारह सौ बलियाँ चढ़ाईं।··· सेठ जमनालाल जी बजाज तथा उनके साथियों ने सरकारी चुनौती को स्वीकृत किया; अखिल भारतीय कांग्रेस ने राष्ट्रीय झंडे की गौरव-रक्षा के लिए अपनी सहायता का हाथ बढ़ाया, देश के भिन्न-भिन्न प्रदेशों से सैकड़ों सज्जनों ने आकर राष्ट्रीयता की गौरव रक्षा के लिए अपने घर-द्वार छोड़कर मध्यप्रदेश की जेलों में मई और जून की गर्मियों में अपने श्रेष्ठतम जीवन की घड़ियाँ बितायीं। उस समय महात्मा गांधी जेल में थे। लोग सोच रहे थे कि महात्मा गांधी की अनुपस्थिति में कुछ नहीं हो सकता। नागपुर के सत्याग्रही तरुणों ने देश के बूढ़ों से, उस दिन क्रियात्मक रूप से कहा था कि—"नहीं, महात्मा जी के वियोग में रोना कायरता है। उस वीर संग्राम को, संकट पड़ते ही चलाना राष्ट्र की आज्ञा का पालन करना है।" उन दिनों पंडित जवाहरलाल नेहरू, श्री पुरुषोत्तम-दास टंडन, बाबू राजेन्द्रप्रसाद, श्री वल्लभभाई पटेल, और आज की असेम्बली के सभापति श्री विट्ठल भाई पटेल, नागपुर के सत्याग्रहियों की सहायता कर रहे थे, और गुजरात के डाक्टर घिया और डा० चन्दूलाल, कर्नाटक के वीर हार्डिकर, बिहार के झण्डा-बलि श्री हरदेवनारायणसिंह और देश के अनेक प्रान्तों के वीर कार्यकर्त्ता झण्डा सत्याग्रहियों के साथ जेल में थे। मध्यप्रान्त तो अपना सब कुछ झगड़े की बाजी पर लगा चुका था। अन्त में, सरकार को झुकना पड़ा, और राष्ट्रीय झण्डे की गौरव-रक्षा हुई। कल, पहिली मई उस दिन की याद दिलाता है। पहिली मई ही को जब सरकार ने झण्डे पर से बन्धन नहीं उठाये, तब, प्रकृत झण्डा सत्याग्रह प्रारम्भ हुआ था। पंडित जवाहरलाल नेहरू ने, अपनी ब्रुसेल्स में होने वाली दलित राष्ट्रों की रिपोर्ट में लिखा है कि भारत का यह खादी का तिरंगा झण्डा, ब्रुसेल्स में पंडित जवाहरलाल जी ने, भारत की ओर से फहराया था। किन्तु ब्रुसेल्स में और भिन्न-भिन्न कांग्रेसों और राष्ट्रीय उत्सवों में फहराये जाने वाले राष्ट्रीय झण्डे की प्राण-प्रतिष्ठा नागपुर में हुई थी। और

उस प्राण-प्रतिष्ठा की संग्राम-तिथि थी पहिली मई।

स्मृति-दिन को पुनः सत्याग्रह

यह कौन नहीं जानता कि आजकल राष्ट्रीय आन्दोलन शिथिल पड़ गया है और उसके परिणामस्वरूप सरकार, धारा सभाओं में प्रजा-प्रतिनिधियों का मजाक उड़ाती है, बंगाली देशभक्तों को नजरबन्द करती है, रामप्रसाद लाहिड़ी और उनके साथियों को फाँसी और कालापानी देती है और राष्ट्रीय आकांक्षाओं की जरा भी परवाह नहीं करती। राष्ट्रीय झण्डे का पहिला जुलूस ले जाने वाला वही श्रीयुत अवारी, उसी नागपुर शहर में, उसी राष्ट्रीय सप्ताह में, फिर शस्त्रों के सत्याग्रह को लेकर आगे बढ़ता है। और वही बंगाल के नजरबन्दों को छुड़ाने के लिए। हम श्रीयुत आवारी से कहेंगे कि भाई कांग्रेस के निश्चय को अपने साथ लो, तभी देश तुम्हारा साथ देगा। किन्तु, हम आवारी जैसे तरुण की भावना का मजाक नहीं उड़ा सकते। हम तो, देश के नेताओं के धारा सभाओं में खेल-कूद और डा० मुन्जे और डा० किचलू द्वारा होने वाले साम्प्रदायिक रण-रंगों को देखकर तथा सैकड़ों तरुणों के बरबादी के रास्ते पर जाने पर भी इन सज्जनों के अनुभव न करने पर, अपने देश और अपने भविष्य पर अटूट प्रेम करने वाले इन अधीर तरुणों के हृदय की आग को समझ सकते हैं। हमारा तो यह भी विश्वास है कि जिस तरह कानून के स्वीकृत करने से शराब पीना गंगा-जल पीने के समान पुण्य नहीं, उसी तरह कानून के आँख दिखाने पर भी, भारतीय शस्त्र धारण करने के अयोग्य नहीं। हमारा तो यह भी विश्वास है कि कानून को लोगों की वीर भावना और आत्माभिमान पर आक्रमण करने के बजाय भारतवासियों को शस्त्र धारण करने देना चाहिए। हम मध्यप्रान्तीय सरकार के इस समय के गंभीर रुख को देख रहे हैं। हमारा विश्वास है कि यदि सरकार साहसपूर्वक प्रान्त के हथियारों के कानून को बिदाई दे दे तो वे एक अखिल भारतीय संकट से अपने शासन की रक्षा कर ले जावेंगे। बशर्ते कि सर फ्रेंको गोवेन की तरह, वे कोई नई गलती न कर बैठें। हम श्रीयुत अवारी के इस आन्दोलन को, देश नेताओं के लिए भी एक गंभीर सूचना समझते हैं और आशा करते हैं कि पंजाब के सिक्खों को गुरुद्वारा कैदियों के नाते, बंगाल के तरुणों को आर्डिनेन्स के शिकार के नाते, युक्त प्रान्त के तरुणों को काकोरी-डकैती के नाते कष्ट भोगते देखकर, वे चुप न रहें। उन्हें अपने कर्त्तव्य का निश्चय करना होगा। हम यह भी मानते हैं कि मध्यप्रान्त को बंगाल बनने की ओर खींचना या न खींचना इस समय की प्रान्तीय सरकार के हाथों है। वे चाहे जिस पथ का अनुकरण करें।

[30 अप्रैल, 1927]

किसानों के संकट

इस देश की सरकार को, अपने शासन की, किसानों से कर वसूल करने की पद्धति और कर में वसूल होने वाली रकम का बड़ा गर्व है। इस देश के गोरे सिविल सर्वेण्ट अकसर कहा करते हैं कि किसानों से सरकारी जमा वसूल करने की, भारत के समान अच्छी पद्धति कहीं नहीं है। जो लोग इस बात को जानते हैं, कि इस देश के किसान, अपनी उपज का चौथाई भाग भी अपने घर में नहीं रख सकते, और उनमें से करोड़ों को यह मालूम ही नहीं कि भर-पेट भोजन किसे कहते हैं,—वे लोग जानते हैं कि कर वसूली की तारीफ का मतलब यह है। यथार्थ में, ब्रिटिश सरकार की, भारतीय कर वसूली की पद्धति इतनी अच्छी है कि जिसमें, भारत के किसानों के पास, सिवा भूख, परिश्रम और निराशा के कुछ नहीं रह पाता, सब कुछ सरकारी खजाने में आ जाता है। सारा संसार पुकारकर कह रहा है—और उन पुकारने वालों में अंगरेज भी हैं—कि भारत के किसानों से अधिक दरिद्री जगत में कोई नहीं। किन्तु भारत सरकार की कर-वसूली की आदर्श पद्धति देखिये, हर बीसवें-पच्चीसवें साल लगान बढ़ा दिया जाता है। सरकार, धनिकों और व्यापारियों पर की जाने वाली रिआयत को सोच सकती है, गोरे नौकरों के मोटे पेट पर, सुख-साधन की पट्टियाँ चढ़ा सकती है; कुलियों को विदेश भेज सकती है; किन्तु यह किसानों पर रहम नहीं कर सकती। किसानों पर रहम करने वाला, किसानों को उनके अधिकारों की याद दिलाने वाला, किसानों को आन देने वाला, किसानों की ओर से झगड़ने वाला और किसानों को सुख के दिन देखने की याद दिलाने वाला—राज-द्रोही है। यदि देश के किसान ही जाग जायेंगे, यदि ये ही पनप जायेंगे, यदि किसान ही अपने देश के भाग्य का निपटारा करने लगेंगे, तो फिर विदेशी शासन कै दिन टिकेगा।

सरकार किसानों की सुविधा का स्वप्न नहीं देखना चाहती। वह किसानों के हिमायतियों में किसी को नहीं देखना चाहती। अन्य मामलों में, यदि सरकारी अधिकारी, प्रजा-मत के खिलाफ कोई बात कह दे, तो वह सरकार के द्वारा मूल्यवान समझी जायगी। फिर यदि वह बात किसी गोरे चमड़े के आदमी ने कही हो तब तो उसे बज्र-लेख ही समझना चाहिए किन्तु यदि स्वयं सरकारी अधिकारी या कोई गोरा सिविल सर्वेण्ट, किसानों के हित की कोई बात कहे—किसान के हित की बात करने वाला 'नराधम' दण्ड पावेगा। उसकी किसी प्रकार खैर नहीं। यही कारण है कि सरकारी अधिकारी, यदि किसी बात की खास पर्वा करते हैं, तो इस बात की, कि वे अपने आपकी, अपने अफसरों की नजर में किसानों का हित,—जनता का हित-चिन्तक साबित न होने दें। यदि उनके

अफसरों को यह बात मालूम हो जाय कि अमुक व्यक्ति किसानों का या जनता का हित है—तो संसार के देशों में वह सराहा जायेगा; किन्तु भारत में, वह अपने किसान प्रेम के लिए दण्ड पावेगा।

किसानों से कर वसूल करने वाले अधिकारियों में खास-खास लक्षण होने चाहिए; यदि वे इस विदेशी शासन में अपनी तरक्की चाहते हों। ऐसे अधिकारी में वह गुण होना चाहिए कि वह पटवारी पर अधिक भरोसा करने वाला हो, और देखता रहे कि पटवारी कभी किसानों के हित की ओर न झुक जाय। उसका काम है कि वह फसल के खराब होने पर, द्रवित न हो पड़े। यदि फसल केवल चार आना हुई हो तो उसमें 10-12 आना लिखने का नैतिक साहस होना चाहिए। चाहे पानी न बरसे, चाहे जरूरत से अधिक पानी बरसे, चाहे पाला पड़े, चाहे ओले गिरें, उसके ईमान को किसानों की पर्वा न करके, सरकारी रोटियों की ही ओर झुकना चाहिए। यदि कोई दुर्घटना हो पड़े, और 100-200 किसान मर गये हों, तो उसे सब से पहले 10-5 के मरने ही की रिपोर्ट देनी चाहिए, फिर उसके बाद मरने वालों की तादाद इस तरह बढ़ानी चाहिए, कि जनता की नजर में न आ जाय यदि किसी अधिकारी ने रोटियों की अपेक्षा ईमान की, पेट की अपेक्षा सत्य की और अन्नदाता की अपेक्षा जीवन-दाता की अधिक पर्वा की, तो उसे निश्चय रखना चाहिए, कि रिट्रेंचमेण्ट में—यानी कम किये जाने वाले नौकरों में—पहला नम्बर उसी का होगा। यदि उसका अफसर कृपालु हुआ तो किसी बहाने वेतन की कमी के लिए प्रस्तुत रहना चाहिए। और यदि कुछ भी नहीं हुआ, तो आगामी तरक्की की रुकावट, तथा प्रतिकूल परिस्थिति के स्थानों में बार-बार बदले जाने में उसे कभी आनाकानी नहीं करनी चाहिए। स्वभावतः सरकारी अफसर, ईमान की रोटियों पर कब्जा नहीं करने देते, वे सहानुभूति को सर्वनाश की बहिन समझते हैं। उनका व्रत होता है—कृषक-भञ्जन।

जो लोग, कृषक-भञ्जन में चूकते हैं, उनकी दुर्गति हुए बिना नहीं रहती। उड़ीसा प्रान्त में अति वृष्टि होने से सारे प्रदेश के लोग त्राहि-त्राहि करने लगे। मनुष्यों को अनाज नहीं, पशुओं को घास नहीं। सब से अधिक कष्ट था, उस प्रदेश के बालासोर जिले के लोगों को। लोगों के अत्यन्त कष्टों को देखकर जिले के किसान-भञ्जन, और दीन-दलन की तालीम पाये हुए प्रधान सरकारी अधिकारियों का हृदय भी हिल उठा। बालासोर के यूरोपियन कलक्टर ने देखा कि किसानों के घर में अनाज ने दर्शन नहीं दिये, और वे झाड़ों की पत्तियाँ तक खाकर अपनी-अपनी गुजर कर रहे हैं। भारत की मनुष्यता का, अपने ब्रिटिश शासन में पशुओं की तरह गुजर करना कलक्टर महाशय से देखा न गया। उन्होंने हिन्दू सिविल सर्जन और मुसलमान पुलिस-कप्तान से सलाह ली। और साहसपूर्वक तीनों अफसरों ने मिलकर, प्रान्तीय सरकार को सूचना दी कि बालासोर जिले

में अनाज पैदा नहीं हुआ। यहाँ के निवासी सरकारी लगान नहीं पटा सकते। यदि सरकार के हृदय होता तो वह देखती कि जो अंग्रेज हिन्दू और मुसलमान कहीं एक आवाज से नहीं बोल रहे हैं, वे बालासोर जिले में बोल रहे हैं। देश की इस आदर्श घटना से लाभ उठाने के बजाय, सरकार ने क्या किया। उसने किसान-हित का गुनाह करने वाले, अपने अधिकारियों को बुरी तरह फटकारा और प्रजा-हित के पाप से लदे हुए, अपने एक अधिकारी को निकाल दिया, दूसरे का वेतन घटा दिया और तीसरे को दूसरे स्थान पर बदल दिया। सच बात तो यह है कि चाहे दया और माया के कितने ही गीत गाये जायँ, किन्तु आज देश-भर में, किसान-मर्दन हो रहा है। प्राण की बाजी मनुष्य की अन्तिम बाजी है। यदि उड़ीसा के किसान चाहते, यदि वे संगठित होते, तो आज उनकी इस बुरी अवस्था में कौन उनसे मालगुजारी वसूल कर सकता ? कौन उनके मरे-गिरे पशुओं और मिट्टी के बर्तनों को कुर्क करने का नाटक रच सकता ? कौन उनकी मर्जी के खिलाफ ली कमीशन के परिणामस्वरूप, उनकी बरबादी और उनके भूखे पेटों की कीमत पर इंग्लैण्ड को देवी के महँगे गोरे-पुत्रों का, दिन-दहाड़े ली-लूट के बल पर धन खींचकर पेट भर सकता।

किसानों की बुरी दशा है किन्तु जहाँ-तहाँ, नये असेसमेण्ट—नये बन्दो-बस्त हो रहे हैं। फसलें खराब हो चुकी हैं। किन्तु मालगुजारी वसूल करने का दुःखद नाटक जारी है। ये सब घटनाएँ जनता की एक लहर, गरीबों के एक आन्दोलन, असहयोग जैसी एक शक्ति की प्रतीक्षा कर रही हैं। किन्तु आल इण्डिया कांग्रेस कमेटी को, इन सब बातों के लिए अवकाश कहाँ ? उसकी तिथियाँ दिल्ली से बम्बई के रूप में परिवर्तित होती हैं। 5, 2 और 15 मई के रूप में तारीख बदलने का नाटक किया जाता है और निर्णय के समय, किसानों के संकटों को देखने, उनके सर्वनाश करने वाले प्रयत्नों को विफल करने के लिए, जोखिम को नहीं अपनाया जाता। किन्तु उनकी जोखिम में वे किसी मार्ग की प्रतीक्षा कर रहे हैं। उनकी कठिनाई का और देश की स्वतन्त्रता का सवाल उसी दिन सुलझ जायेगा जिस दिन किसान संगठित होकर अत्याचारों के खिलाफ उठ खड़े होंगे। जो देश में कुछ काम देखना चाहते हैं, उनके लिए एक ही काम है—किसानों के संकटों को देखें, ग्रामों को संगठित करें।

हम उड़ीसा के किसानों की चर्चा कर चुके हैं। अब कोंकण के किसानों का हाल सुनिये। उनकी फसलें गत दो वर्षों से खराब होती आ रही हैं। उन्होंने सर-कार से निवेदन किया कि वे इस वर्ष भी अपनी मालगुजारी नहीं पटा सकते। उन्हें माफी मिले। सरकारी अधिकारियों ने कहा—ऐसा नहीं हो सकता। एक बार, कोंकण के गरीबों को, जजीरा के नवाब ने, उनके समुद्र-तटों को छीनकर चुनौती दी थी, और परिणामस्वरूप प्रचण्ड मराठा जल-सेना ने जन्म लिया था

यह बात 17वीं सदी की है। बीसवीं सदी के कोंकण के किसानों को सरकार ने चुनौती दी है कि वह किसानों से मालगुजारी अवश्य वसूल करेगी। सौभाग्य की बात है कि कुलाबा जिले के किसानों ने, कौंसिलों और असेम्बली के सदस्यों के पास, पूछने के लिए प्रश्न और पेश करने के लिए प्रस्ताव नहीं भिजवाये। उन्होंने अपने आपको स्वराजी या उत्तरदायी सहयोगी कहकर, आपसी कलह का सौदा मोल नहीं लिया। उन्हें दीख पड़ा कि गरीबों के मस्तक उठाने का एक ही उपाय है—विनयपूर्वक लगान देने से इन्कारी, सविनय कानून-भंग। किसानों का इस उपाय पर विश्वास होना स्वाभाविक है, क्योंकि खेड़ा में, चम्पारन में, और अन्य स्थानों में भी यह उपाय यशस्वी हो चुका है। इस पद्धति से लड़ने वालों के खिलाफ प्रत्येक समय, सरकार को मुँह की खानी पड़ी है। हमें एक ही सन्देह है। यदि कुलाबा के किसानों का नेतृत्व, ऐसे लोगों ने ग्रहण किया जिनका सत्याग्रह पर विश्वास नहीं है, तो कुलाबा के किसानों के आन्दोलन का अन्त सफलता की सीमा में शायद ही पहुँच पावे। यद्यपि लोकमान्य और छत्रपति शिवाजी महाराज की पुण्य स्मृतियाँ कुलाबा के किसानों के लिए वरदान का काम करेंगी, तथापि इस बात को दृष्टि से नहीं हटाया जा सकता कि कष्ट-भोगी देश-भक्त बारिस्टर सावरकरजी को साहित्य-सम्मेलन तक का सभापति न बनने देने वाले, सेनापति बापट के आन्दोलन में इज्जत पाने के समय आगे बढ़कर फिर उस प्रयत्न की जड़ न जमने देने वाले, और अन्त में सरकार से सीधा लोहा लेने से इन्कार करने···और जरा झुककर चलने वाले पुण्य-पुरुषों का आजकल वहाँ अड्डा है। जो हो, हम चाहते हैं कि कुलाबा जिले के किसान यशस्वी हों और उनका संकटों से भरा हुआ पथ, उनके आसपास के देश-भक्तों में ऐसी प्रेरणा पैदा कर सके कि वे देश-भक्त, कौंसिलों में प्रश्न पूछने तथा प्रस्ताव और संशोधन पेश करने, तथा सरकारी अधिकारियों से मिलकर किसानों को मूर्ख साबित करने के बजाय, अपने संकटग्रस्त किसान भाइयों की सहायता के लिए दौड़ लगा सकें।

[7 मई, 1927]

प्रजा प्रतिनिधियों का असि-धारा-व्रत

निरंकुशता से ऊबकर, निरंकुशता के अनेकों कष्ट बर्दाश्त कर, निरंकुश सत्ताधारियों के अनेक मुकुटों को तोड़कर, अनेकों गद्दियों को उलटकर, परिणाम-स्वरूप अनेकों गरीब प्रजासेवकों को अपार कष्ट में डालकर, जगत ने प्रतिनिधि-शासन प्रणाली को ढूँढ़ा। शासन की समस्त शक्ति, जब एक ही शासक के हाथ में रहती है, जब वह अपनी लहर के बल पर करोडों के भाग्य का फैसला कर

सकता है, तब वह निरंकुश शासक कहलाता है। कष्ट-भोगियों ने चाहा कि इस निरंकुशता पर अंकुश लगाया जाय, जिससे वह अपनी लहर पर न चलकर, जनता की रुचि, जनता की आज्ञा, जनता के हित को देखकर चले। लोगों ने अपने आप शासन करने के शासकों के अधिकार को, क्रान्तियाँ कर-करके छीन लिया। उन्होंने कहा—शासक, अधिकारी, राज्य-संकट संचालक, प्रधान, राज-सभा का सदस्य वही होगा जिसे हम चाहेंगे। शासकों ने समझौता किया। लोगों को अधिकार मिले कि शासक वही होगा जो कानून सही बनावेगा, राज्य संकट का संचालन वही करेगा जिसे प्रजा चुन देगी। चुन देनेवाले मतदाता हैं, चुना जाने वाला व्यक्ति उम्मीदवार। स्वतन्त्र देशों में प्रजा मत के खिलाफ चलने वाले शासक, देश में एक दिन भी शासन नहीं कर सकते। इंग्लैण्ड भी, यदि एक बार मन्त्रि-मंडल पर, प्रजा-प्रतिनिधियों के बहुमत से, विरोध का प्रस्ताव पास कर दे, तो फिर उस मन्त्रि-मंडल को, स्वयं इंग्लैण्ड का बादशाह भी कायम नहीं रख सकता।

स्वाधीन देशों की पद्धति के अनुकरण का बहाना करने वाली विदेशी सरकारें, अपने गुलाम देशों में भी चुनाई की प्रथाएँ, ऐसी नियमित सीमाओं में चलाती हैं जिससे गुलामों का चल बढ़ तो पावे नहीं, और प्रजा-प्रतिनिधि संस्थाएँ भी कही जाने लगीं। भारत ऐसे ही देशों में है। यहाँ गिने-चुने लोगों को मतदान का अधिकार प्राप्त है। केवल मतदाता का अधिकार ही हमारे देश में सीमित नहीं है; चुनाइयों में भी कठिनाई है। यहाँ जो लोग प्रातिनिधिक संस्थाओं के सदस्य चुने जाते हैं, उनके चुने जाने के भी कुछ ऐसे तरीके हैं जिससे स्पष्ट दीख पड़ता है कि उनमें गरीब प्रजा के यथार्थ प्रतिनिधि नहीं आ पाते। सार्वजनिक संस्थाएँ, उन लोगों की बपौती जागीर है जिनके पास धन है। चाहे देश-प्रेम उनमें छू भी न गया हो; किन्तु वे जब चाहे जिस संस्था के प्रजा-प्रतिनिधि बन सकते हैं। वे व्याख्यान देने वाले मुँहों को भौंकने के लिए खरीद सकते हैं, वे मकान और जायदादों की तरह बड़े-बड़े धर्मध्वजियों की जीभ और आत्मा को गिरवी रख सकते हैं, वे दुर्गुणों को सद्‌गुण, पाप को पुण्य साबित करने के लिए व्यवस्था ले सकते हैं, और प्रजा के इस अधिकार को हड़पने के लिए, वे कभी कुछ संस्थाओं को दान दे देंगे, कभी कुछ पढ़े-लिखों का मुँह मीठा कर देंगे, कभी अपने नौकरों की पल्टन के बल अपने विरोधी को चारों खाने चित कर देंगे। यह और कुछ नहीं, प्रजा के अधिकारों का सौदा है; और इस गरीब देश में यह सौदा सम्भव है। दूसरे कुछ सज्जन हैं, जो बेचारे देश-हित के लिए पाप करेंगे, देश-हित के लिए अपने ही भाइयों के खिलाफ चालें चलेंगे, और यदि कोई बड़ी पदवी, अच्छी गहरी रकम हाथ लग जाय, तो गरीब बेचारे, देश-हित के नाम पर उसे भी अपनी जेब में रख लेंगे। कुछ लोग जनता के प्रतिनिधित्व

को अपने रोजगार चलाने, गरीबों को डराने-धमकाने, लोगों को अपने मनमाने झुकाने का साधन समझते हैं। वे जब तक चुनाई नहीं हुई है, तब तक दम लेंगे, जो चाहिए कर लेंगे, पर जहाँ एक बार चुनाई हो गयी कि बस फिर उन्होंने आपके बनते हुए पाखाने या गिरते हुए बरामदे के सँभालने में आपदा डाली ही समझिये। वे इसी को जन-सेवा समझते हैं।

इधर कुछ दिनों से, म्यूनिसिपल और डि० कौंसिल की चुनाइयों तक ने हिन्दू-मुसलिम टिकट का रूप धारण कर लिया है; म्यूनिसिपल सीमा में दलबन्दियों से क्या लाभ होगा। जिस तरह स्टेशनों पर हिन्दू चाय और इस्लामी चाय, हिन्दू पानी और मुसलिम पानी, हिन्दू हलवाई और मुसलमान खानसामे हैं, उसी तरह, आजकल, देश की इन प्रातिनिधिक कही जाने वाली संस्थाओं में हिन्दू टिकट और मुसलिम टिकट पर चुने हुए सदस्य हैं। दुःख की बात इतनी ही है कि इन बेचारो के लिए न तो हिन्दू वाटर-वर्क्स और इसलामी वाटर वर्क्स हैं, न हिन्दू सड़कें और मुसलिम सड़कें, न हिन्दू पाखाने और मुसलिम पाखाने, न हिन्दू पेशाबघर और मुसलिम पेशाबघर, सड़कों, गलियों और बस्ती के पानी के नलों पर कुरान शरीफ की आयतें लिखने की जगह हैं, न वेद-मन्त्र या गीता के श्लोक। पर चुनाई में हिन्दू-मुसलिम लठैती जरूर है। इन बेचारों को यह मालूम ही नहीं कि वे नगर के नागरिकों की ओर से, प्रातिनिधिक संस्थाओं में नागरिक अधिकारों का पालन करने आये हैं; न कि मोटरड्राइवरों को दाढ़ी रखवाने और इक्के वालों को चोटी रखवाने और जनेऊ पहिनने को कहने। हमारे यहाँ की नाम मात्र की प्रातिनिधिक शासन-संस्थाएँ इन्हीं अड़चनों से भरी हुई हैं। इसके सिवा, एक पापमय व्यापार इन संस्थाओं में और होता है। लोग जनता के दिए हुए लाखों रुपयों के टैक्स के बल पर भाईचारा, दोस्ती, दुश्मनी, सब कुछ, यही पूरी करते हैं। यहीं कुछ सज्जन, जरूरत और संकट में अटके हुए लोगों से, रुपये-रुपये दो-दो रुपये रिश्वत लेते हैं। देहातों के मास्टर, शहरों के जरूरतमन्द गरीब, माल ढोने वाले गाड़ी वाले, जिससे जरा प्रेम से पूछिए, कह देगा कि उसे डि० कौंसिल के म्युनिसिपैलिटी के प्रेसिडेण्टों और सेक्रेटरियों और अन्य उठाईगीरों को कितनी लाँघ देनी पड़ी है।

दुःख तो इस बात का है कि प्रजा के मत को स्पष्ट प्रगट करने वाले, प्रजा के हित के लिए दोस्ती, भाईचारा, स्वार्थ और विदेशी सरकार, सबसे झगड़ जाने वाले वीर वृत्ति के लोगों की प्रायः कमी है। चुने जाते हैं प्रजा के वोटों पर, पर यदि प्रजा विरोध भी करे, तो या समर्थन न भी करे तो भी चुपचाप सरकारी अफसरों के चरण-चुम्बन करने और उनकी कीर्ति बढ़ाने में मत दे आते हैं। जब जनता के एक-दो साहसी व्यक्ति पूछते हैं, "महाशय, आप तो हमारे मतों पर चुने गये हैं। आपने हमारी इच्छा के खिलाफ यह क्या किया। तब महाशय

जी धीरे से कह देते हैं—"क्या करें, तहसीलदार साहब ने नहीं माना।" इस तरह पुरुष-सिंह से दीखने वाले ये नगर-सिंह सज्जन गण, प्रजा के सौंपे हुए अधिकार और विश्वास को, सीधा सरकारी प्रभुओं के चरणों पर रख देते हैं। कभी-कभी तो यह अज्ञानता और मूर्खता यहाँ तक बढ़ जाती है कि इन आत्माभिमानहीन जीवों को यह भी नहीं मालूम होता कि वे कर क्या रहे हैं। ईमान के तकाजा करने पर, जब ये सज्जन गण कोई भला काम कर बैठते हैं, तब थोड़े ही दिनों बाद, उसे बिना कारण बदल भी देते हैं। इन्हें यह नहीं मालूम होता कि इनका इस तरह ढुल-मुल यकीं होना, उस प्रजा का घोरतर अपमान है, जिसने इन्हें चुनकर भेजा है। कुछ सज्जन और भी विचित्र होते हैं। उनके ईमान ही नहीं होता। वे 'रामाय नमः' भी कहते हैं, 'रावणाय नमः' भी कहते हैं। हमने एक स्थान के म्युनीसिपल सभापति महाशय के विषय में सुना कि वे खुली सभाओं में जिस बात के पक्ष में मत देते हैं, सरकारी अफसरों की सेवा में पहुँचकर उन्हीं बातों के खिलाफ चर्चा करते हैं। वे खुली सभाओं में चुनने वालों को धोखा देकर खुश कर लेते हैं, और चुनने वालों के पीठ-पीछे, जनता के मत के विरोधियों को खुश कर लेते हैं। ऐसे लोगों को इस बात की चिन्ता नहीं रहती कि जिन संस्थाओं के हम प्रतिनिधि हैं, हमारी इन ढुलमुल करतूतों से उन संस्थाओं का गौरव रसातल को चला जावेगा। इन सब कठिनाइयों का जिम्मेवार कौन है ? वे अकर्मण्य चुनने वाले, जो अपने प्रतिनिधियों के, इन गन्दे अपमानों के कड़वे प्याले, कायरतापूर्वक पीते रहते हैं। किसी कर्मण्य जनता, किसी वीर मतदान संघ का प्रतिनिधि, क्या उन्हें मूर्ख बना सकता है। वे अपने प्रतिनिधि को मार्ग से भ्रष्ट, जनता के हित के खिलाफ और सरकारी चरणों का गुलाम होते ही, पहिले उसे समझाते हैं, फिर गहरा आन्दोलन करते हैं और अपने उस तख्त को उलट देते हैं, जिस पर उन्होंने एक अयोग्य व्यक्ति को बिठाया था। सच्चा प्रतिनिधि, अपनी जनता अपने चुनने वालों, अपने देश की आज्ञा के खिलाफ, शासक तो क्या, शाहंशाह की भी परवाह नहीं करता। वह अपने मतदाताओं के संकट में सहायक होता है, वह अपने स्वार्थ के लिए गरीब मतदाताओं की जेब नहीं टटोलता। वह आपस में कलह करके जनता के हित को मिट्टी में नहीं मिलाता। वह अपनी सच्ची सम्मति की कद्र करता है; किन्तु वह जानता है कि वह सार्वजनिक संस्था में अपनी सम्मति प्रगट करने, अपनी लहर को काम में लाने के लिए नहीं गया। वह अपने मतदाताओं की सम्मति को निर्भीकता से, निःस्वार्थ भाव से, प्रगट करने गया है। जिस दिन वह ऐसा नहीं करता, उस दिन वह अपनी चुनाई की गद्दी को अटका कर नहीं रख छोड़ता, उस दिन वह जनता की धरोहर को मस्तक झुकाकर, जनता के हवाले कर देता है, और अपनी अयोग्यता प्रगट कर देता है। यदि जनता का कोई नुकसान हो रहा है तो वह हरगिज जनता की हानि को नहीं

देख सकता। वह ऐसे किसी दल, किसी संग, किसी भाईचारे का साथ नहीं दे सकता, जो जनता के हित के खिलाफ उसका मत, उसका वोट चाहता हो। वह इस बात को नहीं देखता कि "मेरे काम से कुछ दोस्त या दुश्मन नाराज हो जायेंगे।" वह केवल इस बात को देखता है कि "प्रत्येक कर्तव्य से जनता के धन, बल और गौरव की रक्षा होगी।"

[14 मई, 1927]

देशभक्त सुभाष

बंगाल के कष्ट-भोगी, 1818 के रेगुलेशन ऐक्ट के कैदी, कलकत्ता-कारपोरेशन के भूतपूर्व एक्जीक्यूटिव अफसर, देशभक्त सुभाषचन्द्र बोस छोड़ दिये गये। छूटने के समय देशभक्त सुभाष ने सरकार की कोई शर्त स्वीकार नहीं की, अतः सरकार ने उन्हें बिना किसी शर्त के छोड़ दिया। सुभाष बाबू रोग से जर्जर हो गये हैं। छूटने के समय भी उनके शरीर में 101 डिग्री का ज्वर था। हम बाबू सुभाषचन्द्र बोस की इस रिहाई को, सरकार की कृपा नहीं कह सकते। यह तो बंगाल और समस्त देश के आन्दोलन का प्रभाव था, जिससे भय खाकर सरकार ने यह पथ ग्रहण किया। किन्तु, केवल सुभाष बाबू के छोड़ देने से क्या होगा। सुभाष बाबू ने अपने शेष समस्त साथियों के छूटने के लिए अपनी बेचैनी जाहिर की है। हम चाहते हैं, बाबू सुभाषचन्द्र शीघ्र ही निरोग हों। किन्तु देश में, बिना मुकदमा चलाये बंगाली देशभक्तों को सरकार ने, जब तक जेलों में कुचल रखा है, जिनमें से दो को क्षय हो गया है, एक की मृत्यु हो गयी है और कई अन्यान्य जेलों में बीमार होकर अपना स्वास्थ्य बरबाद कर रहे हैं—तब तक देशवासियों को लगातार आन्दोलन करते रहने की जरूरत है।

परीक्षा का मसाला

एक गोरी रमणी ने, पूज्य पण्डित मदनमोहन मालवीयजी के पुत्र, श्रीयुत गोविन्दकान्त मालवीय को 'उल्लू, गधा' कह दिया। गोविन्दकान्तजी ने प्रयाग के ज्वाइण्ट मजिस्ट्रेट मि० फिडले की अदालत में, गौरांग देवी पर नालिश की। ज्वाइण्ट मजिस्ट्रेट साहब ने यह कहकर मुकदमा खारिज कर दिया कि यह तो महज मामूली-सी बात है, इससे किसी का अपमान नहीं होता। हम यह जानते हैं कि यदि ये ही शब्द किसी भारतीय ने किसी गोरे से कहे होते तो गोरे ने, इन्साफ को अपने डण्डे में ले लिया होता। अस्तु, जिनको ईश्वर ने आत्माभिमान दिया है, उन भारतवासियों को मि० फिडले ने, परीक्षा का यह सुन्दर

मसाला दिया है। हमें उम्मीद है, कुछ हट्टे-तगड़े, और घूंसे पर विश्वास करने वाले सज्जन, फिडले साहब के कथनानुसार इस बात में गोरों की जाँच करेंगे कि क्या सचमुच उल्लू, गधा कहने से उनका अपमान नहीं होता।

चीन में भारतवासी

लोग साधारणत: दो ही बातें चीन के विषय में सोचे हुए होंगे। एक तो, चीन में अंग्रेजों और चीनियों के बीच लड़ाई हो रही है, और दूसरी, भारत से चीन गये हुए भारतवासियों को अंग्रेजों की ओर से चीनियों पर आक्रमण करना पड़ता होगा। किन्तु यह सुनकर लोग आश्चर्य करेंगे कि चीन में जो अभागे भारतवासी सिपाही गये हैं, उन्हें उस दूर देश में, गिरफ्तार कर ब्रिटिश सरकार की पवित्र छत्रछाया में सजाएँ दी जा रही हैं। देशभक्त श्री सकलातवाला ने पार्लियामेण्ट में पूछा कि क्या संघाई की भारतीय राष्ट्रीय समिति के सदस्यों के खिलाफ अंग्रेज सरकार ने राज-द्रोह के मुकदमे चला रखे हैं? इस प्रश्न के उत्तर में सरकार की ओर से कहा गया कि उन्हें इस कमेटी का तो कुछ पता नहीं, परन्तु पाँच भारत वासियों को, गत मार्च में, राजभक्त सेना को बहकाने का यत्न करने के अपराध में गिरफ्तार किया गया, जिन्हें 18 महीने की जेल और देश निकाले की सजा दी गयी। एक भारतवासी को, अप्रैल में, एक राजभक्त को मार डालने के कारण सजा हुई। और अभी गत 9 मई को, 11 भारतवासी हत्या के अपराध में गिरफ्तार किये गये। धीरे-धीरे चीन में भारतीयों के अपराधों की तादाद बढ़ती ही जाती है। लिम्बसन साहब कहते हैं कि चिन्ता की कोई बात नहीं, क्योंकि वहाँ न्यायालय है और अपराधियों को सब तरह की सुविधाएँ हैं। किन्तु न्यायालय किसके हैं। भारत में अंग्रेजी सरकार के अपराधियों की दशा क्या होती है, यह हम जानते हैं। चीन में भारतीयों पर क्या बीती होगी, सो ईश्वर ही जाने। किन्तु गुलाम जाति को अपने प्राणों की इतनी चिन्ता ही क्यों होनी चाहिए।

क्या यह रजपूती है?

महाराजा पटियाला सिक्ख से राजपूत हो गये हैं। इसे क्या कहा जाय। क्या यह कहें कि जिस सिक्ख जाति में, संस्थापक गुरु गोविन्दसिंह, पूर्व पुरुष महाराजा रणजीतसिंह और नाभा के महाराज रिपुदमनसिंह हैं उस सिक्ख धर्म

में महाराजा पटियाला जैसे व्यक्ति के लिए स्थान नहीं है। जिस सिक्ख धर्म में कोमागातामारू के प्रयत्नशील बाबा गुरुदित्तासिंह हैं, कड़वे बब्बर अकाला भाई फेरू, गुरु का बाग और जैतों के प्रसिद्ध आन्दोलक हैं, उस वीर जाति में महाराज के लिए रहना कठिन हो गया है। आज का महाराज का राजपूत होना उनका गौरव है या और कुछ। खैर उनका राजपूत होना क्या राजपूत का गौरव है। राजस्थानी रक्त ही नहीं, राजपूताने की इस भूमि पर प्रेम करने वाला कह उठेगा—इस राजपूत का, हल्दी घाटी की रजपूती स्वागत नहीं करेगी ? आज राजपूतों के पास क्या रह गया है, जो महाराजा पटियाला राजपूत हो रहे हैं। हाँ, पटियाला और मारवाड़ के राजपूतों में समानता है,—वे देहली के शासन के सामने एक से ही भक्तिपूर्वक झुक सकते हैं। किन्तु क्या यह रजपूती है ? इस महाराजा पटियाला से अदब से कहेंगे—'महाराज, उस दिन राजपूत होना, जिस दिन कोई प्रताप, शिवाजी और छत्रसाल की तरह राजपूत देश में हो। आज तो आप राजपूतों में मान पाने के लिए सिंह ही बन लीजिये।'

नागपुर का सत्याग्रह

नागपूर का सशस्त्र सत्याग्रह अपनी गति से चल रहा है। जुलूसों में देवियाँ और युवा शस्त्र लेकर जाते हैं। गिरफ्तार होते हैं और जुर्माना न देकर सादी जेल की 15 दिन की सजा भोगते हैं। विदेशी गोरे और स्वदेशी बुद्धिमान सब गरीब अवारी और उसकी प्रजासत्ताक सेना का मजाक उड़ा रहे हैं। तिस पर भी, कुछ सज्जनों ने, आल इण्डिया कांग्रेस कमेटी में, नागपुर के सशस्त्र सत्याग्रह पर साहस के साथ चर्चा की, और आल इण्डिया कांग्रेस कमेटी ने अपनी ओर से, श्रीयुत नरसिंह चिन्तामणि केलकर के संशोधन के अनुसार 'स्वराज' सम्पादक श्रीयुत टी० प्रकाशम् एम० एल० ए० को नागपुर के सत्याग्रह की जाँच करने के लिए नियुक्त किया। जो लोग श्री अवारी का मजाक उड़ाते हैं, वे यह नहीं सोचते कि अवारी के हृदय में पदों का लोभ, सुविधाओं का लालच और पापी पेट के भरने मात्र की चिन्ता काम नहीं कर रही। सच बात तो यह है कि हम अपनी गम्भीरता के नाम पर, तरुणों के आत्मभिमान की उपेक्षा करते हैं और जिस समय उन्हें मार्ग-दर्शन की जरूरत होती है, उन्हीं दिनों हम उनका मजाक उड़ाते हैं। हम एक बात से जरूर दुःखित हैं, वह यह कि महात्मा गांधी की स्वीकृति की इस सत्याग्रह के विषय में चर्चा की गयी और स्वयं महात्मा जी को इसका विरोध करना पड़ा। आन्दोलन के लिए, शब्दों का तोलकर उपयोग करना जरूरी है।

मार डालने की धमकियाँ

श्रीमान डाक्टर मुंजे महोदय को तथा डा० हेडगेवार को किसी अब्दुल करीम नामक मुसलमान ने धमकी दी है कि एक वर्ष के अन्दर तुम्हारा सिर काटकर जुमा गेट पर लटका दिया जायगा। इसी प्रकार, नगर के बँटवारे के प्रश्न पर, अहमदाबाद म्युनिसिपैलिटी के सभापति श्रीयुत वल्लभभाई पटेल को भी, कुछ मुसलमान मित्रों ने मार डालने की बात कही है। हम पत्र लिखने वाले, इन सिरफिरों से क्या कहें। हमारा निवेदन है कि "भाई, जब किराये पर शरीर बेचकर, आपकी इस तलवार ने, तुर्किस्तान, ईजिप्ट और चीन में अनेकों के सिर काट डाले हैं, तब भारतवर्ष ही में, यदि तुम सिर न काटोगे तो तुम्हारे गुलाम होने का परिचय संसार को क्योंकर मिलेगा। किन्तु स्मरण रहे, जीवन के लिए आत्माभिमान, और कुचलने के लिए घूंसा, ईश्वर ने, प्रत्येक जिन्दा दिल को प्रदान किया है। बहादुर उसका उपयोग देश की रक्षा या अत्याचारी को कुचलने के लिए करते हैं। कायर गृह-कलह में।

[21 मई, 1927]

भाषावार प्रान्त-रचना

बम्बई में हाल में, अ० भा० कांग्रेस कमेटी की जो बैठक समाप्त हुई है, उसने हिन्दू-मुसलिम ऐक्य के लिए सराहनीय प्रयत्न किया है। साथ ही, उसने भाषा के आधार पर, भारतीय प्रान्तों के पुनर्निर्माण का निश्चय किया है। कहना न होगा कि भारत की सुख-शान्ति के लिए दोनों अत्यन्त महत्त्वपूर्ण हैं। किन्तु बम्बई के कुछ लोगों तथा समाचारपत्रों ने कांग्रेस कमेटी को, भाषा प्रान्तों के निश्चय के लिए, बुरी तरह कोसना प्रारम्भ किया है। एक सज्जन ने तो यहाँ तक लिख डाला है कि कांग्रेस के परम नेता, बम्बई प्रान्त की नरम राजनीति को मिटा देने के लिए, सिन्ध तथा कर्नाटक को उससे अलग कर उसे नष्ट-भ्रष्ट कर रहे हैं। 'इण्डियन डेली मेल' तो एक समूह से लगातार भाषा-प्रान्तों का विरोध कर रहा है। किन्तु जो लोग इस पत्र के विद्वान संपादक श्रीयुत नटराज के विचारों से परिचित हैं, उन्हें उसके विरोध पर आश्चर्य न होगा। नटराज महोदय पाश्चात्य सभ्यता के अनन्य भक्त उन भारतीयों में हैं, जो अंग्रेजों द्वारा भारत के विजित होने का, देश के भाग्योदय का सूचक समझते हैं और जो अंग्रेजी को राष्ट्रभाषा बनाकर भारतीय एकता के स्थापन का स्वप्न देख रहे हैं। 18 मई के अंक में आप लिखते हैं—"मुगल साम्राज्य के विध्वंस के बाद प्रत्येक प्रान्त

के स्वाधीन हो जाने के कारण जो अव्यवस्था और अराजकता फैली उससे भारत को मुक्त करने में अंग्रेजी सरकार को लगभग एक शताब्दी लगी। संपूर्ण देश एक ही कानून के नीचे लाया गया, आर्थिक पृथकताएँ नष्ट कर दी गयी हैं और भारतीय एकता, जो कि पहले के राजाओं का स्वप्न मात्र थी, हिमालय से कन्या-कुमारी तक और द्वारका से कटक तक स्थापित कर दी गयी। भारतीय जातियों तथा प्रान्तों के पृथकत्व के भावों को नष्ट करने के लिए प्रबल उद्योग किये गये। अंग्रेजी भाषा ने भी शिक्षित भारतीयों को भाषा बनाकर इस शानदार सफलता में पूर्ण सहायता दी। उपयुक्त उद्धरण से यह स्पष्ट है कि लेखक को केवल कानून की फिक्र है, चाहे वह स्वदेशी सरकार द्वारा प्राप्त हो या विदेशी द्वारा। हम भी भारतीय एकता के लिए कम इच्छुक नहीं हैं, किन्तु वर्तमान एकता जीवित जाति की एकता न होकर मृत्यु की सूचक है, अतएव वह हमें सन्तुष्ट नहीं कर सकती। हम इस दृष्टिकोण को प्रगट करते हुए चाहते हैं कि इस प्रश्न पर पूरा बल लगाया जाय।

चीन को शुश्रूषा-दल

चीन और भारत की सभ्यता का गहरा सम्बन्ध है। चीन की धार्मिक जीवन-ज्योति का जन्मस्थान भारतवर्ष है; क्योंकि भगवान् बोधिसत्व, भगवान् गौतम बुद्ध—आराधना-पटु चीनियों के जीवनाधार हैं। चीनी माताओं ने, भारत के राज-कुमार और जगत् के धार्मिक आधार भगवान् बुद्ध की अर्चना करना, अपने बच्चे-बच्चियों को जन्म से ही सिखाया है; चीनी पिताओं ने, अपने जीवन धन्य, और प्रयत्न सफल होने के लिए, भगवान् बोधिसत्व के आशीर्वाद के लिए आराधना की है, चीन के गरीबों ने, अपनी मुक्ति के—अपनी धार्मिक, सामाजिक, राज-नैतिक मुक्ति के पथ में, भगवान् गौतम बुद्ध को स्मरण किया है। इस तरह चीन, अपने उत्थान के लिए, शताब्दियों से भारतीय राजकुमार सिद्धार्थ की आराधना करता आया है; और उनका यह दावा है कि सिद्धार्थ ने, संकटों से चीनियों की रक्षा की है; और कौन कह सकता है कि आज जो स्वतन्त्रता-प्राप्ति का—अपने पैरों खड़े होने का – और अपने देश में अपना शासन कायम करने का प्रयत्न चीन की छोटे पैरों और मोटे साहस वाली देवियाँ, तथा लम्बी चोटों तथा लम्बी दृष्टि रखने वाले पुरुष कर रहे हैं, वे उसमें भगवान् बुद्ध का हाथ नहीं देख रहे, वे अपने छोटे-मोटे प्रयत्नों, समय-असमय की सफलताओं और संकटों की कठोर घड़ियों में भगवान् बुद्ध के दर्शन नहीं कर रहे।

युद्ध के सन्देश ही ने जाकर, चीनी राष्ट्र को धीर नहीं दिया, भारत के

पथिकों ने, समय-समय पर जाकर चीन के प्रति अपना प्रेम प्रगट किया है, अपना सहायता का हाथ बढ़ाया है, अपने ज्ञान और सेवा-भाव को चीनियों को समर्पित किया है, और इस तरह सिद्धार्थ के देशवासी होने, चीन के पड़ोसी होने, और महान् एशिया के निवासी एशियाई होने का परिचय दिया है। बुद्ध-युग के अनेक तपोधनों ने जाकर, चीन की झोंपड़ियों पर भारतीय स्नेह का और एशियाई एकता का अलख जगाया। एक साथ बौद्ध भिक्षु कुमारजीव और जीवगुप्त आदि ने जाकर चीन के द्वार पर स्नेह की गंगा बहाई, और कल तक—अभी कुछ वर्ष पहले तक— स्वामी विवेकानन्द, रामतीर्थ आदि तपोधनों ने जाकर चीन से कहा— "तू मेरा है, मैं तेरा हूँ।" जिन दिनों रामतीर्थ और विवेकानन्द अपना अमृत चीन की अँतड़ियों में ढालते थे, उन्हीं दिनों भारत से, अफीम के नाम पर विष भी, साथ ही चीनियों को पिलाया गया था। किन्तु वे विष पिलाने वाले हाथ, स्वतन्त्र भारतीय हाथ न थे, वे अंग्रेजी हाथ थे, और वह विष गुलाम भारत में से, भारत को गुलाम बना करके प्रयत्नशील अंग्रेजी राज्य ने भेजा था, जिसे चाह थी कि पृथ्वी पर सम्राट् बनकर रहे, और चीन, एशिया, ईजिप्ट, तुर्की, अफगान और भारत—ये सब गुलाम होकर, अपनी पराजय के चिह्नस्वरूप, अंग्रेजी झण्डे को अपने मस्तक पर फहरायें और अपनी उस पराधीनता पर गर्व करें। किन्तु स्वाधीन भारतीयों ने यह पसन्द नहीं किया। उन्होंने रवीन्द्र, गांधी, लाजपत और एण्ड्रूज के प्रयत्नों से, पुनः चीन के प्रति अपनी ईमानदारी का परिचय दिया और जब चीन ने विष छोड़ना चाहा, तब महामना एण्ड्रूज के रूप में अफीम के खिलाफ भारी आन्दोलन किया।

किन्तु हमारा यह दुर्भाग्य है कि एक तो हम गुलाम हैं और फिर चीन के पड़ोसी भी हैं। यदि हम आजाद होते तो यही हमारा सौभाग्य होता। चीन के निवासियों ने विदेशियों से मुक्ति पाने के लिए, आन्दोलन जारी किया, और गुलाम भारत की छाती पर मूँग दलने वालों ने जिस तरह एक बार भारत की अफीम भेजकर, चीन के बल का नाश किया था, उसी तरह उन्होंने भारत के किराये के आदमी, चीन की स्वाधीनता के प्रयत्नशीलों का शिकार खेलने के लिए चीन को भेजे। गुलाम भारत के लोगों ने पुकार मचाई पर पराधीन भारत की सेना उसकी अपनी नहीं; भारत का खजाना उसके अपने हाथ में नहीं। उन्होंने केवल अपना विरोध प्रगट कर दिया। गोले-गोलियाँ लेकर, चीन की सहायता के लिए पहुँचना, हथियार छिने हुए पराधीन भारत के लिए असम्भव था।

भारत इस समय अपने इतिहास की परम्परा को कायम रखने, अपने पड़ोसी धर्म को निबाहने, अपनी सेवाएँ संकट के समय चीन को समर्पित करने, महान् एशिया के दुःख-दर्दों में, एक राष्ट्र की तरह हिस्सा बँटाने और यह प्रगट करने के लिए बेचैन हुआ कि तुम्हें कुचलने वाले धन और जन भारत की रोटियों की

कीमत पर खरीदी वस्तु है, तुम्हारी राष्ट्रीयता के कुचलने में राष्ट्रीय भारत हिस्सेदार नहीं है। अपने धार्मिक, शुद्ध सात्विक सेवा-भाव को प्रगट करने के लिए, देश के राष्ट्रीय स्वयंसेवकों के सेनानी, अखिल भारतीय हिन्दोस्तानी सेवा-दल उत्साही जनरल सेक्रेटरी, अमेरिका के स्वतन्त्र राष्ट्रीय तालीम पाकर अन्तर्राष्ट्रीय बातों का ज्ञान रखने वाले, देश के उत्साही और श्रमशील देशभक्त डाक्टर हार्डीकर ने, चीन की सेवा-दल भिजवाने की अपनी योजना, पहले हिन्दोस्तानी सेवा-दल के सम्मुख रक्खी। दल ने चीन की सेवा करना तय किया। तब वह योजना, अखिल भारतीय महासभा समिति—आल इण्डिया कांग्रेस कमेटी के सामने, देशभक्त डा० अन्सारी ने रक्खी। वे असहयोग के दिनों एक खिलाफत सेवा-दल लेकर टर्की में सफल प्रयास कर आये थे। अतः उन्होंने भारतीय कांग्रेस कमेटी में, अपने प्रस्ताव को सावधानी से रक्खा, और हर्ष की बात है कि अखिल भारतवर्षीय कांग्रेस कमेटी ने, हिन्दुस्तानी सेवा-दल का एक पथक, घायल चीनियों की सेवा के लिए चीन भिजवाना स्वीकृत किया। घायल सैनिकों की, भारत से बाहर सेवा करने वाले प्रथम कमांडर महात्मा गांधी थे, जब कि उन्होंने यह कार्य गत बोअर-युद्ध में, दक्षिण अफ्रीका में किया था। हमारा यह चीन जाने वाला पथक, इस दिशा का दूसरा राष्ट्रीय दल होगा। घायलों की सेवा के, सनातन धर्म के अवतार युद्ध-धर्म के अनुयायी चीनी घायलों की सेवा के,—एशियाई संकट-भोगी और हमारे पड़ोसी स्वतन्त्रता प्रेमी चीनी घायलों की सेवा के—इस पुण्यतम कार्य में, हर्ष की बात है कि देश के लोगों ने 55 हजार की सहायता घोषित कर दी। अभी कुछ समय पहिले, जापान में भूकम्प हुआ था, उस समय भाई जमनालालजी बजाज ने अपनी 2000 रुपये की सहायता, स्वतन्त्र जापान देश को भेजी थी। आज दुःखी चीन महान् संकट में है। क्या उसके घायलों की सेवा के लिये जाने वाले इस पुण्य दल की सहायता भारत न करता। पचपन हजार तो हो गये, अब केवल 45 हजार और चाहिए। क्योंकि माँग 1 लाख की है। हम आशा करते हैं कि तिजोरियाँ ही नहीं गरीब से गरीब भारतवासी का हाथ, आज चीन के लिए जाने वाले पुण्य पथक की सहायता के लिए ऊँचा उठेगा।

यह पुण्य कार्य है, इसमें राजनैतिक झंझटें नहीं। याकि इस महाकार्य में धर्म का बल है। इस समय हमारा हाथ ऊँचा इसलिए उठेगा कि हम साबित कर दें, कि हम चीन के घातक नहीं, हम एशिया में नगण्य नहीं, हम राष्ट्रीय भावनाओं से शून्य नहीं, हम उसी राजकुमार सिद्धार्थ के देश के निवासी हैं, उसी भगवान बुद्ध के देश के निवासी हैं, जिनके उपदेशों के अमृत से, हिमालय की महान् दीवार बीच में होते हुए भी, चीनवासियों की ज्ञान-पिपासा शान्त हुई थी। और आज भी, गुलामी की शृंखला पैरों में होते हुए भी, हमारा हृदय,

हमारा धर्म, हमारी गरीब थैली भी हमारे देश के युवा चीन की सेवा के लिए प्रस्तुत हैं।

हम जानते हैं कि इस समय, देश के अनेकों तरुण और राष्ट्रीय वेदना तथा अन्तर्राष्ट्रीय महत्त्वाकांक्षाओं को अनुभव करने वाले हिन्दी-भाषी तरुण प्रतीक्षा किये बैठे होंगे कि सेनापति हार्डीकर के इस दल में हमें कैसे भी प्रवेश मिल जाय। भारतीय युवकों में ऐसी बलवान महत्वाकांक्षा के उत्पन्न करने का मूल्य एक लाख रुपये कुछ भी नहीं है। हम उन तरुणों के सौभाग्य पर बधाई देंगे, जिन्हें समुद्र चीर कर चीन की सेवा में समर्पित होते हुए, भारत का मुख उज्ज्वल करने का अवसर मिलेगा।

[28 मई, 1927]

पार्लमेंटरी गालियाँ

यह बार-बार कहा जाता है कि ब्रिटिश लोग भारत के हित-चिन्तक हैं। साथ ही अंग्रेजों को इस बात का बड़ा गर्व है कि वे संसार की एक महान् सभ्य जाति हैं। अभी उस दिन, असेम्बली के सभापति माननीय श्री विट्ठलभाई पटेल को लण्डन में दिए हुए एक भोज में, भारत के इन्साफ-पसन्द वाइसराय लार्ड रीडिंग ने श्री पटेल की प्रशंसा करते हुए कहा था कि उन्होंने असेम्बली के पुराने सभापति सर ह्वाइट की परम्परा कायम रखी। यद्यपि योग्य भारतीय कभी भी, अपने अंग्रेज प्रभुओं के चरण-चिह्नों पर चलने की जरूरत नहीं समझते। किन्तु अंग्रेज राज नीतिज्ञ परम्परा के योग्य कहाँ तक हैं, इसका प्रमाण भारत की हित-चिन्तना में व्याकुल कई अंग्रेज दे चुके हैं। पिछले दिनों वैसा ही एक प्रमाण भारत-उप-सचिव लार्ड विंटरटन महोदय ने दिया है। आपने, पार्लमेण्ट की भारत-ज्ञान हीन, और भारत-हित-विहीन जमीन पर गरजते हुए, बंगाली नजरबन्दों तथा श्री सुभाष चन्द्र बोस को गालियाँ दी हैं। आपने कहा—"श्री बोस ने ताजी रात हिन्द के अनुसार षड्यन्त्र के गुनाह किये हैं।···किसी व्यक्ति का समाज में उच्च स्थान होने से उसके अपराधी या निरपराध होने का निर्णय नहीं होता कलकत्ता कार्पोरेशन को, श्री बोस की योग्यता में चाहे जितना विश्वास हो, मि० लैंसबरी उसे चाहे जैसी नरम संस्था कहें, पर वह वैसी नहीं है। श्री बोस पर कलकत्ता कारपोरेशन का विश्वास होने से इस मामले पर कोई असर नहीं पड़ता।" आपने यह भी फरमाया—"ऐसी अवस्था में किसी दूसरे व्यक्ति के साथ सरकार वही व्यवहार करती और उसकी सामाजिक स्थिति के विचार से, उसके लिए कोई विशेष प्रबन्ध न करती।" लाट साहब ने कहा—"यदि खुले

मुकदमे चलाये जाते तो गवाहों की जान बचना कठिन था।" आपकी राय में विशेषाधिकारों के बिना षड्यन्त्र दब नहीं सकता।

यद्यपि श्री बोस तथा अन्य कई सज्जन कह चुके हैं कि उनके मामलों की गुप्त रूप से जाँच भी नहीं की गई; उन्हें हबशियों की तरह यों ही पकड़ लिया गया। तो भी जिस राज्य में, अपने गवाहों को षड्यन्त्रकारियों से न बचा सकने की खुली स्वीकृति, स्वतन्त्रता की जननी पार्लमेण्ट में दी जाती हो, उस राज्य की बहादुरी का कीर्तिगान जितना किया जाय, थोड़ा है। साथ ही, जिस राज्य के, अपनी प्रजा को गुलाम रखने वाले क्रूरतम कानून भी, जब खुली अदालत में, इन्साफ के काम न आ सकते हों, और जहाँ लोगों के शरीरों पर डाके डालने पड़ते हों, वहाँ के राजनीतिज्ञों की बहादुरी और बुद्धिमत्ता पर, किसी समय नोबल प्राइज मिलना चाहिए। किन्तु पार्लमेण्ट में श्री सुभाष को दी गई गालियों का, किस प्रतिष्ठा के नाम पर समर्थन किया जायगा ? श्रीमान् भारत-उपसचिव जी से हम निवेदन करते हैं कि यदि आपके कथन का इस तरह भाष्य किया जाय, और यदि, जैसे श्री पटेल ने सर फ्रेडरिक की परम्परा कायम रखी, उसी तरह भारत आपकी परम्परा कायम रखे तो आपको पसन्द आयगा ? भाष्य यों हो सकता है—

"अंग्रेजी राजनीतिज्ञों ने, भारत को गुलाम रखने का घोरतर अपराध किया है। किसी शासक को, राज्य में उच्च स्थान होने से, देश के गुलाम रखने या न रखने के अपराध से वह बरी नहीं हो सकता। पार्लमेण्ट को अपने अंग्रेज लाड़लों की न्याय-प्रियता का चाहे जितना भरोसा हो; किन्तु पार्लमेण्ट के विश्वास का, किसी गुलाम किन्तु स्वाधीनता के प्रयत्नों में प्राणों की बाजी लगाने वाली जाति पर कोई असर नहीं पड़ता।"...."ऐसी अवस्था में प्रत्येक आजादी चाहने वाला भारतीय, किसी दूसरे, देश को गुलाम बनाने वाले अपराधी के साथ वही व्यवहार करेगा, जो वह अंग्रेजों के साथ करना चाहता है। अपने गुलाम बनाने वाले के ज्ञान, राजनीतिज्ञता तथा उसके दिए हुए सुधारों के जूठे टुकड़ों का खयाल रखकर, हम अपनी स्वाधीनता के विरोधियों के भारत में रहने का कोई विशेष प्रबन्ध नहीं कर सकते।

किसी सभा या कौंसिल में सख्त शब्द कहे जाने पर 'अन्पार्लिमेण्टेरी' ताना दिया जाता है; किन्तु इन 'पार्लमेण्टेरी' गोरी गालियों को क्या कहा जायगा ?

[2 जुलाई, 1927]

अपना पाप, स्थानीय संस्थाओं के सिर

हमारे देश-वासी अपने खेतों-खलिहानों, अपने रोने-गानों में लगे हैं। उन्हें क्या पता कि भारत का नाम लेकर, संसार में क्या-क्या किया जा रहा है। जिस तरह दूध और पोषण के अभाव में, हमारे देश के लाखों बालक जन्मते ही मर जाते हैं ठीक उसी तरह, हमसे ज्ञान छीनकर,—हमारे पास तक ज्ञान न पहुँचने देकर,— हमें इतना मूर्ख बना दिया गया है कि हम 100 वर्ष पहिले के इतिहास की घटनाओं के तारों से भी, आज के तार नहीं जोड़ पाते। हम सोचते हैं—अंग्रेज सदा से राजा हैं, हम सदा से गुलाम, अंग्रेज सदा से अधिकारी है, हम सदा से सेवक। हमें ऐसा सोचने की अवस्था में रखा गया है। गरीब भारतवासियों के बीच ऐसी अगणित मानव आत्माएँ हैं, जो सोचती हैं कि अंग्रेज हमारे राजा रहेंगे, हम तो गुलाम ही रहेंगे। यदि हमारे देश की ऐसी अवस्था न रखी जाती, यदि हमारे देश का आदमी, इतना पढ़ा-लिखा, ऐसा शस्त्रधारी शक्तिशाली रहने दिया गया होता जितना पढ़ा-लिखा और शक्तिशाली यूरोप और अमेरिकावासी होता है, यदि भारतवासियों के अज्ञान पर, विदेशी तांकत को पूरा विश्वास न होता, तो क्या भारत के उपसचिव, अर्ल विण्टरटन साहब, ब्रिटिश राजसभा में वे बातें कह सकते, जो उन्होंने 8 जुलाई को भारत के सम्बन्ध में कहीं।

चाहे इसका कारण सुधारों के रायल कमीशन की नियुक्ति के समय की सन्निकटता हो, चाहे भारत के स्वराज आन्दोलन का शिथिल पड़ जाना, किन्तु देखा जा रहा है कि आजकल भारत के विषय में ब्रिटिश राज सभा में बहुत बे सिर-पैर की बातें कही जाती हैं। लार्ड विण्टरटन, स्वराज द्वारा होने वाले परिवर्तनों की आशा का मजाक उड़ाते हुए कहते हैं—"भारत में एक दल तो वह है, जो ईर्ष्यापूर्वक अंग्रेजी राज के भारत में रहने की कुछ अच्छाइयों को स्वीकृत करता है, किन्तु यह कहता है कि देश की जनता गरीब है, कष्ट भोगती है, बीमारियों से बेजार है, भर पेट अन्न नहीं जानती और मूर्ख है। और ये सब बातें स्वराज होते ही बदल जायेंगी।" लाट साहब, इस दल की बातों को मानने से इन्कार करते हैं। हमें तो याद नहीं कि देश में वह कौनसा दल है, जो कहता है कि जिस दिन स्वराज की घोषणा होगी, उसी दिन ब्रिटिश राजकर्त्ताओं के द्वारा होने वाला सर्वनाश एक दिन में सुधर जायगा।

एक तो देश को स्वतन्त्र और उन्नत बनाने की भावना रखने के कारण आजाद भारत प्रयत्न करने पर भी जादू नहीं करेगा। हम मानते हैं कि देश उद्धार के पथ में लगेगा, परन्तु स्वराज्य के पश्चात् ही स्वराज के पहिले तो विदेशी राज-कर्मचारियों द्वारा धोखे ही में जीवन बिताना पड़ेगा। दूसरे, ब्रिटिश राज की ओर से नियुक्त कर्मचारियों ने इतना कम नुकसान नहीं किया है कि

स्वराज होने के बाद भी, एकदम भरा जा सके। न तो एकदम लोग धनवान बनाये जा सकेंगे, न पहिले ही साल खूब अन्न मिल जायगा, न पहिले ही वर्ष सब रोग हट जायँगे, न 100 फीसदी आदमी एक ही वर्ष में, स्वराज की घोषणा के दिन ही पढ़े-लिखे हो जायँगे। किन्तु हम साथ ही यह भी मानते हैं कि 150 वर्षों के गोरे-शासन में 5 फीसदी पढ़े-लिखे हुए हैं, यही हालत स्वराज में न होगी। स्वराज में, गोरे नवाब गरीबों के धन पर गुलछर्रे न उड़ाते होंगे और गरीब दाने-दाने के मोहताज न होंगे। स्वराज में विदेशी बन्दूकों और पिस्तौलों से सज्जित न घूमेगा, और भारतवासी 27 इंच से अधिक लम्बी कटार रखने ही पर दण्डित न होगा। क्या लाट साहब से हम कहें कि अमेरिका, आयर्लैण्ड, रूस, टर्की और चीन आदि सब देशों में, स्वाधीनता शब्द का उनकी जाति मजाक उड़ा चुकी है किन्तु आखिर, प्रत्येक देश की जन-शक्ति ने दिखा दिया है कि स्वाधीनता किसे कहते हैं। आज वे भारत के गुलामों के 'स्वराज' शब्द का मजाक भले ही उड़ा लें, किन्तु इतिहास कहेगा कि दुनिया के अन्य देशों की तरह, भारतीय स्वराज्य का मजाक भी उन्हें बहुत महँगा पड़ा। लाट साहब फरमाते हैं कि "भारतवासियों के स्वास्थ्य और सुख की अधिकतर जिम्मेदारी तो देश की उन म्युनिसिपैलिटियों और लोकल बोर्डों तथा डिस्ट्रिक्ट कौंसिलों की योग्यता पर अवलम्बित है, जिनकी शक्तियों का अन्दाजा इंग्लैंड की राजसभा में बैठकर नहीं लगाया जा सकता।" लाट साहब यह तो जानते ही हैं कि देश के प्रान्तीय खजानों पर मिनिस्टरों का अधिकार नहीं है और सरकार के हाथों रक्षित विभाग, खजाने पर अपनी लूट-खसोट जब पूरी कर लेते हैं, तब शेष बचा हुआ नगण्य धन मिनिस्टरों के हाथों रहने वाले विभागों को मिल पाता है। तब म्युनिसिपैलिटियों और डिस्ट्रिक्ट बोर्ड स्वास्थ्य और सुख का कोई काम बिना धन के कैसे कर सकते हैं। खजाने पर रहने वाले गोरों की लूट के रहते देश के स्वास्थ्य और सुख के लिए, म्युनिसिपैलिटियाँ और डि० कौंसिलों को कोसना धोखा है। इसके सिवा इन संस्थाओं की चुनाइयों और कार्यक्रम में कठिनाई पैदा करते ही सरकार का समय जाता है। देश भयंकर ढंग से बेपढ़ा और मूर्ख रखा गया है। अतः लोग अपने अधिकारों को काम में लाना नहीं जानते, वे शासनकर्त्ताओं के पापों और खराबियों का लड़कर सामना करने वाले लोगों को चुनने के बजाय सरकार-भक्तों और स्वार्थियों को चुन देते हैं। इसके सिवा चुनाई के समय अप्रत्यक्ष रूप से, सरकारी कर्मचारी, सदस्यों और विशेषतः पदाधिकारियों की चुनाई में अपने कृपापात्रों को आगे बढ़ाते हैं, और रही हुई कसर, सरकार द्वारा मनोनीत सदस्यों से पूरी की जाती है, जो सदस्य मनोनीत जिले की सेवा करने के भाव से मनोनीत किये जाते हैं किन्तु उन पर जिम्मेदारी होती है कि वे समय-समय पर, सरकार के प्रजाहित-नाशक कार्यों का समर्थन

करते रहें। इतने सर्वनाश के पश्चात् भी जब प्रजा की कही जाने वाली ये संस्थायें, कोई ऐसे प्रस्ताव करती हैं जिनसे सरकार सहमत नहीं, तो जिला मजिस्ट्रेट और कमिश्नर, तथा अन्त में प्रान्तीय सरकार बीच में कूद पड़ते हैं और 'शान्तम्, पापम्' पुकारकर, म्युनिसिपिल और डि० बोर्डों के प्रस्ताव पर, हरताल फेर देते हैं। और जिन प्रस्तावों में धन की माँग की जाती है उन्हें इन्कारी का टके-सा जवाब मिल जाता है। इसके सिवा देश में कार्य करने वाली इन संस्थाओं के हाथ में कुछ शासनाधिकार चाहिए, जिससे ये अपने निर्णयों को मूर्त स्वरूप दे सकें, किन्तु कहाँ? प्रत्येक सदस्य, इन विषम परिस्थितियों में देश का कभी कोई हित नहीं कर पाता, प्रत्युत सरकारी अधिकारियों का गुलाम बन जाता है, और देश की उन सेवाओं को ठुकरा देता है जिनसे उसके मतदाता नाराज हो जायँगे। क्योंकि इन विषम परिस्थितियों में देश-सेवा की अपेक्षा, अपने वोटरों को खुश रखना, आगे आने वाली चुनाई में अपने चुने जाने के लिए वह अधिक जरूरी समझता है। बिना खजाने पर अधिकार हुए, बिना देश की तालीम में गहरी दृष्टि हुए, बिना मनोनीत सदस्यों की तादाद सर्वथा हटे, बिना कमिश्नरों, जिला मजिस्ट्रेटों और अन्य सरकारी अधिकारियों का ऊधम इन संस्थाओं पर से हटे, और बिना शासन के कोई अधिकार इन संस्थाओं को मिले, म्युनिसिपैलिटियाँ और डि० बोर्डों को देश के स्वास्थ्य और सुख का जिम्मेदार बताना एक धोखा है, जो इंग्लैंड के, भारत के विषय में अज्ञान लोगों को दिया जा सकता है, भारत के लोगों को नहीं दिया जा सकता। इसी प्रकार की अनेक बे-सिर-पैर की बातें लाट साहब ने की हैं।

[16 जुलाई, 1927]

शिष्टाचार या राजनीति

भारतीय धारा-सभा (इण्डियन लेजिस्लेटिव असेम्बली) के सभापति माननीय श्री पटेल ने, आयर्लैंड की अल्स्टर पार्लियामेण्ट द्वारा दिए गए भोज में कहा—"भारतीय, ब्रिटिश साम्राज्य के अन्दर रहना चाहते हैं; किन्तु समानता के सिद्धान्त पर। भारतीय जनता में एक अभूतपूर्व जागृति हुई है और हम अन्य राष्ट्रों के साथ केवल पूर्ण समानता के दावे पर ही खड़े रहना चाहते हैं। यहाँ तक तो माननीय पटेल की बात से कब लोग मतभेद प्रगट करेंगे। किन्तु यद्यपि ब्रिटिश सरकार से, भारतीयों को समानता के अधिकार पाने की आशा ब्रिटिशों की उद्दंडता से बार-बार नष्ट की गई। तथापि माननीय पटेल ने अपने उसी भाषण में कहा कि—"भारतीय लोग यह जान गये हैं कि अंग्रेज सरकार धमकियों

और खून-खराबियों के सम्मुख नहीं झुकेगी, और केवल वैध और शान्ति-पूर्ण उपायों से ही, भारतीय अपने ध्येय को प्राप्त कर सकेंगे।" हम नहीं जानते, माननीय पटेल के इन पिछले वाक्यों को हम शिष्टाचार कहें, धोखा कहें या क्या कहें। जिस आयलैंड में खड़े होकर माननीय पटेल ने, अपनी यह अंग्रेज-पूजा की बाँसुरी बजाई है, क्या उस आयलैंड का इतिहास कहता है कि ब्रिटिश लोग धमकियों और खून-खराबी के सामने नहीं झुकते। क्या जिस अल्स्टर की मेह-मानी के मीठे पकवानों में, पटेल साहब के मुँह से ये मधुर वाक्य निकले हैं, उसके नेता सर एडवर्ड कार्सन और सारा अल्स्टर प्रान्त, क्या ब्रिटिश गवर्नमेंट को बिना धमकियाँ दिए, और बिना खून-खराबी किए ही, आयरिश जाति से अल्स्टर छीन कर अपने प्रदेश का स्वतन्त्र व्यक्तित्व कायम कर सके। क्या अमेरिका में, आयलैंड में, बीअरों के अफ्रीका में और अब चीन में कहीं भी, ब्रिटिशों ने, धम-कियों और खून-खराबियों के बिना, किसी राष्ट्र की बातें मानीं। यह तो भार-तीय कांग्रेस की ही महत्ता है कि उसने खून-खराबी का पथ नहीं चुना। मीठे पकवानों और मधुर व्यवहारो! तुम्हारा बुरा हो। तुम कसे हुए व्यक्तियों की भी समता भंग कर देते हो।

भारत-सरकार और वस्त्र व्यवसायी

ईस्ट इण्डिया कम्पनी के जमाने से लेकर—आज तक अंग्रेजों के कारनामों को विश्लेषण की दृष्टि से देखने पर, यह बात विशेष स्पष्टता के साथ सामने आती है कि इस देश के वस्त्र व्यवसाय पर इन लोगों की शनि-दृष्टि सदा से चली आ रही है। ईस्ट इण्डिया कम्पनी के व्यापारी शासन का स्थान सन् 1857 के पश्चात इंग्लैण्ड की राजसत्ता ने ले लिया, परन्तु भारतीय वस्त्र व्यवसायियों के साथ इस राजसत्ता का व्यवहार भी अंग्रेज वणिकों के व्यवहार जैसा ही रहा। हमारे देश के जो ग्रामीण लोग इंग्लैण्ड के बादशाह के बँधे हुए अधिकारों का ज्ञान नहीं रखते, उन्हें मालूम करना चाहिए कि हिन्दुस्तानी राजे-रजवाड़ों की तरह इंग्लैण्ड के सार्वभौम बादशाह के अधिकार अपरम्पार नहीं हैं। इसी वजह से, वहाँ के राजा को लोकमत के रुख के अनुसार चलना पड़ता है। वहाँ की पार्लियामेण्ट जो कुछ कहती है, बादशाह उसे कभी इनकार नहीं कर सकती। और यह पार्लियामेण्ट किनकी बनी होती है। उन लोगों की जिनका धन, जिनका व्यवसाय, जिनका हिताहित, इंग्लैण्ड में ही विद्यमान है, और जो, संसार के अन्य भू-खण्डों से अपरिमित सम्पत्ति कमाकर इंग्लैण्ड को लक्ष्मी का निवास-स्थान बनाते हैं। इन पुरानी बातों को दुहराकर हम बताना चाहते हैं कि इंग्लैण्ड की पार्लियामेंट और

उस पार्लियामेंट के नौकर भारत-मन्त्री, और भारत-मन्त्री के चाकर वाइसराय—सभी लोग—एक ही उपदेश को सामने रखकर अपने समस्त कार्य किया करते हैं। इंग्लैण्ड के व्यवसायियों की—वणिकों की—तिजोरियाँ धन से परिपूर्ण हों, इंग्लैण्ड के मजदूरों को अन्न-वस्त्र की कमी न रहे और इंग्लैण्ड की हुकूमत, तोपों, जहाजों, विमानों के बल पर अखण्ड विद्यमान रहे। ईस्ट इण्डिया कम्पनी के हाथों से भारत शासन छीन लेते समय, अंग्रेजी राजनीतिज्ञों ने कहा था—"यह वणिकों की जमात अपने स्वार्थ के लिए भारत की प्रजा को चूसती है। हम महारानी विक्टोरिया के मंत्री—उस शासन को भारतीयों के हित के लिए चलायेंगे। इसका स्पष्ट अर्थ यह था कि ईस्ट इण्डिया कम्पनी के समय कम्पनी के डाइरेक्टरों, शेयर-होल्डरों को ही भारतीय मुनाफा मिलता था। देश-भक्त अंग्रेजों ने कम्पनी मिटाकर, वह मुनाफा समस्त अंग्रेज जाति में बाँट दिया। एक तरह से, पहिले, हिन्दुस्थान को चूसने वाले पाँच-पचीस अंग्रेज वणिक थे, उसके स्थान पर कम्पनी का राज मिटने पर, पार्लियामेण्ट के रूप में समस्त अंग्रेज जाति भारतीयों को चूसने वाली बन गई।

ईस्ट इण्डिया कम्पनी के जमाने में भारतीय वस्त्र-व्यवसाय की नष्टीकरण क्रिया आरंभ हुई थी। महारानी विक्टोरिया के नाम पर इस देश का राज-शासन आरम्भ होने के पश्चात् भी वह क्रिया ज्यों की त्यों जारी रही और सुधार तथा शासन-परिवर्तन के जमाने में—आज भी—वह क्रिया जारी है। भारत में मिलों की स्थापना होने के पश्चात्, इंग्लैण्ड के वस्त्र-व्यवसाय की रक्षा के लिए, भारत में कानून बनाया गया कि एक हद से अधिक महीन धागा भारतीय मिलों में न काता जाये। इसके अलावा भारतीय मिलों में तैयार होने वाले माल पर अतिरिक्त कर—एक्साइज ड्यूटी—लगाया गया। अनेक बहसों-मुबाहसों और झगड़ों के बाद केवल गत वर्ष से ही यह अतिरिक्त कर भारत सरकार को उठा देना पड़ा। इसमें पार्लियामेण्ट के नौकरों-चाकरों की कोई सद्बुद्धि नहीं थी। महायुद्ध के पश्चात् इंग्लैण्ड और अंग्रेजों की हालत कुछ ऐसी हो गई थी कि वहाँ के वस्त्र व्यवसायी हिन्दुस्थान में माल भेजने वाले अन्य देश के लोगों का मुकाबला न कर सके। इधर हिन्दुस्थान के वस्त्र-व्यवसायियों को भी, महायुद्ध के बाद बुरे दिन देखने पड़े। उन्होंने हाय-हाय मचाई और अंग्रेजी सरकार ने भी अंग्रेजों और इंग्लैण्ड की कोई हानि न देखकर एक्साइज ड्यूटी उठा दी। परन्तु इस ड्यूटी के उठाने से भी वस्त्र-व्यवसाय की दशा नहीं सुधरी। बम्बई के मिल वालों ने माँग पेश की कि जापानी माल पर अधिक कर लगाइए। वजह यह थी कि जापान में मजदूरी सस्ती पड़ती है। जीनेवा की मजदूर-परिषद के अनुसार जापानी से काम नहीं लिया जाता। इसका परिणाम यह होता है कि सस्ती मजदूरी और अधिक माल पैदा करने वाला जापान, हिन्दुस्तान में सस्ता माल बेचता है और

हिन्दुस्तानी मिलों को नुकसान पहुँचाता है।

भारत सरकार ने, मिल के व्यवसायियों की इस शिकायत की जाँच करने के लिए एक जाँच बोर्ड मुकर्रर किया। गत सप्ताह उस जाँच बोर्ड की रिपोर्ट प्रकाशित हुई। इस बोर्ड ने बम्बई के वस्त्र-व्यवसाय की गिरी हुई हालत के कारणों की मीमांसा करते हुए सिफारिश की थी कि (1) चार साल तक ब्रिटिश इण्ड्या की मिलों में पैदा होने वाले 32 नम्बर से ऊपर वाले सूत को प्रति पौण्ड एक आना सरकारी सहायता दी जाय। इस सहायता की कूत इस हिसाब पर की गई थी कि 100 पीछे 15 तकुए इतना महीन सूत कातेंगे।(2)मिल की मशीनरी और अन्य सामान पर आयात-कर न लगाया जाय। (3) कपड़ा धोने, रँगने और छापने के कारखानों को सरकारी सहायता दी जाय। (4) इसमें होने वाले खर्च के लिए, विदेश से आने वाले रुई के सभी माल पर(सूत छोड़कर)4 प्रति सैकड़ा आयात-कर बढ़ाया जाय।

संक्षेप में, इस बोर्ड की मुख्य सिफारिश ये ही थी। यद्यपि, इन सिफारिशों से बम्बई के वस्त्र-व्यवसायी सन्तुष्ट नहीं थे, तथापि भारत सरकार ने, दूसरे दिन (6 जून को) इस रिपोर्ट पर अपनी सम्मति प्रगट कर भारतीय मिल-मालिकों को जोरों की थप्पड़ दी। सरकार ने कहा —(1) हमें इस रिपोर्ट की सिफारिशें मंजूर नहीं, हम जापान के माल पर आयात-कर बढ़ाना अनुचित समझते हैं। (2) हम एक आना प्रति पौण्ड सहायता देना भी अस्वीकार करते हैं क्योंकि इससे भारतीय करदाता का बोझ बढ़ता है। महीन सूत की पैदावार के लिए इस जमे-जमाये व्यवसाय को प्रोत्साहन की आवश्यकता नहीं होनी चाहिए। (3) जापानी सूत पर आयात-कर बढ़ाने से भारत के हाथ-करघों के व्यवसाय को हानि पहुँचेगी। (4)केवल मिल की मशीनरी और सामान पर से कर उठाने के बजाय, हम सभी मशीनरी और मिल के सामान पर से आयात-कर, सदा के लिए उठा देना स्वीकार करते हैं।

भारत सरकार ने भारतीय मिलों के व्यवसाय में सहायक होने वाली एक भी बात नहीं मानी, परन्तु सभी तरह की मशीनरी पर से कर उठाकर इंग्लैण्ड के कारखाने वालों के लाभ की बात फौरन मान ली। हम इस लेख के आरम्भ में ही लिख चुके हैं कि अंग्रेजों को पार्लियामेंट और उसके नौकरों-चाकरों को, इंग्लैण्ड की भलाई के आगे किसी बात की परवाह नहीं है। अंग्रेजों का स्वभाव है कि किसी भी काम के करते समय हल्ला खूब मचाते हैं। उनकी बुद्धि की तराजू सदा ही अपने स्वार्थ की ओर झुकती है। अपने विस्तृत प्रचार और ऊँची चिल्लाहट से दुनिया को धोखे में डाल देते हैं। अपना मतलब साधते हुए भी वे परोपकार की डींग मारते रहते हैं। किसी भी योजना की वास्तविक वर्षा के पहिले, अंग्रेज जाति गड़गड़ाहट की इतनी धूम मचा देता है कि दुनिया का ध्यान मुख्य विषय

हट जाय। वस्त्र-व्यवसाय की इस जाँच पर जो निर्णय सरकार ने दिया है वह उसकी नीति का एक और उदाहरण है। इस समय इंग्लैण्ड का अन्तरराष्ट्रीय संबंध अच्छी अवस्था में नहीं है। रशिया के साथ उसका मन-मुटाव हो चुका है। चीन में उसके व्यवसाय की मिट्टी पलीत हो रही है। इतना ही नहीं, जिस बोल्शेवी रशिया से इंग्लैण्ड के राजकर्त्ताओं ने सम्बन्ध बिगाड़ लिया है, उसका जोर चीन में बढ़ रहा है। ऐसे समय, अंग्रेज जाति और उसकी नौकर सरकार मूर्ख कहलाती अगर वह जापानी माल पर जकात बढ़ा देता। इंग्लैण्ड को, हिन्दुस्तान की अपेक्षा अंग्रेजी व्यापारियों के हित की अधिक चिन्ता है। हिन्दुस्तानी वस्त्र व्यवसायियों की समझ की भूल थी कि वे अंग्रेजी शासन से अपने हित की उम्मीद करते थे।

इन कालमों में हम कई बार लिख चुके हैं कि इस देश का प्रमुख व्यवसाय वस्त्र-व्यवसाय है। विदेश से आने वाले प्रायः 120 करोड़ के माल में लगभग 30 करोड़ माल का विदेशी वस्त्र हमारे देश में आता है। बाहरी देशों की सरकारें अपने व्यवसायियों को सहायता देती हैं परन्तु गुलाम देश की सरकार का हित उस देश की प्रजा से भिन्न हुआ करता है। हिन्दुस्तान के सरकार सेवी लोग इस बात को जानते हुए भी भूल से जाते हैं, और स्वावलम्बन के बजाय परममुखापेक्षी बन जाते हैं। अंग्रेजों की चाकर भारत सरकार के मुँह की ओर ताकने के बजाय मिल-मालिक वर्ग भारत की वास्तविक सरकार—भारत की जनता—की सहायता लेवें। उसके और उनके हितों में भिन्नता नहीं है। वे कांग्रेस की सहायता से विदेशी वस्त्र बहिष्कार का आन्दोलन उठावें। बम्बई के भारतीय व्यापारियों की सहायता से वे विदेशों को नये-नये आर्डरों का जाना बन्द करवा दें। स्वदेशी वस्त्रों की पैदावार और प्रचार बढ़ाने के लिए वे स्वयं शुद्ध खादी का उपयोग करने की प्रतिज्ञा करें और इस तरह विदेशी सरकार को बतला दें कि उसकी सहायता के बिना भी भारत का वस्त्र-व्यवसाय वृद्धिगत हो रहा है। हमें आशा नहीं है कि बम्बई-अहमदाबाद के मिल वाले इस मार्ग का अनुसरण करेंगे—परन्तु यदि वे न करेंगे तो उनके बुरे दिनों के समाप्त होने की आशा भी उन्हें नहीं करनी चाहिए।

[18 जून, 1927]

क्या देशी भाषा के अखबार ही दोषी हैं ?

पंजाब की धारा-सभा में भाषण करते हुए, सरकारी सदस्य मि० फ्रेंक ने देशी भाषा के, जाति-द्वेष फैलाने वाले पत्रों पर कहा—"देश-भर के देशी भाषाओं

के अखबार, समस्त प्रान्तों में हिन्दू-मुसलिम-द्वेष की भारी ज्वाला भड़काने वाले तथा जातीय घृणा उत्पन्न करने वाले रहे हैं। सरकार की वर्तमान शक्ति, अखबारों पर शासन करने में कम साबित हुई, अखबार की बिक्री के पहिले ही, अखबार का गला दाबना सम्भव नहीं था, और अखबारों के सम्पादकों पर मुकदमे चलाने ने प्राय: शरारत को बढ़ाया ही, तिस पर आधे से अधिक अखबारों के सम्पादक तो फरजी नामधारी थे। हालत तो यह थी कि जो अखबार हिन्दू-मुसलिम-द्वेष की जितनी ही झूठी बातें लिखता, उसकी उतनी ही अधिक खपत होती, और मेरा तो पक्का विश्वास है कि हिन्दू-मुसलिम द्वेष की ये सब बातें अखबारों ने अपने आर्थिक लाभ के लिए कीं, ये शब्द मि० फ्रेंक ने, पंजाब की धारा सभा की शिमला में होने वाली बैठक के पहिले ही दिन, याने 18 जुलाई को कहे। हम मि० फ्रेंक को उसी तरह झूठा नहीं कहते जिस तरह उन्होंने पश्चात् के, या देश के अखबारों को कहा। हम तो, जाति-द्वेष फैलाने वालों के साथ स्वयं सहानुभूति नहीं रखते। किन्तु हम मि० फ्रेंक और उन जैसों से कहना चाहते हैं कि जब सन् 1921-22 में हिन्दू-मुसलमानों में खूब मेल था, तब उस मेल के दुश्मन, उन दिनों, अखबारनवीस थे, या स्वयं सरकारी कर्मचारी। उन दिनों, हिन्दू-मुसलमानों में झगड़े हो पड़ने की लम्बी खबर, अंग्रेज़ों द्वारा सम्पादित अंग्रेजी अखबारों और सरकारी अधिकारियों के वक्तव्यों में प्रगट होती थी या देशी भाषा के अखबारों में। उन दिनों, दोनों जातियों में वैर पैदा करने वालों को क्या इसी तरह कोसा या रोका जाता था जिस तरह आज कोसा या रोका जाता है। आज भी हिन्दू और मुसलमान नेताओं के भाषणों के उद्धरण और उन पर आलोचना करते हुए जो गोरे पत्र शरारत करते हैं, क्या उन्हें कभी मि० फ्रेंक के गिरोह के लोगों ने देखा है? क्या मि० फ्रेंक को आज याद दिलाना पड़ेगा कि सन् 1921 के अन्त में मुसलमानों के स्वराज की हलचल में हिन्दुओं के साथ हो जाने पर, लार्ड नार्थक्लिफ ने, सरकारी नीति की निन्दा की थी। हाँ, हम जानते हैं कि जब झगड़े उभाड़ दिये गये, तब आज उनका रोकना, शक्ति का घमण्ड करने वाली सरकार के बूते के भी बाहर हो गया। महाशय, जिस तरह जातिगत भावों वाली जनता आपके बूते से बाहर है, उसी तरह वह पंजाबी अखबारों के बूते से भी बाहर है। अब रही अखबारों के पैर भरने के लिए झगड़े कराने वाली बात। हम झगड़ालुओं की हिमायत करना, अपने गौरव से नीचे की बात समझते हैं। किन्तु प्रधान झगड़ा फैलाने वाले से हम कहना चाहते हैं कि भाई, अपने पापों के लिए तू अखबारों पर मत टूट। मि० फ्रेंक को पता होगा कि जाति-द्वेष फैलने के पहिले भी अखबार चलते थे और जीवित रहते थे। जाति-द्वेष के जमाने में तो अन्य जमानों की अपेक्षा, हमारा अनुमान है कि अधिक अखबार जैसे निकले वैसे बन्द भी हुए। तब यह कैसे माना जाय कि भूखे मरते

हुए अखबारों को, हिन्दू-मुसलिम द्वेष वरदान की तरह मिल गया। जिस समय हम इस बात को मानते हैं कि कुछ अखबार भड़काने वाली जाति-द्वेष की खबरों के बल जीने लगे, उस समय हमें यह कहने के लिए लाचार होना पड़ता है कि प्रान्तों के वातावरण में, अधिकारियों ने जानबूझकर पहले जहरीले, द्वेष-पूर्ण भावों को पैदा होने दिया, और गरीब अखबारों की दावतों के लिए कायरों की तरह शस्त्र ढूँढ़ने वाले अधिकारियों ने, जिस तरह राजा नरेन्द्रनाथ की, पंजाब की हत्या के जिम्मेवार सर माइकेल ओडायर को अभिनन्दन-पत्र देने से नहीं रोका, उसी तरह उनके उत्तेजना फैलाने वाले भाषणों को भी नहीं रोका। भारत की राजधानी देहली में बैठकर, भारत के हसन विगसुब्बाह, मौलाना हसन निजामी, हैदराबाद के निजाम की शक्तियों का उपयोग करते रहे, और जाति-द्वेष की एजेन्सी कायम किये रहे। जिसका परिणाम स्वामी श्रद्धानन्द तथा और कितनों की हत्या हुआ, सरकार ने इन व्यापारों को चुपचाप चलने दिया, और द्वेष के पापी वातावरण ने तथा जहाँ-तहाँ की मारकाटों ने, जब बुद्धिमानी की सलाह देनेवाले अखबारों का जीना दुश्वार कर दिया, तब आज उसे अधिकारियों के पापों का दण्ड अखबारों को देने की बात सूझी है। उसी तरह, निजाम को उस समय चेतावनी न दी गयी, जब उनके आसपास जाति-द्वेषपूर्ण वातावरण पैदा किया गया; किन्तु जब निजाम ने बरार की माँग पेश की बस तभी वे मुसलिम-हित सरकार को दीख पड़े और उनके अधिकारों पर अंकुश लगा दिया गया।

सरकारी अधिकारी एक दलील दे सकते हैं—वे कह सकते हैं कि देशी भाषा के अखबार ही दोषी क्यों हैं। अंग्रेजी अखबार ऐसे पाप क्यों नहीं करते। हम इस प्रश्न पर पूछते हैं कि क्या देश की जनता अंग्रेजी पढ़ी-लिखी है। इन अंग्रेजी अखबारों के ऊँचे आदर्शों की बातों को कौन सुनता है। क्या देश के मजदूर देश के गरीब श्रेणी के लोग सड़कों पर घूमते हुए श्रम-जीवी या व्यापारों में उलझे हुए व्यापारी या खेतों में लगे हुए किसान। इन अखबारों की बातें सुनते हैं, सरकारी नौकर, स्कूलों के उच्चशिक्षित छात्र, शिक्षक और अंग्रेजी पढ़े वकील, बैरिस्टर तथा अधिकारी, और देश के फीसदी एक से भी कम पढ़े-लिखे शहराती अंग्रेजी समझने वालों में से कुछ सरकारी अधिकारी अपनी दूसरी दलील यह दे सकते हैं कि तब तो देशी भाषाओं के जाननेवाले ही मूर्ख होते हैं। हम अखबारों वाले इस प्रश्न को अत्यन्त गम्भीर समझते हैं। हम पूछते हैं देश में देशी भाषा के जानने वाले 7 फीसदी लोगों से अधिक नहीं। शेष जनता को, सुने-सुनाये ज्ञान और सुनी-सुनायी खबरों पर अवलम्बित रहना पड़ता है। इस 93 फीसदी जनता की मूर्खता का दोष क्या 150 वर्षों तक, देश के धन को विदेशियों के पालने-पोसने और सेना पर लगायी जाने वाली सरकार पर नहीं है। खैर, जो 78 फीसदी

लोग भी देशी भाषा के जानने वाले हैं, क्या उनका ज्ञान की वही सुविधा है, जो अंग्रेजी सीखने वालों के लिए है। क्या देशी भाषाओं में हाई स्कूलों और कालेजों का ज्ञान सीखने की सुविधा है। तब देशी भाषा के अखबार देशी भाषा बोलने वाली जनता से ऊँचे विषयों की चर्चा कैसे करें, और जनता का मन खींचने वाली चर्चाओं से उदासीन कैसे रहें। मि० फ्रैंक, इंग्लैण्ड में तो इतने पढ़े-लिखे लोग हैं कि वहाँ के ज्ञानी छोकड़े किराये पर दुनिया की खाक छानते हैं, किन्तु हमारे देश में तो, पढ़े-लिखों का दुष्काल पड़ा हुआ है। क्या ऐसी परिस्थितियों में अंग्रेजी पत्रों के तरीकों पर इन अखबार चला सकने वाले और जनता की बिगड़ी रुचि पर भी अपनी रुचि का सर्वनाश कर लेने वाले अखबारों को सरकारी अधिकारी दण्ड देने का अधिकार रखते हैं। हमारा दावा है कि इन अपार अन्यायों में भी, देशी भाषा के पत्र जीवित हैं और कई उच्च आदर्शों का पालन भी कर रहे हैं। मि० फ्रैंक को मालूम होना चाहिए कि जाति-द्वेष का पौधा कोई नया नहीं है। आयर्लैण्ड में शताब्दियों तक चलने वाले स्वतंत्रता-संग्राम का, अंग्रेज सरकार विरोध करती आयी। उस समय आयर्लैण्ड में भी जाति-विद्वेष मौजूद था—हिन्दू-मुसलमानों में नहीं, ईसाइयों-ईसाइयों में, सारा राष्ट्रीय आयर्लैण्ड रोमन कैथोलिक सम्प्रदायी था और राष्ट्रीय भावनाओं के विरोधियों और अंग्रेजों के समर्थकों का दल प्रोटेस्टेंट सम्प्रदायियों का क्या वहाँ भी अंग्रेज जैसी सुधरी हुई कौम के पड़ोसी आयरिश इतने मूर्ख थे कि दोनों ईसाई दल आपस में लड़कर अपने देश की स्वतंत्रता को दूर फेंकते, फिर आज स्वाधीन राष्ट्र कायम होने पर, वह जाति-द्वेष कहाँ चला गया।

क्या आयर्लैण्ड के जाति-द्वेष के जिम्मेवार भी आयर्लैण्ड के देशी भाषाओं के पत्र थे। और अंग्रेजी हुकूमत जाति-द्वेष से सर्वथा दूर थी यह कौन नहीं जानता कि सफल होने के पहिले, आयर्लैण्ड, अफ्रीका और ईजिप्ट के समाचार-पत्र किन-किन अपराधों पर नहीं कुचले गये। अभी दो वर्ष पहले की बात है, जब इसमत पाशा इराक को अंग्रेजी कब्जे से निकाल कर तुर्कों के कब्जे में लाने के विषय में समझौता करने राष्ट्र-संघ में गये थे, तब ग्रीस और तुर्कों की सीमा के बीच रहने वाले 5000 ईसाइयों ने पुकार मचाई थी कि हाय मसीहा, हम मर गये! हम खूनी तुर्की के कब्जे में हरगिज नहीं रहेंगे! क्या हम पूछें कि मि० फ्रैंक द्वारा वह तुर्की के खिलाफ उकसाये हुए तथा फ्रान्स की, राष्ट्र-संघ में ईसाइयों द्वारा कुचले जाने वाले तुर्कों का पक्ष लेने में असहाय बनाने वाले अंग्रेजी राजनीतिज्ञों का प्रयत्न था या तुर्की के देशी भाषा के अखबारों के जाति-द्वेष फैलाने का परिणाम भारतीय अखबारों की अन्य देशों के अखबारों की तरह हर समय, भिन्न-भिन्न अपराध लगाकर कुचला गया है, और आज भी कुचलने का उद्योग जारी है। यदि भारत में उत्तरदायी सरकार कायम होती तो बजाय अखबारों को

कुचलने के उपाय ढूंढ़ने के, देश की राज सभा में शासन बदलने का प्रस्ताव रक्खा जाता, और अन्य आजाद देशों के समान, यहाँ भी यदि राज सभा देश पर शासन कर सकती तो नये मन्त्रिमंडल का चुनाव होता नजर आता। किन्तु जब तक निरंकुशता है, तब तक, मि० फ्रेंक अधिकारियों की उपेक्षा, मूर्खता, पाप और स्वार्थसाधना का दण्ड, देशी भाषा के अखबारों को जरूर देते जाइए। देश में आजादी की साधना साधते हुए अखबार बदनाम होंगे, कुचले जायेंगे और फिर जन्म धारण करते जायेंगे।

[23 जुलाई, 1927]

हमारा चीन को जानेवाला पथक

हिन्दोस्तानी सेवा-दल की ओर से, चीन को, जो घायलों की सेवा करनेवाला दल—शुश्रूषा पथक—जाने वाला है, उसे भारत सरकार ने अभी तक चीन जाने का पासपोर्ट नहीं दिया। समस्त देश बेचैनी से, सरकार की इस उदासीनता, सन्देहवृत्ति और सबसे अधिक, राष्ट्रीय सभा की नीयत पर सन्देह करने की अपमानकारक वृत्ति को देख रहा है। सरकार ने, राष्ट्रीय सभा की बम्बई की बैठक के प्रस्ताव के शब्दों को निर्दोष पाकर, दल के सभापति श्रीयुत गोस्वामी के पत्रों में प्रकाशित वक्तव्य के कुछ शब्दों पर आक्षेप किया है। सरकार की इस सन्देह-वृत्ति का जवाब दल के सभापति गोस्वामी ने दिया है, राष्ट्रीय सभा में प्रस्ताव रखने वाले डा० अन्सारी ने दिया है, और हिन्दोस्तानी सेवा-दल के जनरल सेक्रेटरी डा० हार्डीकर ने दिया है, एवं देश के समस्त भारतीय समाचार-पत्रों ने, उसकी इस सन्देह-वृत्ति की कड़ी आलोचना की है, किन्तु सरकार कहती है—अभी हम विचार कर रहे हैं। कांग्रेस कहती है—हमारा दल केवल घायलों की सेवा करने, तथा अपने पड़ोसी देश के प्रति अपना कर्त्तव्य पालन करने के लिए जाएगा, उसका कोई राजनैतिक उद्देश्य नहीं। सरकार कहती है—कांग्रेस दल का उद्देश्य राजनैतिक है।

देश से बाहर जाकर, देश की इज्जत रखकर, मनुष्यता की सेवा करनेवालों का एक भारी दल सेवा-दल के द्वार पर उमड़ा आ रहा है। जो नेता, इस दल में चुने हुए तरुणों को शामिल करेंगे, उनको कड़ी कसौटी पर तुलने के लिए, देश से बाहर जाने के खतरे की परवाह न कर, कुटुम्ब प्रेम और अपने पेट की चिन्ता को राष्ट्र की आज्ञा और मनुष्यता की सेवा पर कुर्बान करने के लिए प्रत्येक प्रान्त से दल उमड़ रहा है। सेवा-दल के लोग केवल 15 चुने हुए विद्वान, सशक्त, श्रमशील और सेवा के व्रती स्वयंसेवकों की टोली, चीन भिजवाना चाहते हैं,

किन्तु इस पुण्य अवसर पर अपनी बलि चढ़ाने की माँग— गत मास के अन्त तक 67 महाराष्ट्र के, 49 बंगाल के, 21 बम्बई के, 20 कर्नाटक के, 18 युक्तप्रान्त के, 27 तमिल के, 10 बरार के, 8 गुजरात के, 6-6 बिहार तथा आन्ध्र के, 5-5 केरल तथा पंजाब के, 4-4 आसाम तथा देहली के, 3-3 सी० पी० मराठी, अजमेर तथा उड़ीसा के, 2 सिन्ध के तथा 1 बर्मा के—इस तरह 250 राष्ट्र-भक्तों ने पेश की है। युद्धक्षेत्रों में सेवा के लिए जाने की इस राष्ट्रीय भावना पर, किस कवि के हृदय से पुष्पांजलियाँ न निकलेंगी, किस विद्वान के हृदय में राष्ट्राभिमान जाग्रत न होगा, कौन-सी बहन अपने इन भाइयों पर गर्व न करेगी, कौन-सा देश-वासी इन राष्ट्र-सेवा के परम पवित्र आशावादियों के लिए सेवा के भाव न रखेगा ? बंगाल और महाराष्ट्र की संस्थाएँ तो उन प्रान्तों का मस्तक ऊँचा उठाये हुए हैं। राजनीति के वे दोनों केन्द्र, सदैव देश को पथ बताते रहे हैं।

आप यह न समझें कि देश के शिक्षितों ने इस समय अपने को राष्ट्र-सेवा से दूर रखा होगा। रंगरूट भरती करने की पद्धति से अशिक्षितों को बहकाने का रोजगार करने वाले साम्राज्यवादियों के पापमय तरीके को इस राष्ट्रीय साधना में स्थान नहीं मिल सकता। आप गर्व करेंगे, जब सुनेंगे कि इस सेवा करने के लिए जाने वाले दल में, डाक्टरों की एक बड़ी भारी संख्या ने जाने के लिए प्रार्थना की है। उसमें 1 एम० डी०, 7 एम० बी० बी० एस० और एम० बी०, 1 एल० एम० एस०, 1 एम० सी० पी० एस०, 10 एल० सी० पी० एस०, 6 एल० एम० पी०, 2 सब-असिस्टेण्ट सरजन, 6 होमियोपैथ, 9 डाक्टरी कालेज में पढ़ने वाले विद्यार्थी और 15 कम्पौंडर हैं।

वैद्य-विद्या-विशारदों के सिवा, इस दल में शामिल होने के लिए प्रार्थना करने वालों में—

7 ऐसे हैं, जो फौजी तालीम प्राप्त हैं और कुछ गत महायुद्ध में मैसोपोटामिया में काम कर चुके हैं।

कितने ही आक्सफोर्ड की डिग्री लिये हुए बी० ए०, एम० ए० हैं, कितने ही बी० ए०, एल-एल० बी० हैं, 17 कला और इंजीनियरिंग के ग्रेजुएट हैं, अनेक हाईस्कूलों के उत्त्र प्राप्त तथा यहाँ स्काउटों में तथा अन्य प्रकार के स्वयंसेवकों में काम कर चुकने वाले विद्यार्थी हैं।

कुछ धारा-सभाओं के सदस्य—एम० एल० सी० हैं।

कुछ आल इंडिया कांग्रेस कमेटी के सदस्य हैं।

इन प्रार्थना करने वालों में, 12 देवियाँ हैं, जिनमें से कुछ विदेशों में हो भी आयी हैं, किन्तु सेवा-दल में देवियाँ नहीं जायँगी, अत: इन बहिनों को निराश होना पड़ेगा।

शीघ्र ही इस दल के चुने आदमी, चीन में जाने के लिए रवाना हो

पड़ेंगे। देश के समस्त सूबों ने, इन पर अपने धन की वृष्टि प्रारम्भ कर दी है। प्रान्त-प्रान्त में गरीब से गरीब और धनी से धनी, इन राष्ट्रीय सेवकों को चीन भिजवाने के लिए यत्नशील हैं। हमारे प्रदेश के मित्रों को भी, प्रान्तीय सज्जनों की अपील पर ध्यान देकर, चीनी सेवा के स्वयंसेवकों के लिए अपनी सहायता पहुँचाना चाहिए।

चीन में हिन्दी का सम्मान

पौने दो सौ वर्षों से अधिक काल तक ब्रिटिश शासन में रहकर भी भारत की राष्ट्रभाषा हिन्दी को न तो इंग्लैण्ड में स्थान मिला, न ब्रिटिश उपनिवेशों में। अपने देश में भी वह अभी तक राष्ट्रभाषा 'स्वीकृत' नहीं की जा सकी। हिन्दी ही क्यों, अन्य भारतीय भाषाएँ भी भारतीय शिक्षण संस्थाओं में 'सेकेण्ड लैंगुएज' (गौण भाषा) की तरह ही पढ़ायी जाती हैं। जहाँ ब्रिटेन के माथे पर भारतीय संस्कृति के विनाश का यह कलंक अमिट रहेगा, वहाँ चीनी जापानी, शस्त्रों द्वारा की जा रही अपनी मातृभूमि के समस्त ऐश्वर्य एवं कला साधनों की विनाश लीला से लगातार 6-7 वर्षों से लोहा लेते हुए भी, यूनान प्रान्त के कुमिङ् शहर में स्थापित प्राच्य भाषाओं के कालेज में हिन्दी को स्थान प्रदान करने का महान यश प्राप्त होने जा रहा है। भारत की चतुस्सीमा से परे राष्ट्रभाषा की गौरव-स्थापना की यह व्यवस्था सर्वप्रथम चीन ने ही की। हम चीन के विद्वानों और उत्साही प्रकाशकों के आभारी हैं कि उन्होंने इस युग में भी एक लाख से अधिक चीनी पुस्तकों की भेंट शांतिनिकेतन को देकर चीनी संस्कृति के मेल का हाथ बढ़ाया है।

कुमिङ् के प्राच्य भाषा कालेज में हिन्दी भाषी भारतीय तरुण श्रीयुत कृष्ण-किंकर सिंह हिन्दी पढ़ाने जा रहे हैं। हिन्दी भाषी तरुणाई श्रीयुत कृष्णकिंकर सिंह के इस सौभाग्य पर ईर्ष्या मिश्रित गौरव अनुभव करेगी। हम चाहते हैं, श्रीयुत कृष्णकिंकर सिंह अपने पद के गौरव के सर्वथा उपयुक्त साबित हों।

इस दिशा में हिन्दी के ग्रन्थ प्रणेता तथा प्रकाशकों का भी एक महान कर्त्तव्य है। हिन्दी के श्रेष्ठ ग्रन्थ चीन की इस विख्यात संस्था को प्रदान कर चीन के ऋण से उन्हें उऋण होना है। उक्त संस्था के ग्रन्थागार को भेंट करने के लिए नागरी प्रचारिणी सभा, सरस्वती प्रेस, सस्ता साहित्य मण्डल, पुस्तक भंडार, ग्रन्थमाला कार्यालय, साहित्य सदन, आदि संस्थाओं तथा श्रीयुत श्याम-सुन्दरदास जी, कविवर मैथिलीशरण जी गुप्त, डा० धीरेन्द्र वर्मा, कवयित्री महादेवी वर्मा, पं० हजारीप्रसाद द्विवेदी आदि लब्धप्रतिष्ठ मनीषियों ने अपने

ग्रन्थ प्रदान किये हैं। हिन्दी संसार द्वारा इस प्रयत्न को उचित समादर तथा उदार अनुकरण मिलना आवश्यक है। जो विद्वान या प्रकाशन संस्था अपनी कृतियाँ भेंट करना चाहें वे 30 जनवरी से पहिले उन्हें इस पते पर भेजने की कृपा करें। प्रो० तान युन शान, चीन भवन, प्रो० शान्तिनिकेतन (बंगाल), रेल स्टेशन (बोलपुर)।

कृष्णकिंकर जी से निवेदन है कि उनका चीन जाना भारतीय राष्ट्रभाषा का, एशिया की ओर, संस्कृति लेकर जाने का पहला कदम है। चीन के इतिहास में जीवित सामन्तों, सन्तों और शक्तिशालियों से उत्पन्न प्राण वायु से उन्हें भारतीय के नाते प्रेरित और ज्ञानगर्भित होने का अवसर मिलेगा और वे अपने उस ज्ञान को अपनी प्रतिभा के पंछी के पंखों पर बिठाकर अपनी मातृ-भूमि की ओर भेज सकेंगे। चीन में उस सांस्कृतिक एकता के तन्तु हमारे इस यात्री को एकत्रित करने को मिलेंगे जिनके एशियायी एकत्रीकरण के बल पर कल का भारत एशिया के अन्य देशों के साथ स्वतन्त्रता के वायुमंडल में खुल कर बैठ और ऊँचे उठकर बोल सकेगा। इस भारतीय यात्री की चीन यात्रा उसे यह सीखने का अवसर देगी कि गत 7 वर्षों से अनवरत युद्ध में पड़ा हुआ चीन किस प्रकार अपनी सांस्कृतिक नैतिक और राष्ट्रीय भावनाओं की ज्ञानमय तैयारियाँ किये जा रहा है। हिन्दी भाषा के इस पंथी का अनुभव करना चाहिए कि भारत की समस्त प्रान्तीय भाषाओं की भुक्त चीनी नहीं, किन्तु वकालत करते हुए किस तरह उसे राष्ट्रभाषा के स्वरूप को चीन के सामने रखना होगा। इस तरुण ज्ञानजीवी के काँधों पर यह उत्तरदायित्व है कि वह चीन के चिन्तकों, कोविदों और कलाकारों को हेमांचल, अरावली, विन्ध्य, सातपुड़ा, सह्याद्रि और निलगिरी की उपत्यकाओं और उनसे निर्झरित निम्नगाओं वाले संस्कृति के महान् किन्तु क्षमता के शिशु भारत की ओर ललचा सके। भारतवर्ष में यहाँ का 'हर जर्रा देवता है' वाली साधना चाहे उससे सधी हो या न सधी हो किन्तु हमारे चीनी पथ के राहगीर को चीन में दलों और पार्टियों से परे विशुद्ध चीन के उच्च दर्शन मात्र करने हैं। दलों के रंगीन फीते पहनने का न उसे मोह होना चाहिए न अवकाश।

एक चीनी ने हिन्दुस्थान की यात्रा की थी 'हैनसाँग' के रूप में। युगों के पन्ने उलट जाने के बाद भी आज हमारे बीच वह अमर है। आज के युग में जनरलिस्सिमों और उनकी विश्व विजयिनी धर्मपत्नी हमारे यहाँ आ चुके हैं और कितने ही सद्भाव प्रतिनिधि मण्डल भी आ और जा रहे हैं। साहित्य का काम इन पथिकों का पथ कंटकित बनाना नहीं है। सूर्य-प्रकाश की आरती में काम आने वाली दीपकदानी की तरह, उनके आलोकित पथ में अपने राष्ट्र के आलोक की उपस्थिति देना है।

कला पारखी के नाते यह आवश्यक है कि हमारा पूर्वभुखी राहगीर चीन की तरुणाई को देखे कि वह किस तरह चीनी साहित्य में प्रतिबिंबित होती है और चीन के साहित्य को निकट से देखे कि आपदाओं और आकांक्षाओं के बीच किस तरह अपने समस्त रसों के साथ वह बनता और उठता चला जाता है। यह अपने विद्यालय की ज्ञान गद्दी को हिन्दी भाषा का नमन पहुँचाये, इसलिए कि श्रद्धा की यह धारा एक दिन चीन और भारत के बीच स्नेह की सुवर्ण रेखा बन सके। यह उचित ही हुआ कि श्री कृष्णकिंकर सिंह हमारे अन्तर्राष्ट्रीय ज्ञान केन्द्र शान्तिनिकेतन से जा रहे हैं।

[30 जुलाई, 1927]

भावी सभापति की बातें

डाक्टर अन्सारी का नाम, देश की प्रान्तीय समितियों द्वारा, कांग्रेस के सभापति के पद के लिए, सुझाया गया है। अपने देश-भक्तिपूर्ण और सावधान स्वभाव के अनुसार, डा० अन्सारी महाशय ने यह आवश्यक समझा कि वे अपने विचारों को स्पष्ट रूप से देश के सामने रख दें। चूँकि अभी अन्तिम निर्णय के लिए प्रान्तीय कांग्रेस कमेटियों को मत देने का अवसर है, वे उन संस्थाओं को यह अवसर दे रहे हैं कि यदि लोग उनके विचारों को पसन्द करें, तो डाक्टर साहब को आगामी कांग्रेस के सभापति चुनें; नहीं तो अपने निर्णय को, वे जिस दिशा में चाहें, झुका दें।

डाक्टर साहब ने, अपने कथन को, सार रूप में अपने वक्तव्य के अन्तिम भाग में इस प्रकार कहा है—"संक्षेप में, मैं निवेदन करता हूँ कि हमें, अपनी समस्त शक्ति और सम्पूर्ण साधनों को, अपने उस दुश्मन से लड़ने में लगा देना चाहिए, जो हमारे अपने ही शरीर में घुसा बैठा है—वह है जातिगत और राजनैतिक अनबन। मैं हिन्दू और मुसलमानों से प्रार्थना करता हूँ कि वे संकीर्ण दृष्टि और धर्मान्धता के परे रहकर, अपने झगड़ों को आपस में निबटा लें। मैं उन सब सज्जनों से, जो अभी भी कौंसिलों में जाने के पक्षपाती हैं, अपील करता हूँ कि वे साहसपूर्वक, खुले-खुले यह स्वीकृत कर लें कि वे सहयोगी हैं। वे सब मिलकर, अपने भेदों को भूल जायें, आपस के कलह को निबटा लें, और शत्रु का मुकाबला करने के लिए एक जनता के दल की स्थापना करें। मैं सब धार्मिक सम्प्रदायों, जातियों और राजनैतिक दलों के मित्रों को प्रेमपूर्वक आमन्त्रण देता हूँ कि आओ, अपनी राष्ट्रीय संस्था में शामिल हो जाओ, और उसे सच्ची राष्ट्रीय और देश की प्रतिनिधि-स्वरूप शक्तिशालिनी बनाकर दिखा

दो। मैं मजदूरों के हितों का जोर से समर्थन करता हूँ, जिन हितों को हमने निर्लज्जतापूर्वक ठुकराया है, और अन्त में, मैं भारत के भावी शासन-विधान का मसौदा बनाने की शीघ्र तैयारी करने की बात कहता हूँ।

डाक्टर साहब ने, अपने इस वक्तव्य में, ये सलाहें भी दी हैं—

1. हमें कांग्रेस की मेम्बरी पर से खद्दर का बन्धन उठा देना चाहिए क्योंकि अब खद्दर जड़ पकड़ चुका है, और वह किसी के मिटाये मिट नहीं सकता।

2. हमें कांग्रेस के, कम से कम 50 लाख सदस्य बनाने चाहिए।

3. हमें देश में, नगर-नगर में ऐसी पंचायतें कायम करनी चाहिए, जो जातिगत झगड़ों को रोकें और निबटारा करें।

4. हमें, उन सब जातियों और दलों को कांग्रेस का मेम्बर बनने के लिए सुविधाएँ पैदा करनी चाहिए, जो कांग्रेस में शामिल होने से झिझकते हैं—जैसे ईसाई, ऐंग्लो-इण्डियन, और भारत में बसे हुए यूरोपियन आदि।

देश की दशा वर्णन करते हुए डाक्टर साहब कहते हैं—"कांग्रेस की सारी ताकत आज भिन्न-भिन्न दलों में टूक टूक हो रही है, जो दल आपस में ऐक-दूसरे के प्रति अविश्वासपूर्ण हैं। सारा देश जातिगत वैर-भावों और मार-पीटों का मैदान बना हुआ है, जो एक-दूसरे का मस्तक फोड़ रहे हैं और अपनी सहायता के लिए सरकारी अधिकारियों को पुकारते हैं। देश की शक्ति इसलिए कायम नहीं है, चूँकि हमारे मन में, अपने भाइयों के प्राण, धन और आबरू के लिए कोई इज्जत है। आज की मुर्दनी तो, हम पर हुकूमत करने वालों की बन्दूक के कुन्दों, तोपों की गाड़ियों और हवाई जहाजों के बम गोलों के भय का परिणाम मात्र है।

देश की इस अवस्था में, डाक्टर साहब पूछते हैं कि "क्या यह सम्भव है कि हम सरकार का सामना कर सकें। और इसीलिए आपने सब दलों से मिलकर सामना करने की बात कही, यद्यपि आप अपने विषय में तो यह स्पष्ट लिखते हैं—"मैं तो प्रसन्न हूँगा यदि हम लोग वैसे ही पक्के असहयोगी फिर हो सकें जैसे सन् 1920-21 में थे।"

डाक्टर अन्सारी, देश की बहुमूल्य वस्तु हैं। उन्होंने कभी दल, पार्टी या अपनी लहर को पूरा करने के लिए, देश में डाँवाँडोल स्थिति पैदा नहीं की। प्रत्युत जब देशबन्धु दास और पण्डित मोतीलाल नेहरू ने, कांग्रेस को डायरेक्ट ऐक्शन—सीधे प्रहार—के पथ से हटाकर, गया कांग्रेस में, कौंसिलों की ओर ले जाना चाहा, उस समय नेतृत्व की किंचित् पर्वा किये बिना, डाक्टर साहब, श्री चक्रवर्ती राजगोपालाचारी और उनके साथियों के साथ खड़े हो गये। आज भी डाक्टर साहब स्पष्ट कहते हैं कि कौंसिलों से, थोड़ी-बहुत घरू सुविधा पाने का मीठा सपना भले ही देखा कीजिए, किन्तु यह बात तो हरगिज नहीं भुलाई जा सकती

कि देश का उद्धार यदि हो तो, कौंसिलों से नहीं, वह डाइरेक्ट ऐक्शन—सीधे प्रहार से ही होगा। डाक्टर साहब के ये शब्द कितने सच्चे हैं, "सन् 22 से हम लगातार सरकारी सहयोग की ओर झुकते चले जा रहे हैं। प्रारम्भ में तो, वे कौंसिलवादी मित्र, जो कांग्रेस के बहुमत का कहना मानने के लिए तैयार न थे, इस बात का जबरदस्त दावा करते थे कि कौंसिलों में जाकर भी वे वैसे ही पक्के असहयोगी हैं, जैसा कि कोई भी असहयोगी कौंसिलों के बाहर हो सकता है। किन्तु, जिस तरह पहिले (गया में) स्वराजियों का एक अल्पमत बना था, उसी तरह 'रिस्पांसिविस्टरों' का अल्पमत फिर बना। ये सज्जन सरकार से सहयोग करने की तो दलीलें देते असहयोग करने में, तथा सहयोग करने की जरूरत को स्वीकृत करने में संकोच न मानते, किन्तु यदि उनके आन्दोलन को कोई सीधा-सच्चा सरकार से सहयोग करना कहे, तो इसमें कोई शक नहीं, कि वे दल बाँधकर उसका विरोध करने टूट पड़ेंगे। इसी बात के लिए डाक्टर साहब ने सलाह दी है कि जब सहयोग करते ही तो स्पष्ट सरकार के सहयोगी, कहलाने से न झिझकने की ईमानदारी दिखाओ, और सहयोग से जितने लाभ प्राप्त हो सकते हों, पूरे-पूरे वसूल कर लो।

देश के पिछले वर्षों, देश की कमजोरियों का दिग्दर्शन, अनेक बार अनेक नेताओं ने कराया है। उन्होंने कई बार देश में होने वाली भूलों का उल्लेख किया है। यदि लाला लाजपतराय जी ने दिग्दर्शन कराया, तो वे भविष्य का कार्यक्रम निश्चित करते समय झिझक गये। यदि नेहरूजी ने कभी-कभी कोई बात कही, तो वे भविष्य की जिम्मेदारियों का कार्यक्रम बनाते समय निश्चित नहीं रहे। मालवीय जी महाराज से तो देश का कोई राजनैतिक प्रोग्राम बने ही काहे को। किन्तु हमें, यह स्पष्ट स्वीकृत करना चाहिए कि डाक्टर अन्सारी महोदय ही, भूतकाल की समालोचना में पिछले सब नेताओं से सर्वश्रेष्ठ रूप से सफल हुए। उनके हृदय की ईमानदारी देश का अहित न होने देने का उनके उज्ज्वल देशाभिमान, और समुद्र की मतवाली लहरों के बीच अपना मस्तक ऊँचा उठाकर चट्टानों पर चमकने वाले तथा जहाजों को खतरे की साफ सूचना देने वाले प्रकाश-स्तम्भ की तरह, उनका जातीय पक्षपात से सच्चे हृदय से ऊँचा उठकर 'पहिले राष्ट्रीय' बनना—यह सब कुछ—उनकी विस्तृत दृष्टि और जाज्वल्य देशाभिमान ही का परिणाम है। किन्तु हमें यह स्पष्ट कहना चाहिए कि देश का भावी कार्यक्रम आँकते हुए, डाक्टर साहब को भी उसी झिझक ने रोक दिया, जो गुलाम देशों के दुर्भाग्य से, उनके चिन्ताशीलों में घर किये रहती है, और उन्हें उस स्पष्ट निश्चय पर अमल करने से रोकती है। जिसमें खतरा है, निराशा है, अपमान है, त्याग है; किन्तु जो डाक्टर साहब ही के शब्दों में भारत के उठने का एकमात्र मार्ग है। डाक्टर साहब के शब्दों ने बूढ़ों को मार्ग

दिखाया है किन्तु तरुणों के लिए, उन तरुणों के लिए—जो देश का भविष्य निर्माण करते समय, अब न नेताओं के लिए ठहरेंगे न अनुकूल परिस्थितियों के लिए ही—कोई मार्ग नहीं दिखाया। आपने, देश के कौंसिलवादियों से कहा है कि वे स्पष्ट स्वीकृत कर लें कि वे सरकार से सहयोग कर रहे हैं और उस सहयोग से मिलने वाला पूरा लाभ उठा ले, किन्तु, फिर आप कहते हैं कि देश के सब दल मिल जावें और अपने शत्रु का मिलकर सामना करें। हमें, उन लोगों की बात में तथ्य दीखता है जो पूछते हैं कि सहयोग करने वालों का शत्रु कौन? सहयोगी हो जाने के पश्चात् चाहे देश का सौभाग्य समुद्र में डूब रहा हो, किन्तु क्या हमारे मित्रों को कोई कष्ट है जो वे एक संगठित दल बनावें। सहयोगी हो जाने के पश्चात् सरकार से उनकी शत्रुता रह ही कहाँ गई। और यदि दल बनाया भी गया तो वह क्या इसलिए, कि सरकार जो कुछ कहे-सुने या करे-धरे उसे एक स्वर से प्रेमपूर्वक स्वीकृत कर लिया जाय। तब यह सब कुछ क्या कांग्रेस के नाम पर होगा। क्या लिबरल लीग, या अमन सभाएँ, इन सहयोगी मित्रों के लिए उचित स्थान न होंगे या फिर सन् 1927 की कांग्रेस की लोकमान्य को चुनौती देने वाली सन् 1907 की कांग्रेस बनाना है, जिसका परिणाम होगा, लोकमान्य जैसे अत्याचारी को मस्तक न झुकाने की अकड़ रखनेवालों पर संकट, और मेहता-मण्डलों जैसे सहयोगियों का, राज-सभाओं में, पुण्यकीर्तन। खैर, यदि एक बड़ा दल भी बना, तो वह होगा बड़े मजे का। उसमें नरम दल के लोग भी होंगे, ऐंग्लो-इण्डियन भी होंगे, और होंगे भारत में बसे हुए अंग्रेज भी, तब क्या इन सब एकता के उपासकों का उद्देश्य भारत को स्वराज दिलाना ही होगा। और क्या वह वही स्वराज्य होगा, जिसके लिए लोकमान्य के युग से लगाकर आज तक अनेकों यन्त्रणाएँ भोगी गयीं और जिसके लिए हजारों भारतीय तरुणों को, मुकदमा चलाकर या बिना चलाये, कारागारों की खाक छाननी पड़ी। जिस असहयोग-युग को, आप देश के लिए वरदान समझते हैं—और उस युग को, देश के तरुण भी देश के गर्व का युग स्वीकृत करते हैं—उस युग में अहिंसा थी, विरोधी को दुःख न पहुँचाना था, 'न्याय्य' उपायों द्वारा स्वराज प्राप्त करना था, तब फिर ये माडरेक्ट, ऐंग्लो-इण्डियन, और भारत में बसे अंग्रेज उस समय कांग्रेस में शामिल क्यों नहीं हुए। क्या उसका कारण, आपका सरकार पर किया हुआ 'सीधा प्रहार'—डाइरेक्ट ऐक्शन—नहीं था। तब आप आज भी तो यही कहते हैं कि देश का उद्धार तो डाइरेक्टर ऐक्शन ही से होगा। फिर ये डाइरेक्टर ऐक्शन के विरोधी सज्जन, यह जानते हुए कि आप एक न एक दिन डाइरेक्ट ऐक्शन को ही काम में लावेंगे। कांग्रेस में किसलिए आवेंगे।

हम निहायत अदब से एक बात और पूछें। कांग्रेस के भावी सभापति की दृष्टि में, जिस तरह नरम, ऐंग्लो-इंडियन, और भारत में बसे अंग्रेज आ गये,

क्या उसी तरह, उनकी दृष्टि से, देश से उन क्रान्तिवादी तरुणों का भुलाया जाना उचित हुआ, जिनकी जेलों, फाँसियों, काले पानियों और यन्त्रणाओं ने, देश में नये युग को जन्म दिया, और जो लोग, यदि अपनी पिस्तौलें फेंककर, ईमानदारी से, असहयोग का साथ न देते, तो कांग्रेस के अनुशासन की धाक और गांधी युग का अहिंसा का कार्यक्रम—बम और पिस्तौलों की आवाजों पर देखते धूल में मिल जाता। क्योंकि धनवान और आरामतलब नेताओं का त्याग प्रदर्शनी का त्याग था, और देश के गरीबों का त्याग, देश की स्वतन्त्रता का यथार्थ मूल्य था। हमारी नम्र सम्मति में, यदि डाक्टर साहब, रोटी और सम्मान पर अपने को बेचने वालों को थोड़ी देर के लिए भूल जाते तो वे देश में तीन दलों को ही मानते—पहिले क्रान्तिवादी, दूसरे असहयोगी और तीसरे सहयोगी। और यदि देश में काम करना है, तो क्रान्तिवादियों से पुनः पिस्तौलों को थोड़ा विश्राम देने के लिए कहना होगा, सरकार का सामना करने वालों के खतरे को आमन्त्रित करना होगा, और सहयोगी मित्रों से केवल यह निवेदन करना होगा कि यदि वे त्याग कर सकें तो आगे पढ़ें, यदि न कर सकें तो धन से सहायता करें, और राष्ट्र के लिए अपनी बरबादी करने वालों को आशीर्वाद दें। किन्तु ऐसा करने से उस दल का महत्त्व कुछ कम हो जायगा जो सरकारी पदों का लालच भी नहीं छोड़ना चाहता, सरकारी सहायता से वंचित भी नहीं होना चाहता और साथ ही जिससे देश के निर्भीक स्वराज्य-सेना के सेनानी और प्रबल त्यागी देशभक्त कहलाने का मोह भी नहीं छूटता। यदि इसी गिरोह के लिए देश में उसकी पर्वाह की जाती है, तो परमात्मा के लिए देश की स्वतन्त्रता का नाम छोड़िये, और चैन से गवर्नरों के साथ होने वाले भोजों के महान कष्ट, कौंसिलों के प्रस्तावों पर होने वाले महान् त्याग, और कौंसिलों की सब-कमेटियों पर होने वाली महान् यन्त्रणाओं ही को देश के महान् कष्टों का नाम दीजिये, और देश की जनता के प्रति उत्तरदायित्व का नाम लेकर देश की दुःखी जनता में निरर्थक आशा का संचार न कीजिये, न बेचारे मजदूरों ही के दुःखों से दुःखी होकर, व्यर्थ ही उनके संगठन की बात कीजिये, क्योंकि उनके संगठन का परिणाम, किसी भी देश में, निरंकुश सत्ता के नीचे पिसते हुए पराधीन रहना और राज्यकर्त्ताओं की खैरातों पर जीना नहीं रहा, हर देश में मजदूरों के दलों ने क्रान्तियाँ की हैं, फिर माडरेटों; ऐंग्लो-इंडियनों और भारत में बसे हुए अंग्रेजों के हाथ इन क्रान्तिवादियों को देकर क्या, इनकी गोलियाँ मजदूरों पर चलवाने का तमाशा देखना है।

रही बात हिन्दू-मुसलिम मेल की। हमारी श्रद्धा है कि डाक्टर साहब से बढ़कर व्यक्ति इस महान् कार्य के लिए नहीं हो सकता। हम तो सौभाग्य समझ लें यदि हम डाक्टर महोदय के जातिगत द्वेष मिटाने के प्रयत्नों में, उनकी सेना के छोटे से सिपाही हो सकें, किन्तु जब हमारे ही बीच, दोनों जातियों के बे-मेल

पर अपने नेतृत्व का रोजगार चलाने वाले, तथा अपने फिसले हुए नेतृत्व को, हिन्दू-मुसलिम कलह पर पुनः स्थापित करने वाले, देशभक्तों का टोटा नहीं है, ऐंग्लो-इंडियन और भारत में बसे हुए अंग्रेज कांग्रेस में आकर दोनों जातियों में कलह कराने की शासनकर्त्ताओं की रुचि के साथी होंगे, या दोनों जातियों में मेल पैदा कर, जान-बूझकर अंग्रेजों के हाथ का शासन छिन जाने देंगे, यह डाक्टर साहब स्वयं सोच लें, इसके सिवा मेल के व्याख्यानों और पंचायतों से मेल की कल्पना पर तो हमारा अधिक विश्वास नहीं होता। देश के तरुण, जो आज एक दूसरे का गला काट रहे हैं, कल देश पर खतरा आते ही, मिलकर अपने संकट का सामना करेंगे ? किन्तु, जब देश में न कोई काम है, न उसकी महत्त्वाकांक्षाओं की जगह, तब वे बैठे-बैठे क्या करें। सिर फोड़कर ही सुखी हो रहे हैं। इसके सिवा दोनों जातियों के मेल का एक पथ है—धर्म के नाम पर किये जाने वाले दोनों जातियों के ढकोसलों, पाखण्डों और मूर्खताओं का नाश भगवान करें, डाक्टर साहब, वह बल पावें कि उन प्रयत्नों से दोनों जातियों में मेल हो सके, जो एक भयंकर सामाजिक क्रान्ति की प्रतीक्षा कर रहा है और आगामी कांग्रेस चाहे वह क्रान्ति कर सके या न कर सके, किन्तु जिन तरुणों को अपनी महत्त्वाकांक्षाएँ माडरेटों ऐंग्लो-इंडियनों और भारत में बसे अंग्रेजों के हवाले नहीं करनी है, जिन्हें बुढ़ापे में शिथिल नहीं कर दिया है, तथा जिन्हें देश की पराधीनता, दुनिया-भर की अन्य उलझनों से अधिक खटकती है, वे राजनीति और स्वाधीनता के प्रयत्नों में, देश के शत्रु आडम्बरों, पाखण्ड मूर्खताओं से, चीन, तुर्किस्तान तथा अन्य देशों की तरह झगड़ना स्वीकृत करेंगे, और उस समय देश की धर्मों की रक्षा के नाम पर, डाक्टर साहब, आप देखेंगे कि तरुणों को कुचलने के लिए इस देश की सरकार महा धर्मात्मा बन जायगी और हमारे मउ माडरेट, ऐंग्लो-इंडियन और भारत में बसे हुए यूरोपीय बन्धु सरकार का साथ देंगे। तो भी, जो हो, हम डाक्टर महोदय के मेल के प्रयत्नों का हृदय से समर्थन करते हैं। और यह मानते हैं कि वर्तमान समय में कांग्रेस के सभापतित्व के वे सर्वथा उपयुक्त हैं।

[27 अगस्त, 1927]

भारत का नमक-हलाल नौकर

ज्यों-ज्यों भारत के सुधार-कमीशन के दिन निकट आ रहे हैं, त्यों-त्यों इंग्लैंड के अनुदार दल के निरंकुशों में एक लहर-सी उठ रही है—भारत के लोगों को गाली देने, उनको नीच साबित करने, भारतीय देवियों, भारतीय

सामाजिक रीतियों पर आक्रमण कर, भारतवासियों को जंगली साबित करने को मिस कैथरिन मेयो नाम की एक अमरीकन कुमारी, इन अनुदार ब्रिटिश राजनीतिज्ञों ने किराये पर रखी और उसे भारत में घूमने के लिए भेज दिया। उस देवी ने इस देश में पदार्पण किया, सरकारी अफसरों की मेहमान रही, सरकारी कागज-पत्रों का उपयोग किया और अमरीका में जाकर, 'मदर इंडिया' नामक पुस्तक लिख दी। इस गौरांगी के लिए स्वाभाविक तो यह था कि वह जीते जला देने की प्रथा के नाम पर 'अमरीकन माता' के गुण गाती, या फिर 'इंग्लैंड माता' के गुण गाती, जिसमें अमीर गरीब के खून का प्यासा है, और जहाँ मजहब, चैन और बिलास की वस्तु हो गया है। किन्तु अपने प्रयत्नों में मिस मेयो अकेली नहीं है। सिडेनहम, ओडायर और उनकी कम्पनी सदैव ही भारतीयों को नीचा दिखाने के पुण्य उद्योगों में लगी रहती है।

पंजाब के पुराने लेफ्टिनेंट गवर्नर सर माइकेल ओडायर भारत के धन से आज भी अपना पेट पालते हैं—वे भारत के खजाने से पेंशन पाते हैं, किन्तु जब भारत के विषय में उनका श्रीमुख खुलता है, तब ऐसी कौनसी गाली है जो वे भारत को नहीं दे डालते। असहयोग के जमाने में अनेकों पेंशनयाफ्ता भारतीयों और सरकारी अधिकारियों को सूचित किया गया था कि वे अपने बाल-बच्चों को राजनैतिक आन्दोलन में भाग लेने से रोकें। किन्तु पेंशन का रुपया हजम करते हुए गोरे अधिकारियों को, इस देश की सरकार, यह सूचित नहीं करती कि वे जिस देश से रोटियाँ पाते हैं उसकी जनता के प्रति विश्वासघात न करें। वे नमक-हलाल बने रहें।

लाट साहब भारत की प्रत्येक जाति, प्रत्येक दल, प्रत्येक समूह से नाराज हैं। केवल भारतीय रुपये से नाराज नहीं हैं। वे भारत के राजा-महाराजाओं के विषय में नाराज होकर लिखते हैं कि "राजाओं का शासन इतने नीच दर्जे का है कि वहाँ की प्रजा हम (अंग्रेजों) से हाथ जोड़कर कहती है कि प्रभु, हमें अंग्रेजी राज में ले लो। 'निस्सन्देह' भला जलियाँवाला में शिकार बनकर पशुओं की तरह भूने जाने के लिए कौन-सी रियासती प्रजा न ललचेगी। क्या अपने उसी शासन पर, पंजाब को पेंशनयाफ्ता लेफ्टिनेंट गवर्नर, भारतवासियों को अधिक समझता है। हाँ, लाट साहब बनारस के महाराजा की तारीफ जरूर करते हैं, और खासकर उनके इन वाक्यों की—"भारत का राष्ट्र कहना, निरा पाखण्ड है। भारत के अफसरों में से अंग्रेजों का कम किया जाना एक महान् संकट होगा।" निस्सन्देह, सर माइकेल को ऐसा बुद्धिमान कहाँ मिलेगा। किन्तु क्या सर माइकेल कह सकते हैं कि बनारस के इस आदर्श राजा की प्रजा किस तरह रहना चाहती है, इन्हीं (महाराजा साहब) की जमींदारी में, या आजादी में, सर माइकेल, सकलातवाला से नाराज है, गांधी के दुश्मन हैं, और तिलक के भारी निन्दक

हैं, किन्तु वे, भारत सरकार के मन्त्रिमंडल तथा इंडिया कौंसिल के भूतपूर्व सदस्य सर शंकरन नायर को भी अच्छा आदमी नहीं मानते। वे समझते हैं कि राजनीति के आन्दोलनों को न कुचलने के कारण, भारत की जनता इतनी सर चढ़ गयी है कि "सरकारी अधिकारियों का देश में कोई गौरव नहीं रह गया।" किन्तु जनता के साथ ही वे जमींदारों को भी अच्छा नहीं समझते। उनका मत है कि "युक्त प्रान्त के जमींदार, स्वराजियों से मिल गये और सरकार को कौंसिल में हरा दिया। गरज यह कि न भारत के गरीब किसान अच्छे, न जमींदार ही अच्छे, भारत के मजदूर आन्दोलन को, लाट साहब बोल्शेविज्म और रूसी क्रान्ति की तैयारी करते हैं, किन्तु वे भारत के धनिकों को भी अच्छा नहीं समझते। वे कहते हैं कि "भारतीय लोहे की वृद्धि के लिए, असेम्बली ने टाटा कम्पनी को लगभग दो करोड़ की सहायता देना स्वीकृत कर लिया, और तिस पर भी, उसे 33 फीसदी से अधिक को, देशी व्यापार के टैक्स के नाते रियासत दी गयी।" अर्थात भारत का मजदूर भी बुरा, और धनिक भी बुरा, आपने कपड़े के मिल-मालिकों के खिलाफ भी जहर उगला और कहा कि इन लोगों ने लगभग लाखों रुपये गांधी को दिये। लाट साहब कहते हैं—"हाय, एक के बाद दूसरे भारतीय धन्धे को सरकारी सहायताएँ मिलने लगी हैं। और स्वदेशी के नाम पर किये जाने वाले सारे ऊधम को सरकार चुपचाप बर्दाश्त और स्वीकृत किये जा रही है।" भला स्वदेशी की उन्नति होना, भारत का कितना बड़ा अपराध है। क्या कभी लाट साहब ने यह भी मनाया है कि—"हे भगवान्! लंकाशायर की सारी मिलें बन्द हो जायँ। पर लंकाशायर कुछ भारत में थोड़े ही है।"

इस तरह, भारत पर आग उगलने में इस समय, भारत के गोरे हित-चिन्तक संलग्न हैं। क्या अब भी आशा नहीं की जा सकती कि इन पवित्र आत्माओं का राज, भारत को धन-धान्य प्रदान करेगा। क्या अब भी कोई सन्देह करेगा कि अनुदार अंग्रेज राजनीतिज्ञ भारत को स्वराज देने वाले हैं। क्या अब भी कोई स्वप्न देख सकता है कि आगामी-रायल कमीशन अवश्य स्वराज प्रदान करेगा।

[10 सितम्बर, 1927]

क्या यह सब धर्म के लिये?

हमारे देश में दंगे शुरू हुए। हिंदू कहते हैं—हम लड़ रहे हैं अपने धर्म की रक्षा के लिए। मुसलमान कहते हैं—हमारा जद्दोजहद है इसलाम को कायम रखने के लिए। धर्म के लिए ही मन्दिरों और मस्जिदों को, पानी पी-पीकर कोसा जाता है, धर्म के लिए ही लोगों ने लाठियाँ हाथ में ली हैं, धर्म के लिए ही

मन्दिरों में गौ-मांस फेंका गया, गायें काटी गयीं, औरतों का सतीत्व हरण हुआ, बच्चे गुमराह किये, मस्जिदों पर भी आक्रमण हुए। किन्तु धर्म के लिए यह सब कुछ होने के पहिले, और क्या-क्या हो गया था, इसका आपको पता है।

इधर हिन्दू-मुसलमानों में धर्म के लिए संग्राम शुरू हुए, उधर राष्ट्र में संग्राम करने की भावना तितर-बितर हो गयी। मद्रास में अब्राह्मण मिनिस्टरी बन गयी जिसका काम था अपने हिन्दू समाज पर विष बरसाना। बम्बई में भी वही किया गया। हाँ, पंजाब में सिक्ख रहते हैं। उन्होंने जोर का संग्राम छेड़ा— उससे पहिले, जब हमने धर्म की रक्षा के नाम पर मस्तक फोड़ता नहीं सीखा था उन्हीं दिनों, टर्की के स्वतन्त्र हो जाने की घोषणा की गयी। टर्की को कुचलने के झगड़ों की, भारतीय शासक ताकत ने इतनी पुकार न मचाई थी, जितनी टर्की की सन्धि होने की पुकार मचाई गयी। टर्की की आजादी पर, ईजिप्ट, अफगानिस्तान और न-कुछ मोरक्को के रिफों तक ने सन्तोष नहीं मनाया किन्तु टर्की से समझौता होने का जादू हिन्दुस्तान में काम कर गया। गुप्त स्थानों में, दोनों जातियों को टूक-टूक करने के साधन जुटाये जाने लगे। पर इसके पहिले एक काम हो जाना जरूरी था।

वीर सिक्ख कौम के बल पकड़े रहने, और उनके आन्दोलन के जिन्दा रहने तक तो देश की इन बड़ी जातियों का सिर फूटना कठिन था, क्योंकि ध्यान सिक्खों के राष्ट्रीय आन्दोलन की ओर बँटा रहता। हिन्दुस्थान में पंजाब और बंगाल ही तो मुसलिम बहुमत के बड़े प्रदेश हैं। नाभा के महाराज रिपुदमनसिंह और उनकी वीर जाति, अपने संग्राम को राष्ट्रीय रूप दिये हुए थी। बंगाल का बलवान देशबन्धु, पैक्ट बनाकर भी, दिलों में दरार नहीं पड़ने देना चाहता था। कर्म-धर्म संयोग, पंजाब में गुरुद्वारा बिल बना, वह कानून भी बन गया। रिपुदमनसिंह की गद्दी छीन ली गयी, और जो सरकार के साथ सहयोग करने, या सरकार की शर्तों पर छूटने के लिए तैयार न थे, उन्हें जेल में रखा गया। इस तरह सिक्खों की राष्ट्रीय ताकत तितर-बितर हो गयी। अब कौन चीज थी जो हमारा ध्यान खींचती। कौन बहादुर थे, जो धर्म के नाम पर डंडा लेकर निकलने के बजाय, राष्ट्र के नाम की हुंकार करते।

किन्तु अभी बंगाल बाकी था। बंगाल के तरुण, ज्वाला जगाये हुए थे। वे पिस्तौल जमीन पर डाल चुके थे, पर अपने अस्तित्व को जीवित रखे हुए थे। उधर जो थोड़े से कौंसिलों में पहुँच गये थे, वे भी चैन नहीं लेते थे। तिस पर, भारत की ब्रिटिश शासन की इतिहास-प्रसिद्ध राजधानी के म्युनिसिपल कार्पोरेशन पर से सरकारी अड्डा फिसल गया, और वह, देशबन्धु दास और सुभाष बोस के हाथों में आ गया था। एक लहर आयी, और सुभाषचन्द्र बोस और उनके साथियों को, क्रिमिनल लॉ अमेंडमेंट के नाम पर खींचकर जेलों में ले

गयी। रह गया सीमा प्रान्त वहाँ के लोग जीवित को जीवन ही नहीं मानते। उनका उकसना आसान था। बस, बंगाल और पंजाब में धर्म की रक्षा का काम शुरू हुआ। बिहार को कुछ कार्यशील थामे हुए थे। परन्तु देहली और युक्त प्रान्त तो धर्म-रक्षा के प्रधान स्थान थे। किन्तु धर्म की रक्षा करने वालों ने, बिना जाने, एक काम कर लिया। जो मरना एक गुलाम के नाते, उन्हें अत्यन्त कठिन दीख पड़ता था, वह मरना अब उनके नित्य का सबक हो गया, जिस लाठी के चलाने में उनके हृदय में न जाने कौन-सी ममता आकर उन्हें कायर बना देती थी, वह लाठी अब बिना हिचके सिरों को मजहब पर चढ़ाने लगी। देश के नौकरशाहों ने कहा—यदि ये झगड़े न होते, तो सरकार से सहयोग करने के लिए, देश में जलवायु उत्पन्न न होता।

जो, इस लहर को, एक तरफ खड़े-खड़े असहाय के नाते देख रहे थे, उनके सामने तीन बातें थीं। वे सोच रहे थे—1. जो लाठी चलाना और मस्तक फोड़ना लोग अभी नहीं सीखे थे, वह (हिन्दू-मुसलान) अब सहज ही सीख गये। इन लाठियों ने यह शपथ तो खाई ही न होगी कि हमने तो सिर्फ हिन्दू और मुसलमानों में, सनातनी और आरियाओं में, शीया और सुन्नियों में, दिगम्बरी और श्वेताम्बरियों में, ब्राह्मणों और अब्राह्मणों में ही चलकर रह जायेगी। जब लाठी आजमाई ही जाने लगी है तो जिस तरह तेज भाषण अब सन्तोष नहीं देते—हाथ में लाठी चाहिए—उसी तरह शायद कल लाठी भी सन्तोष न दे, और क्रमशः तलवारों और बन्दूकों की माँग पेश की जाये। 2. क्या झगड़ों ने धर्मों की रक्षा की। क्या इन लाठियों ने धर्मों को उन्नत बनाया। कितनी मस्जिदों में नमाज पढ़ने वाले बढ़े। कितनी अधिक तादाद में लोग रोजे रखने लगे। कुरान की कितनी किताबें बुकसेलरों ने अधिक बेचीं और भी कितने अधिक लोग मन्दिरों में दर्शन करने के लिए जाने लगे। कितने धर्मशास्त्रों का अधिक पारायण करने लगे। कितनों ने आर्य सिद्धान्तों का मनन प्रारम्भ किया। कितने शान्त भाव से भगवान की आराधना करने वाले हिन्दू और मुसलमानों की तादाद बढ़ी।

पर मजहब की परवाह करने घर से चला कौन था? दुर्भाग्य के गुप्त हाथों ने, लड़ाई की इस वृत्ति के लिए एक नया मैदान दे दिया—गृह-कलह का। राष्ट्रीय आन्दोलन का केंद्र गोरा सरकारी अफसर, इनसे दूर बँगले में रहता था। गृह-कलह का अभागा अभियुक्त तो पड़ोस ही में पड़ा मिल गया। असहयोग ने अहिंसा की ओर मन को खूब खींचा था, धर्म के नाम पर की जाने वाली प्रतिक्रिया ने, तमोगुण के रूप में, जरूरत से अधिक बदला चुका लिया।

पर, एक आदत तो भारतवासियों में बड़ी बुरी पड़ गयी,—लाठी चलाना, प्राणों का मूल्य कम लेखना, और बिना झिझके सिर फोड़ देना। हिन्दू-मुसलिम

मेल के समय कहा जाता था कि "हम स्वराज कैसे दें, तुम तो हमसे सहयोग ही नहीं करते।" आज कहा जाने लगा है—"भला बताओ, तुम्हें स्वराज कैसे दिया जाय, तुम तो आपस में लड़ते हो।" किन्तु, बात अब इन दलीलों के भी आगे बढ़ गयी। लकड़ी चलाना और प्राण देने का अधिक दिनों तक अभ्यासी बने रहना शायद शासनकर्त्ता उचित नहीं समझते। शायद इन्हें यह खयाल हो कि आज तो ये लोग लाठी बिना नहीं चलते, कल शायद ये तलवार लेकर निर्भय घूमेंगे। आज ये दोनों जातियाँ अखाड़े में खेल रही हैं। कल डाक्टर मुंजे की स्कीम के अनुसार, ये दोनों जातियाँ बन्दूक की निशानेबाजी के क्लब में खेलेंगी। आज स्कूल के छोकड़े ऐंठ से लाठी लिये घूमते हैं, कल शायद वे तलवार पर मचलें। ऐसा हिन्दू-मुसलिम आन्दोलन भला किस काम का! भगवान रक्षा करें, अब तो वाइसराय साहब के श्रीमुख से कहा गया है कि कहीं आपस में सिविल वार (गृह-युद्ध) न होने लगे और साथ ही कानून कढ़ाई में पक रहा है कि कोई किसी के धर्मावतार पर आक्रमण न करे। अब कृष्ण और मुहम्मद के उपासक, न्याय लेने जायेंगे और कहेंगे—हे प्रभु हमारे राम, या मसीहा पर, अमुक यवन या काफिर ने हमला किया। परन्तु यह प्रश्न तो ज्यों का त्यों बना ही रहता है कि धर्मों के किस अंग की इस गृह-कलह से रक्षा हुई। क्या धर्मों का नाम लेकर, हमें अनादिकाल तक लड़ाया जायेगा। धर्मों के लिए इसका परिणाम क्या होगा—हितकर?

[17 सितम्बर, 1927]

विचित्र अवस्था

कलकत्ता कांग्रेस होने के तीन महीने बाद ही, सरकार जोर का दमन कर देगी, यह कल्पना कम ही लोगों ने की होगी। अखबार पहिले भी लिखते थे, वक्ता पहिले भी भाषण करते थे, और मजदूर नेता पहिले भी काम करते थे, परन्तु सरकार ने इस ओर ध्यान नहीं दिया था। किन्तु कांग्रेस की बागडोर महात्मा गांधी के हाथ में आने की देर थी कि सरकार ने दमन की बागडोर अपने हाथों में ले ली।

सारा देश भिन्न-भिन्न रूप से इस समय कांग्रेस के साथ है। औपनिवेशिक स्वराज्य का हामी औपनिवेशिक स्वराज्य का प्रस्ताव पास होने पर न तो तरुणों ने कांग्रेस के खिलाफ गदर करने की घोषणा की, न मजदूर दल के नेताओं ने कांग्रेस के निश्चय पर उसे दंड देने की बात कही। परिणामतः इस समय जो लोग कांग्रेस के झण्डे के नीचे हैं, वे सब कांग्रेस के औपनिवेशिक स्वराज्य के प्रस्ताव से बँधे

हुए हैं। ऐसे समय सरकार ने दमन का श्रीगणेश किया है। क्या हम इस दमन का मतलब यह समझें कि सरकार भारत को औपनिवेशिक स्वराज्य के लिए यत्नशील होने पर भी दंडित करना चाहती है? यानी सरकार भारत को औपनिवेशिक स्वराज्य देने की अपनी बात पर ईमानदार नहीं है।

जाग्रति के प्रारम्भिक दिनों से लेकर आज तक जब जनता के प्रतिनिधि और समाचार-पत्र कुछ सरकारी कर्मचारियों पर दोष लगाते हैं, तब सरकार मानहानि का कानून लेकर दौड़ पड़ती है। जब वे यह कहते हैं कि सरकार जाति में फूट फैलाती है, या अंग्रेज जाति को भारत का धन लूटने का अवसर देती है, तब जन-नेताओं और अखबारों पर जाति-विद्वेष फैलाने का दोष लगाया जाता है। जब लोग देश की गरीबी और शासन के अत्याचारों की बात कहते हैं तब यह सब कुछ कानून के द्वारा स्थापित सरकार के खिलाफ अप्रीति उत्पन्न कर, राजद्रोह करना हो जाता है। और जब लोग, अन्तर्राष्ट्रीय परिस्थितियों से प्रेरणा पाकर, देश को दुनिया के भिन्न देशों के बीच स्थान रखने वाला बनाने लगते हैं, और दुनिया के देशों से अपना संबंध स्थापित करना चाहते हैं, तब उनके इस कृत्य को 'सम्राट के खिलाफ गदर करने' का नाम दिया जाता है। रबड़ के बने हुए इन कानूनों का अर्थ लगाना, और लोगों को गिरफ्तार करना या छोड़ देना उन्हीं लोगों के हाथ में है, जिन्हें अपने हाथ से शासन और भारतीय धन बाहर नहीं जाने देना है।

सरकार लोगों को दण्ड देती है, चूंकि वे सरकार की ईमानदारी पर विश्वास नहीं करते। परन्तु भारतीय कांग्रेस के औपनिवेशक स्वराज्य के व्रतियों को दंड देना, क्या उनकी नीयत पर अविश्वास करना नहीं है? यदि सरकार स्वयं लोगों की नीयत पर अविश्वास करने के लिए इतनी स्वतन्त्र रहना चाहती है, तो कम से कम उस हद तक तो लोगों द्वारा होने वाली सरकारी नीयत की नाप-जोख को सरकार को बर्दाश्त करना पड़ेगा। सरकार कहती है कि भारतीय जनता षड्यन्त्रकारियों को पकड़ने के समय सरकार का साथ नहीं देती। बात तो यह है कि इस देश में षड्यन्त्रकारी ही नहीं हैं। जो हैं, भारतीय स्वराज्य के उद्योगी हैं। यदि सरकार मानती है कि कोई हैं, तो हम सरकार से पूछते हैं कि भारतीय नेताओं का अपमान और भारतीय जनता के साथ विश्वासघात जिन अंग्रेज अफसरों और अखबारों के द्वारा होता है, क्या उन्हें सरकार कभी दंड देती है? सरकार के समर्थक अंग्रेजों द्वारा संचालित अखबार मौज करने के लिए छोड़ दिये जाते हैं, और छोटे से छोटे टाम हेनरी और डिक की बेवकूफी का समर्थन, लन्दन के ह्वाइट हाल के देवताओं द्वारा होता है। यदि भारतीय महत्वाकांक्षाओं के खिलाफ सम्राट के शासन के अन्दर नौकरों ने यह विद्रोह मचा रखा है, तो इससे लाचार होकर भारतीय जनता क्या करे? करने-धरने के लिए भारतीय

जनता के पास क्या है ? शस्त्र उसके छिने हुए हैं, और करदाता उसके मूर्ख और अधपढ़े होने पर भी सरकारी कर चुकाने के लिए लाचार हैं। हाँ, वे एक काम कर सकते हैं। वे सोच सकते हैं, और अपने विचार ईमानदारी से प्रगट कर सकते हैं। किन्तु क्या यह कम दुर्भाग्य की बात है कि सरकारी अफसर तो कुकृत्य करने पर दण्डित नहीं होता, और भारतीय राजनीतिज्ञ और अखबार, केवल विचार करने और लिखने पर भी दंडित होता है ? 'स्टेट्समैन', 'टाइम्स' और 'इंगलिशमैन' आदि ने भारतीय महत्त्वाकांक्षाओं के खिलाफ आग उगलने और झूठ बोलने का बीड़ा उठा रखा है। उन्होंने इस देश के तरुणों पर दोष लगाया कि इन्होंने रूस से धन पाकर भारत में आन्दोलन चलाया। यदि सरकार इन गोरे अखबारों पर मुकदमे चलाती, और उन्हें यह साबित करने के लिए लाचार करती कि वे अपनी बातों को सत्य साबित करें, तो वह अपने शब्दों को न्याय पर तुला हुआ कहने का दावा कर सकती थी। किन्तु दंडनीय तो वह है, जो भारतीय महत्त्वाकांक्षाओं का समर्थन करता है और चाहे औपनिवेशक स्वराज्य ही के लिए क्यों न हो, भारतीय आदर्शों के लिए आन्दोलन करता है। क्या भारत या विदेशों के वस्त्रों के खिलाफ आन्दोलन होने पर इंग्लैंड में भी इसी तरह आदमी जेल भेजे गये थे ? और क्या, बोल्शेविक मत का प्रचारक कहकर, लोगों पर इस तरह का आक्रमण इंग्लैंड में किया गया था ? जो लोग अन्तर्राष्ट्रीय समाचारों को पढ़ते हैं, वे जानते हैं कि रूस का प्रत्यक्ष धन इंग्लैंड में आता रहा, परन्तु वहाँ सैकड़ों की तादाद में धर-पकड़ कभी शुरू नहीं हुई; किन्तु भारत में रूसी धन और रूसी संस्थाओं का पता लगाना कठिन होने पर भी, अपनी जिम्मेदारी को बिना अनुभव किये, सरकार कहती रही कि हाय, यहाँ बोल्शेविज्म बढ़ रहा है। डेढ़ सौ वर्षों में 7 फीसदी की केवल हस्ताक्षर करने की तालीम से देश-वासियों से तो उम्मीद की जाती है कि वे सरकारी दमन में अपना सर ठंडा रखें, किन्तु संसार में अपने को आदर्श शासन समझने वाली जाति के विद्या-बुद्धि के बृहस्पति अपना सर ठंडा नहीं रख सकते। और इन परिस्थितियों में, सरकार के भारतीयों की नीयत पर अविश्वास करने के समय, यदि कोई सरकारी अफसर की नीयत पर आक्रमण करता है तो 'राजद्रोही' कहकर उसे कुचला जाता है। सरकार के हाथ में सारा भारतीय खजाना है, और प्रचार के अगणित साधन। ऐसे समय, सरकार का यह काम है कि वह अपने साधनों को लेकर अपनी बातों का प्रचार करे; और एक ईमानदार विरोधी के नाते, साधनहीन गरीब भारतीयों को अपनी बातों का प्रचार करने दे। किन्तु जब सरकार, अपने समस्त उपायों का भारतीय महत्त्वाकांक्षाओं के खिलाफ उपयोग करने के बाद भी, भारतीय नेताओं और समाचार-पत्रों का बोलना-लिखना बन्द कर देती है, तब क्या इसका सीधा अर्थ यह नहीं होता कि सरकार उतना ही बोलने देगी, जितना उसे रुचेगा,

उससे अधिक बोलने पर वह दण्ड देगी। क्या हमें इस बात पर वेदना नही होनी चाहिए कि जरूरत पड़ने पर ब्रिटेन के अखबार तो मंत्रिमंडल तक को उखाड़कर फिंकवा सकें, और हम इतने असहाय कर दिये जायँ कि हमें अपने विचार प्रकट करना ही गुनाह हो जाय ? हम प्रसन्न होते यदि सरकार असत्य को दंड देती। किन्तु ऐसा करने पर तो, सरकार को अपने समर्थक अखबारों को ही कई बार दंड देना होता, और अपने अफसरों ही को कई बार देश-निकाला देना पड़ता। अत: सरकार उस कथन को दंड देती है जो असत्य हो चाहे सत्य हो, परन्तु जिसमें सरकार की आलोचना की गयी हो। 'भारत में अंग्रेजी राज' नामक पुस्तक की जप्ती का और कौन-सा अर्थ हो सकता है ?

इस समय सरकार न तो व्यक्तिगत मामलों पर दंड देगी, न जाति-द्वेष के मामलों पर दंड देगी। इस समय दंडित होंगे वे लोग जो देश के ब्रिटिश शासन की आलोचना करेंगे, और अत्यधिक दंडित होंगे वे लोग जो अन्तर्राष्ट्रीय ढंग से विचार करेंगे, अन्तर्राष्ट्रीय आन्दोलनों को चलावेंगे, और अपने देश का अन्तर्राष्ट्रीय गौरव बढ़ाने का यत्न करेंगे। परन्तु क्या यह सम्भव है कि लोग टर्की के उठने को, कनाडा और अफ्रीका के निर्भीक प्रयत्न को, आयर्लैण्ड के लाभ को, ईजिप्ट की उथल-पुथल को, चीन की विजय को, और अफगानिस्तान की हलचल को भूल जायँगे ? जब एक इंग्लिशमैन, हजार मील दूर, जापान या चीन में होने वाली घटनाओं से, अपने को पक्का पादरी होकर भी दूर नहीं रख पाता, तो यह कैसे सम्भव है कि भारत के कन्धों पर—उसकी सीमा पर—होने वाली घटनाओं पर लोगों का ध्यान न जाय ? ऐसे समय, क्या यह दमन भारत में औपनिवेशिक स्वराज्य की भावना को जिन्दा रहने देगा ? सरकार भोली नहीं है जो उसे मालूम न हो कि क्यों भारतीय तरुणाई अपने देश की स्वाधीनता के प्रयत्नों में शामिल हो जाती है। देश के बड़े से बड़े अधिकार विदेशियों के हाथ में हैं। हथियारहीन भारतीय हैं। हथियारबन्द विदेशी। समुद्र पर नौकाएँ चल रही हैं, सामान भी इसी देश का है; परन्तु उनके मालिक विदेशी हैं, और उनके कप्तान भी विदेशी हैं। सेनाएँ हैं, परन्तु उनके सिपहसालार विदेशी हैं। हवाई जहाज दौड़ रहे हैं, परन्तु उड़ाने वाला या जहाज का मालिक विदेशी होगा। क्या इस अवस्था पर, सरकार चाहती है कि भारतीय तरुण होलिकोत्सव मनावें ? और यदि इस अवस्था में उनमें असन्तोष उत्पन्न हो, तो क्या उनके हृदयों पर दमन के अंगारे रखे जाना चाहिए ? अमरीका, आयर्लैण्ड, और चीन से क्या सरकार ने यही सबक सीखा ? इस देश के आन्दोलन दो बातें कह रहे हैं; एक तो यह कि वे औपनिवेशिक स्वराज्य चाहते हैं, और दूसरी यह कि उनका व्रत शान्ति का है। यदि सरकार ने शान्तता के व्रतियों और औपनिवेशिक स्वराज्य के समर्थकों का गला घोंटा, तो उभड़ने वाले तरुणों का, विवेक की अपेक्षा तर्क से

अधिक लाभ उठाने वाला मन कहेगा कि यदि हम औपनिवेशिक स्वराजवादिनी कांग्रेस के साथ रहने पर भी गद्दार की तरह दंडित किये जाते हैं, तब हम गद्दार बनकर ही वह दंड क्यों न भोगें ? और जब शान्ति के व्रती, शान्ति के उपासक, और शान्ति के स्थापक भी पिस्तौल चलाने वाले की तरह दंडित किये जाते हैं, तब पिस्तौल फेंककर दंड पाने के बजाय, पिस्तौल हाथ में लेकर ही दंड का स्वागत क्यों न किया जाय ? यदि शान्ति की उपासिका कांग्रेस और उसके उपासक तरुणों को कुचला गया, तो सरकार यह न समझे कि देश पिंजड़े का बन्द पंछी हो जायगा । इसका परिणाम होगा हमारे आज के शान्ति के उपासकों की असफलता किन्तु देश में पिस्तौलों की सफलता । यदि सरकार को ही यह अभीष्ट हो तो फिर हम मार्ग में आने वाले कौन ? किन्तु ठंडे दिमाग से सोचने का समय अभी भी है । यदि काई सोचना चाहे !

सम्पादकीय टिप्पणियाँ

मुसलिम लीग

सन् 1906 में मुसलमानों ने, अपने स्वार्थों की रक्षाकरने के लिए एक संघ की स्थापना की थी जो बाद में मुसलिम लीग के नाम से प्रसिद्ध हुआ । लीग ने पृथक निर्वाचन प्रणाली को ही जन्म नहीं दिया प्रत्युत उसने मुसलमानों की संख्या से अधिक प्रतिनिधित्व की माँग की भी सृष्टि की । मार्ले-मिण्टो रिफार्म में मुसलमानों के आगे प्रलोभनों का जाल फेंका गया; उनका राजनैतिक महत्त्व कूता गया । कांग्रेस ने लीग को सरकारी शिकंजों में जकड़ी देख उसका पहले तो विरोध किया परन्तु सन् 1916 के बाद उसने उनसे समझौता कर लिया । महात्मा गांधी ने लीग की शक्ति को राष्ट्रीयता में खपाने की बहुत कोशिश की परन्तु जैसा स्वरूप लीग और उसके सर्वेसर्वा श्री जिन्ना, शफी, अली बन्धु आदि दिखा रहे हैं, उससे यही निष्कर्ष निकाला जा सकता है कि लीग राष्ट्रीय महासभा के उद्देश्यों में सहायता पहुँचाने के बजाय उसके मार्ग में ही अधिक आड़े आती है ।

मुसलिम लीग और नेहरू रिपोर्ट

लार्ड बरकनहेड ने भारतीयों को अपनी सम्मिलित माँगें उपस्थित करने की एक बार चुनौती दी थी । भारतीयों ने इस चुनौती का जवाब नेहरू रिपोर्ट द्वारा दे दिया है । राष्ट्र की माँग चाहती है कि देश की सभी संस्थाएँ नेहरू रिपोर्ट को सहानुभूति की दृष्टि से देखें । मुसलिम लीग में इसी प्रश्न को लेकर दो भेद हो गये हैं । लीग का एक हिस्सा, सर मोहम्मद शफी के नेतृत्व में नेहरू रिपोर्ट

को अस्वीकार करता है, और उसका दूसरा हिस्सा, मिस्टर जिन्ना के नेतृत्व में रिपोर्ट को कुछ संशोधनों के साथ स्वीकार करता है। लीग की इन दो शाखाओं को एक करने के लिए श्री जिन्ना ने, ईस्टर की छुट्टियों में, दिल्ली में मुसलिम लीग की बैठक आमन्त्रित की थी। परन्तु जिन्ना को अपने भाषण में नेहरू रिपोर्ट का विरोध करने पर भी सफलता प्राप्त नहीं हुई। देहली के इस अधिवेशन में मुसलमान तीन हिस्सों में विभाजित हो गये थे। एक हिस्सा रिपोर्ट के समर्थन में था, दूसरा उसके विरोध में, और तीसरा इन दोनों मतों में समझौता कराने के पक्ष में था। प्रसन्नता की बात है कि लीग की कार्यवाही की अस्त-व्यस्तता में भी डा० आलम के सभापतित्व में, लीग ने बहुमत से नेहरू रिपोर्ट को स्वीकृत कर लिया।

मिस्टर जिन्ना की चौदह माँगें

मुसलिम लीग की इसी बैठक में मिस्टर जिन्ना एण्ड को ने 'मुसलमानों के हित और अधिकारों की रक्षा के लिए' चौदह माँगें पेश की हैं। नेहरू रिपोर्ट के लेखकों ने एक स्थल पर लिखा है कि "हम एक सम्प्रदाय का दूसरे सम्प्रदाय पर आधिपत्य नहीं देखना चाहते।" इसी सिद्धान्त पर नेहरू रिपोर्ट ने साम्प्रदायिक मसलों को हल करने का प्रयत्न किया है। मिस्टर जिन्ना ने, अपने इन चौदह माँगों के मसौदे में, बम्बई से सिन्ध का पृथकीकरण, पंजाब, बंगाल और सीमाप्रान्त की मुसलिम संख्या पर, उनके पुनः प्रान्तिक रचना पर प्रभाव न पड़ने देना, बलोचिस्तान और सीमाप्रान्त में अन्य प्रान्तों के अनुसार सुधार जारी करना, शासन विधान में मुसलमानों को अन्य भारतीयों के समान योग्य भाग मिलने की सुविधा देना, मुसलिम संस्कृति की रक्षा एवं शिक्षा आदि का प्रबन्ध आदि माँगों का जिक्र करने के अलावा कुछ ऐसी माँगें भी उपस्थित की हैं जो मूर्खतापूर्ण कही जा सकती हैं। आपने प्रान्तिक तथा केन्द्रीय शासन संस्था में मुसलिम मंत्री एक तृतीयांश की संख्या में रखने का जो विचित्र मसविदा पेश किया है उसे बुद्धि रखने वाला कोई भी राजनैतिक कैसे न्यायानुकूल मान सकता है? अपने प्रतिनिधित्व और अधिकारों को अपनी संख्या से अधिक प्रमाण में माँगने की बुद्धि का नाम ही क्या अधिकार या सत्वरक्षा है? कलकत्ता के सर्वदल सम्मेलन में मिस्टर जिन्ना ने नेहरू रिपोर्ट के संशोधन के खिलाफ बोलते हुए सर तेजबहादुर सप्रु ने कहा था, "मिस्टर जिन्ना बिगड़े हुए और विचारहीन बालक हैं। मैं मिस्टर जिन्ना को बुद्धि से काम लेने को कहता हूँ, परन्तु मैं कल्पना करता हूँ कि उनके हाथ में अब बुद्धि से बातें करना नहीं रह गया है।"

क्या देहली में मौलाना अली बन्धुओं का प्रभाव ही तो नहीं मिस्टर जिन्ना के मस्तक पर नाच रहा था, जिसने उन्हें स्वर्ग से नर्क में ढकेलकर ऐसी विवेक-

शून्य बातें कहने को मजबूर कर दिया ? मिस्टर जिन्ना ने राष्ट्र की नाड़ी टटोली है। वे राष्ट्रीयता को पहिचानते हैं। फिर भी पता नहीं, वे साम्प्रदायिकता के पीछे भागने वालों का दामन क्यों पकड़ना चाहते हैं ?

हिन्दू महासभा और नेहरू रिपोर्ट

जिस समय देहली में मुसलिम लीग की बैठकें हो रही थीं उसी समय सूरत में अखिल भारतवर्षीय हिन्दू महासभा, 'माडर्न रिव्यू' के सम्पादक श्री रामानन्द चटर्जी की अध्यक्षता में प्रारम्भ की। मिस्टर जिन्ना ने नेहरू रिपोर्ट का विरोध करने पर डा० मुंजे[1] ने हिन्दू महासभा में यह प्रस्ताव पेश किया कि "हिन्दू महासभा में कौंसिलों और सरकारी नौकरियों में किसी प्रकार की साम्प्रदायिकता का आधार नहीं लिया गया तो भी हिन्दू-मुस्लिम एकता के लिहाज से महासभा ने नेहरू-रिपोर्ट में मुसलमानों को दी गयी सुविधाओं पर अनुकूलता प्रदर्शित की है। परन्तु, नाताल की छुट्टियों में भरने वाली सर्वदल मुस्लिम लीग ने जिन कारणों से नेहरू रिपोर्ट को अस्वीकृत किया है, उन्हीं कारणों से किसी भी प्रकार की जाति-विषयक सुविधाएँ राष्ट्र के लिए घातक हैं यह हिन्दू महासभा का मत होने के कारण यह महासभा जबलपुर में भरने वाली महासभा के प्रस्ताव का ही समर्थन करती है। उसी के अनुसार, "हिन्दुओं को शासन योजना तैयार करनी चाहिए।" डा० मुंजे का यह प्रस्ताव पास हो गया। डाक्टर साहब ने उक्त प्रस्ताव पर भाषण करते हुए यह कहा था कि "यदि मिस्टर जिन्ना नेहरू रिपोर्ट का समर्थन करने को तैयार होते हैं तो मैं उक्त प्रस्ताव वापिस ले लूंगा।" हमें दुःख है डाक्टर मुंजे ने अपने इस कथन से महासभा के महत्त्व को बढ़ाया नहीं; उसे न्यून करने में ही सहायता पहुँचाई है। महासभा का निर्णय, प्रतिनिधियों के स्वतन्त्र विचारों पर अवलम्बित रहना चाहिए। महासभा को नेहरू रिपोर्ट के संबंध में अपने स्पष्ट विचार व्यक्त कर देने चाहिए थे। यदि महासभा रिपोर्ट में संशोधन आवश्यक समझती भी हो तो उन्हें उपस्थित करने का उसे हक था। हिन्दू महासभा ने अधिक अंशों में राष्ट्रीय महासभा के पदचिह्नों पर चलने में अपने को गौरवान्वित समझा है और हमारा विश्वास था कि वह मुसलिम लीग की भाँति साम्प्रदायिकता के तंग दायरे में अपने को नहीं जकड़ लेगी। परन्तु सूरत की परिषद में महासभा ने अपनी आँखें देहली में होने वाली मुसलिम लीग की ओर सतत रखने के कारण, जिस संकुचित वृत्ति का परिचय दिया है वह उसकी प्रतिष्ठा के अनुकूल नहीं है।

---

1. बी० एस० मुंजे

असेम्बली में बोल्शेविक बिल

22 मार्च को असेम्बली में, श्रीयुत जैकर ने बोल्शेविक बिल को, असेम्बली के आगामी अधिवेशन के लिए स्थगित कर देने की सलाह देते हुए कहा था कि "साधारण प्रचलित कानून से ही साम्यवादियों को अदालत के कठघरे में बन्द किया जा सकता है, जैसा कि मेरठ केस की कार्यवाही ने स्पष्ट कर दिया है। इसके अतिरिक्त, बोल्शेविक बिल पर जो बहस होगी उसमें उन व्यक्तियों का भी उल्लेख होगा जिनका मामला अभी न्यायालय में विचाराधीन है। वाइसराय ने भी इसी बात को ध्यान में रखकर पंडित मोतीलाल नेहरू का, साम्यवादियों की गिरफ्तारी पर बहस करने के लिए असेम्बली का एडजर्नमेंट मोशन स्थगित करने का प्रस्ताव अस्वीकृत कर दिया था।" श्रीयुत जैकर के इस प्रस्ताव की भारत सरकार के कानून सदस्य ने अवहेलना की थी। प्रतीत होता है श्रीयुत जैकर का यह विरोध असेम्बली के सभापति श्रीयुत पटेल को ठीक जँचा था। इसीलिए 2 अप्रैल को जब बोल्शेविक बिल सिलेक्ट कमेटी द्वारा संशोधित एवं परिवर्तित होकर असेम्बली में विचारार्थ पेश किया जाने लगा तब प्रेसिडेण्ट पटेल ने श्रीयुत जैकर[1] की दलीलों को सामने रखकर अपना एक वक्तव्य दिया जिसमें उन्होंने सरकार से बिल को स्थगित करने या मेरठ के मामले को रद्द करने की सिफारिश की। क्योंकि, वर्तमान कानून के अनुसार दोनों बातें साध्य नहीं हो सकतीं। सभापति श्रीयुत पटेल ने जिसकी लाठी उसी के सिर जड़कर सरकार की न्यायबुद्धि की शायद परीक्षा ली है। श्रीयुत पटेल ने अपने अधिकारों को उसी क्षण काम में लाने की अपेक्षा सरकार को इस विषय में सोचने का अवसर दिया है। पत्र छपते-छपते खबर मिली है कि सरकार ने प्रेसिडेण्ट के बिल को रोकने के अधिकार को नाजायज करार दे दिया है।

[6 अप्रैल, 1929]

अकाल-पीड़ितों की सहायता

इस समय मध्यप्रदेश के गेहूँ पैदा करने वाले जिलों में से सागर दमोह, जबलपुर, सिवनी और मंडला में कठिन अकाल है। और बैतूल तथा नरसिंहपुर की फसल, कठिनाई से आधी कही जा सकती है। यद्यपि, अकाल-पीड़ितों के क्षेत्र में काम शुरू करने की दौड़धूप जारी है, तथापि पिछले वर्ष के बारह महीनों के पश्चात् इस वर्ष के भी दो महीने यों ही निकल चुके हैं। अपने प्रान्त के कर-

1. एम० आर० जैकर

दाताओं से, चोरों और डाकुओं की तरह गिट्टी फुड़वाने के काम का, खुले शब्दों में विरोध किया था। हर्ष है कि जबलपुर ने प्रान्तीय रेविन्यू मेम्बर के जाने पर, हमारे उस विरोध को स्पष्ट रूप से दुहराया; और प्रान्तीय सरकार की ओर से मान लिया गया कि एक तो फी-आदमी पीछे, रोजाना फुड़वाई जाने वाली गिट्टी की तादाद कम कर दी जायगी, और दूसरे गिट्टी उतनी ही फुड़वाई जायगी जितनी की आवश्यकता होगी। किन्तु जब जबलपुर के बाबू जमनादासजी ने अकाल-पीडितों की सहायता के लिए कुछ लाख रुपयों की जरूरत बताई तब मा० मि० नेलसन ने प्रान्तीय सरकार के पास से अधिक धन मिलने की कठिनाई बताई। गत फरवरी मास में गवर्नर महाशय ने भी, प्रान्तीय प्रतिनिधियों से अकाल-पीड़ितों की सहायता में लगाये गये रुपयों को सरकारी खजाने में वापस लौटाने ही की अधिक चिन्ता प्रगट की थी। इन अवस्थाओं में एक प्रश्न सहज ही उत्पन्न होता है : क्या अकाल में पिसते हुए किसानों की सहायता सरकार यथार्थ में करना चाहती है ?

हमने उस समय स्पष्ट बताया था कि अपनी जमीनों, और पशुओं वाले किसान न गिट्टी फोड़ने के लिए गाँव छोड़कर जा सकेंगे, और न गरीब स्त्रियाँ अपनी रक्षा का कोई जरिया पा सकेंगी। हम प्रान्तीय सरकार से कहना चाहते हैं कि वह किसानों की सहायता ईमानदारी से करना चाहती हो, तो किसानों को किसानी के सिवा एक अन्य घरू धन्धा देने का साहस दिखावे। सामर्थ्य से अधिक लगान लेकर, सरकार ने किसानों की कमर तोड़ दी है। और उनमें अज्ञान का राज्य रखकर, उन्हें किसी काम का नहीं रहने दिया। ऐसे गरीब किसान क्या कर सकते हैं। अकालों के समय सरकार दौड़ती है, और सहायता का हल्ला-सा मचा दिया करती है, किन्तु किसानों की यथार्थ सहायता कभी नहीं हो पाती।

यदि सरकार किसानों की सहायता करना चाहती हो, तो उसे चाहिए कि वह 5 लाख तक के मूलधन पर प्रान्त में कातने के धन्धे को उत्तेजन देवे, जहाँ-तहाँ देहातों में सूत कतवाने और कपड़ा बनाने के लिए केन्द्र खोले जायँ, और सूत कातने वाले का सूत खरीदा जाय। इस काम में पैसा प्राप्त करने के लिए किसान परिवार, उनके छोटे-छोटे बच्चे तक स्वयं श्रम करेंगे और उन्हें अपने गायों-बैलों और खेतों को छोड़कर कहीं न जाना पड़ेगा। इसके सिवा, यह इन्तजाम केवल इसी वर्ष के लिए न होगा, किन्तु मध्यप्रान्त से अकाल को प्राय: देश-निकाला ही मिल जायगा। शायद यह चिन्ता की जावे कि इन क्षेत्रों का बना हुआ कपड़ा कौन खरीदेगा ? यों हम कह देना चाहते हैं कि देश में खद्दर की माँग दिनोंदिन बढ़ती चली आ रही है, जिसका यह परिणाम हुआ है, कि भारत और जापान की मिलें भी झूठा खद्दर बनाने से बाज न आ सकीं और उन्होंने दो

करोड़ से ऊपर का नकली खद्दर बनाकर बेच दिया। जबकि हाथ कती, हाथ बुनी खादी 50 लाख से ऊपर ही की देश में पैदा हो पाई। गाँव के लोगों के सारे रोजगार विदेशी वस्तुओं के नाशक प्रभाव के द्वारा छिन जाने के कारण आज किसानों की हालत बहुत बुरी हो गयी है, और यदि जबलपुर में अकाल पड़ रहा है, तो छत्तीसगढ़ में लगान बढ़ाने के अपने पुण्य प्रयत्न में सरकार बराबर लगी हुई है। ये लक्षण, किसानों के जिन्दा होने देने की नहीं, ये उनके सर्वनाश करने के हैं। किसानों के हित की चर्चा करने वाले बड़े-बड़े विद्वान लेखकों ने और विचारकों ने, किसानों के लिए कताई और बुनाई के काम को, उपयोगी अतिरिक्त धन्धा बताया है। जेल के कैदियों से भी सरकार यह धन्धा लेती है। परन्तु जेल के कैदियों के कपड़े बनाने का कम श्रम और अधिक प्राप्ति का धन्धा किसानों से न लेकर गिट्टी फोड़ने का धन्धा किसानों से लेना, एक गहरी मूर्खता है। यह जरूर कष्टमय अवस्था है, कि मिनिस्टरी के सिवा, हिन्दी मध्यप्रदेश के हामी बनने वाले श्री मिस्टर राघवेन्द्र राव को अकाल-पीड़ित किसानों की याद न आयी, न इन जिलों से बाहर के अन्य नेताओं की दृष्टि ही उत्तरीय जिलों के पीड़ित किसानों की सहायता की ओर गयी। कोआपरेटिव कानफरेन्सों में भी कताई-बुनाई के प्रस्ताव ही होकर रह गये। यदि सारा प्रान्त, प्रान्त के किसानों को अतिरिक्त धन्धा दिलाने के लिए जोर का उद्योग करें, तो अकालों के लिए वे स्थायी सहायता का पुण्य लाभ कर सकते हैं। अभी जबलपुर में मालगुजारों और किसानों की एक सभा में उत्तरीय जिलों के कुछ नेताओं ने सरकार की उदासीनता का जवाब, सत्याग्रह से देने की बात कही थी। मिस्टर राव की मिनिस्टरी पर, काल के कालम काले करने वाले, राष्ट्रीयता के दुश्मन 'हितवाद' को सत्याग्रह की यह बात पसन्द न आयी, और उसने मूर्खतापूर्वक लोगों पर गन्दे आक्रमण किये। ये आक्रमण यदि किसी विदेशी के मुँह से किये जाते तो भी उस पर देश की जनता टूट जाती। किन्तु शर्म की बात है कि यह मूर्खता उसी पत्र के द्वारा की जाती है जिसका सम्पादक एक हिन्दुस्तानी है। इन किसानों के हितू सम्पादक का प्रधान कर्त्तव्य, सदा सरकार की हाँ में हाँ मिलाकर देश-सेवा करना रहा है। वह भारतवासियों की आपस की फूट पर खेलने का कंकण बाँधकर क्षेत्र में उतर पड़ता है। यही कारण है कि उसके नाच-कूद की ओर सरकार स्नेह दृष्टि से देखा करती है। झंडा सत्याग्रह आदि समस्त अवसरों पर वह विष उगलता रहा है। आज भी वह उत्तरीय जिलों की सहायता के समय सरकार पर नहीं टूटता; किन्तु यदि प्रान्त के लोग सत्याग्रह की बात कहते हैं तो वह लोगों पर टूट पड़ता है। ऐसे समय हम कल्पना नहीं करते कि यह किसानों में कताई और बुनाई के प्रचार की बात पर प्रान्त का समर्थन करेगा। अस्तु। प्रान्त के नेताओं और सरकार का काम है कि वे किसानों को कताई और बुनाई का

अतिरिक्त धन्धा दिलाने में यत्नशील हों। निस्संदेह, यदि लंकाशायर के मजदूरों की चिन्ता यहाँ के किसानों की अपेक्षा अधिक करना चाहेगी तो फिर कोई इलाज नहीं। किन्तु यदि सरकार, किसानों को यह अतिरिक्त धन्धा देना चाहेगी, तो भारत में यह प्रान्तीय सरकार किसानों के प्रश्नों को स्थायी रूप से सुलझाने वाली पहली प्रान्तीय सरकार होगी। बम्बई की सरकार ने गुजरात की बाढ़ के समय में एक करोड़ रुपये से ऊपर गुजरात की सहायता के लिए सरदार वल्लभ-भाई और उनके कार्यकर्ताओं के हाथ सौंप दिया था। यदि किसानों को अतिरिक्त धन्धा देने में भी सरकार चरखा संघों पर विश्वास करे तो किसानों की सहायता का भारी कार्य हो सकता है। अकाल-पीड़ित जिलों में सागर, दमोह और सिवनी तो ऐसे जिले हैं जहाँ कताई और बुनाई के बड़े सफल कार्य हो सकते हैं। किन्तु सरकार यह सब कुछ करना चाहेगी ?

[13 अप्रैल, 1929]

लाल सेना का हौवा

असेम्बली की बम-दुर्घटना के बाद, लाल सेना के नाम पर भेजी जाने वाली चिट्ठियों की बरसात-सी आयी दिखायी देती है। यह लाल सेना क्या है ? आदि बातों का पता लगाना मुश्किल है, क्योंकि वाइसराय साहब श्रीमुख से फर्मा चुके हैं कि इन सब बातों को प्रगट करने से हिन्दुस्थान की शान्ति भंग होने की सम्भावना है। हिन्दुस्थान में श्मशान शान्ति विराजमान हुए एक सौ से ऊपर वर्ष हो चुके हैं। सन् 1857 के बाद आने वाले प्रत्येक वाइसराय, इस शान्ति का सन्नाटा कायम रखने के लिए प्रयत्नशील रहे हैं, और जब कभी इस सन्नाटे में किस विह्वल जीव का चीत्कार सुनाई पड़ता है तब काले कानूनों की पैशाची सेना दमन के लिए अट्टहास करने लग जाती है। हमारे वर्तमान वाइसराय साहब भी पुरानी माला के एक गुरिया हैं, अतएव शान्ति-रक्षा के निमित्त लाल सेना के कार्यों का प्रगट न करना उनकी दृष्टि से उचित ही हो सकता है। वाइसराय के सूत्रधार स्टेट सेक्रेटरी महोदय भी इस विषय में खामोश हैं। प्रश्नों के जवाब में वे कह देते हैं कि हिन्दुस्थान की बागडोर जिस शासन के हाथ में है, वही इन घटनाओं की वास्तविकता पर प्रकाश न डालने का यह कारण उचित हो या अनुचित, परन्तु भड़के हुए सरकारी साँड को लाल चिट्ठी दिखलाकर दशों दिशाओं में दमन की कीचड़ उछालने की सुविधा देने वाले 'लाल' नोटिसों की अभी भी कमी नहीं हुई है। पिछले सप्ताह, असेम्बली-सदस्य श्री आचार्य को धमकी की एक चिट्ठी मिली थी, जिसमें कहा गया था कि वे

लोक-पक्ष के खिलाफ न जावें, अन्यथा उनके हक में ठीक न होगा। इस चिट्ठी की कहानी समाप्त हुई ही नहीं थी कि दूसरी दास्तान कानपुर से शुरू हो गयी। वहाँ के कालेजों-बोर्डिंगों की इमारतों पर किसी ने लाल रंग के पर्चे चिपका दिये थे, जिनमें लिखा था कि विद्यार्थियों-युवकों को देश की स्वाधीनता के लिए आम बलिदान करने पर उतारू होना चाहिए, और आवश्यकता पड़ने पर बल का प्रयोग करने के लिए तैयार होना चाहिए। इन नोटिसों-इश्तहारों से न कभी कोई युवक समूह उमड़ता हुआ सुना गया, न क्रान्तिकारी लोगों के साधनों में इस तरह की पर्चेबाजी को कोई स्थान ही होगा, परन्तु दिल्ली की दुर्घटना के बाद लोक-क्षाभ के गरम तवे पर अपनी रोटी सेंक लेने तथा 'लाल सेना' का हौवा लोगों की निगाह के सामने बनाये रखने के प्रयत्नों में कमी नहीं हो रही है। अभी ताजे समाचार हैं कि दिल्ली के 'हिन्दुस्तान टाइम्स' को एक लाल पर्चा मिला है जिसमें दिल्ली जेल के जेलर को धमकी दी गयी है। कहा गया है कि यदि बम केस के अभियुक्त श्री दत्त को किसी तरह कोई तकलीफ दी गयी तो जेलर महोदय की अवस्था बिगड़ जायगी। जेलर महोदय पर पहरा देने के लिए लाल सेना के दो सिपाही मुकर्रर कर दिये गये हैं। इन शरारत-भरी चिट्ठियों से न कोई जेलर विचलित होगा, न किसी सरकार के शासन में ही ठेस पहुँचेगी।

सरकार जनता को विश्वास में नहीं लेना चाहती, और लाल सेना की हवाई आकृतियों से जनता का परिचय नहीं है। ऐसी अवस्था में जनता क्या करे। लाल चिट्ठी से भड़कने वाली सरकार की प्रशंसा अथवा दस-पाँच चिट्ठियों के बल पर ब्रिटिश शासन को उलट देने के मनसूबे बाँधने वालों के विकृत मस्तिष्क का परिहास। किसी भी विदेशी सरकार की गला-घोंटू नीति के चरम सीमा तक पहुँच चुकने के बाद प्रतिक्रिया अपना भीषण रूप प्रगट करती है, और वह रूप, साधनों की युक्तायुक्तता का विचार नहीं कर सकता। यह प्रकृति का नियम है। क्या हिन्दुस्तान की अवस्था इस प्रकृति नियम के अनुकूल हो चुकी है ? यदि हो चुकी है तो क्या सरकारी दमन का हाथ राष्ट्र का गला घोंटने की हद तक पहुँच चुका है ? यदि नहीं, तो 'लाल सेना' की पर्चेबाजी को इतना महत्त्व क्यों दिया जा रहा है ?

सम्पादकीय टिप्पणी

विश्वकवि का अपमान

पाठकों को विदित ही होगा कि विश्वकवि रवीन्द्रनाथ ठाकुर को अमेरिका की एक प्रसिद्ध यूनिवर्सिटी ने अपने देश में आमन्त्रित किया था। अब समाचार आया है, कवि अमेरिका के इमीग्रेशन आफिसरों से अपमानित होकर अमेरिका

एकदम छोड़ रहे हैं। अमेरिका के विषय में स्वतन्त्रता की जा धारणा देश में फैली हुई थी, उसे पहिली ठोकर तो उस समय लगी थी जब भारतीय विद्यार्थियों से अमेरिका के नागरिकता के अधिक।र छीन लिए गये थे। अमेरिकन मिस मेयो ने भारतीय हित-शत्रुओं के प्रलोभनों में आकर जिस घृणित पुस्तक (मदर इण्डिया) की रचना की है, उसने भारतीयों के अमेरिका के प्रति सुन्दर भावों को दूसरी ठोकर दी थी। अब तीसरी ठोकर, भारत के ही नहीं, विश्व के सम्माननीय कवि के अपमान की है। साहित्य की दुनिया किसी राष्ट्र विशेष के पक्षपात से सदा पृथक रहती है फिर पता नहीं, कवीन्द्र रवीन्द्रनाथ ठाकुर का अपमान कर अमेरिका की सरकार ने कौन-सी राजनीति का काम किया है क्या कवि का यही अपराध तो नहीं था कि वे परतन्त्र देश में उत्पन्न होकर स्वतन्त्र देश (अमेरिका) के विश्व-बन्धुत्व का सबक सिखाने की हिमायत कर रहे थे ?

श्रीमती एनी बीसेन्ट का भोलापन

श्रीमती एनी बीसेन्ट को भारत के हित की बृहत चिन्ता रहा करती है। परन्तु कभी-कभी उनकी चिन्ता इतनी अधिक बढ़ जाती है कि वे अपने विवेक को भी खो देती हैं। अभी उस दिन विलायत जाने के पूर्व उन्होंने कहा था, "मैं इस बात का भरसक प्रयत्न करूँगी कि इंग्लैण्ड के साधारण निर्वाचन में मजदूर दल भारत के मसले को अपनी नीति में स्थान दे, और भारत को स्वतन्त्रता प्रदान की प्रतिज्ञा करे। पता नहीं, श्रीमती एनी बीसेन्ट मजदूर दल से क्यों इतनी आशा बाँधने लगती है। अपने घरू धन्धों में मजदूर दल, कांजरवेटिव दल तथा उदार दल में बहुत कम भेद रह जाता है। श्रीमती एनी बीसेन्ट को यह भी बतलाना पड़ेगा कि साइमन-कमीशन की नियुक्ति में मजदूर दल ने भी वर्तमान सरकार का साथ दिया था, और बंगाल का 'काला कानून' भी उसी मजदूर दल का पुरस्कार था जिस पर एनी बीसेन्ट इतनी बड़ी-बड़ी आशाएँ बाँधकर विलायत जा रही हैं। सच बात तो यह है कि इंग्लैण्ड की पार्लियामेंट में कोई भी दल आये, भारत का उससे कोई हित का स्वप्न भारत अपने ही बल पर देख सकता है, किसी दल विशेष की अनुकम्पा से स्वतन्त्रता की आशा रखना, मूर्खता या भोलेपन के सिवा और कुछ नहीं है।

[27 अप्रैल, 1929]

वृन्दावन में हत्या होगी

किसी पराधीन देश की इच्छा और धार्मिक भावना के प्रतिकूल विदेशी सरकार किस मूर्खता से बरता करती है, इसका उदाहरण वृन्दावन का कसाईखाना है। हमारे देश में ऐसे भोले लोगों का टोटा नहीं है, जो मूर्खतावश झगड़ा पैदा करने के लिए बाजार में लाई हुई एक गाय पर जूती-पैंजार कर सकते हैं, किन्तु उनकी मनोवृत्ति और उनका आन्दोलन इतना कायर होता है कि ब्रिटिश शासन में खुलेआम स्थापित गो-हत्या के स्थानों का चलना असम्भव कर देने की उन्हें याद नहीं रहती। उन्हें यह धारणा रहती है कि 'गो-हत्या' के लिए जिम्मेवार मुसलमान हैं, क्योंकि वह गाय खाता है। किन्तु यथार्थ बात यह है कि न तो मुसलमान इतना धनवान होता है कि रोज उसे गाय का गोश्त नसीब हो सके, न उसने प्रण ही किया होता है कि वह गाय का गोश्त जरूर खावे। यथार्थ मेंतो जहाँ साधारण मुसलमान को गाय का गोश्त महीने में एक बार भी नसीब नहीं होता, वहाँ किसी अंग्रेज की डिनर, गाय के गोश्त से किसी दिन शायद ही खाली होती है। यहाँ तो, किसी को पता तक न हो, ऐसी सावधानी या ऐसी चोरी से कसाईखाने खोल दिये जाते हैं। वृन्दावन जैसे भगवान गोपाल-कृष्ण की पुण्य-भूमि में भी यही हुआ। छुपाकर, एक पशु बधालय वृन्दावन में खोल दिया गया, और जब वृन्दावन के लोगों ने पुकार मचाई तो, युक्त प्रान्त के गवर्नर साहब ने अपने मन्त्रियों को भी सलाह में मिलाकर हुक्म दे दिया कि वृन्दावन में कसाईखाना कायम रहेगा। क्यों न रहेगा? देश में पण्डित-पुजारियों को बिना लगान के जमीन दे दी गयी है, और उनकी सुधार-विरोधी नीति मूर्खताओं का साथ, छोटे से जिले से लगाकर देहली के देवताओं तक किया जाता है, क्या इस घूस के बाद भी ये लोग वृन्दावन में पशु-हत्या न सहेंगे? और जब सरकारी प्रमुखों को भोज देने वाले, बड़े पेट वाले कई मथुरादास और वृन्दावनदास, कीर्ति के क्रीत-दास होकर, स्वयं अपनी ओर से अण्डों और गोश्त की मेहमानी, खानसामाओं के द्वारा अपने प्रभुओं को देने का प्रबन्ध कर देते हैं, तब उनका प्रभुओं के बूट के बन्द बाँधने वाली अँगुलियाँ और दाँतों से बन्दों की गाँठ खोलने वाला मुँह, क्या अपने कीर्तिदाता और धनदाता 'माँ-बापों' के खिलाफ खड़े होने का पाप कर सकता है? हमारे मुँह का जय गोपाल, सिर का तिलक, और हाथ की गो-मुखी चाहे तीनों, वृन्दावन में पशु-हत्या होने के खिलाफ पुकारें, पर हम भला वृन्दावन में होने वाले इस सरकारी पाप के खिलाफ लड़ सकते हैं? सच पूछो तो, राज-भक्तों के लिए दो दलीलें बड़ी सुन्दर हो सकती हैं। एक तो शासकों का यह बड़ा भारी गुण है कि वे इस गरीब देश के अन्न को न खर्च कर, प्रजा-हित से व्याकुल हो, पशु-पक्षियों को खा-पीकर अपना गुजर-बसर कर लेते हैं।

दूसरे, क्या उनका यह कम हिन्दू धर्म-प्रेम है कि वे श्वान, शूकर, गर्दभादि अपवित्र प्राणियों को न खाकर पवित्र गो-माता के शुद्ध मांस का सेवन करते हैं ? देखना चाहिए, वृन्दावन के इस हत्यालय पर, कितने तिलक गो-मुखी और जय-गोपालधारी अपनी आवाज बुलन्द करते हैं ! युक्त प्रान्त की सरकार को शायद हमारी इसी कमजोरी का विश्वास है, इसीलिए उसने वृन्दावन में कसाई-खाना खुलवाने और उसका समर्थन करने का साहस किया।

चुनाव की छिपी हुई तैयारियाँ

इस समय कांग्रेस-प्रेम बड़े जोर-शोर से जन्म ले रहा है। जो कांग्रेसवादी थे, उनके लिए तो कुछ कहना नहीं है, किन्तु जिन्होंने कांग्रेस के झंडे को झुका देने के लिए कंकण बाँधा था, उन्हें भी अपने विलायती वस्त्रों के ऊपर खद्दर का कोट पहिनने की याद आ गयी है, और वे छोटी से छोटी सभा-सोसाइटियों में हाजिर होकर देशभक्ति का कोई अवसर खाली नहीं जाने देते। इधर कौंसिलों के सन्ध्या काल से पीड़ित कौंसिल सदस्यों और उनके साथियों की ओर देखिये, और देखिये बेचारे पिछली चुनाई में हारे हुओं को— उन्हें पिछली चुनाई के पश्चात, तीन वर्ष तक न देश के नाम तक की याद आयी, न उन्हें अवकाश रहा कि वे कांग्रेस कमेटियों का संगठन करते, दौड़-धूप करते, उनके सदस्यों की संख्या बढ़ाते और आज समस्त प्रदेश में, कांग्रेस का बल एक निश्चित वस्तु की तरह पाते। प्रान्त की जनता दोषी नहीं। यदि ऐसा होता तो न तो साइमन कमीशन का बायकाट सफल हो सकता था, न पण्डित मोतीलाल जी को, समस्त मध्यप्रदेश को गैर-कांग्रेसी बनाने की धमकी देकर लौटने वाले मि० ई० राघवेन्द्र-राव को, हिन्दी मध्यप्रदेश के मतदाताओं ने, अपनी चुनाई द्वारा कांग्रेस के बल को सर्वश्रेष्ठ बल साबित कर, मूर्ख ही सिद्ध किया होता। तब आज की हमारी दौड़-धूप का कारण क्या है ? क्या महात्मा गांधी का राष्ट्रीय कार्यक्रम किया हुआ निश्चय अपने हाथ में ले लेना ? हमारे भाई, देश में आने वाली राष्ट्रीय लहर के प्रतिकूल नहीं खड़े रह सकते, और इसलिए चाहे हमारी आज की हरकत और हरारत का सम्बन्ध राष्ट्रीय कार्यक्रम से भले ही लगा दें परन्तु बात क्या वास्तव में ऐसी ही है ? कुछ लोगों का खयाल है कि लोगों ने कौंसिलों के परि-णामों को देख लिया, और जान लिया कि जब तक राष्ट्र में कोई कार्य न किया जाय, तब तक कुछ नहीं हो सकता। कौंसिल तो, किसी राष्ट्रीय फल के देने में सर्वथा बाँझ निकली—यह बात कौंसिल-भोगी भाई जान गये हैं। परन्तु क्या यह बात सत्य है ? तब क्या यह बात, हमारे भाई इसी वर्ष जान सकें हैं, और

इससे पिछले वर्षों में इस बात के जानने का उन्हें अवकाश नहीं मिला ? हमारे विचार से तो, हमें दुःख है, ये दोनों बातें नहीं दीख पड़तीं। यदि हम राष्ट्रीय कार्यक्रम के मानने वाले होते तो हमारे प्रान्त में भी राष्ट्रीय परिषदों की धूम मच जाती, राष्ट्रीय सप्ताह क्रियात्मक रूप से मनाया जाता और झंडा-पूजन, अखाड़ों का संगठन, नशाबन्दी का उद्योग, विदेशी वस्त्रों की होली और खद्दर-प्रचार का उद्योग, आज हर जिले में देखने को मिलता। यदि हमारा विश्वास, कौंसिलों की अपेक्षा नहीं, तो कौंसिलों के साथ-साथ बाहर की जनता और गरीबों के बीच किये जाने वाले राष्ट्रीय कार्यक्रम पर होता, तो हमारे पिछले तीन वर्षों की राष्ट्रीय सेवा का हिसाब देने की हमारी ईमानदार तैयारी होती और हमारे पिछले देश-सेवा के प्रयत्नों के रहते हुए हमें अवसर से लाभ उठाने के लिए, स्वास्थ्य का समय आ पहुँचने के ठीक दिनों—'राष्ट्र', 'राष्ट्र' और 'स्वराज', 'स्वराज' पुकारने के लिए न उमड़ना पड़ता। मि० राघवेन्द्र राव जैसे आदमी, प्रान्त के कलंक हैं, वे प्रान्त को धोखा देते हैं, और सरकार के हाथों बिक जाते हैं,—माना। परन्तु मि० राव जैसों की देश-घातकता, हमारे देशाभिमान की दलील नहीं हो सकती। यदि हम मध्यप्रान्तीय जनता की बुद्धि पर इतना विश्वास करते हैं कि वह सरकार के सहयोगियों को पहचानकर उन्हें करारी ठोकर दें, तो क्या हम इस बात को भूल जाना चाहते हैं कि जनता की जो बुद्धि राष्ट्र-विरोधियों के पापों को देखने लिए सतर्क रहेगी वह अपने ही आदमियों की भूलों, मूर्खताओं, स्वार्थपरताओं और अकर्मण्यताओं को भूल जायगी ? शब्द कड़े हैं, किन्तु कर्त्तव्य का यह लेखा-जोखा क्या जनता की ओर, कभी नहीं मिल जाना चाहिए ? हमें, मध्यप्रान्त में होने वाली आज कोई राष्ट्रीय हलचल ही नहीं दीख रही। कांग्रेस के प्रान्तीय मन्त्री के तकाजों पर भी हम राष्ट्रीय सेवा के लिए नहीं जाग रहे। इस अवस्था में, हम ऐसे प्रान्तीय बल की आवश्यकता अनुभव करते हैं जो कौंसिलें चलें या न चलें किन्तु राष्ट्रीय कार्यक्रम चलाने की क्षमता और ईमानदारी अपने में रखें। और ऐसे कार्यक्रम की क्रियात्मकता है, खद्दर के तथा विदेशी वस्त्र बहिष्कार के कार्य में। यदि हमारे भाई, राष्ट्रीय सेवा और प्रान्त की जनता का लाभ उठाने की चीज समझते हों तो उन्हें संगठित होकर समूचे प्रान्त में, कांग्रेस का कार्यक्रम बलपूर्वक पूरा होते देखना चाहिए। हम उत्सुक हैं प्रान्त में होने वाले कार्य का स्वागत करने के लिए, दुःखी किन्तु लाचार हैं उस कड़वे अनुभव को लिखने के लिए जो हमने प्रान्त की राष्ट्रीय वृत्ति के हमारी उपेक्षा से शिथिल होते समय प्राप्त किया। हम आज की हरारत और हरकतों को उस समय तक स्वार्थमूलक आडम्बर समझते हैं, जब तक हम अपने प्रान्त में राष्ट्रीय कार्यक्रम केवल जबान और कागज से नहीं, क्रियात्मक रूप से पूरा होते नहीं देखते। [4 मई, 1929]

देशी राज्यों की समस्या

बटलर-कमेटी के रिपोर्ट-लेखक ने—जब से देशी राजाओं का भारत और विदेशियों द्वारा शासित भारती,—इस तरह एक ही देह के दो नाम रखे हैं, तब से अंग्रेजों की भेद-नीति की छुपी हुई छुरी, देशी राज्यों की प्रजा के हृदय में विशेष तीव्रता से चुभने लगी है। बटलर-रिपोर्ट की नीति ने राजाओं को उस परिन्दे की तरह करार दिया है, जो दूसरे के अण्डे को गरमाकर अपनी जाति को हानि पहुँचाते रहते हैं मसल मशकूर है कि कोयल अपना अण्डा कौए के घोंसले में डाल आती है, और बेचारा कौआ, रंग की समानता के कारण, उस अण्डे को अपनी वस्तु समझकर कोयल की सन्तान पैदा करने के लिए प्रयत्नशील होता है। जब मीठी बानी बोलने वाली कोयल की कालिमा घोंसले से प्रगट होने लगती है तब कौए को पता लगता है कि उसने अपनी मूर्खता के कारण, अपनी जाति की ओर ध्यान नहीं दिया और दो दिन के मेहमानों के लिए अपने वात्सल्य का वृथा उपयोग किया।

ब्रिटिश शासकों की नीति की ओर यदि राजा लोग ध्यान दें,—वे ध्यान अवश्य देते होंगे—तो उन्हें स्पष्ट दिखायी देगा कि भारत की राष्ट्रीयता को नष्ट करने—कम से कम उसकी प्रगति रोकने—के लिए उनका उपयोग किया जा रहा है। एक ओर उनको साम्राज्य के स्तम्भ समझा जा रहा है और दूसरी ओर उनकी स्वाधीनता का मूल्य सामन्तों से अधिक नहीं कूता जा रहा है। ब्रिटिश राजनीति के रथ को खींच ले जाने वाले चतुर रथी जानते हैं कि भारत की लूट को अधिक दिनों तक जारी रखने के लिए उन्हें अपने जैसे 'हुकूमत पसंद भारतीयों की सहायता आवश्यक है। ब्रिटिश भारत में यह सहायता उन्हें मिलती रही है, पर नये युग के आगमन के साथ-साथ इस सहायता का दायरा, उत्तरोत्तर संकीर्ण होता जा रहा है। ब्रिटिश शासकों को वह दिन स्पष्ट दिख रहा है, जब भारतीयों की सहायता से भारत का रक्त चूसने में वे सर्वथा असफल हो जायेंगे। इसीलिए राजाओं की लोभी जमात को वे अपनी 'दोस्ती' की जंजीर में जकड़ रहे हैं। उन्हें विश्वास है कि राजाओं की परम्परागत हुकूमत का नशा, भारतीय राष्ट्रवाद को बलवान न बनने देगा और यदि प्रसंग उपस्थित हो ही जाय तो ब्रिटिशों और राष्ट्रवादियों के भावी युद्ध में, राजाओं की सहायता ब्रिटिश जाति को मिलेगी। इसी स्वार्थ से प्रेरित होकर, ब्रिटिश राजनीतिज्ञ, राजाओं से व्यवहार कर रहे हैं और दुर्भाग्य की बात है कि खानदानी हुकूमत के लोभ के कारण राजा लोग भी ब्रिटिश राजनीति के जाल में फँसते चले जा रहे हैं।

परन्तु भारत के एक-तिहाई हिस्से पर राज करनेवाले तीन या चार सौ राजाओं

के अलावा एक शक्ति ऐसी है जो ब्रिटिश राजनीति के जाल से अपने राजा और देश को बचा सकती है। वह ताकत है देशी राज्य की प्रजा। यद्यपि भारत के देशी राज्यों की प्रजा-प्रतिनिधियों की सलाह से, राज-शासन के चलाने की प्रणाली पूरी तरह से नहीं चल पड़ी है तथापि स्वयं राजा-गण भी जान गये हैं कि प्रातिनिधिक शासन की लहरें उनके राज्य तक पहुँच गयी हैं और दमन के स्टीम रोलर को औंधा देने योग्य बल-संचय, उस लहर में होता जा रहा है। ब्रिटिश राजनीति के जाल में फँसे रहने के कारण, राजा लोग अभी यह नहीं सोच रहे हैं कि प्रजा का बल, उनके राज्य का बल है। उनकी बुद्धि की लगाम ब्रिटिश राजनीतिज्ञों के हाथ में है। हाँकने वाला जिस ओर मोड़ देता है, उसी दिशा में वे सरपट भागने लगते हैं। ब्रिटिश रेजीडेंटों और पोलिटिकल एजेण्टों के इशारे पर, रियासती प्रजा के प्रतिनिधियों को रियासत से निकाल देने, सभा-बन्दी द्वारा उनके स्वाधीन विचारों के प्रगट करने में बाधा डालने और समाचारपत्रों के निकालने की इजाजत न देने की बातें इतनी सर्वसाधारण हो गयी हैं कि उनके विशेष उदाहरण देने की आवश्यकता नहीं। राजाओं तथा उनके सलाहकारों के हृदय में अपने राज के छिन जाने का भय सदा लगा रहता है। वे सोचते रहते हैं कि यदि ब्रिटिश शासकों के इशारे पर वे न चलेंगे तो राज करने का खानदानी हक उनसे छिन जायेगा। पता नहीं हमारे राजा लोगों में वह त्याग कभी दिखायी भी देगा या नहीं जो जापानी इटैलियन या जर्मन राजाओं में दिखायी दिया था। लगभग एक शताब्दी के अन्दर इन तीनों देशों के राजों-महाराजों ने अपने देश को स्वाधीन करने के लिए अपने पद छोड़ दिये थे। उनके त्याग के कारण ही बलवान जर्मन, जापानी एवं इटैलियन राष्ट्र का निर्माण हुआ है।

देशी राज्यों की प्रजा की अवस्था, परस्पर कलह करने वाली दो विमाताओं के बालक की तरह हो रही है। यदि यह बालक अपने जन्म-सिद्ध अधिकारों के लिए अपनी देशी विमाता से झगड़ता है तो उसकी विदेशी विमाता राजाओं की रक्षक बनकर उसे दबा देती है। यदि वह अपनी विदेशी विमाता की गहरी चालों के खिलाफ आवाज उठाता है तो उसकी देशी विमाता उसको यह कहकर दबा देती है कि हमारे और ब्रिटिश शासकों के सम्बन्ध बिगड़ जायेंगे। जहाँ तक जबानी हिसाब-किताब का ताल्लुक है वहाँ तक ये विमाताएँ प्रजा के हित की चिन्ता की लम्बी-लम्बी बातें करती रहती हैं। इन बातों के प्रलोभन में अब देशी राज्य की प्रजा नहीं आ रही है, यह सन्तोष की बात है। आज और कल, बम्बई में जो देशी राज्य प्रजा परिषद हो रही है, वह इसी बात को प्रगट करती है। मि० चिन्तामणि जैसे नरम तबियत के सज्जन उक्त परिषद के सभापति हैं। हमें विश्वास है कि देशी राज्य से सम्बन्ध रखने वाले लोग उक्त परिषद में बहुसंख्या में

उपस्थित होंगे और अपने निर्णयों को कार्यरूप में परिणत करने के प्रयत्नों में जुट जायेंगे।

[25 मई, 1925]

देश भक्त अमानुल्लाह

शाहे अफ़गान, वीर अमानुल्लाह, इटली जा रहे हैं। अफगानिस्तान की सल्तनत उनसे छिन गई है, पहली बार नहीं, दूसरी बार। एक बार उन्हें काबुल छोड़कर जाना पड़ा था, अबकी बार वे अपनी मातृभूमि छोड़कर जा रहे हैं।

अमानुल्लाह लोकहित के व्रती थे। लोक हितैषणा की तीव्र भावना के कारण, उन्होंने अपने देश और देश-बन्धुओं के सुधारने के लिए क्रान्तिकारी प्रयत्न किये। अंग्रेज कहते हैं कि समाज-सुधार का कार्य क्रमशः विकसित होना चाहिए, क्रान्ति तो समाज को नष्टभ्रष्ट कर देती है। इंग्लैण्ड का क्रमागत विकास इसी दलील के प्रमाण-स्वरूप पेश किया जाता है। अंग्रेजों के खयाल से, अमानुल्लाह की आपत्ति, अमानुल्लाह की जल्दबाजी का फल है। परन्तु अंग्रेजों से भिन्न विचार रखने वाले लोग भी यूरुप में विद्यमान हैं। फ्रांस, जर्मनी आदि देशों के कुछ लोगों का खयाल है कि अमानुल्लाह की इस असफलता का कारण एक नहीं, दो हैं। भीतरी कारणों में, समाज सुधार की शीघ्रता के कारण उत्पन्न हुई प्रतिक्रिया प्रमुख है, और बाहरी कारणों में अफगानिस्तान के आसपास की राजनैतिक शक्तियों के बिछाये हुए जाल प्रमुख थे। ये शक्तियाँ कौन-सी हैं? भारत, रशिया और ईरान। ईरान स्वयं मुसलमानी कट्टरता और बाबा आदम के जमाने की अन्धश्रद्धा का विरोधी हो रहा है। टर्की की आग वहाँ भी सुलग गई है। इतना ही नहीं, मुसलमानी सत्ता के पुराने इतिहास को स्मरण कर, टर्की, ईरान और इराक के मुसलमानों में एक नई महत्त्वाकांक्षा जाग्रत हो गई है। ईरान की सभ्यता भी बढ़ी-चढ़ी है। अतएव, ईरान की ओर से अफगानिस्तान को किसी प्रकार की क्षति पहुँचने की संभावना नहीं। अफगानिस्तान का दूसरा पड़ोसी रशिया है। पिछले आठ-दस वर्षों से रशिया के इस विशाल प्रदेश में जारशाही अत्याचारों की प्रतिक्रिया हो रही है। एक नया प्रयोग किया जा रहा है, मानव-समाज में शान्ति बनाये रखने की एक नई तरकीब का अनुभव लिया जा रहा है। इस प्रयोग में अपने पड़ोसियों को गुलाम बनाने की योजना नहीं है। इतना ही नहीं, मानवी समानता स्थापित करने के लिए यत्र-तत्र सहायता का हाथ बढ़ाने का सिद्धान्त बोल्शेविक शासन-प्रयोग में विद्यमान है। अफगानिस्तान और रशिया का व्यवहार भी परस्पर मित्रतापूर्ण रहा है, अतएव रशिया के किसी

कार्य से अफगानिस्तान की बुराई होने की संभावना नहीं है। तीसरा पड़ोसी भारतवर्ष है। वह स्वयं अपनी आजादी के लिए लड़ रहा है। अपने किसी पड़ोसी को वृथा संकट में वह क्यों ढकेलेगा ? परन्तु राजनैतिक भारतवर्ष से मतलब केवल भारती जनता से नहीं है। भारत-शासन के नाम पर, हिन्दुस्तानी जन-धन की लूट करने वाली नौकरशाही के हाथ में भारत के वैदेशिक सम्बन्ध हैं। तब क्या उस नौकरशाही के किन्हीं अज्ञात प्रयत्नों की ओर यूरुप के पत्रकारों ने इंगित किया है ? परन्तु अंग्रेज तो ढोल पीट-पीट कर कह रहे हैं कि अमानुल्लाह के बे-लगाम सुधार-अश्व की टापों से ही अफगानिस्तान के तख्त के टुकड़े-टुकड़े हो गये हैं।

अफगानिस्तान की पिछले 5-6 मास की घटनाओं पर विहंगम दृष्टि डालने से यह तो साफ तौर पर जाहिर हो जाता है कि अमानुल्लाह के सुधार-प्रयोगों से अफगानिस्तान की कंदराओं में रहने वाले मौलवी-मुल्लाओं के विश्वासों पर गहरी चोट पहुँची थी। स्त्री और धर्म के विषय में सभी कट्टरों की विचित्र धारणाएँ हुआ करती हैं। स्त्रियों के चरित्र के नाम की रक्षा पर वे उन्हें पालतू जानवरों की भाँति अपने हरमों, महलों में बन्द रखना पसन्द करते हैं। उनके नाम पर जिन्दा रहने वाली स्त्रियाँ उनकी सम्पत्ति समझी जाती हैं, और उनकी शिक्षा स्वाधीनता, अथवा समानता को वे जन की दृष्टि से देखते हैं। अफगानी लड़कियों को शिक्षा देने की योजना ने संसार से कई शताब्दियों पीछे रहने वाले मुल्लाओं में ईर्ष्या की आग जला दी। बाहरी राजनैतिक शक्तियों ने संभव है, उस आग में फूंक दी हो। स्त्रियों की स्वाधीनता के साथ-सथा धर्म नाम की खयाली सम्पत्ति को भी असंस्कृत मनुष्य अपनी बड़ी चीज समझता है। अपनी चालों को मजबूत बनाने के लिए राजनैतिक शतरंज के खिलाड़ी, इस भावना के जोर पर बड़ी से बड़ी ताकत को शह और मात दे देते हैं। अफगानिस्तान में भी यही हुआ है।

शाह अमानुल्लाह की यह असफलता व्यक्ति की असफलता नहीं है। हमें तो यह असफलता महात्माजी के पुराने बार्दोली प्रोगाम की तरह दिखाई देती है। जिस तरह पुरानी बार्दोली के नये संस्करण में स्पष्ट सफलता प्राप्त हुई, उसी तरह अफगानी कट्टरता की अगली चढ़ाई में सुधार को विजय मिलेगी। संसार को नये मार्ग पर खींच ले जाने वाले शक्तिशाली मनुष्यों को सदा ही ऊँच-नीच का सामना करते रहना पड़ा है। कौन कह सकता है कि यही स्थायी नियम अफगानिस्तान और अमानुल्लाह के लिए लागू न होगा ?

[1 जून, 1929]

मेहताजी की तलाशी

यों तो सारे मध्य प्रदेश में श्रीयुत सुन्दरलालजी की 'भारत में अंग्रेजी राज्य' पुस्तक ढूंढ़ी, और पुलिस द्वारा जप्त की जा रही है, किन्तु कहीं भी पुलिस ने, प्रान्त के राजनीतिज्ञों की तलाशी नहीं ली। लोग इसका कारण, सर मांटेगू बटलर की ठंडी नीति सोच रहे थे। सिवनी जिले के पुलिस कप्तान, गत तारीख छह को पंडित दुर्गाशंकरजी मेहता के पास गये, और उक्त पुस्तक उनसे माँगी। मेहताजी ने एक मित्र के पढ़ने के लिए ले जाने की बात कही। तब पुलिस सुपरिन्टेण्डेण्ट ने तलाशी के वारण्ट का भय, मध्य प्रान्तीय धारा सभा के सदस्य मेहता जी को बताया। मेहता जी ने पुलिस सुपरिन्टेण्डेण्ट से तलाशी ले लेने को कहा परन्तु उन्होंने उस दिन न ली। दो दिन बाद अचानक दो पुलिस इन्सपेक्टर तलाशी के लिए भेजे गए। पुस्तक पंडित दुर्गाशंकरजी के यहाँ नहीं मिली। धारा सभा के सदस्य होते हुए भी, प्रान्तीय सरकार द्वारा 'तलाशी लेने के योग्य' समझे जाने वाले पण्डित दुर्गाशंकरजी को हम धन्यवाद देते हैं, और प्रान्तीय सरकार से पूछते हैं कि क्या प्रान्तीय व्यवस्थापिका सभा के सदस्य के वचनों पर विश्वास न करके उनकी तलाशी लेना, एकमात्र वैध (Consitutional) तरीका है।

सम्पादकीय टिप्पणी

असेम्बली बम कांड का फैसला

आखिर असेम्बली में बम फेंकने के मुकदमे के अपराधी सरदार भगत सिंह तथा श्री दत्त को आजन्म काले पानी की सजा सुना दी गई। जिन लोगों ने जूरी के मतभेदपूर्ण निर्णयों को सुना था, वे यह नहीं सोचते थे कि इतनी कड़ी सजा दी जायगी। कड़ी सजा न मिलने की उम्मीद इस बात से भी की जाती थी कि दोनों अभियुक्तों ने अपने कार्य को छुपाया नहीं था, प्रत्युत स्पष्ट शब्दों में प्रकट किया था, और महज तमाशा और आतंक। जूरी के एक पारसी सज्जन ने दोनों अभियुक्तों को निर्दोष बताया था। हम नहीं समझते कि इतनी कड़ाई करने से तरुणों की यह मनोवृत्ति बदलेगी। हमारे खयाल से यह कड़ाई अनेकों भगत-सिंह और दत्त पैदा करने में सहायक होगी। काले पानी की सजा सुनकर, अभियुक्तों ने पुनः वही पुकार उठाई—'क्रान्ति जिन्दा रहे', 'सोवियट जिन्दा रहे।' क्या तरुणों के कुचलने में से यह ध्वनि निकलने की उम्मीद की जाती है—'ब्रिटिश साम्राज्य जिन्दा रहे ?'

[15 जून, 1929]

श्रमजीवी, सरकार और कांग्रेस

गत अप्रैल मास में, इस देश की दृष्टि से दो महत्त्वपूर्ण घटनाएँ घटी थीं। एक थी असेम्बली में बम के फेंके जाने की दुर्घटना, और दूसरी मीरट के मामले के नाम से पहिचाने जाने वाला, समाज सत्तावादियों का मामला। दिल्ली की अदालत ने एक फैसला दे दिया है, परन्तु रशिया के बोल्शेविकों से सम्बन्ध रखने के नाम पर दायर किये गये मामले में, अभी अनेक मासों की देरी है। इस बीच में चाहे कांग्रेस में हो या कांग्रेस के बाहर; कम्युनिस्ट अथवा समाजसत्तावादी के नाम से परिचित किये जाने वाले लोगों के विषय में कैसी-कैसी कथाएँ इस देश में प्रचलित हो रही हैं, उन पर एक विहंगम दृष्टि डालना आवश्यक है।

कम्युनिस्ट दल अथवा 'लाल फौज' के नाम से पहिचाने जाने वाले दल के प्रवर्तकों में—कम से कम मीरट में लाये गये लोगों में—विशेष कर वे ही लोग हैं जो बम्बई अथवा कलकत्ता के मजदूर आन्दोलनों से सम्बन्ध रखते हैं। इस बात से इन्कार नहीं किया जा सकता कि व्याख्यान मंच से प्रचार करने वाले सज्जनों की अपेक्षा इन प्रत्यक्ष कार्य करने वालों की पीठ पर लोक-मत की विशेष सहायक संख्या है। परस्युएशन—समझा-बूझाकर काम निकालने की सविनय वैध गति की अपेक्षा, मजदूरों का संगठन करने वालों की गति किंचित तीव्र है। यही कारण है, कि बम्बई की कई महीनों की हड़तालों के होते हुए भी, मजदूरों का संगठन नष्ट नहीं हुआ दीख रहा। उनमें अनुशासन का उदय हो रहा है। अपनी रोजी खो देने पर उतारू रहते हैं। बुद्धिमान नागरिक कह सकता है कि नागरिक जीवन के विकास के लिए, उचितानुचित का विचार करने वाले नागरिक का होना आवश्यक है। मजदूर-संगठन का सदस्य, कर्तव्याकर्तव्य का विचार करने योग्य बुद्धि नहीं रखता, अतएव उसका आन्दोलन नाशक आन्दोलन है। इस विचार के विपरीत, मजदूर संगठन का प्रवर्तक कह सकता है कि जहाँ स्वाधीन नागरिकता का बीज ही नहीं है, वहाँ नागरिकता के विकास की चर्चा करना अपने आपको धोखा देना है, और जब नागरिकता की बुनियाद नहीं है तब वैध आन्दोलन का नाम लेना आत्म-वंचना की पराकाष्ठा मात्र है। वैध कहे जाने वाले आन्दोलन में जहाँ, परस्युएशन—प्रचार की आवश्यकता है, तहाँ प्रत्यक्ष कार्य करने के मार्ग का अनुसरण करने वाले आन्दोलन में, अनुशासन की आवश्यकता है। ऐसी अवस्था में अगर मजदूर संगठन का सदस्य कर्तव्याकर्तव्य का ज्ञान नहीं रखता तो वह उन 'बुद्धिमानों' से लाख गुना अच्छा है, जो प्रत्येक वाक्य और शब्द पर दलीलों की बरसात बरसाकर अपने जोश की भाप को खतम कर देते हैं।

मजदूरों के संगठन का बम्बई अथवा कलकत्ता में ही जमने का कारण स्पष्ट है। सम्पत्ति की विषमता इन्हीं दो शहरों में विशेष रूप से दिखाई देती है। एक

ओर साफ-सुथरे मुहल्लों में बने हुए गगनचुम्बी प्रासाद हैं तो दूसरी ओर गलाजत में सड़ने वाली झोंपड़ियाँ हैं। एक ओर अनेक भोज्य और पेय पदार्थों को सूँघकर फेंक देने पर भी 'अजीर्ण' की दवा खाने वाले धन-कुबेर हैं तो दूसरी ओर पेट की पूरी खाई न भर सकने के कारण जठरानल से झुलसने वाले रोगी हैं। इस विरोध का चित्र और भी अधिक रँगा जा सकता है, पर हम सम्पत्ति की विषमता बतलाने के लिए इतना ही पर्याप्त समझते हैं। यह विषमता, ग्रामों और शहरों के निवासियों के बीच भी है, परन्तु चूंकि वे कभी एक स्थान पर नहीं आते, अतएव उनकी सम्पत्ति की मनोमय तुलना नहीं हो पाती। इस वजह से कृषकों की अपेक्षा, मजदूरों में ही श्रमजीवी आन्दोलन, विशेष सफल हो रहा है। हमारे देश के वर्तमान शहर, अंग्रेजी राज्य की बदौलत बढ़े हैं। जहाँ-जहाँ अंग्रेजों ने कोठियाँ खोलीं, व्यापार बढ़ाया वहीं कारखाने खुले और मजदूरों की संख्या बढ़ी। यह अवस्था बिलकुल स्वाभाविक है। हमारे ही देश में नहीं, स्वयं इंग्लैण्ड में भी, अठारहवीं सदी के आरम्भ में यह अवस्था पैदा हुई थी। आज भी वहाँ, इस अवस्था का सन्तोषप्रद हल नहीं हो सका है। हमारे देश में औद्योगिक क्रान्ति का युग आ रहा है। उसके साथ, मजदूरों-व्यवसायियों के परस्पर सम्बन्धों का स्थिरीकरण भी हमारे सामने पेश हो रहा है। कल-कारखाने तथा हजारों आदमियों का एक स्थान में एकत्र होकर वस्तु विशेष का निर्माण करना आदि बातें हमारे लिए नयी हैं। वस्त्र-व्यवसाय का ही उदाहरण लीजिये। स्टीम एंजिन के यहाँ आने से पहिले, हमारे देश में वस्त्र बनता था और बहुतायत से बनता था, परन्तु वह ग्रामों-कस्बों में, भिन्न-भिन्न व्यक्तियों और जातियों के मकानों में ही बनता था। उस समय मजदूरों-मिलमालिकों की समस्या का नाम भी नहीं था। परन्तु प्रचुर परिमाण में वस्तुओं के निर्माण के साथ-साथ, सम्पत्ति की विषमता पैदा हुई और मजदूरों-कारखाने वालों की समस्या का जन्म हुआ। इस समस्या की जड़ में जो वासनाएँ एवं भावनाएँ काम कर रही हैं, वे इस देश के लिए नयी नहीं हैं। श्रमजीवियों के आन्दोलन से नाक-भौं सिकोड़ने वालों को यह जान लेना चाहिए कि सबको समानता की दृष्टि से देखने और दान-धर्म में प्रथम स्थान रखने वाले इस देश में 'आदानं हि विसर्गाय'—'देने के लिए कमाने' का सिद्धांत सर्वश्रेष्ठ समझा जाता रहा है। संभव है, यह सिद्धान्त सभी धनिकों के जीवन में प्रगट न होता हो, पर इसके द्वारा सम्पत्ति की विषमता का विशेष दर्शन नहीं हो पाता था। ऐसी अवस्था में श्रमजीवी आन्दोलन को बदनाम करने वाले लोगों से हमें विशेष सचेत रहने की आवश्यकता है।

मीरट वाले मामले में, सरकारी वकील महोदय ने, श्रमजीवी आन्दोलन के प्रवर्तकों को 'राष्ट्रीयता के विरोधी', 'अनीश्वरवादी' आदि उपाधियों से

विभूषित किया है। इतना ही नहीं, देश के वर्तमान समय के सर्वमान्य नेताओं—महात्माजी, मालवीयजी, नेहरूजी—आदि को भी श्रमजीवी नेता बुरा-भला कहते दिखलाये गये हैं। सरकारी वकील मि० लैंगफर्ड जेम्स की इस बात की प्रतिध्वनि, अब अंग्रेजों द्वारा सम्पादित अखबारों में निकलने लगी है। अफगानिस्तान के नाम पर छपे हुए कुछ समाचारों में यह भी ध्वनि निकाली गयी है कि अफगानों-रशियनों का मेल नहीं हो सकता, क्योंकि रशिया के बोल्शेवी लोग 'खुदा को नहीं मानते'। इस देश की हिन्दू-मुस्लिम जनता में 'परमात्मा और खुदा' का बड़ा जोर है हमारे देश का प्रत्येक चोटी और दाढ़ी रखने वाला व्यक्ति, धर्म के अगाध ज्ञान और ईश्वर तथा खुदा की पहिचान का दावा करता है। ऐसी अवस्था में जो लोग बोल्शेविकों की 'अनीश्वरवादिता' का ढोल पीटते हैं, वे संदेहास्पद प्रचार करते हैं। श्रमजीवी आन्दोलन के प्रवर्तक, 'अराष्ट्रीय' हैं, अतएव राष्ट्रीयता के उपासक उनसे घृणा करें। वे 'समानता' के प्रचारक हैं, अतएव धनपति उन्हें नष्ट कर दें। वे 'अनीश्वरवादी' हैं, अतएव पाखण्ड पण्डित उन्हें जिंदा गाड़ दे और वे 'अराजक' हैं, इसलिए सरकार उनकी जड़ खोद दे। कितना बढ़िया प्रचार है—इन सब श्रेणियों के लोगों के बाद, हिन्दुस्थान में कौन बच रहता है? केवल श्रमजीवी लोग। और वे जब अन्य सब श्रेणी की जनता से निंदित हैं तब उनके जिंदा रहने की जरूरत है?

इस विचारधारा में जब कांग्रेसी समझे जाने वाले लोग डुबकी लगाते दिखाई देते हैं तब हमें सावधानी की सूचना देने की आवश्यकता प्रतीत होती है। बम्बई की मिल-हड़तालों को मिटाने के लिए, इसी सप्ताह में विशेष प्रयत्न किये गये हैं। बम्बई के मिल मालिक, बम्बई के गवर्नर तथा अन्य लोगों ने इस मामले का समझौता करने की चेष्टा की है। बम्बई की कांग्रेस कमेटी ने, यह सोचकर कि श्रेणि-युद्ध की इस समय आवश्यकता नहीं है, इस समझौते में भाग लिया। यहाँ तक तो कोई अनुचित बात नहीं है, परन्तु 'टाइम्स आफ इंडिया' ने बम्बई कांग्रेस के हड़ताल-विरोधक वाक्यों की आड़ में कांग्रेस और श्रमजीवियों के बीच की खाई बढ़ाने का अवसर पा लिया है। यह बात हमारी दृष्टि से उचित नहीं है। कांग्रेस की आड़ में श्रमजीवियों पर यदि प्रहार किया जायगा तो आने वाली सन्तान चाहे सही हो चाहे गलत, कांग्रेसवादियों पर छींटाकशी किये बिना नहीं रहेगी। कांग्रेस के अन्दर श्रमजीवियों से लेकर पूंजीपतियों तक को स्थान है। सभी हितों के सामंजस्य की एकमात्र संस्था कांग्रेस है। कांग्रेस के नाम पर काम करने वालों का कर्त्तव्य होना चाहिए कि काली भेड़ों को अपनी श्रेणी में स्थान देकर, भारत हित-विरोधियों के हाथ का खिलवाड़ न बनने की पूरी सावधानी ले।

[22 जून, 1929]

लार्ड इरविन : हमारे राजदूत

लार्ड इरविन भारत के वाइसराय और गवर्नर-जनरल हैं। उन्हें इस पद पर पिछले अप्रैल महीने में तीन वर्ष हो गये। प्रथा के अनुसार, दो वर्ष का समय उनके भारत के वाइसराय रहने का और है। इस सप्ताह; मद्रास के गवर्नर लार्ड गोश्चन को अपनी जगह का कार्य-भार देकर, वाइसराय साहब अपने घर जा रहे हैं। यों तो, वे महज छुट्टी पर जाते, तो भी उन्हें जहाज-किराया आदि भारतीय खजाने से मिलता, परन्तु लार्ड साहब तो यह कहकर जा रहे हैं कि वे 'भारतीय स्वराज प्रश्न को, सम्राट की सरकार के सामने रखने के लिए' इंग्लैण्ड जा रहे हैं। ऐसी दशा में, वे इंग्लैण्ड में जाकर भी भारत के गद्दी-नशीन ही बने रहेंगे, और भारत के नाम पर जो जी में आवेगा करते-धरते रहेंगे। हाँ, लार्ड गोश्चन के रूप में उनकी एक तसवीर यहाँ विराजमान रहेगी।

शिमला के ठण्डे पहाड़ों से, 'निजधाम' को बिदा होते समय लाट साहब को भारत के विषय में बोलने की पीड़ा हुई, और उस समय शिमला में भारतीय स्वतन्त्रता के हित-विघातकों द्वारा बना हुआ चेम्सफोर्ड क्लब, लार्ड इरविन महोदय के बड़े काम आया। यह कहना तो कठिन बात है कि आया लार्ड इरविन खुद ही अपने साम्राज्यवादी प्रचार के लिए चेम्सफोर्ड क्लब का उपयोग लेना चाहते थे, या क्लब के मन्त्री माननीय सर भूपेन्द्रनाथ को, लाट साहब की बोलने की वेदना का पता चल गया था, जिसका उपयोग उन्होंने 'भारतवर्ष के उद्धार' के लिए कर लिया। सम्भव है, पारस्परिक प्रशंसा के इस पुण्याह वाचन पर दोनों फरीक समझौता करके बोले हों।

चेम्सफोर्ड क्लब में लार्ड इरविन के मन्त्री सर भूपेन्द्र पहिले बोले, और उन्होंने यह विश्वास जाहिर किया कि इंग्लैण्ड की इच्छा भारत को औपनिवेशिक स्वराज देने की है। इसके प्रमाण में, सर भूपेन्द्र ने, इंग्लैण्ड के अनुदार प्रधान मन्त्री मि० बालडविन के वचन दुहराये। किन्तु, न तो उनके अन्दर मृतप्राय अवस्था में पड़ी हुई भारतीय अन्तरात्मा ही ने सर भूपेन्द्र से पूछा, न ऐसा आदमी ही कोई उस क्लब में हो सकता था जो सर भूपेन्द्र से पूछता, कि आज तक भारत को कितने वचन ब्रिटिश राजनीतिज्ञों ने नहीं दिये? किन्तु कौन कह सकता है कि उस समय सर भूपेन्द्र की जबान, भारतीय देशाभिमान के लिए नहीं, ब्रिटिश साम्राज्य की विकालत के लिए बाजी पर चढ़ी हुई थी। सर भूपेन्द्र ने लार्ड इर-विन को, भारतीय स्वराज्य की बात सम्राट की सरकार के सामने रखने के लिए 'भारत का महान राजदूत' कहा है। किन्तु क्या लार्ड इरविन पर, भारतीय राज-दूत होने का आरोप किया जा सकता है? यदि सर भूपेन्द्र से पूछा जाय कि सम्राट

के सामने भारत के राजदूत कौन हैं ? तब क्या सम्राट के राजदूत और भारत के राजदूत, दोनों एक ही बातें हैं ?

सन् 1919 के सुधारों में हमें वचन दिया था कि वर्तमान शासन-सुधार, प्रतिनिधि सत्ताक राजपद्धति का विकास करेंगे। क्या उन सुधारों का यही विकास है कि बिना हमारे चुने सात गोरे, भारतीय शासन का मसौदा बनाने बैठ गए, और बिना हमारे प्रतिनिधियों के चुने, लार्ड इरविन हमारे 'महान राजदूत' बनकर सम्राट की सरकार से बातें करने चले ? यदि अंग्रेजों द्वारा भारत को दी गई प्रतिनिधिमूलक प्रजासत्ताक इसी का नाम है, तो 'अंग्रेजी निरंकुशता' किसे कहते हैं, क्या यह सर भूपेन्द्र बता सकते हैं ? जब भारत में, अपने राष्ट्र की ओर से समस्त संसार के राष्ट्रों से बोलने वाले नेता मौजूद हैं, तब भारत के नाम पर, सम्राट की सरकार से बोलनेवाले लार्ड इरविन कौन हैं ? वे इंग्लैण्ड शौक से जावें, इंग्लैण्ड का शासन भारत में किन-किन उपायों से रह सकता है, इस विषय में इंग्लैण्ड की सरकार को खूब सुझावें, किन्तु भारत के लोगों को, अपना हृदय संसार के सामने रखने के लिए न विदेशी हृदय की जरूरत है, न गोरी जबान की। वे गरीब तो अपनी बात खुद रख सकते हैं।

लार्ड इरविन की बोली में मिठास है। वे अपनी वाणी का तौल संभाग कर मधुर बोलना जानते हैं। यदि उनका मीठा बोलना ही स्वराज्य-प्राप्ति का साधन होता हो, तो लार्ड इरबिन को भारतीय स्वराज्य की प्रतिमा कहना चाहिए। किन्तु 'बोली' स्वराज नहीं। स्वराज तो प्रत्यक्ष वस्तु है। वह तो अंग्रेजों के हाथों से भारतीय हाथों में आने की वस्तु है फिर उस आने वाली वस्तु के समय कोई लार्ड इरविन जैसा मीठा बोले, या सर सिडेनहम और जानसन हिक्स जैसा कड़वा—उससे वस्तु के मूल्य में कोई फर्क नहीं पड़ता। किन्तु केवल यह कहना लोगों को अब धोखा नहीं दे सकता कि किसी न किसी दिन, भारत औपनिवेशिक शासन अवश्य पा लेगा। फिर वह चाहे राजनैतिक घोषणा-पत्रों में कहा जाय, मान्य ड्यूकों और प्रिन्सों से कहलाया जाय, या मीठी से मीठी वाणी में लार्ड इरविन कहें।

लाट साहब, भारत की बात रखने क्यों जाते हैं, जब कि वे खुद कहते हैं कि भारत और इंग्लैण्ड के ऊँचे से ऊँचे दिमाग (Best brains) मिलकर, भारत के भाग्य का निपटारा करेंगे ? क्या आयरलैंड के साथ समझौता करने के लिए किसी गवर्नर-जनरल की 'आयरिश महान राजदूत' बनकर जाने की जरूरत पड़ी थी ? वहाँ तो, अंग्रेज प्रधान मन्त्री और उसके साथियों को, सीधे आयरिश प्रतिनिधियों से मिलकर बातचीत करनी पड़ी थी। क्या भारत की ओर से वह सब काम लाट साहब कर देंगे ? भारतीय प्रतिनिधित्व की इस निर्लज्जतापूर्ण तसवीर पर,

क्या लाट साहब भारत की स्वीकृति चाहते हैं ? खैर, यदि भारत के भिन्न-भिन्न दलों की बात ही रखने के लिए लार्ड इरविन, विलायत सरकार के सामने जा रहे हैं और यदि उनका यह कथन सत्य है कि वे उन सब बातों को विलायत की सरकार के सामने ईमानदारी से रखेंगे, तो वे अपनी ब्रिटिश ईमानदारी पर, इस कार्य का बोझ क्यों लादते हैं ?—भारत के सब दलों ने मिलकर नेहरू-रिपोर्ट तैयार कर दी है, आप ईमानदारी से उसे भारत की अल्पमत माँग के रूप में सम्राट की सरकार के सामने रख दीजिये। डा० अन्सारी के शब्दों में, "भारत की एकमात्र संयुक्त माँग नेहरू-रिपोर्ट है। किन्तु नेहरू रिपोर्ट की अल्पमत भारतीय माँग ही के खिलाफ आन्दोलन करने के लिए, यदि इंग्लैण्ड में लाट साहब की तलबी हुई हो, तो भारत यह स्पष्ट घोषित कर देना चाहेगा कि लार्ड इरविन से और भारतीय प्रतिनिधिमूलक प्रजासत्ता से, यदि कोई सम्बन्ध है, तो कठोर विरोध का, और किसी प्रकार का नहीं।"

लार्ड इरविन ने अपने भाषण में, अपने शासन की तारीफ के पुल बाँध दिये हैं। यद्यपि दबी जबान से उन्होंने यह भी कहा है कि "मैं यह दावा नहीं करता कि भारत सरकार निर्दोष है," किन्तु अपनी इस उज्ज्वल स्वीकृति को उन्होंने नीचे लिखे वाक्य द्वारा दो दमड़ी की कर दिया है, "मनुष्यकृत थोड़ी ही संस्थाएँ निर्दोष हो सकती हैं।" किन्तु केवल भारतीय नेता ही ब्रिटिश शासन की आलोचना नहीं करते, सो टंची सोने की तरह कसे हुए अंग्रेज भी, जब भारतीय ब्रिटिश शासन की कमजोरियों को देखते हैं, तब अपने दोषों को स्पष्ट स्वीकृत कर लेते हैं। उन अनेकों में एक, भारत सरकार के एक जमाने के होम-मेम्बर, सर विलियम विन्सेंट हैं, जिन्होंने भारत को सुधार दिये जाने के बाद, यानी सन् 1923 में कहा था कि "भारत के लोगों को तालीम देने, अधिक धन और समय लगाकर भारतीय किसान और कृषि को ऊँचा उठाने, भारत के लोगों को शासन करने और सेना संचालन करने का ज्ञान देने, स्थानीय स्वराज संस्थाओं के संचालन करने, उन्हें यशस्वी होने देने और अपना राज्य आप चलाने की भारतीयों को तालीम देने के कार्य में, अंग्रेज नौकरशाह सर्वथा असफल सिद्ध हुए हैं।" क्या लार्ड इरविन से हम पूछें कि उनके शासन ने, इन बातों में से, किन बातों में सफलता प्राप्त की है ? यदि नहीं, तो फिर उनके शासन के आलोचक झूठे कैसे ? इसके सिवा भारत के धन पर मालामाल होने के लिए तो लार्ड इरविन का देश, तब फिर उस कृत्य के परिणामस्वरूप, भारत पर लदी हुई प्रभुता की आलोचना सुनने के लिए कौन होगा ? लाट साहब अमेरिकन स्वतन्त्रतावादी हेमिल्टन का अवतरण देकर कहते हैं कि "किसी देश का शासन-विधान, नाप के साथ कटे हुए कोट की तरह नहीं बनाया जाता, शासन-विधान तो एक वृक्ष की तरह अपने

आप विकसित होता रहता है।" लार्ड इरविन के शब्दों में, "नित्य के स्वभाव, जीवन-व्यवहार, विज्ञान और परम्परा के अनुसार शासन-विधान अपने-आप विकसित हुआ करते हैं।" यदि लाट साहब इन बातों को मानते हों तो हम पूछें कि साइमन-कमीशन को ऐसा कौन-सा वरदान प्राप्त है कि भारतीयों के व्यवहार, स्वभाव, विज्ञान और परम्परा का स्वप्न देखकर वे लोग भारत का शासन-विधान बना देंगे, और ब्रिटिश पार्लियामेंट किस आकाशवाणी के सहारे समझ लेगी कि यह शासन-विधान भारतीयों के लायक बन गया? क्या लाट साहब की इस कसौटी पर, पार्लियामेंट और साइमन-कमीशन ठहरते हैं? सच बात तो यह है कि भारत अपना शासन-विधान आप ही बना सकता है। और यही उसका विकास हो सकता है। उसे, उसके लिए किसी वैदेशिक वरदान की आवश्यकता नहीं।

लाट साहब ने भारतीयों को कानून-भीरु रहने का उपदेश दिया है, क्योंकि यदि हम ऐसा न करें तो समाज-व्यवस्था ही बरबाद हो जायगी। हमारा निवेदन है कि बनने वाले कानून हमारे बनाये हुए नहीं हैं। फिर उनके टूटने-पालने की जिम्मेवारी हम पर कैसे हो सकती है? भारतीय लोग कानून तोड़कर निरंकुश नहीं होना चाहते, वे चाहते हैं कि जो कानून, इंग्लैण्ड के स्वार्थ को सामने रखकर बनाये गये हैं वे अब भारत के हित को सामने रखकर बनाये जायँ। ऐसा होने पर अन्य देशों की तरह यहाँ भी कानून-भंग करने वाले न मिलेंगे। आज की हमारी कानून-भंग की इच्छा, एक बुरे कानून का तिरस्कार कर, उसकी जगह पर अच्छा कानून स्थापित करने का प्रयत्न मात्र है।

लाट साहब ने इस बात की बिना पर्वाह किये कि मेरठ का मुकदमा अदालत में चल रहा है, ऐसी बातें कही हैं जिनसे मेरठ के मुकदमे पर ध्वनि निकलती है। मेरठ के मुकदमे के न्यायाधीश कुछ भी समझें, किन्तु हम लाट साहब के उस भाषण को सर्वथा अनुचित समझते हैं। हम तो यह भी जानते हैं कि लाट साहब के भाषण के उस अंश की खुली चर्चा कोई पत्रकार करे, तो कानून उसे क्षमा नहीं करेगा। अस्तु।

लाट साहब ने कम्युनिज्म की चर्चा को भी अपराध बताया है, और प्रकारान्तर से उनकी बातों से, मेरठ मुकदमे के सरकारी वकील मि० लैंगफर्ड जेम्स की बातों का समर्थन हुआ है! किन्तु यदि कम्युनिज्म की चर्चा को दोषी करार दिया जाय, तो जिस मजदूर-सरकार के सामने भारत की बात रखने लार्ड इरविन जा रहे हैं उस सरकार के कितने ही सदस्य, कम्युनिज्म की कितनी ही बातों का आज भी समर्थन करने वाले 'अपराधी' मिलेंगे। केवल विचारों के

प्रचार के लिए अपराधी कहने का युग यदि जारी ही रखना हो, तो जो सरकारें साम्राज्यवाद के प्रचारकों को दण्ड देंगी, वे दोषी क्यों ? दुर्भाग्य की बात देखिये, जो व्यक्ति भारतीय नहीं, भारतीय महत्त्वाकांक्षाओं का समर्थक नहीं, भारतीयों द्वारा चुना हुआ नहीं, विदेशी शासन का मुख और समर्थक है, तथा भारत की कमजोरियों का ढिंढोरा जो शिमला शैल से पीट रहा है, वही अपने-आप भारत का महान प्रतिनिधि बनकर भारत की बात कहने जा रहा है। और भारतवासी उसे अपना प्रतिनिधि बनाने से रोक नहीं सकते। क्या यही प्रजा-सत्ता है, जिसका विकास, पिछले दस वर्ष के सुधारों में हुआ है ?

[29 जून, 1929]

भारतीय स्वराज के निशानेबाज

इस समय समस्त भारतीय स्वराज नेता एकमत होकर भारतीय स्वराज की बात सोच रहे हैं। इस विषय पर भिन्न-भिन्न प्रकार के अंग्रेज राजनीतिज्ञ भिन्न-भिन्न तरह की बातें कर रहे हैं। लार्ड इरविन भारत के विषय में इंग्लैण्ड में जाकर कहते हैं, "भारत में सब कुछ ठीक है।" इसका सीधा अर्थ है, भारतीय वर्तमान अंग्रेजी शासन-प्रणाली से भारत मजे में है। और भारत मजे में क्यों नहीं ? भारत का स्वतन्त्र पक्के माल का व्यापार रहने नहीं पाया, भारत के किसानों में करोड़ों भूखे पेट सोते हैं, भारत में 93 फीसदी मूर्ख रखे गए हैं, भारत में अकाल, धनिक के घर मेहमान हो गये हैं। भारतीयों के शस्त्र छीन लिए गए हैं, बिना मुकदमा चलायें सैकड़ों देशभक्त कैद कर लिए जाते हैं, किसान लगान के लिये पुकार मचाते हैं। पढ़े-लिखे बेकारी में मर रहे हैं। फिर भारत सुखी क्यों नहीं है ? उधर माननीय पटेल से चिढ़कर लाट साहब असेम्बली सभापति के अधिकारों को कम करने की धमकी दे ही चुके हैं।

दूसरे सज्जन हैं, अनुदार-सहकार के जमाने के भारत मन्त्री लार्ड पील। आपकी राय आला में, भारत के विषय पर अध्ययन और चिन्तन के बाद, आपने यह सोचा है कि किसी भी हालत में भारत मन्त्री का भारत पर का कब्जा कम न किया जाना चाहिए—और इण्डिया कौंसिल न तोड़ी जानी चाहिए। पशुओं के खेल-कूद कराने वाले सरकसों में, हाथी, घोड़े, बकरी, बन्दर आदि पशुओं को नचाने के लिए जो आदमी रहता है उसे रिंग मास्टर कहते हैं। लार्ड पील चाहते हैं कि भारतीय राज्य सभा और राज्य सभा के मंत्रियों के हाथों अधिकार न जाने चाहिए। इसी का अर्थ है कि इण्डिया कौंसिल न तोड़ी जानी चाहिए। इण्डिया कौंसिल के बिना टूटे ही भारत को साम्राज्यान्तर्गत स्वराज्य मिल जायगा। चाहे

आस्ट्रेलिया, कनाडा और अमरीका के न स्टेट सेक्रेटरी हों, न उनकी कौंसिल ही इंग्लैण्ड में हो। किन्तु उनके उपनिवेशों का शासन चल सकता है। भारत के 'रिंग मास्टर' की कौंसिल तोड़ दी, तो भारतीय प्राणियों का 'सरकस' ही बिगड़ जायगा। फिर रिंग मास्टर, और उसकी कम्पनी के लोग कौन-सी कमाई करके खावेंगे।

एक बुजुर्ग हैं एच० एस० एफ० फिशर। अंग्रेजी में 'फिशरमैन' मछली मारने वाले को कहते हैं। फिशर साहब ने भी अपना जाल फेंका है। वे कहते हैं, "भारत का शासन-विधान एक नवीन ही प्रकार का बनाना पड़ेगा। कनाडा, आस्ट्रेलिया, अफ्रीका का शासन-विधान भारत में लागू न होगा—वह भारत की परिस्थिति के अनुकूल न होगा। यहाँ तक कि वहाँ का शासन-विधान तो, आयरलैंण्ड से भी भिन्न रखना पड़ेगा। गरज यह कि फिशर साहब की राय में भारतीय स्वराज, अंग्रेजी शासन-विधान की पशुशाला का एक नवीन ही जानवर होगा। इसका मतलब यह कि इंग्लैण्ड ने जितने अधिकार अपने उपनिवेशों को देकर रखे हैं उतने वह भारत को न देगा। इतना भोजन, उनकी राय में, भारत को हजम ही न होगा। गरज यह कि 50,823 वर्गमील सीमा, और 3 करोड़ 57 लाख की आबादी के इंग्लैण्ड के पेट में तो संसार-भर के देशों पर कब्जा रखना समा सकता है, और सत्रह लाख वर्गमील की सीमा, और 30 करोड़ की आबादी रखने वाले—यानी सीमा में इंग्लैण्ड से बीस गुने, और आबादी में दस गुने—भारत को, अपने ही देश के, पूर्ण स्वतंत्रता के नहीं—औपनिवेशिक अधिकार भी हजम नहीं हो सकते। क्या इसलिए कि भारत अमरीका की तरह शासकों को भारत से खदेड़ नहीं रहा, चीन की तरह विदेशी व्यापार असंभव नहीं कर रहा, और आयर्लैण्ड की तरह शासकों का खून नहीं बहा रहा?

फिशर साहब भारत को आयरलैण्ड से भी बहुत कम देने की बात कह रहे हैं, किन्तु हम फिशर साहब से स्पष्ट कह दें कि आयरलैण्ड के शासन का नाम 'आयरिश फ्री स्टेट' भले ही हो, परन्तु आयरलैण्ड को वे अधिकार भी प्राप्त नहीं, जो कनाडा, आस्ट्रेलिया और अफ्रीका के उपनिवेशों को प्राप्त है। तब आयरलैण्ड से भी भिन्न शासन-प्रणाली भारत को देने की बात सोचकर, आप भारत को आयरलैण्ड से भी कम अधिकारों को स्वराज समझने वाला मूर्ख बनाना चाहे, तो यह न होगा। सन् 1921 तक आयरलैण्ड के स्वाधीनता के आन्दोलकों को गदर मचाने वाला कहा गया, उन्हें जेल में ठूँसा गया, और फाँसियाँ दी गयीं। किन्तु जब वे समझौते पर आये तब उन्हें 'फ्री स्टेट' के नाम से एक निकम्मी चीज दे दी गयी। भारतीय नेता चाहे जो कहें परन्तु भारतीय तरुण, कभी आयरिश शासन-विधान को अपने देश में नहीं लेना चाहेंगे। आक्सफोर्ड यूनिवर्सिटी के औपनिवेशिक इतिहास (Colonial History) के प्रोफेसर, मि० रेजीनल कपलेण्ड

जैसे सौ टंची पक्के और विद्वान अंग्रेज के मत से भी, "अन्य ब्रिटिश उपनिवेशों ने तो ऐसी विस्तृत और सब बातों की स्वाधीनता प्राप्त की, जैसी स्वाधीनता का उपयोग, दुनिया के अन्य स्वाधीन राष्ट्र, या राष्ट्रों के संघ कर रहे हैं।" किन्तु आयरलैंण्ड ने कैसी स्वाधीनता पायी ? उक्त विद्वान अंग्रेज के मत से —"दूसरी ओर आयरलैण्ड अपने लिए मुक्त व्यापार और कानून बनाने की सत्ता के सिवा कुछ प्राप्त न कर सका।" यानी "ब्रिटिश मुकुट की अंतिम सत्ता, और ब्रिटिश नरेश के विशेषाधिकार।" अभी भी आयरलैण्ड का शासन इंग्लैण्ड के मन्त्रियों की सलाह पर चलता है। आयरिश सरकार का नियुक्त करना, और नियन्त्रण करना, अभी भी इंग्लैण्ड की सरकार के हाथ में है। जिन रोमन कैथेलिक पादरियों ने, पूर्ण नागरिकता, और आयरलैण्ड की स्वाधीनता के लिए महान् आन्दोलन किये, उन्हें आज भी पूर्ण नागरिकता के अधिकार प्राप्त नहीं हैं। प्रोफेसर आर० कपलैंड ने ये विचार, अपनी गत वर्ष की, लन्दन विश्वविद्यालय को, 'The after effects of American revolution on British Policy' नामक व्याख्यान-माला में कहे हैं। क्या फिशर साहब सोचते हैं कि भारत भी ऐसा ही स्वराज स्वीकृत कर लेगा ? आयरलैण्ड इंग्लैण्ड का पड़ोसी है, आयरलैण्ड के आस-पास वह समुद्र लहरा रहा है, जिस पर संसार-प्रसिद्ध ब्रिटिश जल-सेना अपनी संगीनों को लिये खेल रही है। भारत आयरलैण्ड की तरह न दब सकता है, न दबाया जा सकता है। फिशर साहब कहते हैं कि भारत के गरम से गरम राजनीतिज्ञ भी, न तो नौकरियों में से अंग्रेजों के कम करने की बात सोच सकते हैं, न अंग्रेज सेना के हटाने की।" तब क्या भारत का स्वराज ऐसा होगा जिसमें अंग्रेज अफसर रहेंगे, अंग्रेजी सेना रहेगी, अंग्रेजों के स्वतंत्र व्यापार रहेंगे, और जहाज ही रहेंगे ? तब क्या झाड़ू देने, स्कूल के लड़के पढ़ाने, और अंग्रेजी वस्तुएँ बेचने का स्वराज भारत को दिया जाने वाला है ?

भारत के स्वराज की बदहजमी से बेजार, अनेक अंग्रेजों में एक और सज्जन हैं मि० ड्रूमण्ड शील्स। ये सज्जन, अर्ल विण्टरटन की जगह पर आजकल मजदूर सरकार की ओर से, इंग्लैण्ड के सहायक भारत-मन्त्री हैं। इंग्लैण्ड की अनुदार सरकार ने भारत को स्वराज नामक जानवर (1) देने के लिए, साइमन-कमीशन की आयोजना की थी। आजकल प्रत्येक अंग्रेज, भारत के किसी भी सुधार की चर्चा सुनते ही, साइमन कमीशन की सौगन्धें खाता है। इस वर्ष, भारत के मजदूरों और मजदूरों की कठिनाइयों की जाँच के लिए, एक 'ह्विटले कमीशन' नियुक्त हुआ है। मजदूर सरकार की ओर से डा० ड्रूमण्ड शील्स ने ह्विटले कमीशन की सौगन्धें खाना शुरू कर दिया है। आपका कथन है कि भारतीय नेताओं ने अपना सारा ध्यान राजनैतिक कार्यों की ओर लगा दिया है, और सामाजिक तथा अन्य सेवाओं को वे बिलकुल भूल

गये हैं। "डा० शील्स इस बात की भी हमें याद दिलाते हैं कि जिन महात्मा गांधी का साहस, सामाजिक सुधारों के लिए विश्वविख्यात है, उनके चरणों में भी एक दिन बैठा था।" डा० शील्स मजदूर दल के हैं, परन्तु हमारा सन्देह उनसे पूछता है कि क्या 'राजनीति' से भारतीय नेताओं का मन खींचने ही के लिए मिस मेयो की 'मदर इण्डिया' आदि पुस्तकें विश्व के राजनीतिज्ञों में खैरात में बाँटी गयी थीं ? और क्या इसलिए, यह ह्विटले कमीशन नियुक्त किया गया है, कि भारतीय राजनीति को भूल सकें ? और प्रत्यक्षतः क्या भारतीय सामाजिक सुधार तथा अन्य सुधार, बिना राजनैतिक उत्थान के सम्भव है ? भारतीय असेम्बली का 'चुना हुआ बहुमत' चाहता था कि मजदूरों के खिलाफ ट्रेडर्स डिस्प्युट्स कानून पास न किया जाय, किन्तु सरकार कब मानी ? भारतीयों ने विवाह-योग्य लड़कियों की उम्र बढ़ाने का कानून बनाना चाहा, सरकार इस सामाजिक सुधार के विरोधियों से मिल गयी। महात्मा गांधी के चरणों में बैठने वाले डा० शील्स, भारतीय नेताओं पर यह दोष लगाते हैं कि वे भारतीय गरीबों की आर्थिक स्थिति सुधारने का कोई प्रयत्न नहीं करते। क्या डाक्टर महाशय जानते हैं कि, भारतीय राष्ट्रीय सभा का पूरा कार्यक्रम ही ऐसा है, जिसकी आत्मा सामाजिक सुधार और गरीबों की आर्थिक उन्नति है, और जिसका शरीर राजनैतिक संग्राम है। भारतीय राष्ट्रीय सभा देश का 60 करोड़ रुपया, कपड़े के नाम पर विलायत नहीं जाने देना चाहती। क्या यह गरीबों के धन बचाने का उद्योग नहीं है ? राष्ट्रीय महासभा के नेता, अपने देश का बना खद्दर, गरीब ग्रामीणों से बनवा रहे, और उसे देश में बिकवा रहे हैं। क्या यह आर्थिक सेवा नहीं है ? राष्ट्रीय महासभा चाहती है कि गरीबों की शराब छूटे, जिससे उनके स्वास्थ्य सुधरें। उनका धन बचे, और वे अपनी इज्जत की जिन्दगी व्यतीत कर सकें। क्या यह देश की सामाजिक और आर्थिक सेवा नहीं है ? किन्तु जबर्दस्ती देश पर विलायती कपड़े लादने तथा देश में शराब की भट्ठी और शराब की दूकान कायम रखने का काम कौन कर रहा है ? वही सरकार, जिसका समर्थन डा० शील्स कर रहे हैं। और क्या डा० शील्स बतला सकते हैं कि इंग्लैण्ड के प्रधान मन्त्री से भी अधिक वेतन पाने वाले प्रान्तीय गवर्नर और गोरे सरकारी नौकर, हजारों रुपया मासिक गरीब जनता का निगलकर, गरीबों की आर्थिक स्थिति की ओर पाप-पुण्य दुर्लक्ष कर रहे हैं, या अधनंगे रहकर, जीवन बिताने वाले महात्मा गांधी, जैसे भारतीय नेता ? डा० शील्स को जानना चाहिए कि जब बाल्डविन. मेक्डोनल्ड शील्स, विंटरटन, इरविन, रीडिंग, ओडायर,—सब के सब—भारत को पराधीन रखने के लिए…यन्त्रों की रचना कर रहे हों, तब भारतीय ऐसे मूर्ख नहीं हैं, जो सरकारी दमन और कठिनाइयों के बीच भी राजनीति से पैर हटावें। क्योंकि सर फिरोज सेठना के शब्दों में वे जान गये हैं कि भारत की राजनैतिक उन्नति

के बिना आर्थिक और सामाजिक प्रश्नों का सुलझना केवल स्वप्न-राज्य है।

हाँ, तो हम कह रहे थे कि आज अंग्रेज राजनीतिज्ञ भारत के राजनैतिक गगन पर चढ़ाई किये हुए हैं। ऐसे समय भारतीय राष्ट्रीय सभा के नेता और उपासकों का कर्त्तव्य है कि वे पहली जनवरी के लिए देश को तैयार करने में, किंचित भी कमजोरी न दिखावें।

[10 अगस्त, 1929]

भारतीय स्वराज की प्रसव-पीड़ा

भारत के लिए स्वराज जीवित रहने—स्वाभिमान के साथ अपने पैरों खड़े रहकर जगत के अन्य देशों की समता में खड़े रहने—की वस्तु है। इंग्लैण्ड के लिए भारतीय स्वराज, अंग्रेजों के जीवन की एक बीमारी है, जिसका इलाज करने के लिए वे विवश हैं। यह बात नहीं है कि ब्रिटिश राज के कर्मचारियों को भारत के प्रति कृतज्ञ होने की याद आ गई है। इसलिए वे भारतीय स्वराज की चर्चा जोरों से कर रहे हैं। बात यह है कि जगत के अधिक हिस्से पर राज्य कर चुकने के कारण, उन्हें दीख रहा है कि दुनिया के प्रायः सब देश स्वाधीन हो गये और होते जा रहे हैं। ऐसे समय भारत के स्वयं टूटकर स्वतन्त्र हो जाने के बजाय, अंग्रेजों के लिए यह आवश्यक हो गया है कि इस सर्वनाश के समय पूरा न खोकर, आधा अपने हाथ में रख लें। भारत पर दूसरी जिम्मेदारी है,—वह पूर्ण स्वराज के पथ में जितना आगे बढ़ सके, बढ़े और भारतीय तरुण ?—उनके सामने तो एक चित्र है। वे भारत के भावी नक्शे में, अंग्रेजी साम्राज्य का रंग नहीं चाहते। वे भारत को चीन, तुर्किस्तान, अमरीका और रूस के साथ बैठाना चाहते हैं। अंग्रेज राजनीतिज्ञ कहते हैं—धीमे-धीमे, और जो कुछ लो,—हमारी छत्रछाया में रहने के लिए। तरुण कहते हैं—"हम अपने देश का कोई मालिक नहीं चाहते, देश में कोई गुलाम भी नहीं चाहते।" सरकारी वकील मि० लैंगफर्ड जेम्स भले ही कहें कि विशेष विचारों का प्रचारक अपराधी है, परन्तु हमारी दृष्टि से यदि पूर्ण स्वाधीनता का प्रचारक दण्डनीय है, तो भारत को गुलाम रखने की इस्कीमें सोचने वाला उससे भी अधिक दण्ड पाने का मुस्तहक क्यों नहीं ? बात यह है कि अंग्रेजों का हित इसमें है कि भारत उनका पराधीन रहे, भारत का हित इसमें है कि वह अपना शासन आप करे। भारतीय आकांक्षा की पूर्ति का प्रयत्न करने वालों से अंग्रेज अधिकारी रुष्ट होंगे तो वे उन्हें जेल और फाँसी देंगे, भारतीय तरुण यदि अंग्रेजी भलमनसाहत पर पूर्ण अविश्वास करेंगे। इस समय, यदि अंग्रेज अधिकारी भारतीयों

को पराधीन रखना चाहेंगे, तो समय और जगत भारतीयों का साथ लेंगे, चाहे वे भारतीयों के ख़िलाफ मिस मेयो के साहित्य पर नाचें-कूदें या वे कनाडा के मि० एलन जैसे भारत के प्रति बेईमान रहनेवाले लोग किराये से रखकर, भारतीयों को विश्व की दृष्टि में अपना शासन आप करने में नालायक सिद्ध करे। अंग्रेज राजनीतिज्ञ इस परिस्थिति से सबक सीखकर, उसके अनुसार बरतने का मनोबल रखते हों या न रखते हों, परन्तु वे इस परिस्थिति के समझने की योग्यता रखते हैं। और इसीलिए आज हर अंग्रेज राजनीतिज्ञ, भारतीय स्वराज की चर्चा से व्याकुल है।

इसी व्याकुलता में लार्ड इरविन, स्वयं-नियुक्त भारत के महान राजदूत बनकर, सागर की उन अनंत लहरों को लाँघ रहे हैं जिन्हें लाँघकर आज से तीन सौ दो वर्ष पहिले, सर टामस रो भारत के स्वतन्त्र बादशाह से भारत में बनज-बैपार करने को पट्टे की भीख माँगने आये थे। इसी व्याकुलता में, भारत के हित-नाश का कंकण बाँधे हुए लार्ड सिडेनहम जैसे पापी भी, स्वराज्य का नाम लेकर चौंकने लगे हैं। वे कहते हैं—"हमें पश्चिमीय ढंग से ढले हुए कुछ हिन्दुस्तानी राजनीतिज्ञों की बातों से घबड़ा न जाना चाहिए। देखो इन्होंने फिर चालें चलना शुरू कीं—वैसी ही जैसी वे सन् 1918 में सुधार करने के पहिले चल रहे थे। भारतीय क़िसान भारत में अंग्रेजों के सिवा भारतीयों का राज नहीं चाहते। और भारत में रहने वाली अल्पमत की जातियाँ—केवल हमारी दृढ़ता के बल जी रही हैं।" बम्बई के भूतपूर्व गवर्नर के इन शब्दों पर हम यही कह सकते हैं कि लाट साहब की आँखें ब्रिटिश निरंकुशता की पूर्ण वर्षा के दिनों—श्रावण-भादों में—फूटी हैं, इसलिए उन्हें यह हरियाला सूझ रहा है। हम अपना वक्त और स्थान कम से कम बरबाद करते हुए लाट साहब को बताना चाहते हैं कि—भारतीय किसानों के करोड़ों की तादाद में अधपेट रहने, इस डेढ़ सौ वर्ष के शासन में मूर्ख रहने, और रोगों तथा अकालों की पीड़ा से मरने की कीमत पर ही क्या वे लाट साहब जैसे शासकों को चाहते हैं? बारदोली और चौरासी तालुके से, खेड़ा और चम्पारन के किसानों से, और देश के मजदूरों से पूछिये, वे कैसा शासन चाहते हैं? रहीं अल्पमत की जातियाँ, सो उनके अज्ञान की कीमत पर, ब्रिटिश शासन की गुजर कै दिन होगी? और बहुमत की जातियों को कुचलकर, अल्पमत के बहाने कोई कै दिन राग-रंग कर सकेगा? मुस्लिम समाज के लोग कमाल, इब्न-ई-दाऊद, और अमानुल्लाह से सबक सीखेंगे, या लार्ड सिडेनहम से—इस बात को न भूल जाइये। खैर।

अंग्रेजों में बुजुर्ग हैं एच० ए० एल० फिशर। आप साइमन-षड्यंत्र रूपी रायल कमीशन के एक सदस्य हैं, और अभी-अभी भारत के धिक्कारों और काली झण्डियों का स्वाद लेकर अपनी मातृभूमि को लौटे हैं। ताजे 'इंगलिश रिव्यू' में

आपके लिखे हुए एक लेख के अनुसार, इंग्लैंड की पार्लियामेंट को स्वराज का ऐसा मसौदा भारत को देना चाहिए, जिससे इंग्लैण्ड का भारत से संबद्ध बने रहने का पूर्ण बन्धन हो, और कानून और व्यवस्था (Law and Order) के अधिकार भी इंग्लैण्ड ही के हाथ में रहें। इस 'उदार' दल के राजनीतिज्ञ के विचार में भारतीय स्वराज के पथ में संकट यह है कि दो मुहानी—द्वैध—राजपद्धति (Dyarchy) का अन्त तो हो, पर कैसे? किस शर्त पर? (ब्रिटिश राज की) 'रक्षा की' नौकरियाँ किस विश्वास पर भारतीयों के अधिकार में दी जाएँ? और भारत की महान आमदनी—किसानों से वसूल किये जाने वाले धन—का मालिक कौन हो, एवं अल्पमत की जातियों के अधिकार कैसे रक्षित किये जाएँ—राज कार-बार में विशेष स्थान उनके लिए रखकर,—या जातिगत मतदाता संघ उनके लिए कायम रखकर? सिवा इसके आई० सी० एस० के अंग्रेजों की रक्षा और जिम्मेदारी किसके कन्धों पर होगी? और अंग्रेज नौकरों को सदा भारत में मुकर्रर होते रहना होगा?—यही फिशर साहब हैं, जो सर जान साइमन को भारतीय स्वराज का मसौदा बनाने में सहायता देंगे, और यही कमीशन है, जो भारतीय स्वराज का मसौदा बनावेगा। साहब ने तो यह भी इच्छा की है कि भारती स्वराज तभी सहन हो सकता है, जब उसमें न तो विलायत को जानेवाले (याने कच्चे?) माल पर टैक्स लगाया जाय, न विलायत से आने वाले (विलायत वालों के भारत के बाजारों में बिकने वाले) माल पर चुंगी लगे। फिशर साहब ने भारतीय राजनीतिज्ञों का स्वभाव-चित्रण बहुत सुन्दर किया है। जो लोग, गांधीजी के कहने से इस दोष को नहीं सुधार सकते, वे सात समुद्र पार जाने वाले इस अमृत का सेवन करें। वे कहते हैं—"भारतीय व्यवस्थापकों में, धारा सभा में बहस करने की शक्ति तो जरूरत से अधिक है। उनमें यदि किसी बात की कमी है, तो राजनैतिक साहस की।" फिशर साहब के शब्दों में यह साहस 'लम्बे अनुभव के बाद' आता है। किन्तु पराधीनता के डेढ़ सौ वर्षों का लम्बा अनुभव भी जिन्हें बहस कम करने और साहस अधिक दिखाने के लिए प्रेरित नहीं कर पाता, उन्हें और कौन-सा अनुभव चाहिए? उनकी और कौन-सी दुर्गति होनी चाहिए?

इस समय मजदूर दल, इंग्लैण्ड में शासनारूढ़ है। कुछ लोग कल्पना कर रहे हैं कि भारतीय स्वराज अब अवश्य मिल जायगा। इसलिए कि श्रीमती बीसेण्ट के भारतीय स्वराज-बिल को मजदूर दल ने अपने मसौदे के रूप में पार्लियामेंट में रखा था, अब जब वे शासनारूढ़ हैं, तब क्यों न वे नेहरू-रिपोर्ट को मान लेंगे? मजदूर दल में के भारत-मंत्री के विचारों को जाने दीजिए, क्योंकि वे तो लिबरलों में से फूटकर नये ही मजदूर दल आये हैं। प्रधान मंत्री मि० मेक्डोनल्ड को भी जाने दीजिए—उन्होंने अपनी भारत पर लिखी हुई पुस्तक में चाहे जो लिखा

हो, परन्तु निरंकुशता में अनुदारों की समता करने में कसर नहीं रखी। मजदूर दल यदि भारतीय किसी को पक्का, सच्चा और ईमानदार मानते रहे हैं तो 'डेली हेरल्ड' नामक प्रसिद्ध दैनिक के स्वामी मि० लांसबरी को। वे आजकल की मजदूर सरकार में मन्त्रि-मण्डल में हैं। ये बार-बार भारतवासियों के समानता के अधिकारों की चर्चा को दुहरा रहे हैं, परन्तु साथ ही यह भी कहते जा रहे हैं—"साइमन-कमीशन के निर्णय भारत को पूर्ण स्वाधीनता की ओर ले जायेंगे। और भारत उन्हें स्वीकृत कर सकेगा।" क्या हम मि० लांसबरी से पूछें कि हमारे स्वराज का पथ निश्चय करने वाला साइमन-कमीशन कौन? आज से दो बरस पहले पार्लियामेंट में मि० लांसबरी ने ही कहा था कि—"इस बात का निर्णय करने का अधिकार"—जन्म-सिद्ध और न हटाया जा सकने वाला अधिकार स्वयं भारतीयों को है कि वे यह कहें कि अंग्रेजी राज्य के अंदर रहना चाहते हैं, इस पार्लियामेंट के सामने तो यही निर्णय करने का सवाल रहेगा, कि भारतीयों के उस 'अधिकार' को पार्लियामेंट क्रियात्मक स्वरूप कैसे दे।" मि० लांसबरी के इस कथन से कैसे साइमन-कमीशन के निर्णयों का समर्थन होता है, इस बात को सिवा वेश्या की तरह रंग बदलने वाली ब्रिटिश राजनीति के और कौन जान सकता है? क्या भारतीय इस रंग पलटने के रोजगार का बैठे तमाशा देखा करें? क्या इसी गोरे निर्णय का नाम 'समानता का अधिकार' और 'मित्रता का व्यवहार' है? जिन भारतीयों पर, अपने भाग्य का निर्णय देने—कमीशन के सदस्य होने—का विश्वास ब्रिटिश-गिरोह नहीं कर सका, उसी भारत पर 'स्वराज्य देने' का विश्वास किया जायगा?

मि० लांसबरी कहते हैं कि इंग्लैण्ड के सब दल, भारतीय स्वराज्य का प्रश्न सुलझा हुआ देखना चाहते हैं। इसका मतलब यह है कि, 'सिडेनहम, फिशर और लांसबरी' सब, भारतीय स्वराज के खिलाफ षड्यंत्र में शामिल हो गये हैं। तब क्या केवल गांधी, मोतीलाल, मालवीय और केलकर से ही यह आशा की जायगी कि वे भिन्न-भिन्न दलों में फूटे रहें। वे भगतसिंह, दत्त और मेरठ के कैदियों को कुचलने में साथ दें?' इंग्लैण्ड को सोचना चाहिए कि यदि इंग्लैण्ड के सब दल भारतीय स्वराज के खिलाफ मिल सकते हैं, तो भारत भी अपने तरुणों को लेकर स्वाधीनता की तैयारी कर सकता है। भारतीय स्वराज की यह अंग्रेजी प्रसव-पीड़ा भारतीय बूढ़ों को तरुण बनने के लिए चुनौती दे रही है, और हमारे 31 दिसम्बर के निश्चय का खिलवाड़ कर कह रही है कि गुलाम भारत रोओ, अपनी राजनैतिक साहस-हीनता पर, अंग्रेज नौकरशाह तुम्हें अपने भाग्य का निश्चय नहीं करने दे सकते। यदि ये लक्षण, लाहौर में पण्डित जवाहरलालजी के सभापतित्व में भारत में 'राजनैतिक साहस' के आजमाने के दिन न लावे, तो और किन दिनों,

हमारी बेगैरत भारतीयता, आत्म-बलिदान के महान राजनैतिक साहस का पाठ पढ़ेगी ?

[6 जुलाई, 1929]

सम्पादकीय टिप्पणी

इंग्लैण्ड में मिस मेयो

श्रीमती मेयो अभी अपने भारत-निन्दा कार्य से सन्तुष्ट हुई नहीं दीख रही हैं। इस समय आप इंग्लैण्ड में हैं। फ्री प्रेस के संवाददाता ने श्रीमती जी की चहल-पहल के जो समाचार भेजे हैं, उनसे प्रगट होता है कि श्रीमती महोदया इंग्लैण्ड में ब्रिटिश राज की बड़ी तारीफ कर रही हैं। आपका खयाल है कि इंग्लैण्ड और उसके नौकरों ने हिन्दुस्थान में बड़ा दया का काम किया है। ऐसी आश्चर्यकारी मानव-सेवा इस जमाने में दूसरे किसी देश ने नहीं की है। श्रीमती जी ने एक जगह यह भी कहा है कि हिन्दुस्थान आने से पूर्व ही आप अमरीका के एक पुस्तक विक्रेता से वचनबद्ध हो आयी थी कि उन्हें हिन्दुस्थान से सम्बन्ध रखनेवाली पुस्तक लिख देंगी। जब भारतवर्ष से लौटकर, श्रीमती ने अपनी पुस्तक की रूप-रेखा प्रकाशकों को बतायी तब प्रकाशक पुस्तक के छापने में आगा-पीछा करने लगे। अन्त में श्रीमती के आग्रह से वह पुस्तक छपी और प्रकाशकों को खूब लाभ हुआ। मेयो महाशया अपनी यह कहानी सुनाकर इंग्लैण्ड की जनता में अपनी पुस्तक का तथा पुस्तक की मार्फत भारतवर्ष के खिलाफ प्रचार कर रही हैं। बर्नार्ड शा जैसे लेखक को भी आपने अपने पक्ष में कर लिया है। मेयो महाशया के इस प्रचार-कार्य को देखकर, क्या यह सन्देह अधिक बलवान नहीं होता कि भारत के दुश्मनों ने उन्हें विरोधी प्रचार के कार्य के लिए नियुक्त किया है ?

[20 जुलाई, 1929]

दक्षिण भारत हिन्दी प्रचार सभा, मद्रास

दक्षिण भारत में गत 9 वर्षों से जो राष्ट्रभाषा हिन्दी का प्रचार हो रहा है उसका परिचय निम्नलिखित परीक्षार्थियों की संख्या में अच्छी तरह मिल जायगा। दक्षिण-भारत की हिन्दी-प्रेमी जनता ने हिन्दी-परीक्षाओं को बड़े आदर के साथ अपना लिया है। कुल 50-60 केन्द्रों में प्रतिवर्ष दो बार परीक्षाएँ होती हैं। अब तक इन परीक्षाओं में 4976 प्रतिष्ठित विद्वान (पुरुष, देवियाँ, युवा,

बालक, विद्यार्थी, किसान, अफसर एवं वकील, बिना किसी भेद-भाव के) सम्मिलित हो चुके हैं। इनमें 560 देवियाँ भी सम्मिलित हैं। भविष्य में हमें इस बात की बड़ी आशा है कि और भी अधिक संख्याओं में विद्यार्थी बैठेंगे। कई सरकारी हाई-स्कूलों में भी हिन्दी रखी गयी है। फलतः कई विद्यार्थी इस ओर झुके हैं। हमारा अपने प्रचारक-बन्धुओं, हिन्दी-भाषा प्रेमी अध्यापकों, तथा शिक्षण-संस्थाओं के संचालकों से, यह सादर निवेदन है कि वे अधिक संख्याओं में परीक्षार्थियों को भेजें, और अपने यहाँ भी उत्तीर्ण परीक्षार्थियों को पुरस्कार वगैरह देने की व्यवस्था करके उन्हें उत्साहित करें।

परीक्षा-समिति

दक्षिण भारत हिन्दी-प्रचार सभा की तरफ से समय-समय पर परीक्षा विभाग को सुचारु रूप से चलाने में सलाह देने के लिए निम्नलिखित सज्जनों की एक समिति बनाई गयी है—

1. श्रीयुत प्रो० रामय्यरजी एम०ए०, त्रिची; 2. श्री यज्ञेश्वरीजी शर्मा एम० ए०, कल्लिहैकुर्चि; 3. श्री श्रीनिवासरावजी बी० ए०, मसुलीपट्टम; 4. श्रीमती उमाबाईजी, कुंदापुर, हुबली; 5. श्री पं० हरिहरजी शर्मा, मद्रास; 6. श्री हृषीकेश जी शर्मा, मद्रास; 7. श्री अवधनन्दनजी, त्रिची; 8. श्री रघुवरदयालजी मिश्र विशारद, मदुरा; 9. श्री लक्ष्मीनिधिजी चतुर्वेदी विशारद, मद्रास; 10. श्री देवदूत जी विद्यार्थी, मद्रास; 11. श्री दामोदरजी शास्त्री बी०ए०, मद्रास; 12. श्री शिवन्न शास्त्रीजी, गुडिवाडा; 13. श्री सिद्धनाथजी पन्त, बँगलोर; 14. श्री के० केशवजी नायर, ओत्तयालम; 15. श्री सत्यनारायणजी, मद्रास; 16. श्री काका कालेलकर, साबरमती; 17. श्री बाबू गंगाप्रसाद जी एम० ए०, सी० टी०, प्रयाग; 18. श्री बाबू ब्रजराजजी एम० ए०, एल-एल० बी०, प्रयाग; 19. श्री पं० माखनलालजी चतुर्वेदी, खण्डवा; 20. श्री सखारामजी पंजीकर बी० ए०, बी० एस-सी०, धारवाड़।

[दक्षिण भारत हिन्दी प्रचार सभा, मद्रास की ओर से]

मुसलमानों में राष्ट्रीयता का उदय

एक युग था जब मुसलमान अपनी विजयों में यूरुप तक आगे बढ़े हुए थे। उन दिनों, मुसलमानों के शासन और सभ्यता के प्रभाव से यूरुपियन जातियाँ अपने आपको बचा न पाती थीं। स्पेन देश में मूर लोगों को इसलिए राजदण्ड मिलता था चूँकि वे मुसलिम विचारों से प्रभावित थे, और यूरुप की समस्त

शक्तियाँ इस बात से खबरदार रहती थीं कि मुसलमान ताकत, हरगिज कुस्तुन्तुनिया से आगे बढ़ने न पाये। यूरुप के देश, पहिले मुसलमानों से पराजित हुए, किन्तु ज्योंही उन्होंने अपने धर्म और समाज को देश-भक्ति से नीचा स्थान दिया, ज्योंही उन्होंने पोपों के शासनाधिकार छीनकर राजाओं के हाथ में दिये, और राजाओं के एकतन्त्री अधिकारों को प्रजा में फैलाना शुरू किया, त्योंही उनको देश-भक्ति का सामना करने में संसार-व्यापी मुसलिम कौम न ठहर सकी और धीरे-धीरे, उन सब देशों पर किसी-न-किसी प्रकार यूरुपियन जातियों का कब्जा हो गया, जिन पर मुसलमान राज्य करते थे।

क्या मुसलमानों में सभ्यता न थी? योग्यता न थी? उनके पास फौजें न थीं? उनके सेनानी न थे? क्या न्याय और शासन का ज्ञान और तैयारी न थी?—यह सब कुछ था, किन्तु मुसलमानों के पास मजहब का अन्ध-अनुकरण, और मुल्लों की मनमानी घर जाना था—उनमें युगधर्म न था—राष्ट्रीयता न थी। यही कारण है कि आज भूमध्य सागर से पीले समुद्र तक समस्त एशिया पर आप दृष्टि डालकर देखें, तो आपको मुसलमान, मजहबी दीवानेपन से भरे, अन्ध-अनुकरण की जमाअत, और बुद्धिवाद तथा राष्ट्रीयता के शत्रु नजर आवेंगे। ईजिप्ट में जब अंग्रेज गये तब मुसलमान वहाँ अपने फिलसफे पर मस्त थे, जब यूरोपियन शक्तियाँ तुर्किस्तान में आयीं तो खलीफा अपने ऐश-आराम, और सारे मुस्लिम समाज की धार्मिक गुरुता सँभालने में लगे हुए थे, और अफगानिस्तान के अमीर इस बात से संतुष्ट थे कि 24 लाख रुपये सालाना की अंग्रेजी रिश्वत पर वे अपने मुल्क को—उसकी प्राकृतिक उपज, व्यापारिक उन्नति, स्वतन्त्र अस्तित्व और उसके समस्त साधनों को—अंग्रेजों के हाथों बेच दे। मुसलिम जाति की इसी राष्ट्रीय भावों की कमी ने, ईजिप्ट को परतन्त्र बनाया, टर्की के टुकड़े होने दिये, और वहाँ की तेल की खदानें तथा उसके सुन्दर हिस्सों को विदेशियों के हाथों में रहने दिया, और आज देखते-देखते, अमानुल्लाह को – उस अमानुल्लाह को यूरोपियन देशों का भिखारी बना दिया, जिन यूरुपियन देशों की बराबरी का, अमानुल्लाह, अपने छोटे-से देश को अंग्रेज प्रभाव से बचाने के लिए, अधिकारारूढ़ होते ही, सन् 1917 में अमानुल्लाह ने अंग्रेजों के साथ युद्ध छेड़ दिया था, और अफगानिस्तान को स्वतन्त्र कर लिया था। धार्मिक अन्ध परम्परा यूरुप में भी थी, किन्तु यूरुप के लोगों ने पोपों की गद्दियों, उनके कड़े कानूनों, उनके अत्याचारों के खिलाफ गदर करके उन्हें कभी का उखाड़ फेंका था, और वे अपने में बल अनुभव करते थे कि यदि फ्रांस का ईसा मसीह इंग्लैण्ड में आकर उसको गुलाम बनाने के लिए हस्तक्षेप करे तो वह बिना किसी मुरौवत के दफना दिया जाय। कमाल पाशा के रूप में, केवल एक ही व्यक्ति मुसलमान समाज में

ऐसा निकला, जिसका देश टर्की, जिसकी जाति टर्की, और जिसका मजहब भी तुर्किस्तान था। अपनी मातृभूमि और उसकी सीमा को समझने वाला वही वीर, यूरुपियन शक्तियों के सामने टिका, और यदि उसके पड़ोसी प्रान्तों में, मजहब के नाम पर कुछ देश-घातक, यूरुपियन शक्तियों का साथ देने के लिए न मिल जाते तो एशिया माइनर तथा उसके अन्य प्रदेशों के साथ, समस्त तुर्किस्तान आज स्वतन्त्र हुआ होता। दूसरा प्रयत्न अफगानिस्तान में अमानुल्लाह ने, और ईजिप्ट में जगलूल पाशा ने किया। जगलूल तो अपने प्रयत्न में कुछ सफल भी हुए। वहाँ के लोग श्रीमती सरोजिनी नायडू से पूछते थे कि भारत के हिन्दू-मुसलमान क्यों लड़ते हैं, और वे कहते थे कि ईजिप्ट के मुसलमानों का मजहब शीया नहीं, सुन्नी नहीं, हिन्दू नहीं, मुसलिम नहीं, केवल ईजिप्ट है। शाह अमानुल्लाह को खदेड़ने के लिए तो अफगानिस्तान के मुल्ले ही काफी न थे, उनकी मदद के लिए देवबन्द के देश-घातक मुल्लों की भी जरूरत हुई थी। और आज तो स्वयं मौलाना मुहम्मदअली को चिन्ता हो गयी है कि सारा जगत, इसलाम के उपदेशों से दूर चला जा रहा है, और वे सारे संसार को मुसलमान बनाकर छोड़ेंगे। तात्पर्य यह है व्यक्तिगत, मुसलमान, दुनिया का चाहे जो पेशा एकदम इख्तियार कर ले, किन्तु वह जाति और देश को सर्वनाश करने वाले मजहबी पागलपन को नहीं छोड सकता।

न केवल भारतवासी ही, मुसलमानों से राष्ट्रीयता की अपील कर रहे थे किन्तु अमरीकन, जापानी तथा अन्य सब देशों के लोग भी चाहते थे कि मुसलमानों में राष्ट्रीयता का उदय हो। परन्तु स्वयं मुसलिम समाज जरा भी इस तरफ ध्यान नहीं देता था। सन् 1920 में जब टर्की, मित्र राष्ट्रों के शिकंजे में पड़ गया, तब सब से प्रथम, मुसलिम विद्वानों ने सोचा कि वे अपने पड़ोसी देश को तभी संकट से बचा सकते हैं, जब वे विरोधिनी ताकत के खिलाफ अपने ही देश में भयंकर आंदोलन खड़ा करे। असहयोग के आंदोलन से तुर्किस्तान के प्रश्न के सुलझने में सहायता मिली। किन्तु मुसलिम नेताओं ने, उस समय एक भूल की। तुर्किस्तान की सहायता के लिए एक पड़ोसी राष्ट्र के नाते भारतीय मुसलमानों को तैयार न करके, मजहबी बुनियाद पर सहायता की इमारत खड़ी की। यही कारण है कि जो मुसलमान, तुर्किस्तान की सहायता के लिए जाग पड़े थे, उनके कानों पर अमानुल्लाह और अफगानिस्तान के सर्वनाश के समय जूँ भी न रेंगी। उन्होंने यूरुपियन राष्ट्रों से यह न सीखा कि अमरीका और इंग्लैण्ड दोनों ईसाई देश थे। किन्तु अमरीका ने अंग्रेजों को अपने देश से खदेड़ दिया। जर्मनी और इंग्लैण्ड दोनों के ईसाई होते हुए आपस में महायुद्ध हुआ, और ईसाई होते हुए भी आयर्लेण्ड को इंग्लैण्ड सदियों तक चूसता रहा। अमानुल्लाह का सिंहासन टूटते ही ठोकर लगी, और देश के कुछ समझदार मुसलमान नेता यह अनुभव कर रहे

हैं कि देश के खिलाफ रहकर कोई जाति जिन्दा नहीं रह सकती। अब देश के मुसलमानों ने एक राष्ट्रीय मुसलिम संघ की स्थापना की है, जिस संघ का काम होगा कि वह राष्ट्रीयता विरोधियों का सामना करे, और गुमराह मुसलमान समाज को, चलने की दिशा बतावे। इस महान प्रयत्न के पृष्ठ-पोषकों में डा० अन्सारी, 'क्रानिकल' के सम्पादक श्रीयुत अब्दुल्ला बरेलवी आदि सज्जन हैं और इस राष्ट्रीय संघ के सभापति हैं—कलकत्ता के मौलाना अब्दुल कलाम आजाद। हमें दुःख है कि यह संघ इतनी देर के बाद बना जब कि भारत देश और मुसलिम समाज की काफी हानि हो चुकी, किन्तु हमें सन्तोष इसी बात का है कि आखिर यह संघ बन तो गया।

तो भी हम इस राष्ट्रीय मुसलिम संघ के पथ को निर्विघ्न नहीं समझते। जिस तरह कमाल के पथ में काँटे खड़े करने के लिए, खलीफा दल तुर्किस्तान का भाग्य पुनः यूरोपियन शक्तियों के हाथों बेचने पर तुल पड़ा था; जिस तरह अमानुल्लाह और अफगानिस्तान के सर्वनाश के लिए मुल्ला दल मिल गया, उसी तरह भारत में भी देश-घातकों की कमी नहीं है। परन्तु विश्वास यह है कि मुसलमान तरुणों की नयी पीढ़ी अब समाज के सर्वनाश को अधिक दिनों चलने न देगी और मुसलिम समाज में प्रचार का उद्योग ऐसे ढंग से किया जायगा जिससे विदेशियों का बल बढ़ाने वाला अंश किसी भी प्रकार बलवान न हो सके। हम जानते हैं, जो अंग्रेज राजनीतिज्ञ आयर्लैण्ड में, ईजिप्ट में तथा अन्य देशों में, देश-घातक ढूँढ़ने में सफल हुए हैं। उन्हें यहाँ भी देश-घातकों का टोटा न पड़ेगा। किन्तु यदि मुसलमान तरुण और मुसलिम समाज के नेता, अराष्ट्रीय मुसलिम शक्ति का खुलेआम कड़ा विरोध करेंगे। और अपना प्रचार जारी रखेंगे तो, निस्संदेह भारतीय मुसलमानों की ईजिप्ट और तुर्किस्तान जैसी बलवान मनोवृत्ति बनाने में वे कुछ दिनों में सफल होंगे, और वही दिन होगा जब मुसलिम जाति मातृभूमि हिन्दुस्थान की सच्ची सन्तान कहला सकेगी। इसमें सन्देह नहीं कि जिन प्रधान मुसलिम नेताओं ने राष्ट्रीयता का यह झण्डा अपने कन्धे लिया है, उन्होंने प्रायः कभी अपने को जातिगत विचारों का संकुचित दृष्टि वाला साबित नहीं होने दिया। यह भी एक कारण है, जिससे हम राष्ट्रीयता के इन मुस्लिम प्रयत्नों की ओर आशा की दृष्टि से देखते हैं।

[3 अगस्त, 1929]

सन्धि-पत्र या शरण-पत्र ?

लार्ड लायड की बर्खास्तगी के पश्चात्, इंग्लैण्ड की मजदूर सरकार ने ईजिप्ट की सरकार के साथ अपनी सन्धि की शर्तें प्रगट कर दीं। इसमें कहा गया है कि

(1) अब ईजिप्ट में अंग्रेजी सेना नहीं रहेगी। (2) दोनों देश, एक दूसरे के मित्र रहेंगे। (3) इंग्लैण्ड, ईजिप्ट को राष्ट्र संघ का सदस्य बनने में मदद करेगा। (4) किसी अन्य राष्ट्र से झगड़ा होने पर, इंग्लैण्ड और ईजिप्ट, आपस में राय करके ही कोई बात निश्चित करेंगे। (15) मित्रता के प्रतिकूल, दोनों देशों में से कोई भी, किसी अन्य राष्ट्र के साथ व्यवहार नहीं करेंगे। (6) ईजिप्ट की सीमा में जो विदेशी रहते हैं, उनके जान और माल की जोखिम, ईजिप्ट सरकार पर रहेगी। (7) युद्ध के समय ईजिप्ट और इंग्लैण्ड दोनों दोस्त रहेंगे, ईजिप्ट के हवाई जहाजों के अड्डे, बन्दरगाह, तार-रेलें आदि दौड़-धूप के साधन तथा अन्य सुविधाओं का उपयोग अंग्रेज कर सकेंगे। (8) यदि ईजिस्ट की सेना में विदेशी सेना-संचालन सिखाने वाले रहेंगे, तो वे अंग्रेज होंगे। (9) स्वेज की नहर की रक्षा के लिए, ईजिप्ट के कुछ स्थानों में जो अंग्रेज सेना रहेगी वह बिना ईजिप्ट के विरोध के रह सकेगी। (10) ईजिप्ट में जो विदेशी अफसर मुकर्रर किये जावेंगे वे अंग्रेज होंगे। (11) ईजिप्ट में जो विदेशियों (विशेषत: अंग्रेजों) को विशेषाधिकार प्राप्त है। उनमें अब ईजिप्ट के लोगों की भी सलाह ली जायगी, ईजिप्ट के न्यायालय विदेशियों का फैसला कर सकेंगे, और ईजिप्ट की धारा-सभा के बनाये कानून, विदेशियों पर भी लागू हो सकेंगे। (12) ईजिप्ट और इंग्लैण्ड, दोनों देशों के राजदूत, एक-दूसरे के देशों में रह सकेंगे, और कैरो (ईजिप्ट की राजधानी) में रहने वाले अंग्रेज राजदूत का दरजा सब से ऊँचा होगा। (13) सूडान प्रान्त के विषय में अभी 1899 की सन्धि के नियम लागू होंगे, किन्तु इस विषय में पुन: चर्चा करने की दोनों देशों को स्वतन्त्रता है। (14) ईजिप्ट और इंग्लैण्ड का जो आपसी दर्जा राष्ट्र संघ और केलाग पैक्ट में तय कर दिया गया है, उसमें सन्धि की ये शर्तें बाधा न डाल सकेंगी। (15) जो झगड़े, या सन्धि की शर्तों के अर्थ निकालने के मुआमले, आपस की बहस से दोनों देशों के बीच तय न हो सकेंगे, वे राष्ट्र संघ के द्वारा तय हो सकेंगे। (16) यह संधि-पत्र 25 वर्षों तक के लिए कायम रहेगा।

ये ही हैं शर्तें, जिनके आधार पर, ईजिप्ट को समझाने के लिए, अंग्रेजी सरकार आगे बढ़ी है। मि० हैंडर्सन के शब्दों में ईजिप्ट को इंग्लैण्ड का यह सबसे बड़ा दान है। परन्तु प्रश्न यह है कि अंग्रेज सरकार ने, यह सन्धिपत्र ईजिप्ट के किस प्राणी के साथ मिलकर निश्चित किया? क्या उस मोहम्मद पाशा के साथ जिसने ईजिप्ट देश से देश-घातकता की, और अंग्रेजी सरकार की ज्यादती से जब ईजिप्ट की प्रतिनिधि सभा तोड़ दी गयी तब भी जो देश-घातक, इंग्लैण्ड की मर्जी से, ईजिप्ट का शासन करता रहा? इसके सिवा सन्धि की शर्तों को किसने बनाया? क्या अकेले अंग्रेजों ने? क्योंकि ईजिप्ट के बहुमत का कोई प्रतिनिधि

न इंग्लैण्ड बुलाया गया, और न ईजिप्ट ही में कोई राजदूत आया, जिसने ईजिप्ट के राजनैतिक नेताओं के साथ संधि-चर्चा की हो। क्या ब्रिटिश पार्लियामेंट मंजूर न करे, तो रूस और अंग्रेजों की संधि जिन्दा रह सकती है? इसके सिवा, मोहम्मद पाशा तो ईजिप्ट की दृष्टि में वह देश-घातक है, जिसे ईजिप्ट दण्ड देना चाहेगा, उसकी स्वीकृति की सन्धि, ईजिप्ट कैसे मानेगा? और जब तक ईजिप्ट का राष्ट्रीय दल, सन्धि की शर्तों पर बहस करके उन्हें तय न करेगा तब तक, इंग्लैण्ड की कोई भी सन्धि, तथा ईजिप्ट के नुकसान की कीमत पर खरीदी जाने वाली ईजिप्ट की शान्ति और 'ब्रिटिश मित्रता' जिन्दा कैसे रह पायगी? अतः यह सन्धि का चिट्ठा ईजिप्ट के लिए कोरे कागज से अधिक मूल्य का नहीं है।

यदि संधि की शर्तों पर विचार करें तो इन शर्तों को, कोरे कागज जैसी ईजिप्ट के लिए केवल अधिकार-रहित किन्तु निर्दोष नहीं कह सकते। यह सन्धि-पत्र तो इंग्लैण्ड द्वारा मिसर देशवालों से लिखाया जाने वाला शरण-पत्र है। जिस शरण-पत्र को मिसर देश के राष्ट्रीयतावादी कभी न लिखना चाहेंगे। इस सन्धि-पत्र में मिसर के लोगों को मिला कितना है? अंग्रेज सेना का हटाया जाना, राष्ट्र-संघ की मेम्बरी, ईजिप्ट में विशेषाधिकार रखनेवाले अंग्रेजों को सलाह देने का अधिकार, मिसर के न्यायालयों द्वारा विदेशियों पर न्याय और मिसर की धारा-सभा के कानूनों का विदेशियों पर अमल होना, मिसर के राजदूत का इंग्लैण्ड में रहना, एवं इंग्लैण्ड और मिसर के बीच का झगड़ा राष्ट्र-संघ द्वारा निबटवाने का अधिकार। बस, ये ही वरदान हैं जो इंग्लैण्ड ईजिप्ट को दे रहा है। किन्तु एक तो इन वरदानों से, ईजिप्ट को कुछ नहीं मिलता। वह संसार में स्वतन्त्र नहीं कहला सकता। दूसरे, इंग्लैण्ड ने जो अपने लिए रख लिया है। वह इन मिलनेवाली शर्तों में जरा भी प्राण नहीं रहने देता। माना, इंग्लैण्ड की सेना ईजिप्ट में नहीं रहेगी किन्तु 9वीं शर्त के अनुसार, स्वेज की नहर की रक्षा के नाम पर, अंग्रेज सेना रहेगी ही, और मिसर को उस पर एतराज करने का अधिकार न होगा। माना कि मिसर के न्यायालय विदेशियों का भी न्याय करेंगे, किन्तु मिसर में जब अफसरों की जरूरत होगी, तब अंग्रेज अफसर ही रखे जायेंगे। यह 10वीं शर्त में लिख दिया गया है। तब न्याय का अधिकार मिसर वालों के हाथ में न जाकर अंग्रेजों ही के हाथ में रह गया। फिर धारा सभा को चाहे जो कानून बनाने का अधिकार मिला हो, उन कानूनों का अमल तो अंग्रेज अफसरों के हाथों में रहेगा। उधर सेना में सिखाने का काम करने के लिए जो अफसर रहेंगे वे भी अंग्रेज ही—अन्य देशों के सिखाने वाले अफसर भी न रह पावेंगे? तब क्या मुल्की और फौजी, दोनों प्रकार के अफसर

अंग्रेज रहते हुए भी ईजिप्ट यानी मिसर देश को स्वराज मिल गया ? इस तरह, मिसर देश में जान-बूझकर अंग्रेजों की तादाद बढ़ाकर रक्खी जायगी, और यदि इन अंग्रेजों की जान और माल को कोई खतरा हुआ तो न्याय के अधिकार रखने वाले अंग्रेज निर्दोष—छठवीं शर्त कहती है कि जानोमाल की इस खराबी के लिए जिम्मेवार मिसर की मुसलमान सरकार। मिसर सरकार की स्वतंत्रता की तारीफ देखिये कि न तो वह अपने अफसर किसी अन्य देश में रख सकेगी, न जल सेना या स्थल सेना के संचालक। इसके सिवा अंग्रेजों ने यदि किसी के साथ युद्ध छेड़ा तो मिसर के हवाई जहाजों के अड्डे, रेल, तार (यानी पहुँच के साधन), और बन्दरगाह। सबका उपयोग इंग्लैण्ड वाले कर सकेंगे। इसके सिवा ईजिप्ट का राजदूत तो कठपुतली की तरह इंग्लैण्ड में बैठा रहेगा, और इन शर्तों के रहते हुए उसका दर्जा होगा एक साधारण आदमी का। किन्तु जो अंग्रेज राजदूत मिसर में रहेगा, सन्धि की 12वीं शर्त के अनुसार उसका दर्जा मिसर में सबसे बड़ा होगा। इन शर्तों के बीच, मिसर की गुलामी स्पष्ट रूप से लिखी जा चुकी थी, किन्तु दो शर्तें और हैं जिनमें मिसर की असहाय अवस्था लिखी हुई है। एक तो मिसर की स्वराज की घोषणा, और यह सन्धि भी, मिसर के उस गुलामी के दर्जे को बढ़ा नहीं सकती जो गुलामी का दर्जा, मिसर के लिए केलाग पैक्ट ने और राष्ट्र संघ ने तय कर दिया है। तब इस सारे सन्धि-पत्र का अर्थ ही क्या रह गया ? इसके सिवा, सूडान प्रान्त पर सन् 1899 की सन्धि के अनुसार अंग्रेज ही का कब्जा रहेगा। क्या मिसर के राजदूत इतने मूर्ख हैं जो सूडान में विदेशी ताकत बनाये रखकर, उसके समझौते के प्रश्न को उलझा रहने देंगे। इसका परिणाम यह होगा कि सूडान में संग्रहीत अंग्रेज ताकत ही समस्त मिसर देश पर राज्य कर सकेगी। केवल एक बात विशेष कही गई है, और वह यह कि जो झगड़ा मिसर और इंग्लैण्ड में आपस में तय न होगा, वह राष्ट्र-संघ से तय हो जायेगा। किन्तु एक तो केवल वे ही झगड़े राष्ट्र-संघ के सामने जायँगे जिन्हें अंग्रेज ले जाना चाहेंगे, क्योंकि यदि ईजिप्ट ले जाना चाहेगा तो उसी तरह दमन द्वारा कुचल दिया जायगा, जिस तरह अपना न्यायानुकूल बरार प्रान्त माँगने के दिन से हैदराबाद के निजाम, अंग्रेज शासकों के सन्देह की वस्तु बन गये। खैर, यदि राष्ट्र-संघ के सामने, मिसर का झगड़ा गया भी तो दक्षिण अफ्रीका, कनाडा, आस्ट्रेलिया, और न्यूजीलैण्ड के गोरे उपनिवेश इंग्लैण्ड को छोड़कर अन्य किसी राष्ट्र की पर्वा क्यों करने लगे ? उधर भारत के प्रतिनिधि राष्ट्र-संघ में वाइसराय साहब के नियुक्त किये होते हैं, भारतीय राज्य सभा को स्वतन्त्र प्रतिनिधि भेजने का अधिकार नहीं। राष्ट्र-संघ के ये भारतीय भाड़े के टट्टू, चाहे फिर वर्तमान राष्ट्र-संघ के डेलीगेशन के नेता सर मुहम्मद हबीबुल्लाह ही क्यों न हों, चलेंगे इंग्लैण्ड की रुख पर। इसके सिवा, अन्य राष्ट्रों को कौनसा

स्वार्थ है जो मिसर की सहायता करके अंग्रेजों की शत्रुता मोल लें। अतः राष्ट्र-संघ में यदि किसी के स्वार्थों की हत्या होगी तो वह ईजिप्ट यानी मिसर के। इन सब बातों के देखते हुए, हम नहीं समझते कि इन सन्धि की शर्तों को, ईजिप्ट का आतमाभिमान स्वीकृत कर लेगा। हाँ, इंग्लैण्ड की मजदूर सरकार की केवल इसलिए प्रशंसा की जा सकती है कि अनुदार दल मिसर को कुचल रहा था, और मि० मैक्डोनल्ड की सरकार ने मिसर की ओर मेल का हाथ बढ़ाया। और मिसर की राज-सभा की नियुक्ति के बाद, मिसर से समझौते का द्वार खोला।

सम्पादकीय टिप्पणियाँ

भगतसिंह और दत्त

लाहौर में भूखों मरने वाले दत्त, भगतसिंह और जतीन्द्रदत्त तथा उनके साथियों के लिए, न केवल सारे पंजाब में किन्तु सारे भारत में सहानुभूति के भाव पैदा हो चुके हैं। सरकार अपने व्रत पर ज्यों की त्यों कायम है, और ये बहादुर भूखों मर रहे हैं। इन कष्ट-भोगियों के प्रति प्रगट होने वाले देश के भावों का पता, बंगाल के पुलिस कमिश्नर की आज्ञा को ठुकराने वाले श्रीयुत सुभाष बोस के इन शब्दों से लगता है?—"दत्त, भगतसिंह और जतीन्द्र खुद मरकर न रह जायँगे, उनकी चिता की भस्म में से, हजारों वीर उत्पन्न होंगे, जो वीरतापूर्वक मातृभूमि के लिए मर सकेंगे।" अत्यन्त नरम तबीयत के श्री रामास्वामी आयंगर एम० एल० ए० के शब्दों में "सारा देश, पंजाब और युक्त प्रान्त के राजनैतिक कष्ट-भोगियों के लिए की जाने वाली आराधना में शामिल है, जिनमें से कुछ मृत्यु के द्वार पर खड़े हैं।"

निरपराधों का अपमान

लाहौर के मुकदमे के भारतीय कैदी ही जेल में कष्ट नहीं पा रहे। भारतीयता के पाप से, बाहर भी लोग कम अपमानित नहीं हो रहे। "राजा के न्याय को देखने का सबको पूर्ण अधिकार है" यह अंग्रेज सम्पादित 'पायोनियर' का मत है। परन्तु दाहोद के षड्यंत्र के मुकदमे में जो लोग दर्शक बनकर जाते हैं उनकी तलाशियाँ ली जाती हैं, स्त्रियाँ भी तलाशी के इस पाप से मुत्तल नहीं। और अघटन घटना यह कि जिम्मेवार समाचार-पत्रों के प्रतिनिधि भी तलाशी देने के लिए बाध्य किये जाते हैं। तलाशी की मूर्खता की चरम-सीमा तब प्रगट होती है जब ये पत्रकार अपने चपरासी को अपनी लिखी हुई हस्तलिपि देकर या पेशाब करके लौटते हैं, तब भी हर वक्त तलाशी ली जाती है। यानी तलाशी का यह नाटक, दिन में चार-पाँच बार हर पत्रकार के साथ हो जाता है। मजा यह कि जो पुलिस के लोग तलाशी

लेते हैं उन पुलिस वालों की तलाशी लेने का कोई प्रतिबंध नहीं। इस अपमान के खिलाफ, पत्रकारों ने मुकदमे के विशेष न्यायाधीश से प्रार्थना की थी। न्यायाधीश महाशय ने पत्रकारो के फोटो समेत प्रार्थना-पत्र आने पर, उन्हें तलाशी से मुक्त करने की बात कही है।

कौंसिल या असहयोग

पण्डित मोतीलाल नेहरू ने, लिबरल दल के लोगों से अपील की है कि वे निश्चित कर लें कि यदि इस वर्ष के अन्त तक सरकार ने औपनिवेशिक स्वराज्य न दिया, तो वे क्या करेंगे? पण्डितजी ने लिबरल मित्रों को आगे बढ़कर कांग्रेस का हाथ बटाने की सलाह दी, और यह स्पष्ट कर दिया कि कांग्रेस अपने ढंग पर काम करे, और वे अपने ढंग पर। किन्तु साथ ही, पंडितजी ने कौंसिलों को मिलकर भरने, और सरकार साइमन-शासन-विधान कहाँ तक रुक सका, और कहाँ तक शत्रु के गढ़ में लड़ाई को गये हुए महारथी, शत्रु के सौदे में चढ़ने से बच सकें। अब साइमन-शासन-विधान के समय भी क्या पुनः कौंसिलों की वही परीक्षा होगी? इसके सिवा, प्रयाग की आल इण्डिया कांग्रेस कमेटी में तो, पहली जनवरी से कौंसिल के छोड़ने की बात कही गयी थी, और आज यह कौंसिलों में मिलकर जाने की बात कही जा रही है—इन दोनों में से होगा क्या? असहयोग या कौंसिल-प्रवेश? या कौंसिलों में असहयोग विराजमान होगा?

राष्ट्रीयता की लहर चाहिए

अफगानिस्तान की हालत ज्यों की त्यों चिन्ताजनक बनी हुई है: शाह अमानुल्लाह को धनवान कहने वाले, यह साबित करना चाहते थे कि वह अफगानिस्तान को लूटकर ले गए। किन्तु उस वीर मुसलमान बादशाह ने स्पष्ट कहा है कि उसके पास सिर्फ 5 माह के गुजर-बसर का सामान है, और अपनी आगे की जिन्दगी की सहायता के लिए वे अपने राजनैतिक अनुभव लिखने जा रहे हैं। इधर अफगानिस्तान में, जनरल नादिर खाँ की जीत के लिए, संसार के और भारत के भी समस्त राष्ट्रीय मुसलमान चिन्तित हैं। पेशावर के खान अब्दुल गफ्फार खाँ आदि तीन वजनदार मुसलमानों ने, राष्ट्रीयतावादी भारतवासियों के नाम अपील प्रकाशित की है कि जनरल नादिर खाँ की विजय के लिए, समस्त भारत आर्थिक सहायता करे। हम अफगानिस्तान की इस अवस्था को, राष्ट्रीय भारत के द्वारा सहायता की वस्तु समझते हैं। किन्तु हम देखते हैं कि देहली का एक पत्र-सम्पादक पेशावर में जाकर, अमानुल्लाह को काफिर कहता है, और झगड़ा पैदा करा देता है। जब तक मुसलमान समाज अपने बीच के ऐसे देश-घातकों को नहीं रोक सकता तब तक दूसरे समाजों में खींचने में देर लगेगी,

क्योंकि राष्ट्रीयतावादी अन्य जाति के लोग तो सहायता करेंगे और किराये के मुसलमान राष्ट्रीयता के खिलाफ बिककर सब श्रम बरबाद कर देंगे। अतः पहिले मुसलमान समाज में से ही राष्ट्रीयता की ऊँची लहर आनी चाहिए।

सरकारी वक्तव्य

पंजाब सरकार ने अपना वक्तव्य प्रकाशित किया था, जिसमें राजनैतिक कैदियों के लिए किसी सुविधा की बात नहीं कही गयी थी। अब भारत-सरकार ने भी अपना वक्तव्य प्रकाशित कर, पंजाब-सरकार की पीठ ठोकी है। भारत-सरकार यह बात चाहती है कि, जेल के कैदियों को विशेष सुविधाएँ मिलने के प्रश्न पर विचार किया जाय, उसने प्रान्तीय सरकारों को 'बिना विलम्ब' इस विषय की जाँच करने के लिए लिखा है और यह कहकर कि सरकार जनता की माँग पर ध्यान देना चाहती है। किन्तु, सरकार ने अपने पत्रक में यह भी स्पष्ट कर दिया कि ऐसे लोग, जिनका उद्देश्य, उनकी तालीम की उच्चता, और उनका सामाजिक दर्जा चाहे जैसा हो, इस जाँच की सुविधाओं के मुस्तहक नहीं, जो हिंसा के अपराधी हों, जिन्होंने पुलिस या फौज को भड़काया हो, और जो राजनैतिक मामलों में दंडित हुए हों। क्या हम सरकार से पूछें, कि यदि आपको राजनैतिक कैदियों और षड्यंत्रकारी कहकर दण्डित किये जाने वालों के लिए कोई जाँच नहीं करनी है तो फिर जनता के आन्दोलन पर जाँच कहाँ हुई? और क्या हम यह भी पूछें कि सरकार की जाँच की कृपा से, अपनी विद्या अपने सामाजिक दर्जे के कारण चोरी, बदमाशी, डाके और दुनिया-भर के गन्दे पाप करनेवाले लोग तो जेल में आराम पायेंगे और केवल उज्ज्वल चरित्र, और देशभक्ति के उद्देश्य से चाहे उससे किसी का मतभेद रहे—महान कष्ट सहने पर भी, विद्या और सामाजिक दर्जे का ख्याल राजनैतिक कैदियों के दिये न किया जायगा? तब क्या, सरकार के इस कार्य से आन्दोलन दबेगा? एंग्लो-इण्डियन पत्र कहते हैं कि जो लोग भूखों मरकर स्वयं अपने प्राण देते हैं, उन्हें मरने दिया जाय। ठीक है, हमें इतना ही कहना है कि ऐसे प्राण देने वालों की अपेक्षा, विरोधियों को ही इतिहास में हानि उठानी पड़ी है।

[17 अगस्त, 1929]

लाहौर जेल के सींकचों में

लाहौर षड्यंत्र के अभियुक्तों को जेल में उपवास करते कई दिन और कुछ को तो महीने भी हो गए। हम यद्यपि देश की आजादी को संगीनों के कुन्दों और

रिवालवरों के कारतूसों द्वारा प्राप्त करने के हामी नहीं हैं, तो भी हम उन नवयुवकों की ओर से, जिनके भावावेश ने इन्हीं सपनों को देश की स्वतन्त्रता के लिए आवश्यक समझ लिया है और जो राजनैतिक कैदियों की हैसियत ऊँची उठाने के लिए भूखों मरने का तप कर रहे हैं, उदासीन नहीं रह सकते। आयरलैण्ड के टेरेंस मेक्सविनी को 63 दिन के उपवास करते 70 दिन हो गये। मृत्यु की मीठी वेदना का संगीत संभवतः उनके कानों में सुन पड़ता होगा—उन्होंने उनका स्वागत करने का निश्चय भी कर लिया है। किसी प्रकार का प्रलोभन उन्हें टाल नहीं सकता। भारत-सरकार तथा पंजाब सरकार के जो 'कम्यूनिक' निकले हैं उनसे यह ध्वनि भी नहीं निकलती कि वह इन अनशनव्रतियों के प्राणों की कुछ परवा करती है। 'स्टेट्समैन' जैसे एंग्लो-इण्डियन पत्र तो यहाँ तक बेशर्मी की बातें करते हैं कि "जब से कार्क के मेयर मेक्सविनी ने जेल में 63 दिन उपवास करके प्राण दिये, तब से कानून के खिलाफ 'अनशन' करने का असर चला गया है और साथ ही वैसा व्रत करना भी मूर्खतापूर्ण सिद्ध हो गया है।" भगतसिंह-दत्त आदि अभियुक्तों का जुर्म जो कुछ हो परन्तु आज सारा देश लाहौर के अनशनव्रतियों के प्रति सहानुभूतिपूर्ण दृष्टि से देख रहा है, इसे सरकार को नहीं भूल जाना चाहिए। अतः यदि वह अपनी जिद पर कायम रही और 'स्टेट्समैन' जैसे एंग्लो इंडियन पत्रों की बातों पर ध्यान देकर काम करती रही, तो हमें भय है, इन नौजवान कैदियों की मृत्यु से देश में ऐसी भयंकर परिस्थिति पैदा न हो जाय कि वर्तमान वाइसराय को भी लार्ड रीडिंग के शब्दों को दुहराकर कहना पड़े—

"I am puzzled and purplexd."—मैं हतबुद्धि और भौचक्का हो गया हूं। मर्ज बढ़ने के पूर्व ही दवा करने से बुद्धिमानी है।

देशभक्त दांडेकर

युक्त प्रान्तीय कांग्रेस कमीटी के मन्त्री श्रीयुत दांडेकर जी अपने किसी भाषण पर—राजद्रोह में गिरफ्तार किये गये हैं। उनका मामला अभी अदालत में पेश है। अतः वे विचाराधीन कैदी हैं। परन्तु पुलिस ने उनके साथ अभी तक जो व्यवहार किया है वह उनके उस पत्र से प्रगट होता है जो उन्होंने काशी के श्रीयुत श्रीप्रकाश को लिखा है। श्रीयुत दांडेकर लिखते हैं—"मैं 31 जुलाई को अदालत के हवालात में बन्द किया गया। सायंकाल मैं पैदल जेल भेजा गया। दोनों हाथों में हथकड़ी थी। पहली अगस्त को साढ़े छः बजे सायंकाल, मैं मोटर लारी से हथकड़ी पहना कर कण्टूनमेंट के पुलिस स्टेशन पर भेजा गया जहाँ पर

एक सड़ी सी छोटी कोठरी में दो और आदमियों के साथ मुझे रात बितानी पड़ी।' एक ओर जब हम भारत सरकार की उस लम्बी विज्ञप्ति को पढ़ते हैं जिसमें खास किस्म के राजनैतिक कैदियों के साथ सभ्यता के व्यवहार के सरकारी नियम का स्मरण दिलाया जाता है और दूसरी ओर श्रीयुत दांडेकर प्रभृति देशभक्तों के साथ हिंसक और अपढ़ कैदियों जैसा व्यवहार देखते हैं तब हमारी समझ में यही बात आती है कि 'हाथी के दाँत दिखाने के और होते हैं, खाने के और'। क्या श्रीयुत दांडेकर जो विद्यापीठ के प्रोफेसर हैं, सरकारी विज्ञप्ति के 'शिक्षित' की परिभाषा में नहीं आते हैं और क्या श्री दांडेकर अपने भाषण के कारण ही 'हिंसा' के अभियोगी समझे गये हैं ? एक प्रश्न और। यह हम जानते हैं कि पुलिस के छोटे-मोटे कर्मचारियों को सरकारी नीति की बारीकियों का बहुत कम ज्ञान रहता है। परन्तु जब जनता उनके अन्यायों और गैर-कानूनी कार्रवाइयों का विरोध प्रकट करती हैं। तब अपने उन छोटे कल-पुर्जों की मरम्मत करने के लिए क्या उसके औजार भोथरे पड़ जाते हैं ?

उसे अवकाश कहाँ है ?

पर, नौकरशाही को इन प्रश्नों के उत्तर देने का अवकाश, कहाँ है ? उसका सारा अवकाश, उसका सारा बल अब इसी चिन्ता में खर्च हो रहा कि 'मेरे दमन-चक्र का दूसरा शिकार और कौन हो सकता है ?' कलकत्ता के प्रसिद्ध अंग्रेजी मासिक 'माडर्न रिव्यू' के सम्पादक बाबू रामानन्द चटर्जी जैसे शान्त और गम्भीर विचारक भी उसकी दृष्टि में निर्दोष नहीं बन सके। 'इण्डिया इन बांडेज' नामक जिस पुस्तक को प्रकाशित करने के कारण बाबू रामानन्द जी चटर्जी को 'राज-द्रोह' के अभियोग में एक हजार रुपया जुर्माने की सजा दी गई है, वह पुस्तक 'माडर्न रिव्यू' में प्रकाशित अमेरिकन डा० सैण्डरलैण्ड के कई लेखों का संग्रह है। जिस समय वे लेख धारा-प्रवाहित रूप से 'माडर्न रिव्यू' में प्रकाशित हो रहे थे उस समय हमारी 'न्याय मूर्ति' (?) सरकार को उनमें राजद्रोह की गंध न आई परन्तु ज्यों ही रामानन्दजी ने 'टेबल-कुर्सी' छोड़कर, क्षेत्र में अपनी जबान खोलने का साहस प्रगट करना चाहा, त्यों ही सरकार ने 'माडर्न रिव्यू' के पन्नों में राज-द्रोह सूंघना प्रारम्भ कर दिया। हमें प्रसन्नता है, नौकरशाही ने अपनी करतूतों से उन कुछ लोगों का भी यह भ्रम दूर कर दिया जो समझते थे कि 'ब्रिटिश शासन में स्वतन्त्र विचार प्रकाशन करना गुनाह नहीं समझा जाता।'

गोल मेज परिषद

जब से इंग्लैण्ड में, मजदूर-दल के मंत्रिमण्डल के हाथों शासन-सूत्र आये हैं तभी से इस देश के कुछ लोगों के दिल में आशा का संचार हुआ है। मजदूर-दल की पुरानी प्रतिज्ञाओं में भारत को सहायता देने की बातें प्रायः कही गयी हैं। इन्हीं के आधार पर इस देश के राजनीतिज्ञ अपनी उम्मीदों की इमारतें तैयार कर रहे हैं। मि० चिन्तामणि जैसे नरम दल नेता ने हाल ही में कहा है कि यद्यपि साइमन कमीशन के मामले में मजदूर-दल प्रतिज्ञाबद्ध हैं तथापि हम लोगों को कोई काम ऐसा नहीं करना चाहिए जिससे मजदूर-दल के मंत्रिमण्डल के हाथ बँध जायें। एक ओर तो साइमन-कमीशन का समर्थन करने वाला मजदूर दल है और दूसरी ओर साइमन-बहिष्कार के प्रवर्तक नरम दल के नेता हैं। मजदूर दल का मंत्रिमण्डल चाहे अपनी ओर से कुछ भी न कहे, परन्तु हमारे नरम नेता इतनी उदारता रखते हैं कि उनके मार्ग में कठिनाइयाँ नहीं आने देना चाहते। इसका कारण संभवतः यही है कि मजदूर दल के अधिकार काल में भारत का कुछ न कुछ लाभ होने की आशा नरम दल के लोगों के हृदय में छिपी हुई है। नरम दल ही नहीं, गरम दल के लोग भी इस आशा से अछूते दिखाई नहीं देते। श्रीमती सरोजिनी देवी हाल ही में विलायत से वापिस लौटी हैं। आते ही मजदूर मंत्रिमण्डल के कुछ लोगों से आप मिल आयी हैं। हिन्दुस्तान में आते ही श्रीमती जी को नेहरू-स्वराज्य-योजना के विरोधी मुसलमानों का दल दिखाई दिया। महात्मा गांधी से कहकर श्रीमती जी प्रयत्न कर रही हैं कि किसी तरह मुसलमानों से समझौता हो जाय और वे भी नेहरू-योजना को अपना लें। मि० जिन्ना और महात्माजी की भेंट भी इस मामले में हो चुकी है। यद्यपि इस भेंट के समाचार प्रगट नहीं हुए हैं तथापि अनुमान किया जाता है कि मौलाना मुहम्मद अली-शौकत अली की कांग्रेस-विरोधी चंदाभक्त जोड़ी भी नेहरू-योजना के मानने और कांग्रेस का विरोध छोड़ने के लिए तैयार हो रही है। मुसलमानों का एक प्रभावशाली अंश आज भी कांग्रेस के साथ नेहरू-योजना का समर्थक हैं। फिर मि० जिन्ना अथवा अली बन्धुओं को प्रसन्न करने की आवश्यकता क्या है? इसका उत्तर बम्बई के एक अखबार में निकला है। गरम दल के कुछ लोगों को उम्मीद है कि मजदूर-मंत्रिमण्डल, 'राउण्ड टेबल कानफरेन्स' करने का विचार कर रहा है। इस परिषद में भारतीय स्वराज्य की योजना पर चर्चा होगी और अंग्रेजों-हिन्दुस्थानियों के परस्पर सम्बन्ध, समानता और मित्रता के सिद्धान्तानुसार स्थिर किये जायेंगे। इन लोगों से यदि पूछा जाय कि क्या आपको इस विषय में, सरकार की ओर से कोई जानकारी प्राप्त हुई है? तो इसका उत्तर अभी तक इनकार के रूप में दिया जा रहा है। फिर राउण्ड टेबल की चर्चा क्यों कर रही है?

हम ऊपर कह आये हैं कि मजदूर-दल की पुरानी प्रतिज्ञाओं पर हमारे देश में कुछ लोगों का विश्वास है। वे देखते हैं कि शासन-सूत्र अपने हाथ में लेने के पश्चात्, उक्त दल ने ईजिप्ट के साथ अच्छा सलूक किया है। लार्ड इरविन भी विलायत बुलाये गये हैं। मनुष्य जाति को रोग-मुक्त करने वाले एक प्रयत्न में, मजदूर-सरकार ने एक बड़ी रकम खर्च करना मंजूर कर लिया है और अमरीका के साथ मिलकर शस्त्रास्त्रों एवं युद्धोपयोगी वाहनों-जहाजों आदि की कमी पर भी मजदूर-सरकार तुली हुई है। मनुष्यता के उत्कर्ष के लिए प्रयत्नशील होने वाली मजदूर सरकार की सहानुभूति का सागर क्या केवल भारतवर्ष के लिए ही सूख जायगा? राजनीति की प्रतिज्ञाओं का मूल्य उनके पीछे रहने वाली शक्ति पर अवलंबित रहता है। शक्तिमान के साथ किये गये वायदों को निबाहने की विशेष पर्वा की जाती है, परन्तु यदि बल-हीन व्यक्ति केवल प्रतिज्ञा के कार्य-रूप में परिणत होने की आशा में अपना बल न बढ़ाए तो उसे अपमान की सुलभ सामग्री से ही अपना जीवन बिताना पड़ेगा। राउण्ड टेबल कानफरेंस की चर्चा पिछले 10 वर्षों में कई बार हो चुकी है। पहली बार वह लार्ड रीडिंग के जमाने में हुई थी जिसका परिणाम हुआ प्रत्यक्ष कार्य की ओर से भारतीय राष्ट्र की उदासीनता और आशा के कमजोर तन्तुओं से हिलते रहने वाली मनोवृत्ति का उदय। पुन: लार्ड इरविन की वाइसरायगिरी के आरम्भ में यह चर्चा उठी थी। उस समय हिन्दू-मुसलमानों की मार-काट का मध्याह्न था। इरविन साहब ने बड़ी 'दादाशाही' शान में जवाब दिया था कि पहले हिन्दू-मुसलमानों को मिला लीजिए, पश्चात् अन्य प्रश्नों की चर्चा कीजिए। आशा का पोला पहाड़ उस समय निर्माण किया गया था और इस बड़े पहाड़ के खोदने पर केवल एक चुहिया बाहर निकली थी। इरविन साहब के मंत्रोच्चार एवं शांतिपाठ से हिन्दू-मुसलमानों की आग शान्त न हुई। प्रत्युत जिन लोगों का ध्यान केवल राष्ट्रीयता की ओर रहता था, उनकी फौज अवश्य कमजोर हुई। क्योंकि इस श्रेणी के कुछ लोग पक्षपात-रहित समझौता कराने के लिए हिन्दू-मुसलिम विद्वेष के कीचड़ में घुसे और स्वयं इस या उस दल के अभिमानी बनकर वहीं स्थिर रह गये।

राउण्ड टेबल की तीसरी चर्चा अब उठ रही है। कहा जाता है कि मजदूर-दल की सरकार को प्रभावित करने के लिए नेहरू योजना का सर्वमान्य होना आवश्यक है। सर्वमान्य से मतलब, हिन्दू-मुसलमानों का भिन्न मत होने से है। हम ऊपर कह आये हैं कि इस समय भी मुसलमानों का एक प्रभावशाली अंश नेहरू-योजना के साथ है। तब फिर 'जिन्ना-अलीबन्धु एण्ड कम्पनी' को मिला लेने का प्रयत्न क्यों किया जा रहा है? महात्मा गांधी इस दिशा में प्रयत्नशील बताये जाते हैं। उनकी मौजूदगी से कोई भी राष्ट्र-विघातक सूचना स्वीकार न हो सकेगी, इसका हमें विश्वास है। परन्तु मुसलमानों के एक छोटे अंश को

खुश करते समय हम, अन्य अल्पसंख्यक लोगों की सहानुभूति को तो शिथिल न कर बैठेंगे ? और क्या, जिन्ना आदि मण्डली को प्रसन्न कर लेने पर देश में कोई ऐसा समाज ही न रह जायगा जो नेहरू-योजना का विरोधी बने ?

श्रीमती सरोजिनी देवी के शान्तिप्रयत्नों से यदि 'राउण्ड टेबल कान्फरेंस' के योग्य परिस्थिति पैदा हो भी जाए तो भी हमारे देश-नायकों की यह बात तो स्मरण रखनी ही चाहिए कि जब तक उस परिस्थिति के पीछे बल न होगा तब तक मेज का आकार गोल होने पर भी हमारे देशवासियों के लिए वह समानता का सम्मान न दे सकेगी। जब तक हमारे देशवासी खादी की सहायता से विदेशी वस्त्र बहिष्कार का आंदोलन बलवान रखेंगे, तभी तक मजदूर दल के मंत्रिमंडल का ध्यान इस देश की ओर आकर्षित रहेगा। इसीलिए बातचीत, समझौता आदि द्वारा स्वराज्य प्राप्त करने की आशा को तिलांजलि दे, हमें अपने ही प्रयत्नों पर दृढ़ रहना चाहिए।

सम्पादकीय टिप्पणी

बेकारों के साथ मजाक

युक्तप्रान्त की सरकार ने दो वर्ष पूर्व शिक्षामन्त्री राय राजेश्वरी बली के जमाने में—मध्यम श्रेणी के लोगों की बेकारी दूर करने के उपाय बतलाने के लिए जो कमेटी कायम की थी उसकी रिपोर्ट अब प्रकाशित हो गई है। रिपोर्ट में, लखनऊ, प्रयाग, कानपुर और आगरा में बेकारी के ब्यूरो (समिति) स्थापित करने की सिफारिश की गई है। इन समितियों का उद्देश्य होगा हाईस्कूल, इण्टरमीडिएट और डिग्री प्राप्त छात्रों की नामावली रखना, योग्यतानुसार उन्हें क्या काम मिल सकता है। यह निश्चित करना, जिन्हें ऐसे लोगों की आवश्यकता हो उनसे इन छात्रों का परिचय कराके उन्हें कार्य दिलाने में सहायता करना वगैरः-वगैरः। दो वर्ष के कठिन परिश्रम के बाद जो यह रिपोर्ट तैयार की गई है, वह हजारों बेकारों की समस्या इन ब्यूरो को स्थापित कर कैसे दूर कर सकेगी, पता नहीं। कमेटी ने यह और सिफारिश की है कि अभिभावकों को अपने बच्चों को ऐसे विषयों की तालीम दिलानी चाहिए जिससे उन्हें पढ़-लिख चुकने के बाद काम ढूंढ़ने में आसानी रहे। गरज यह है कि ब्यूरो केवल सलाह देने का ही काम कर सकता है, वह क्रियात्मक रूप से कोई काम नहीं कर सकेगा। ऐसी सलाहें तो प्रायः बिना ब्यूरो के ही नवयुवकों को अभिभावकों, शिक्षकों आदि के द्वारा मिल जाया करती है। परन्तु इन सलाहों से तो बेकारी दूर नहीं की जा सकती। इंग्लैण्ड में जहाँ बेकारी की समस्या दूर करने के लिए ब्रिटिश कैबिनेट का एक

मंत्री अमेरिका तक की खाक छान सकता है वहाँ हमारी सरकार दो वर्षों में पहाड़ खोदकर केवल चुहिया भर निकाल सकती है अर्थात् वह मौखिक सहानुभूति ही प्रदर्शित कर सकती है। हमारे हजारों बेकार नवयुवकों की मनोवेदना उसे नहीं चुभती। सच भी तो है, विदेशी सरकार को हमारे नवयुवकों के लिए इतने चिन्तित होने की आवश्यकता ही क्या है ? उसे तो उनसे वहीं तक मतलब है जहाँ तक वे उसकी मशीनरी के पुर्जों की कमी पूरी कर सकते हैं।

[24 अगस्त, 1929]

कांग्रेस की जिम्मेवारी

यह सुना है कि देश की कांग्रेस कमेटियों के बहुमत के आधार पर लाहौर कांग्रेस की स्वागत समिति ने महात्मा गांधी की चुनाई, लाहौर की कांग्रेस सभापतित्व के लिए की है, और यह भी सच है कि महात्मा गांधी ने, उस पद से स्वीकृत करने से इन्कार कर दिया है। यह बात मान लेते हैं कि महात्मा गांधी को ऐसे समय कांग्रेस की जिम्मेवारी अपने कन्धों पर लेनी चाहिए, जबकि कांग्रेस पर भीतरी और बाहरी संकटों के बादल मँडरा रहे हों, किन्तु हम नहीं सोचते कि उस जिम्मेवारी के स्वीकृत करने का एकमात्र उपाय सभापतित्व को स्वीकृत कर लेना है। सन् 1920 को नागपुर कांग्रेस में श्री विजयराघवाचार्य, कांग्रेस के सभापति थे, किन्तु उस समय कांग्रेस के असहयोग आन्दोलन की जिम्मेवारी सँभालने में महात्मा गांधी को कोई भी कठिनाई नहीं हुई। सभापतित्व के विषय में दूसरी बात यह कही जा रही है कि यह राष्ट्र की ओर से दिया हुआ एकमात्र सम्मान है, और महात्मा गांधी को इस राष्ट्रीय बहुमत के सामने मस्तक झुकाना चाहिए। किन्तु महात्मा गांधी के लिए यह सम्मान नया नहीं है। वे सन् 1924 के बेलगाँव की कांग्रेस सभा के सभापति रह चुके हैं। तब उस सम्मान के बार-बार स्वीकृत करते रहने से तो राष्ट्रीय गौरव की रक्षा नहीं होती। कुछ लोग कह रहे हैं कि महात्मा गांधी ही ने कलकत्ता कांग्रेस में सरकार को चुनौती देने का प्रस्ताव रखा, और जब उस प्रस्ताव के अनुसार बरतने का निश्चय करने की घड़ी आयी, तब वे कांग्रेस की बागडोर सँभालने से इन्कार कर रहे हैं। इस दलील के देने वाले लोग या तो कलकत्ता कांग्रेस में घटने वाली घटनाओं के विषय में अज्ञान है, या फिर वे अपनी कमजोरी और भावी असफलता का बोझ महात्मा गांधी प डालना चाहते हैं। महात्माजी ने कलकत्ता कांग्रेस में समझौते का प्रस्ताव रखा—इसलिए कि पण्डित मोतीलाल नेहरू तथा अन्य कांग्रेसी नेता, महात्माजी से ही यह प्रस्ताव असहयोग के स्वावलम्बी कार्यक्रम से

काफी दूर था। हमारा तो स्पष्ट मत है, कि इस समय की महात्मा गांधी के सभापतित्व की पुकार, यदि देश की जनता में है, तो इसलिए कि वह गांधीजी पर विश्वास करती है, किन्तु कांग्रेस के जानकार नेताओं में, गांधीजी के सभापतित्व की पुकार, केवल आनेवाले संकटों से सँभलकर खड़े हो सकने की अपनी सामर्थ्यहीनता की पुकार है और गांधीजी की इन्कारी वह उचित संकेत है, जो हमारे तेज शब्दों को, क्रियात्मक रूप देने के लिए हमें विवश करता है।

कांग्रेस के नियमों और उपनियमों के प्रति, देश की जनता में अब अधिक चाव नहीं रह गया। वह काम चाहती है। काम में भी वह ठोस काम नहीं—आन्दोलन चाहती है। विधायक कार्यक्रम पर लोगों का उतना लक्ष्य नहीं है। अब आंदोलन की ओर दृष्टि डालिये। इस समय देश में दो आन्दोलन मार्ग-प्रतीक्षा कर रहे हैं। एक किसानों का आंदोलन है और दूसरा मजदूरों का। यह माना कि गांधीजी किसानों और मजदूरों, दोनों को एक से प्यारे हैं, परन्तु किसानों और मजदूरों के आन्दोलन का उचित संचालन करने वाले नेताओं में से हम अपना सभापति क्यों न चुनें? हमें यह भी सोच लेना चाहिए कि हम आगामी वर्ष क्या करने जा रहे हैं? हमारा मन तो कहता है कि असहयोग और स्वतन्त्रता की करोड़ों पुकारों के बीच भी, हमारे भाइयों का मन कौंसिल राजनीति में उलझा हुआ है। यदि ऐसे ही किसी प्रस्ताव का समर्थन गांधीजी से लेना है, तो ऐसे काम के लिए गांधीजी के व्यक्तित्व का उपयोग अब नहीं लिया जाना चाहिए। और यदि गांधीजी के द्वारा ऐसे किसी प्रस्ताव का समर्थन लेना ही है, तो उसके लिए गांधीजी सभापति पद पर क्यों चाहिए? यथार्थ में तो देश ने गांधीजी, वल्लभभाई पटेल और जवाहरलाल नेहरू इन तीन व्यक्तियों का नाम सभापति पद के लिए प्रगट करके, स्पष्ट घोषित कर दिया है कि वह कौंसिली वातावरण की अपेक्षा, स्वतंत्रता के कार्यक्रम को अधिक अपनाना चाहता है। क्योंकि इन तीन सज्जनों में से एक भी कौंसिल का हामी नहीं। तो भी जो लोग कांग्रेस का उपयोग लेना चाहते हैं, उनके लाहौर-कांग्रेस में पेश होने वाले प्रस्ताव उनकी जेबों में सुरक्षित हैं। यदि यह हम मान भी लें कि देश की भावी जिम्मेदारी के सँभालने में हमें क्रियाशील और दृढ़ व्यक्ति की जरूरत है, तो हम इस पद के सर्वथा योग्य श्री वल्लभभाई पटेल को समझते हैं। उनमें राष्ट्रीय धुरी के संचालन की धमक है, और देश के ग्रामीण कानों तक में राष्ट्रीय आन्दोलन को पहुँचाने तथा सरकार को सत्याग्रह द्वारा पराजित करने का शस्त्र, जितना उनके हाथों सफल रहा है उतना देश में गांधीजी के सिवा और किसी के हाथों सफल नहीं रहा। यह जानकर कि गांधीजी कांग्रेस के साथ ही रहेंगे, हमें 'चन्द्र खिलौने' की माँग की तरह उनके नाम पर नहीं मचलना चाहिए और भविष्य की कांग्रेस के सभापतित्व के लिए श्रीयुत वल्लभभाई पटेल को निश्चित करना चाहिए। हम

पण्डित जवाहरलाल नेहरू को न तो निरा छोकड़ा समझते हैं, जैसा कि हमारे कुछ मित्र उन्हें लिखते हैं, न उन्हें अनधिकारी ही। किन्तु हम यह जरूर मानते हैं कि आज तो पहली जनवरी के पश्चात लोगों को क्रियात्मक रूप से वल्लभभाई पटेल ही की जरूरत होगी। हमारे विचार से देश की तरुणाई, सेवा और बलिदान, तथा ज्ञान, पुण्याई, और वृद्धत्व के बीच वल्लभाई पटेल का होना, देश के मेल की ही वस्तु रहेगा। हाँ, हम यह अवश्य मानते हैं कि देश के बढ़ते हुए जवानों में, हम देश की जवान तरुणाई को अधिक दिनों तक नेहरू-रिपोर्ट और साम्राज्यान्तर्गत स्वराज के खिलौनों से बहलाये न रख सकेंगे, और जिस तरह बिना कांग्रेस-प्रस्ताव के भगतसिंह और दत्त ने, जेल के कैदियों की दशा सुधारने के लिए अपने बलिदान का पथ ढूंढ़ लिया—यदि नौकरशाही की हृदयहीनता जारी रही, तो देश के तरुण, अपने महान बलिदान और उसके द्वारा पूर्ण स्वराज का पथ भी उन लोगों की परवा किये बिना ढूंढ़ लेंगे, जिनका हृदय तो सरकारी संस्थाओं और बिना खतरे की राजनीति में उलझा होता है और जिनके हाथ में प्रतिवर्ष भारतीय स्वतंत्रता का प्रस्ताव होता है।

सम्पादकीय टिप्पणियाँ

श्रीमती नायडू ने यूरोप और अमरीका की यात्रा से लौटकर हमें बताया कि लोग यह नहीं जानते कि भारत में हम पर क्या बीत रही है। हमारे देश के तरुण भूख से प्राण दे रहे हैं, किन्तु सारा संसार इस समय शान्त है। क्योंकि भारत के कष्ट-संलेश को संसार तक पहुँचाने वालों का टोटा है। इंग्लैण्ड देश को, लोग स्वतन्त्रता के लिए झगड़ने वाला देश कहते हैं। गत महायुद्ध में बेलजियम की स्वतंत्रता के लिए लड़ने के नाम पर, भारतीय सेना यूरोपीय युद्ध के मैदानों पर भेजी गयी थी। किन्तु हम भूल गये कि इंग्लैण्ड अपनी स्वतन्त्रता को समझता है। वह और, और विशेषत: भारतीय गुलामों की स्वतंत्रता को नहीं समझता। ऐसे समय हमें एक ब्रिटिश राजनीतिज्ञ के वाक्यों की सचाई का स्मरण हो आता है—"स्वाधीनता से बढ़कर ऐसी कोई मूल्यवान वस्तु नहीं, जिसे अंग्रेज पसन्द करता हो, आयरलैंड वालों की स्वाधीनता के हामी अंग्रेजों को आयरिशों की यह माँग अप्राकृतिक और असहनीय प्रतीत हुई।" क्या राजनैतिक कैदियों को सुविधा न देने की जिद्द, इसी अंग्रेजी स्वभाव का परिणाम नहीं है ? तब फिर इस जिद्द पर भारतीय स्वाधीनता के उपासकों की लाशें बिछने लगें तो कौन-सा आश्चर्य।

बिना मुजरिम और वकील के मुकद्दमा चल सके

जिन दिनों हम भगतसिंह और दत्त की विवशता की खबरों को सुन रहे हैं,

उन्हीं दिनों उन पर चलनेवाले मुकद्दमे से बेचैन अंग्रेजों की भी आवाज हमारे कानों पर आ रही है। लाहौर-षड्यंत्र के कितने ही अभियुक्त भूख से इतने कमजोर हो गये हैं, कि वे अदालत में नहीं जा-आ सकते, न मुकद्दमा चलते समय वहाँ उपस्थित ही रह सकते हैं। इससे मुकद्दमा चलने और सरकारी दण्डदान में विघ्न पड़ता है। लाहौर के अंग्रेज-सम्पादित पत्र 'सिविल एण्ड मिलिटरी गजट' की राय है कि—"लाहौर की सीमा के लिए सरकार को एक ऐसा आर्डिनेंस घोषित करना चाहिए कि जिससे अभियुक्त अथवा अभियुक्तों के वकील अदालत में हाजिर न हों, तो भी उन पर अदालत में मुकद्दमा चलता रह सके।" साथ ही, उक्त गजट सलाह देता है कि "इसी आशय का स्थायी सुधार, सरकार को क्रिमिनल-ला-अमेण्डमेंट एक्ट में कर देना चाहिए।" ऐसा सुधार हो जाने पर तो, फिर अभियुक्तों को जिन्दा नर्क में भेजा जा सकेगा, और ब्रिटिश न्याय देवता, अभियुक्त या उनके वकीलों की गैरहाजिरी में भी न्याय किया करेंगे। क्या हम यह समझें कि उस गजट की यह सूचना भारत सरकार के हृदय का ही दिग्दर्शन है, और सरकार ऐसे ही किसी कानून की रचना करना चाहती है ?

त्यागमूर्ति टण्डनजी

देश, त्याग-मूर्ति और उन्नतमना श्रीयुत पुरुषोत्तमदासजी टण्डन के नाम से परिचित है। हिन्दी-संसार के तो प्रत्येक घर में साधुमना टण्डनजी की सेवाओं को लोग जानते हैं। हिन्दी-साहित्य-सम्मेलन जैसी विशाल संस्था यदि नैतिक रूप से किसी व्यक्ति के प्रयत्नों का इतिहास और उसके त्याग की स्मृति है, तो वह टण्डनजी के। युक्तप्रान्त की श्रद्धाहीनता और हिन्दी जगत के उन्मत्त अज्ञान को यह गौरव प्राप्त है कि टण्डनजी को साहित्य सम्मेलन और विद्यापीठ जैसी संस्थाएँ, अपने अन्दर न रख सकीं। युक्तप्रांत के, और विशेषत: प्रयाग के, साहित्यिक वातावरण में राष्ट्रीय साहित्य सेवा को सदैव अममानित होना पड़ा। इसका इतिहास टण्डनजी के सम्मेलन और विद्यापीठ से हट जाने से लिखा है, और लिखा है स्वामी सत्यदेव जैसे निर्भीक साहित्य-सेवक के अपमान, पण्डित बनारसीदास चतुर्वेदी जैसे सरल हृदय सेवाव्रती की की गयी उपेक्षा, और सुन्दरलालजी के भूल जाने से। वहाँ के जलवायु में प्रसाद, पूजित और परिपुष्ट होता है, और तेज ठुकराया जाता है, और उस ठोकर से, उक्त देशभक्त राष्ट्रीय हिन्दी सेवकों के सिवा देशभक्त जमनालाल बजाज और महात्मा गांधी भी नहीं बच पाते। और न बच पाते हैं, दक्षिण भारत के हिन्दी प्रचार के व्रती ही। अस्तु, टण्डनजी लाहौर के एक बैंक में एक बड़े भारी आर्थिक सुविधा के पद पर थे। स्वर्गीय लाला लाजपतरायजी के स्वर्गवास के पश्चात्, उनकी 'जनसेवक समिति' के समान दो ही राजनैतिक संस्थाएँ, आजीवन राष्ट्रीय सेवकों की, देश में और हैं : एक

स्वर्गीय गोखले की 'भारत सेवक समिति', और दूसरी महात्मा गांधी द्वारा स्थापित 'सत्याग्रहाश्रम'। लालाजी की उसी 'जनसेवक समिति' का सभापतित्व, श्रद्धास्पद बाबू पुरुषोत्तमदासजी टण्डन को सौंपा गया है। यह संकटों का ताज, जीवन-भर के लिए, स्वर्गीय लाला लाजपतरायजी के नाम पर, टण्डनजी ने पहन लिया है। टण्डनजी कसे हुए राष्ट्र-सेवक हैं, और उनका हृदय सदैव उन अगणित अज्ञात बलिपंथियों के साथ रहता है, जिनका जीवन-धर्म ही बलिदान है। हम लालाजी की 'जनसेवक समिति' को, उसकी इस चुनाई पर. हृदय से बधाई देते हैं।

लाहौर जेल के निराहार व्रती

खबर है कि लाहौर जेल के उपवास-भोगी कैदियों में से, श्री जतीन्द्रदास इतने कमजोर हो चुके हैं कि वे चारपाई से नीचे उतार लिये गये। आज (31-8-29 को) उन्हें जेल में भूखों रहते, 51 दिन हो चुके हैं। मालूम नहीं कौन सा बल था जो आज तक श्री दत्त और सरदार भगतसिंह आदि में जीवन भरता रहा। पंजाब, युक्तप्रान्त और बंगाल में, तथा मजदूर नेताओं के सम्बन्ध में नौकरशाही ने जो नीति धारण कर रखी है, उससे स्पष्ट सूचित होता है कि भगतसिंह, दत्त और उनके साथियों की मृत्यु, सरकार का हृदय न बदले, परन्तु तरुणों का यह बलिदान देश के लोगों के हृदयों को न बदले ? नित्य के तार-समाचारों के पन्ने सहम कर उलटने वाले लोगों की सहम का सम्भव है, पाठकों के हाथों ये पंक्तियाँ पहुँचने के पहले ही अन्त हो चुके, और हम यह सुन चुकें कि सरदार भगतसिंह, दत्त, या दास में से कोई लाहौर की जेल में प्राण दे चुके।

[31 अगस्त, 1929]

क्या विजय होगी ?

आज से पौने तीन महीने पहिले, पत्रों में समाचार प्रकाशित हुआ था कि असेम्बली में बम बनाकर फेंकने वालों में से एक ने पंजाब की मियांवली जेल में, तथा दूसरे ने लाहौर जेल में भोजन लेना छोड़ दिया है। कारण था— जेल के राजनैतिक कैदियों की दशा का न सुधरना। यह प्रण ऐसे देश और ऐसे प्रान्त में किया गया था जहाँ विरोधी सरकार जानकार थी, और देश की जनता अज्ञान। जो लोग आन्दोलन की सबलता पर विश्वास करते हैं, उन्होंने भी इन दो कैदियों के निश्चय पर विश्वास की दृष्टि से नहीं देखा। एक तो, इस निश्चय के अन्त तक टिकने में लोगों को सन्देह था। क्योंकि इस निश्चय के करने वाले दो तरुण थे। और तरुणाई एवं चंचलता या अनिश्चितता से संबंध जोड़ने वाले

लोग, संसार की मर्दुमशुमारी में कम नहीं होते, दूसरे तरुणाई स्वयं ऐसी वस्तु है, जिसमें इच्छाएँ निश्चयों की अपेक्षा अधिक प्रबल होती हैं, तीसरे यदि यह निश्चय अन्त तक पहुँच भी गया, तो लोग सरकार के हृदय के परिवर्तन की आशा नहीं करते थे। इधर जेलों में भूखों मरना, आदर्श भारतीय ब्रिटिश शासन के लिए रोजाना की बात हो गयी थी। देश का राजनैतिक वातावरण जैसा शिथिल हो रहा था, उसमें दत्त और भगतसिंह की बात का अनुकरण तो दूर, उसके समर्थन तक से घबड़ाने वाले लोगों की कभी न थी। ऐसे समय, दत्त और भगतसिंह का मौत की कीमत पर दृढ़ बने रहना बड़ी बात थी।

सरकार इन दो तरुणों के निश्चय को खिलवाड़ समझ रही थी। असेम्बली और कौंसिलों के रंग-भवनों, और सभा-सोसाइटियों के रंगमंचों पर से हमने धमकियों के कम प्रस्ताव पास नहीं किये। केवल जनता की रुचि को अपनी ओर खींचने तथा अन्त से घबड़ा जाने की क्रियाएँ हमने कम नहीं की थीं। अत: हमारी देशभक्ति, हमारा राजनैतिक अनुभव, हमारी गम्भीरता, और हमारे प्रण, ये सब कुछ सरकार की देखी-भाली वस्तु थी। ऐसे समय यदि सरकार न झुकी, तो उसका दोष सरकार पर कम, किन्तु राजनीति के नाम पर रोजगार करने तथा अपने राष्ट्रीय निश्चयों को ईमानदारी से पूरा न कर, सारी भारतीय जाति को विदेशी शासकों की दृष्टि में हेय, डरपोक, आराम पसंद और स्वार्थी साबित करने वाले लोगों पर अधिक था। भगतसिंह और दत्त की बात का समर्थन, भारतीय राष्ट्रीय सभा से न हो सका, किन्तु सुनते हैं, पंजाब की सरकारी जेल-कमेटी उन लोगों की शर्तें मानने के लिए लाचार हुई। यह कुछ देश की राष्ट्रीयता के लिए गौरव की बात नहीं हुई।

ऐसे समय भगतसिंह और दत्त की पीठ पर कौन थे? पहिले तो भगतसिंह और दत्त का साथ, जेलों में कष्ट भोगने वाले देशभक्त कैदियों ने दिया। उन्होंने भी अन्न त्याग कर दिया। यह अनुकरण तो प्राण-दान का अनुकरण था। और वह प्राण-दान भी कैसी जगह? बाहर, एक दिन के उपवास का धार्मिक आडम्बर एकादशी और रोजों में करके हम एक तो मनमाने खाद्य पदार्थों का उपभोग करते हैं, दूसरे एक ही उपवास में धर्म-अर्थ-काम-मोक्ष, सब कुछ प्राप्त कर लेना चाहते हैं। इन उपवासों के बीच, हमारी सहायता करने वाला परिवार होता है, और हमारा समर्थन करने वाले धर्मग्रन्थ। किन्तु जेल में उपवास करने वालों के भाग्य में शान्ति नहीं थी। निराहार वृत्तियों के सम्मुख जेल के वार्डरों और अफसरों की घुड़कियों और बुरे व्यवहार का पुण्य-पाठ होता था और जेल के नियमों को तोड़कर भूखे रहने का अपराध करने वालों के अपराध पर, दुरबीन से दण्ड ढूंढ़ा जाता था। लोग भूले न होंगे कि, दत्त और भगतसिंह के भूखे रहना प्रारम्भ करने के बाद, जब लोगो ने उन्हें जेल में देखा, तब उनके पैरों में बेड़ियाँ

और लोहे के डण्डे पड़े हुए थे। सरकार के इन व्यवहारों ने शीघ्र ही, जनता की उपेक्षापूर्ण मनोवृत्ति को गम्भीरता में परिणत कर दिया, और देश के गरीबों के नेता और जनता लाहौर के इन बन्दियों के दूसरे समर्थक हुए। देश की जनता जब यह सुनती कि आज दत्त कुरसी पर उठने की भी शक्ति नहीं रखते, आज भगतसिंह चलने की ताकत खो चुके, आज जतीन्द्र का खून हृदय से आगे दौड़ नहीं लगा पाता, और उनका शरीर भूख के कारण लकवे से मारा गया है, तब लोग जानते थे कि किसी विदेशी शासन से छोटे-से-छोटे न्याय का मूल्य भी कितना महँगा चुकाना पड़ता है। पंजाब सरकार की घोषणा और उस पर भारत सरकार के समर्थन को जिन्होंने पढ़ा होगा। उनका यह निश्चय स्वाभाविक था कि सरकार राजनैतिक कैदियों को खूनी कहकर उन्हें चोरों और डाकुओं से भी बदतर अवस्था में रखना चाहती है। भारत में सरकार ने एक नये ही तत्त्व का आविष्कार किया जो शायद किसी भी देश की सरकार को न सूझ पड़ा हो। सरकार राज-नैतिक कैदियों और खून-खराबी के अपराधियों को जेल में कोई सुविधा देने के लिए तैयार न थी। और खून-खराबी के अपराधियों को तो सरकार आज भी कोई सुविधा देने के लिए तैयार नहीं है। किन्तु आयरलैण्ड के लोगों ने तो भारतीय राष्ट्रीय सभा की तरह अहिंसा का व्रत भी न लिया था, वे तो अपने विरोधी अंग्रेजों का मजे से वध करते थे, और राजनैतिक सुविधा के कैदी करार दिये जाते थे। गरज यह कि जो सरकार, गोलियाँ चलाने, और फाँसी का दण्ड देने के समय अहिंसा का व्रत धारण नहीं करती, वही राजनैतिक कैदियों के साथ बरतने में अहिंसा की घोषणा करने लगती है। इस सुविधाजनक अहिंसा की कौन निन्दा न करेगा ? अस्तु, थोड़े ही दिनों में देश का वायु-मण्डल, लाहौर-जेल की इन तरुण आत्माओं ने, अपनी मृत्यु तक की कीमत पर अपने निश्चय की रक्षा के व्रत से ढाला और, सारा देश मुक्त कण्ठ से भगतसिंह, दत्त और जतीन्द्रनाथ के स्वर में स्वर मिलाकर, देश के राजनैतिक कैदियों की सुविधा की चर्चा करने लगा। सरकार की हृदय-हीनता ज्यों-ज्यों भूखे रहने वालों को मृत्यु के मुख की ओर ढकेलने लगी त्यों-त्यों भगतसिंह और दत्त, कविताओं और कहानियों की वस्तु बनने लगे। किन्तु वह विदेशी शासन ही क्या जो सर्वनाश से पहिले शासितों की माँग पर विचार करें। इस सप्ताह खबर आई कि जतीन्द्र अब मरने पर है। जतीन्द्र के भाई ने रेलवे कम्पनी से स्वीकृति माँगी कि वीरवर जतीन्द्र का मृत शरीर लाहौर से कलकत्ता लाने के लिए, वह रेल का डब्बा किराये पर देवे। लोग जानते हैं कि अब, जिस तरह भूखों मरने वालों की तादाद बढ़ने की खबर आई थी, यदि उसी तादाद से नहीं तो उसी तरह की रोजमर्रा की गति से, लाहौर जेल को तथा उसके अनुकरण में अनेक जेलों को समाधि बनाने वालों की मृत्यु की खबरें आवेंगी। ठीक ऐसे ही समय, पंजाब की जेल जाँच कमेटी भूखों की अन्तिम

ख्वाहिशों पर समझौता करने पहुँची, और उसने झुक कर कह दिया कि जो सिफारिशें की जायँगी उनसे (1) जेल में गोरे अपराधियों की सुविधाएँ सर्वथा उठा दी जायँगी (यानी यूरुपियन और यूरेशियन कैदी भी अब नवाबी खाना, पंखा, कुली, हिन्दुस्तानी कैदी, महतर, और गद्दे, तकिये, मच्छड़दानी न पावेंगे, प्रत्युत वे साधारण कैदियों जैसे ही रखे जायँगे—सं०) (2) शिक्षा और चरित्र के लिहाज से, कैदियों को समाज में जो उच्च स्थान प्राप्त होगा उसी के लिहाज से जेल में उन्हें सुविधाएँ दी जावेंगी। (3) यदि कोई कैदी अपने साथ जेल में किये गए व्यवहार से सन्तुष्ट न होगा तो उसे, ऊँचे न्यायालय तथा सरकार से अपील करने का अधिकार होगा। सरकारी कमेटी ने, भूखे रहने वालों की ही माँगें स्वीकृत नहीं की हैं। (1) राजनैतिक दण्ड पाने वाला कैदी, चोर और डाकू आदि से भिन्न, सुविधा पा सकें, और उसमें हिंसा-अहिंसा का भेद-भाव न किया जाय, (2) कैदियों की सुविधा का निश्चय करने का अधिकार जेल के सुपरिन्टेण्डेण्ट या जेल के अधिकारियों ही को न होकर, सजा देने वाले मजिस्ट्रेट के अधिकार में हो और उस मजिस्ट्रेट के निश्चय की अपील के लिए एक ऐसा बोर्ड बनाया जाय, जिसके कुछ सदस्यों की चुनाई प्रान्तीय धारा-सभा के द्वारा उसी के सदस्यों में से हो। सरकारी कमेटी के झुकने के कारण लाहौर जेल के कैदियों ने अपना भोजन न करने का सत्याग्रह स्थागित करना तय किया इससे स्पष्ट मालूम होता है कि भगतसिंह और दत्त सरकार के मूर्ख अधिकारियों के कहने के अनुसार किसी न किसी तरह के साथ शरारत करने पर तुले हुए न थे, किन्तु सर्वसत्तामयी निरंकुश सरकार के न्याय पर आने की प्रतीक्षा कर रहे थे। जतीन्द्रनाथ यद्यपि मरण-शैया पर हैं, रेलवे कम्पनी से शव ले जाने की प्रार्थना की जा चुकी है, किन्तु उन्होंने, अपनी कठिनाई से सुनाई पड़ने वाली आवाज से आज भी कह दिया है—"जब तक, हमारी राजनैतिक कैदियों को सुविधा पहुँचाने की पूर्ण माँग स्वीकृत नहीं की जाती, तब तक मैं तो हर्गिज अन्न ग्रहण नहीं कर सकता।" श्रीयुत जतीन्द्रनाथ की मृत्युशैया देखकर, लाहौर जेल के कैदियों तथा अन्य लोगों ने, उनकी बिना शर्त रिहाई की माँग पेश की है।

झगड़ा यह था कि मौत की खबर पहिले आवेगी, या सरकार के न्याय पर झुकने की। जेल कमेटी ने देश को सन्देश दिया कि कम से कम जतीन्द्र की आधी मृत्यु के समय सरकार मान जायगी। किन्तु कहाँ? पंजाब के गवर्नर को मालूम हुआ कि पंजाब की जेल कमेटी की कमजोरी से अंग्रेजी राज्य का तख्ता उलट जायगा। शायद लाहौर जेल के कैदी जिन्दा रह जायेंगे। सरकार के आज झुक जाने पर भी, जो सर्वनाशक परिणाम सरकार की आज तक की जिद से, लाहौर जेल के बन्दी देशभक्त तरुणों के शरीर पर हो चुका, उस अपराध से सरकार मुक्त नहीं हो सकती थी, तो भी पंजाब के गवर्नर की आँखों में बसने

वाली उनके उत्तराधिकारी सर माइकल ओडायर की क्रूरता, इन तरुणों की इतनी बरबादी ही से शायद सन्तुष्ट नहीं । हमारे तरुणों की बलियाँ कह रही हैं कि जेल के नियम बदलेंगे और फिर बदलेंगे, सरकार झुकेगी, और झुकना पड़ेगा। पंजाब के गवर्नर महाशय की जिद केवल अप्रत्यक्ष रूप से हम से कह रही है—"तुम्हारे तरुण मरेंगे—वे बच नहीं सकते।" हम नम्रता से कहेंगे—मौत मंजूर। कृषक भारत, अपनी गाढ़ी कमाई को अत्याचारों की वर्षा में मिट्टी में गड़ जाने देना। किसी हरियाली आशा पर, अपनी कमाई मिट्टी में मिला देना ही कृषक का आदर्श हो सकता है।

सम्पादकीय टिप्पणियाँ

प्रेसीडेण्ट पटेल का पत्र

प्रेसीडेण्ट पटेल ने इस विषय में वाइसराय महोदय के नाम एक पत्र लिखा था। वह पत्र एवं वाइसराय का जवाब, इसी सप्ताह असेम्बली की बैठक में प्रगट कर दिया गया है। प्रेसीडेण्ट पटेल ने वाइसराय के भाषण की अवांछनीयता बतलाते हुए कहा था कि असेम्बली के अन्दर प्रेसीडेण्ट सर्वेसर्वा हैं और उनके भाषण पर नुक्ताचीनी करने का अधिकार गवर्नर-जनरल को नहीं है। यदि प्रेसीडेण्ट की बातों पर कोई एतराज कर सकता है तो असेम्बली के बहुसंख्यक सदस्य कर सकते हैं। वाइसराय महोदय ने अपने जवाब में प्रेसीडेण्ट पटेल की युक्तियों को मान लिया और कहा कि असेम्बली अथवा प्रेसीडेण्ट के कार्य की टीका-टिप्पणी करने का इरादा न रखते हुए भी मैंने कुछ बातें कही हैं, उनसे प्रेसीडेण्ट की मान-मर्यादा का अतिक्रमण होने का अर्थ निकाला जा सकता है। जिसके लिए मुझे खेद होता है। वाइसराय की अन्तरात्मा ने प्रेसीडेण्ट पटेल के निर्णय को मानकर अपने कार्य की अनुचितता स्वीकार कर ली—यह प्रेसीडेण्ट पटेल की व्यक्तिगत योग्यता की विजय तो है ही, किन्तु असेम्बली की नियमबद्धता की दृष्टि से भी विजय है। यदि वाइसराय खेद प्रगट न करते तो एक रिवाज-सा पड़ जाता जिसके बल पर हर वाइसराय इसी तरह असेम्बली की अवहेलना कर सकता। इस मामले को इस तरह सुलझाने का प्रथम श्रेय प्रेसीडेण्ट पटेल और असेम्बली के सदस्यों को है, इसमें सन्देह नहीं।

प्रेसीडेण्ट पटेल की विजय

असेम्बली की पिछली बैठक में एक बम तो तपस्वी भगतसिंह और दत्त ने फेंका था और दूसरा वाइसराय इरविन साहब ने। इरविन साहब शासक हैं इसलिए उनका बम कागजी और जबानी था। संतोष की बात है कि जहाँ दुनियावी

न्यायालय द्वारा दंडित होने पर भी भगतसिंह और दत्त की अन्तरात्मा अपने कार्य की अशुभता, पापमयता अनुभव नहीं कर रही है तहाँ शस्त्रास्त्र सुसज्जित वाइसराय महोदय की आत्मा ने उन्हें अपने कार्य के लिए खेद प्रदर्शित करने के लिए प्रेरित किया है। यदि अन्तरात्मा की प्रेरणा ही न्याय की कसौटी हो तो इन दोनों बम-बाजियों में न्यायान्याय का अनुमान करना अब कठिन नहीं रह गया। प्रेसीडेण्ट पटेल ने जब 'सार्वजनिक हितरक्षा बिल' को पिछली असेम्बली में पेश नहीं होने दिया तब पाठकों को स्मरण होगा कि 'वाइसराय साहब ने अपने विशेषाधिकारों के बल पर एक 'आर्डिनेंस' जारी कर दिया था और लोकमत की अवहेलना कर कानून न बन सकने वाले बिल की धाराओं को 'गैर-कानूनी' कानून का स्वरूप दे दिया था। यहाँ तक वाइसराय महोदय ने जो कुछ किया था। अपने अधिकारों के अन्दर किया था और इसीलिए इस विषय में उनको यदि दोष दिया जा सकता था तो इतना ही कि उन्होंने अपनी दण्ड विधान समिति का अपमान किया। परन्तु उस समय के गरमागरम वायुमण्डल में वाइसराय महोदय अपने गुस्से को न रोक सके और उन्होंने आर्डिनेंस को जारी करते समय जो भाषण दिया था, उसमें ऐसी बातें कह दीं जो प्रेसीडेण्ट पटेल और असेम्बली का अपमान करने की हद तक पहुँचती थीं। इसी अपमानजनक भाषण को हमने साढ़े चार महीने पहिले 'वाइसराय का बम' कहा था। वाइसराय की इस कार्यवाही से प्रेसीडेण्ट पटेल ने ही नहीं, असेम्बली के सभी सदस्यों ने अपमान अनुभव किया था और यदि वाइसराय महोदय मामले को सँभाल न लेते तो, सम्भव था कि असेम्बली के सभी सदस्य त्याग-पत्र दे देते।

[7 सितम्बर, 1929]

बाल विवाह : राष्ट्रीय विरोध

अभी कुछ दिनों पहले, हमारे देश के भाइयों ने मिस मेयो को गोलियाँ देने का तूफान उठा रक्खा था। आज उन्हीं में से कुछ इस बात का समर्थन कर रहे हैं कि न तो बालिकाओं की शादी की उम्र बढ़ाई जाय, न सम्भोग-सम्मति की। हमारे देश के पुराने विचार के लोगों का यह भी कहना है कि स्त्रियों की शादी की उम्र बढ़ाना एक धार्मिक प्रश्न है, और सरकार इस बात को हाथ में लेकर महारानी विक्टोरिया के धार्मिक पक्षपात-हीनता के घोषणा-पत्र को तोड़ती है। वे यह भी कहते हैं कि कानून को, हमारे सामाजिक क्षेत्र में हस्तक्षेप नहीं करना चाहिए। उनकी यह भी पुकार है कि यदि शादी की उम्र बढ़ाने वाली कमीटी की सिफारिशों पर ध्यान दिया गया, या यदि श्रीयुत हरविलास शारदा के बाल-विवाह

प्रतिबन्धक बिल को असेम्बली द्वारा स्वीकृत किया गया तो 'धर्म खतरे में पड़ जायगा।'

महारानी विक्टोरिया का घोषणा-पत्र टूटने की कल्पना करने वाले लोगों से क्या हम पूछें कि देश में ईसाई धर्म के प्रचार से, व्यापारिक ढंग से कसाईखानों में होने वाले गो-वध, देश की नौकरियों, देश की रेलों, देश के पदों और सुविधाओं में होने वाले काले-गोरे के भेद से, क्या महारानी विक्टोरिया का घोषणा-पत्र नहीं टूटा ? फिर उस दिन आप कहाँ थे ? क्या गो-वध धार्मिक प्रश्न नहीं ? उस ओर कितने ब्राह्मणों और धर्मप्राणों ने अपने प्राण दिये ? इसके सिवा, बालिकाओं पर बालकों की शादी की उम्र बढ़ाने का, धर्म से कैसे सम्बन्ध आवेगा ? यह माना कि एक जमाना देश में ऐसा था, जब हिन्दू बालिकाओं का अपहरण करने वाले शासक थे, और थे गुण्डे। उन दिनों छोटी उम्र के विवाहों में हम लोगों ने चाहे जो लाभ सोचा हो, किन्तु आज तो, छोटी उम्र के विवाह की जिद, देश-घातकता है, इसलिए कि हम देश की होनहार सन्तान के लगातार निर्वीर्य रहने की इच्छा करते हैं; अधार्मिकता है, इसलिए कि हम निर्दयतापूर्वक उन बालकों का भाग्य अपनी रूढ़ियों में कील देते हैं जिनमें अपना भला-बुरा समझने की शक्ति नहीं, और साथ ही हम अधिक और कम उम्र की व्यभिचार-आज्ञा को धर्म की आज्ञा कहने का आडम्बर करते हैं।

यदि तर्क और ज्ञान की ईमानदारी से काम लें, तो शादी की उम्र के निर्णय में हमें पाँच बातों का सम्बन्ध दीख पड़ता है : पहिली बात तो हमें यह सोचनी चाहिए कि बाल-विवाहों के होने से हमारे बालकों और बालिकाओं के शरीर-स्वास्थ कैसे होंगे। दूसरी यह कि छोटी उम्र में विवाहितों को इन्द्रिय-जनित रोग किस तादाद में होंगे और उनकी सन्तान कैसी होगी। तीसरी बात यह कि शीघ्र शादी होने से अधिक शिक्षण प्राप्ति का, तथा पूर्ण मनोयोग से विस्तृत विश्व का अधिकाधिक ज्ञान प्राप्त करने का मार्ग कहाँ तक खुला रहेगा। चौथे, छोटी उम्र की शादी से शादी करने वालों और उनकी संतानों द्वारा जिस समाज का निर्माण होगा वह कहाँ तक दृढ़ नीरोग, निर्भीक, अपने पैरों खड़ा होने वाला, और कष्ट-सहिष्णु होगा। और पाँचवीं तथा अत्यन्त आवश्यक बात ध्यान देने योग्य यह है कि छोटी उम्र की शादी के परिणामस्वरूप विवाहितों की धन कमाने की ताकत अधिक होगी या कम, क्या वे कम उम्र में पैदा होने वाले बच्चों का आर्थिक बोझ शीघ्र सँभालने में समर्थ हो सकेंगे, छोटी उम्र के परिणामस्वरूप उनके शरीर अधिक कमाई-योग्य हो सकेंगे, या रह सकेंगे और क्या अपनी कमाई से वे अपना, परिवार का, बच्चों का भरण-पोषण कर सकेंगे, या स्वभावतः होनेवाली स्थायी

बीमारियों के बिल चुका सकेंगे ? मनुस्मृति या किसी भी धर्म-शास्त्र को उपयोगिता के इस क्षेत्र में नहीं आना चाहिए। और अगर वह आवे ही तो, धर्म की उच्च सीमा के नाते, उसे समाज को अधिक संयमी रहने का उपदेश करने के लिए आना चाहिए, शीघ्र शादी करने और विश्व में पतित रहकर मरना सिखाने के लिए नहीं। छोटी-छोटी बच्चियों को पति, और छोटे-छोटे बच्चों को बीवियाँ प्रदान कर राष्ट्र के बलवान होने तथा बालक-बालिकाओं के ब्रह्मचारी होने की कल्पना, व्यभिचार से धन कमाकर मन्दिर बनवाने की कल्पना ही के समान हास्यास्पद है।

कुछ लोग कहते हैं कि हम सामाजिक सुधार की बात तो मानते हैं, परन्तु उसमें कानून का हस्तक्षेप नहीं चाहते। पहिली बात तो यह कि जो लोग ब्रिटिश राज और उसके कानूनों की रक्षा के लिए मन्दिरों और मस्जिदों में प्रार्थना किया करते हैं और सदैव देश-घातकता का प्रत्यक्ष और अप्रत्यक्ष समर्थन किया करते हैं, उन्हें तो ऐसी 'राज-विद्रोही' बात अपने मुँह से नहीं निकालनी चाहिए कि हम सामाजिक मामलों में कानूनी हस्तक्षेप नहीं चाहते। दूसरी बात यह कि जो लोग धार्मिक और सामाजिक मामलों में कानूनी हस्तक्षेप नहीं चाहते वे वीराग्रणी स्वयं सुधार के प्रश्न के सुलझाने में लगे होते हैं, और लगातार समाज के पाखण्ड और उसकी पतन-प्रवृत्ति से लड़कर समाज की सामाजिक, शारीरिक, और आर्थिक अवस्था को लक्ष्य में रखकर सुधार किया करते हैं। किन्तु जिन लोगों ने अपनी जिन्दगी में कभी खतरा आमन्त्रित नहीं किया, और कानून से होने वाले सुधार के समय जो लोग पुकार कर कहते हैं कि हम कानून द्वारा भी सुधार नहीं चाहते, क्या उनका अप्रत्यक्षतः यह कहना नहीं है कि हम समाज को जैसे का तैसा रहने देना चाहते हैं ? क्या ऐसे लोगों की सर्वनाशक उदासीनता के हाथों देश को सौंपा जा सकता है ? कम से कम देश, समाज, और धार्मिक भावों से सच्चा प्रेम करने वाला, तथा भारत के उज्ज्वल और सबल भविष्य के लिए बेचैन भारतीय तरुण, ऐसे पाखण्डवाद का समर्थन नहीं कर सकता।

अजमेर के श्री हरविलास शारदा एम० एल० ए० ने असेम्बली में एक बिल पेश किया है जिसमें लड़कों और लड़कियों के विवाह की उम्र बढ़ाने की सूचना दी गयी है। पिछले दिनों, सरकार ने शारदा-बिल का विरोध किया था, किन्तु इस बार सरकार जान गयी कि राष्ट्रीय भारत, सरकार की एक न चलने देगा। महात्मा गांधी ने तो इस विषय में अपना स्पष्ट मत प्रगट करते हुए कहा है कि लड़की के विवाह की उम्र 18 वर्ष और लड़के के विवाह की उम्र 25 वर्ष होनी चाहिए। सम्मति-वय समिति ने विवाह की उम्र 14 वर्ष और संभोग की उम्र

15 वर्ष प्रगट की है। पण्डित मोतीलालजी नेहरू ने असेम्बली-सदस्यों से निवेदन किया है कि वे बाल-विवाह के राष्ट्रीय श्राप का चाहे तो खतरा सहकर भी गला घोंट दें।

स्वयं स्त्रियाँ क्या चाहती हैं ? उन दुधमुँही बच्चियों को छोड़कर, जिन्हें 'पति' नामक शब्द का उचित अर्थ ही नहीं मालूम, और उन बहिनों को छोड़कर जिन्हें शिक्षा से हमने उतनी ही दूर रक्खा है जितनी दूर पृथ्वी से आकाश है। देश की शिक्षित बहिनों ने शारदा-बिल का समर्थन किया है। देश की अनेक स्त्री-संस्थाओं ने शारदा-बिल के समर्थन में वाइसराय और प्रेसीडेण्ट पटेल को तार भेजे हैं।

उन लोगों की तादाद बहुत थोड़ी है, जो छोटी बच्चियों के विवाह के व्यापार का समर्थन करते हैं। यह सन्तोष की बात है। हमारी यह इच्छा है कि पूर्ण शक्ति के साथ भारत की तरुण पीढ़ी, निर्भीकतापूर्वक इस सामाजिक सुधार का समर्थन करे, और देश के भिन्न-भिन्न समाजों और संस्थाओं द्वारा श्री हरविलास शारदा के बिल का पृष्ठपोषण हो। देश की बालिकाओं, बहिनों और माताओं के भावी जीवन का यह तकाजा है। यह तकाजा है उनका जिनके 25 करोड़ के रूप में पतित पड़े रहने से भारत विश्व में बदनाम हो रहा है, और जिनके सबल होते ही नवीन भारत का निर्माण हो सकता है।

तुर्किस्तान की बहिनें राष्ट्रीय कार्य में हाथ बँटाने लगीं। चीन की बालिकाओं ने बाल-विवाह के बन्धनों के खिलाफ विद्रोह किया जिसका शुभ परिणाम गत चीनी क्रान्ति के रूप में प्रगट हुआ। इधर महाराष्ट्र, बंगाल तथा अन्य स्थानों में लड़कियों का आसन, रूढ़ियों और मूर्खताओं में से उठकर विद्या और बल के बीचोंबीच जा रहा है। किन्तु एक हम हैं जो बाल-विवाह की मूर्खता का समर्थन किये जा रहे हैं ? हाँ यह सच है कि देश की तरुण पीढ़ी, और देश के हितचिन्तक अब देश में रूढ़ियों का समर्थन नहीं होने देना चाहते। इसी से आशा है कि शारदा-बिल कानून बन जायगा, और पूर्ण रूप से नहीं तो अंशतः लड़कियों का निर्दय बलिदान इस पुण्य भूमि कहे जाने वाले देश में रुक जायगा। आशा है, तरुण पीढ़ी इस सामाजिक बात के खिलाफ आवाज उठावेगी।

[14 सितम्बर, 1929]

क्या हममें यह बल है ?

अपना शासन आप करने के औपनिवेशिक अधिकारों को पाने के पश्चात् देशों की हालत क्या हो जाती है, उसका उदाहरण आज के आयरलैण्ड से लीजिए। यद्यपि आयरलैंड कहलाता है, ब्रिटिश साम्राज्य के अन्दर ही, किन्तु अंग्रेजी झण्डा—यूनियन जैक—वहाँ से उखड़ चुका, अब आयरिश राष्ट्रीय झण्डा वहाँ फहरा रहा है। खाकी वर्दी की अंग्रेज सेना अब अपने घर लौट गई, अब हरियाली वर्दी की आयरिश सेना, अपने देश की सेवा में लगी है। अंग्रेजी ढंग से गुलामों की तरह देशवासियों से बरतने की बातों के ढंग, और अंग्रेजी शान को आयरलैण्ड से देशनिकाला मिल गया। सड़कों के 'हार्डिन्ज रोड', 'मेयो रोड' और 'लैन्स डाउन स्ट्रीट' जैसे अंग्रेजी नाम बदल डाले गए, एवं आयरिश नाम रख लिए गये। घृणा की मूर्ति, इंग्लैण्ड के बादशाह तीसरे विलियम की मूर्ति आयरिश चौक से उखाड़ दी गई और अभी 20 वर्ष पहिले की स्थापित, शान्तिप्रिय कहलाने वाली महारानी विक्टोरिया की मूर्ति का भी, जो आयरिश राज सभा डेल ईरियन के सन्मुख है, उखाड़ना तय हो गया। इन सारे कार्यों को करके भी आयरलैण्ड ब्रिटिश साम्राज्य का मित्र, साथी, हिस्सेदार है। किन्तु हमारे देश में हम राष्ट्रीय झण्डा फहराते हैं, या किसी अत्याचारी नील, और घुड़कने वाले लारेन्स की तस्वीर उठाना चाहते हैं, या ब्लैक होल की काली कोठरी हमारे देश में नहीं रहने देना चाहते, अथवा हम अपने देश के पुस्तकालयों, सड़कों और भवनों के नाम बदलना चाहते हैं तो अंग्रेजी राज के नौकर हमारे देशवासियों को गद्दार कहकर जेल भेज देते हैं। शायद इसलिए कि हमने अपनी शक्ति की बानगी, नौकरशाही को उतनी अच्छी तरह नहीं दिखाई जिस तरह कालिंस, ग्रिफिथ और डी० वेलरा ने दिखायी थी। क्या अधिकार पाने के लिए, ब्रिटिश शासन को उलटने के यत्न हमारे देशवासियों को भी आयरलैण्ड की तरह करने होंगे ? इसका जवाब तो शासक ही दे सकते हैं।

हमारे देश के तरुणों को क्या दोष दिया जाय। आयरलैण्ड के बहादुर भी, आज अंग्रेजी साम्राज्य के अन्तर्गत मिली हुई स्वतंत्रता (?) से सन्तुष्ट नहीं। आज भी, प्रजा-सत्तावादी औपनिवेशिक स्वराजियों का शासन-शकट असम्भव कर देना चाहते हैं, यह कहकर कि अंग्रेजों से समझौता करने वालों ने आयरलैण्ड के बलिदान की कीमत पर समझौता किया। आयरिशों के पूर्ण स्वतंत्रता के प्रयत्न जारी हैं। अंग्रेजी सहयोगवादी कितने ही आयरिश नेता आज तक मार डाले गए, और आज भी जब उनकी जयन्तियाँ मनाई जाती हैं, तब फौजी पहरों के अन्दर। आज भी सर हेनरी विलसन जैसे अंग्रेज अधिकारियों की हत्या कर फाँसी पर चढ़ाये गए सोलीव्हन जैसे लोगों की खुलेआम स्मृतियाँ मनाई जाती हैं,

और आकोनेल जैसे प्रधान आयरिश नेता सोलीव्हन जेलों का गुणगान उन्हें ऐसे वीर कहकर करते हैं, जिन्होंने अत्याचारियों का वध करके मातृभूमि आयरलैण्ड के लिए अपने प्राण दिये। वहाँ ऐसे गुणगानों का आज भी तालियों और जय-ध्वनियों से स्वागत होता है। किन्तु यदि भारत में भूखे मर जाने वाले का भी गुण-गान होता है, तो गुनाह है, और लालाजी पर लाठी चलाने वाले का बदला चुकाने वाले उत्तेजित तरुण के लिए भी एक शब्द प्रशंसा का कहा जाता है तो वह राज-द्रोह में गिट्टी फोड़ने योग्य पाप है। क्या हम अपने देश के शासकों से नम्रता से पूछें, यह सब क्यों? ब्रिटिश साम्राज्य का भारत और आयरलैण्ड में भिन्न दृश्य क्यों? क्या इसलिए कि हम हत्यारे नहीं हैं? क्या इसलिए कि हम गुलाम हैं? क्या कांग्रेस की माँग पर झुक कर समय रहते शासक भारत को आयरलैण्ड बनने से नहीं रोक सकते? किन्तु वे नहीं झुकेंगे। यदि वे झुकना चाहते, तो क्या तरुण-तपस्वी यतीन्द्रनाथ को, इस तरह मरने दिया जा सकता था? यदि वे झुकना चाहते तो क्या भगतसिंह, दत्त और अन्य अनेक भारतीय तरुणों के साथ वे मौत का खिलवाड़ जारी रख सकते थे? वे यह सब कुछ करते हैं। करोड़ों आदमियों के रूप में चलती-फिरती तस्वीरें हिन्दुस्तान में रहते हुए, लाखों विलायती वस्त्रों पर ललचने वाले देश-भक्तों के रहते हुए, हजारों गरीबों का गला काटकर, ब्रिटिश-बूटों के बन्द बाँधने वालों के रहते, सैकड़ों धारा सभा की कुरसियों की कीमत पर देश के तरुणों और राष्ट्रीय आन्दोलनों को भूल जाने वालों के होते हुए, और अनेकों तरुणों की इस मौत को चुपचाप देखने वालों के रहते हुए, वे यह सब कुछ करते हैं। हम जानते हैं, राष्ट्रीय सभा का बाँध आपको अंग्रेजों का शस्त्रों से खून नहीं करने देता, खून करना मजहब नहीं है; किन्तु क्या हमारी अँतड़ियों में यह वेदना भी उत्पन्न नहीं होती कि हम कम से कम यतीन्द्र की मौत पर बैठकर राष्ट्र को सबल बनाने का निश्चय करें, और देश के महान आन्दोलन के बल पर, शासकों को दिखावें कि पाप की कीमत पर, तुम दो दिन भी नहीं चलने दिये जा सकते? क्या हममें यह बल है?

[21 सितम्बर, 1929]

माखनलाल चतुर्वेदी : संक्षिप्त जीवन-चित्र

जन्म—4 अप्रैल, 1889, बाबई, जिला होशंगाबाद (म० प्र०) (किन्तु सही तारीख 12/4/89/12 अप्रैल, 1889)।

पिता का नाम—श्री नन्दलाल चतुर्वेदी।

माता का नाम—श्रीमती सुन्दरीबाई।

विवाह—सन् 1904 में श्रीमती ग्यारसीबाई से।

1906—मसनगाँव (हरदा) में अध्यापक, बाद में खंडवा में (19 जुलाई, 1907)।

—क्रान्तिकारी दल में दीक्षा 13 जनवरी।

1908—हिन्दी 'केसरी' द्वारा 'राष्ट्रीय आन्दोलन और बहिष्कार' विषय पर आयोजित प्रतियोगिता में प्रथम पुरस्कार।

1910—शिक्षक पद से त्याग-पत्र और तिलक स्कूल की राजनीति में प्रवेश।

1911—पं० माधवराव सप्रेजी से प्रथम भेंट। सप्रेजी खंडवा आये थे।

1912—'शक्ति पूजा' शीर्षक निबन्ध पर राजद्रोह का आरोप।

1913—'प्रभा' मासिक पत्र का सम्पादन, 7 अप्रैल, रामनवमी (प्रथम अंक का प्रकाशन), 26 सितम्बर को पाठकी से त्यागपत्र।

1914—स्वर्गीय गणेशशंकरजी विद्यार्थी से भेंट (कानपुर)।

—पत्नी का निधन।

1915—जबलपुर के अखिल भारतीय हिन्दी साहित्य सम्मेलन में 'कृष्णार्जुन युद्ध' की प्रस्तुति।

—लखनऊ कांग्रेस के अवसर पर मैथिलीशरणजी गुप्त से प्रथम भेंट गणेशशंकर विद्यार्थी के सान्निध्य में, महात्मा गांधी से प्रथम भेंट गणेशजी के साथ।

—सप्रेजी से पुनः भेंट (इटारसी)।

1918—'कृष्णार्जुन युद्ध' नाटक का प्रकाशन जो एक लाख से ऊपर बिक चुका है।

1920—17 जनवरी, 'कर्मवीर' का जबलपुर से प्रकाशन और चतुर्वेदीजी द्वारा सम्पादन तथा मध्य प्रान्तीय राजनैतिक परिषद् (खंडवा) को सहयोग व खंडवा में 'जन-जागृति' का आरम्भ। रतौना कसाईखाना आन्दोलन में अद्‌भुत सफलता प्राप्त हुई। मध्यप्रदेश हिन्दी साहित्य सम्मेलन, सागर में सम्पन्न तीसरे अधिवेशन में नियुक्त प्रथम स्थायी समिति के मंत्री।

—पं० मदनमोहन मालवीय से भेंट (जबलपुर)।

—गांधीजी से भेंट—उनके साथ जबलपुर-यात्रा।

1921—12 मई को राजद्रोह के अपराध में गिरफ्तार, 1922 में रिहाई। चतुर्वेदीजी महाकौशल से राजनीतिक अपराध के कारण जेल-यात्रा करनेवाले प्रथम जन-सेवक थे। इस गिरफ्तारी पर गांधीजी ने 'यंग-इंडिया' में लिखा।

—बिलासपुर के दण्डाधिकारी ने राजद्रोह के अपराध में चतुर्वेदीजी को सजा सुनाते हुए कहा था, "जो व्यक्ति जनता की दृष्टि में सरकार की प्रतिष्ठा को गिराता है वह राजद्रोह के अपराध में दण्डनीय है।"

—गिरफ्तार होने पर भी श्री गणेशशंकर विद्यार्थी ने 'प्रताप' का सम्पादकीय लिखा।

—मध्यप्रदेश हिन्दी साहित्य सम्मेलन अभी तक स्वतंत्रता के नाम से डरता था, किन्तु इसी वर्ष के मध्यप्रदेश हिन्दी साहित्य सम्मेलन के चौथे अधिवेशन (जबलपुर) में चतुर्वेदी ने यह प्रस्ताव रखा था कि साहित्यकार अपनी रचनाएँ स्वाधीनता प्राप्त करने के ध्येय से लिखें ताकि जागृति हो।

1923—'प्रताप' का संपादन (अक्टूबर, 1923 से मार्च, 1924)।

—पं० नेहरू, सरदार पटेल, डाक्टर राजेन्द्रप्रसाद और जमनालालजी बजाज के साथ झंडा सत्याग्रह का नेतृत्व और उसमें सफलता। पं० मोतीलाल नेहरू से प्रथम भेंट—अहमदाबाद कांग्रेस।

—दिसम्बर 1923 में पं० जवाहरलाल नेहरू के साथ अखिल भारतीय स्वयंसेवक परिषद् का निर्माण।

1924—लाला लाजपतराय एवं राजर्षि पुरुषोत्तमदास टण्डन से भेंट।

1925—'कर्मवीर' का खण्डवा से प्रकाशन (4 अप्रैल)।

—शिक्षण परिषद् के अध्यक्ष, छिंदवाड़ा (23 मई)।

—देशी राज्य प्रजा परिषद् में सर्वश्री गणेशशंकर विद्यार्थी, बजाज, चाँदकिरण शारदा, नृसिंह, चिन्तामणि केलकर व नेकराम शर्मा के साथ सक्रिय।

—मौलाना शौकतअली से भेंट (खण्डवा), उनके भाषण की अध्यक्षता।

—1925 से 1936 तक निमाड़ जिला कांग्रेस के अध्यक्ष।

—16वें हिन्दी साहित्य सम्मेलन (वृन्दावन) में भाग लिया (7/11/25)।

1926—धारा सभा एवं केन्द्रीय असेम्बली के चुनावों में महाकौशल कांग्रेस का संचालन एवं सफलता। पं० मोतीलाल पर्यवेक्षक थे।

—मध्य भारत हितवर्धक सभा के अध्यक्ष।

1927—रवीन्द्रनाथ ठाकुर के सान्निध्य में काव्य-पाठ। अ० भा० हिन्दी सा० सम्मेलन का सत्रहवाँ अधिवेशन (भरतपुर, 30 मार्च)।

—भरतपुर सम्पादक सम्मेलन के अध्यक्ष।

1929—प्रभातपट्टन में मध्यप्रदेश गोशाला सम्मेलन के अध्यक्ष।

—महात्मा गांधी के साथ भोपाल यात्रा (8 व 9 सितम्बर)।

1930—मध्यप्रान्तीय युवक परिषद्, (रायपुर) के अध्यक्ष।

—बैतूल (म० प्र०) के जंगल सत्याग्रह में सहयोग।

—मध्य प्रदेश हिन्दी साहित्य सम्मेलन (रायपुर) के अध्यक्ष।

—महात्मा गांधी से भेंट, (22 मार्च, भड़ौंच); (गुजरात नमक सत्याग्रह) असहयोग आन्दोलन में गिरफ्तार (जबलपुर, 29 अप्रैल, 1930)।

1931—श्री जमनालाल बजाज के साथ अछूतों के मंदिर-प्रवेश आंदोलन में भाग लिया।

—महाकौशल कांग्रेस के उपसभापति।

1932—अध्यक्ष मध्यप्रदेश प्रजा परिषद्।

—रवीन्द्रनाथ ठाकुर से श्री बनारसीदासजी चतुर्वेदी के साथ भेंट (शांतिनिकेतन, 22 दिसम्बर)।

—जयशंकर प्रसाद से भेंट, शान्तिनिकेतन से लौटते समय।

1932-33—गांधीजी को मध्यप्रदेश के हरिजन दौरे में प्रान्त-व्यापी सहयोग।

—गांधीजी माखनलालजी की जन्मभूमि देखने बाबई पहुँचे।

—खंडवा आगमन (गांधीजी के साथ) 8/12/1933।

—संपादक सम्मेलन के उपसभापति।

1934—हिन्दी साहित्य सम्मेलन की साहित्य परिषद् के अध्यक्ष (दिल्ली)।

—जयप्रकाशनारायण से तीन घंटे तक भेंट (खण्डवा)।

1935—मध्य प्रदेश हिन्दी साहित्य सम्मेलन के कटनी अधिवेशन के अध्यक्ष।

—रायपुर जिला कांग्रेस के अन्तर्गत पंचम शिक्षक सम्मेलन का उद्घाटन।

—प्रेमचन्द से खण्डवा में भेंट (5 अप्रैल) व अभिनंदन पत्र दिया।

—अखिल भारतीय हिन्दी साहित्य सम्मेलन का 24वाँ अधिवेशन इन्दौर में गांधीजी की अध्यक्षता में हुआ, उसमें नेतृत्व एवं सहयोग।

—खण्डवा स्टेशन पर महामना मदनमोहन मालवीय से भेंट (9 नवम्बर)।

1936—मध्य प्रदेश कांग्रेस पार्लियामेंटरी बोर्ड के अध्यक्ष।

—यूसुफ मेहरअली से भेंट (खण्डवा), सभा चतुर्वेदीजी की अध्यक्षता में।

—महाकौशल हरिजन सेवक संघ की कार्यकारिणी में।

1938—महाकौशल प्रान्तीय राजनैतिक परिषद्, करेली (म० प्र०) में सम्मिलित। पं० जवाहरलाल नेहरू प्रमुख अतिथि। इस परिषद् में चतुर्वेदी जी का संघ शासन के विरोध का प्रस्ताव सर्वसम्मति से स्वीकृत हुआ।

1939—त्रिपुरी कांग्रेस की स्वागत समिति के उपाध्यक्ष।

—साहित्य परिषद् काशी में महाप्राण निराला के सभापतित्व में आचार्य रामचन्द्र शुक्ल के साथ चतुर्वेदीजी ने भी अपना भाषण दिया (17 अक्टूबर, प्रात:)।

—अखिल भारतीय पत्रकार परिषद् (काशी) के अध्यक्ष। उद्घाटक श्री श्रीप्रकाश (17 अक्क्टूबर, अपराह्न)।

1940—आचार्य नरेन्द्रदेव चतुर्वेदी से मिलने पधारे (खण्डवा, 28 अप्रैल)।

1942—भारत छोड़ो आन्दोलन में भूमिगत होकर सक्रिय।

1943—अखिल भारतीय हिन्दी साहित्य सम्मेलन के हरिद्वार अधिवेशन के अध्यक्ष, यहाँ चाँदी से तुलादान हुआ। सम्पूर्णतः साहित्य-सेवा का शुभारंभ। 'हिमकिरीटनी' और 'साहित्य-देवता' का प्रकाशन। 'हिमकिरीटिनी' पर देव पुरस्कार।

1944 से 1963 तक— माता, कला का अनुवाद, युगचरण, समर्पण, वेणु लो गूंजे धरा, अमीर इरादे : गरीब इरादे, समय के पाँव, मरण-ज्वार, चिंतक की लाचारी, आदि ग्रन्थों का प्रणयन एवं प्रकाशन।

1945—हिन्दी साहित्य सम्मेलन के लिए टण्डनजी व लीलावती मुंशी के साथ 7 लाख की अपील (बम्बई)।

1947—अखिल भारतीय हिन्दी साहित्य सम्मेलन (बम्बई) में भाग लिया।

1949—खंडवा म्यूनिसिपल प्राथमिक शिक्षा परिषद का उद्‌घाटन (20 दिसम्बर)।

1954—'हिमतरंगिनी' पर साहित्य एकडमी का पुरस्कार। चतुर्वेदीजी यह पुरस्कार पाने वाले प्रथम व्यक्ति थे।

1959—सागर विश्वविद्यालय से डी० लिट्० की मानद उपाधि।

1961—मध्य प्रान्तीय संगीत सम्मेलन के स्वागताध्यक्ष।

1963—पद्‌मभूषण।

1965—मध्य प्रदेश प्रशासन द्वारा मध्य प्रदेश के राज्यपाल की अध्यक्षता में 16 एवं 17 जनवरी को खंडवा में नागरिक सम्मान एवं मुख्यमंत्री द्वारा प्रशस्ति-पत्र भेंट।

1967—10 सितम्बर को पद्‌मभूषण की उपाधि का राष्ट्र-भाषा आन्दोलन विधेयक के विरोध में परित्याग।

शहीद दिवस—

30 जनवरी, 1968 को सायंकाल साढ़े पाँच बजे मृत्यु।

विशेष

'प्रभा' व 'कर्मवीर' में माखनलालजी ने अनेक नामों से लिखा जिनमें से कुछ ये हैं—नवनीत, कुछ नहीं, सुधारप्रिय, एक भारतीय, भारतीय, नीति प्रेमी, एक उच्च शिक्षित, एक भारतवासी, जनमेजय, विनोदी, विभूतिभूषण शर्मा, कोई है,

रामनाथ आचार्य, मा० ला० च०, एक बैठाठाला ग्रेजुएट, वनवासी, वनमाली, एम० एल० सी०, बेणी माधव शर्मा, एक झोपड़ी वाली, जनाब आलू, रामनाथ विश्वास, प्रजापति पाण्डेय, कमलनारायण शर्मा, मन्द मलय, रूपलोचनशरण, गोविन्द मोहन चक्रवर्ती, एक रेडियो श्रोता, रामानुज और एक भारतीय आत्मा आदि, कुछ और नाम भी हैं।

माखनलाल चतुर्वेदी का साहित्य

क्र०	कृति	प्रकाशन वर्ष
1.	कृष्णार्जुन युद्ध	1918
2.	हिमकिरीटिनी	1943
3.	साहित्य-देवता	1943
4.	हिमतरंगिनी	1949
5.	माता	1951
6.	कला का अनुवाद	1954
7.	युगचरण	1956
8.	समर्पण	1956
9.	अमीर इरादे : गरीब इरादे	1960
10.	आधुनिक कवि (भाग छः)	1960
11.	समय के पाँव	1962
12.	मरण-ज्वार (सम्पादक श्रीकान्त जोशी)	1963
13.	बीजुरी काजल आँज रही	1964
14.	चिंतक की लाचारी	1965
15.	पाँव-पाँव	1980
16.	धूम्र-वलय	1981
17.	रंगों की बोली	1982

वंश वृक्ष : माखनलालजी चतुर्वेदी के परिवार का

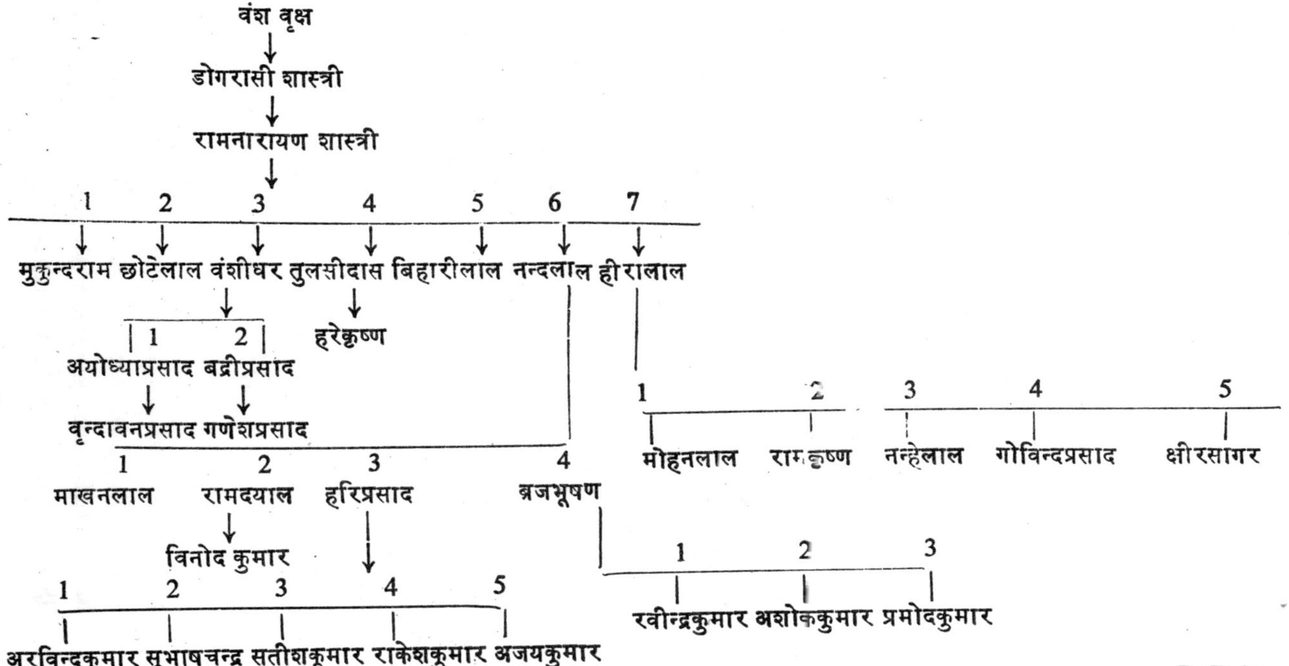

□□□